V&R Academic

Beiträge zu Grundfragen des Rechts

Band 18

Herausgegeben von

Stephan Meder

Albert Janssen

# Die Kunst des Unterscheidens zwischen Recht und Gerechtigkeit

## Studien zu einer Grundbedingung der Rechtsfindung

V&R unipress

MIX
Papier aus verantwortungsvollen Quellen
FSC® C083411
www.fsc.org

Bibliografische Information der Deutschen Nationalbibliothek

Die Deutsche Nationalbibliothek verzeichnet diese Publikation in der Deutschen Nationalbibliografie; detaillierte bibliografische Daten sind im Internet über http://dnb.d-nb.de abrufbar.

ISSN 2198-5405
ISBN 978-3-8471-0542-8
ISBN 978-3-8470-0542-1 (E-Book)
ISBN 978-3-7370-0542-5 (V&R eLibrary)

Weitere Ausgaben und Online-Angebote sind erhältlich unter: www.v-r.de


Printed in Germany.
Druck und Bindung: CPI buchbuecher.de GmbH, Zum Alten Berg 24, 96158 Birkach

Gedruckt auf alterungsbeständigem Papier.

Dem Andenken meines Bruders Enno
(gest. am 19. Mai 1985)

# Inhalt

# Vorwort

Worauf gründet eigentlich die Gewissheit des Juristen, einen Streit Frieden stiftend beenden zu können? Diese Frage hat mich während meiner langjährigen praktischen Tätigkeit, die ich als parteiloser Verwaltungs- und Parlamentsjurist durchweg in unmittelbarer Nähe zur Politik ausgeübt habe, häufig beschäftigt. Die hier erneut abgedruckten Abhandlungen, die zum größten Teil während meiner Berufsjahre entstanden sind, stellen sich mir im Rückblick als ein konsequenter Denkweg zu einer (vorläufigen) Antwort auf die genannte Frage dar. Das habe ich in der Einführung in die Studien näher zu erläutern versucht. Ein weiterer Grund, die ausgewählten Texte noch einmal zu veröffentlichen, besteht für mich in der Hoffnung, dass sie – indirekt – auch einen Beitrag zu der für das Selbstverständnis der Jurisprudenz m. E. zentralen Frage nach ihrem Verhältnis zur Theologie (und Philosophie) zu leisten vermögen.

Hildesheim, den 26. Januar 2016 Albert Janssen

# Abkürzungsverzeichnis

Aufgenommen wurden nur die für die Rechtsquellen und die Belege aus Rechtsprechung und Literatur benutzten Abkürzungen

| | |
|---|---|
| AkathKR | Archiv für katholisches Kirchenrecht |
| AöR | Archiv des öffentlichen Rechts |
| ARSP | Archiv für Rechts- und Sozialphilosophie |
| BDSG | Bundesdatenschutzgesetz |
| BGB | Bürgerliches Gesetzbuch |
| BGH | Bundesgerichtshof |
| BLSK | Die Bekenntnisschriften der evangelisch-lutherischen Kirche |
| BVerfGE | Entscheidungen des Bundesverfassungsgerichts |
| BVerwG | Bundesverwaltungsgericht |
| BVerwGE | Entscheidungen des Bundesverwaltungsgerichts |
| DÖV | Die öffentliche Verwaltung (Zeitschrift) |
| DVBl. | Deutsche Verwaltungsblätter |
| EGBGB | Einführungsgesetz zum Bürgerlichen Gesetzbuch |
| EKD | Evangelische Kirche in Deutschland |
| EU | Europäische Union |
| EuR | Europarecht (Zeitschrift) |
| EvStL | Evangelisches Staatslexikon |
| FAZ | Frankfurter Allgemeine Zeitung für Deutschland |
| FS | Festschrift |
| GG | Grundgesetz für die Bundesrepublik Deutschland |
| HdbStKirchR | Handbuch des Staatskirchenrechts der Bundesrepublik Deutschland |
| JöR | Jahrbuch des öffentlichen Rechts |
| JZ | Juristenzeitung |
| KirchE | Entscheidungen in Kirchensachen |
| NJW | Neue Juristische Wochenschrift |
| NVwZ | Neue Zeitschrift für Verwaltungsrecht |
| OVG | Oberverwaltungsgericht |
| PTh | Pastoraltheologie (Zeitschrift) |
| ThR NF | Theologische Rundschau (Neue Folge) |
| Verw. Arch. | Verwaltungsarchiv |

| | |
|---|---|
| VVDStRL | Veröffentlichungen der Vereinigung der deutschen Staatsrechtslehrer |
| WRV | Weimarer Reichsverfassung |
| ZBR | Zeitschrift für Beamtenrecht |
| ZEE | Zeitschrift für Evangelische Ethik |
| ZNR | Zeitschrift für Neuere Rechtsgeschichte |
| ZParl | Zeitschrift für Parlamentsfragen |
| ZRG Germ. Abt. | Zeitschrift der Savigny-Stiftung für Rechtsgeschichte. Germanistische Abteilung |
| ZRG Kan. Abt. | Zeitschrift der Savigny-Stiftung für Rechtsgeschichte. Kanonistische Abteilung |
| ZThK | Zeitschrift für Theologie und Kirche |

# Einführung

## I. Der leitende Gedankengang der Teile 1–3

Um es gleich vorwegzunehmen: Die schon für das Rechtsdenken Savignys seit längerem beobachtete und heute erneut debattierte Bedeutung von Kants Analyse der reflektierenden Urteilskraft für die Jurisprudenz[1] vermag ich nach wie vor nicht zu erkennen. Denn Rechtsfragen sind m. E. letztlich existentielle Fragen[2], zu deren Lösung schon aus diesem Grund Kants Nachdenken über die *ästhetische* Urteilskraft, die in diesem Zusammenhang ja primär für einschlägig gehalten wird, kaum Entscheidendes beitragen kann. Und das gilt – cum grano salis – übrigens auch, wie ich meine, für Kants Ausführungen zur teleologischen Urteilskraft.

Schon diese Sicht der Dinge legt es nahe, für die hier zur Diskussion gestellte Alternative, die juristische Kunst des Unterscheidens zwischen Recht und Gerechtigkeit als Kennzeichen juristischer Urteilskraft zu verstehen, sich primär an jener Wissenschaft zu orientieren, die ähnlich wie die Jurisprudenz auf exis-

1 Zum Einfluss von Kants Kritik der (ästhetischen) Urteilskraft auf Savigny unter Einbeziehung der Wirkungsgeschichte s. besonders *Stephan Meder*, Urteilen. Elemente von Kants reflektierender Urteilskraft in Savignys Lehre von der juristischen Entscheidungs- und Regelfindung (1990), passim; *ders.*, Missverstehen und Verstehen. Savignys Grundlegung der juristischen Hermeneutik (2004), S. 52ff., 96ff., 183 ff; *ders.* Auslegung als Kunst bei Savigny. Reflektierende Urteilskraft, Rhetorik und Rechtsquellenlehre als Elemente juristischer Entscheidungsfindung, in: Gabriel/Gröschner (Hrsg.), Subsumtion – Technik oder Theorie? (2014), S. 43ff. Siehe daneben noch allgmein zur Bedeutung von Kants Analyse der reflektierenden Urteilskraft für die Jurisprudenz: *Rolf Gröscher*, Dialogik des Rechts (2013), S. 362ff. und *ders.*, Subsumtion – Technik oder Theorie? (2014), S. 43ff.

2 Dazu hier Nr. 9 bei Anm. 53ff. und Nr. 10 bei Anm. 50ff.. Mit dem hier verwandten Begriff »existentiell« ist nicht beabsichtigt, einer bestimmten Philosophie das Wort zu reden, sondern es soll damit nur angedeutet werden, was hier in Nr. 10 (bei Anm. 80ff.) näher ausgeführt wird, nämlich dass Grundlage dieser Kennzeichnung die Unterscheidung zwischen »Wissensgewissheit« und »Gewissensgewissheit« ist und es in der Jurisprudenz (wie in der Theologie) im Grunde nur um letztere geht, s. zu der genannten Unterscheidung ergänzend noch *Gerhard Ebeling*, Kritischer Rationalismus? (1973), S. 12, 113.

tentielle Probleme Antworten geben muss – zumindest durch derartige Fragen herausgefordert ist: die (hermeneutische) Theologie. Das gilt umso mehr, als entsprechende theologische (durch die Denkform der Unterscheidung geprägte) Überlegungen – wie hier im zweiten Teil gezeigt wird – konkrete juristische Folgerungen zulassen. Es ist letztlich diese »Einheit der geistig-seelischen Existenzbedingungen« von Jurisprudenz und Theologie[3], die auch für das juristische Denken die für die Abgrenzung der Theologie von der Philosophie getroffene Feststellung zulässt, dass »das im strengsten Sinne Allgemeingültige (erg.: nur) durch das Ernstnehmen des Konkreten zu erschließen« ist[4]. Denn die genuine Aufgabe des Juristen, einen streitigen Fall *gerecht* zu lösen, ist eben nur möglich, wenn er im konkreten Einzelfall das »Allgemeingültige«, die juristische Fundamentalunterscheidung zwischen Recht und Gerechtigkeit, ernst nimmt[5]. Auch hier ist deshalb wie bei der theologischen Fundamentalunterscheidung zwischen Gesetz und Evangelium »ein Sachverhalt wirksam, *der sich philosophischer Aneignung entzieht*«[6]. So gesehen ist es auch zutreffend, wenn Wilhelm Dilthey etwa zu Rudolf von Jherings »Geist des römischen Rechts« bemerkt, dass dort »nachgewiesen« werde, »*wie juristisches Denken durch eine im Rechtsleben selber sich vollbringende bewusste geistige Arbeit* die Grundbegriffe des römischen Rechts geschaffen« habe[7].

Damit ist die gedankliche Grundlage benannt, auf der im Folgenden in drei Schritten der Nachweis versucht wird, dass die juristische Kunst des Unterscheidens zwischen Recht und Gerechtigkeit als Voraussetzung für jede (gelungene) Rechtsfindung anzusehen ist. Das soll zunächst durch die genauere Untersuchung der rechtssystematischen Unterscheidung zwischen Individualrecht und Sozialrecht als Grundlage des Rechtsdenkens Otto von Gierkes geschehen (erster Teil). Da Gierke nun aber die Denkform der Unterscheidung für die ontologische Begründung seiner rechtssystematischen Grundlegung nicht durchhält, wird hier dann weiter nach der juristischen Relevanz von Gerhard Ebelings theologischer Fundamentalunterscheidung zwischen Gesetz und

3 Dazu hier Nr. 9 bei 52 ff. und ergänzend der Nachtrag zu Nr. 10.

4 So *Gerhard Ebeling*, Dogmatik des christlichen Glaubens, Bd. 1 (1979), S. 16.

5 Zutreffend stellt darum *Wilhelm Henke* für die Denkweise der Jurisprudenz fest (Ausgewählte Aufsätze, 1994, S. 6): »Nicht der Vorrang des Besonderen oder die Beschränkung auf das Einmalige kennzeichnet sie, sondern die eigenartige Weise der Verallgemeinerung und der Geltung der allgemeinen Aussagen für das Einzelne, die dessen Besonderheit und Einmaligkeit, und wo es sich um den Menschen handelt, dessen Freiheit und Würde achtet.«

6 So *Gerhard Ebeling*, (Studium der Theologie, 1975, S. 59) für die genannte theologische Fundamentalunterscheidung (Hervorhebungen A.J.).

7 *Wilhelm Dilthey*, Einleitung in die Geisteswissenschaften, 9. (unveränderte) Aufl., S. 21 (Hervorhebungen A.J.). Im Übrigen scheint mir die wesentliche Intention des gesamten rechtswissenschaftlichen Werks von Rudolf von Jhering (und nicht nur die seiner berühmten Schrift »Der Kampf ums Recht«) letztlich gerade darin zu liegen, auf die existentielle Frage des Menschen nach seinem Recht eine Antwort zu geben.

Evangelium gefragt (zweiter Teil), um dann schließlich zu klären, ob auf dieser gedanklichen Grundlage Wilhelm Henke eine sinnvolle juristische Fundamentalunterscheidung zwischen Recht und Gerechtigkeit gelingt (dritter Teil). Der so grob skizzierte Gedankengang ist nun noch genauer zu erläutern:

## 1. Zum 1. Teil

Den Ausgangspunkt der rechtssystematischen Überlegungen Gierkes zur Unterscheidung zwischen Individualrecht und Sozialrecht bildet für ihn die »geschichtlich feststehende Tatsache, dass der Mensch überall und zu allen Zeiten die Doppeleigenschaft an sich trug, ein Individuum für sich und Glied eines Gattungsverbandes zu sein.«[8] Doch »spielen sich«, wie Gierke ergänzend ausdrücklich betont, »Einzelleben und Gemeinleben« letztlich »in der unzerreißbaren Einheit desselben Menschendaseins« ab[9]. Abstrakt gesprochen geht es ihm also insoweit einerseits um ein Unterscheiden zwischen zwei Formen menschlichen Daseins; zum anderen um den Nachweis einer dahinter stehenden Einheit. In welcher Weise sich dieser gedankliche Ausgangspunkt auf seine Unterscheidung zwischen Individualrecht und Sozialrecht auswirkt, ist nun genauer zu schildern:

Dafür ist zunächst Gierkes Nachweis der starken sozialen Prägung relevant, die bereits der letztlich noch dem Individualrecht zuzurechnende juristische Eigentumsbegriff besitzt. Denn schon diese Prägung macht den Grundgedanken des rechten Unterscheidens deutlich, der in der hier zugrundegelegten Bedeutung ja auf »das nicht trennende, sondern in die rechte Beziehung setzende Unterscheiden« hinausläuft[10] (dazu Nr. 1).

Umgekehrt ist es zwar richtig, dass das Sozialrecht »auf dem Verhältnis der Einordnung (Über- und Unterordnung)« beruht und »von der Verbundenheit der Subjekte« ausgeht.[11] Dennoch kann auch eine juristische Behandlung des Sozialrechts nach Gierke nicht übersehen, dass der in diesem Rechtsverhältnis stehende Einzelne weiterhin einen individuellen (grundrechtlich fundierten)

8 So *Gierke*, Die Grundbegriffe des Staatsrechts und die neuesten Staatsrechtstheorien (1874), Neudruck 1915, S. 92f. Genauer zu diesem Gedanken hier Nr. 1 bei Anm. 49ff.; Nr. 2 bei Anm. 14ff.; Nr. 3 bei Anm. 38ff.

9 So *Gierke*, Deutsches Privatrecht, Bd. 1 (1895), S. 30; ähnlich *ders.* Die soziale Aufgabe des Privatrechts (1889) S. 5f. Dazu hier Nr. 1 bei Anm. 51ff.

10 So *Ebeling* (Anm. 6), S. 172; ähnlich ders., Wort und Glaube, Bd. 3 (1975), S. 283: »Unterscheiden besagt: für das rechte Verhältnis und Verständnis dessen sorgen, was untrennbar zusammengehört.« Siehe ergänzend hier die Nachweise im Stichwortverzeichnis auf S. 373 unter: Unterscheiden/Unterscheidung.

11 So *Gierke*, Deutsches Privatrecht, Bd. 1, S. 26.

Freiheitsraum besitzt – Gierkes Freiheitsbegriff demnach ein relationaler ist (dazu Nr. 2).

Beide Perspektiven also – sowohl die aus der Sicht des Individualrechts wie die aus der Sicht des Sozialrechts – lassen die Frage aufkommen, welcher Gedanke es denn gebietet, die Unterscheidung zwischen beiden Regelungskomplexen nicht zu einer Scheidung werden zu lassen. Dafür spricht nun offensichtlich die schon erwähnte Grundüberzeugung Gierkes von »der unzerreißbaren *Einheit* desselben Menschendaseins«, die – wie er weiter folgert – als eine »Kraft« zu verstehen ist, »welche nach dem immanenten Bildungsgesetz der organischen Lebenseinheiten zur *Vereinigung* treibt«[12]. Folgerichtig ist es dann auch, wenn Gierke die Aufgabe des Rechts darin sieht, eine »Harmonie aller Willen miteinander« sicherzustellen[13]. Ein *gerechtes* Recht ist für ihn demnach ohne die Vorstellung von einer hinter der Unterscheidung zwischen Individualrecht und Sozialrecht stehenden Einheit nicht denkbar.

Es ist die innere Erfahrung des Menschen, die es nach Gierke dann erlaubt, insofern von der Rechtsidee als einer psychologischen »Tatsache« zu sprechen[14]. Wie er weiter ausführt, kann man allerdings einer entsprechenden inneren Erfahrung nur dann vertrauen, wenn sie mit der (besonders durch historische Überlegungen geprägten) äußeren Erfahrung übereinstimmt[15]. Für unsere weiteren Überlegungen ist nun entscheidend, dass Gierke einen Widerspruch zwischen innerer und äußerer Erfahrung nicht ausschließt. Um seine Forderung nach einem gerechten Recht bzw. seine Überzeugung von einer (hinter der Unterscheidung zwischen Individualrecht und Sozialrecht stehenden) verbindlichen Rechtsidee dennoch begründen zu können, hält er es für erforderlich, »eine *jenseits* der Erfahrung liegende Annahme über das Verhältniß unserer Subjektivität zur objektiven Welt zu Hülfe« zu nehmen, »woraus sich die Möglichkeit ergibt, eine *hinter* den Antimonen verborgene reale Einheit vorstellbar zu machen und die einander widersprechenden Aussagen unseres Bewußtseins als relativ berechtigte Auffassungen verschiedener Seiten einer widerspruchlosen Wirklichkeit zu denken« (dazu Nr. 3[16]).

Gierke liefert damit im Ergebnis, wie er auch im gleichen Zusammenhang ausdrücklich betont, eine *metaphysische* Letztbegründung für seine Forderung nach einem gerechten Recht. Im 2. und 3. Teil bleibt damit zu prüfen, ob auch ohne diesen Rückgriff auf die Metaphysik sinnvoll zwischen Recht und Gerechtigkeit unterschieden werden kann.

---

12 Dazu mit den entsprechenden Nachweisen hier Nr. 1 bei Anm. 51ff.

13 Dazu Nr. 2 bei Anm. 18ff. mit Nachweisen.

14 Dazu genauer mit Nachweisen *Janssen*, Otto Gierkes Methode der geschichtlichen Rechtswissenschaft (1974), S. 180ff.

15 Dazu wiederum *Janssen* (Anm. 14), S. 147ff. und kurz: Nr. 3 bei Anm. 44.

16 Das Zitat mit Beleg in Nr. 3 bei Anm. 45 (Hervorhebungen A. J.)

## 2. Zum 2. Teil

Gerhard Ebelings Verständnis der paulinischen (und von Luther theologisch vertieften) Fundamentalunterscheidung zwischen Gesetz und Evangelium kommt sowohl für die Grundlegung des (evangelischen) Kirchenrechts wie für das Rechtsdenken überhaupt erhebliche juristische Bedeutung zu. Sich damit genauer zu beschäftigen, lohnt sich für unsere Themenstellung deshalb, weil Ebelings insoweit einschlägigen Überlegungen eben nicht wie die Gierkes in eine metaphysische Letztbegründung einmünden. Und das hat, wie nun zu zeigen ist, konkrete Folgen für die hier in Frage stehende Denkform des Unterscheidens.

a) Was zunächst Ebelings *Grundlegung des Kirchenrechts* betrifft[17], so folgt die Notwendigkeit eines solchen Rechts für ihn zwangsläufig aus der Existenz der (sichtbaren) Kirche in der Welt. Die insofern unter dem »Gesetz« stehende Kirche ist nach Ebeling von ihrem Grund – Jesus Christus – zu unterscheiden, und ihre Geschichte kann nur als »Geschichte der Auslegung der Heiligen Schrift« verstanden werden, – das macht die Identität und »Variabilität« der Kirchengeschichte aus. Für das gegenwärtige Handeln der Kirche in der Welt kommt wie für das Weltverständnis des einzelnen Christen nach Ebeling der (lutherischen) Zweireichelehre insofern zentrale Bedeutung zu, als sie die »konkrete Einübung der (fundamentalen) Unterscheidung zwischen Gesetz und Evangelium« ermöglicht. Als notwendige Folge der kirchlichen Existenz in der Welt hat das Kirchenrecht dann, so muss aus diesen Prämissen gefolgert werden, zwischen der geschichtlichen Welt (Politik) und den religiösen Überzeugungen (dem Theologischen) zu vermitteln – oder anders gesagt: es ist als Auslegung des (richtig interpretierten) ius divinum zu verstehen[18]. Diese Aufgabe des positiven Kirchenrechts hat zum Ziel, die *zwischen* Gesetz und Evangelium bestehende Relation deutlich werden zu lassen.

Als Ausgangspunkt dieses Gedankengangs muss – wie gesagt – Ebelings Verständnis der Unterscheidung zwischen Gesetz und Evangelium angesehen werden. Dieses Verständnis stellt insofern eine Alternative zu Gierkes *metaphysischer* Letztbegründung seiner Forderung nach einem gerechten Recht dar, als Ebeling darin im Anschluss an Luther den Schlüssel zur richtigen *Auslegung* der biblischen Texte als einer dem Denken *vorgegebenen* sprachlichen Äußerung sieht. Auch die für die Grundlegung des Kirchenrechts erwähnten Unterscheidungen wie: die Kirche und ihr Grund, sichtbare und unsichtbare Kirche, Identität und Variabilität der Kirchengeschichte, Freiheit von der Welt und zur Welt (Zweireichelehre) u. a. besitzen diesen Interpretationscharakter. Sie sind Folgerungen aus der biblisch fundierten Fundamentalunterscheidung zwischen

17 Zum Folgenden besonders Nr. 4 bei Anm. 52ff., 75ff., 89ff., 118ff. mit Nachweisen.
18 Zu dieser letzten Inhaltsbestimmung des Kirchenrechts Nr. 6 bei Anm. 39ff. mit Nachweisen.

Gesetz und Evangelium und müssen darum ebenfalls wie die Fundamentalunterscheidung selbst als Ausdruck einer relationalen Ontologie verstanden werden. Ein so fundiertes kirchenrechtliches Denken schließt, wie besonders seine Konfrontation mit dem kanonistischen Denken Hans Barions zeigt[19], eine von Barion für das katholische Kirchenrecht vertretene rein formal-juristische (positivistische) Behandlungsweise aus. Und für das evangelische Kirchenrecht ist auch das von Barion nachdrücklich befürwortete Kirchenrechtsverständnis Rudolf Sohms abzulehnen (dazu insgesamt Nr. 4–6).

b) Das für die Grundlegung des Kirchenrechts Gesagte gilt nun nach Ebeling mit einer wesentlichen Modifikation auch für das theologische Verständnis des *säkularen Rechts:* Das Kirchenrecht ist inhaltlich letztlich dem (richtig verstandenen) ius divinum verpflichtet, während für das staatliche Recht der Maßstab der (säkularen) Gerechtigkeit zu gelten hat. Denn nur so kann der Staat seine theologisch begründete Aufgabe (Zweireichelehre), den (äußeren) Frieden zu wahren, wirksam erfüllen. Der unterschiedliche Maßstab für das kirchliche und weltliche Recht folgt also aus der spezifischen Aufgabe, die dem jeweiligen Recht gestellt ist[20]. Es ist letztlich der kategoriale Unterschied zwischen geistlichen und weltlichen Angelegenheiten, der es auch verbietet, etwa im Anschluss an Karl Barth eine christologische Begründung der Aufgaben von Recht und Staat zu versuchen. Und darum ist ebenfalls die These Wolfgang Hubers abzulehnen, dass im Wege des Analogieschlusses aus biblischen Aussagen konkrete inhaltliche Wegweisungen für das säkulare Recht zu gewinnen sind. Denn diese Ansicht führt im Ergebnis wie bei Barth zu einer Aufhebung der Unterscheidung zwischen dem usus politicus legis und dem usus theologicus legis, die gerade durch die (lutherische) Zweireichelehre gewährleistet werden soll (dazu Nr. 7 und Nr. 8).

Es bleibt damit nach dem Gesagten abschließend noch die Frage zu klären, ob auf dieser gedanklichen Grundlage eine sinnvolle *juristische* Fundamentalunterscheidung zwischen Recht und Gerechtigkeit möglich ist.

## 3. Zum 3. Teil

Eine entsprechende Bedeutung wie der theologischen Fundamentalunterscheidung zwischen Gesetz und Evangelium kommt nämlich für die Rechtsfindung der Fundamentalunterscheidung zwischen Recht und Gerechtigkeit zu. Henke hat das gesehen und dementsprechend für die juristische Methodenlehre gefordert, dass der Jurist deshalb die Gesetzesauslegung »immer auch zu ergän-

19 Siehe dazu Nr. 5.

20 So bereits Nr. 6 bei Anm. 87ff. und genauer Nr. 8 bei Anm. 78ff.

zen« habe, »nämlich um das, was der Gesetzestext eigentlich meint, die Gerechtigkeit«[21]. Wie aber entspricht man dieser Forderung? Für Henke (zunächst) dadurch, dass man die säkulare Welt in ihrer Säkularität ernst nimmt. Denn daraus folgt für ihn zwingend, dass es nur eine von Fall zu Fall partiell sich realisierende Gerechtigkeit geben kann. Nach den bisherigen Überlegungen spricht für diese Auffassung Henkes, dass weitergehende Gerechtigkeitsforderungen letztlich nur – wie unter 1. für *Gierke* gezeigt - metaphysisch zu begründen sind; und dass umgekehrt in dem völligen Verzicht auf das Bemühen um eine gerechte Lösung des streitigen Falles eine abzulehnende positivistische Denkweise gesehen werden muss – oder allgemeiner gesprochen: ein Zeichen für das Umschlagen der Säkularisierung in einen Säkularismus[22]. Für die Lösung der Frage, *wie* nun diese beiden (abzulehnenden) Extreme vermieden werden können, verweist Henke im Anschluss an entsprechende Überlegungen des Theologen Friedrich Gogarten auf die gedankliche Möglichkeit, eine *säkulare* Zweireichelehre anzuerkennen[23]. Das Verhältnis von Recht und Gerechtigkeit »dürfte danach nicht«, wie er sagt, »wie Idee und Wirklichkeit, Ideal und Leben oder dergleichen verstanden werden, sondern als das Vorläufige, Notdürftige, Unvollkommene: das Recht, das das Endgültige, Eigentliche, Vollkommene: die Gerechtigkeit nicht herbeiführen kann, aber ihm Raum lässt und durch Verbot und Verpflichtung, Strafen und Zwang, auch Raum und die Möglichkeit zu erscheinen schafft«[24]. So gesehen kann die gerechte Entscheidung eines streitigen Falles wohl nur als »personhafte Entäußerung des Verkündenden«[25] verstanden werden, die sich eben deshalb »philosophischer Aneignung entzieht«[26].

Die richtige Unterscheidung zwischen Recht und Gerechtigkeit gelingt dem Juristen daneben aber nur, wenn er die zwischen beiden bestehende *Relation*, die sich nach Henke im »Schrei nach Gerechtigkeit« als einer existenziellen Grunderfahrung des menschlichen Daseins artikuliert[27], beachtet. Darum ist eine relationale Ontologie als grundlegend für das Wirklichkeitsverständnis der Jurisprudenz anzuerkennen. Dass insoweit die Theologie (und nicht die Philosophie) nach dem hier Ausgeführten exemplarische Bedeutung besitzt, beruht

21 Dazu Nr. 9 bei Anm. 76ff. mit Nachweisen. *Henke* liefert – und das ist für unseren Gedankengang entscheidend – eine »lebensweltliche« (und keine metaphysische) Begründung für sein Verständnis der Gerechtigkeit, s. Nr. 9 Anm. 27 mit Nachweisen.

22 Zu diesem »Umschlagen« Nr. 9 bei Anm. 51.

23 Dazu Nr. 9 bei Anm. 39ff.

24 So *Henke*, Gesammelte Aufsätze (1994), S. 208; ganz entsprechend *ders.*, Recht und Staat (1988), S. 103 mit Anm. 27 und S. 574f.

25 So *Ernst Forsthoff*, Recht und Sprache (1940/41), Neudruck Darmstadt 1964, S. 5; dazu hier Nr. 8 bei Anm. 21f.

26 So schon hier bei Anm. 6.

27 Dazu Nr. 9 bei Anm. 53.

eben – wie schon anfangs bemerkt – auf der »Einheit der geistig-seelischen Existenzbedingungen« von Theologie und Jurisprudenz[28].

Die hier im Vorwort aufgeworfene Frage nach der Gewissheit des Juristen, einen Streit Frieden stiftend beenden zu können, beruht nach alledem primär auf seiner eigenen (sinnvollerweise besonders durch rechtshistorische Studien vertieften[29]) *Erfahrung* mit dem ihn immer wieder aufs Neue herausfordernden Problem, eine gerechte Lösung für den konkret zu entscheidenden Fall zu finden. Sich dieser Frage zu stellen und ihr standzuhalten, erfordert Mut zum gerechten Recht, der nach Henke einen letztlich nur dann nicht verlässt, wenn man sich die (richtig verstandene) lutherische Zweireichelehre zumindest in ihrem von Henke vertretenen säkularen Gehalt zu eigen machen in der Lage ist. Das allerdings scheint mir auch deshalb die entscheidende Grundbedingung jeder Rechtsfindung zu sein, weil ohne diese »Bewußtseinsstellung« (Graf Yorck von Wartenburg) schon die notwendige Offenheit für die Wahrnehmung des zu lösenden Interessenkonflikts gefährdet ist (dazu Nr. 9 und Nr. 10).

## II. Ergänzende Überlegungen des Anhangs

### 1. Zu Nr. 11

Aus der hier versuchten Grundlegung des (evangelischen) Kirchenrechts folgt, wie besonders deutlich die Abhandlung Nr. 4 zeigt, eine Rechtfertigung für den verfassungsrechtlich garantierten Status der (christlichen) Kirchen als Körperschaften des öffentlichen Rechts[30] und damit indirekt auch für ihren Beitrag zum richtigen Verständnis des säkularen Staates. Sind diese Folgerungen nun aber nicht angesichts der zunehmenden Bedeutung anderer Religionen (und namentlich des Islam) in Deutschland in Frage gestellt? Das muss man wohl annehmen, wenn man sich das von der herrschenden Lehre nunmehr vertretene grundrechtliche Paradigma für die Interpretation der staatskirchenrechtlichen Normen unserer Verfassung zu eigen macht. Denn diese Sicht der Dinge läuft letztlich, wie schon Rudolf Sohm scharfsinnig erkannte, auf ein »Religionsgesellschaftsrecht« hinaus[31], das wohl kaum den hier aus grundsätzlichen Erwägungen bejahten Status der (christlichen) Kirchen als Körperschaften des öffentlichen Rechts zu rechtfertigen vermag.

28 Dazu Nr. 9 bei Anm. 52ff.
29 Genauer zur Frage, wie die rechtshistorische Erfahrung die rechtsdogmatische Argumentation bestimmt, Nr. 10 besonders bei Anm. 117ff.
30 Dort bei Anm. 192ff.
31 So *Rudolf Sohm*, Kirchenrecht, Bd. 2 (1923), S. 167; s. ergänzend auch Bd. 1 (2. Aufl. 1923), S. 693ff. des genannten Werkes.

Aber unabhängig von diesem gewandelten Verständnis des Staatskirchenrechts kann man nun einmal nicht die Augen davor verschließen, dass die Artikel 136ff. WRV bei ihrem (ersten) Inkrafttreten im Jahr 1919 primär eine bestimmte Phase der Loslösung der beiden großen *christlichen Kirchen* vom Staat verfassungsrechtlich festschrieben und dass demgegenüber heute wegen der eingetretenen religiösen Veränderungen ein neues Paradigma für das Staatskirchenrecht bestimmend sein muss.

Die Abhandlung Nr. 11 versucht nun den tatsächlichen religiösen Veränderungen einerseits und der ursprünglichen Regelungsintention der genannten staatskirchenrechtlichen Normen des Grundgesetzes andererseits dadurch gerecht zu werden, dass sie das Staatskirchenrecht in Anlehnung an Reformüberlegungen zum Internationalen Privatrecht als Kollisionsrecht begreift. Damit gelingt ihr m. E. eine rechtsdogmatische Rechtfertigung des den Kirchen verfassungsrechtlich zugesprochenen Körperschaftsstatus, die die hier angestellten (kirchen-)rechtstheoretischen Überlegungen dazu sinnvoll ergänzt.

### 2. Zu Nr. 12

Obwohl aufgrund der parlamentarisch-demokratischen Grundordnung unseres Staates das Gesetz die wesentliche Rechtsquelle ist, hat sich die juristische Methodenlehre bis heute primär mit der *Anwendung* der Gesetze und anderer Rechtsquellen befasst und sich darüber hinaus allenfalls noch genauer mit der richterlichen Rechtsfortbildung beschäftigt. Der hier gewählte Ausgangspunkt für die juristische Methodenlehre – den streitigen Fall als Teil der Lebenswelt in den Mittelpunkt der Betrachtung zu rücken – eröffnet nun aber die Möglichkeit, wie die Abhandlung Nr. 12 zu zeigen versucht, auch den *Interpretationscharakter* des von der Rechtsdogmatik geleisteten Beitrags zur *Gesetzgebung* anzuerkennen. Dieser Umstand rechtfertigt es m. E., sie als notwendige Ergänzung zu den hier angestellten Überlegungen zur Rechtsanwendung[32] zu verstehen.

## III. Hinweise zur Form der Veröffentlichung

Die einzelnen Studien sind hier unverändert und in ihrer ursprünglichen Fassung abgedruckt. Die daraus folgende unterschiedliche Zitierweise in den Anmerkungen der Abhandlungen erklärt sich durchweg aus den vielfach voneinander abweichenden Vorgaben, die mir insoweit von den Redaktionen der Zeitschriften (und von den Herausgebern der Sammelbände), in denen sie zuerst

32 Siehe besonders Nr. 9 bei Anm. 71ff. und Nr. 10 bei Anm. 100ff.

erschienen sind, gemacht wurden. Zur ersten Orientierung über den Inhalt der Studien habe ich ihnen jeweils zusammenfassende Thesen angefügt[33]. Der inhaltlichen Orientierung über das Ausgeführte soll daneben das für diese Veröffentlichung gefertigte Stichwortverzeichnis, das sich bewusst auf die leitenden Schlüsselbegriffe beschränkt, dienen.

33 Davon ausgenommen ist wegen der Kürze des Textes nur Nr. 7.

# 1. Teil: Otto von Gierkes rechtssystematische Unterscheidung zwischen Individualrecht und Sozialrecht als gedanklicher Ausgangspunkt

# 1. Otto von Gierkes sozialer Eigentumsbegriff

Über das Eigentum hat *Gierke* an mehreren Stellen seines umfangreichen Werkes gehandelt. Ausführlicher geht er hierauf in seiner Kritik am ersten und zweiten Entwurf des BGB[1] sowie in der späteren Darstellung des geltenden bürgerlichen Rechts[2] ein. Zu beachten sind daneben seine ebenfalls in diesen Zeitraum fallenden Stellungahmen zu besonderen Problemen des landwirtschaftlichen Grundeigentums[3]. Die historische Entwicklung der deutschen Eigentumsordnung hatte *Gierke* bereits früher im zweiten Band seines Deutschen Genossenschaftsrechts[4] geschildert und darauf in den zuvor genannten Äußerungen zum Eigentumsbegriff häufiger verwiesen – ganz entsprechend seinem methodischen Ansatz, nach dem jede dogmatische Aussage auf einer historischen Grundlegung aufbauen muß[5].

1 Dazu besonders: Der Entwurf eines bürgerlichen Gesetzbuchs und das deutsche Recht (1889); Die soziale Aufgabe des Privatrechts (1889); Das Bürgerliche Gesetzbuch und der Deutsche Reichstag (1896).

2 Insbesondere: Deutsches Privatrecht, Bd. 2: Sachenrecht (1905) S. I ff., 347ff., 514ff.

3 Vgl.: Die Stellung des künftigen Bürgerlichen Gesetzbuchs zum Erbrecht in ländlichen Grundbesitz, in: (*Schmollers*) Jahrbuch für Gesetzgebung, Verwaltung und Volkswirtschaft, Jg. 12 (1888) S. 401ff.; Die Bodenbesitzverteilung und die Sicherung des Kleingrundbesitzes, in: Schriften des Vereins für Socialpolitik, Bd. 58 (1893) S. 163ff.; Empfiehlt sich die Einführung eines Heimstättenrechts, insbesondere zum Schutze des kleinen Grundbesitzes gegen Zwangsvollstreckung?, in: Deutsche Juristen Zeitung, Jg III (1898) S. 354ff.; Diskussionsbeitrag zu der Frage: Empfiehlt sich die Einführung eines Heimstättenrechts?, in: Verhandlungen des 24. Deutschen Juristentages, Bd. 4 (1898) S. 177ff.

4 Das deutsche Genossenschaftsrecht, Bd. 2 (1873), besonders §§ 5, 6, 8ff. Vgl. daneben auch: Deutsches Privatrecht, Bd. 2, S. 349ff. und: Grundzüge des deutschen Privatrechts, in: *F. v. Holtzendorff – J. Kohler* (Hrsg.), Enzyklopädie der Rechtswissenschaft, Bd. I (7. Aufl. 1915), S. 231f.

5 Zu dieser methodischen Grundhaltung *Gierkes* ausführlich: *A. Janssen*, Otto v. Gierkes Methode der geschichtlichen Rechtswissenschaft (1974) S. 20ff. – Für das Grundstücksrecht gibt es dazu noch einen besonders kennzeichnenden Hinweis *Gierkes:* In seinen Überlegungen zum Rechtssystem bemerkt er, dass das privatrechtliche Verbandrecht, da es die Brücke zum öffentlichen Recht schlage, richtigerweise am Schluss des Systems stehe. (Der Entwurf eines bürgerlichen Gesetzbuchs, S. 88). Zur Begründung dafür, dass er diesen Aufbau in seinem

## I.

Sucht man die inhaltliche Bedeutung der von *Gierke* geforderten sozialen Beschränkung des Privateigentums näher zu erfassen, so fällt zunächst die Verschiedenartigkeit der Forderungen auf, die er unter Berufung auf den sozialen Auftrag des Privatrechts an die Eigentumsordnung des neuen BGB stellt. Beispielhaft dafür ist seine Rede über »Die soziale Aufgabe des Privatrechts«:

Danach darf es kein pflichtenloses Eigentum geben (S. 17). Die positiven Pflichten des Eigentümers sind gesetzlich festzulegen. In negativer Hinsicht muss daneben eine allgemeine Regelung geschaffen werden, welche »dem Mißbrauch des Eigenthums ... zum Schaden Anderer Schranken setzt« (S. 18f.). Weiter ist der »absolutistische« Eigentumsbegriff abzulehnen. Das Eigentum besitzt, wie jedes andere Recht auch, eine »immamente« Schranke (S. 20). Es ist auch nicht »überall sich selbst gleich und von der Natur seines Gegenstandes vollkommen unabhängig«. Besonders muss zwischen dem Grundeigentum und dem Eigentum an Fahrnis klar unterschieden werden. Das Grundeigentum ist »seinem Inhalt nach von vornherein beschränkter«. Denn die Erde ist »trotz aller Bodenauftheilung bis zu einem gewissen Grade stets Gemeingut« geblieben. Alles Sonderrecht am Boden kann »nur mit einem starken Vorbehalt zu Gunsten der Allgemeinheit« bestehen. Das Grundeigentum selbst wiederum ist »je nach der Beschaffenheit des Grundstücks ... von ungleichartigem Inhalte ..., so daß es an Landgütern und städtischen Bauplätzen und gewerblichen Anlagen besondere Herrschaftsbefugnisse gewährt, an Wald und Wasser in sehr gesteigertem Maße durch Gemeinschaftsrecht gebunden wird, an den dem Gemeingebrauch gewidmeten öffentlichen Sachen sich nahezu verflüchtigt« (S. 21). An alledem zeigt sich, dass das Grundeigentum »in letzter Instanz nichts als ein begrenztes Nutzungsrecht an einem Theile des nationalen Gebietes« ist (S. 22).

Die »große soziale Funktion des Grundeigenthums« verlangt auch, dass »bei aller Anerkennung der Verfügungsfreiheit ... Schutzwehren gegen die Selbstzerstörung des Grundeigenthums durch Verschuldung und Zersplitterung« errichtet werden. Zu denken ist dabei an die Einführung einer dinglichen Rente, ein Heimstättenrecht zum Schutz des (kleinen) Grundbesitzes gegen Zwangsvollstreckung und den »Ausbau eines kräftigen Anerbenrechts« (S. 23). Umgekehrt muss das Privatrecht die Familienfideikommisse »in die erforderlichen Schranken weisen«, wenn auch der »in geschichtlichen Familien befestigte

---

Deutschen Privatrecht dennoch nicht durchführt, weist er darauf hin, dass sich »wenn auf eine *geschichtliche Grundlegung* nicht verzichtet wird, das deutsche Immobiliarrecht ohne vorherige Erörterung der genossenschaftlichen und herrschaftlichen Verbände nicht verständlich« machen läßt (Deutsches Privatrecht, Bd. I: Allgemeiner Teil und Personenrecht – 1895 – S. 108 Amm. 4, vgl. auch S. 262 Amm. 16).

Großgrundbesitz« innerhalb dieser Schranken als wahres Familieneigentum »eine wichtige nationale und soziale Funktion« erfüllt (S. 24).

Das Eigentum ist ferner nicht wesensverschieden von den beschränkten dinglichen Rechten. Diese sind »ebenso gute und schutzwürdige Rechte wie das Eigentum selbst«. Auch darin zeigt sich ein sozialer Gedanke, »denn man darf niemals vergessen, dass jede Absplitterung dinglicher Rechte vom Eigenthum zugleich eine Gemeinschaft begründet, die Gemeinschaft aber hier wie überall die Fähigkeit besitzt, durch Verbindung und Ausgleichung verschiedenartiger Kräfte die Gesammtkraft über die Summe der Einzelkräfte zu erhöhen« (S. 24f.)[6].

Dem sozialen Gedanken dient ebenfalls »die vom germanischen Recht vollzogene Überbrückung der Kluft zwischen den Rechten an fremder Sache und dem Eigentum«. Zwar gehört das geteilte Eigentum der Geschichte an, doch wird man auf verwandte Gebilde wie etwa das preußische Rentengut auch in Zukunft nicht verzichten können, »so oft wir neue Schichten des Volkes zu eigenem Besitz an Grund und Boden emporheben und zur Seßhaftigkeit erziehen, innere Kolonisation mit dauernden Erfolge treiben, den Arbeiterstand ansiedeln wollen« (S. 27).

Eine »Welt sozialer Angleichung« liegt für *Gierke* schließlich in dem »germanischen Rechtsgedanken ... beschlossen«, dass schon zwischen Obligationen – und Sachenrecht vielfältige Verbindungen und Zwischengebilde bestehen (S. 26f., auch S. 32). Er beendet seine Ausführungen zum Sachenrecht in dieser Rede mit der Forderung nach einem Sachbegriff, der sowohl »Gesamtsachen, Hauptsachen mit Zubehör und zweckbestimmte Sondervermögen als in sich geschlossene objektive Einheiten und als unmittelbare Gegenstände von Rechtsverhältnissen« umfasst und weiter die »unkörperlichen Sachen« anerkennt (S. 27f.).

Diese Forderungen an die neue bürgerlichrechtliche Eigentumsordnung wiederholt *Gierke* nun auch in seinen anderen Arbeiten zu den beiden Entwürfen des BGB; allerdings geschieht das dort nicht immer unter Berufung auf die *soziale* Aufgabe des Privatrechts[7].

---

6 *Gierke* führt dafür folgende Beispiele an: »eine Servitut, die das belastete Grundstück wenig beschwert, dem herrschenden Grundstück dagegen einen unverhältnißmäßgen Vortheil verschafft, steigert den Volksreichthum. Ähnlich kann es sich mit Reallasten verhalten. In anderer Richtung dienen dingliche Gebrauchs- und Nutzungsrechte umfassender Art, dingliche Anwartschaftesrechte oder Vorkaufsrechte, dingliche Anrechte am Werth unter bestimmten Voraussetzungen als Kulturhebel« (Die soziale Aufgabe des Privatrechts, S. 25).

7 Vgl. Der Entwurf eines bürgerlichen Gesetzsbuchs: S. 44ff. und S. 283ff (zum Sachbegriff), S. 96ff. und S. 567ff. (zu den Familienfideikommissen, dem Anerbenrecht und geteilten Eigentum, den Reallasten und Grunddienstbarkeiten u. a.), S. 101ff. (zum Eigentumsbegriff und den Beschränkungen des Grundeigentums), S. 189ff. und S. 281f. (zur Trennung des Sachenrechts vom Obligationen- und Sozialrecht); Das Bürgerliche Gesetzbuch und der Deut-

## II.

Fragt man nun nach den Gründen für diese Eigentumsauffassung *Gierkes*, so wird man sie zunächst, da *Gierke* ja stets eine historische Grundlegung für die dogmatische (und rechtspolitische) Arbeit forderte[8], in seinem Verständnis der historischen Eigentumsentwicklung zu suchen haben. Dabei müsste besonders die deutsche Eigentumsordnung des Mittelalters jenen Forderungen entsprechen, die *Gierke* an die Eigentumsregelungen des BGB stellte. Dies deshalb, weil für *Gierke* einmal soziales Recht mit deutschem Recht identisch ist[9], und zum anderen in seinen umfangreichen rechtshistorischen Darstellungen der Rezeptionsvorgang und das Zeitalter des Naturrechts letztliche keine selbständige Bedeutung besitzen, sondern von ihm nur als Entwicklungsstufen des mittelalterlichen deutschen Rechtsbegriffs verstanden werden[10].

*Gierke* hat nun im zweiten Band des Deutschen Privatrechts unter mehrfacher Bezugnahme auf seine historische Schilderung im zweiten Bande seines Genossenschaftsrechts die besonderen Merkmale der mittelalterlichen Eigentumsordnung in Deutschland zusammenfassend dargestellt[11]. In dieser Darstellung zeigt sich bei näherer Betrachtung eine überraschende Übereinstimmung mit seinen soeben wiedergegebenen Forderungen für eine soziale Eigentumsordnung. Dass die gleichen Gedanken nicht nur seine Kritik an den *Entwürfen* zum BGB, sondern weiter auch seine spätere Darstellung des Sachenrechts nach Inkrafttreten des BGB beherrschen, lässt sich ebenfalls dem

sche Reichstag: S. 26ff. (insbesondere zum Agrarrecht), S. 40f. (zum Grundeigentum und seinen Beschränkungen); daneben die in Anm. 3 genannten Arbeiten.

8 Vgl. Anm. 5.

9 Sehr deutlich: Das Bürgerliche Gesetzbuch und der Deutsche Reichstag, S. 39; Die soziale Aufgabe des Privatrechts, S. 15; Deutsches Privatrecht, Bd. I, S. 254f. Dazu *Janssen*, (Anm. 5) S. 64f, S. 69 Anm. 245.

10 Zur ausführlichen Begründung dieser These muss hier auf *Janssen* (Anm. 5) S. 46ff (besonders S. 50f.), auch S. 192f verwiesen werden. Von diesem Untersuchungsergebnis her scheint es uns auch nachwievor wenig sinnvoll, in *Gierkes* Geschichtsverständnis Ähnlichkeiten mit der *Hegelschen* Dialektik entdecken zu wollen, wie es jüngst *G. Dilcher* (Genossenschaftstheorie und Sozialrecht: Ein »Juristensozialismus« Otto von Gierkes?, in Quaderni Fiorentini, Bd. 3–4 (1974–75), S. 332f., 350ff.) im Anschluss an *E.-W. Böckenförde* (Die deutsche verfassungsgeschichtliche Forschung im 19. Jahrhundert, 1961, S. 155f., auch S. 158 Anm. 55) wieder tut. Dass weitere wesentliche Gründe gegen eine Beeinflussung *Gierkes* durch *Hegel* sprechen, haben wir, was *Dilcher* (a.a.O., S. 332 Anm. 56) wohl übersieht, an anderer Stelle ausgeführt (vgl. *Janssen*, Anm. 5, S. 173f., 200, 202f., auch S. 179, 181). Darauf ist hier noch zurückzukommen (vgl. bei Anm. 74ff.).

11 Die Frage, ob *Gierkes* historische Ergebnisse mit dem heutigen Forschungsstand übereinstimmen, stellen wir dabei nicht. Dazu demnächst zusammenfassend die Arbeit von *Susanne Pfeiffer-Munz:* »Soziales Recht ist deutsches Recht. Otto von Gierkes Theorie des sozialen Rechts untersucht anhand seiner Stellungnahmen zur deutschen und zur schweizerischen Privatrechtskodifikation«, die dem Verfasser als Manuskript zu Einsicht zur Verfügung stand.

zweiten Band des Deutschen Privatrechts entnehmen. Dieser Band erschien ja nach Erlass des BGB und hatte die »germanische Durchdringung« des geltenden bürgerlichen Sachenrechts zum Ziel[12]. *Gierke* schildert in diesem Werk die Grundgedanken des gesetzlichen Eigentumsbegriffs in starker Anlehnung an den zuvor gegebenen historischen Überblick. Er konzentriert die geschichtliche wie die dogmatische Darstellung auf acht Merkmale des Eigentumsbegriffs, die sich inhaltlich jeweils entsprechen. Der genauere Vergleich dieser beiden Darstellungen soll das nun im Einzelnen zeigen und damit zugleich das aus *Gierkes* Kritik an den Entwürfen zum BGB gewonnene Bild seiner sozialen Eigentumstheorie abrunden:

Bei der Schilderung des mittelalterlichen Eigentumsbegriffs hebt *Gierke* zunächst die Unterscheidung zwischen Grundeigentum und Fahrniseigentum hervor. Überhaupt habe das Eigentum im Mittelalter »durch die ungleiche Beschaffenheit seiner Gegenstände einen verschiedenen Rechtsinhalt« besessen (S. 356). Heute ist das Eigentum »seinem formalen Begriffe nach« zwar ein abstraktes Recht, doch wird es »in seinem inneren Wesen … durch die ungleiche natürliche und rechtliche Beschaffenheit der Sachgattungen differenziert«. Eine »tiefe Kluft« unterscheidet auch heute Grundeigentum und Fahrniseigentum inhaltlich voneinander (S. 362)[13].

Weiter enthält das Grundeigentum im Mittelalter »von je zugleich räumlich bedingte Herrschaft publizistischer Art und schließt die Keime der späteren Gebietshoheit wie des späteren Privateigentums in sich« (S. 356). Aus diesem Grundgedanken zieht *Gierke* für das geltende Eigentumsrecht die Folgerung, dass auch heute das Grundeigentum, obwohl es nun reines Privatrecht ist, »nicht den Inhalt einer den Sachkörper völlig durchdringenden Macht« haben könne. Denn die private Sachherrschaft gelte »nur innerhalb des vom öffentlichen Recht freigelassenen Bereiches«; die Grundstücke bilden nach *Gierke* zugleich »den vaterländischen Boden, der als Gebiet den Staatskörper und dessen Gliederbau trägt«. Wie die z. T. starken öffentlichrechtlichen Eigentumsbeschränkungen zeigen, sind »dieselben Sachkörper, an denen Eigentum besteht, gleichzeitig unmittelbarer Gegenstand eines mannigfach abgestuften öffentlichen Herrschaftsrechts« (S. 362f.).

Das deutsche Eigentum des Mittelalters ist ferner »darauf angelegt, sich in der

12 Zur Zielsetzung dieses Werkes: Deutsches Privatrecht, Bd. 2, Vorwort S. VI f.; genauer hierzu: *Janssen* (Anm. 5) S. 75ff.; auch S. 86ff.

13 Vgl. auch: Deutsches Privatrecht, Bd. 2, S. 2, 5ff. Diese Erkenntnis *Gierkes* deckt sich durchaus mit heutigen Einsichten der juristischen Dogmatik. So ist für das Lehrbuch des Sachenrechts von *F. Baur* (9. Aufl. 1977) die systematische Erkenntnis leitend, dass funktionelle Unterschiede zwischen Grundstücken und beweglichen Sachen bestehen (a. a. O., § 2 II.); zum gegenwärtigen Meinungsstand siehe auch: *P. Liver*, Eigentumsbegriff und Eigentumsordnung, in: Privatrechtliche Abhandlungen (1972) S. 162ff.

Doppelgestalt von Gemeinschaftseigentum und Sondereigentum zu verwirklichen« (S. 357). Dagegen versteht das BGB das heutige Eigentum als reines Individualrecht; es ist aber, wie *Gierke* hervorhebt und an anderer Stelle genauer nachweist, »sozialrechtlichen Ausbaus zu Gemeinschaftsrecht fähig« (S. 363, 380ff.).

Daneben erfasst das mittelalterliche Eigentum außer vermögensrechtlichen auch personenrechtliche Beziehungen. Besonders das Grundeigentum gewährt nicht nur »Macht über Vermögenswert, sondern zugleich eine personenrechtliche Stellung«; es erweist sich als eine »soziale Position« (S. 358). Das heutige Eigentum nun ist zwar Vermögensrecht, doch »wird es nicht nur von dem allgemeinen Recht der Persönlichkeit durchdrungen, sondern umschließt und schützt kraft des von ihm gewährleisteten Sachgenusses auch die besonderen persönlichen Beziehungen, die sein Subjekt mit der Sache verknüpfen«. Für das Grundeigentum zeigt etwa das Sonderrecht der gebundenen Güter (Bauern- und Rentengüter u. a.), dass es »nicht nur Vermögenswert, sondern persönliche Stellung, Familienheimat und Berufsstätte gewährt« (S. 363f.).

In einem weiteren Punkt kommt *Gierke* auf die Schranken des mittelalterlichen Eigentums zu sprechen. Dazu führt er aus: »Das deutsche Eigentum trägt Schranken in seinem Begriff. Es ist daher nicht ein im Gegensatz zu anderen Rechten unumschränktes (absolutes) Recht. Vielmehr reicht es nur so weit, wie das von der Rechtsordnung gebilligte und mit Rücksicht auf Beschaffenheit und Zweckbestimmung der einzelnen Sachgüter abgegrenzte rechtliche Interesse erfordert. Auch das Eigentum ist nicht zum Missbrauch, sondern zum rechten Gebrauch verliehen. Seinen Inhalt bildet nicht willkürliche, sondern rechtlich geordnete Macht. Und es ist nicht reine Befugnis, sondern mit Pflichten gegen die Familie, die Nachbarn und die Allgemeinheit durchsetzt. Vor allem beruht die Grundeigentumsordnung auf dem System einer mannigfach ausgebauten Gebundenheit des Eigentums« (S. 358). Demgegenüber ist heute das Eigentum »an sich« ein unbeschränktes dingliches Recht. Das gilt nach *Gierke* aber nur »im Vergleich mit den anderen Sachenrechten«. Misst man es dagegen »an der Vorstellung absoluter Macht …, so trägt es auch heute Schranken in seinem Begriff. Es verleiht nicht willkürliche, sondern rechtlich gebundene Macht«. So setzen nach § 903 BGB gesetzliche Bestimmungen den Befugnissen des Eigentümers Grenzen. Hinzukommen das Schikaneverbot des § 226 BGB, die Regeln über Notwehr und Notstand nach §§ 227ff., 904 BGB. Vor allem wird das Grundeigentum durch besondere gesetzliche Bestimmungen »in erhöhtem Maße« eingeschränkt. In alledem zeigt sich für *Gierke* u. a. »auch die Fortdauer der deutschrechtlichen Anschauung, dass das Eigentum mit Pflichten durchsetzt ist« (S. 364f.).

Ein wesentliches Merkmal des mittelalterlichen Eigentumsbegriffs ist auch, dass er »nicht die Elastizität des abstrakten Begriffs, der sich selbst gleich bleibt«, besitzt, sondern »der Abstufung fähig ist«. Als »Inbegriff der an der Sache möglichen Herrschaftsrechte« ist das mittelalterliche Eigentum, wenn ein wesentlicher Bestandteil fehlt, unvollständig; es bleibt zwar Eigentum, aber es ist Mindereigentum (S. 358f.). Das heutige Eigentum dagegen ist elastisch. Es bleibt »das die Sache im Ganzen ergreifende Herrschaftsrecht« und damit Volleigentum, auch wenn es durch dingliche Rechte anderer praktisch bedeutungslos geworden ist. Doch ist auch heute »die Vorstellung, dass inzwischen das Eigentum nicht nur tatsächlich, sondern auch rechtlich unvollständig sei, ... nicht völlig entschwunden«. *Gierke* denkt dabei besonders an das geteilte Eigentum. Dieses existiert zwar kaum noch in der Gegenwart, doch könnte der ihm zugrundliegende Gedanke bei der Bodenbesitzverteilung in Zukunft wieder Bedeutung gewinnen, zumal »die Gesetzgebung über Ansiedlungs- und Rentengüter bereits neue Formen eines unvollständigen Eigentums« geschaffen hat (S. 365, 372f.)[14].

Das deutsche Eigentum des Mittelalters war ebenfalls »kein ausschließliches Herrschaftsrecht das für gleich unmittelbare Herrschaftsrechte an seinem Gegenstande keinen Raum ließ«; es war (nur) ein dingliches Recht neben anderen. Die übrigen dinglichen Rechte sind zwar ihrem Umfang nach begrenzt, ergreifen aber »für ihren Bereich die Sache in derselben Weise, wie das Eigentum«. Sie sind »verselbständigte Eigentumssplitter« und zahlenmäßig nicht festgelegt (S. 359f.) Heute ist neben dem Eigentum »ein anderes die Sache im Ganzen ergreifendes Privatrecht« undenkbar. Das Eigentum ist ein an sich ausschließliches Sachenrecht. Jedoch gilt das nach *Gierke* nur für »andere auf Vollherrschaft, nicht (erg.: aber für) andere auf Teilherrschaft angelegte Privatrechte an der Sache«. Entgegen der herrschenden Dogmatik folgert er dann weiter: »die begrenzten dinglichen Rechte sind *für uns* (erg.: auch heute) gleich unmittelbare Sachenrechte wie das Eigentum selbst. Weil und soweit sie keine Herrschaft über die Sache im Ganzen gewähren, sind sie Rechte an fremder Sache. Weil und soweit sie einen Teilinhalt der Sachbeziehungen in den Machtbereich des Berechtigten verlegen, machen sie diesem die Sache teilweise zugehörig. *Darum* haben sie auch keinerlei Ausnahmestellung« Das BGB kennt allerdings nur eine geschlossene Zahl dinglicher Rechte mit gesetzlich festgelegtem Inhalt. Doch gelten alle bei Erlass des BGB bestehenden dinglichen Rechte mit ihrem bisherigen Inhalt fort; im Übrigen bleiben insoweit auch dem Landesrecht bestimmte Befugnisse vorbehalten (S. 365 ff. – erste Hervorhebung bei *Gierke!* –).

Schließlich bestand im Mittelalter nicht nur an körperlichen, sondern auch an

14 Zur Angewiesenheit der modernen Dogmatik auf ähnliche Denkmodelle wie das geteilte Eigentum: *W. Wiegand*, Zur theoretischen Begründung der Bodenmobilisierung in der Rechtswissenschaft: der abstrakte Eigentumsbegriff, in: *H. Coing* und *W. Wilhelm* (Hrsg.), Wissenschaft und Kodifikation des Privatrechts im 19. Jahrhundert, Bd. 3 (1976) S. 154.

unkörperlichen Sachen Eigentum. Deshalb gibt es im Mittelalter ein Eigentum an Zinsen, Renten, Vermögensinbegriffen u. a. (S. 360). Zwar kennt das BGB heute nur ein Eigentum an körperlichen Sachen, doch ist nach *Gierke* die »deutschrechtliche Erstreckung des Eigentumsbegriffs auf das volle Herrschaftsrecht an unkörperlichen Sachen nicht abgestorben«. So ist der »technische Begriff« des Eigentums etwa auf die liegenschaftlichen Gerechtigkeiten anwendbar; auch erscheinen die Realrechte, da sie »als Bestandteile des Grundstücks gelten sollen, zugleich als Gegenstände des Eigentums«. Das »Vollherrschaftsrecht an Sondervermögen« kann ebenfalls nur als Eigentumsrecht richtig verstanden werden. Das gilt schließlich auch für Rechte, an denen ein begrenztes dingliches Recht (Nießbrauch, Pfandrecht) anerkannt wird. Denn »sobald die einen Gegenstand in einzelnen Beziehungen ergreifende Herrschaft als Sachenrecht vorgestellt wird, ist auch die den Gegenstand im Ganzen ergreifende Herrschaft als Sachenrecht und somit als Eigentum vorstellbar« (S. 367).

Ergänzend zu diesen Ausführungen *Gierkes* zum Eigentumsbegriff ist noch darauf hinzuweisen, dass er im 2. Band seines Deutschen Privatrechts ebenfalls die vielfältigen Verbindungen zwischen Schuld- und Sachenrecht betont hat: Das Wesen des dinglichen Rechts besteht nach *Gierke* im alten deutschen Recht nicht wie heute in der Verfolgbarkeit gegen Dritte, sondern »in der Bekleidung mit Gewere«. Darum ging das deutsche Recht »von der Anschauung aus, dass jedes persönliche Recht auf Sachherrschaft durch Hinzutritt einer entsprechenden Gewere zu dinglichem Recht werde«. Daraus folgte, dass im alten deutschen Recht »ein derartiges Forderungsrecht als Vorstufe des Sachenrechts, gewissermaßen als werdendes Sachenrecht« erschien. Doch auch das gegenwärtige Recht »nähert auf verschiedenen Wegen Forderungsrechten den Sachenrechten an, indem es sie mit dinglichen Wirkungen gegen Dritte bekleidet«. Es handelt sich dabei durchweg um eine »Verdinglichung durch Besitzrecht«[15].

Dieser Überblick dürfte nun dreierlei ganz deutlich gemacht haben. Zunächst: Alle wesentlichen Forderungen *Gierkes* an die Eigentumsreglungen der beiden *Entwürfe* zum BGB wie seine spätere Interpretation des *geltenden* bürgerlichen Rechts werden tatsächlich von den gleichen Grundgedanken be-

---

15 Deutsches Privatrecht; Bd. 2, S. 608ff. Als Beispiele für Forderungsrechte mit dinglichen Wirkungen führt *Gierke* zunächst die durch Vormerkung gesicherten Forderungen an. Daneben verweist er auf das liegenschaftliche Miet- und Pachtrecht, das persönliche Erwerbsrecht an Früchten oder anderen Bestandteilen u. a. Auch im dritten Band seines Deutschen Privatrechts (Schuldrecht, 1917) ist er auf die Verbindungen zwischen Schuld- und Sachenrecht mehrfach eingegangen: vgl. S. 57, 513f., 516, 539ff. Dass *Gierkes* Gedanken sich vielfach mit modernen dogmatischen Erkenntnissen decken, zeigen die Ausführungen *Baurs* zur Trennung und zu den Übergängen zwischen absoluten und relativen Rechten (Lehrbuch des Sachenrechts, § 2 I. 1. a), § 6 II. I., § 29 D. I., § 29 E.).

herrscht. Weiter: Diese Grundgedanken lassen sich bereits in seiner historischen Schilderung der deutschen Eigentumsordnung des Mittelalters finden. Schließlich: *Gierkes* Kritik am Eigentumsbegriff der Entwürfe zum BGB und seine Interpretation der entsprechenden Vorschiften des geltenden BGB laufen inhaltlich letztlich darauf hinaus, das *gebundene* Privateigentum, das vom BGB, wie ein Blick in die Motive und das Einführungsgesetz zum BGB von 1896 zeigt[16], »zum Ausnahmerecht erklärt ist, als allgemeingültig zu verteidigen«[17].

## III.

An anderer Stelle haben wir zu zeigen versucht, dass *Gierkes* privatrechtliche Arbeiten gegenüber seinen früheren Untersuchungen zum Verbandsrecht in viel geringerem Maß historische Bezüge aufweisen, dass aber dieser Rückgang der geschichtlichen Betrachtung in den Arbeiten zum BGB keinen Verzicht auf konkrete Wirklichkeitserfahrung bedeutet; darauf kann hier verwiesen werden[18]. Ist diese Beobachtung richtig, so müssen *Gierkes* Forderungen nach einer sozialen Eigentumsordnung trotz aller Übereinstimmung mit dem von ihm entworfenen Bild der mittelalterlichen Eigentumsverhältnisse noch auf anderen Überlegungen beruhen. Das scheint uns bei näherer Betrachtung seiner geschilderten Grundgedanken zum Eigentumsbegriff auch der Fall zu sein. Es lassen sich nach unserem Eindruck dabei drei verschiedene Argumentationsebenen unterscheiden. Einmal sind es rechts*politische* Überlegungen, die *Gierkes* sozialen Eigentumsbegriff bestimmen, zum anderen rechts*dogmatische* und schließlich eine bestimmte *philosophische* Haltung *Gierkes:*

1. In seiner Rede über »Die soziale Aufgabe des Privatrechts« und auch im zweiten Band seines Deutschen Privatrechts weist *Gierke* wie gezeigt darauf hin, dass die Erde letztlich Gemeingut sei und es darauf ankomme, breiten Schichten des Volkes, insbesondere auch kleinen bäuerlichen Betrieben eine gesicherte Existenzgrundlage zu verschaffen. Der rechts*politische* oder besser: sozialpolitische Charakter dieser Forderung wird noch deutlicher, wenn man ergänzend hierzu seine programmatische Rede vor dem Verein für Sozialpolitik über »Die Bodenbesitzverteilung und die Sicherung des Kleingrundbesitzes« aus dem Jahr 1893 heranzieht[19]. *Gierke* zeichnet dort zunächst ein im Allgemeinen recht wirklichkeitsnahes Bild der Geschichte der Bodenbefreiung und ihrer Folgen:

16 Dazu die präzise Analyse bei *H. Kuntschke*, Zur Kritik Otto von Gierkes am Bürgerlichen Gesetzbuch, in: Wiss. Zeitschr. der Humboldt Universität zu Berlin. Gesellschafts- und Sprachwissenschftl. Reihe, JG XVII (1968) S. 379.

17 So richtig *Kuntschke* (Anm. 16) S. 380; dazu hier noch bei Anm. 25ff.

18 *Janssen* (Anm. 5) S. 59ff, Zusammenfassung: S. 88ff.

19 A.a.O. (Anm. 3). Der damalige Vorsitzende des Vereins für Sozialpolitik, *Gierkes* Freund

Die Entwicklung des modernen Staates und die Rezeption des römischen Rechts haben die »persönliche Vollfreiheit und Rechtsgleichheit aller Volksgenossen« mit sich gebracht. Durch die im Wege der Gesetzgebung bewirkte Auflösung der sozialrechtlichen Gebundenheit des Grundeigentums entstand »im Prinzip das freie Privateigentum«, das als »sachenrechtliches Komplement« der erreichten Freiheit und Gleichheit zu verstehen ist (S. 164f.)[20]. Doch erwuchsen »aus der einseitigen Durchführung einer individualistisch-kapitalistischen Grundeigentumsordnung neue, ungeahnte Gefahren«. Im Ergebnis ist es dazu gekommen, dass »von der freien Verschuldbarkeit des Bodens ein übermäßiger Gebrauch gemacht worden ist und vielfach eine Schuldenlast besteht, die den Landwirt weit unfreier erscheinen lässt, als da er zehnte und fronte«. Er ist häufig praktisch zum »Lohnarbeiter der Hypothekengläubiger« geworden. Die schlimmste Folge dieser Entwicklung ist in *Gierkes* Augen die, dass »eine Minderung des mittleren, des bäuerlichen Besitzes ... durch Aufsaugung seitens des Großbesitzes einerseits, durch Zerstäubung in proletarischen Zwergbesitz andererseits« eingetreten ist (S. 166). Geht nun in Zukunft die wirtschaftliche Entwicklung in dieser Richtung weiter, führt sie also zur »Zerreibung aller Zwischenbildungen zwischen Latifundien und proletarischem Zwergbesitz«, so ist nach *Gierke* der Staat als Gesetzgeber aufgerufen, dem entgegenzutreten (S. 173f.). Denn der mittlere Bauernstand ist seiner Ansicht nach unbedingt zu fördern, da er eine wesentliche Voraussetzung für ein gesundes Volksleben und weiter für einen wirtschaftlich autarken und mächtigen Staat darstellt (S. 169, 170, 173, 178).

Erforderlich ist eine »socialrechtliche(n) Prägung des ländlichen Grundeigentums« (S. 171). *Gierke* begrüßt darum einige neuere Gesetze wie die Ansiedlungs- und Rentengutsgesetze oder die Wiedereinführung des bäuerlichen Anerbenrechts, da ihnen »wieder der Gedanke einer socialrechtlichen Bindung des Grundeigentums unterliegt« (S. 167, ähnlich S. 169). Das gleiche gilt für das Heimstättenrecht (S. 172, 175, 176f.)[21].

Dem Vorwurf, dass damit z. T. alte und längst überwundene Zustände wiedereingeführt würden, begegnet *Gierke* zunächst mit dem Hinweis, dass »alle lebendige fruchtbare Kulturbewegung« niemals in gradliniger Entwicklung verlaufe, sondern sich im »Ringen weltbewegender Gedanken« vollziehe. Ein

*Gustav Schmoller*, dankt *Gierke* am Ende seines Vortrags mit den Worten: »Unsere Referate wären unvollkommen gewesen, wenn wir nicht vom Standpunkte des *Rechtshistorikers und Rechtspolitikers zugleich* die Dinge behandelt hätten« (a. a. O., S. 178).

20 Ähnlich: Die soziale Aufgabe des Privatrechts S. 25.

21 Vgl. dazu auch *Gierkes* Aufsatz: Empfiehlt sich die Einführung eines Heimstättenrechts, insbesondere zum Schutze des kleinen Grundbesitzes gegen Zwangsvollstreckung?, a.a.O (Anm. 3). Zu den genannten Gesetzen auch *Gierkes* Arbeiten: Das Bürgerliche Gesetzbuch und der Deutsche Reichstag, S. 26f.; Der Entwurf eines bürgerlichen Gesetzbuchs und das deutsche Recht, S. 97; Die soziale Aufgabe des Privatrechts, S. 23f.

bereits überwundener Gedanke könne sich so »in verjüngter Gestalt mit frischer Kraft« erheben. In der Gegenwart sei allem Anschein nach die »Renaissance des germanischen Rechtsgedankens der socialen Harmonie« zu beobachten. Doch hätten, so fährt *Gierke* fort, »solche geschichtsphilosophischen Erwägungen nur *sekundären* Wert«. Es gäbe »packendere und zwingendere Beweggründe«, um für die Zukunft eine soziale Grundeigentumsordnung zu fordern; nämlich, wie schon erwähnt, die Schaffung und Erhaltung des Kleingrundbesitzes als Voraussetzung für einen gesunden Bauernstand (S. 170).

Fassen wir zusammen: Die Befreiung des Grundeigentums hat zu sozialen Mißständen geführt, namentlich zur Gefährdung des Kleingrundbesitzes. Um diesen Mißständen abzuhelfen und weiter auch eine gerechte Bodenbesitzverteilung zu erreichen, sind gesetzliche Maßnahmen erforderlich. Die Ansiedlungs- und Rentengutsgesetze wie das Anerben- und Heimstättenrecht u. a. sind Schritte in die richtige Richtung. »Man kann diese Rechtsbildungen«, so sagt *Gierke*, »entweder als notwendige Modifikationen der im Prinzip unantastbaren individualistisch-kapitalistischen Eigentumsordnung betrachten. Oder man kann in ihnen die verheißungsvollen Anfänge einer neuen socialen Eigentumsordnung begrüßen« (S. 168). *Gierke* tut letzteres und rechtfertigt seinen Standpunkt primär mit sozialpolitischen Erwägungen.

Diese Haltung *Gierkes* ist nun Teil einer umfassenden Wirklichkeitserfahrung. Sie besteht, wie sich verschiedenen Arbeiten von ihm entnehmen lässt, in der Erkenntnis, dass »unbeschwichtigte Gefahren furchtbarer Art im Schooße unserer Gesellschaft lauern«, denen u. a. mit einer neuen sozialen Privatrechtsordnung begegnet werden muss[22]. So ist auch der weitere politische Sinn seiner Forderung nach einer sozialen Eigentumsordnung darin zu sehen, diesen Konflikt zu verhindern bzw. abzubauen. Gerade weil *Gierke* das Privateigentum als das notwendige Ergebnis eines nicht umkehrbaren historischen Prozesses[23] bejahte, musste er, wenn er die genannten Spannungen in der Gesellschaft, die ja auf eine Gefährdung des Privateigentums hinausliefen, erkannt hatte, für eine Sozialbindung des Eigentums eintreten. Diese politische Erkenntnis des »sowohl – als auch« hat er für die ländliche Grundeigentumsordnung sehr deutlich ausgedrückt:

> »Wenn das Privateigentum am Boden durch Verstaatlichung oder Vergesellschaftung aufgezehrt würde und damit die stolze Freiheit des deutschen Landmannes in socialistischer und kommunistischer Verknechtung ihr Grab fände, so wäre der Anfang vom

22 Die soziale Aufgabe des Privatrechts, S. 10. Diese Einsicht hat *Gierke* an mehreren Stellen seines Werkes ausgesprochen. Vgl. die Nachweise bei *Janssen* (Anm. 5), S. 66 und S. 202. Zu diesem Gedanken auch *Dilcher* (Anm. 10), S. 355ff. mit Anm. 118 und die Arbeit von *Pfeiffer-Munz* (Anm. 11).

23 Vgl. das hier bei Anm. 20 Gesagte.

Ende unseres Volkslebens gekommen. Aber der Anfang vom Ende unseres Volkslebens wäre auch gekommen, wenn in Verfolgung bisher eingeschlagener Bahnen das Grundeigentum überall in Deutschland die Vogelfreiheit der Handelsware erwürbe und damit das Börsenkapital der oberste Herr des Landes und der Regulator der Besitzverteilung würde. Nach meiner Überzeugung ist das *doppelte* Ziel der Erhaltung des Privateigentums am Boden und der Sicherung einer gedeihlichen Bodenbesitzverteilung nur erreichbar, wenn die Rechtsordnung das Landgut nicht als Ware, sondern als sociale Position behandelt«[24].

2. *Gierkes dogmatische* Argumente für eine soziale Eigentumsordnung sind vor allem in seinem Verständnis des *subjektiven Rechts* und seiner *juristischen Begriffsbildung* zu suchen. Doch spricht für die These von den immanenten Schranken des Eigentums nach *Gierke* auch ein *Auslegungsgesichtspunkt:*

a) Folgt man nämlich dieser These nicht, sondern geht von der »im Prinzip unantastbaren … Eigentumsordnung« aus[25], dann stellen sich die nach geltendem Recht »nur durch Vorbehalte in einem Nebengesetze ermöglichten partikulären Rechtssätze, in denen … Schranken und Pflichten gegenüber der Gemeinschaft … Anerkennung finden, … als Singularitäten dar, als vorläufig geschonte Überlebsel der Vergangenheit oder geduldete Ausnahme-Einrichtungen, die eines speziellen Zweckes wegen die Reinheit des Prinzips trüben«[26]. Das wiederum hat zwangsläufig unerwünschte Folgen für die praktische Rechtsanwendung. Denn man wird dann »an dem alten Rechtssatz festhalten, dass *Ausnahmen strikt zu interpretieren* sind. Man wird so viel wie möglich die Einpassung in das individualistische-kapitalistische Grundeigentumssystem suchen«[27]. Die Lehre von den immanenten Schranken des Eigentums kann so gesehen, da das Gesagte im Prinzip auch für die im BGB selbst enthaltenen gesetzlichen Beschränkungen gelten muss, damit gerechtfertigt werden, dass die die Eigentumsfreiheit einengenden Vorschriften – als Ausnahmeregelungen verstanden – grundsätzlich restriktiv ausgelegt werden und damit der wirkliche soziale Gehalt des Eigentums nicht voll wirksam werden kann[28].

---

24 Die Bodenbesitzverteilung und die Sicherung des Kleingrundbesitzes (Anm. 3) S. 169. Ähnlich: Der germanische Staatsgedanke (1919) S. 26f.

25 So *Gierke* in seiner Rede über: Die Bodenbesitzverteilung und die Sicherung des Kleingrundbesitzes (Anm. 3) S. 168.

26 Das Bürgerliche Gesetzbuch und der Deutsche Reichstag, S. 40; ähnlich: Die Bodenbesitzverteilung und die Sicherung des Kleingrundbesitzes (Anm. 3) S. 168f.

27 So: Die Bodenbesitzverteilung und die Sicherung des Kleingrundbesitzes (Anm. 3) S. 169 (Hervorhebung bei *Gierke!*); entsprechend: Das Bürgerliche Gesetzbuch und der Deutsche Reichstag, S. 40.

28 Ganz ähnlich sieht *Gierke*, wie uns die Schilderung seiner Darstellung des Eigentumsbegriffs im zweiten Band des Deutschen Privatrechts zeigte (siehe hier II.), das Verhältnis der begrenzten dinglichen Rechte zum Eigentum: Die begrenzten dinglichen Rechte sind, soweit sie einen »Teilinhalt der Sachbeziehungen in den Machtbereich des Berechtigten« verlegen,

b) Auch *Gierkes* Verständnis des *subjektiven* Rechts kann seine Forderung nach einer sozialen Eigentumsordnung erklären. *Gierke* geht mit der herrschenden Lehre davon aus, dass das Privatrecht »Befugnissphären« anerkennt, die dem einzelnen »eine frei für den individuellen Lebenszweck verwendbare Herrschaft über die äußere Güterwelt« sichern. Damit ist jedoch nach *Gierke* nur die *eine* Seite des subjektiven Rechts erfasst. Denn das Recht ist »nicht einseitige, sondern gegenseitige Willensbeziehung«[29]. Neben den Befugnissen sind deren »Korrelate«, die Pflichten, als zweiter Grundbestandteil des subjektiven Rechts zu beachten[30]. Auch das Sachenrecht, so folgert *Gierke* weiter, ist »zuletzt ein Verhältniß zwischen menschlichen Willen, nicht zwischen einem isolierten Einzelwillen und dem willenlosen Objekt«, auch hier besteht also letztlich ein Rechtsverhältnis zwischen Personen. Damit ist »für unsere heutige Auffassung die pflichtenlose Herrschaft ausgeschlossen«. Ein pflichtenloses Eigentum ist deshalb für *Gierke* logisch nicht denkbar[31].

Im Ergebnis wird von *Gierke* subjektives Recht mit Rechtsverhältnis gleichgesetzt und beides als gleich unmittelbar gegeben betrachtet. Diese Ineinssetzung von subjektivem Recht und Rechtsverhältnis zeigt sich, wenn *Gierke* schreibt: Die Elemente des subjektiven Rechts sind »Rechte (Befugnisse) und Pflichten (Verbindlichkeiten)«, und unmittelbar daran die Feststellung anschließt: »Rechte und Pflichten verbinden sich zu *Rechtsverhältnissen*«[32].

Dieses Verständnis des subjektiven Rechts enthält aus heutiger Sicht insofern eine richtige Erkenntnis, als neben dem Rechtssubjekt als erstem privatrechtlichen Grundbegriff heute vielfach das Rechtsverhältnis als zweiter wesentlicher Grundbegriff des bürgerlichen Rechts angesehen wird, das seinerseits als eines seiner Elemente subjektive Rechte enthalten kann. So stellt *Larenz* in seinem

---

gleich unmittelbare Sachenrechte wie das Eigentum selbst. Im Verhältnis zu diesem haben sie darum »keinerlei *Ausnahmestellung*« (a. a. O., S. 366).

29 Die soziale Aufgabe des Privatrechts, S. 17; Das deutsche Genossenschaftsrecht, Bd. 2, S. 36, 130.

30 Deutsches Privatrecht, Bd. 1, S. 225.

31 Die soziale Aufgabe des Privatrechts, S. 17f.; Der Entwurf eines bürgerlichen Gesetzbuchs, S. 282. Dazu auch: *Kuntschke* (Anm. 16) S. 380.

32 Grundzüge des Deutschen Privatrechts (Anm. 4) S. 192. Richtig erkannt von *B. Rüthers*, Die unbegrenzte Auslegung (2. Aufl. 1973) S. 343, vgl. auch S. 338f. mit Anm. 13. Die rechtsphilosophische Wurzel für *Gierkes* Verständnis des subjektiven Rechts lässt sich mühelos aus der Philosophie *Kants* ableiten (zum folgenden: *Chr. Ritter*, Recht, Staat und Geschichtsfinalität. Bemerkungen zu neuen Kant-Interpretationen, in: Der Staat, Bd. 16 – 1977, S. 250ff, hier: S. 254ff.): Von »absoluter Dignität« ist nach *Kant* nur ein Recht: Freiheit, und zwar – das ist das Entscheidende – Freiheit im Sinne des kategorischen Imperativs! Freiheit ist also auch Voraussetzung des Eigentums und nicht umgekehrt. Richtig folgert *Ritter* (a. a. O., S. 256), dass die Abhängigkeit »*jeden* Rechts« und damit auch des Eigentumsrechts nach Umfang und Inhalt »vom Prinzip möglicher Allgemeinheit (Reziprozität) … eine *ursprüngliche* Interdependenz von Recht-Haben und Recht-Geben, der Freiheit des Einzelnen und der Freiheit aller« bedeutet (a. a. O., S 256 – zweite Hervorhebung bei *Ritter!*).

Lehrbuch zum Allgemeinen Teil des BGB gerade diesen Gedanken als einen wesentlichen Fortschritt der neueren Zivilrechtsdogmatik hin, der u. a. in der Sozialbindung des Eigentums seine Ursache habe[33]. Er kommt deshalb ähnlich wie *Gierke* zu der Ansicht, dass auch das Eigentum letztlich als Rechtsverhältnis zwischen Personen (und nicht zwischen einer Person und einer Sache) zu verstehen sei[34]. Uns will es insoweit auch kein Zufall scheinen, dass *Larenz* in der ersten Auflage des genannten Lehrbuchs zur Sozialbindung des Eigentums bemerkt: »Das Eigentum ist daher weder nach positivem Recht, noch, wenn man es richtig sieht, für die rechtsphilosophische Betrachtung ein *schrankenloses* Recht, für das es zu Unrecht im 19. Jahrhundert manchmal gehalten wurde. Vielmehr ist dem Eigentum insbesondere an Grundstücken die Möglichkeit und sogar die Notwendigkeit einer Begrenzung der in ihm im allgemeinen enthaltenen Befugnisse nach Maßgabe sozialer Erfordernisse *immanent*«[35].

c) Ausgangspunkt der *juristischen Begriffsbildung*[36] ist für *Gierke* auch bei der Entwicklung des Eigentumsbegriffs die Überlegung, dass »das Eigentum eine historische, keine logische Kategorie« sei[37]. Dieser Begriff wird, wie alle juristischen Begriffe, durch Abstraktion von der lebendigen Wirklichkeit gebildet, wobei *Gierke* unter »Wirklichkeit« nicht nur die gegenständliche, sondern die gesamte geistig wahrnehmbare Wirklichkeit versteht[38]. Seine bereits erwähnte[39] Kritik am Sachbegriff des BGB beruhte ja gerade darauf, dass dieser nicht die unkörperlichen Sachen umfasste und damit auch ein Eigentum an unkörperli-

33 *K. Larenz*, Allgemeiner Teil des deutschen bürgerlichen Rechts (3. Aufl. 1975) S. 152 Anm. 1 (= § 12 I.). Vgl. aber auch seine interessante Bemerkung auf Seite 159 Anm. 1 (= § 12 II.), die einen indirekten Beleg für die Wirkungsgeschichte des *Gierke*schen Rechtsdenkens (vgl. dazu hier V.) bietet: »Verfehlt waren auch die Versuche (mit Einschluss meines eigenen) des Jahres 1934, das subjektive Recht in der Rechtsstellung (des einzelnen in der rechtlich verfassten Gemeinschaft) *aufgehen* zu lassen. Das ›subjektive Recht‹ ist ein ursprünglicher, nicht erst aus den einzelnen, auf Rechte bezogenen Normen abstrahierter Begriff, der mit dem ›rechtlichen Grundverhältnis‹ (als dem Modell aller Rechtsverhältnisse) gegeben ist.«.

34 *Larenz* (Anm. 33) S. 153 (= § 12 I.); ähnlich *J. Sontis*, Strukturelle Betrachtungen zum Eigentumsbegriff, in Festschrift für K. Larenz zum 70. Geb. (1973) S. 997f.

35 Allgemeiner Teil des deutschen bürgerlichen Rechts (1. Aufl. 1967) S. 64 (1. Hervorhebung bei *Larenz!*). Hierzu wiederum auch *Sontis* (Anm. 34), der dies allerdings nur für die Duldungs- und Unterlassungspflichten des Eigentümers gelten lassen will, während dessen Handlungs- oder Leistungspflichten nach *Sontis* »dem Eigentums*verhältnis*, und nicht dem Eigentum als subjektivem Recht, immanent sind« (S. 998).

36 Zur juristischen Begriffsbildung *Gierkes* ausführlich: *Janssen* (Anm. 5) S. 124ff., 139ff., auch 180ff.

37 Deutsches Privatrecht, Bd. 2, S. 348 Anm. 2.

38 Labands Staatsrecht und die deutsche Rechtswissenschaft (1883, – zitiert wird hier nach dem Neudruck Darmstadt 1961) S. 7; Deutsches Privatrecht, Bd. 1, S. 268, 269f., 470, vgl. auch S. 254 Anm. 8; Genossenschaftsrecht, Bd. 2, S. 7, 61f., 63. Diese Abstraktion ist aber ein *geschichtlicher* Vorgang. Vgl. für das Eigentum: Deutsches Privatrecht, Bd. 2, S. 349ff. mit weiteren Nachweisen und: Grundzüge des deutschen Privatrechts (Anm. 4) S. 232.

39 Vgl. oben I. und II, jeweils am Ende.

chen Sachen, wie *Gierke* das z. B. für die Realrechte, liegenschaftlichen Gerechtigkeiten und Sondervermögen forderte, ausgeschlossen war. Wird nun der Eigentumsbegriff wie jeder andere Rechtsbegriff durch eine Abstraktion gebildet, so kann er auch nicht seiner *Natur* nach von den übrigen dinglichen Rechten unterschieden werden. Das heißt: allein das »Objekt« des Rechts, sein Umfang, nicht aber eine bestimmte Rechtsqualität entscheidet darüber, ob ein Eigentumsrecht oder ein anderes dingliches Recht vorliegt. Die Regelungen des BGB haben daran nach *Gierke*, wie wir schon zeigten[40], nichts geändert. *Gierke* folgert richtig: »Von der Möglichkeit, aus der Totalität der Beziehungen, in denen eine körperliche Sache sich zur Beherrschung durch menschlichen Willen eignet, einen Teilinbegriff auszuscheiden und als das Objekt besonderer Beherrschung zu setzen, hängt die *Ebenbürtigkeit* der übrigen dinglichen Rechte mit dem Eigentum ab«[41]. Das ist der entscheidende Gedanke! Wie *Gierke* am gleichen Ort etwas später ausführt, wird er ergänzt durch die Erkenntnis, dass »auch von einem ›Eigentum‹ an unkörperlichen Sachen gesprochen« werden kann, »um das die Totalität des betreffenden Objektes ergreifende Recht von den etwa abgesplitterten unvollkommenen Rechten zu unterscheiden«[42].

Diese Einebnung der begrifflichen Unterscheidung zwischen Eigentum und beschränkten dinglichen Rechten legt die Vorstellung der mit dem Begriff des Eigentums gegebenen Schranken oder besser: die Vorstellung von diesem Begriff *immanenten* Schranken nahe. *Gierke* hat das gesehen. Er schreibt: »Das volle und rückhaltlose Bekenntnis, daß das Sacheigentum ein Recht und nichts als ein Recht ist und von anderen Rechten sich zwar durch seinen begrifflich auf die Beherrschung einer körperlichen Sache in ihrer Totalität gerichteten Inhalt unterscheidet, im übrigen aber in Wesen und Rang ihnen gleichsteht, ist nicht bloß von juristisch-technischer, sondern auch von *hoher ethischer und socialer* Bedeutung!«[43]. Darauf hat *Gierke*, wie wir anfangs sahen, auch bereits in seiner Rede über die soziale Aufgabe des Privatrechts hingewiesen[44].

3. Unsere Überlegungen zum Eigentumsbegriff zeigten schon mehrfach, dass *Gierke* mit seiner Forderung nach einer Sozialbindung des Eigentums wie überhaupt mit seinem Streben nach einer sozialen Privatrechtsordnung vorhandene Gegensätze überbrücken will. So wies er zunächst allgemein darauf hin,

---

40 Vgl. oben II.

41 Der Entwurf eines bürgerlichen Gesetzbuchs, S. 45.

42 Der Entwurf eines bürgerlichen Gesetzbuchs, S. 47; ganz entsprechend Deutsches Privatrecht, Bd. 2, S. 367, worauf hier unter II. eingegangen wurde.

43 Der Entwurf eines bürgerlichen Gesetzbuchs, S. 45.

44 Vgl. bei Anm. 6. Die Ausführungen *Gierkes* zum Eigentumsbegriff spiegeln seine allgemeinen Erkenntnisse zur juristischen Begriffsbildung wider. Das zeigt etwa die genauere Untersuchung seines Begriffs der Verbandsperson oder des Begriffs der »Sachverbände« (dazu *Janssen* – Anm. 5 – S. 139ff.).

dass die *Verbindungs*linien zwischen Schuld- und Sachenrecht befestigt und ausgebaut werden müssten[45]. In der rechtlichen Gleichsetzung des Eigentums mit den beschränkten dinglichen Rechten sah er, da »jede Absplitterung dinglicher Rechte vom Eigentum zugleich eine Gemeinschaft begründet«, die positive Folge, dass die so begründete Gemeinschaft »hier wie überall die Fähigkeit besitzt, durch *Verbindung und Ausgleichung* verschiedenartiger Kräfte die Gesammtkraft über die Summe der Einzelkräfte zu erhöhen«[46]. Schließlich forderte Gierke den Schutz der mittleren und kleinen landwirtschaftlichen Betriebe, um die »*Zwischenbildungen* zwischen Latifundien und proletarischem Zwergbesitz« zu erhalten[47].

Die Beispiele ließen sich beliebig vermehren. Die Frage, warum *Gierke* sich von dem dahinterstehenden allgemeinen Gedanken der »socialen Harmonie«[48] auch in seiner Eigentumslehre bestimmen lässt, kann letztlich noch mit seiner *philosophischen* Grundhaltung beantwortet werden, auf der seine Betonung der sozialen Aufgabe des Privatrechts wie seiner Rechtsauffassung überhaupt beruht. Das soll hier nur kurz angedeutet werden[49]:

Ausgangspunkt seiner Rechtsbetrachtung ist die »geschichtlich feststehende (n) Thatsache«, dass der Mensch »überall und zu allen Zeiten die Doppeleigenschaft an sich trug, ein Individium für sich und ein Glied des Gattungsverbandes zu sein«. Wir haben es nach *Gierke* nicht nur als eine »natürlich gegebene Thatsache« hinzunehmen, sondern »als begriffliches Merkmal des Menschen« zu setzen, »daß sein Dasein sich zum Theil auf sich selbst und zum Theil auf eine darüberstehende Gemeinschaft bezieht«. Das Recht ist entsprechend dem Wesen des Menschen in Individualrecht und Sozialrecht aufzuteilen[50]. Über dieser Trennung der Rechtssphären darf die Rechtsordnung aber nicht »die *Einheit* des Zieles« vergessen[51], denn Einzelleben und Gemeinleben spielen sich ja letztlich »in der unzerreißbaren Einheit desselben Menschendaseins« ab[52]. Gesunder geschichtlicher Fortschritt ist für *Gierke* deshalb auch nur denkbar, wenn bei der fortschreitenden Differen-

45 Die soziale Aufgabe des Privatrechts, S. 26.

46 Die soziale Aufgabe des Privatrechts, S. 25.

47 Die Bodenbesitzverteilung und die Sicherung des Kleingrundbesitzes, a.a.O. (Anm. 3) S. 173. Dieser Gedanke klingt in allgemeinerer Form ebenfalls an in: Der germanische Staatsgedanke (1919) S. 18 und: Naturrecht und deutsches Recht (1883) S. 28f., 30.

48 Bodenbesitzverteilung (Anm. 3) S. 170.

49 Zum folgenden genauer: *Janssen* (Anm. 5) S. 64ff., auch S. 158f., 161f. und *Kuntschke* (Anm. 16) S. 376. Vertiefend nunmehr die Arbeit von *Pfeiffer-Munz* (Anm. 11).

50 So: Grundbegriffe des Staatsrechts und die neuesten Staatsrechtstheorien (1874, – zitiert wird hier nach dem unveränderten Abdruck von 1915) S. 92f.; vgl. auch Deutsches Privatrecht, Bd. 1, S. 26 und: Die soziale Aufgabe des Privatrechts, S. 5.

51 Die soziale Aufgabe des Privatrechts, S. 6 (Hervorhebung bei *Gierke!*)

52 Deutsches Privatrecht, Bd. 1, S. 30; ähnlich: Die soziale Aufgabe des Privatrechts, S. 5f.

zierung der einzelnen Funktionen des gesellschaftlichen Körpers gleichzeitig eine andere Kraft wirksam ist, »welche nach dem immanenten Bildungsgesetz der organischen Lebenseinheiten zu *Vereinigung* treibt«[53].

Das also ist der Hintergrund des Strebens nach »socialer Harmonie« bei *Gierke*. Er macht verständlich, warum *Gierke* sowohl das Privateigentum bejaht, aber zugleich dessen (soziale) Gebundenheit fordert[54], warum er kein Recht ohne Pflicht denken kann, die Verbindungen zwischen Schuld- und Sachenrecht betont und die »Zwischenbildungen zwischen Latifundien und proletarischem Zwergbesitz« erhalten will - kurzum: die nachdrückliche Betonung der Sozialbindung des Eigentums dient nach *Gierke* letztlich dem gesunden Kulturfortschritt.

## IV.

Ist die gegebene Interpretation richtig, so bleibt eine Ungereimtheit: *Gierkes* beinahe misstrauische Beurteilung der Eigentumsfreiheit. Es sind im Grunde nur verbale Bekenntnisse, die sich in *Gierkes* Werk zum freien Privateigentum und seiner *positiven* Funktion finden lassen[55]. Meistens werden sie beiläufig und mehr thesenartig ohne jede nähere Begründung geäußert, ganz im Gegensatz zu *Gierkes* umfangreichen Ausführungen zum sozialen Charakter des Eigentums[56]. Besonders deutlich wurde das, wie, wir sahen, in *Gierkes* Überlegungen zur juristischen Auslegung der geltenden Eigentumsvorschriften. Ihm ging es dort mit seiner Lehre von der Sozialbindung des Eigentums im Ergebnis darum, das durch das BGB geschaffene Verhältnis von Regel und Ausnahme genau umzukehren[57]

Auch die geschichtliche Bedeutung der Bodenbefreiung vermochte *Gierke* nur in der blanken Tatsache zu sehen, *dass* es zu dieser Befreiung gekommen

53 Die soziale Aufgabe des Privatrechts, S. 13f. (Hervorhebung bei *Gierke!*); ähnlich: Deutsches Privatrecht, Bd. 1, S. 122f. in Verbindung mit S. 30, vgl. auch S. 26; daneben: Über Jugend und Altern des Rechts (in Deutsche Rundschau, Jg. 5–1879 -) S. 223, auch S. 231.

54 Vgl. dazu das kennzeichnende Zitat bei Anm. 24.

55 Dazu gehört etwa der schon erwähnte Satz, dass »die persönliche Vollfreiheit und Rechtsgleichheit aller Volksgenossen« durch die gesetzlich bewirkte »Auflösung der socialrechtlichen Gebundenheit« ihr »sachenrechtliches Komplement« gefunden habe (Die Bodenbesitzverteilung und die Sicherung des Kleingrundbesitzes, a.a.O. – Anm. 3 – S. 164, 165), oder seine Ablehnung einer Verstaatlichung und Vergesellschaftung des Grundeigentums (Bodenbesitzverteilung – Anm. 3 – S. 169: zitiert bei Anm. 24; auch: Der germanische Staatsgedanke S. 26), vgl. daneben das allgemeine Bekenntnis zum Privateigentum, in: Empfiehlt sich die Einführung eines Heimstättenrechts, insbesondere zum Schutze des kleinen Grundbesitzes gegen Zwangsvollstreckung?, a.a.O. (Anm. 3) S. 356.

56 Es darf dazu auf unsere Darstellung unter I. und II. verwiesen werden.

57 Vgl. dazu oben bei Anm. 23ff.

war. Ohne die vorherige lange Gebundenheit des Grundeigentums hätte die neue Agrargesetzgebung seiner Ansicht nach jedoch »überhaupt keine bäuerlichen Besitzrechte mehr vorgefunden, die sie in freies Eigentum hätte verwandeln können«[58]. Die gegenwärtige »Renaissance des germanischen Rechtsgedankens der socialen Harmonie«[59] lässt ihn auf eine Korrektur der Entwicklung hoffen. Denn es ist »zur *Zerstörung* der organischen und socialen Elemente, welche das germanische Recht in reicher Fülle auch auf privatrechtlichem Gebiet als Bande und Schranke der Individualbefugnisse ausgestaltet hatte« gekommen[60].

Dass ein völlig anderes Verständnis der Eigentumsfreiheit in der damaligen Rechtswissenschaft durchaus vertreten wurde, zeigt etwa *Rudolf Sohms* Beurteilung der neu geschaffenen bürgerlichrechtlichen Vorschriften über das Eigentum. Bei der ersten Beratung des Entwurfs zum BGB im Reichstag führte er dazu aus: »Der Entwurf wird bürgerliches Recht bringen: Freiheit des Eigenthums – unentbehrlich für uns alle. Von dieser Freiheit leben wir. Unsere ganze öffentliche und sittliche Freiheit, die wir als Einzelpersönlichkeit besitzen, das kostbarste Rechtsgut, das wir alle haben, wird uns durch das Privateigenthum, das freie Privateigenthum allein ermöglicht. In dem Privatrecht liegt die Magna Charta unserer öffentlichen Freiheit«[61].

An der Haltung *Gierkes*, der demnach augenscheinlich im Gegensatz zu *Sohm* und den übrigen Verfassern des BGB[62] die positive Bedeutung der Eigentumsfreiheit letztlich nicht zu sehen vermochte, erstaunt zunächst, dass er die historische Bedeutung des Naturrechts besonders im Blick auf den Rechtsstaatsgedanken mehrfach gewürdigt hat. Allerdings ist dabei nicht zu übersehen, dass *Gierke* in den entsprechenden naturrechtlichen Gedanken letztlich nur die Wiederbelebung alter germanischer Rechtsvorstellungen zu erkennen vermag[63].

---

58 Die Bodenbesitzverteilung und die Sicherung des Kleingrundbesitzes, a.a.O (Anm. 3) S. 165f.

59 Bodenbesitzverteilung (Anm. 3) S. 170.

60 So: Naturrecht und Deutsches Recht S. 30, ähnlich S. 28f. und: Der germanische Staatsgedanke, S. 18. Für die Befreiung des Grundeigentums auch: Bodenbesitzverteilung (Anm. 3) S. 166.

61 Zitiert bei: *H. Wagner*, Das geteilte Eigenthum im Naturrecht und Positivismus (1938) S. 129 Anm. 19. Vgl. auch das dem ganz entsprechende *Sohm*-Zitat bei *H. Krause*, Der deutschrechtliche Anteil an der heutigen Privatrechtsordnung, in: Juristische Schulung, 10. Jg. (1970) S. 317.

62 Dazu schon oben bei Anm. 16.

63 Zusammenfassend zur Bedeutung des Naturrechts *Gierkes* Rede: Nachturrecht und deutsches Recht. Danach zählt *Gierke* zu den Verdiensten des Naturrechts: die Abwehr des »Polizei- und Bevormundungs-Staats«; die scharfe »Sonderung des öffentlichen Rechts vom Privatrecht«, zugleich aber die Betonung des Zusammenhangs beider Rechtsgebiete; weiter die Neubelebung des germanischen Rechtsstaatsgedankens und schließlich den Hinweis auf das »Recht der freien Association« (S. 27, 29; ganz ähnlich: Der germanische Staatsgedanke, S. 19ff.). Von allen Lehren des Naturrechts hat nach *Gierke* aber »die Lehre von den angebornen Menschenrechten am meisten gezündet«. »Die *Wirkungen* dieser Doktrin«, so meint

Erstaunlich ist die geschilderte Haltung *Gierkes* zur Eigentumsfreiheit auch deshalb, weil er sich für die Geltung von Grundrechten, die in die Reichsverfassung von 1871 selbst gar nicht aufgenommen waren, deutlich ausgesprochen hat[64]. Besonders *Gierkes liberales* Grundrechtsverständnis[65], das bisweilen noch in der gegenwärtigen Diskussion als geradezu beispielhaft für die heutige Grundrechtsauslegung bezeichnet wird[66], überrascht in diesem Zusammenhang. Denn zu den Grundrechten in den damals geltenden Landesverfassungen, die nach *Gierke* durch die positive Reichsgesetzgebung lediglich »modifiziert und ergänzt werden«[67], zählte auch die Eigentumsfreiheit[68].

---

er, wird man aus unserer Rechtsordnung nicht wegdenken können, »ohne zugleich wegzudenken, was an ihr christlich und was an ihr *germanisch* ist. Denn wegdenken müßte man zugleich die absolute Verneinung jeder persönlichen Unfreiheit, die Glaubens- und Gewissensfreiheit, den gesammten Apparat der sogenannten Grundrechte und ihrer verfassungsmäßigen Garantien. Dann aber stünde man wieder beim antik-heidnischen Staat, in welchem der Mensch im Bürger aufging und inmitten aller politischen Freiheit für die Individualfreiheit kein Raum war« (S. 28 – erste Hervorhebung bei *Gierke*; vgl. auch zur ursprünglich germanischen Wurzel der Grundrechte: Der germanische Staatsgedanke, S. 11). Die Bedeutung des Naturrechts für einen liberalen *Eigentumsbegriff* reduziert sich bei *Gierke* allerdings auf die Feststellung, dass der Naturrechtsgedanke wesentlich zu Beseitigung des feudalen Systems und damit zu Befreiung des Eigentums beigetragen habe. Er bemerkt dann aber sofort einschränkend, dass der gleiche Gedanke »zugleich die sociale Seite des Eigenthums zur Geltung brachte ..., die auch das vollkommenste Recht nicht ohne immanente Schranken und ohne korrelate Pflichten zu denken vermochte« (Naturrecht und deutsches Recht, S. 31).

64 Vgl. Labands Staatsrecht und die deutsche Rechtswissenschaft, S. 36ff.

65 Kennzeichnend dafür ist besonders *Gierkes* Verständnis der Grundrechte als negativer Abwehrrechte gegenüber dem Staat, die dem Individuum Freiheit um ihrer selbst willen garantieren (Labands Staatsrecht, S. 37). »Ein Analogon im Privatrechte« gibt es für die Grundrechte nach *Gierke* nicht (a.a.O., S. 38).

66 So *H. H. Klein*, Die Grundrechte im demokratischen Staat (1974) S. 67; *derselbe*, Über Grundpflichten, in: Der Staat, Bd. 14 (1975) S. 166. In dieser letzten Abhandlung *Kleins* findet sich auch der Verweis auf *Herbert Krügers* Bezugnahme auf *Gierke* in seinem Aufsatz: Die Verfassung als Programm der nationalen Integration (in Festschrift für F. Berber zum 75. Geb. – 1973 – S. 247ff.). *Krüger* (a.a.O., S. 265f.) macht unter Berufung auf zwei privatrechtliche Arbeiten *Gierkes* (Deutsches Privatrecht, Bd. 1 S. 30; Der Entwurf eines bürgerlichen Gesetzbuchs, S. 183) geltend, dass *Gierke* unter Freiheit sittlich gebundene, dem Ganzen verpflichtete Freiheit verstanden habe. *Klein* (a.a.O.) lehnt das unter Hinweis auf *Gierkes* Kritik an Labands Staatsrecht – er verweist auf S. 37 der hier in Anm. 38 genannten Schrift *Gierkes* – ab. Diese gegensätzliche Interpretation des (grundrechtlichen) Freiheitsbegriffs scheint uns genau jene »Ungereimtheit« widerzuspiegeln, vor der wir nunmehr stehen: fast ausschließliche Betonung der Sozialbindung des Eigentums bei *Gierke* in seinen privatrechtlichen Arbeiten einerseits, sein liberales Grundrechtsverständnis andererseits.

67 Labands Staatsrecht und die deutsche Rechtswissenschaft, S. 38. *Gierke* stellt dort auch fest, dass das Reich daneben »durch seine positive Gesetzgebung ... eine Fülle von Grundrechten statuiert und ausgebaut hat«.

68 Eine gute Übersicht über die damalige Rechtslage in den einzelnen Ländern (auch für die Folgezeit) gibt *G. Schlez*, Die Entwicklung des Baurechts und die Eigentumsordnung, in: Verwaltungsarchiv, Bd. 65 (1974) S. 360ff.

Die Erklärung für die damit offen zutage liegende Ungereimtheit in der Eigentumslehre *Gierkes* lässt sich u. E. nur in seinem Geschichts- und Wirklichkeitsverständnis finden. Wie bereits bemerkt[69], erschöpft sich die positive Bedeutung des neuzeitlichen Naturrechts für *Gierke* letztlich darin, dass es deutschrechtliche Gedanken in vernunftsrechtlichem Kleid vor der »Überfremdung« durch das römische Recht bewahrt hat. Das gilt nun ebenfalls für die Grundrechte oder, wie *Gierke* sagt, »die Lehre von den angebornen Menschenrechten«, auch sie ist letztlich germanischen (und christlichen) Ursprungs[70]. Entstammt nun aber sowohl der Gedanke der immanenten Schranken des Eigentums wie der der angeborenen Menschenrechte im Ergebnis der gleichen historischen Wurzel, so wird die Vereinigung von liberalem und sozialem Gedankengut in *Gierkes* Werk verständlich. Die besondere Betonung der Sozialbindung des Eigentums lässt sich dann damit erklären, dass *Gierke*, wie ja auch seine Kritik am BGB zeigt, in der Gegenwart ein übertriebenes individualistisches Denken festzustellen meinte und er weiter die Zwangsläufigkeit der historischen Entwicklung zum gegenwärtigen abstrakten Eigentumsbegriff aus seinem Verständnis der neuzeitlichen Verfassungsgeschichte nicht zu begreifen vermochte.

*Gierke* erkannte nämlich nicht die entscheidende historische Veränderung seit der französischen Revolution, den sich auch in Deutschland mit Beginn des 19. Jahrhunderts herausbildenden Gegensatz von Staat und Gesellschaft, in ihrer ganzen Tragweite[71]. Für *Gierke*, der die Ursachen dieses geschichtlichen Vorgangs zwar richtig analysiert[72], stellt der Dualismus von Staat und Gesellschaft keine wirkliche historische Erfahrung dar; er sieht darin lediglich eine allgemeine theoretische Grundvorstellung, die *neben* anderen zum Verständnis des historischen Geschehens beitragen kann. So erscheint ihm in seiner Gedächtnisrede auf *Rudolf von Gneist* dessen Theorie vom Dualismus zwischen Staat und Gesellschaft als eine »geistreiche Verallgemeinerung bestimmter Erscheinungen des Völkerlebens«, die »zwar nicht des Wahrheitsgehaltes entbehrt, nimmermehr aber das letzte Wort spricht«[73].Dieses Verständnis war im 19. Jahrhundert nicht auf *Gierke* beschränkt[74], es deckt sich aber nicht mit dem

69 Hier bei Anm. 63, vgl. auch bei Anm. 10 und 58ff.

70 Vgl. dazu Naturrecht und deutsches Recht, S. 28 (zitiert in Anm. 63) und: Der germanische Staatsgedanke, S. 11.

71 Zu diesem historischen Vorgang zusammenfassend: *W. Conze* (Hrsg.), Staat und Gesellschaft im deutschen Vormärz 1815–1848 (1962).

72 Dazu *Dilcher* (Anm. 10) S. 352ff. und *Janssen* (Anm. 5) S. 200 Anm. 131.

73 Rudolf von Gneist. Gedächtnißrede (1896) S. 32, vgl. auch S. 28ff.; daneben *Gierkes* Rezension von *Stintzing-Landsberg*, Geschichte der deutschen Rechtswissenschaft, Bd. III.2, in: Zs. der Savigny Stiftung für Rechtsgeschichte, Germ. Abt., Bd. 32 (1911) S. 363. Diese Äußerungen *Gierkes* werden von *Dilcher* (Anm. 10) S. 352ff. nicht gewürdigt.

74 Besonders typisch etwa auch die Stellungnahme von *Ferdinand Tönnies* über die Theoretiker

Gesellschaftsbegriff der *Hegel*schen Rechtsphilosophie und der in der Nachfolge *Hegels* stehenden Juristen wie etwa den Staatsrechtlern *Lorenz von Stein* und *Rudolf von Gneist. Hegel* und ein Teil seiner Erben kommen darum auch zu einer anderen Bewertung des durch die französische Revolution ausgelösten historischen Vorgangs[75].

Das alles läßt sich für unser Thema sehr deutlich zeigen, wenn man den Eigentumsbegriff *Hegels*, wie er ihn in seiner Rechtsphilosophie entwickelt, dem *Gierkes* kurz gegenüberstellt[76]:

*Hegel* knüpft an das römische Privatrecht an, sofern es Grundlage für die gegenwärtige Gesetzgebung geworden ist. Es geht ihm also nicht um das historische römische Recht[77]. Die durch die französische Revolution eingeleitete Entzweiung von Geschichte und Gesellschaft hat eine Gesellschaftsordnung geschaffen, die auf die von der geschichtlichen Herkunftswelt losgelöste und befreite »Natur« gegründet ist[78]. Diese Gesellschaft hat alle geschichtlichen Bindungen und alles, was zur Subjektivität der Persönlichkeit gehört, außer sich gesetzt. Die neue Wirklichkeit gilt es nun im Blick auf das Eigentum zu begreifen[79].

Die geschilderte Entwicklung bedingt insoweit, dass sich *Hegels* Eigentumstheorie »auf das im Privatrecht gesetzte Verhältnis von Personen über Sachen zueinander« beschränkt[80]. Die Frage einer gerechten Eigentumsverteilung wird

---

der Bewegung von Staat und Gesellschaft: »Die Neueren meinten in ihrer Abhängigkeit von Hegel, dessen Einfluß alle Quellen der Tradition verschüttet hatte, wunder was getan zu haben, als sie den Begriff der Gesellschaft neben dem des Staates aufstellten. In Wahrheit ist dieser Begriff nur eine neue Fassung des alten ›Natur-Zustandes‹ (status naturalis), der immer als unterhalb des Staates verharrend gedacht wurde« (Soziologische Studien und Kritiken, Erste Sammlung, 1925, S. 68).

75 Vgl. *M. Riedel*, Studien zu Hegels Rechtsphilosophie (1969) besonders S. 135ff.; daneben *J. Ritter*, Hegel und die französische Revolution (1969) S. 55ff.

76 Zum folgenden vgl. besonders *J. Ritter*, Person und Eigentum, Zu Hegels »Grundlinien der Philosophie des Rechts« §§ 34 bis 81, in: Metaphysik und Politik (1969) S. 256ff. Ergänzend auch: *D. Schwab*, Arbeit und Eigentum. Zur Theorie ökonomischer Grundrechte im 19. Jahrhundert, in Quaderni Fiorentini, Bd. 3–4 (1974–75) S. 518f.; *K. Larenz*, Allgemeiner Teil des deutschen bürgerlichen Rechts (1. Aufl. 1967) S. 63f. und: Methodenlehre der Rechtswissenschaft (3. Aufl. 1975) S. 33f., 441ff.

77 *Ritter* (Anm. 76) S. 263 unter Verweis auf § 40 der Rechtsphilosophie Hegels (diese wird hier zitiert nach dem 2. Bd. der von *K. Löwith* und *M. Riedel* herausgegebenen dreibändigen Hegel-Studienausgabe – 1968 -, dessen Text der von *Eduard Gans* besorgten Ausgabe der hegelschen Rechtsphilosophie von 1833 folgt: vgl. die Hinweise zur Textausgabe auf S. 323); vgl. auch § 3 der Rechtsphilosophie.

78 Dazu *Ritter*, Hegel und die französische Revolution, S. 42ff.

79 Vgl. §§1 (mit Zusatz), 31 der Rechtsphilosophie; vgl. auch die Vorrede, a.a.O. (Anm. 77) S. 40f. Vertiefend hierzu: *R. Bubner*, »Philosophie ist ihre Zeit, in Gedanken erfaßt« in: *K. O. Apel* usw., Hermeneutik und Ideologiekritik (1971) S. 210ff.

80 So *Ritter*, (Anm. 76) S. 257f.

deshalb von *Hegel* »als rechtliche Zufälligkeit« bezeichnet[81]. In der Gegenwart ist die Freiheit zur Wirklichkeit gekommen; die Rechtsphilosophie hat demnach »das Rechtssystem (erg.: als) das Reich der verwirklichten Freiheit« zu begreifen[82]. »Der freie Wille«, so folgert *Hegel* für das Eigentum weiter, »muss sich zunächst, um nicht abstrakt zu bleiben, ein Daseyn geben, und das erste sinnliche Material dieses Daseyns sind die Sachen, das heißt die äußeren Dinge. Diese erste Weise der Freiheit ist die, welche wir als *Eigenthum* kennen sollen, die Sphäre des formellen und abstrakten Rechts ... Die Freiheit, die wir hier haben, ist das, was wir Person nennen, das heißt das Subjekt, das frei und zwar für sich frei ist, und sich in den Sachen ein Daseyn giebt«[83]. Indem der Mensch die Natur versachlicht, befreit er sein eigenes Dasein aus dem Naturzustand. So wird Eigentum zum Anfang seiner Freiheit. Daraus erklärt sich auch, dass die individuelle (persönliche) Freiheit die äußere Freiheit, die das Eigentum setzt, zur Voraussetzung hat. Denn »indem sich die Gesellschaft auf das sachliche, durch Eigentum vermittelte Verhältnis von Personen zueinander beschränkt, gibt sie dem Einzelnen als Persönlichkeit frei, zum Subjekt in allem zu werden, was den Reichtum wie die Tiefe des nun von keiner Versachlichung berührten persönlichen, sittlich geistigen Seins ausmacht«[84].

*Hegel* bejaht den abstrakten privatrechtlichen Eigentumsbegriff, obwohl er klar sieht, dass die Entwicklung in der neuen bürgerlichen Gesellschaft zur »Anhäufung der Reichtümer« einerseits und zum »Herabsinken einer großen Masse unter das Maß einer gewissen Subsistenzweise« andererseits führen wird[85]. Jedoch können nach *Hegel* »die Bestimmungen, die das Privateigentum betreffen ... höhern Sphären des Rechts, dem Gemeinwesen, dem Staate untergeordnet werden müssen«, aber »solche Ausnahmen (erg.: dürfen) nicht im Zufall, in Privatwillkür, Privatnutzen, sondern *nur* in dem vernünftigen Organismus des *Staates* begründet seyn«[86]. Hier korrigierend zu wirken, ist vornehmlich Aufgabe der Polizei – der Verwaltung[87]. Dies ist genau der Punkt, an dem – auf *Hegel* fußend – die Überlegungen *Lorenz v. Steins* zur Notwendigkeit öffentlichrechtlicher Bindungen des Privateigentums einsetzen[88].

Nach dem Gesagten lässt sich so viel feststellen: *Hegel* begreift als *Philosoph*

81 § 49 der Rechtsphilosophie.
82 § 4 der Rechtsphilosophie.
83 § 33 (Zusatz) der Rechtsphilosophie (Hervorhebung bei *Hegel*). Vgl. auch § 41 der Rechtsphilosophie: Das Eigentum ist die »äußere Sphäre der Freiheit« und § 42; daneben *Larenz*, Allgemeiner Teil des bürgerlichen Rechts (Anm. 76) S. 63 und Methodenlehre (Anm. 76) S. 33f., 442.
84 *Ritter* (Anm. 76) S. 277.
85 §§ 243, 244 der Rechtsphilosophie; vgl. auch *Schwab* (Anm. 76) S. 527.
86 § 46 der Rechtsphilosophie, vgl. auch den Zusatz!
87 Vgl. *Riedel* (Anm. 75) S. 161f. mit Nachweisen.
88 Vgl. etwa *L. v. Stein*, Handbuch der Verwaltungslehre, Bd. 3 (3. Aufl. 1888) S. 65ff.

das abstrakte privatrechtliche Eigentum im Gegensatz zu *Gierke* als notwendige Konsequenz der auf den Prinzipien der französischen Revolution beruhenden neuen Gesellschaftsordnung. Dieses Eigentum wird als Voraussetzung der (äußeren) Freiheit, die wiederum Bedingung für die persönliche, innere Freiheit ist, verstanden. Als mit der bürgerlichen Gesellschaft gesetzt und als deren Voraussetzung kann das Eigentum auch nicht aus der Gesellschaft selbst heraus beschränkt oder – in der Sprache *Gierkes* – mit »immanenten Schranken« versehen verstanden werden. Solche Schranken zieht dem Eigentum allein der Staat aus übergeordneten Gesichtspunkten. *Gierke* dagegen, von einem anderen Geschichts- und Wirklichkeitsverständnis ausgehend, vermag die historische Notwendigkeit des abstrakten, liberalen Eigentumsbegriffs und damit seinen eigentlichen Sinn nicht zu begreifen. Sein Denken bleibt insoweit gefangen in dem Blick auf die nicht zu übersehenden sozialen Ungerechtigkeiten, die die Liberalisierung des Eigentums mit sich gebracht hat. Den damit tatsächlich ja auch vorhandenen konkreten Interessenkonflikten seiner Gegenwart versucht er aber als *Jurist* mit seinem sozialen Eigentumsbegriff zu begegnen.

Mit diesen Feststellungen dürfte ein weiterer wesentlicher Grund gegeben sein, gegen die mehrfach geäußerte Annahme einer Beeinflussung *Gierkes* durch *Hegel* Zweifel anzumelden[89].

## V.

*Gierkes* Eigentumsbegriff hat im Staats- und Verwaltungsrecht wie im Privatrecht u. a. eine nicht zu übersehende *Wirkungsgeschichte* gehabt. Drei Beispiele aus den genannten Rechtsgebieten mögen das abschließend verdeutlichen und damit zugleich zeigen, wie *Gierkes* Lehre von der Sozialbindung des Eigentums in der Folgezeit von verschiedenen Autoren häufig zur Rechtfertigung des eigenen Standpunktes herangezogen wurde:

1. Artikel 153 Abs. 3 der Weimarer Reichsverfassung von 1919 lautete: »Eigentum verpflichtet. Sein Gebrauch soll zugleich Dienst sein für das Gemeine Beste«. Eine weitere Schranke für das Eigentum ergab sich aus Abs. 1 des gleichen Artikels: »Das Eigentum wird von der Verfassung gewährleistet. Sein Inhalt und seine Schranken ergeben sich aus den Gesetzen«.

Der zuerst zitierte Absatz 3 erinnert stark an den schon erwähnten Satz *Gierkes*, dass das »pflichtenlose Eigentum … keine Zukunft« habe[90]. Über die Auslegung dieses Absatzes war man sich in der *Staatsrechts*literatur der Weimarer Zeit durchweg einig. So heißt es in dem führenden Kommentar zur

89 Vgl. dazu bereits Anm. 10 und die Nachweise bei *Janssen* (Anm. 5) S. 13f.
90 Die soziale Aufgabe des Privatrechts, S. 18.

Reichsverfassung von *Anschütz:* Der Artikel 153 enthält »*altliberales* Gedankengut, jedoch innerlich bereichert durch eine in den letzten Jahrzehnten mehr und mehr zur Geltung gelangte, im Vergleich mit früheren Epochen nicht mehr so starr individualistische, sozialere Auffassung des Eigentums, welche, wie Abs. 3 beweist, im Eigentum nicht nur ein Menschenrecht, sondern eine Bürgerpflicht erblickt«. Jedoch ist Abs. 3 nach *Anschütz* rechtlich gesehen nur »eine *Richtschnur*, von welcher der *Gesetzgeber* bei der privat- und öffentlichrechtlichen Regelung des Privateigentums sich leiten lassen soll«, es »entspringen« daraus keine »unmittelbare(n) Rechtspflichten des Eigentümers«[91]. Ganz ähnlich heißt es in einer anderen maßgeblichen Kommentierung der damaligen Zeit zu Art. 153 Abs. 3: Dieser Absatz enthält »keine unmittelbar wirkende Rechtsnorm, sondern nur einen Appell an den Gesetzgeber«. Irgendwelche Pflichten des Eigentümers können danach nicht allein mit dieser Vorschrift begründet werden, denn sie stellt »keine positive Rechtsgrundlage« dar[92].

Eine systematische Begründung für diese Interpretation lieferte *Carl Schmitt:* »Grundpflichten, welche in ihrer Struktur Grundrechten entsprechen, sind im bürgerlichen Rechtsstaat undenkbar«. Solche »Pflichtenstellungen (erg.: in der WRV) gelten nur nach Maßgabe der Gesetze und stehen unter dem Normierungsvorbehalt eines Gesetzes ... Die Bedeutung dieser Verfassungsbestimmungen liegt in ihre interpretatorischen, einen konsequenten Liberalismus mildernden Wirkung«[93].

*Konrad Beyerle*, der an dem Grundrechtsteil der Weimarer Reichsverfassung durch die Ausarbeitung eines Grundrechtsentwurfs maßgeblichen Anteil besitzt, hat berichtet, dass er sich bei dieser Ausarbeitung mit *Gierke* über die dabei auftauchenden Fragen schriftlich ausgetauscht habe und von diesem »ein über 20 Bogenseiten sich erstreckendes Gutachten« zu seinem Grundrechtsentwurf erhalten habe[94]. Der zweite Hauptteil der Reichsverfassung sei mit der Überschrift »Grundrechte und Grundpflichten« betitelt worden, da »auch öffentlichrechtliche Pflichten der Staatsbürger mit hineinbezogen werden sollten«[95]. Man

91 *G. Anschütz*, Die Verfassung des Deutschen Reiches (14. Auflage 1933) Anm. 1 und 16 zu Art. 153 WRV. Ganz entsprechend die Vorauflagen des Kommentars: Vgl. etwa 8. Auflage 1928, Anm. 1 und 3. Aus Anmerkung 3 geht auch deutlich hervor, dass *Anschütz* bezüglich der Schrankenziehung – nur das interessiert hier – vom Eigentumsbegriff des § 903 des BGB für die Auslegung des Art. 153 WRV ausgeht.

92 So *W. Schelcher*, in *H. C. Nipperdey* (Hrsg.), Die Grundrechte und Grundpflichten der Reichsverfassung, Bd. 3 (1930) S. 246.

93 *C. Schmitt*, in: *G. Anschütz – R. Thoma* (Hrsg.), Handbuch des Deutschen Staatsrechtes, Bd. 2 (1932) S. 597. *Schmitt* verweist dort als Beispiel u. a. auch auf Art. 153 Abs. 3. Vgl. zum ganzen auch *C. Schmitt*, Verfassungslehre (1928) S. 174f. und *R. Thoma*, in: *H. C. Nipperdey* (Hrsg.), Die Grundrechte und Grundpflichten der Reichsverfassung, Bd. 1 (1929) S. 29.

94 *K. Beyerle*, Zehn Jahre Reichsverfassung (1929) S. 21.

95 Wie Anmerkung vorher.

ist im Blick auf *Gierkes* Eigentumslehre versucht, aufgrund dieser Mitteilungen *Beyerles* einen unmittelbaren Einfluss seiner Lehren auf die Formulierung des Artikel 153 Abs. 3 WRV zu vermuten[96]. Eines ist zumindest naheliegend: Wurden den Grundpflichten auch, soweit sie mit Grundrechten korrespondierten, durchweg keine unmittelbare Verbindlichkeit zugesprochen, sondern diese lediglich als letztlich unmaßgebliche Modifizierung der liberal-rechtsstaatlichen Verfassung verstanden[97], so war dennoch bei der Auslegung des Artikel 153 Abs. 3 WRV eine Möglichkeit gegeben, *Gierkes* Lehre von der sozialen Pflichtgebundenheit des Eigentums wiederaufzugreifen.

Das ist dann auch durch *Martin Wolff* geschehen. In seinem (primär aus anderen Gründen) berühmten Aufsatz über »Reichsverfassung und Eigentum«[98] legt er dem Artikel 153 Abs. 3 WRV entgegen der eben geschilderten herrschenden Lehre damals eine unmittelbare Rechtswirkung gegenüber dem einzelnen bei, und zwar unter Berufung auf *Gierkes* Eigentumslehre[99]. Ähnlich kritisch wie bei *Gierke* beurteilt er zunächst in seiner Abhandlung die liberale Eigentumstheorie. So wendet er sich gegen den »noch immer spukenden altliberalen Gedanken ..., daß jede dem Grundeigentümer auferlegte Pflicht das ›Herr im eigenen Hause sein‹ lähme und damit dem Wesen des obersten Herrschaftsrechts im Grunde widerstreite, daß deshalb jede Pflichtenmehrung, die nicht in zweifelsfreier Norm angeordnet ist, abzulehnen sei«[100]. Weiter stimmt *Wolff* dem Eigentumsbegriff *Gierkes* besonders auch wegen der Betonung der

96 Siehe insoweit auch *Gierkes* allgemeine positive Stellungnahme zur Weimarer Reichsverfassung: Der germanische Staatsgedanke, S. 27f. Vergleicht man weiter die Formulierung des Art. 155 Abs. 3 WRV, der eine »Pflicht des Grundbesitzers gegenüber der Gemeinschaft« zur »Bearbeitung und Ausnutzung des Bodens« ausspricht, mit der Forderung *Gierkes*, dass »im Nothfall ... die Rechtsordnung nicht davor zurückschrecken (erg.: darf), nicht bloß den Mißbrauch des Eigenthums zu verbieten, sondern auch die Pflicht des *rechten Gebrauchs* in dem sozial gebotenen Umfange zur Rechtspflicht zu stempeln«, so ist die inhaltliche Übereinstimmung unübersehbar, besonders wenn man das von Gierke am gleichen Ort angeführte Beispiel hinzunimmt: »Ließen Latifundienbesitzer nach schottischem Muster große Bodenflächen zu Sportzwecken wüst liegen ..., – sicherlich würde es der Beruf des Rechtes sein, den rechten Gebrauch zu erzwingen« (Die soziale Aufgabe des Privatrechts, S. 19 mit Anm. 12 – Hervorhebung bei *Gierke!* –).

97 Für das Eigentum vgl. bereit Anm. 91.

98 In: Berliner Festgabe für W. Kahl (1923) S. 2ff. Berühmt wurde dieser Aufsatz wegen der Erweiterung des verfassungsrechtlichen Eigentumsbegriffs und der Interpretation des Art. 153 Abs. 1 WRV als Garantie des »Rechtsinstituts« Privateigentum u. a.

99 *Wolff*, a. a. O. (Anm. 98) S. 10 verweist insbesondere auf Deutsches Privatrecht, Bd. 1, S. 255, 319 und Bd. 2, S. 365 und 408. *Wolffs* Verständnis des Art. 153 Abs. 3 wird übersichtlich dargestellt von *Schelcher* (Anm. 92) S. 245, 246. Zur noch weitergehenderen Interpretation des Art. 153 Abs. 3 WRV im Nationalsozialismus: *H. Eichler*, Wandlungen des Eigentumsbegriffes in der deutschen Rechtsauffassung und Gesetzgebung (1938) S. 80f. und *Stolleis*, Gemeinwohlformeln im nationalsozialistischen Recht (1974) S. 115f.

100 *Wolff* (Anm. 98) S. 11. Weitere Äußerungen *Wolffs* gegen ein liberales Eigentumsverständnis auf S. 7 und S. 13.

Pflichten des Eigentümers zu. *Gierkes* Verdienst liegt seiner Meinung nach in dem Hinweis, dass hier »altes germanistisches Geistesgut« wirksam sei[101].

Dass sich bei *Gierke* (auch) rechtsdogmatische, rechtspolitische und philosophische Gründe für seine Eigentumslehre finden lassen, wird dagegen von *Wolff* nicht erwähnt. Es ist im Ergebnis allein die *Gierke*sche Argumentation, dass der deutsche Eigentumsbegriff immanente Schranken besaß und darauf im Blick auf sein übertriebenes liberales Verständnis in der Gegenwart zurückzugreifen ist, die aufgenommen und für die eigene (von der herrschenden Lehre abweichende) Interpretation des Art. 153 Abs. 3 WRV fruchtbar gemacht wird.

2. In ganz ähnlicher Form wird in unserem zweiten, *verwaltungsrechtlichem* Beispiel auf den Eigentumsbegriff *Gierkes* zur Begründung des eigenen dogmatischen Standpunktes verwiesen. In seiner Schrift über »Die Lehre von der öffentlich-rechtlichen Eigentumsbeschränkung« aus dem Jahr 1921 setzt *Günther Holstein* sich mit der dogmatischen These *Otto Mayers* auseinander, nach der das Eigentum im Verhältnis zur Verwaltung auch dann nicht vor Eingriffen geschützt ist, wenn diese nicht gesetzlich vorgesehen sind. Das Institut der öffentlichrechtlichen Eigentumsbeschränkung ist nach *Mayer* immer schon gewohnheitsrechtlich konkretisiert und bedarf deshalb keiner weiteren normativen Präzisierung[102] *Holstein* lehnt diese Lehre ab. Jede öffentlichrechtliche Eigentumsbeschränkung erfordert, so argumentiert er, eine gesetzliche Grundlage. Auf den privatrechtlichen Eigentumsbegriff kann sich nach *Holstein* die Theorie *Otto Mayers* auch nicht stützen; zumal dann nicht, wenn man den deutschrechtlichen Eigentumsbegriff zugrundelegt, da dieser *immanente* Schranken besitzt, es also insoweit keines besonderen Instituts zur Begründung seiner Schranken bedarf[103]. Dieser Eigentumsbegriff wird von *Holstein* »der prinzipiellen Unbeschränktheit des Eigentumsgedankens« in der gemeinrechtlichen Doktrin gegenübergestellt[104] Das geschieht unter Berufung auf die dem deutschen Recht verpflichtete Eigentumslehre *Gierkes*[105]. In diesem Zusammenhang spricht *Holstein* vom »Sozialethischen«, das »dem deutschen Recht in so besonderer Weise eigentümlich ist«[106].

Die Argumentation beschränkt sich hier also wie bei *Wolff* darauf, im Gegensatz zum liberalen (hier: gemeinrechtlichen) Eigentumsbegriff die Existenz

101 *Wolff* (Anm. 98) S. 10. Typisch für diese Sicht *Wolffs* auch folgender Satz auf derselben Seite: »Wenn Artikel 155 Abs. 3 eine ›Pflicht des Grundbesitzers gegenüber der Gemeinschaft zur Bearbeitung und Ausnutzung des Bodens‹ ausspricht, so *kehrt* hier in moderner Umbildung der *alte* Gedanke des Rechtsspruchs: ›Gehet der Busch dem Reiter an die Sporn, so hat der Bauer sein Recht verlorn‹ *wieder*«.

102 Vgl. dazu *G. Holstein*, a. a. O., S. 14ff.

103 *Holstein*, S. 83, 87f.

104 *Holstein*, S. 82, 87.

105 Vgl. *Holstein*, S. 83f., 86, auch S. 95, 96.

106 Vgl. *Holstein*, S. 83.

eines besonderen sozialen Eigentumsbegriffs zu behaupten, der sich aus dem alten deutschen Recht ableiten lässt Zur Begründung wird insoweit auf *Gierkes* Arbeiten verwiesen. Die Eigentumslehre *Gierkes* wird also auch von *Holstein* nicht näher hinterfragt, obwohl sie als wesentliches Argument für die eigene dogmatische Position verwertet wird[107].

3. Das Gesagte wird schließlich bestätigt durch einen kurzen Blick auf die *privatrechtliche* Eigentumslehre im Nationalsozialismus[108]. Deutlicher als in den zuvor besprochenen Beispielen zeigt sich hier, wie stark die Eigentumslehre *Gierkes* – verstanden als Ergebnis germanischer Rechtsvorstellungen – auf die damalige Zivilrechtswissenschaft gewirkt hat. Die Untersuchung von *Hermann Eichler* über »Wandlungen des Eigentumsbegriffes in der deutschen Rechtsauffassung und Gesetzgebung« aus dem Jahre 1938 und die schon 1934 erschienene Studie *Walter Merks* über »Das Eigentum im Wandel der Zeiten« sind dafür besonders kennzeichnend. In *Eichlers* Buch fällt nicht nur äußerlich die ungewöhnlich häufige Bezugnahme auf *Gierkes* Arbeiten zum Eigentumsbegriff auf, sondern auch die inhaltliche Übereinstimmung seiner Eigentumsauffassung mit der *Gierkes*. Das gleiche trifft – besonders was die inhaltliche Übereinstimmung angeht – für die Darstellung *Merks* zu. Was *Stolleis* allgemein an den Arbeiten *Merks* beobachtet hat, nämlich, dass er von *Gierke* »ganze Passagen« übernommen habe[109], gilt für sein Eigentumsverständnis in besonderem Maße.

Zunächst gehen beide Autoren wie *Gierke* von einem abstrakten, individualistischen Eigentumsbegriff des römischen Rechts aus, dem ihrer Ansicht nach ein übertriebener Liberalismus noch heute huldigt[110]. Beide bewerten auch ähnlich *Gierke* die Befreiung des Grundeigentums im 19. Jahrhundert skeptisch und sehen im Gedankengut der französischen Revolution eine negative, auf das deutsche Rechtsdenken zerstörend wirkende Kraft[111]. Beide schließlich glauben mit *Gierke* in der Anknüpfung an germanische Rechtsvorstellungen den heutigen Eigentumsbegriff als durch immanente Schranken bestimmt definieren zu müssen[112]. Sie bejahen darum ein zugunsten der Allgemeinheit (des Volkes) beschränktes Privateigentum und verbinden diese Haltung mit der gleichzeitigen Ablehnung des liberalen Eigentumsbegriffs und einer sozialistischen Eigentumspolitik[113]. In beiden Arbeiten fällt im Ergebnis wiederum auf, dass allein die historische Argumentation *Gierkes* aufgegriffen und für den eigenen

107 Vgl. etwa *Holstein*, S. 96f. und das Urteil von *Schelcher* (Anm. 92) S. 245.
108 Dazu besonders: *Stolleis*, (Anm. 99) S. 114ff. und *Rüthers* (Anm. 32) S. 351ff.
109 *Stolleis* (Anm. 99) S. 18.
110 *Eichler*, S. 42ff., 89, 108f. u. a.; *Merk* S. 11ff., 20ff.
111 *Eichler*, S. 31ff.; *Merk*, S. 24ff.
112 *Eichler*, S. 79ff., 87f., 323ff.; *Merk* S. 38ff., 46ff.
113 *Eichler*, S. 225, auch S. 318 u. a.; *Merk*, S. 47ff., besonders S. 50ff.

Standpunkt verwertet wird und dass selbst diese Argumentation nicht auf ihren Wahrheitsgehalt hin befragt wird.

Zusammenfassend lässt sich sagen: Die Berufung auf *Gierkes* deutschrechtlichen Eigentumsbegriff ist bei allen Autoren mit Ausnahme von *Holstein* verbunden mit einem antiliberalen Affekt, der Ablehnung der in § 903 BGB formulierten Eigentumsfreiheit. Die *positive* Wirkung dieses liberalen Eigentumsbegriffs wird von den besprochenen Autoren wie bei *Gierke* kaum oder gar nicht gesehen. In allen vier Arbeiten werden auch nicht die historischen Prämissen *Gierkes* reflektiert, vielmehr werden sie kritiklos zur Begründung des eigenen Standpunktes übernommen. Besaß dieses Geschichtsverständnis aber bei *Gierke* noch im Blick auf die politisch-geistige Situation seiner Gegenwart ihre gewisse Berechtigung[114], so lässt sich das zumindest für die beiden zuletzt behandelten Autoren schwerlich mit gleicher Überzeugung sagen. Die Berufung – über *Gierke* – auf die Eigentumsordnung des deutschen Mittelalters als verbindliches Modell für die heutige setzt sich so bisweilen des Ideologieverdachts aus. Keiner der behandelten Autoren fragt schließlich nach der Funktion, die die Rechtsgeschichte im juristischen Erkenntnisprozess *Gierkes* besitzt; damit werden automatisch die weiteren – wohl entscheidenden – Begründungen *Gierkes* für seinen Eigentumsbegriff übersehen.

Dies alles zeigt: Billigen oder kritisieren lässt sich *Gierkes* sozialer Eigentumsbegriff nur, wenn man sein Denken als *rechtswissenschaftliches* Denken ernst nimmt. Das bedeutet, man muss auf *der* Ebene argumentieren, auf der *Gierke* es auch tut, – konkret in unserem Fall müsste man also zu seinem Geschichtsverständnis und seiner Theorie des subjektiven Rechts, zu seiner juristischen Begriffsbildung und seinen rechtspolitischen wie philosophischen Prämissen Stellung beziehen.

Nach einem klugen Wort *Hermann Lübbes*[115] dient Historie dazu, »uns mit uns selbst bekannt zu machen« und nicht »zur Flucht vor uns selbst zu verhelfen«, so dass die kritische Funktion der Historie »insoweit die der entsprechenden Fluchthilfe*verweigerung*« wäre. Der *Gierke*-Interpretation würde es besonders gut tun, sich dieser Aufgabe stets bewusst zu sein.

114 Dazu eindrucksvoll *E. W. Böckenförde* (Anm. 10) S. 73ff., 147ff.
115 Vgl. Deutsche Zeitung vom 25.10.1974, S. 2.

## Thesen

I.

*Gierkes Verständnis des Eigentumsbegriffs* folgt aus seiner Grundüberzeugung vom sozialen Auftrag des Privatrechts. Seine Kritik an den Regelungen der beiden Entwürfe zum BGB über die künftige Eigentumsordnung (und auch seine Interpretation der insoweit einschlägigen Vorschriften des späteren BGB) gehen dementsprechend von der Forderung aus, dass es kein pflichtenloses Privateigentum geben kann. Denn das Eigentum besitzt nach *Gierke* wie jedes andere Recht »immanente« Schranken.

Diese Schranken gelten besonders für das Grundeigentum, das im Übrigen nach *Gierkes* Auffassung nicht wesensverschieden von den beschränkten dinglichen Rechten ist. Daneben sind, wie er bemerkt, die vielfältigen Verbindungen und Zwischengebilde, die zwischen Obligatonen- und Sachenrecht bestehen, zu beachten; und weiter besonders zu fordern, dass der zivilrechtliche Sachbegriff u. a. auch Gesamtsachen und »unkörperliche« Sachen umfasst.

II.

*Gierke* begründet seine Forderung nach einem sozialen Eigentumsbegriff zunächst mit dessen *geschichtlicher Entwicklung*, wobei für ihn besonders die deutsche Eigentumsordnung des Mittelalters Vorbildfunktion besitzt. Denn er findet gerade dort eine Bestätigung für seine unter I. genannten Vorstellungen von den sozialen Bindungen des Eigentums. *Gierkes* Forderung nach einem *gebundenen* Privateigentum, das vom BGB ja im Grundsatz verneint wurde, besitzt für ihn also (auch) eine historische Legitimation.

III.

Die entscheidenden Argumente, die *Gierke* für die rechtliche Anerkennung eines sozialen Eigentumsbegriffs ins Feld führt, stützen sich allerdings auf seine entsprechenden *rechtspolitischen, dogmatischen und philosophischen Überlegungen:*

1. *Rechtspolitische* Gründe nennt *Gierke* besonders für die Sozialbindung des Grundeigentums. Die Geschichte der Bodenbefreiung hat, wie er genauer darlegt, bei allen prinzipiell positiv zu bewertenden Folgen dennoch zu nicht übersehenden Gefährdungen des Kleingrundbesitzes geführt. Um eine gerechte Bodenbesitzverteilung zu erreichen, sind nach *Gierke* darum gesetzliche Maß-

nahmen wie die Ansiedlungs- und Rentengutsgesetze, das Anerben- und Heimstättenrecht u. a. als »verheißungsvolle Anfänge einer sozialen Eigentumsordnung« zu begrüßen. Sie dienen, wie er sagt, letztlich dazu, den »unbeschwichtigten Gefahren furchtbarer Art«, die »im Schoße unserer Gesellschaft lauern«, zu begegnen.

2. *Gierkes rechtsdogmatische* Argumente für einen sozialen Eigentumsbegriff stützen sich vor allem auf sein Verständnis des subjektiven Rechts und seine Anforderungen an die juristische Begriffsbildung:

Was zunächst *Gierkes* Verständnis des subjektiven Rechts betrifft, so liegt ihm eine Rechtsauffassung zugrunde, nach der das Recht »nicht einseitige, sondern gegenseitige Willensbeziehung« ist und folglich neben den Befugnissen auch deren »Korrelate«, die Pflichten, zu beachten sind. Da auch das Sachenrecht letztlich als »ein Verhältnis zwischen menschlichen Willen« zu verstehen ist, kann es rechtlich gesehen ein pflichtenloses (unsoziales) Eigentum nicht geben.

Für *Gierkes* juristischen Begriff des Eigentums nun ist entscheidend, dass »das Eigentum eine historische, keine logische Kategorie« ist (s. dazu bereits II.). Er wird darum wie alle juristischen Begriffe durch Abstraktion von der lebendigen Wirklichkeit gebildet, wobei *Gierke* unter »Wirklichkeit« nicht nur die gegenständliche, sondern die gesamte geistig wahrnehmbare Wirklichkeit versteht. Darum kann er nicht nur allgemein die rechtliche Anerkennung des Eigentums an unkörperlichen Sachen fordern (s. dazu schon I.), sondern ebenfalls für die rechtliche Gleichwertigkeit der Realrechte, liegenschaftlichen Gerechtigkeiten u. a. eintreten. Es ist diese Einebnung der Unterscheidung zwischen Eigentum und beschränkten dinglichen Rechten, die nach *Gierke* ebenfalls die Vorstellung von immanenten Schranken des Eigentums rechtfertigt.

3. Der entscheidende Grund für diese dogmatische Argumentation *Gierkes* bildet seine folgende *philosophische Überlegung:* Wir müssen es »als begriffliches Merkmal des Menschen« setzen, dass »sein Dasein sich nur zum Teil auf sich selbst und zum Teil auf eine darüber stehende Gemeinschaft bezieht«. *Darum* tritt er auch für eine systematische Zweiteilung des Rechts in Individualrecht und Sozialrecht ein, die aber wegen der letztlich »unzerreißbaren Einheit des Menschendaseins« für den Juristen die Aufgabe impliziert, die *Relation* zwischen beiden Formen menschlichen Daseins nicht aus den Augen zu verlieren. Das ist die eigentliche Erklärung für *Gierkes* Eintreten für die soziale Aufgabe des Privatrechts und weiter für einen sozialen Eigentumsbegriff.

## IV.

Diese historische (II.) und systematische (III.) Grundlegung von *Gierkes* sozialem Eigentumsbegriff erklärt nun auch *die unterschiedliche Bewertung des abstrakten (privatrechtlichen) Eigentumsbegriffs* in *Hegels* Rechtsphilosophie (und die der darauf fußenden Theoretiker von Staat und Gesellschaft) einerseits und *Gierkes* skeptische Beurteilung dieser Entwicklung andererseits. Der entscheidende Grund für diese Haltung *Gierkes* ist nicht (wie so oft behauptet) in seiner verkürzten Wahrnehmung der durch die französische Revolution auch in Deutschland eingetretenen Veränderungen der politischen und gesellschaftlichen Wirklichkeit zu suchen; sondern darin, dass *Gierke nicht als Philosoph, sondern als Jurist* richtige Antworten auf die konkreten sozialen Spannungen und Konflikte in seiner Gegenwart geben wollte.

## V.

*Gierkes* sozialer Eigentumsbegriff besitzt eine nicht zu übersehende *Wirkungsgeschichte.* Das zeigen etwa *Martin Wolffs* Interpretation des Artikel 153 Abs. 3 WRV, *Günther Holsteins* Schrift über »Die Lehre von der öffentlich-rechtlichen Eigentumsbeschränkung« aus dem Jahr 1921 und vor allem die privatrechtlichen Eigentumslehren im Nationalsozialismus (*Hermann Eichler, Walter Merk* u. a.). Bei allen genannten Autoren fällt allerdings ein Umstand auf, unter dem die Interpretation von *Gierkes* Werk bis heute leidet – die Unfähigkeit, den Kontext, in dem die von ihm behandelten Einzelprobleme in seinem riesigen Gesamtwerk stehen, mit zu bedenken, und vor allem: *Gierke* als *Juristen* Ernst zu nehmen.

# 2. Otto von Gierkes Freiheitsbegriff als Beitrag zur Auslegung der allgemeinen Handlungsfreiheit (Artikel 2 I GG)

## I. Die fragwürdige Auslegung des Art. 2 I GG durch die herrschende Lehre und Rechtsprechung

Am Ende seines Aufsatzes über »Die sozialen und politischen Ordnungsideen der französischen Revolution« aus dem Jahr 1991 hat Ernst-Wolfgang Böckenförde folgende »prinzipielle Frage« gestellt:

> »Muss nicht, um den stets virulenten potentiell wiederkehrenden sozialen Antagonismus dauerhaft zu überwinden, das Sozialmodell der *Déclaration* umgedacht werden? Es stellt das selbstbezogene Individuum in den Mittelpunkt, sieht es als Ausgangs- und Zielpunkt aller politisch-sozialen Ordnung. Muss an seine Stelle nicht ein Modell treten, das den Menschen als von vornherein in Bindungen und Verantwortlichkeiten stehend begreift, den Mitmenschen und seine Freiheit daher nicht als Grenze, sondern als Bedingung der eigenen Freiheit sieht … Erst dann wäre die vielberufene Solidarität nicht mehr nur ein Reparaturbegriff für die sozialen Ausfallstellen der bürgerlichen Erwerbs- und modernen Industriegesellschaft, sondern tragender Ausgangspunkt und strukturbildendes Prinzip der politisch-sozialen Ordnung.«[1]

»Prinzipiell« ist diese Frage *Böckenfördes* deshalb, weil seit *Carl Schmitts* Verfassungslehre bis heute durchweg in eben dem Freiheitsbegriff der französischen Menschen- und Bürgerrechtserklärung von 1798 ein wesentliches Merkmal jeder rechtsstaatlichen Verfassung gesehen wird[2]. Dass dem gegenüber ein namentlich in der Paulskirchenverfassung formuliertes anderes Freiheitsverständnis in der neueren deutschen Verfassungsgeschichte große Bedeutung besaß, hat besonders *Jörg-Detlef Kühne* gezeigt und dabei auch insoweit bestehende Ähnlichkeiten wie Unterschiede mit klassischen ausländischen Verfas-

1 *Ernst-Wolfgang Böckenförde*, Die sozialen und politischen Ordnungsideen der französischen Revolution (1991), in: *ders.*, Staat, Nation, Europa. Studien zur Staatslehre, Verfassungstheorie und Rechtsphilosophie, 1999, S. 11 (24).

2 Siehe *Carl Schmitt*, Verfassungslehre, 1928, S. 126 und für die gegenwärtige deutsche Staatsrechtslehre: *Jörn Ipsen*, Staatsrecht II Grundrechte, 11. Aufl. 2008, S. 21f.

sungstexten aufgezeigt[3]. *Kühne* hat daneben – und das ist wesentlicher Anlass meiner folgenden Überlegungen – »die Relativierungsfunktion der Genossenschaftslehre für die rechtliche Stellung des Individuums« vor allem unter Rückgriff auf einschlägige Arbeiten *Otto v. Gierkes* herausgearbeitet[4] und damit zugleich deutlich gemacht, dass das Freiheitsverständnis der deutschen Genossenschaftslehre in vielfacher Hinsicht dem von *Böckenförde* nach dem anfänglichen Zitat ins Auge gefassten entspricht.

Angesichts dieser Tradition des deutschen Staats- und Verfassungsdenkens, die übrigens ja noch weit über das 19. Jahrhundert hinaus ins 18. und 17. Jahrhundert zurückreicht[5], ist es schon erstaunlich, dass von der Verfassungsrechtsprechung und ganz herrschenden Lehre heute der Freiheitsbegriff des Art. 2 I GG weitestgehend i. S. der französischen Menschen- und Bürgerrechtserklärung interpretiert wird. Sollte nun aber diese am Beginn des Grundrechtskatalogs stehende Vorschrift nach der Absicht der Schöpfer des Grundgesetzes »das allgemeine Freiheitsprinzip proklamieren«[6], so kommt der

3 Besonders eindrücklich insoweit folgende Arbeiten von *Jörg-Detlef Kühne:* Die Reichsverfassung der Paulskirche. Vorbild und Verwirklichung im späteren deutschen Rechtsleben, 2. Aufl. 1998; Die französische Menschen- und Bürgerrechtserklärung im Rechtsvergleich mit den Vereinigten Staaten und Deutschenland, JöR, Bd. 39 (1990), S. 1ff.; Von der bürgerlichen Revolution bis zum Ersten Weltkrieg; in: *Merten/Papier* (Hg.), Handbuch der Grundrechte in Deutschland und Europa, Bd. 1, 2004, S. 97ff.

4 *Jörg-Detlef Kühne,* Die Bedeutung der Genossenschaftslehre für die moderne Verfassung, ZParl 1984, S. 552 (568f.). Neben dieser Tradition ist als besonders markanter, hier nicht zu behandelnder Unterschied zwischen der französischen Menschen- und Bürgerrechtserklärung und dem deutschen Verfassungsdenken die jeweils verschiedene verfassungsrechtliche Sicht des konfessionellen Problems für das Verständnis des Freiheitsbegriffs zu beachten. Dazu bemerkt *Hans Maier* zutreffend: »Es ist interessant, dass das, was wir Religionsfrieden nennen, ein Konfessionsfrieden war, sowohl 1555 wie nach dem Ende des Dreißigjährigen Krieges, und alle Fortsetzungen bis 1848, 1919, 1949 zehren von diesem Erbe. Französischen Freunden versuche ich immer die Unterschiede zwischen Frankreich und Deutschland mit einer einfachen Gegenüberstellung klar zu machen: Die Franzosen haben die Einheit von Kirche, Glauben, Gesetz und König erlebt und versucht, sich davon in der Aufklärung zu emanzipieren, in Richtung einer allgemeinen Menschenrechtsauffassung, auch in Richtung einer Emanzipation vom christlichen Erbe. Wir Deutschen dagegen haben die zentrale Erfahrung der Glaubensspaltung, und wir mussten das Problem des Zusammenlebens der Konfessionen lösen, weil sich Katholiken und Protestanten weder bekehren, noch verdrängen, noch gegenseitig vernichten konnten. Sie haben versucht, Frieden zu halten, Religionsfrieden, und der Religionsfriede ist gewissermaßen die älteste vorkonstitutionelle Substanz unserer Verfassungsgeschichte. Daher ist auch die deutsche Aufklärung – *Lessing* und sogar *Kant* – nicht religionsfeindlich, wie es die französische fast durch die Bank gewesen ist«, so in seinem Diskussionsbeitrag, in: Essener Gespräche zum Thema Staat und Kirche (39) 2005, S. 85f.

5 Mustergültig aufgearbeitet durch *Christoph Link*, Herrschaftsordnung und bürgerliche Freiheit. Grenzen der Staatsgewalt in der älteren deutschen Staatslehre, 1979.

6 So unter Hinweis auf die Entstehungsgeschichte des Artikel 2 I: *Ernst-Wolfgang Böckenförde*, Schutzbereich, Eingriff, Verfassungsimmanente Schranken. Zur Kritik gegenwärtiger Grundrechtsdogmatik, Der Staat, Bd. 42 (2003), S. 165 (188).

Frage erhebliche Bedeutung zu, ob der herrschenden Auffassung zu folgen ist. Und sie besitzt deshalb noch umso mehr Gewicht, als die herrschende Auslegung des Art. 2 I GG sich in mehrfacher Hinsicht nicht auf seinen Wortlaut stützen kann und auch nicht in der Lage ist, den Regelungsgehalt des Art. 2 I von dem des Art. 2 II GG überzeugend abzugrenzen:

Sieht man einmal von der Umdeutung des in Art. 2 I jedem garantierten »Recht auf die freie Entfaltung seiner Persönlichkeit« in eine Garantie der Handlungsfreiheit im umfassenden Sinne durch die herrschende Lehre und Rechtsprechung ab[7], so beginnen die Ungereimtheiten mit der Auslegung der Schrankenklausel des Art. 2 I, weil sie insoweit den Wortlaut der genannten Vorschrift gleich mehrfach missachten. *Isensee* hat dazu richtig bemerkt:

> »Von den drei Schranken der Freiheit, die das Grundgesetz aufführt, wird nur eine einzige wirksam, die der ›verfassungsmäßigen Ordnung‹, die pauschal gedeutet wird als die Gesamtheit der geltenden staatlichen Normen, soweit diese mit der Verfassung vereinbar sind. Die gesonderte Nennung der ›Rechte anderer‹ erscheint überflüssig, weil diese als Teil der allgemeinen Rechtsordnung ohnehin von der Globalschranke der ›verfassungsmäßigen Ordnung‹ abgedeckt sind. Sie wirkt geradezu als Anomalie, weil die negative Freiheit von Haus aus individualistisch konzipiert ist ohne die Dimension Mitmenschlichkeit und daher das Recht des Nächsten als Einschränkung der eigenen Freiheit, nicht als dessen Bedingung erscheint. Vollends fällt die Kategorie des ›Sittengesetzes‹, die das Grundgesetz sich zu eigen gemacht hat, aus dem dualen Regelungsschema heraus, der Alternative von grundrechtlicher Freiheit und förmlichem Gesetz. Das Sittengesetz passt nicht in die liberale Logik. Wenn und soweit es zum ethischen Minimum gehört, das gesetzesförmig gewährleistet wird, hält sich der Grundrechtsjurist an das Gesetz und braucht nicht auf seinen ethischen Hintergrund zu rekurrieren. Wenn und soweit es aber an der positivrechtlichen Sanktion durch Gesetze fehlt, greift die Verfassungsschranke in Leere.«[8]

Dem Wortlaut des Art. 2 I ist ebenfalls nicht zu entnehmen, dass diese Vorschrift nach der herrschenden Meinung *zwei* selbständige Grundrechte enthalten soll: »Einerseits die in aktiver Weise sich *entfaltende allgemeine Handlungsfreiheit* mit dynamischem Charakter, andererseits das eher statisch ausgerichtete *allgemeine Persönlichkeitsrecht*, das die Integrität eines bestimmten, der Persönlichkeitssphäre zuzurechnenden Bereichs schützen soll.«[9] Aber nicht nur zwei

7 Grundsätzliche (berechtigte) Kritik daran besonders durch *Dieter Suhr*, Entfaltung der Menschen durch die Menschen. Zur Grundrechtsdogmatik der Persönlichkeitsentfaltung, der Ausübungsgemeinschaften und des Eigentums, 1976, S. 51ff., 71ff.

8 *Josef Isensee*, Das Dilemma der Freiheit im Grundrechtsstaat. Grundrechte zwischen Privatwillkür und Gemeinwohlerwartung, in: Karl-Hermann Kästner (Hg.), FS für Martin Heckel zum 70. Geburtstag, 1999, S. 739 (744f.).

9 So zusammenfassend *Dieter Lorenz*, Allgemeine Handlungsfreiheit und unbenannte Freiheitsrechte, in: Max-Emanuel Geis u. a. (Hg.), FS für Hartmut Maurer zum 70. Geburtstag, 2001, S. 213 (215).

nebeneinander bestehende (z. T. unterschiedliche) Rechtsgüter schützt der Art. 2 I nach herrschender Ansicht, sondern nach einer insoweit durchaus einleuchtenden Mindermeinung kommen darüber hinaus nur für die allgemeine Handlungsfreiheit, nicht aber für das allgemeine Persönlichkeitsrecht die Freiheitsschranken des Art. 2 I in ihrer Auslegung durch die herrschende Meinung in Betracht. Für das allgemeine Persönlichkeitsrecht werden dagegen »spezifische Schranken« gefordert, die durch eine »*andere*« Deutung der Schrankenklausel des Art. 2 I gewonnen werden[10].

Schließlich sei noch eine dritte und letzte Ungereimtheit erwähnt, die sich für die herrschende Meinung aus ihrem Verständnis des Art. 2 I als Garantie der *allgemeinen* Handlungsfreiheit zwangsläufig für die inhaltliche Bestimmung des Freiheitsbegriffs in Art. 2 II ergibt: Obwohl nur dort (im Gegensatz zu Absatz I) allgemein von der »Freiheit der Person« die Rede ist, werden nach ganz überwiegender Ansicht durch diese Vorschrift entgegen ihrem Wortlaut lediglich bestimmte Beschränkungen der körperlichen Bewegungsfreiheit erfasst. Die Frage, warum die körperliche Bewegungsfreiheit insoweit nicht schon durch Art. 2 I als Garantie der allgemeinen Handlungsfreiheit verstanden geschützt sein soll, wird darum gar nicht erst gestellt[11].

Die genannten Ungereimtheiten in der herrschenden Auslegung des Art. 2 I legen im Ergebnis also durchaus die Frage nahe, ob der Inhalt der durch ihn geschützten Freiheit nicht richtiger im Sinne des anfänglichen *Böckenförde*-Zitats und der damit übereinstimmenden Tradition des deutschen Staats- und Verfassungsdenkens, wie sie sich vor allem für das 19. Jahrhundert nachweisen lässt, zu verstehen ist.

## II. Otto von Gierkes relationaler Freiheitsbegriff

Ein bedeutendes Zeugnis für diese Tradition stellt nun das Werk *Otto von Gierkes* dar. Darauf hat, wie gesagt, *Kühne* nachdrücklich hingewiesen und hier soll an diese Überlegungen aus folgendem Grund angeknüpft werden:

*Gierke* verstand sich als Erbe der historischen Rechtsschule, deren Gedankengut er nicht nur »verwaltete«, sondern selbständig fortentwickelte. Sein

10 Siehe dazu besonders *Jörg Lücke*, Die spezifischen Schranken des allgemeinen Persönlichkeitsrechts und ihre Geltung für die vorbehaltlosen Grundrechte. Zu den Schranken der vorbehaltlosen Freiheitsrechte aus Art. 2 Abs.1 in Verbindung mit Art. 1 Abs. 1 GG, DÖV 2002, S. 93ff. mit weiteren Nachweisen.

11 Obwohl erst diese Sicht den Charakter des Art. 104 als lex specialis (der ja auch durch die ausdrückliche Erwähnung dieses Artikels in Artikel 93 I Nr. 4a. unterstrichen wird) deutlich machen würde, da dann Art. 2 I ja auf die ihm zugesprochene »Schutzergänzungsfunktion« beschränkt wäre.

weiterführender Beitrag besteht bekanntlich vor allem darin, dass er historisch und dogmatisch eine (bis dahin nur in Ansätzen vorhandene) umfassende Genossenschaftstheorie entwickelte und dass dies bei ihm aufgrund einer juristischen Hermeneutik geschah, die auch ihre ontologischen Implikationen mit reflektierte. Das alles kann hier nicht in seiner Bedeutung für die heutige Rechtswissenschaft näher ausgeführt werden[12]. Aber einen Teilaspekt der Genossenschaftstheorie *Gierkes* will ich im Folgenden genauer beleuchten, und zwar den (grundrechtlichen) Freiheitsbegriff, den man aus ihr ableiten kann. Denn es ist dieser »relationale« Freiheitsbegriff *Gierkes*[13], der im Gegensatz zur herrschenden Meinung eine den Wortlaut des Art. 2 I ernst nehmende Auslegung dieser Vorschrift zulässt, wenn man ihn konsequent weiterdenkt:

1. Den Ausgangspunkt der systematischen Überlegungen *Gierkes* zum Freiheitsbegriff nun bildet die »geschichtlich feststehende Tatsache, ... dass der Mensch überall und zu allen Zeiten die Doppeleigenschaft an sich trug, ein Individuum für sich und Glied eines Gattungsverbandes zu sein«[14]. Darum ist

12 Ich verweise insoweit auf *meine* Arbeiten: Otto von Gierkes Methode der geschichtlichen Rechtswissenschaft. Studien zu den Wegen und Formen seines juristischen Denkens, 1974, bes. S. 91ff., 170ff (= 2. und 3. Teil); Otto von Gierkes sozialer Eigentumsbegriff, in: Quaderni Fiorentini 5–6 (1976/77), Bd. 1, S. 549 (567ff.); Die bleibende Bedeutung des Genossenschaftsrechts Otto von Gierkes für die Rechtswissenschaft, ZRG Germ. Abt. 122 (2005), S. 352 (360ff.). Diesen Ansatz habe ich in rechtstheoretischen und dogmatischen Arbeiten insbesondere unter Anknüpfung an das rechtswissenschaftliche Werk von *Wilhelm Henke* und die Luther-Interpretationen *Gerhard Ebelings* weiter zu entwickeln versucht, s. etwa *Albert Janssen*, Rechtsgeschichte und Rechtsdogmatik. Aussagen der hermeneutischen Philosophie zu ihrem Verhältnis; in: *Gerhard Köbler* u. a. (Hg.), FS für Karl Kroeschell zum 70. Geburtstag, 1997, S. 467 (472ff.); Die Unabhängigkeit des evangelischen Kirchenrechts von der (theologischen) Ethik. Anmerkungen zu seiner theologischen Begründung durch Gerhard Ebeling, ZevKR 51 (2006), S. 277 (291) ff.); Notwendiger Wandel der Dogmatik des deutschen Staats- und Verwaltungsrechts in einem zusammenwachsenden Europa? Überlegungen zum Verständnis der Europäischen Gemeinschaft als Rechtsgemeinschaft, in: *Rolf Grawert* u. a. (Hg.), FS für Ernst-Wolfgang Böckenförde zum 65. Geburtstag, 1995, S. 145 (149ff.) u. a.

13 In dem Kapitel »Ontologie der Relation« des ersten Bandes seiner »Glaubenslehre«, die 2000 erschienen ist, stellt *Dietz Lange* ganz i. S. des hier Gemeinten fest (a.a.O., S. 186), »dass Freiheit ein Relationsbegriff ist«. *Gierke* beginnt seine Ausführungen im 1868 erschienenen ersten Band seines Genossenschaftsrechts mit dem damit übereinstimmenden programmatischen Satz: »Was der Mensch ist, verdankt er der Vereinigung von Mensch und Mensch« (a.a.O., S. 1).

14 Die Grundbegriffe des Staatsrechts und die neuesten Staatsrechtstheorien (1874), Neudruck 1915, S. 92f. Ergänzend heißt es auf S. 93: »Wir konstatieren in Übereinstimmung hiermit eine Doppelrichtung des menschlichen Bewusstseins und der menschlichen Triebe.« Ganz entsprechend äußert *Gierke* sich an anderer Stelle: Die Rechtsordnung »baut sich auf der psychologischen Tatsache auf, dass die Spaltung des menschlichen Tuns nach individuellen und sozialen Elementen in die Tiefen der Seele hinabreicht. Sie wäre unverständlich, wenn ihr nicht die Annahme einer zugleich auf sich und auf die Gattung gerichteten Anlage der Menschenseele zu Grunde läge – einer Befähigung, individuelle und soziale Triebe, Emp-

auch, wie er sagt, »der Inbegriff des menschlichen Seins ... so wenig durch eine einfache Summierung des Lebensinhaltes sämtlicher Individuen erschöpft, als es sich durch bloße Heraushebung der einheitlichen Momente des Gattungslebens ausdrücken ließe«. Vielmehr »ergibt sich uns über der Daseinsordnung der Individuen eine zweite, selbständige Daseinsordnung der menschlichen Allgemeinheiten. Über dem Einzelgeist, dem Einzelwillen, dem Einzelbewusstsein erkennen wir in tausendfältigen Lebensäußerungen die reale Existenz von Gemeingeist, Gemeinwillen und Gemeinbewusstsein.«[15]

Der *Staat* ist dementsprechend »die Verwirklichung einer wesentlichen Seite des menschlichen Gemeinlebens«[16]. Daneben müssen wir aber, wie *Gierke* sagt, auch im Staat »das *Individuum* als eine *originäre*, für sich seiende, ihren Zweck in sich selbst tragende Wesenheit anerkennen«. Denn, so führt er aus,

> »nur mit einem Teile seines Wesens ... gehört der einzelne Mensch dem Staate als Glied an: der übrige Inhalt seines Wesens wird von dem staatlichen Gemeinleben vollkommen unberührt gelassen und bildet den Stoff seiner freien Individualität. So stehen staatliches und individuelles Sein als zwei selbständige Lebensgebiete neben einander, von denen freilich keines ohne das andere sein kann und jedes auf das andere als seine Ergänzung hinweist, die aber dessen ungeachtet beide ihren nächsten Zweck in sich selbst haben.«[17]

2. Für das Staats*recht* nun ist wie für das Recht überhaupt diese »Gegenseitigkeit von Willensbeziehungen«[18] konstitutiv. Sie bedürfen der rechtlichen Ordnung, weil das friedliche Leben in menschlichen Gemeinschaften »eine »Harmonie aller Willen mit einander« erfordert[19]. Das eben kann die »Moral«, die ja allein die »Harmonie der Willen mit sich selbst« sicherstellt, nicht leisten[20]. Für *Gierkes* Verständnis des *subjektiven* Rechts ist weiter zu beachten, dass seiner Meinung nach die Unterscheidung zwischen öffentlichem und privatem Recht nicht die Tatsache übersehen darf, dass »die letzten Grundbegriffe beider Rechtsteile ...,

---

findungen und Vorstellungen zu entwickeln und fortschreitend gegeneinander zu verselbständigen«, so *ders.*, Die Genossenschaftstheorie und die deutsche Rechtssprechung«, 1887, S. 707f.; ergänzend dazu *Janssen*, Gierkes Methode (Anm. 12) S. 64, 161f. mit weiteren Nachweisen. Wenn *Gierke* hier letztlich eine psychologische Begründung für die behauptete »Doppeleigenschaft« des Menschen liefert, so stimmt das mit seiner Begründung für die notwendige Anerkennung einer autonomen Rechtsidee und weiter auch mit seinem Hinweis auf die »innere Erfahrung« des Menschen als Beleg für die Realität der menschlichen Verbände überein, s. dazu wiederum *Janssen*, Gierkes Methode (Anm. 12), 145ff., 181ff.

15 Grundbegriffe (Anm. 14), S. 94.

16 A.a.O., S. 97.

17 A.a.O., S. 98f.

18 A.a.O., S. 89 i. V. m. S. 101ff.; s. daneben *Gierke*, Die soziale Aufgabe des Privatrechts, 1889, S. 17: »In Wahrheit ist alles Recht nicht einseitige, sondern gegenseitige Willensbeziehung.«

19 Grundbegriffe (Anm. 14), S. 102.

20 Wie Anm. 19.

weil eben beide Recht sind, gemeinsam sein« müssen. Darum »bildet«, wie er sagt,

> »im öffentlichen Recht ferner wie im Privatrecht ... den Mittelpunkt alles subjektiven Rechts der gemeinsame Begriff der *Persönlichkeit,* indem die Person eben der vom Recht als Subjekt anerkannte Träger einer einheitlichen Willenssphäre ist, und auch in Bezug auf die *Objekte* rechtlicher Willensherrschaft werden beide Rechtsteile insofern übereinstimmen, als in beiden die dreifache Beziehung des Willens auf sich selbst, auf andere Willen und auf willenlose Gegenstände vorkommen wird.«[21]

Auch das öffentliche Recht ist also nach *Gierke* »nicht einseitige, sondern gegenseitige Willensbeziehung«[22], und man hat auch hier neben den Befugnissen deren »Korrelate«, die Pflichten, als zweiten Grundbestandteil des subjektiven Rechts anzuerkennen. »Die Pflichten«, sagt *Gierke,*

> »sind keineswegs bloß Ausflüsse, sondern Korrelate der Befugnisse und haben ihre selbständige Herkunft und Bedeutung. Dies gilt auch für das private Recht, wennschon, wie im öffentlichen Recht die Pflichten, so hier die Befugnisse in den Vordergrund treten.«[23]

Natürlich gibt es – wie in dem letzten Zitat schon anklang – in der Sache begründete Unterschiede zwischen Privatrecht und öffentlichem Recht. Denn das »Privatrecht abstrahiert von der Person die Eigenschaft, ein *Individuum*, ein in sich abgeschlossenes und durch sich selbst bestimmtes Einzelwesen zu sein«, während das öffentliche Recht »von der Person die dem *Gemeinleben* zugekehrte Seite« abstrahiert Dem öffentlichen Recht sind daher, wie er fortfährt,

> »die als Personen anerkannten Verbände keine dem Einzelmenschen nebengeordnete Individuen, sondern Allgemeinheiten über den Einzelnen, die Einzelmenschen aber sind ihm keine für sich stehende Existenzen, sondern Glieder von Allgemeinheiten. Das öffentliche Recht kennt keine unverbundenen Einzelwesen, sondern nur Verbände

21 Grundbegriffe (Anm. 14), S. 109, ergänzend S. 114f.

22 Nachweis Anm. 18; s. daneben *Gierke*, Das deutsche Genossenschaftsrecht, Bd. 2: Geschichte des deutschen Körperschaftsbegriffs, 1873, S. 130f.

23 Deutsches Privatrecht. Erster Band: Allgemeiner Teil und Personenrecht, 1895, S. 255, s. auch S. 252, wo Gierke betont, dass auch »subjektives und objektives Recht ... *Korrelationsbegriffe*« sind. Genauer dazu heißt es dort: »Subjektives und objektives Recht sind *von einander abhängig*. Das objektive Recht ist, obschon nicht der Schöpfer, doch der Gestaltgeber und zwar der formell allmächtige Gestaltgeber des subjektiven Rechts. Die naturrechtliche Lehre von den unzerstörbaren Menschenrechten und Menschenpflichten verwechselt Rechtidee und Recht. Materiell ist das objektive Recht aber an den Stoff, den es formt, gebunden; es findet die Willensinhalte vor und kann keine Rechtsverhältnisse hervorzaubern, die nicht in ihnen angelegt wären.« *Gierke* fügt (a.a.O.) diesen Satz folgende Anmerkung bei: »Auch in dieser Hinsicht werden von den Naturrechtstheorien einerseits und den modernen Machttheorien andererseits die entgegen gesetzten Extreme vertreten«; ganz ähnlich urteilt er in seiner Schrift: Labands Staatsrecht und die deutsche Rechtswissenschaft (1883), Neudruck 1961, S. 38.

und Verbandsglieder ... Auch das öffentliche Recht schafft dem freien Willen eine Bestätigungssphäre, innerhalb deren er auf die Gestaltung der Rechtsverhältnisse einwirken kann, aber es bannt ihn hierbei in die Schranken der organischen Stellung, die er ein für allemal kraft der öffentlichen Ordnung einnimmt, und sein eigentlicher Kern liegt in dem festen Normengefüge, das den gemeinheitlichen Willensorganismus konstituiert.«[24]

3. Zwar liegt nach Gierke der Schwerpunkt des öffentlichen Rechts und namentlich der des Staatsrechts darin, das »*innere* Leben« des Staates als »Gesamtpersönlichkeit« zu normieren[25], doch muss es auch, wie er sagt,

> »die Grenze ziehen zwischen demjenigen Stück der Persönlichkeit, welches durch die Staatsangehörigkeit dem staatlichen Organismus einverleibt wird, und dem sei es für das Individualrecht sei es für die Lebensbestätigung als Glied anderer Verbände frei bleibenden Stück der Persönlichkeit. Hier wurzelt dann die Vorstellung individueller und korporativer Grundrechte oder Freiheitsrechte, die dem Individuum und anderen Verbänden eine gewisse Sphäre als ein vom Staatsverbande nicht nur nicht berührtes, sondern auch für den Staat schlechthin unantastbares Rechtsgebiet garantieren.«[26]

Für die Eigenart des grundrechtlichen Freiheitsrechts ist nach *Gierke* daneben kennzeichnend, dass »dieses Recht ... dem Staat gegenüber einen negativen Inhalt« hat[27] und »kein Analogon im Privatrechte« besitzt oder »in dem Rechte irgendeiner öffentlichen Körperschaft«[28]. Die singuläre Bedeutung der Grund-

24 Grundbegriffe (Anm. 14), S. 109, 110f.

25 Grundbegriffe (Anm. 14), S. 114. In der dogmatischen Durchdringung dieses Innenrechts bestand ja, was das Recht der Verbandspersönlichkeit im Allgemeinen betrifft, ein wesentlicher Teil der Bemühungen *Gierkes*. Siehe als Beleg dafür besonders *ders.*, Genossenschaftstheorie (Anm. 14), S. 15ff. (Kapitel I), 141ff. (Kapitel II), 601ff. (Kapitel IV), 809ff. (Kapitel V) und: Deutsches Privatrecht, Bd. 1 (Anm. 23), S. 456ff. (Zweites Kapitel des Besonderen Teils: Das Recht der Verbandspersönlichkeit). Speziell für das Staatsrecht sind daneben insoweit vor allem seine Schriften: Grundbegriffe (Anm. 14) und Labands Staatsrecht (Anm. 23) einschlägig.

26 Grundbegriffe (Anm. 14), S. 118; ergänzend *Gierke*, Labands Staatsrecht (Anm. 23), S. 36ff. und: Naturrecht und deutsches Recht, 1883, S. 28. Richtig ist zu dieser Sicht *Gierkes* bemerkt worden: »Die Realität von Individual- wie Gesamtperson ist so bei Gierke ein Garant dafür, dass beispielsweise den Grundrechten ein fester Platz im staatsrechtlichen System zugewiesen wird, im wesentlichen schon der Platz, den sie bis heute einnehmen. Die Realität von Glied- und Gesamtpersonen in der korporativen Struktur des Staatskörpers stellt sicher, dass der gesamte Binnenraum des staatlichen Organisationsrechts nicht impermeabel verschlossen wird, sondern für Kompetenzentscheidungen offen bleibt, denen Rechtssatzcharakter zukommt und an die sich sogar subjektive Rechte auf Kompetenz knüpfen können«, so *Walter Pauly*, Der Methodenwandel im deutschen Spätkonstitutionalismus. Ein Beitrag zu Entwicklung und Gestalt der Wissenschaft vom Öffentlichen Recht im 19. Jahrhundert, 1993, S. 232.

27 Labands Staatsrecht (Anm. 23), S. 37, s. auch Genossenschaftstheorie (Anm. 14), S. 191 Anm. 3.

28 Labands Staatsrecht (Anm. 23), S. 38.

rechte liegt also in ihrem staatsrechtlichen Charakter. *Gierke* begründet das mit folgender Überlegung:

> »Kein Verband außer dem Staate ergreift die menschliche Persönlichkeit dergestalt, dass er den Anlass oder auch nur die Befugnis hätte, seinen Mitgliedern den Genuss einer für die Gemeinschaft unantastbaren Sonderrechtssphäre erst noch besonders zu garantieren. Was es an Garantien der Individualfreiheit gegen die Korporationsgewalt bedarf, wird durch sie und nur durch sie gewährt. Gerade darum aber haben die Grundrechte eine spezifisch *staatsrechtliche* Bedeutung.«[29]

Man kann allerdings den besonderen staatsrechtlichen Charakter der Grundrechte nicht auf einen *begrifflichen* Unterschied zwischen dem Staat und den (öffentlichen) Korporationen zurückführen; beide sind nicht »generisch« verschieden, wie *Gierke* sagt[30]. Der Unterschied zwischen ihnen liegt allein in den im Vergleich zu den Korporationen intensiveren Beziehungen zwischen Staat und Bürger.

Im Übrigen zeichnet es den Staat nach *Gierke* aus, dass er »als im Rechtsgebiete höchster Verband keinen Regulator außer sich selbst hat«; der Staat nimmt darum »dem Recht gegenüber eine besondere und unvergleichliche Stellung ein«[31]. Das bedeutet allerdings nicht, wie *Gierke* ergänzend ausführt, dass »das Recht nur als Geschöpf des Staates gedacht« werden kann. Denn »den Satz, dass Aussprüche der obersten Gemeinschaftsorgane als Gesetz binden, hat ... einst das *Gewohnheitsrecht* hervorgebracht«, wie das Gewohnheitsrecht ja auch zum Beispiel im Privatrecht »Eigentum, Ehe, Vertrag, Erbrecht und alle anderen Grundeinrichtungen ... längst erzeugt hatte, bevor sich das Gesetz mit ihnen befasste«. Die »menschliche Gesellschaft« hat also nach *Gierke* keineswegs an den Staat »ihre gesamte rechtsschöpferische Kraft veräußert«[32]. Der Staat

29 Wie Anm. 28.

30 Das deutsche Genossenschaftsrecht, Bd. 1: Rechtsgeschichte der deutschen Genossenschaft, 1868, S. 832f.; s. auch Grundbegriffe (Anm. 14), S. 113, 131. Damit übereinstimmend stellt Gierke fest, dass es »ein wirklich vergebliches Bemühen« sei, »einen *begrifflichen* Unterschied zwischen staatlichen und kommunalen Gliedern eines Staates zu entdecken«, so Labands Staatsrecht (Anm. 23, S. 70).

31 Deutsches Privatrecht, Bd. 1 (Anm. 23), S. 475. Darin sieht Gierke die wesentliche Inhaltsbestimmung für die Souveränität des Staates. Siehe allgemein zur Souveränität des Staates: *Gierke*, Labands Staatsrecht (Anm. 23), S. 49, 50f., 72, 74, 79. Diese Ausführungen zeigen, dass Gierke zwischen der Souveränität des Staates als solcher und ihren verschiedenen »Trägern« unterscheidet: »Gerade hierin ... besteht das Wesen des konstitutionellen Staates, in welchem ... in der Tat der Souverän nicht der ›alleinige‹ Träger der Staatsgewalt ist, sondern ›Mitträger‹ derselben anerkennt«, Labands Staatsrecht (Anm. 23), S. 51. Zu den Parallelen im Verständnis der Souveränität zwischen dem konstitutionellen Staatsrecht und dem des demokratischen Verfassungsstaates s. auch *Martin Kriele*, Einführung in die Staatslehre. Die geschichtlichen Legitimationsgrundlagen des demokratischen Verfassungsstaates, 6. Aufl. 2003, S. 281 i. V. m. S. 101ff., 239ff.

32 Deutsches Privatrecht, Bd. 1 (Anm. 23), S. 163 (Hervorhebung A. J.). Entsprechendes gilt

steht folglich, wie er im Einzelnen darlegt, weder über noch unter, sondern »*im* Recht«[33]; er ist »Funktionär der auch ihn bindenden Rechtsordnung«[34].

Konkret bedeutet das Gesagte nach *Gierke* für die Rechtsnatur des durch die Grundrechte begründeten Rechtsverhältnisses zwischen Staat und Bürger, dass auch

> »*Einzelne und Verbände zum Staat* in Verhältnissen stehen, welche sich als Verhältnisse des staatsrechtlich begründeten Individualrechts sowohl von denen des freien Privatrechts wie von denen des reinen Staatsrechts unterscheiden lassen. Ist auch die Abgrenzung hier sehr unsicher, so kann doch nicht bestritten werden, dass im geltenden Recht die Vorstellung einer solchen Verknüpfung öffentlichrechtlicher und privatrechtlicher Elemente bei zahlreichen Rechtsinstituten waltet. Dies ist zunächst schon bei den Rechten und Pflichten der Fall, welche für alle Staatsgenossen aus der Berührung ihrer Individualsphären mit staatlichen Hoheitsrechten erwachsen. Denn insoweit der Staat die Freiheit und das Eigentum seiner Angehörigen nach außen schützt und vertritt, nach innen garantiert und beschränkt, behandelt er das Privatrecht, ohne dessen individualrechtlichen Charakter zu tilgen, gleichzeitig als Bestandteil des vom Staatsverbande bewirkten rechtlichen Gesamtverhältnisses. Die Abstraktion, vermöge deren die Eingliederung der Einzelnen und Verbände in den Staatsorganismus hinsichtlich ihrer Sondersphären weggedacht wird, hat hier ihre

---

natürlich für die gesetzliche Regelung des Korporationsrechts. Das Gewohnheitsrecht ist nach Gierke »die ursprüngliche Erscheinungsform des Rechts« (a.a.O., S. 161), dessen »Trägerin jede organische Gemeinschaft« sein kann (a.a.O., S. 165) und das auch die Kraft besitzt, u.a. geltende Gesetze abzuändern (a.a.O, S. 172f. und Labands Staatsrecht [Anm. 23], S. 81); es ist eine bedeutende, eben nicht auf die Souveränität des Staates rückführbare Rechtsquelle. Zur allgemeinen Theorie des Gewohnheitsrechts in der Zeit *vor* Gierke: *Stephan Meder, Ius non scriptum* – Traditionen privater Rechtssetzung, 2008, S. 58, 67ff., 113ff., 126ff.

33 Genossenschaftsrecht, Bd. 1 (Anm. 30), S. 831. Und zwar steht er im Recht, wie Gierke a.a.O. näher ausführt, »indem sein Organismus selbst Recht ist, indem mit anderen Worten ein öffentliches Recht als wirkliches Recht anerkannt und geschützt wird. Frei kann sich der Verfassungsstaat nur innerhalb der Verfassung auf dem Gebiete seines positiven Lebens, frei umgekehrt das Recht nur in den individuellen Beziehungen bewegen. Dagegen ist der Staat insoweit, als er mit irgendeiner anderen Lebenssphäre des Individuums, einer kleineren Allgemeinheit oder eines seiner Glieder zusammentrifft, an das Recht gebunden, während umgekehrt das öffentliche Recht, das heißt das Recht, welches die Beziehungen zwischen dem Staat als Allgemeinheit und den engeren Allgemeinheiten oder den einzelnen Bürgern als Gliedern jener höchsten Allgemeinheit regelt und damit den staatlichen Organismus feststellt, durch den Staat gebunden wird. Wie daher im öffentlichen Recht die Freiheit vor der Gebundenheit zurücktritt, so muss umgekehrt der Staat das Recht als unübersteigbare Schranke seiner freien Bewegung anerkennen.«

34 Genossenschaftstheorie (Anm. 14), S. 650. Das bedeutet im Blick auf die Gesetzgebung des Staates: Er tritt insoweit »als formell souveräner Gestaltgeber der Rechtsordnung zugleich in deren Dienst und verwirklicht nach seiner eigenen Aussage die Postulate einer auch seiner eigenen Willensmacht gegenüber zu objektiver Geltung berufenen Vernunftidee. Seine Gesetzgebungsgewalt führt also nicht seine Willensmacht in die übrigen sozialen Organismen ein, sondern bestellt ihn zum obersten Funktionär der das Leben der Gemeinheiten auch im Innern ergreifenden und bindenden Macht des Rechtes«, a.a.O., S. 649.

Grenze: allein obschon nunmehr auch in dieser Hinsicht der staatliche Zusammenhang zur Geltung gelangt, bleibt in demselben das Sonderrecht als solches anerkannt und die Verschiedenheit desselben von dem nur um des Staates willen vorhandenen Mitgliedschaftsrecht wirksam.«[35]

Als Beispiel für ein entsprechendes Rechtsverhältnis nennt *Gierke* in einer Anmerkung zu dem eben wiedergegebenen Zitat ausdrücklich »einerseits die sog. Grundrechte, welche den verfassungsmäßigen Anspruch auf Unterlassung staatlicher Eingriffe in die Individualsphären ausgestalten, andererseits die damit konnexen Verbindlichkeiten, welche der Pflicht zur Duldung solcher Eingriffe kraft staatlicher Hoheitsrechte Ausdruck geben.«[36]

Mit dieser Charakterisierung des zwischen Staat und Bürger bestehenden rechtlichen Gegenseitigkeitsverhältnisses lässt sich der grundrechtliche Freiheitsbegriff *Gierkes* wie folgt zusammenfassen: Grundrechtliche Freiheit ist vorstaatliche Freiheit, aber für ihre Realisierung sind die »Korrelate« dieser Freiheit, die Pflichten, bzw. die mit ihr »konnexen Verbindlichkeiten« konstitutiv. Grundrechtliche Freiheit ist deshalb auch Freiheit durch Recht, weil durch das Recht die Konflikte, die in der »Gegenseitigkeit von Willensbeziehungen« entstehen, friedlich gelöst werden. Dem Staat sind bei der Regelung dieser Konflikte durch Rechtssetzung die tatsächlichen Lebensverhältnisse gewohnheitsrechtlich vorgegeben – er steht »im Recht«. Darüber hinausgehende Vorgaben für das staatliche Recht sind nach *Gierke* letztlich ontologisch begründet – das gilt besonders für die auch seine Grundrechtstheorie tragende Unterscheidung zwischen Individual- und Sozial-(Korporations-)recht.

*Gierkes* spätere Stellungnahme zu den Entwürfen des Unterausschusses für die Vorberatung der Grundrechte von Weimar[37] zeigt übrigens, dass er sein hier geschildertes grundrechtliches Freiheitsverständnis auch für die Grundrechte der Weimarer Reichsverfassung als verbindlich ansah, d. h. dass dieses sich nicht durch den Untergang des konstitutionellen Staates erledigt hatte. Dieser Umstand legt die nun zu klärende Frage nach der Bedeutung seiner entsprechenden Sicht für die Auslegung des Art. 2 besonders nahe. Diese müsste zugleich die anfangs aufgezeigten Ungereimtheiten meiden, die mit der herrschenden Interpretation der genannten Vorschrift verbunden sind.

35 Genossenschaftstheorie (Anm. 14), S. 191f., s. ergänzend S. 188ff.

36 a. a. O., S. 191 Anm. 3.

37 Diese Stellungnahme ist abgedruckt in: *Walter Pauly*, Grundrechtslaboratorium Weimar. Zur Entstehung des zweiten Hauptteils der Reichsverfassung vom 14. August 1919, 2004, S. 107ff., s. bes. S. 108.

## III. Folgerungen für die Auslegung des Art. 2 und eine Verfassungslehre des Grundgesetzes

1. Was nun zunächst die Auslegung des Art.2 I betrifft, so kann man m. E. unmittelbar an *Gierkes* relationalen Freiheitsbegriff, der ja ein Gegenseitigkeitsverhältnis zwischen Staat und Bürger begründet, anknüpfen. Denn dem Bürger wird gemäß Art. 2 I das »Recht auf die freie Entfaltung seiner Persönlichkeit« nur in dem Rahmen gewährt, den der Staat nach dieser Vorschrift zu setzen befugt ist. Wenn *Gierke* von den Pflichten als Korrelaten der grundrechtlichen Freiheit sprach, so verwies er damit m. E. genau auf jene »Wechselbeziehung«[38] zwischen ihnen, die in Art. 2 I zum Ausdruck kommt. Das Verständnis der freien Entfaltung der Persönlichkeit wird »damit bewusst von der Modellvorstellung einer streng individuellen Position, die das Eigene vom Fremden rechtlich abgrenzt, entfernt und einer Auffassung vom Recht unterworfen, die dessen verbindende Wirkung für den wesentlichen Charakterzug hält, dies jedoch nicht sozial-kollektivistisch, sondern ›interindividuell‹ oder dialogisch verstanden«[39]. Mit den Worten *Gierkes* gesagt: »In der Verflechtung von Individualrecht und Sozialrecht«[40] ist darum nach Art. 2 I das Wesen der grundrechtlichen Freiheit zu sehen.

Wortlaut und Systematik des Artikel 2 legen nun den weiteren Schluss nahe, dass sein Absatz I kein selbständiges Grundrecht enthält, sondern, wie *Friedrich Klein* es ausgedrückt hat, einen »*Freiheitsrechtsleitsatz*«, der »als wichtigste *Auslegungsregel* mit weitreichender Bedeutung für das ganze Verhältnis Staat-Individuum und darüber hinaus für die gesamte Rechtsordnung«[41] zu verstehen ist. Für diese Interpretation spricht nämlich neben ihrer konsequenten Anwendung des dargelegten relationalen Freiheitsbegriffs *Gierkes* auf das geltende Verfassungsrecht m. E. vor allem folgende Überlegung:

Nicht in Art. 2 I sondern in seinem Absatz II ist ausdrücklich von der Einschränkung der Freiheit durch *Gesetz* die Rede. Interpretiert man deshalb die in

38 Siehe die Definition bei *Johannes Hoffmeister*, Wörterbuch der philosophischen Begriffe, 2. Aufl. 1955, S. 360 (Stichwort »korrelat«): »Korrelate oder korrelative Begriffe sind … solche, die nur in Wechselbeziehung Sinn haben, z. B. Vater – Sohn, warm – kalt.«

39 So *Wilhelm Henke*, Das subjektive Recht im System des öffentlichen Rechts. Ergänzungen und Korrekturen, DÖV 1980, S. 621 (624) zur Kennzeichnung der öffentlichen absoluten Rechte, die aus einem Rechtsverhältnis erwachsen, genauer dazu S. 622ff. Auf S. 624 Anm. 14 spricht *Henke* davon, dass dieses Verständnis »die andere, im Sinne *Gierkes* ›sozialrechtliche‹ Alternative zum allgemeinen Gewaltverhältnis« sei. Sorgfältige rechtsphilosophische und rechtstheoretische Begründung dieses Ansatzes durch: *Jan Schapp*, Freiheit, Moral und Recht. Grundzüge einer Philosophie des Rechts, 1994, S. 259ff.

40 Genossenschaftstheorie (Anm. 14), S. 188.

41 So *Friedrich Klein*, in: von *Mangoldt/Klein*, Das Bonner Grundgesetz (Kommentar), Band I 2. (!) Aufl. 1957, Artikel 2 Anm. III 5 b) (= S. 167).

Art. 2 I genannten Schranken der freien Entfaltung der Persönlichkeit nicht als erst durch Gesetz festzulegende, sondern als verfassungsimmanente Schranken, so kann man sich dabei weitaus überzeugender, als die herrschende Lehre es mit ihrem Verständnis der Schrankenklausel vermag, auf deren Wortlaut berufen. Denn die in Art. 2 I genannten »Rechte anderer« lassen sich als die Grundrechte anderer deuten[42]. Und der Begriff der »verfassungsmäßigen Ordnung« kann etwa wie der wörtlich damit übereinstimmende Begriff in Art. 9 II ausgelegt, sein Inhalt also gleichgesetzt werden mit den »elementaren Verfassungsgrundsätzen und Grundentscheidungen des Verfassungsgebers«[43]. Was schließlich das »Sittengesetz« als in Art. 2 I genannte dritte Schranke angeht, so wäre zunächst darauf hinzuweisen, dass der Staat ja mit der Auslegung dieses Begriffs eine *Rechts*entscheidung trifft[44]. Er ist nämlich insoweit, wie sich aus Art. 20 III ergibt, als Gesetzgeber an die »verfassungsmäßige Ordnung« gebunden und wenn er verwaltet oder Recht spricht, an »Gesetz und Recht«. Die vielfach in der Literatur gemachten Hinweise darauf, dass mit dem Sittengesetz letztlich eine Rechtsmissbrauchsklausel formuliert würde, bestehen so gesehen m. E. zu Recht[45].

---

42 Die Kritik an dieser Ansicht hat *Ipsen* m. E. zutreffend mit folgender Argumentation zurückgewiesen: »Wenn eingewandt wird, die Grundrechte gehörten mangels Drittwirkung *nicht* zu den in Art. 2 Abs. 1 GG genannten ›Rechten anderer‹, so wird damit der Rechtsbegriff missverstanden. Die Rechtsordnung schützt den Einzelnen dagegen, dass seine *Rechtsgüter*, nämlich Leben, Gesundheit, Freiheit und Sachen, die in seinem Eigentum stehen, verletzt werden. Diese Rechtsgüter werden auch durch *Grundrechte* geschützt, so dass unter den ›Rechten anderer‹ in erster Linie diejenigen Rechtsgüter zu verstehen sind, die das Schutzgut von Grundrechten bilden. Da auch *Rechte* grundrechtsgeschützt sind – etwa vermögenswerte Rechte durch Art. 14 Abs. 1 Satz 1 GG – bilden auch *diese Rechte* eine Schranke der allgemeinen Handlungsfreiheit«, Staatsrecht II (Anm. 2), S. 195.

43 So schon *Klein*, in: *von Mangoldt/Klein*, Das Bonner Grundgesetz (Anm. 41), Artikel 2 Anm. IV 2 a) (= S. 182). Für die entsprechende Interpretation des Begriffs »verfassungsmäßige Ordnung« in Artikel 9 II s. nur *Ipsen*, Staatsrecht II (Anm. 2), S. 150.

44 Dazu *Jan Schapp*, Ethische Pflichten und Rechtspflichten, 1993, bes. S. 31 f.; vertiefend *ders.*, Freiheit, Moral und Recht (Anm. 39), S. 225 ff.

45 So etwa *Adalbert Podlech*, Artikel 2 Rn. 65 f., in: *Erhard Denninger* u. a. (Hg.), Kommentar zum Grundgesetz für die Bundesrepublik Deutschland (Reihe Alternativkommentare), Bd. 1, 3. Aufl. 2001: Das »Sittengesetz als Bestandteil der Schrankenklausel hat die Funktion, Recht als freiheitswahrende Ordnung dadurch zu sichern, dass die Bedingung formuliert wird, unter der die Freiheit zur Entfaltung der Persönlichkeit des einzelnen mit der Freiheit zur Entfaltung der Persönlichkeit des anderen zusammen bestehen kann. Es formuliert also eine *Symmetriebedingung* … Diese Struktur des Sittengesetzes und seine Eigenschaft, selbst nicht Recht, sondern Anforderung an Recht zu sein, hat zur Folge, dass unter Berufung auf das Sittengesetz nur selten eine Freiheitsbeschränkung angeordnet werden darf. Wirksamkeit entfaltet das Sittengesetz in dieser Hinsicht vornehmlich durch die Generalklauseln der Rechtsordnung wie die Sittenwidrigkeit (§ 138 BGB), das Schikaneverbot (§ 226 BGB), Treu und Glauben (§ 242 BGB), schutzwürdige Belange der Betroffenen (§ 1 Abs. 1 BDSG).« Ganz ähnlich bereits *Günter Dürig*, Art. 2 des Grundgesetzes und die Generalermächtigung zu allgemein-polizeilichen Maßnahmen, AöR 79 (1953/1954), S. 57 (63); s. daneben die Aus-

Art. 2 I kann im Ergebnis also nicht als Grundrecht mit Gesetzesvorbehalt verstanden werden und auch nicht – schon wegen des fehlenden, von ihm zu schützenden *konkreten* Rechtsgutes – als vorbehaltloses Grundrecht, sondern richtigerweise nur als für alle Grundrechte verbindlicher »Freiheitsrechtsleitsatz«, der sich inhaltlich dem relationalen Freiheitsbegriff *Gierkes* verpflichtet weiß[46].

2. Enthält Art. 2 I kein selbständiges Grundrecht, sondern eine verbindliche Definition für den Freiheitsbegriff der Grundrechte, so muss Art. 2 II S. 2 als grundrechtliche Garantie der freien Entfaltung der Persönlichkeit verstanden werden. Was mit der »Freiheit der Person« gemeint ist, die nach dieser Vorschrift »unverletzlich« sein soll, folgt so gesehen eben aus Art. 2 I in der hier vertretenen Interpretation. Schon *Anschütz* hat sich bekanntlich gegen eine einschränkende Auslegung des Begriffs »Freiheit der Person« i. S. von körperlicher Bewegungsfreiheit gewandt, wie sie auch damals überwiegend für die inhaltlich dem Art. 2 II S. 2 entsprechenden Vorschriften in der Preußischen Verfassung von 1850 und der Weimarer Reichsverfassung vertreten wurde[47]. Der Unterschied zwischen seiner Interpretation und der hier vertretenen liegt allein darin, dass der Freiheitsbegriff des Art. 2 II S. 2 nicht im Sinne von *Anschütz* rein formal verstanden werden kann, und zwar deshalb nicht, weil er eben durch Art. 2 I verbindlich inhaltlich festgelegt ist. Bedenkt man dann noch, dass die damit durch das Grundrecht des Art. 2 II geschützte »freie Entfaltung der Persönlichkeit« natürlich auch die körperliche Bewegungsfreiheit mit umfasst, so

führungen von *Karl August Bettermann*, Grenzen der Grundrechte, 1968, S. 10ff. Vom so verstandenen »Sittengesetz« aus ergibt sich auch – was hier nicht näher dargelegt werden kann – die Möglichkeit einer sinnvollen Interpretation des polizeilichen Ordnungsbegriffs.

46 Dieses Freiheitsverständnis entspricht dem von *Schapp* entwickelten Begriff der »bürgerlichen Freiheit«, dazu führt er aus: »Bürgerliche Freiheit ist die durch die moralische Freiheit in einem Gleichgewicht gehaltene natürliche Freiheit … Wir lösen uns also aus der Alternative, dass Freiheit entweder die natürliche Freiheit oder die moralische Freiheit sein muss. Für uns liegt die Lösung des Rätsels der Freiheit darin, das Miteinander beider als Freiheit zu begreifen … Diese Perspektive auf die bürgerliche Freiheit bedarf aber noch einer Ergänzung. Die selbstbeschränkte natürliche Freiheit wird als bürgerliche Freiheit nur begriffen, wenn sie auch die Sicherung durch das Recht erfährt. Das Recht ist also mein Schutz dagegen, dass der andere von seiner natürlichen Freiheit in einer seine bürgerliche Freiheit verfehlenden Weise Gebrauch macht und mich in meiner bürgerlichen Freiheit verletzt … Diese Sicherheit durch das Recht schützt meine Freiheit nicht nur nach außen, sondern verleiht ihr auch eine höhere Qualität, da sie mich von dem Erfordernis ständiger Verteidigung befreit und mich damit in einen Zustand des Friedens versetzt. Der Frieden, den ich für mich im Gleichgewicht meiner natürlichen und moralischen Freiheit gefunden habe, wird jetzt durch das Recht noch einmal gewissermaßen mit Wirkung gegen jedermann bestätigt und damit endgültig stabilisiert«, so Freiheit, Moral und Recht (Anm. 39), S. 260f.

47 *Gerhard Anschütz*, Die Verfassungsurkunde für den preußischen Staat vom 31. Januar 1850. Ein Kommentar für Wissenschaft und Praxis, 1912, Artikel 5 Anm. 3 (= S. 133f.); *ders.*, Die Verfassung des deutschen Reichs vom 11. August 1919, 14. Aufl. 1933, Artikel 114, Anm. 1f.

steht einer »sinngemäßen Abgrenzung des Abs. 1 und 2 des Art. 2 gegeneinander« nichts mehr im Wege[48].

Es ist aber nicht nur dieses systematische Argument, das für die These spricht, die grundrechtliche Garantie der freien Entfaltung der Persönlichkeit in Art. 2 II S. 2 zu verorten. Vielmehr spricht dafür auch der im folgenden Satz der genannten Vorschrift ausdrücklich geregelte Gesetzesvorbehalt. Denn dieser kann nach dem zu Art. 2 I Ausgeführten ja allein so verstanden werden, dass die freie Entfaltung der Persönlichkeit über die in Art. 2 I genannten verfassungsimmanenten Grenzen hinaus nur durch ein (den Grundsatz der Verhältnismäßigkeit beachtendes) Gesetz beschränkt werden kann. Auch so gesehen macht es also Sinn, das unbenannte Grundrecht auf freie Entfaltung der Persönlichkeit durch Art. 2 II S. 2 und 3 garantiert anzusehen.

Zu beachten bleibt schließlich noch, dass ganz im Sinne von *Gierkes* relationalem Freiheitsbegriff im Hinblick auf das zwischen dem Grundrechtsinhaber und dem staatlichen Gesetzgeber bestehende Rechtsverhältnis ebenfalls »vom Sozialbezug individueller Freiheit« gesprochen worden ist[49]. Das ist dann möglich, wenn man mit einem Teil der Lehre nicht nur die Freiheitsgrundrechte selbst, sondern auch die in ihren Gesetzesvorbehalten enthaltenen »öffentlichrechtlichen Befugnisnormen« als absolute Rechte im Sinne des Zivilrechts deutet[50]. Es kommen dann nämlich »auch dem Staat eigene materielle Positionen« zu, »die denen des einzelnen Bürgers durchaus vergleichbar sind«[51]. So gesehen findet selbst in dem Rechtsverhältnis, das zwischen dem Inhaber des aus Art. 2 II folgenden Freiheitsgrundrechts und dem Gesetzgeber besteht, um noch einmal mit *Gierke* zu sprechen, eine »Verflechtung von Individualrecht und Sozialrecht« statt[52].

Damit zeigt sich meines Erachtens erneut die große Aktualität des relationalen Freiheitsbegriffs *Gierkes* für die heutige Grundrechtsauslegung. Er ermöglicht im Ergebnis ein Verständnis des Art. 2, das sich enger als es die überwiegende Ansicht tut, am Wortlaut der genannten Vorschrift orientiert und

48 So *Herrmann von Mangoldt*, Das Bonner Grundgesetz, 1953, Artikel 2 Anm. 4, der allerdings die angesprochene »sinngemäße Abgrenzung« gerade durch die geschilderte Interpretation von *Anschütz* nicht gewährleistet sieht. Zu einem anderen Ergebnis hätte *von Mangoldt* m. E. kommen müssen, wenn er ebenfalls – wie hier vertreten – Artikel 2 I als inhaltliche Bestimmung des grundrechtlichen Freiheitsbegriffs verstanden hätte.

49 So *Wolfgang Schur*, Anspruch, absolutes Recht und Rechtsverhältnis im öffentlichen Recht entwickelt aus dem Zivilrecht, 1993, S. 134.

50 *Schur*, a. a. O., S. 118ff. Diese Ausführungen zeigen, dass die Sicht *Schurs* durchaus mit der Feststellung *Gierkes* kompatibel ist, dass die Grundrechte kein »Analogon im Privatrechte« besitzen, so Labands Staatsrecht (Anm. 23), S. 38. Vertiefend zu den Ausführungen von *Schur: Schapp*, Freiheit, Moral und Recht (Anm. 39), S. 239ff.

51 *Schur*, Anspruch (Anm. 49), S. 123. Das hat Folgen für die Verhältnismäßigkeitsprüfung, s. daselbst S. 161ff., 211f., 231ff.

52 Genossenschaftstheorie (Anm. 14), S. 188.

vermeidet gerade dadurch weitgehend die anfangs aufgezeigten Ungereimtheiten, die die herrschende Auslegung des Art. 2 nach sich zieht. Denn die dargelegte Interpretation vermag jeder der in Art. 2 I genannten Schranken eine selbstständige Bedeutung zu geben, stellt das unbenannte Grundrecht auf freie Entfaltung der Persönlichkeit in allen seinen Ausprägungen unter einen einheitlichen Gesetzesvorbehalt und kann schließlich den Regelungsgehalt des Art. 2 I von dem des Absatzes II schlüssig abgrenzen.

Zur systematischen Klarstellung sei daneben ergänzend darauf hingewiesen, dass ein wesentlicher inhaltlicher Unterschied zwischen dem Absatz I und Absatz II des Artikels 2 nach dem hier Ausgeführten noch darin besteht, dass nach Absatz I die Verwaltung auch ohne gesetzliche Ermächtigung befugt ist, die verfassungsimmanenten Grenzen für die freie Entfaltung der Persönlichkeit durchzusetzen, während die Grenzziehung nach Absatz II allein dem Gesetzgeber und der aufgrund des einschlägigen Gesetzes tätig werdenden Verwaltung obliegt. Man kann folglich im Blick auf Artikel 1 III in der Tat von einer durch Art. 2 I in ihren Aufgaben und Befugnissen inhaltlich bestimmten »grundrechtsunmittelbaren Verwaltung«[53] sprechen. Beschränkt dann aber die Verwaltung ohne entsprechende gesetzliche Grundlage die freie Entfaltung der Persönlichkeit über die in Art. 2 I genannten verfassungsimmanenten Grenzen hinaus, so liegt nach dem Dargelegten eine Verletzung dieses aus Art. 2 II S. 2 und S. 3 folgenden Grundrechts vor.

3. Aus der hier vertretenen Interpretation des Art. 2 ergeben sich auch noch weitergehende verfassungstheoretische Einsichten, die meines Erachtens für eine Verfassungslehre des Grundgesetzes Bedeutung besitzen. Das soll abschließend zumindest kurz angedeutet werden:

Zunächst erscheint mir die Folgerung wichtig, dass sich das hier zu Art. 2 Ausgeführte nahtlos in eine Dogmatik der vorbehaltlosen Grundrechte einfügt, wie sie vor kurzem von *Sebastian Lenz* vorgelegt worden ist[54]. Und es lässt darüber hinaus auch eine schlüssige Auslegung des Sozialstaats- und Rechtsstaatsprinzips zu, wofür als sehr frühes Beispiel die entsprechende Interpreta-

53 *Insoweit* kann ich den Überlegungen von *Hans-Detlef Horn* zustimmen, s. *ders.*; Die grundrechtsunmittelbare Verwaltung. Zur Dogmatik des Verhältnisse zwischen Gesetz, Verwaltung und Individuum unter dem Grundgesetz, 1999. Dem entspricht auch folgende Feststellung *Bettermanns:* »Die Schranke der Rechte Dritter berechtigt daher den Staat auch zu legislativen, exekutiven und judikativen Maßnahmen zur Wiederherstellung der verletzten Rechte Dritter und damit zur Zurückweisung des Verletzers in die Schranken seiner Freiheit, die er durch die Verletzung des Dritten überschritten hat«, so *ders.*, Grenzen (Anm. 45), S. 10. Das gilt nach dem hier Ausgeführten allerdings auch bei Verletzung der durch Artikel 2 I geschützten »verfassungsmäßigen Ordnung« und des »Sittengesetzes« im dargelegten Sinne.

54 *Sebastian Lenz*, Vorbehaltlose Freiheitsrechte. Stellung und Funktion vorbehaltloser Freiheitsrechte in der Verfassungsordnung, 2006.

tion von *Karl Doehring* genannt werden kann[55]. Aber das alles sind nur erste Schritte in eine Richtung, die mir für eine Verfassungslehre des Grundgesetzes wesentlich erscheint. Diese müsste, um konkret zu werden, meines Erachtens vor allem an jene Autoren anknüpfen, die im öffentlichen Recht und insbesondere auch im Verfassungsrecht unter Verabschiedung der Vorstellung vom Staat als einem »System der politischen Willensbildung« ähnlich wie im Privatrecht vom Rechtsverhältnis als Grundfigur des ganzen Verfassungssystems ausgehen[56]. Es liegen inzwischen mehrere verfassungsrechtliche Arbeiten vor, die sich diesem gedanklichen Ansatz verpflichtet fühlen[57]. Vor allem können auch die Verfahrungslehre von *Görg Haverkate* wie die verfassungstheoretischen Arbeiten von *Dieter Suhr* unter diesem Aspekt gelesen werden[58].

Was mir an diesem gedanklichen Ansatz, der sich im Grunde bereits im dogmatischen Werk *Gierkes* festmachen lässt, so weiterführend erscheint, ist die Vermeidung (bzw. die Überwindung) der Alternative, im Grundgesetz entweder eine »Vorbehaltsverfassung« oder eine »Kompetenzverfassung« zu sehen[59]. Das vermag ein solcher Ansatz allerdings nur, wenn er sich über die erkenntnistheoretischen Grundlagen, auf denen er aufbaut, im Klaren ist. Diese liegen nach meiner Überzeugung nun – um es verkürzt zu sagen – in einem Wirklichkeitsverständnis, das in Relationen denkt und deshalb als relationale Ontologie bezeichnet werden kann[60]. Dass *Gierke* grundsätzlich so dachte, beweist auch sein hier näher dargelegter relationaler Freiheitsbegriff. Damit schließt sich der

55 *Karl Doehring*, Sozialstaat, Rechtsstaat und freiheitlich-demokratische Grundordnung. Sonderheft der Zeitschrift »Die politische Meinung«, 1978. Diesen Ansatz vertiefend: *Albert Janssen*, Über die Grenzen des legislativen Zugriffsrechts. Untersuchungen zu den demokratischen und grundrechtlichen Schranken der gesetzgeberischen Befugnisse, 1990, S. 16ff., 59f., 76f. u. a.

56 Paradigmatisch hierzu: *Wilhelm Henke*, Wandel der Dogmatik des öffentlichen Rechts, JZ 1992, S. 541ff. (Zitat: S. 541).

57 Siehe etwa zum Verständnis der Grundrechte: *Wilhelm Henke*, Juristische Systematik der Grundrechte, DÖV 1984, S. 1ff.; Jan Schapp, Grundrechte als Wertordnung, JZ 1998, S. 913ff.; *Schur*, Anspruch (Anm. 49), S. 106ff. (= Dritter Teil). Zum Verständnis des Bundesstaates: *Hartmut Bauer*, Die Bundestreue. Zugleich ein Beitrag zur Dogmatik des Bundesstaatsrechts und zur Rechtsverhältnislehre, 1992, bes. S. 260ff. Als weitere insoweit z. T. einschlägige Arbeiten sind in diesem Zusammenhang zu nennen: *Rolf Gröchner*, Das Überwachungsrechtsverhältnis. Wirtschaftsüberwachung in gewerbepolizeilicher Tradition und wirtschaftsverwaltungsrechtlichem Wandel, 1992, bes. S. 67ff., 204ff. und *Wolfgang Kahl*, Die Staatsaufsicht. Entstehung, Wandel und Neubestimmung unter besonderer Berücksichtigung der Aufsicht über die Gemeinden, 2000, S. 472ff. (= § 11).

58 *Görg Haverkate*, Verfassungslehre. Verfassung als Gegenseitigkeitsordnung, 1992; *Dieter Suhr*, Bewusstseinsverfassung und Gesellschaftsverfassung. Über Hegel und Marx zu einer dialektischen Verfssungstheorie, 1975; *ders.*, Entfaltung (Anm. 7); *ders.*, Gleiche Freiheit. Allgemeine Grundlagen und Reziprozitätsdefizite in der Geldwirtschaft, 1988.

59 Zu dieser Alternative: *Günther Barbey*, Bundesverfassungsgericht und einfaches Gesetz, 1986, S. 9.

60 Zu *meinen eigenen* entsprechenden Versuchen s. die Nachweise hier in Anm. 12.

geschlagene gedankliche Kreis und mir bleibt nur noch eine Bemerkung zur *eigentlichen* Intention meiner Ausführungen:[61]

Der besondere Reiz der dogmatischen Arbeiten von *Jörg-Detlef Kühne* liegt für mich darin, dass in ihnen sehr häufig die Gegenwart der Verfassungsgeschichte spürbar ist. Auch mein hier vorgelegter Versuch fühlt sich diesem Anliegen verpflichtet. Ich bin mir allerdings nicht im Klaren darüber, ob die hiesige Fakultät sich eigentlich des drohenden Wirklichkeitsverlusts für die Dogmatik des öffentlichen Rechts bewusst ist, wenn sie mit der Emeritierung von Herrn *Kühne* zugleich von der Vorstellung Abschied nimmt, einen im Schwerpunkt auf die verfassungsgeschichtliche Forschung ausgerichteten Lehrstuhl zu benötigen. Damit ist – ich betone es noch einmal – nach meiner Überzeugung zwangsläufig für diese Fakultät zukünftig eine verkürzte Wahrnehmung der ja entscheidend von der Gegenwart der Verfassungsgeschichte bestimmten Verfassungswirklichkeit zu befürchten – quod erat demonstrandum!

## Thesen

### I.

Für die Rückbesinnung auf *Gierkes* relationalen Freiheitsbegriff spricht die *fragwürdige Auslegung des Art. 2 Abs. 1 GG durch die h. L. und Rechtsprechung:*

Im Blick auf die Tradition des deutschen staatsrechtlichen Denkens ist nämlich zunächst die Frage zu stellen, ob man wirklich, wie es heute durchweg geschieht, den Freiheitsbegriff der französischen Menschen- und Bürgerrechtserklärung von 1789 der Auslegung des Art. 2 Abs. 1 GG, der ja das für das Grundgesetz verbindliche »Freiheitsprinzip proklamiert« (*Böckenförde*), zugrundelegen soll. Dagegen spricht die unter mehrfacher Missachtung ihres Wortlauts in Rechtsprechung und Lehre vertretene Auslegung der Schrankenklausel der genannten Vorschrift und auch die Tatsache, dass Art. 2 Abs. 1 GG nach überwiegender Ansicht *zwei* Grundrechte – die allgemeine Handlungsfreiheit und das allgemeine Persönlichkeitsrecht – enthält, die nach einer Mindermeinung obendrein unterschiedliche verfassungsrechtliche Grenzen besitzen. Schließlich lässt sich auch aufgrund des herrschenden Verständnisses von

61 Die folgende abschließende Bemerkung erklärt sich aus dem Beweggrund der vorstehenden Ausführungen: Es handelt sich dabei um einen mit Anmerkungen versehenen Vortrag, den ich am 17. Juli 2008 auf einem Symposion aus Anlass des Ausscheidens von Prof. Kühne (Hannover) aus dem aktiven Dienst als Hochschullehrer gehalten habe.

Art. 2 Abs. 1 GG nicht der Regelungsgehalt dieser Bestimmung von dem Regelungsgehalt des Art. 2 Abs. 2 GG (und von Art. 104 GG) schlüssig abgrenzen.

## II.

*Gierke*, der durch seine einschlägigen Arbeiten die soeben erwähnte deutsche Tradition des staatsrechtlichen Denkens maßgeblich (mit-)geprägt hat, *entwickelt seinen Freiheitsbegriff in folgenden gedanklichen Schritten:*

1. Ausgangspunkt seiner *systematischen Überlegungen* zum Freiheitsbegriff ist die »Doppeleigenschaft« des Menschen, »Individuum für sich und Glied eines Gattungsverbandes« zu sein. Das ist für ihn eine »psychologische Tatsache«. Auch »staatliches und individuelles Sein« stehen nach *Gierke* »als zwei selbständige Lebensgebiete neben einander, von denen freilich keines ohne das andere sein kann und jedes auf das andere als seine Ergänzung hinweist.«

2. Deshalb ist nach *Gierke* für *das private wie für das öffentliche Recht* die »Gegenseitigkeit von Willensbeziehungen« konstitutiv. Nur in den gedanklichen Ausgangspunkten unterscheiden sich Privatrecht und öffentliches Recht: Das »Privatrecht abstrahiert von der Person die Eigenschaft ein *Individuum*, ein in sich abgeschlossenes und durch sich selbst bestimmtes Einzelwesen zu sein«; während das öffentliche Recht »von der Person die dem *Gemeinleben* zugekehrte Seite« abstrahiert.

3. Dennoch muss *auch das Staatsrecht*, weil es als Recht ja ebenfalls von der »Gegenseitigkeit von Willensbeziehungen« auszugehen hat, »die Grenze ziehen zwischen demjenigen Stück der Persönlichkeit, welches durch die Staatsangehörigkeit dem staatlichen Organismus einverleibt wird, und dem sei es für das Individualrecht sei es für die Lebensbestätigung als Glied anderer Verbände freibleibenden Stück der Persönlichkeit«. Deshalb bejaht *Gierke* auch die Existenz von individuellen wie korporativen Freiheitsrechten (Grundrechten). Deren Inhalt ist dann allerdings wieder entsprechend seinem relationalen Freiheitsbegriff durch die »*Verflechtung* von Individualrecht und Sozialrecht« bestimmt.

## III.

*Gierkes* so rechtlich begründeter relationaler Freiheitsbegriff lässt eine *Auslegung des Art. 2 Abs. 1 GG zu, die die unter I. dargelegten Widersprüchlichkeiten meidet:*

1. Zunächst kann danach *Art. 2 Abs. 1 GG als Definition des für die Grundrechte des Grundgesetzes verbindlichen Freiheitsbegriffs* verstanden werden.

Damit gewinnen dann auch die drei in Art. 2 Abs. 1 GG genannten »Schranken« der Freiheit ihre eigenständige Bedeutung zurück.

2. *Das Grundrecht der freien Entfaltung der Persönlichkeit ist folglich durch Art. 2 Abs. 2 GG* garantiert, was ja durchaus seinem allgemein gefassten Wortlaut entspricht. Die immanenten Grenzen der so verorteten freien Entfaltung der Persönlichkeit ergeben sich damit aus der Definition des Freiheitsbegriffs in Art. 2 Abs. 1 GG; die darüber hinausgehenden folgen aus den aufgrund des 2 Abs. 2 Satz 3 GG erlassenen (verhältnismäßigen) Gesetzen.

3. Gierkes relationaler Freiheitsbegriff legt *schließlich den allgemeinen verfassungstheoretischen Gedanken* nahe, ähnlich wie im Privatrecht auch im Verfassungsrecht vom Rechtsverhältnis als systematischer Grundfigur auszugehen. Für diesen in verschiedenen neueren Arbeiten bereits vertieften Gedanken spricht besonders, dass er die (triste) Alternative, das Grundgesetz *entweder* als eine »Vorbehaltsverfassung« *oder* als eine »Kompetenzverfassung« zu verstehen, hinter sich lässt.

## 3. Die bleibende Bedeutung des Genossenschaftsrechts Otto von Gierkes für die Rechtswissenschaft[1]

### I. Die Absicht der Darlegungen

Selbst unter den zahlreichen großen deutschen Juristen des 19. und beginnenden 20. Jahrhunderts gibt es nur wenige, die wie *Otto von Gierke* neben einem umfangreichen rechtsdogmatischen Werk ein bedeutendes rechtshistorisches hinterlassen haben, das insgesamt dann auch noch auf einer intensiven methodischen Reflexion aufbaut. Das alles gilt besonders für den Hauptgegenstand des rechtswissenschaftlichen Nachdenkens *Gierkes* – seine Genossenschaftstheorie. *Martin Peters* hat nun vor kurzem darüber eine Untersuchung vorgelegt, die unter Berücksichtigung des historischen Kontextes, in dem *Gierkes* Genossenschaftstheorie entstand, diese in ihren Einzelheiten schildert. Da es *Peters*, wie er sagt (S. 2), um eine »genossenschaftsgeschichtliche Monografie über Otto von Gierke geht«, konnte er nur andeutungsweise auf die noch heute zu konstatierende rechtsdogmatische Bedeutsamkeit von *Gierkes* Genossenschaftstheorie und auf ihre von ihm ausdrücklich benannten rechtstheoretischen Grundlagen eingehen.

Die Beantwortung der Frage nach der bleibenden Bedeutung von *Gierkes* Genossenschaftstheorie für die Rechtswissenschaft erfordert nun aber auch eine Berücksichtigung dieser beiden zuletzt genannten Aspekte. Denn ein gültiges rechtswissenschaftliches Urteil darüber setzt zu allererst voraus, dass man die von *Gierke* immer wieder beschworene und von ihm auch praktizierte Einheit zwischen rechtsdogmatischer, rechtshistorischer und rechtstheoretischer Reflexion ernst nimmt; sie macht nun einmal nach seiner Überzeugung erst das wirkliche juristische Denken aus[2].

1 Zugleich eine Besprechung von *Martin Peters*, Die Genossenschaftstheorie Otto von Gierkes (1841–1921) (= Marburger Schriften zum Genossenschaftswesen 95). Vandenhoeck & Ruprecht, Göttingen 2001, 141 S.

2 Das ist die These, die ich in *meinem* Buch: Otto von Gierkes Methode der geschichtlichen Rechtswissenschaft (1973) [Methode] genauer entwickelt habe; s. ergänzend *A. Janssen*, Otto von Gierkes sozialer Eigentumsbegriff, Quaderni Fiorentini 5–6 (1976/77), Bd. 1, S. 549 ff. und

Im Folgenden geht es mir deshalb darum, am Leitfaden der Untersuchung von *Peters* und unter Berücksichtigung der für *Gierke* typischen Einheit seines rechtswissenschaftlichen Denkens die heutige Bedeutung seines Genossenschaftsrechts näher zu bestimmen.

## II. Historische Aspekte

1. *Einen Schwerpunkt der Untersuchung* von *Peters* stellt der Versuch dar, den zeitgeschichtlichen Rahmen der Genossenschaftstheorie *Gierkes* dadurch zu erhellen, dass er seinen Lebenslauf »im Kontext der Zeit« und die »Positionen Gierkes zur Geschichte und Zeitgeschichte« (S. 24ff., 56ff.) genauer schildert. Was die zuletzt genannte Thematik betrifft, so versucht *Peters* besonders, die verschiedenen Stationen auf *Gierkes* Lebensweg in den jeweiligen *verfassungsgeschichtlichen* Kontext zu stellen. Dabei geht er nun aber leider kaum auf die einschlägige Diskussion über die Paulskirchenverfassung ein, obwohl doch gerade die Grundrechtsdiskussion in der Paulskirche durch eine namentlich von *Beseler* in den Verfassungsberatungen vertretene »genossenschaftsrechtliche«« Sichtweise geprägt war. Zum Beleg für diese Behauptung muss hier insoweit auf die große, von *Peters* nicht berücksichtigte Untersuchung von *Jörg-Detlef Kühne* über »Die Reichsverfassung der Paulskirche« (2. Auflage 1998) verwiesen werden[3]. *Gierke* hat ja in *Beseler* stets seinen wichtigsten Lehrer gesehen. Schon aus diesem Grund lag auch das Thema seiner Habilitationsschrift »Rechtsgeschichte der deutschen Genossenschaft« (= Das deutsche Genossenschaftsrecht, 1. Bd., 1868) gleichsam »in der Luft«. Zu der daneben von mir an anderer Stelle dargelegten allgemeinen politischen Motivation *Gierkes* für diese Themenwahl[4] hat nun *Peters* ergänzend herausgearbeitet, dass *Gierkes* »Hinwendung zum Genossenschaftsrecht … nicht zuletzt durch die persönlichen Kontakte seines Vaters mit *Schulze-Delitzsch*, der jetzt in den 60er Jahren die Genossenschaftsbewegung erfolgreich organisiert, motiviert gewesen sein dürfte« (S. 40).

2. Dieser Hinweis ist nun meines Erachtens – worauf hier *ergänzend* zum Geschichtsverständnis *Gierkes* hingewiesen werden soll – deshalb relevant, weil er die vor Jahren entwickelte These *Böckenfördes* zu relativieren vermag, nach der *Gierke* wie viele Germanisten »in einem nicht von der Gegenwart, sondern

*ders.*, Rezension von *Susanne Pfeiffer-Munz*, Soziales Recht ist deutsches Recht, Zeitschrift für Neuere Rechtsgeschichte [ZNR] 1/2 (1980), S. 110ff.

3 Dort besonders die Ausführungen auf S. 168ff. unter der Überschrift »Der Gedanke der Staatsgenossenschaft als substantieller Erfassungsansatz«.

4 Siehe *Janssen*, Methode (Anm. 2), S. 22ff.

nur von der Geschichte bestimmten Verhältnis zur eigenen Wirklichkeit« stand[5]. Mir scheint der erwähnte Hinweis von *Peters* darüber hinaus auch deshalb wichtig, weil er zugleich ein anderes Licht auf *Gierkes* Darstellung der Geschichte des Genossenschaftsrechts wirft. Ist es denn – so muss man doch fragen – aufgrund der genannten politischen Einflüsse auf *Gierkes* Denken wirklich richtig, seine historische Darstellung des Genossenschaftsrechts primär als Schilderung einer Entwicklung auf den konstitutionellen Staat seiner Gegenwart hin zu begreifen, um diesen damit historische zu legitimieren[6]? Natürlich besaß *Gierke* wie jeder Historiker ein bestimmtes Vorverständnis, das für seinen Zugang zur Geschichte des deutschen Genossenschaftsrechts bestimmend war. Entscheidend aber ist doch, wie weit er bereit war, dieses durch neue historische Erkenntnisse in Frage stellen zu lassen. Und genau davon kann man meines Erachtens – zumindest was seine Darstellung der mittelalterlichen Geschichte des Genossenschaftsrechts betriff – ausgehen. Als nach wie vor einschlägiger Beleg für diese Behauptung lässt sich seine Besprechung des 1906 erschienenen Buches von *Paul Sander* über »Feudalstaat und bürgerliche Verfassung« anführen[7]. Denn sie zeigt, dass *Gierke* sich durchaus des »Spannungsverhältnisses zwischen modernen Begriffen und den Rechtsgebilden der Vergangenheit«[8] bewusst war. Dass dies bei ihm nun nicht nur eine theoretische Erkenntnis war, sondern seine Darstellung der (mittelalterlichen) Geschichte des Genossenschaftsrechts auch tatsächlich bestimmte, hat meines Erachtens zuletzt besonders klar *Otto Gerhard Oexle* gezeigt[9]. Im Übrigen war es selbst für *Gierkes* Vorverständnis als Verfassungshistoriker sicherlich nicht ohne Belang, dass die für sein juristisches Denken typische »genetische« Betrachtungsweise des Rechts und die intensive rechtsphilosophische Reflexion, die beide ja *neben* der rechtshistorischen Forschung seine Wirklichkeitserfahrung bestimmten, ihn vor einer verkürzten Wahrnehmung eben dieser Wirklichkeit bewahrten[10].

---

5 *E.-W. Böckenförde*, die deutsche verfassungsgeschichtliche Forschung im 19. Jahrhundert, Zeitgebundene Fragestellungen und Leitbilder (1961), S. 96, genauere Begründung S. 92ff. und speziell zu Gierke S. 147ff.

6 So *Böckenförde*, ibid. S. 149ff., 155ff.

7 Erschienen im ZRG, Germ. Abt. 28 (1907), S. 612ff.; s. daneben *dens.*, Genossenschaftsrecht, Bd. 2 (1873), S. 5f., S. 17f. Anm. 4. Zu dieser Kritik Gierkes genauer *O. G: Oexle*, Sozialgeschichte – Begriffsgeschichte – Wissenschaftsgeschichte. Anmerkungen zum Werk Otto Brunners, Vierteljahresschrift für Sozial- und Wirtschaftsgeschichte 71 (1984), S. 305 (327f.) und *ders.*, Otto von Gierkes Rechtsgeschichte der deutschen Genossenschaft. Ein Versuch wissenschaftsgeschichtlicher Rekapitulation, in: *N. Hammerstein* (Hg.), Deutsche Geschichtswissenschaft um 1900 (1988), S. 193 (205f.).

8 So *Oexle*, Otto von Gierkes Rechtsgeschichte (Anm. 7), S. 205.

9 *Oexle* ibid. S. 193ff.; ganz ähnlich *P. Blickle*, Otto von Gierke als Referenz? Rechtswissenschaft und Geschichtswissenschaft auf der Suche nach dem Alten Europa, ZNR 17 (1995), S. 245ff.

10 Dazu genauer *Janssen*, Methode (Anm. 2), bes. S. 124ff. und S. 170ff.

3. Fragt man abschließend noch nach dem »*Bleibenden*« der historischen Darstellung des Genossenschaftsrechts durch *Gierke*, so scheinen mir zwei Aspekte bedeutsam:

Zunächst ein geschichtstheoretischer, den *Oexle* meines Erachtens zutreffend beschrieben hat. *Gierke*, so sagt er, vertritt »einen Typus historischen Denkens …, der die geschichtliche Wirklichkeit aus der Wahrnehmung polarer Spannungen zu erfassen und zu begreifen sucht, deren Wirkungen sich empirisch nachweisen lassen. Es ist eine Form geschichtlichen Denkens, als dessen herausragende Vertreter im 20. Jahrhundert Max Weber, Otto Hintze und Marc Bloch genannt werden können.« Richtig ist es, wie ich meine, auch, wenn *Oexle* als nach wie vor bedeutsam an *Gierkes* Geschichtsdenken, wie es sich namentlich im 1868 erschienenen ersten Band seines Genossenschaftsrechts niederschlägt, feststellt: »Diese Verknüpfung von empirisch umfassend fundierter historischer Erkenntnis und ausgeprägtem Gegenwartsbewusstsein bedeutet zugleich die bewusste Konstituierung der geschichtlichen Erkenntnis durch Wertsetzungen. In dieser Bewusstheit der Auffassung von Werturteil und Empirie kann die heutige Geschichtswissenschaft von *Gierke* manches lernen.«[11]

Der zweite nach wie vor bedeutsame Aspekt, der in diesem Zusammenhang betont werden muss, ist ein verfassungsgeschichtlicher. Er betrifft die Grundstruktur der historischen Darstellung des Genossenschaftsrechts durch *Gierke*. Seine »Deutungen geschichtlicher Strukturen und Prozesse« orientieren sich insoweit ja nicht wie die von vielen seiner Zeitgenossen an den »Kategorien von Herrschaft und Staat«[12]. Und genau das lässt es zu, heutige gesellschaftliche

---

11 *Oexle*, Otto von Gierkes Rechtsgeschichte (Anm: 7), S. 213, 217.

12 So richtig *Blickle* (Anm. 9), S. 262. Genauer führt er dazu aus (S. 262, 263 – Hervorhebungen dort): »Indem die Forschung durch Quellenarbeit die Einsichten Otto Gierkes nochmals neu gewinnt, oft ohne ihn zu kennen, bestätigt sie die Brauchbarkeit seines Ansatzes. Vieles deutet darauf hin, dass seine *Rechtsgeschichte* ein theoretischer Bezugspunkt für die historisch arbeitenden Geistes- und Sozialwissenschaften werden könnte, wie das Ferdinand Tönnies, Karl Marx und Max Weber waren und sind. Vermutlich sind Gemeinschaft und Gesellschaft, Klasse und Gesellschaftsformation, Rationalisierung und Disziplinierung als heuristische Kategorien zur Aufschließung der Vergangenheit mehr ausgeschöpft, als Gierkes Herrschaft und Genossenschaft. Gierkes *Rechtsgeschichte* verbindet große Elastizität und hohe Differenziertheit mit dem Vorzug, offen und anschlussfähig zu sein an heute aktuelle Probleme und Debatten. Zu den Schlüsselbegriffen heutiger politiktheoretischer, soziologischer und kulturkritischer Diskussionen gehören Individualismus …, Freiheit …, civil society … und community … Es ist unschwer zu erkennen, dass sie den erarbeiteten wissenschaftlichen Interpretationen von Ständen, Stadt, Gemeinde, Zunft, Gilde und Gruppe sehr nahe stehen, jedenfalls erheblich näher als alle Deutungen geschichtlicher Strukturen und Prozesse über die Kategorien von Herrschaft und Staat .. Wo heute einerseits der Individualismus derart scharfe Formen angenommen hat, dass er Begriffe wie Ego-Gesellschaft zu prägen vermag, und andererseits das Bedürfnis nach werteorientierten Gemeinschaftsformen wächst, so dass gegenläufige Konzepte wie Communitarianism entwickelt werden, könnte die Assoziation Gierkes zu einem heuristisch nützlichen Konzept werden,

Entwicklungen (Stichwort: Kommunitarismus) wie verfassungsgeschichtliche Sichtweisen[13] besser in ihrer Herkunft, Gegenwart und möglichen Zukunft zu verstehen.

## III. Dogmatische Aspekte

1. *Gierkes* Genossenschaftstheorie besitzt aber nicht nur für die rechtshistorische Forschung, sondern ebenfalls für die gegenwärtige Dogmatik des privaten Verbandsrechts und weiter auch für die verfassungsrechtliche Dogmatik unserer Tage nach wie vor erhebliche *Bedeutung. Peters* schildert insoweit genauer die einzelnen Elemente der Genossenschaftstheorie *Gierkes* und stellt sie in den Zusammenhang der einschlägigen Situation seiner Zeit (S. 76ff.) Das bleibende Verdienst seiner Genossenschaftstheorie sieht er zunächst darin, dass von *Gierke* »die genossenschaftlich-liberalen Grundprinzipien – Autonomie, Selbstverantwortung, Selbstverwaltung und Selbstorganschaft – ... gegenüber dem Staat mit Bestimmtheit vorgebracht« werden. Daneben betont er besonders, dass *Gierke* »im Gegensatz zu vielen seiner Zeitgenossen ... die Grundrechte, die Partizipation des Volkes und das Koalitionsrecht« gefordert und folglich auch subjektive Rechte des Einzelnen gegenüber dem Staat anerkannt habe (S. 121). Schließlich hebt *Peters* noch die Differenziertheit der Genossenschaftstheorie *Gierkes*, die Verschiedenheit ihrer Aspekte, besonders hervor. *Gierke*, so sagt er, »operiert nicht mit jeweils zwei Alternativen, z. B. Staat und Gesellschaft, öffentliches und privates Recht, Privat- und Gesamteigentum, sondern er macht aufmerksam auf die historische Existenz des geteilten Eigentums (Ober- und Eigentum), auf die Existenz vielfältiger Rechtsbeziehungen (Individual-, Gemeinschafts- und Sozialrecht) sowie auf plurale Gruppenbildungen mit jeweils eigener Autonomie und sogar Souveränität. Der Staat ist bei ihm nur eine –

die Vergangenheit auf neue Weise umfassender zu erschließen, die Herkunft der Gegenwart präziser zu beschreiben und die Zukunft optimistischer zu entwerfen.«

13 Letzteres gilt namentlich im Blick auf die schwindende Souveränität des deutschen Verfassungsstaates als solcher (und seiner damit einhergehenden stärkeren Einbindung in internationale Organisationen und die Europäische Union). Daneben ergibt sich ja auch die Möglichkeit, die zentrale und gleich bleibende Aufgabe des Staates darin zu sehen, »ein gerechtes Verhältnis von Mächtigen und Abhängigen, von Staatsgewalt und Bürger« zu gewährleisten, so *W. Henke*, Die Lehre vom Staat, Der Staat 12 (1973, S. 219 (236) und *ders.*; Recht und Staat (1988), S. 299. Denn es handelt sich insoweit nicht nur um eine Aufgabe des heutigen Staates, sondern sie bestand auch für die griechische Polis, die römische Republik, das mittelalterliche Imperium und Reich. So kann die »Staatsgeschichte« unter Einbeziehung der antiken und mittelalterlichen Geschichte als ein mehr oder minder geglückter Versuch zur Lösung der Aufgabe, Herrschaft und Gerechtigkeit zu vereinen, gelesen werden (so etwa wiederum *Henke*, Recht und Staat, S. 296ff.).

wenngleich besondere – Vereinsform, die von ganz anderen Sphären durchquert wird« (S. 122).

Was bei *Peters* aber völlig fehlt, ist ein näheres Eingehen auf den dogmengeschichtlichen Kontext, in dem Gierkes Genossenschaftstheorie steht. Besonders auffällig ist insoweit, dass er ganz auf die Auseinandersetzung *Gierkes* mit der sog. Fiktionstheorie *Savignys* verzichtet, zumal diese Auseinandersetzung bis in die Dogmatik unserer Tage fortwirkt[14].

2. *Ergänzend* muss auch noch darauf hingewiesen werden, dass die *Wirkungen* der Genossenschaftstheorie *Gierkes* unter rechtsdogmatischem Aspekt gesehen weit über die mehr allgemeinen Feststellungen von *Peters* hinausgehen:

a) Das hat für das *private Verbandsrecht* meines Erachtens besonders anschaulich *Karsten Schmidt* in einer 1987 veröffentlichten Abhandlung anlässlich des damals hundert Jahre zurückliegenden Erscheinens von *Gierkes* Buch »Die Genossenschaftstheorie und die deutsche Rechtsprechung« gezeigt[15]. Er legt im Einzelnen dar, welche noch heute beachtlichen dogmatischen Erkenntnisse *Gierkes* Theorie der realen Verbandspersönlichkeit, seine Behandlung der Frage nach der Handlungsfähigkeit der Verbände (Organtheorie) und ihres Innenrechts (Status der Mitglieder u. a.) besitzen[16].

Für die zentrale These der Genossenschaftstheorie *Gierkes*, die von ihm ausführlich historisch, systematisch und rechtspolitisch begründete Realität der Verbandsperson[17], stellt *Schmidt* zunächst klar, dass für *Gierke* »nur die Rechtsfähigkeit, nicht aber das Dasein eines Verbandes eine Rechtsfrage« sei. Staat und Recht finden danach also »die fertige Verbandsperson bereits vor«[18]. Allerdings sei nach *Gierke* »die juristische Personifikation dieser Gebilde zwar eine Rechtsfrage, aber keinesfalls eine der Staatswillkür unterliegende Rechtsfrage …, so dass juristische Personen nicht nur durch staatliche Verleihung, sondern auch aufgrund eines einfachen Rechtssatzes entstehen« könnten, wobei dafür selbst »ein Gewohnheitsrechtssatz« in Betracht käme. Indem *Gierke* auf diese Weise also »die Brücke vom Faktum der Verbandsrealität zur Rechtsfolge

---

14 Am eindrücklichsten belegt das m. E. nach wie vor *Werner Flumes* »Die juristische Person« (= Allgemeiner Teil des Bürgerlichen Rechts, Erster Band, 2. Teil), 1984, dort etwa S. 1ff (= §1), S. 315ff., 377ff.

15 *K. Schmidt*, Einhundert Jahre Verbandstheorie im Privatrecht. Aktuelle Betrachtungen zur Wirkungsgeschichte von Otto von Gierkes Genossenschaftstheorie (= Berichte aus den Sitzungen der Joachim Jungius Gesellschaft der Wissenschaften e. V. Hamburg, Jg. 5 H. 4), 1987 [Verbandstheorie]; s. ergänzend *dens.*, Gesellschaftsrecht (4. Auflage 2002), S. 186ff., 247ff.

16 *Schmidt*, Verbandstheorie (Anm.15), S. 12ff., 15ff., 29ff., s. ergänzend *dens.*, Gesellschaftsrecht (Anm. 15), S. 189ff., 250ff. Zu den entsprechenden allgemeinen Ausführungen von Peters s. *dens.*, Die Genossenschaftstheorie Otto von Gierkes, S. 97ff.

17 Ausführlich dazu *Janssen*, Methode (Anm. 2), S. 139ff.

18 *Schmidt*, Verbandstheorie (Anm. 15), S. 14 m. N.

der Verbandspersönlichkeit« ziehe, enge er im Ergebnis »den rechtspolitischen Spielraum des Gesetzgebers gegenüber den Verbänden ein« und lege damit »sogar Grundlagen für eine Rechtsfortbildung qua Gewohnheitsrecht«[19].

Ähnlich bedeutsam (und in die Zukunft weisend) wie diese von *Gierke* vertretende Einschränkung der »Staatswillkür« ist nach *Schmidt* auch seine »Organtheorie«, die ja als eine besonders wichtige Folgerung aus *Gierkes* Verständnis der Verbände als realer Verbandspersonen beurteilt werden muss. Die bei *Gierke* insoweit auffallende »suggestiv-bildhafte« Sprache lässt – wie *Schmidt* m. E. zu Recht feststellt – leicht übersehen, dass mit dieser Theorie »ein Rechtsproblem, und zwar ein Zurechnungsproblem« gelöst werden soll[20]. Sieht man die Dinge so, dann ist nach *Schmidt* der Weg frei für ein »funktionelles Verbandsdenken«. Es mögen zwar, wie *Schmidt* abschließend zu *Gierkes* Organtheorie feststellt, »einzelne Konsequenzen dieses organschaftlichen Zurechnungsdenkens ... noch umstritten« sein, aber selbst »bei diesen wenigen noch offenen Fragen erweist sich die Fruchtbarkeit von *Gierkes* Lehre«[21].

b) Für ähnlich erhellend wie *Schmidts* Ausführungen zur Bedeutung der Genossenschaftstheorie *Gierkes* für das private Verbandsrecht halte ich im Blick auf das geltende deutsche Verfassungsrecht besonders einen Aufsatz von *Jörg-Detlef Kühne* aus dem Jahre 1984 über »Die Bedeutung der Genossenschaftslehre für die moderne Verfassung«[22]. Dogmengeschichtlich relevant ist nach *Kühne* insoweit zunächst nach wie vor, dass *Gierkes* Genossenschaftstheorie dem Volk »schon vor 1918 einen maßgeblichen Anteil an der Staatsgestaltung zugesprochen hat«[23]. Das geschah bei ihm – und das ist auch für das gegenwärtige Demokratieverständnis von Bedeutung – mit einer völlig eigenständigen, die vertragstheoretischen (naturrechtlichen) Argumente hinter sich lassenden Be-

19 *Schmidt* ibid., S. 14f. m N. Die »Staatswillkür« wird allerdings nach Gierke – was Schmidt übersieht – letztlich auch durch die »Rechtsidee« eingeschränkt. Denn »für unsere heutige Anschauung« ergibt sich nach Gierke »die Geltung von gesellschaftlichen Körpern als einheitlichen Rechtssubjekten unmittelbar aus den Anforderungen der Rechtsidee«, so *O. v. Gierke*, Die Genossenschaftstheorie und die deutsche Rechtsprechung, (1887), S. 23; ganz ähnlich Deutsches Privatrecht, Bd. 1, 1895, S. 471. Entsprechend argumentiert Gierke übrigens bisweilen, wenn er eine (richterliche) Rechtsfortbildung extra legem zu begründen sucht, ohne dass faktisch ein diese Argumentation stützendes Gewohnheitsrecht wirklich vorhanden ist. (s. dazu *Janssen*, Methode, o. Anm. 2, S. 112f. i. V. m. S. 121ff.).

20 So richtig *Schmidt*, Verbandtheorie (Anm. 14), S. 17 und 18 [Hervorhebung A. J.]; ähnlich *ders.*, Gesellschaftsrecht (Anm. 14), S. 252f.

21 *Schmidt*, Verbandstheorie, S. 19; daneben *ders.*, Gesellschaftsrecht S. 252f.

22 Erschienen in ZParl. Jg. 15 (1984), s. 552ff. *Peters* hat diesen Aufsatz nicht berücksichtigt. Siehe ergänzend zum Folgenden *J.-D. Kühne*, Die Reichsverfassung der Paulskirche (2. Aufl. 1998), bes. S. 520ff., daneben: S. 168ff., 238ff., 245f., 281ff., 399ff., 423ff., 428ff., 449ff., 466ff. u. a.; *ders.*, Die französische Menschen- und Bürgerrechtserklärung im Rechtsvergleich mit den Vereinigten Staaten und Deutschland, JöR 39 (1990), S. 1ff. (s. besonders S. 42ff., 45ff. und daneben S. 16ff., 22f., 26, 29f., 34f., 36ff.).

23 *Kühne*, Genossenschaftslehre (Anm. 22), S. 559.

gründung[24]. Im Ergebnis ist nach seiner Auffassung der Staat »nichts anderes als das organisierte Volk unter obrigkeitlicher Spitze, aber auf der Grundlage einer Genossenschaft der Staatsbürger«[25].

Daneben hat nach *Kühne Gierkes* Genossenschaftstheorie dazu beigetragen, »die intermediäre Funktion der Verbände zwischen Staat und Individuum« anzuerkennen. Genau genommen handelt es sich insoweit um eine von ihnen wahrgenommene »Doppelfunktion: Stabilisierung zugunsten des Gesamtstaates

24 Genauer dazu *Kühne*, ibid. S. 559ff. und ergänzend *ders.*, Reichsverfassung der Paulskirche (Anm. 22), S. 428ff., 449ff., 466ff.; *ders.*, Menschen- und Bürgerrechtserklärung (Anm. 22), S. 34f., 36ff.

25 *Kühne*, Genossenschaftslehre (Anm. 22) S. 561. Dogmengeschichtlich gesehen ist daneben interessant – worauf Kühne in seinem Aufsatz nicht besonders eingeht –, dass Gierke durch sein Verständnis des konstitutionellen Staates als realer Verbandsperson eine rechtsstaatliche Bindung aller Staatsorgane – d. h. auch des Monarchen – begründet, s. insoweit besonders die Ausführungen *Gierkes* im 1. Band seines Genossenschaftsrechts, dort S. 827ff., auch S. 655. An der im Text geschilderten Haltung hielt Gierke übrigens bis zum Ende des konstitutionellen Staates fest, s. als Beleg dafür etwas *seinen* 1916/17 erschienenen Aufsatz (Logos VI, S. 211ff.): Recht und Sittlichkeit. Dort heißt es auf S. 262: »Wohl werden wir den in unserem Verfassungsstaat erneuerten uralten germanischen Gedanken der Verbindung von Königtum und Volksfreiheit gegenüber absolutistischen Tendenzen, die den Monarchen wieder zum originären Subjekte der Staatsgewalt stempeln möchten, unwandelbar festhalten und fortschreitend ausbauen. Allein wir werden nicht den demokratischen Begriff der ›Volkssouveränität‹ als allgemeingültiges Prinzip hinnehmen, sondern dem von der deutschen Staatsrechtswissenschaft erarbeiteten Begriff der ›Staatssouveränität‹ treu bleiben, für den das wahre Subjekt der höchsten Gewalt überall die unsterbliche Staatspersönlichkeit selbst ist, in unserer deutschen Monarchie aber die Verfassung den Fürsten als gebornes Volkshaupt anerkennt und als solches zum obersten Organ des Staates kraft eignen Rechts beruft.« Ganz ähnlich übrigens *Otto Hintze*, Das monarchische Prinzip und die konstitutionelle Verfassung, 1911, in: *ders.*, Staat und Verfassung, Gesammelte Abhandlungen, Bd. 1, 1970, S. 389: »Das Ziel der zukünftigen Entwicklung aber möchte ich doch mehr in der Wiederaufnahme und praktischen Ausgestaltung jenes friderizianischen Gedankens sehen, der den König als den Repräsentanten der Staatsidee auffaßt. In diesem Gedanken liegt, wie es scheint, eine Kraft, die der demokratischen Entwicklungstendenz der Gegenwart eher gewachsen ist als die legitimistisch-religiöse Idee, weil sie auf einer modernen Welt- und Staatsanschauung beruht. Nicht im Gegensatz zu einer solchen Staats- und Weltanschauung, sondern nur in der Anpassung an sie wird das monarchische Prinzip sich auch in Zukunft behaupten können.«
So gesehen liefert Gierke mit seiner Genossenschaftstheorie auch eine theoretische Rechtfertigung für die heute zwar nach wie vor unter Verfassungshistorikern umstrittene, m. E. aber durchaus plausible These, dass der konstitutionelle Staat, in dem er lebte – besonders auch wenn man die damalige Verfassungspraxis berücksichtigt – einen völlig eigenständigen Verfassungstyp hervorbrachte, der kaum adäquat mit dem Begriff »Übergangsverfassung« gekennzeichnet ist. Zur vertieften Begründung für diese These m. E. nach wie vor wichtig *E. R. Huber*, Die Bismarckcksche Reichsverfassung im Zusammenhang der deutschen Verfassungsgeschichte (19170), in: *ders.*, Bewahrung und Wandlung (1975), S. 62ff.; daneben ist in diesem Zusammenhang noch einmal besonders *Kühne*, Reichsverfassung (Anm. 22) zu nennen, der dort am Beispiel der Paulskirchenverfassung die hier vertretene These schlüssig belegt.

und Puffer zugunsten des Individuums gegenüber dem Staat«[26]. *Gierkes* Genossenschaftstheorie kann deshalb nach *Kühne* als »Grundlage des Pluralismusgedankens« verstanden werden, »der inzwischen als Strukturelement der modernen Demokratie anerkannt« ist[27].

Schließlich betont *Kühne* noch als verfassungsrelevante Erkenntnis der Genossenschaftstheorie *Gierkes* ihre »Relativierungsfunktion ... für die rechtliche Stellung des Individuums«. Denn ihr liegt, wie er näher ausführt, ein jenseits von »Individualismus und Kollektivismus« anzusiedelndes Menschenbild zugrunde, das vom »gemeinschaftsbezogenen und -gebundenen Individuum« ausgeht[28].

3. Nun lässt sich aber nicht übersehen, dass die heutige zivilrechtliche wie verfassungsrechtliche Dogmatik auch mit anderen als den von *Gierke* vertretenen Begründungen zu ähnlichen *Ergebnissen* in den hier nur kurz gestreiften Fragen des Verbands- und Verfassungsrechts kommt. Die letztlich *bleibende dogmatische Bedeutung* seiner Genossenschaftstheorie ist darum m. E. auch mehr grundsätzlicher Art. Sie liegt – allgemein gesprochen – in seinem nachdrücklichen Hinweis auf eine von der juristischen Dogmatik anzuerkennende gesellschaftliche Realität der Verbände in dem Sinne, dass diese »unabhängig vom jeweiligen Willen ihrer Mitglieder als handlungsfähige Einheit gegenüber ihrer Umwelt hervorzutreten« und »innerhalb ihres Bereichs notwendige Regelungen in Form echter Rechtssätze zu erlassen« in der Lage sind[29].

Fraglich ist nun allerdings, ob das – wie *Gierke* ja meinte – zur Begründung der Forderung ausreicht, dass das staatliche Recht und die juristische Dogmatik diese »bereits durch das tatsächliche Funktionieren eines genossenschaftlichen Organismus begründeten Qualitäten«[30] nur noch anzuerkennen habe. Daran muss meines Erachtens schon aus allgemeinen staatstheoretischen Überlegungen, die auf die auch für das Genossenschaftsrecht im weiten, von *Gierke* verstandenen Sinne geltende Prärogative des demokratisch legitimierten Gesetzgebers und der demokratisch legitimierten Exekutive hinauslaufen, gezweifelt werden. Der neuzeitliche Verfassungsstaat ist nun einmal aus dem Zeitalter der Religionskriege als »Not- und Verstandesstaat« hervorgegangen und zunächst vertragstheoretisch und später dann demokratisch legitimiert worden[31]. Er kann so gesehen heute kaum als reale Verbandspersönlichkeit im Sinne *Gierkes* ver-

---

26 *Kühne*, Genossenschaftslehre (Anm. 22), S. 563f.; ergänzend *ders.*, Reichsverfassung (Anm. 21, S. 399ff., 428ff.
27 So *Kühne*, Genossenschaftslehre (Anm. 22), S. 565, genauer dazu S. 566ff.
28 *Kühne* ibid. S. 568f. Ergänzend dazu *ders.*, Reichsverfassung (Anm. 22), S. 168ff., 522ff. und: *ders.*, Menschen- und Bürgerrechtserklärung (Anm. 22), S. 16ff.
29 So zutreffend die Kennzeichnung der »genossenschaftlichen Rechtstheorie« durch *D. Pirson*, Universalität und Partikularität der Kirchen (1965), S. 231.
30 Wie Anm. 29.
31 Zu dieser Entwicklung nah wie vor grundlegend *E. W. Böckenförde*, Die Entstehung des Staates als Vorgang der Säkularisation (1967), in: *ders.*, Recht, Staat, Freiheit (1991) S. 92ff.

standen werden. Und daran ändert auch nichts, wenn man ihn »als eine menschlich bewirkte, d. h. als organisierte menschliche Wirkungseinheit« versteht[32], in dem das Volk deutlich als das erscheint, »was es – demokratisch gesehen – sein soll, als ›Herr‹ und Ausgangspunkt der staatlichen Anstalt, wie ehedem der Monarch«[33]. Denn diese Sichtweise schließt nicht die Erkenntnis aus, dass das Volk als Wahlvolk und in Form seiner parlamentarischen Vertretung im heutigen demokratischen Verfassungsstaat *ein* Organ des Staates *neben* anderen ist[34].

Die bleibende dogmatische Bedeutung der Genossenschaftstheorie *Gierkes* besteht so gesehen in der juristischen Erfassung jener »Kompetenzen« (Befugnisse) des Volkes, die sich *nicht* in seiner verfassungsrechtlichen Organstellung erschöpfen, sondern das tragende Moment unserer Verfassungs- und Rechtsordnung darstellen. Sie vermag also etwas zum Verständnis des Begriffs »verfassungsgebende Gewalt des Volkes« beizutragen[35], den Hinweis der Präambel des Grundgesetzes auf das »Deutsche Volk« bzw. den Ausgang aller Staatsgewalt »vom Volke« (Artikel 20 Abs. 2 GG) inhaltlich zu erklären und auch den Inhalt der Bindung von vollziehender Gewalt und Rechtsprechung an Gesetz *»und Recht«* (Artikel 20 Abs. 3 GG) näher zu konkretisieren[36]. Es ist hier nicht der Ort, *diese* dogmatische Wirkung der Genossenschaftstheorie *Gierkes* genauer zu entfalten. Erinnert werden soll aber noch in diesem Zusammenhang an die 1927

32 *E. W. Böckenförde*, Organ, Organisation, Juristische Person, in: *Chr.-F. Menger* (Hg.), Fortschritte des Verwaltungsrechts (Festschrift für Hans J. Wolff zum 75. Geburtstag), 1973, S. 269 (292) im Anschluss an Hermann Heller. Genauer dazu zuletzt *W. Roth*, Verwaltungsrechtliche Organstreitigkeiten (2001), S. 11ff.

33 *Böckenförde* (Fn. 32) S. 295. Erläuternd führt Böckenförde dort aus, dass »der Staat eine Veranstaltung des Volkes ist – und nicht das Volk (bloß) ein Organ des Staates«. So aber – teilweise – der hier vertretene Standpunkt, s. weiter den Text.

34 Zum daraus folgenden und nach wie vor unverzichtbaren Verständnis des Staates als Juristischer Person s. nur *J. Ipsen*, Staatsrecht I (Staatsorganisationsrecht), 5. Auflage 2003, S. 5f. m. w. N.

35 Richtig i. S. des Gesagten geht *Wilhelm Henke* in seiner Studie über »Die verfassungsgebende Gewalt des deutschen Volkes« (1957) von folgender Überlegung aus: »Es gibt eine Gewalt, die in der Hand des Volkes liegt, und zwar unveräußerlich, das ist die verfassungsgebende Gewalt. Aber es gibt eine andere Gewalt, die das Volk nicht hat und nicht haben kann, das ist die Staatsgewalt. Der Begriff der Volkssouveränität vermischt diese beiden Gewalten in der unglücklichsten Weise und hat so eine heillose Verwirrung gestiftet. Das eigentliche Thema dieses Buches ist ihre Unterscheidung« (S. 10).

36 Zu diesem Begriff neuestens *B. Hoffmann*, Das Verhältnis von Gesetz und Recht (2003). M. E. kann die (von Hoffmann so nicht vertretene) Deutung der in einer fast zweitausendjährigen gemeineuropäischen Rechtstradition herausgebildeten Rechtsgrundsätze bzw. Rechtsprinzipien als »Recht« i. S. des Art. 20 Abs. 3 GG durchaus als sinnvolle konkrete Anwendung der Genossenschaftstheorie Gierkes auf einen geltenden verfassungsrechtlichen Begriff verstanden werden. In diesem Kontext wäre etwa auch das bekannte, 1843 erschienene Buch von *Georg Beseler*, Volksrecht und Juristenrecht, neu zu interpretieren – etwa unter der Fragestellung: Volksrecht und staatlich gesetztes Recht.

erschiene und heute fast vergessene Untersuchung von *Hans Liermann* zur Weimarer Reichsverfassung »Das deutsche Volk als Rechtsbegriff im Reichsstaatsrecht der Gegenwart«, weil sich dort in Ansätzen bereits eine genauere Begründung für den hier nur kurz skizzierten dogmatischen Anknüpfungspunkt findet[37].

## IV. Philosophische Aspekte

1. Jede Auseinandersetzung mit *Gierkes* Genossenschaftslehre kommt im Grunde nicht an seiner Lehre von der *Realität der Verbandsperson* und der Frage vorbei, ob *Gierke* diese Lehre schlüssig begründet hat. *Peters* schildert nun besonders unter den Überschriften »Die Genossenschaft als Lebenswelt« (S. 94ff.) und »Die Juristische Person« (S. 100ff.) genauer, wie *Gierke* die Realität der Verbandsperson begründet; verzichtet aber auf eine Bewertung dieser Begründung und vor allem auf eine Darlegung des geistesgeschichtlichen Kontextes, in dem *Gierkes* Lehre steht und von dem sie möglicherweise (mit-)geprägt ist. Dieser Verzicht fordert m. E. dazu heraus, eben diesen geistesgeschichtlichen Kontext ein wenig zu erhellen und nach der erkenntnistheoretischen Tragweite des von *Gierke* vertretenen Realitätsbegriffs zu fragen. Denn die gedanklichen Ansätze, die hinter seiner Lehre von der Realität der Verbandsperson stehen, haben evtl. auch noch Bedeutung für das heutige juristische Denken.

2. Was zunächst den *geistesgeschichtlichen Kontext* betrifft, so haben es sich die bisherigen philosophischen Erklärungsversuche für *Gierkes* Lehre von der Realität der Verbandsperson[38] nach meinem Eindruck vor allem mit der Ausgangsthese seiner Lehre zu leicht gemacht, dass der Begriff der Verbandsperson *wie* der der Einzelperson auf einer Abstraktion beruht. Die Abstraktion, durch die der Begriff der Verbandsperson gewonnen wird, ist, wie *Gierke* sagt, »von derselben Beschaffenheit, wie die Abstraktion, vermöge deren der Begriff der Einzelperson zu Stande kommt«. *Gierke* begründet diese These wie folgt: »Sinnlich wahrnehmbar sind nur leiblich erscheinende Menschen, in denen sich Einzelleben und Gattungsleben gleichzeitig abspielt. Erst mit dem an der inneren Erfahrung geschulten Geistesauge erschauen wir individuelle und soziale Lebenszentren, von denen wirkende Kraft ausgeht. Indem wir diese unsinnlichen Einheiten gegeneinander abgrenzen und einerseits durch Isolirung die in jedem Menschen auf das eigene Sein bezogene Einheit, andererseits durch

37 Siehe *Liermann* l. c., bes. S. 73ff., S. 166ff. (= Kapitel III). Dazu zuletzt *A. Hollerbach*, Die wissenschaftlichen Anfänge Hans Liermanns in Freiburg, in: *H. de Wall* u. a. (Hg.), Bürgerliche Freiheit und christliche Verantwortung (Festschrift für Christoph Link zum 70. Geburtstag), 2003, S. 49 (53ff.).

38 Siehe dazu *meinen* Versuch: Methode (Anm. 2), bes. S. 142ff.

Konzentrirung die in vielen Menschen ein gemeinsames Sein wirkende Einheit verselbständigen, gelangen wir zum Begriffe der Wesenheiten, die im Rechtsgebiete als Einzelpersonen und Verbandspersonen auftreten«[39].

Schon dieser gedankliche Ansatz verbietet es, was besonders *Larenz* versucht hat, mit einer »Analogie«, die »in den wirklichen Gegebenheiten ihre Grundlage hat«, die Realität der Verbandsperson zu begründen. So sagt *Larenz* etwa zum Verein des bürgerlichen Rechts als besonders markantes Beispiel für eine Verbandsperson: »Ist der Verein auch nicht persongleich als ein mit Vernunft und Selbstbewusstsein begabtes Wesen, so ist er doch *einer Person ähnlich* als *Wirkenseinheit*, als aktiver Faktor im sozialen Geschehen. Um dieser Ähnlichkeit willen kann er gleich wie eine Person Subjekt von Rechten und Pflichten sein, ohne daß wir ihn deshalb als eine Person im ethischen Sinn oder als ›Mensch‹ zu fingieren brauchten«[40].

*Gierke* geht demgegenüber nach dem obigen Zitat augenscheinlich von einem anderen Personenbegriff aus oder genauer gesagt: Er versucht im Wege der Abstraktion durch die Rechtsbegriffe Einzelperson und Verbandsperson jene Eigenart des Menschen rechtlich gesondert zu erfassen, nach der sich in ihm immer »ein individuelles Dasein *und* ein Stück des Gesammtlebens abspielt«[41]. Für diesen Gedankengang *Gierkes* gibt es nun eine überraschende Parallele in der Ethik *Friedrich Schleiermachers*, die meines Erachtens eine genauere geistesgeschichtliche Bestimmung seines Wirklichkeitsverständnisses zulässt. Zunächst definiert *Schleiermacher* den Begriff der Person wie folgt: »Das Gesetztsein der sich selbst gleichen und selbigen Vernunft zu einer Besonderheit des Daseins in einem bestimmten und gemessenen, also beziehungsweise für sich bestehenden Naturganzen, welches daher *zugleich* anbildend ist und bezeichnend, *zugleich* Mittelpunkt einer eigenen Sphäre und angeknüpft an Gemeinschaft, ist der Begriff einer *Person*«. Und folgert dann aus dieser Bestimmung ausdrücklich: »Keineswegs ... ist der Begriff so beschränkt auf den einzelnen Menschen, dass er auf anderes nur in uneigentlichem Sinne könnte angewendet werde, sondern *ganz auf dieselbe Weise* ist eine Familie eine Person und ein Volk eine Person«[42].

39 *Gierke*, Deutsches Privatrecht, Bd. 1 (Anm. 18), S. 470f.; genauer dazu m. w. N. *Janssen*, Methode (Anm. 2), S. 140ff.

40 *K. Larenz*, Allgemeiner Teil des deutschen Bürgerlichen Rechts, 1. (!) Aufl. 1967, S. 105 [Hervorhebungen bei *Larenz!*]. So im Ansatz auch die neueste Auflage dieses Lehrbuchs, *K. Larenz/M. Wolff*, Allgemeiner Teil des Bürgerlichen Rechts (8. Aufl. 1997), S. 168f.

41 So *O. v. Gierke*, Die soziale Aufgabe des Privatrechts (1889), S. 5 [Hervorhebung A. J.]. Genauer dazu m. w. N. *Janssen*, Methode (Anm. 2), S. 64ff. und auch S. 140ff.

42 *Schleiermacher*, Güterlehre, Letzte Bearbeitung (vermutlich 1816/17) Nr. 71 – zitiert nach der von *Hans-Joachim Birkner* herausgegebenen und im Felix Meiner Verlag 1990 erschienenen Ausgabe: *Schleiermacher*, Ethik (1812/13), dort S. 274, 275 [3. Hervorhebung bei Schleiermacher].

Diese auffallende Parallele scheint mir kein Zufall zu sein. Zunächst und vor allem deshalb, weil *Gierkes* Kritik an *Wilhelm Diltheys* »Einleitung in die Geisteswissenschaften« sich in vielfacher Hinsicht mit den Differenzen deckt, die zwischen *Diltheys* Erkenntnistheorie und *Schleiermachers* Dialektik bestehen. Grundsätzlich ist allerdings zunächst festzuhalten, dass das genannte Buch *Diltheys* schlechthin konstitutiv für *Gierkes* Rechtsdenken geworden ist[43]. Und es kann auch kein Zweifel an der starken Prägung von *Diltheys* philosophischem Denken durch *Schleiermacher* bestehen[44]. *Gierke* greift nun für die Begründung seiner Lehre von der Realität der Verbandsperson auf die entsprechende (innere) Erfahrung des einzelnen Menschen zurück und zieht ergänzend gleichsam als Kontrolle für ihren Wahrheitsgehalt die durch geschichtliche Erkenntnis und gesellschaftliche Beobachtung geprägte äußere Erfahrung heran[45]. Gleichzeitig betont er aber in seiner Besprechung von *Diltheys* »Einleitung in die Geisteswissenschaften« das in jedem Menschen bestehende Bedürfnis, innere und äußere Erfahrung zur Deckung zu bringen, und weiter die Unmöglichkeit, das *Recht* der Erkenntnis erkenntnistheoretisch zu begründen. Wörtlich sagt er:

»Wenn ich jedoch erkenne, daß mein Bewußtsein nothwendig unauflösbare Widersprüche producirt, je nachdem es von dieser oder von jener Seite seiner Erfahrung ausgeht, woher entnehme ich dann das Recht, diesem Bewußtsein und seiner Erfahrung in irgend etwas zu trauen? Ziehe ich die Konsequenzen der äußeren Erfahrung, so werde ich dazu gedrängt, die gesammte innere Erfahrung von der Einheit meines Bewußtseins, der Freiheit meines Willens u. s. w. für Täuschung zu erklären. Halte ich allein die innere Erfahrung für ursprünglich und sicher, so löst sich die Außenwelt in Schein auf. Bestehe ich auf der Untrüglichkeit der Aussagen meines Bewußtseins in ihrem ganzen Umfange trotz der darin gesetzten Antinomien, so mag ich zu der Paradoxie modernster Metaphysiker flüchten, den Widerspruch in die Welt selbst zu verlegen und als das reale Princip des Seins zu verkünden. Enthalte ich mich endlich aller derartigen Gewaltstreiche, verharre aber schlechthin in den Schranken der erkenntnißtheoretischen Einsicht, daß der Widerspruch aus der Beschaffenheit meines Bewußtseins stammt, so gelange ich nicht über den Skepticismus hinaus. Hier scheint

43 Siehe im Einzelnen dazu *Janssen*, Methode, (Anm. 2), bes. S. 181 ff., 203 ff.; ganz ähnlich etwa *H. Boldt*, Otto von Gierke, in: *H. Wehler* (Hg), Deutsche Historiker, Bd. 8 (1982), S. 7 (14 ff.).

44 Richtig stellt insoweit *G. Scholtz*, Dialektik und erkenntnistheoretische Logik, 1984, in: *ders.*, Ethik und Hermeneutik (1995), S. 235 fest: »Denn unser Wissen von Schleiermacher ist ebenso durch Diltheys Interpretation bestimmt wie Diltheys eigenes Denken durch den Einfluss Schleiermachers.« Im Übrigen legt *Diltheys* großes Werk »Leben Schleiermachers, 1. und 2. Band« (= *Wilhelm Dilthey*, Gesammelte Schriften, XIII. Bd. 1970 und XIV. Bd. 1966) Zeugnis von der großen Prägung des philosophischen Denkens Diltheys durch das Werk Schleiermachers ab. Genauer zu dieser Prägung *F. Rodi*, Zwischen Begriffs- und Philosophiegeschichte (1982), und: Unverständnis und Wiederverständnis im Umgang mit der Frühromantik (1983), beide in: *ders.*, Erkenntnis des Erkannten (1990), S. 15 (25 ff.) bzw. 31 (41 ff.).

45 Genauer dazu *Janssen*, Methode (Anm. 2), S. 145 ff.

sich doch kein Ausweg zu öffnen, wenn nicht irgend eine jenseits der Erfahrung liegende Annahme über das Verhältniß unserer Subjektivität zur objektiven Welt zu Hülfe genommen wird, woraus sich die Möglichkeit ergiebt, eine hinter den Antinomien verborgene reale Einheit vorstellbar zu machen und die einander widersprechenden Aussagen unseres Bewußtseins als relativ berechtigte Auffassungen verschiedener Seiten einer widerspruchslosen Wirklichkeit zu denken. Die Erkenntnißtheorie allein vermag wohl den Ursprung, die Mittel und die Grenzen aller Erkenntniß zu erforschen, nicht aber das Recht der Erkenntniß positiv zu begründen. Sie vermag das Vorhandensein des Widerspruchs zwischen Erfahrungsinhalten verschiedener Herkunft zu erklären, nicht aber die Legitimität unserer auf ein so zwiespältiges Fundament gebauten Wissenschaft darzutun«[46].

Ganz ähnlich ist zu *Schleiermachers* Verständnis des Verhältnisses von Subjektivität und Realität der Außenwelt festgestellt worden:

»Für Schleiermacher ist das Selbstbewußtsein nur ein Hinweis auf die Möglichkeit der Übereinstimmung von Denken und Sein. Keineswegs aber wird dadurch der cartesische Zweifel an der Realität der Außenwelt behoben. Auch die Erfahrung des fremden Selbstbewußtseins, auf die sich Dilthey im Anschluß an Schleiermacher beruft, setzt den Skeptizismus nicht außer Kraft ... Da Schleiermacher – anders als Kant – dem Wissen abverlangt, dass es nicht nur die Erscheinungswelt, sondern die Dinge an sich selbst begreift, bedarf es wie bei Descartes letztlich des absoluten Grundes, der die Brücke schlägt und Gewißheit in das Wissen bringt ... Dieser transzendente Grund des Denkens und Seins ist aber nur dem unmittelbaren Selbstbewußtsein, dem Gefühl absoluter Abhängigkeit präsent ... Und deshalb läuft die *Dialektik* darauf hinaus, ›dass man das ganze Wissen basiere auf das dem Menschen innewohnende religiöse Bewußtsein von einem Absoluten und Höchsten‹ ... Das Religionsgefühl übernimmt in der *Dialektik* gleichsam die Funktion des cartesischen Gottesbeweises. Es verbürgt die Realität Gottes und dadurch den Realitätsgehalt unseres Wissens«[47].

Der Unterschied zwischen *Schleiermacher* und *Gierke* besteht so gesehen allein darin, dass *Gierke* mit »Metaphysik« bezeichnet, was von *Schleiermacher* in seiner Dialektik genauer als transzendenter Grund allen Wissen, der im unmittelbaren Selbstbewusstsein als Abhängigkeitsgefühl präsent ist, entwickelt wird[48]. Oder anders gesagt: *Schleiermacher* liefert die konkrete philosophische Begründung für *Gierkes* Einwand gegen *Dilthey* im Blick auf dessen Verzicht auf jede »metaphysische« Argumentation im Rahmen der Erkenntnistheorie.

Aus dem Gesagten folgt – und das ist der weitere Grund, der eine Erläuterung

46 *Gierke*, Eine Grundlegung für die Geisteswissenschaften, Preußische Jahrbücher, 53. Bd. (1884), S. 105 (124f.).

47 *Scholtz*, Dialektik (Anm. 44), S. 239.

48 Zu diesem Zusammenhang, *Scholtz*, (Anm. 44) S. 238ff., auch S. 242ff., 250ff., 253ff.; *Chr. Albrecht*, Schleiermachers Theorie der Frömmigkeit (1994), S. 261ff.; *V. Weymann*, Glaube als Lebensvollzug und der Lebensbezug des Denkens (1977), bes. S. 218ff., 221ff.; *I. Hübner*, Wissenschaftsbegriff und Theologieverständnis (1997), S. 164ff.

des von *Gierke* in seiner Lehre von der Verbandsperson entwickelten Realitätsbegriffs durch die Philosophie *Schleiermachers* nahe legt –, dass *Schleiermachers* Dialektik richtig wohl nur als Grundlegung einer Lebensphilosophie, die jenseits der Philosophie des objektiven Idealismus zu verorten ist, verstanden werden kann[49]. Die kritische Auseinandersetzung *Schleiermachers* mit *Fichte*, *Schelling* und *Hegel* lässt meines Erachtens keine andere Sicht der Dinge zu[50]. An anderer Stelle habe ich näher dargelegt, dass dies grundsätzlich ebenfalls für *Gierke* gelten muss, wenn auch insoweit in der Literatur vielfach versucht worden ist, Parallelen in *Gierkes* Rechtsdenken mit dem objektiven Idealismus aufzuzeigen[51]. Nimmt man zu dieser Feststellung hinzu, dass die Unterschiede, die zwischen dem Rechtsdenken *Gierkes* und *Savignys* bestehen, weitgehend auch

49 Diese These stützt sich vor allem auf *E. Herms*, Herkunft, Entfaltung und erste Gestalt des Systems der Wissenschaften bei Schleiermacher (1974). Dort heißt es i. S. des Gesagten zusammenfassend (S. 269): »Die Ergebnisse unserer Untersuchung werfen – ihre Stichhaltigkeit einmal vorausgesetzt – unmittelbar zwei Fragen auf:
Die erste betrifft Schleiermachers Stellung zu seinen philosophischen Zeitgenossen, den Hauptvertretern des deutschen Idealismus. Wenn wirklich die Substanz seines Systembegriffs in einer nachweislich völlig selbständigen, von Außenkontakten weithin abgeschlossenen Auseinandersetzung mit Jacobi entwickelt wurde; wenn diese Auseinandersetzung dadurch ihre Originalität erhielt, dass Schleiermacher in ihr nicht nur dezidiert an der bereits zuvor von Kant übernommenen Erkenntniskritik festhielt sondern darüber hinaus an bestimmten noch älteren methodischen und systematischen Ansätzen der hallischen Schule; und wenn er die so gewonnene Substanz seiner Einsichten dann zwar im Gespräch mit der Identitätsphilosophie aber – in Treue zu jenem dreifachen Erbe – durchaus in spezifischem Sinne gegen sie zur Klarheit brachte: kommt dann nicht jenem in späteren Jahren von Schleiermacher mehrfach geäußerten Distanzbewusstsein jener Philosophie gegenüber vielleicht mehr sachliches Recht zu, als die – offenbar von der Breite und Intensität des Dialogs und der wenig übersichtlichen fragmentarischen Hinterlassenschaft Schleiermachers irritierte – Philosophie- und Theologiegeschichtsschreibung in der Regel annimmt?
Dann würde – zweitens – aber auch eine Kritik des Idealismus im allgemeinen oder gar nur die Berufung auf eine solche noch nicht die besondere Untersuchung und Beantwortung der Frage erledigt haben, was von dem inzwischen erreichten Stand der Wissenschaftstheorie aus zu Schleiermachers Idee des systematischen reinen Wissens – oder auch umgekehrt – zu sagen wäre.«
Zum Begriff der Lebensphilosophie im hier gemeinten Sinne s. *F. Fellmann*, Lebensphilosophie, Elemente einer Theorie der Selbsterfahrung (1993). Ansätze für ein solches philosophisches Denken lassen sich eben auch – so meine These – schon bei Gierke und Schleiermacher finden. Vgl. zum Ganzen im Blick auf die Dialektik Schleichermachers *G. Scholtz*, Die Philosophie Schleiermachers (1984), S. 104ff.

50 Zu Fichte vgl. bes. *Weymann*, Glaube (Anm. 48), S. 47ff., 172ff., 207ff., und daneben *G. Scholtz*, Ethik und Hermeneutik (Anm. 44) S. 28, 35, 74, 91, 128, 194, 236, 240 u. a. Zu *Schelling* vgl. bes. *Hübner*, Wissenschaftsbegriff (Anm. 48), S. 24ff., 79ff. und daneben wiederum *Scholtz*, Ethik (Anm. 44) S. 74f., 194, 282f. u. a. Zu Hegel s. bes. *Scholtz* ibid. S. 35ff., S. 147ff., S. 286ff. und kurz: S. 34, 72 (Anm. 18), 76, 88f., 100, 106f., 171, 176ff., 196f., 236, 240, 253f., 258, 271f., 208f. (Anm. 17).

51 *Janssen*, Methode (Anm. 2), S. 2f., 7, 8, 12ff., 152f. (Anm. 260), 179f. (Anm. 41), 181, 200 (Anm. 131), 201, 203.

für *Schleiermachers* Rechtsdenken einerseits und das von *Savigny* andererseits gelten[52], so scheint mir im Ergebnis die hier herangezogene Parallele aus der Ethik *Schleiermachers* für das Verständnis der Lehre *Gierkes* von der Realität der Verbandsperson berechtigt[53].

3. Mit diesen ergänzenden Bemerkungen zum geistesgeschichtlichen Standort der Lehre von der Realität der Verbandspersonen *Gierkes* ist aber noch nicht die Frage nach ihrer *bleibenden Bedeutung* für die Rechts- und Staatsphilosophie beantwortet. Dass diese Lehre grundsätzlich ethische Bedeutung im Blick auf das Freiheitsverständnis des Menschen besitzt, hat *Gierke* bekanntlich selbst nachdrücklich betont[54]. Und der hier bereits gemachte Hinweis[55] auf Parallelen zwischen seiner Genossenschaftstheorie und der aktuellen rechts- und staatsphilosophischen Diskussion über den sog. Kommunitarismus[56] weist in die gleiche Richtung.

Aber die bleibenden philosophischen Wirkungen der Verbandstheorie *Gierkes* reichen meines Erachtens im Blick auf das soeben unter 2. zum ihr zugrunde liegenden Realitätsbegriff Gesagte noch tiefer. *Gierke* behauptet ja nicht, wie sich dort zeigte, die dem Menschen unmittelbar zugängliche Erkenntnis von der Realität der Verbandsperson, sondern deren Realität wird von ihm »hypothetisch unterstellt und ihr Wesen *sodann* erst in einem zweiten Schritt ›metaphysisch‹ erklärt«[57]. Allerdings beruht diese »Unterstellung« im ersten gedanklichen Schritt und die »metaphysische Erklärung« im zweiten auf der inneren und äußeren Erfahrung des Menschen, die sich wiederum auf das

---

52 Zu den Unterschieden im Rechtsdenken Savignys und Gierkes *Janssen* ibid. S. 170ff. (= 3. Teil), daneben S. 167ff. Zu den Unterschieden im Rechtsdenken Savignys und Schleiermachers *G. Scholtz*, Philosophisches und historisches Rechtsdenken. Schleiermacher und Savigny (1992), in: *ders.*, Ethik (Anm. 44) S. 170ff.

53 Ergänzend soll noch darauf hingewiesen werden, dass sich sowohl bei Gierke wie bei Schleiermacher vielfach Parallelen zum Denken Herders finden. Zu *Gierke* vgl. insoweit den eigenen Hinweis in *seiner* 1903 erschienenen Rede: Die historische Rechtsschule und die Germanisten, S. 5; für Schleiermacher ist auch in dieser Hinsicht besonders auf die Arbeiten von *G. Scholtz* hinzuweisen: Herder und die Metaphysik, in: *ders.*, Zwischen Wissenschaftsanspruch und Orientierungsbedürfnis (1991), S. 81ff., bes. S. 100f. und daneben *ders.*, Ethik und Hermeneutik (Anm. 44), S. 22, 30ff., 69f., 101f., 119f., 218, 222f., 255, 283, 292 (Anm. 23) u. a.. Auf Parallelen in den »Denkstrukturen« Schleiermachers und Herders weist auch schon früh *A. Reble* hin: Schleiermachers Denkstruktur, ZThK, NF 17 (1936) S. 254 (260, 264f.).

54 *O. v. Gierke*, Das Wesen der menschlichen Verbände (1902), S. 35f., s. auch schon S. 10 (zitiert nach dem Neudruck: Darmstadt 1954).

55 Siehe II. am Ende mit Anm. 12.

56 Siehe dazu kurz mit guten weiterführenden Hinweisen zur einschlägigen Literatur *R. Gröschner/C. Dierksmeier/M. Henkel/A. Wiehart*, Rechts- und Staatsphilosophie (2000), S. 260ff. i. V. m. S. 300f.

57 So richtig *K. Rennert*, Die geisteswissenschaftliche Richtung in der Staatsrechtslehre der Weimarer Republik (1987), S. 198 [Hervorhebung *A. J.*] unter Hinweis auf *Gierke*, Das Wesen der menschlichen Verbände (Anm. 53), S. 21ff., 26.

persönliche Erleben (Gefühl) und weiter auf seine historischen Erkenntnisse und gesellschaftlichen Beobachtungen gründen. *Gierke* vermeidet damit meines Erachtens – erkenntnistheoretisch gesehen – das Extrem des objektiven Idealismus einerseits, wie *Kants* kategorische Unterscheidung von »Ding an sich« und »Erscheinung« andererseits. Seinen Versuch, die Realität der Verbandsperson zu begründen, liegt nach meinem Eindruck eine »relationelle Ontologie« zugrunde[58]. Und genau das scheint mir das eigentliche Zukunftsträchtige an dieser Begründung zu sein. Denn man kommt m. E. insoweit doch nicht an der Erkenntnis vorbei, dass »ein vom Menschsein abstrahierender Objektivismus nicht weniger, nur in anderer Weise subjektivistisch ist als ein personales Denken, das die Seinsfrage ausklammert«[59]. Die ontologische Frage lässt sich also nun einmal als eine auch für die gegenwärtige Rechts- und Staatsphilosophie wesentliche Frage nicht ausblenden. Und zu ihrer Beantwortung liefert *Gierkes* Lehre von der Realität der Verbandsperson weiterführende gedankliche Ansätze. Das gilt nach dem Dargelegten vor allem dann, wenn man ihre erkenntnistheoretischen Grundlagen i. S. des Wirklichkeitsverständnisses von *Schleiermacher*, wie es sich namentlich in dessen Dialektik niederschlägt[60], weiterdenkt.

Das philosophisch Beachtliche an *Gierkes* Lehre von der Realität der Verbandsperson ist also zusammengefasst ihre erkenntnistheoretische Begründung und weniger ihre hier anfangs unter 3. erwähnte ethische Dimension. Doch sollte man dennoch nicht auch diese ethische Dimension seiner Lehre in ihrer allgemeinen Bedeutung für die Rechtswissenschaft gering achten. Denn es ist ja nun einmal wesentliche Aufgabe der Jurisprudenz, festzustellen, »unter welchen Voraussetzungen« aus ethischen Pflichten »Rechtspflichten im einzelnen entstehen«[61].

---

58 Genauer zu diesem nach meinem Dafürhalten für eine hermeneutische Philosophie zentralen Begriff: *A. Janssen*, Rechtsgeschichte und Rechtsdogmatik, in: *G. Köbler/H. Nehlsen* (Hrsg.), Wirkungen europäischer Rechtsgeschichte, Festschrift für Karl Kroeschell zum 70. Geburtstag (1997), S. 467 (479, 485ff.). Mit diesem Ergebnis weiche ich von meiner vor gut dreißig Jahren vorgelegten Interpretation des von Gierke in seiner Lehre von der Verbandsperson verwandten Realitätsbegriffs ab. Denn damals glaubte ich noch ohne wirkliche Kenntnis der Philosophie Schleiermachers diesen im objektiven Idealismus verorten zu müssen. s. *Janssen*, Methode (Anm. 2), S. 142ff.

59 So *G. Ebeling*, Luthers Wirklichkeitsverständnis (1993), in: *ders.*, Theologie in den Gegensätzen des Lebens (Wort und Glaube, Bd. 4, 1995), S. 460 (462).

60 Dazu zusammenfassend *G. Scholtz*, Die Philosophie Schleiermachers (Anm. 49), S. 53ff., 104ff., auch 127ff.

61 So das Ergebnis der Überlegungen von *Jan Schapp* zum Thema: Ethische Pflichten und Rechtspflichten (1993), S. 32.

## V. Was bleibt letztlich?

Bei der erneuten Beschäftigung mit dem Genossenschaftsrecht *Otto von Gierkes* bleibt nach alledem zunächst die Erinnerung an einen großen Juristen, der die politischen und gesellschaftlichen Strömungen seiner Gegenwart bewusst in sich aufnahm und darauf besonders mit seinem Genossenschaftsrecht eine eigenständige juristische Antwort zu geben versuchte. Es ist das Verdienst der Monografie von *Martin Peters*, dass er auf diesen Lebensbezug der Genossenschaftstheorie *Gierkes* so nachhaltig eingegangen ist. Daneben beinhaltet diese Theorie nun aber – worauf hier ergänzend noch einmal kurz hingewiesen werden sollte – nach wie vor gültige verfassungsgeschichtliche, dogmatische und philosophische Erkenntnisse, die m. E. aber alle nur dann richtig bewertet werden, wenn man wirklich bereit (und in der Lage) ist, sich auf den weiten geistigen Horizont dieses juristischen Denkens einzulassen. Auch dem heute wissenschaftlich wie praktisch tätigen Juristen würde es gut anstehen, wenn er zumindest ansatzweise mit jenem persönlichen Einsatz und mit jenem geistigen Anspruch an sich selbst, wie *Gierke* ihn uns vorgelebt und vorgearbeitet hat, seine täglichen Geschäfte betreiben würde. In eben dieser Vorbildhaftigkeit seines Lebens und Denkens liegt für mich darum letztlich das Bleibende seines Genossenschaftsrechts.

## Thesen

Von einer bleibenden Bedeutung des Genossenschaftsrechts *Otto von Gierkes* für die Rechtswissenschaft kann man aus historischen, dogmatischen und philosophischen Gründen sprechen:

### I. Historische Aspekte

*Gierke* war sich nach eigenem Zeugnis bei der historischen Darstellung des Genossenschaftsrechts – und das gilt besonders für seine Schilderung der entsprechenden mittelalterlichen Entwicklung – des »Spannungsverhältnisses zwischen modernen Begriffen und den Rechtsgebilden der Vergangenheit« bewusst. Spätere Interpreten seines Werkes haben daneben zu Recht positiv hervorgehoben, dass *Gierkes* Geschichte des Genossenschaftsrechts »die geschichtliche Wirklichkeit aus der Wahrnehmung polarer Spannungen« zu erfassen suche, »deren Wirkungen sich empirisch nachweisen« ließen (*Oexle*) und dass *Gierkes* Darstellung sich weiter auch nicht wie fälschlicherweise die von vielen seiner Zeitgenossen an »den Kategorien von Herrschaft und Staat« orientiert habe. Vielmehr seien für ihn die auch für die Deutung heutiger gesellschaftlicher Entwicklungen immer noch aktuellen Kategorien Herrschaft und Genossenschaft bestimmend gewesen (*Blickle*).

## II. Dogmatische Aspekte

Zur bleibenden Bedeutung der Genossenschaftstheorie *Gierkes für das private Verbandsrecht* hat man zunächst richtig betont, dass für ihn »nur die Rechtsfähigkeit, nicht aber das Dasein eines Verbandes eine Rechtsfrage« gewesen sei und er die »juristische Personifikation dieser Gebilde« (auch) durch einen »Gewohnheitsrechtssatz« für möglich gehalten habe (*Karsten Schmidt*). Zu Recht hat der genannte Autor weiter bemerkt, dass *Gierkes* Theorie der realen Verbandspersönlichkeit ein »funktionales Verbandsdenken« nahelege, das es u. a. ermögliche, in seiner »Organtheorie« die (geglückte) Lösung eines »Zurechnungsproblems« zu sehen.

Für das Verständnis des *geltenden deutschen Verfassungsrechts* hat *Gierkes* Genossenschaftstheorie schon deshalb bleibende Bedeutung, weil sie entscheidend zur Erkenntnis der »intermediären Funktion der Verbände zwischen Staat und Individuum« beigetragen hat und ihr ein jenseits »von Individualismus und Kollektivismus« anzusiedelndes Menschenbild zugrundeliegt (*Kühne*). Im Übrigen vermag *Gierkes* Genossenschaftstheorie im Blick auf das Grundgesetz Entscheidendes zum Verständnis des Begriffs »verfassungsgebende Gewalt des Volkes« beizutragen, den Hinweis der Präambel des Grundgesetzes auf das »Deutsche Volk« bzw. den Ausgang aller Staatsgewalt »vom Volke« (Artikel 20 Abs. 2 GG) inhaltlich zu erklären und auch den Inhalt der Bindung von vollziehender Gewalt und Rechtsprechung an Gesetz *»und Recht«* (Artikel 20 Abs. 3 GG) näher zu konkretisieren.

## III. Philosophische Aspekte

*Gierkes Lehre von der Realität der Verbandsperson* beginnt mit der Überlegung, dass der Begriff der Verbandsperson *wie* der der Einzelperson auf einer Abstraktion beruht. Er versucht mit den so gewonnen Begriffen jener Eigenart der Menschen Ausdruck zu geben, nach der sich in jedem von ihnen immer »ein individuelles Dasein *und* ein Stück des Gesamtlebens abspielt«. Zeugnis für diese Realität legt für *Gierke* die entsprechende innere Erfahrung des einzelnen Menschen ab; als Kontrolle für deren Wahrheitsgehalt dient ihm die äußere Erfahrung, die durch entsprechende historische Erkenntnisse und die Erfassung des gegenwärtigen Gesellschaftszustandes aufgrund der Statistik bestimmt wird.

Eine bleibende Bedeutung besitzen diese Überlegungen Gierkes für die Rechtswissenschaft deshalb, weil sie exemplarisch in überzeugender Weise zeigen, *wie er die für die juristische Begriffsbildung relevante gesellschaftliche Wirklichkeit gedanklich zu erfassen sucht.* Denn *Gierke* vermeidet damit ja das Extrem des objektiven Idealismus einerseits wie *Kants* kategorische Unterscheidung von »Ding an sich« und »Erscheinung« andererseits. Seinem Versuch, die Realität der Verbandsperson zu begründen, liegt vielmehr – unausgesprochen – eine Ontologie der Relation zugrunde.

Wie *Gierkes* Auseinandersetzung mit *Diltheys* »Einleitung in die Geisteswissenschaften« zeigt, *»genügt« ihm allerdings diese Beweisführung nicht.* Vielmehr beschwört er dort als letzten, allgemeinen Grund für das Recht der Erkenntnis und die mögliche Überwindung der den Menschen durchaus bewussten Antinomien zwischen innerer und äußerer Erfahrung das allen Menschen angeborene Bedürfnis nach einer höheren, nur *metaphysisch zu »begründenden« Einheit.* Interessant ist in diesem Zusammenhang die Lösung des von *Gierke* damit aufgeworfenen (ontologischen) Problems durch *Schleiermacher*, weil dieser in seiner Ethik mit ähnlichen Überlegungen wie *Gierke* die Realität der Verbandsperson (Gemeinschaft) gerechtfertigt hatte. *Schleiermacher* beruft sich nämlich insoweit auf den transzendenten Grund allen Wissens, der im unmittelbaren Selbstbewusstsein des Menschen als *Abhängigkeitsgefühl* präsent ist und lässt damit *Gierkes* metaphysische Fragestellung hinter sich.

# 2. Teil: Die rechtliche Relevanz von Gerhard Ebelings theologischer Fundamentalunterscheidung zwischen Gesetz und Evangelium als gedankliche Alternative

## I. Ihre Bedeutung für die Grundlegung des (evangelischen) Kirchenrechts

# 4. Historisch-kritische Theologie und evangelisches Kirchenrecht. Zur kirchenrechtlichen Bedeutung der Theologie Gerhard Ebelings

## I.

1. Die Rechtswissenschaft hat es sich von jeher nicht nehmen lassen, ihrerseits zu Grundlagenproblemen des Rechts, d. h. zu rechtsphilosophischen, rechtshistorischen und rechtssoziologischen Fragen etc. Stellung zu beziehen, diese Fragen also nicht den entsprechenden Fachwissenschaften wie Philosophie, Geschichte, Soziologie u. a. allein zu überlassen. Der tiefere Grund für die Kompetenz des Juristen, seinen eigenständigen Beitrag zur Beantwortung derartiger Fragen zu leisten, liegt in seiner Erfahrung im Umgang mit dem Recht[1]. Nach dem Zweiten Weltkrieg schien es zunächst so, dass auch die evangelische Kirchenrechtswissenschaft, die seit der vernichtenden Kritik *Rudolph Sohms* an einem eigenständigen Kirchenrechtsbegriff die Grundlagenfragen beinahe völlig ausgeklammert hatte, erneut eine entsprechende Kompetenz für derartige Fragen geltend machen wolle. Das zeigte sich besonders in dem Bemühen um die Begründung einer evangelischen Rechtstheologie. *Wilhelm Steinmüller* hat die bedeutendsten derartigen Versuche von *Erik Wolf*, *Johannes Heckel*, *Siegfried Grundmann* und *Hans Dombois* in seinem großen Werk »Evangelische Rechtstheologie« (1968) zusammenfassend dargestellt.[2] Wesentliches Motiv für das

---

1 Besonders reflektiert wird dieser Anspruch seit den Tagen der historischen Rechtsschule bis heute von den Rechtshistorikern.

2 Ergänzende Darstellungen finden sich bei *Dreier*, Das kirchliche Amt, 1972, S. 72–86; *Rouco-Varela*, Evangelische Rechtstheologie heute, Möglichkeiten und Grenzen eines Dialogs, AkathKR 140 (1971) S. 106–136; *A. v. Campenhausen*, Literaturbericht zum Kirchenrecht, ThR NF 38 (1973), S. 119ff. (123–153); *A. Stein*, Zur Entwicklung der deutschen evangelischen Kirchenrechtswissenschaft, 1961–1975. Versuch einer Bestandsaufnahme, ZevKR 22 (1977) S. 6ff. (9–12); *P. Krämer*, Theologische Grundlegung des kirchlichen Rechts. Die rechtstheologische Auseinandersetzung zwischen H. Barion und J. Klein im Licht des II. Vatikanischen Konzils, 1977, S. 4–11; *Corecco*, Theologie des Kirchenrechts, in: *Listl, Müller, Schmitz* (Hrsg.), Grundriß des nachkonziliaren Kirchenrechts, 1980, S. 11ff. (14–17); *Dreier*, Entwicklungen und Probleme der Rechtstheologie, ZevKR 25 (1980) S. 20–33 und 37–39. Zu *Dombois* noch *Scheuner*, Zur Rechtstheologie von Hans Dombois, ZevKR 23 (1978) S. 1–7, und die aufschlussreiche Selbstinterpretation von *Dombois*, Ökumenisches Kirchenrecht

Bemühen um eine evangelische Rechtstheologie war – darin sind sich die Interpreten durchweg einig[3] – das Erlebnis des Kirchenkampfes im Dritten Reich; die dort gemachten Erfahrungen drängten zu der Frage nach einer auch für die weltliche Obrigkeit unantastbaren Substanz des evangelischen Kirchenrechts. Es war demnach dasselbe Motiv, das im Blick auf das staatliche Recht hinter der besonders in den fünfziger Jahren so intensiv geführten Naturrechtsdiskussion stand[4]. Während nun aber die Naturrechtsdiskussion schon sehr bald unter erneuter Aufarbeitung der Geschichte des Naturrechts die Fragestellung dahingehend modifizierte, ob »sachlogische Strukturen« dem Recht vorgegeben seien[5], oder unter Anknüpfung an die aristotelische Naturrechtskonzeption in der Lebenswirklichkeit, vor allem in der Rechtspraxis selbst das »von Natur Rechte« hermeneutisch aufzufinden suchte[6], lässt sich auf dem Feld der evangelischen Rechtstheologie eine entsprechende Weiterführung der Fragestellung nicht konstatieren.

Befremdlich an diesem Abbruch der rechtstheologischen Diskussion ist besonders, dass die Verbindungen zwischen der Kirchenrechtswissenschaft und der protestantischen Theologie in dieser Frage scheinbar abgerissen sind. Die rechtstheologischen Anschauungen *Erik Wolfs* etwa waren noch stark durch die Theologie *Karl Barths*[7] geprägt und *Johannes Heckels* theologische Begründung des Kirchenrechts beruhte auf einer Neuinterpretation des lutherischen Zweireichelehre, die wiederum in der protestantischen Theologie intensiv diskutiert wurde[8]. Allerdings trifft dieser Abbruch des Gesprächs mit der Theologie nur für

heute, ZevKR 24 (1979) S. 225ff. (230–249). Zu *Erik Wolf* noch *W. Heinemann*, Die Relevanz der Philosophie Martin Heideggers für das Rechtsdenken, Diss. Freiburg 1970, S. 340ff., bes. S. 367–375.

3 Vgl. etwa *Steinmüller*, Evangelische Rechtstheologie, 1. Halbband, S. 5f., 14; *Grundmann*, Art. »Kirchenrecht« in: EvStL², Sp. 1206ff. (1207, 1224).

4 Dieser Zusammenhang wird richtig erkannt von *Dreier*, Rechtstheorie und Rechtstheologie, in: *Nembach* (Hrsg.), Begründungen des Rechts, Bd. I, 1979, S. 87ff. (90).

5 Vgl. etwas *Welzel*, Naturrecht und Rechtspositivismus, in: FS Niedermeyer, 1953, S. 279ff. (290–293); *ders.*, Naturrecht und materiale Gerechtigkeit 1962⁴, S. 243f.

6 Bahnbrechend insofern die Arbeiten von *Joachim Ritter*. Vgl. bes. die Untersuchung »Naturrecht« bei Aristoteles, 1961, wieder abgedruckt in: *ders.*, Metaphysik und Politik, Studien zu Aristoteles und Hegel, 1969, S. 133–179. Zu fragen ist allerdings, ob dieses Naturrechtsverständnis *Ritters* nur für »eine bestimmte Phase der Modernität, die Phase des Übergangs der europäischen Zivilisation zur Weltzivilisation, eine Phase, in welcher die emanzipatorischen Tendenzen und eine die Tradition vergegenwärtigende Bildungswelt sich die Waage hielten« gelten kann und dieses Gleichgewicht heute im Verschwinden ist (so *Spaemann*, Die Aktualität des Naturrechts, in: *ders.*, Zur Kritik der politischen Utopie, 1977, S. 183ff [187]).

7 Dazu modifizierend und mit weiteren Nachweisen *Steinmüller*, Rechtstheologie, 1. Halbbd., bes. S. 442–445.

8 Vgl. etwa die Aufsätze von *Althaus* und *Lau* in dem von *Schrey* herausgegebenen Sammelband: Reich Gottes und Welt, 1969, S. 517–527, 528–547, und *Ebelings* Bemerkungen, in: *ders.*, Wort und Glaube, Bd. 1, 1962², S. 410f., 417. Weitere Literaturangaben bei *A. v. Campenhausen*, Literaturbericht (Anm. 2), S. 130 Anm. 37.

die evangelische Kirchenrechtswissenschaft zu. Auf katholischer Seite lassen sich demgegenüber bis in die Gegenwart hinein Versuche einer rechtstheologischen Begründung des Kirchenrechts beobachten. Sie sind zweifellos, wie das Werk *Steinmüllers* zeigt[9], durch die evangelische Rechtstheologie der Nachkriegsjahre mitbestimmt, haben dann aber diese Ansätze eigenständig im Dialog mit der katholischen Theologie fortgeführt; dem Zweiten Vatikanischen Konzil kommt insoweit besondere Bedeutung zu[10]. Auch in der Naturrechtsdiskussion ist der Kontakt zwischen Philosophie und Rechtswissenschaft bis heute nicht abgerissen. So hat beispielsweise die besonders durch *Joachim Ritter* eingeleitete Renaissance der praktischen Philosophie[11] die rechtswissenschaftliche Grundlagendiskussion vielfach befruchtet. Der Jurist *Martin Kriele* etwa hat in Fortführung dieses Ansatzes in mehreren Arbeiten die Zusammengehörigkeit von Recht und Moral betont und auf die in der Rechtspraxis sich vollziehende, dort aufzusuchende Rechtsvernunft hingewiesen.[12] Von anderer juristischer Seite ist, auf den gleichen philosophischen Prämissen aufbauend, dargelegt worden, dass die Frage nach dem Verhältnis von Naturrecht *und* Geschichte durch die nach dem Naturrecht *in* der Geschichte zu ersetzen ist, womit das Problem des Na-

9 Vgl. auch *Steinmüller*, Hypothesen und Fragen zu einer katholischen Rechtstheologie, in: Mensch und Recht. FS Erik Wolf, 1972, S. 236–249.

10 Neben dem Werk *Steinmüllers* ist besonders die Münsteraner Dissertation von *W. Böckenförde*, Das Rechtsverständnis der neueren Kanonistik und die Kritik von *Rudolph Sohms*, 1969, hervorzuheben. Im Untertitel wird sie richtig als »eine *ante*kanonistische Studie zum Verhältnis von Kirche und Kirchenrecht« gekennzeichnet. Daneben vgl. die bereits in Anm. 2 genannte Studie von *P. Krämer*; *ders.*, Zum Stand der Grundlagendiskussion in der katholischen Kirchenrechtswissenschaft, in: *v. Bonin* (Hrsg.) Begründungen des Rechts, Bd. II, 1979, S. 14–32; *Potz*, Die Geltung kirchenrechtlicher Normen. Prolegomena zu einer kritisch-hermeneutischen Theorie des Kirchenrechts, 1978, bes. S. 143–259; *Dreier*, Entwicklungen und Probleme der Rechtstheologie (Anm. 2), S. 33–36, und *Corecco*, Theologie des Kirchenrechts (Anm. 2), S. 11–14 und 17–21 m. w. Lit.

11 Seine wesentlichen Arbeiten sind zusammengefasst in: Metaphysik und Politik, und *ders.*, Subjektivität, 1974. Eine gute Zusammenfassung der seither geführten Diskussion gibt der Literaturbericht von *Bubner*, Philosophische Rundschau 22 (1976) S. 1–34. Von einer »Renaissance« der praktischen Philosophie zu sprechen, scheint uns im Anschluss an *Bubner* (a. a. O., S. 33f.) sachlich richtiger als von einer »Rehabilitierung«, wie es etwa *Riedel* tut (vgl. den Titel der beiden von ihm herausgegebenen Sammelbände: Rehabilitierung der praktischen Philosophie, Bd. 1, 1972; Bd. 2, 1974). Denn »Rehabilitierung« bedeutet »eine Wiedereinsetzung in angestammte Rechte und ehedem besessene Fähigkeiten«; der praktischen Philosophie der Gegenwart geht es aber weniger darum, »zerbröckelnde Legitimationsgrundlagen zu reparieren, als zu lernen, die hinterlassenen Probleme mit neuen Augen zu sehen und die neuen Aufgaben ohne modische Caprice in Angriff zu nehmen« (so *Bubner*, a. a. O.).

12 Vgl. zuletzt *Kriele*, Recht und praktische Vernunft, 1979. Die Frage nach dem »richtigen Recht« wird auch von dem Juristen *Karl Larenz* als Frage nach den im geltenden Recht vorhandenen Rechtsprinzipien verstanden, vgl. *Larenz*, Richtiges Recht. Grundzüge einer Rechtsethik, 1979, S. 23–32, 42–44, 177–185.

turrechts als ein geschichtsphilosophisches verstanden werden kann[13] und den Fragesteller ähnlich wie bei *Kriele* auf die ihn umgebende Rechtswirklichkeit verweist.

2. Die wesentliche Ursache für den eingetretenen Stillstand in der Diskussion um eine evangelische Rechtstheologie scheint danach in dem Umstand zu liegen, dass die evangelische Kirchenrechtswissenschaft es ei aller Anerkennung ihrer rechtstheoretischen Bemühungen[14] versäumt hat, unter ihrem Blickwinkel in eine Auseinandersetzung mit der neueren protestantischen Theologie zu treten. Der Faden reißt nach unserem Eindruck insoweit mit dem Aufkommen der historisch-kritischen Theologie im Sinne *Bultmanns* und seiner Schüler ab. Die einschlägigen exegetischen Arbeiten zum neutestamentlichen Rechtsbegriff (*Bultmann, Käsemann, Hans von Campenhausen* u. a.) werden zwar von der evangelischen Kirchenrechtswissenschaft zur Kenntnis genommen und diskutiert, daraus jedoch keine weiteren rechtstheoretischen Folgerungen gezogen[15], und schon gar nicht die systematischen theologischen Arbeiten der Bultmann-Schule berücksichtigt[16]. Am deutlichsten drückt sich diese skeptische Haltung in der Feststellung *Erlers* aus, dass »die ganze Frage (sc. einer evangelischen Kirchenrechtstheorie) ganz außerhalb des Interesses der modernen Existenzialtheologie (liege), welche auf einer radikalen Bibelexegese« gründe[17]. Diese Bemerkung macht zweierlei deutlich. Einmal ist seitens der evangelischen Kirchenrechtswissenschaft zum Teil offensichtlich gar nicht zur Kenntnis genommen worden, dass die »moderne Existenzialtheologie« über eine »radikale Bibelexegese« weit hinausgeht. Zum anderen hat man nicht hinreichend bedacht, dass »sich ›rechtstheologische‹ Konsequenzen aus jeder der denkbaren theologischen Positionen« ergeben[18]. *Wilhelm Mauerer* hat das für die historisch-kritische Theologie allerdings schon sehr früh gesehen. So kommt er in einer Besprechung verschiedener einschlägiger Arbeiten zum Neuen Testament

13 So *E.-W. Böckenförde*, Die Historische Rechtsschule und das Problem der Geschichtlichkeit des Rechts, in: Collegium Philosophicum. Studien Joachim Ritter zum 60. Geburtstag, 1965, S. 9ff. (35f.).

14 Vgl. dazu etwa die in Anm. 2 und 4 genannten Arbeiten von *Dreier*; daneben *ders.*, Methodenprobleme der Kirchenrechtslehre, ZevKR 23 (1978) S. 343–367 m. w. N.

15 Ansätze jedoch bei *Dreier*, Das kirchliche Amt, S. 86–91 i. V. m. S. 28–37 und 142–168 u. a. Zur mangelnden Verarbeitung der Ergebnisse neutestamentlicher Exegese in den rechtstheologischen Arbeiten von *Erik Wolf: Steinmüller*, Rechtstheologie, 1. Halbd., S. 326 mit Anm. 4.

16 Das gilt etwa für den Aufsatz von *Dombois*, Historisch-kritische Theologie, Recht und Kirchenrecht, in: Staatsverfassung und Kirchenordnung. FS *R. Smend*, 1962, S. 287ff., und andere einschlägige Stellungnahmen von ihm; vgl. dazu *Steinmüller*, Rechtstheologie, 2. Halbbd., S. 669f., daneben S. 488f., 525 Anm. 38, 650.

17 *Erler*, Kirchenrecht, $1975^4$, S. 163.

18 So *Pirson* in seiner Besprechung der Evangelischen Rechtstheologie von *Steinmüller*, ZevKR 18 (1973) S. 297ff. (301).

zu folgendem Ergebnis: »Die neutestamentliche Forschung hat damit ein Werk vollbracht, das nicht nur theologisch, sondern auch juristisch relevant ist. Die Grundlagen des evangelischen Kirchenrechts, die Günther Holstein 1928 gelegt hat, sind in ihren theologischen, speziell aber in ihren neutestamentlichen Prinzipien erschüttert, wenn nicht umgestoßen; der Neubau eines evangelischen Kirchenrechts darf nicht auf ihnen errichtet werden. Wenn es evangelisch sein will, muß es sich das neutestamentliche Verständnis geistlichen Rechts zu eigen machen.«[19]

Dass dies nun durch die evangelische Kirchenrechtswissenschaft noch nicht geschehen ist, liegt wohl auch daran, dass selbst die systematische Theologie lange gebraucht hat, um die neueren Ergebnisse der neutestamentlichen Exegese, insbesondere die der historisch-kritischen Jesus-Forschung positiv zu verarbeiten[20]. Darum hat sich auf theologischer Seite aber besonders *Gerhard Ebeling* von Anfang an bemüht. Schon in seinem programmatischen Aufsatz aus dem Jahr 1950 über »Die Bedeutung der historisch-kritischen Methode für die protestantische Theologie und Kirche« wird diese Aufgabe klar gesehen: »Von der systematischen Theologie ist ... zu fordern, daß sie nicht nur die Ergebnisse der historisch-kritischen Forschung berücksichtigt – selbst das läßt sehr zu wünschen übrig –, sondern dass sie auch die Problemstellung der historisch-kritischen Methode voll und ganz in ihren Ansatz aufnimmt. Es ist die Not, die in der Theologiegeschichte der Neuzeit offen zutrage liegt, daß es der protestantischen Dogmatik seit den Tagen der Aufklärung nicht gelungen ist, dieser Aufgabe wirklich standzuhalten. Nicht die historische, sondern die systematische Theologie macht die Krisis offenbar, in der sich die protestantische Theologie befindet.«[21]

Die Aufgabe, die der Dogmatik damit gestellt war, kann mit *Niederwimmer* allgemein dahin formuliert werden, »das Verhältnis von Glaube und Geschichte ... (einer) zureichenden theologischen Klärung« zuzuführen[22]. Ein Teilaspekt dieses Problems wiederum ist das Verhältnis von Kirche und Geschichte, das, wie *Ebeling* meint, die Reformation zwar in ein neues Licht rückte, aber nicht hinreichend klärte[23]. Für unsere Fragestellung wesentlich ist nun, dass seiner Ansicht nach auf die mangelnde Klärung des Verhältnisses von Kirche und Geschichte durch die Reformation auch die ungenügende Beantwortung der

19 *W. Maurer*, Vom Ursprung und Wesen kirchlichen Rechts, ZevKR 5 (1956) S. 1ff. (16).

20 *Niederwimmer* meint sogar, dass diese Aufgabe von der Dogmatik bis heute nicht gelöst sei, vgl. *Niederwimmer*, Jesus, 1968, S. 10.

21 Die Bedeutung der historisch-kritischen Methode für die protestantische Theologie und Kirche, in: Wort und Glaube, 1962[2], S. 1ff. (47, ausführlicher dazu S. 46–48).

22 So *Niederwimmer*, Jesus, S. 10.

23 *Ebeling*, Die Bedeutung der historisch-kritischen Methode für die protestantische Theologie und Kirche (Anm. 21), S. 25–27.

»Frage der Kirchen*ordnung*, d. h. der *Gestalt* der Kirche in der Geschichte« zurückzuführen ist[24]. Ist nun aber, wie *Ebeling* weiter folgert, das Verhältnis von Kirche und Geschichte ein hermeneutisches Problem, das durch die Kategorie der Auslegung adäquat erfasst wird[25], so muss das auch für die kirchenrechtliche Grundlagenproblematik gelten: Die Klärung der hermeneutischen Fragestellung kann also nicht ohne Wirkung für das Kirchenrecht bleiben.

Dieser später noch genauer zu entfaltende Gedankengang hatte, wie wir sahen, zum Ausgangspunkt die Beobachtung, dass die Ergebnisse der historisch-kritischen Bibelexegese von der systematischen Theologie und der evangelischen Kirchenrechtswissenschaft ungenügend verarbeitet worden sind. Ein Fortschritt wurde – was die systematische Theologie betrifft – dadurch möglich, dass die besonders durch die Arbeiten *Ebelings* vorangetriebene hermeneutische Reflexion die im 19. Jahrhundert scharf herausgearbeitete Trennung zwischen historischer und systematischer Betrachtungsweise als zwei Seiten eines einheitlichen Erkenntnisvorganges verstehen lehrte[26]. Diese Einsicht gewann wiederum auch in der Philosophie zunehmend an Bedeutung. *Gadamers* 1960 in erster Auflage erschienenes Buch »Wahrheit und Methode« ist dafür das herausragende Beispiel. Aber auch die Renaissance der praktischen Philosophie, die, wie bemerkt, nicht ohne Einfluss auf die Naturrechtsdiskussion blieb, ist ohne die genauere Reflexion über die Wirksamkeit und Aneignung fortwirkender philosophischer Traditionen kaum vorstellbar[27].

24 *Ebeling*, Die Bedeutung der historisch-kritischen Methode (Anm.21), S. 27 (Hervorhebung nur hier!); ganz ähnlich Kirchengeschichte als Geschichte der Auslegung der Heiligen Schrift, in: *ders.*, Wort Gottes und Tradition, 1966, S. 1ff. (21); Über Aufgabe und Methode der Konfessionskunde, in: Wort Gottes und Tradition, S. 28ff. (37), und: »Sola scriptura« und das Problem der Tradition, in Wort Gottes und Tradition, S. 91ff. (140, 143).

25 Vgl. Kirchengeschichte als Geschichte der Auslegung der Heiligen Schrift (Anm. 24), S. 22–27; Die Bedeutung der historisch-kritischen Methode (Anm. 21), S. 24f.; Die Geschichtlichkeit der Kirche und ihrer Verkündigung als theologisches Problem, 1954, S. 78f., 80–83, 90f.; Über Aufgabe und Methode der Konfessionskunde (Anm. 24), S. 36; Studium der Theologie. Eine enzyklopädische Orientierung, 1975, S. 8f.

26 Vgl. für *Ebeling* etwa: Wort Gottes und Hermeneutik, in: Wort und Glaube, S. 319ff., bes. S. 333–348, und daselbst: Diskussionsthesen zur Einführung in das Studium der Theologie, S. 447ff. (448–450, 452–456); daneben: Historische und dogmatische Theologie, in: *ders.*, Theologie und Verkündigung, 1962, S. 10–18; Hermeneutische Theologie?, in: Wort und Glaube, Bd. 2, 1969, S. 99ff., bes. S. 112–120; Studium der Theologie, bes. S. 80–82, 144, 167, 172f.; Dogmatik des christlichen Glaubens, Bd. 1, 1979, S. 19–21, 40–42, 44f., 56f., 64f. u. a.

27 Vgl. dazu etwa *J. Ritter*, »Politik« und Ethik« in der praktischen Philosophie des Aristoteles, in: *Pöggeler* (Hrsg.), Hermeneutische Philosophie, 1972, S. 153ff. (176 Anm. 29); *ders.*, in: Historisches Wörterbuch der Philosophie, Bd. 1, 1971, S. VI, VII (Vorwort); allgemein dazu *Pöggeler*, a.aO., S. 45–48, und *H. G. Meier*, Art. »Begriffsgeschichte«, in: Historisches Wörterbuch der Philosophie, Bd. 1, Sp. 788ff (806f.). Systematisch weiter entwickelt wird diese Erkenntnis in den Arbeiten von *Bubner*, vgl. etwa: Dialektik und Wissenschaft, 1973, S. 89–111, und: »Philosophie ist ihre Zeit in Gedanken erfaßt«, in dem von *Habermas* u. a. herausgegebenen Sammelband: Hermeneutik und Ideologiekritik, 1971, S. 210–243.

3. Die geschilderte Entwicklung legt es nun nahe, die rechtstheologische Diskussion dort fortzusetzen, wo das Gespräch mit der Theologie abbricht, zumal der angesprochene Verlauf der philosophischen bzw. rechtsphilosophischen Diskussion Anlass zu der Hoffnung gibt, dass auch die evangelische Rechtstheologie auf diese Weise aus der Sackgasse, in die sie augenscheinlich geraten ist, herauskommt. Wenn im Folgenden zu diesem Zweck an die Theologie *Ebelings* angeknüpft wird, so bedarf das allerdings noch genauerer Rechtfertigung. Denn es ist nicht zu übersehen, dass die protestantische Theologie über die historisch-kritische bzw. hermeneutische Fragestellung hinaus weitere Ansätze der modernen Wissenschaftstheorie diskutiert und fruchtbar gemacht hat[28] und zudem andere Theologen methodisch ähnlich wie er verfahren sind. So würde etwa eine genauere Untersuchung der von *Tillich* in seiner Systematischen Theologie gehandhabten »Methode der Korrelation« zweifellos Parallelen zu *Ebelings* dogmatischer Arbeitsweise aufzeigen[29]. Wenn wir dennoch die Arbeiten *Ebelings* zum Ausgangspunkt weiterer rechtstheologischer Reflexion machen, so leiten uns dabei mehrere Überlegungen:

Wie schon angedeutet, hat *Ebeling* zunächst darauf hingewiesen, dass mit der Frage nach dem Verhältnis von Kirche und Geschichte die Frage nach der rechten kirchlichen Ordnung unmittelbar zusammenhängt[30]: »Da die Wahrheit des ›sola scriptura‹ sich erfüllt in verantwortender Überlieferung des Evangeliums, ergibt sich aus dem Schriftprinzip mit Notwendigkeit eine Lehre von der Tradition. Ihre Entfaltung stellt eine umfassende Aufgabe dar, in der die Sache des christlichen Glaubens selbst in Hinsicht auf die Geschichtlichkeit hermeneutisch bis in die Fragen des *Kirchenrechts* und der tätigen Weltverantwortung hinein zu bedenken ist.«[31]

Neben diesem ausdrücklichen Hinweis auf die Verbindung zwischen theo-

---

28 Eine gute allgemeine Übersicht über den Stand der Diskussion gibt *Pannenberg*, Wissenschaftstheorie und Theologie, 1977; vgl. daneben *Peukert*, Wissenschaftstheorie – Handlungstheorie – Fundamentale Theologie. Analysen zu Ansatz und Status theologischer Theorienbildung, 1978. Weitere Literaturangaben bei *Stuhlmacher*, Vom Verstehen des Neuen Testaments. Eine Hermeneutik, 1979, S. 253f.

29 Vgl. *Tillich*, Systematische Theologie, Bd. 1, 1973[4], S. 73–80, auch S. 15 und 40; Bd. 2 1973[4], S. 19–22. Zur Bewertung der Ergebnisse der historisch-kritischen Bibelexegese: Systematische Theologie, Bd. 2, S. 111–129: *Ebelings* wesentliche Modifizierung dieser Methode besteht darin, dass, wie er ausführt, die neue Antwort aus der biblischen Botschaft auch die Fragestellung verändert bzw. schon eine Veränderung der Fragestellung voraussetzt. »Denn am Verständnis der Situation verrät sich bereits eine Ahnung davon, wessen es bedarf, um sie zu bestehen« (Luther und der Anbruch der Neuzeit, in: Wort und Glaube, Bd. 3, S. 29ff. [55]; deutlich auch: Dogmatik, Bd. 1, S. 105f., und: Schrift und Erfahrung als Quelle theologischer Aussagen, ZThK 75 [1978] S. 99ff. [115]).

30 Vgl. die Nachweise in Anm. 24. Daneben: Über Aufgabe und Methode der Konfessionskunde (Anm. 24), S. 36.

31 »Sola scriptura« und das Problem der Tradition (Anm. 24), S. 140 (Hervorhebung nur hier!).

logischen und kirchenrechtlichen Fragen spricht für die Anknüpfung an die Theologie *Ebelings*, dass *Ebeling* wohl als der bedeutendste Vertreter der Bultmann-Schule gelten kann, der ihre exegetischen Ergebnisse und hermeneutischen Ansätze in eigenständigem Weiterdenken[32] für die systematische Theologie fruchtbar gemacht hat. Ein frühes Zeugnis dafür stellt seine 1959 zum erstenmal erschienene Vorlesungsreihe über »Das Wesen des christlichen Glaubens« dar; das letzte, *Ebelings* im Jahr 1979 herausgegebene dreibändige »Dogmatik des christlichen Glaubens«, die er als »Haupternte« seines Lebens »mit der Theologie im kirchlichen Dienst und an der Universität« versteht[33]. Dazwischen liegen eine Vielzahl kleinerer systematischer Arbeiten von ihm[34]. Da nach unserem Eindruck das Gespräch zwischen der evangelischen Kirchenrechtswissenschaft und der protestantischen Theologie eindeutig zu dem Zeitpunkt abbricht, als die systematischen Arbeiten der Bultmann-Schule herauskommen, scheint es sinnvoll, an diesem Punkt den Dialog wieder beginnen zu lassen. Der unvermittelte, direkte Sprung der evangelischen Kirchenrechtstheorie in die gegenwärtige Diskussion der protestantischen Theologie würde dagegen Gefahr laufen, das eigentliche Sachinteresse an einem erneuten Gespräch mit der Theologie zu verfehlen. Denn ein solches Gespräch kann von der evangelischen Kirchenrechtstheorie aus sinnvoll nicht geführt werden, wenn es nicht zuvor von ihrer Seite aus zu einer bewussten, von der Sache her gebotenen geistigen Aufarbeitung der neueren protestantischen Theologie kommt[35].

Im Übrigen wird häufig übersehen – und das ist der dritte Grund, der uns an die Arbeiten *Ebelings* anknüpfen lässt –, dass er seine theologischen Aussagen in kritischer Auseinandersetzung mit der gegenwärtigen Wissenschaftstheorie trifft. Das zeigen etwa *Ebelings* Stellungnahme zu *Hans Alberts* »Traktat über kritische Vernunft«[36] oder seine Auseinandersetzung mit *Pannenbergs* »Theologie der Geschichte«[37] und die Arbeiten zur Fundamentaltheologie von ihm, die auch Fragestellungen wie das Verhältnis von Psychotherapie und Theologie

---

32 Ein besonders deutlicher Beleg dafür ist *Ebelings* Buch: Theologie und Verkündigung. Ein Gespräch mit Rudolf Bultmann, 1962.

33 Dogmatik, Bd. 1, S. V (Vorwort).

34 Die wesentlichen sind zusammengefasst in den Bänden »Wort und Glaube«, 1960; Wort und Glaube, Bd. 2, 1969; Wort und Glaube, Bd. 3, 1975.

35 Ganz ähnlich für entsprechende Versuche in der Philosophie, »seit Jahrzehnten fremdgewordene Traditionen, wie diejenige der angelsächsischen Philosophie, mit einem Schlage zu überwinden«: *Bubner*, »Philosophie ist ihre Zeit in Gedanken erfaßt« (Anm. 27), S. 224f. Anm. 13.

36 Kritischer Rationalismus? Zu Hans Alberts »Traktat über kritische Vernunft«, 1973.

37 Kennzeichnung in Anlehnung an *Peukert*, Wissenschaftstheorie – Handlungstheorie – Fundamentale Theologie S. 64–67. Für diese Auseinandersetzung sind folgende Arbeiten *Ebelings* einschlägig: Die Krise des Ethischen und die Theologie. Erwiderung auf W. Pannenbergs Kritik, in: Wort und Glaube, Bd. 2, S. 42–55, und: Ein Briefwechsel zwischen Wolfhart Pannenberg und Gerhard Ebeling, ZThK 70 (1973) S. 448–473.

umfassen[38]. Aus diesen Untersuchungen *Ebelings* kann man ersehen, dass die Erkenntnisse der Sozialwissenschaft und modernen Wissenschaftstheorie und die der hermeneutischen Theologie sich nicht nur nicht gegenseitig ausschließen, sondern ergänzen[39]. Das übersieht nur, wer den universellen (transzendentalen?) Charakter der Hermeneutik nicht erkannt hat und sich damit das Verständnis für die Intention und reiche Aussagekraft der in *Ebelings* Werk entfalteten hermeneutischen Theologie verbaut.

Die evangelische Kirchenrechtstheorie kann demnach ein Gespräch mit der Theologie *Ebelings* kaum mit der Begründung ablehnen, dass diese Theologie einem überholten Wissenschaftsbegriff verpflichtet sei. Würde sie das tun, so beginge sie den gleichen Fehler, der von der allgemeinen Rechtstheorie schon vielfach gemacht worden ist, indem man eine hermeneutische Jurisprudenz mit dem Hinweis auf die damit verbundenen problematischen wissenschaftstheoretischen Implikationen ablehnte. Denn dabei wurde ebenfalls übersehen, dass die hermeneutische Philosophie sich in Konfrontation mit der zeitgenössischen Wissenschaftstheorie weiterentwickelt hat. So geht es beispielsweise nicht an, ihre Aussagen mit *Gadamers* Buch »Wahrheit und Methode« zu identifizieren, ohne etwa seine späteren Arbeiten[40] und die anderer, die seinen philosophischen Ansatz kritisch weitergedacht haben[41], zu berücksichtigen. Vor allem aber darf

38 Vgl. etwa den Aufsatz: Lebensangst und Glaubensanfechtung. Erwägungen zum Verhältnis von Psychotherapie und Theologie, in: Wort und Glaube, Bd. 3, S. 362–387. Allgemein zur Fundamentaltheologie die in Wort und Glaube, Bd. 2, S. 1–208, und Bd. 3, S. 3–169, vereinigten Arbeiten; daneben: Einführung in theologische Sprachlehre, 1971, und: Studium der Theologie.

39 Vgl. etwa *Ebelings* Ausführungen in: Kritischer Rationalismus?, S. 98f., 103 u. a.; Studium der Theologie; S. 94 – 97, 107–112, 173 u. a.; Einführung in theologische Sprachlehre, S. 183–188, 199–201 u. a.; Die Klage über das Erfahrungsdefizit in der Theologie als Frage nach ihrer Sache, in: Wort und Glaube, Bd. 3, S. 3ff. (16–28); Überlegungen zur Theologie in der interdisziplinären Forschung, in: Wort und Glaube, Bd. 3, S. 150–163; Lebensangst und Glaubensanfechtung (Anm. 38), S. 373–387. Diese weiterführenden Überlegungen *Ebelings* werden gesehen von *Pannenberg*, Wissenschaftstheorie und Theologie, S. 175f. Anm. 357 und 357 a, sowie *Stuhlmacher*, Vom Verstehen des Neuen Testaments, S. 194–197.

40 Vgl. etwa: Rhetorik, Hermeneutik und Ideologiekritik. Metakritische Erörterungen zu »Wahrheit und Methode«, in: *Habermas* u. a. (Hrsg.), Hermeneutik und Ideologiekritik, S. 57–82, und daselbst seine »Replik« auf S. 283–317; daneben: Nachwort zur 3. Aufl. (1972) von Wahrheit und Methode, S. 513–541; Philosophie oder Wissenschaftstheorie?, in: *Holzhey* (Hrsg.), Interdisziplinär, 1974, S. 89ff. (99–102); Hermeneutik als praktische Philosophie, in: *Riedel* (Hrsg.), Rehabilitierung der praktischen Philosophie, Bd. 1, 1972, S. 325–344; Hermeneutik als theoretische und praktische Aufgabe, Rechtstheorie 9 (1978) S. 257–274.

41 Beispielhaft dafür die von *Bubner, Cramer* und *Wiehl* herausgegebene zweibändige Festschrift zum 70. Geburtstag von *Gadamer:* Hermeneutik und Dialektik, 1970. Vgl. daneben etwa den von *Pöggeler* herausgegebenen Sammelband: Hermeneutische Philosophie, 1972, S. 36–67 und 201–372, sowie den von *Gadamer* und *Boehm* herausgegebenen Sammelband: Die Hermeneutik und die Wissenschaften, 1978, u. a.

man auch hier nicht – wie häufig geschehen – den Universaltitätsanspruch der Hermeneutik übersehen und die Fragestellung darauf beschränken, welchen Beitrag die Hermeneutik zum Verständnis der Gesetzesauslegung zu leisten vermag[42]. In beiden Bereichen also, der allgemeinen Rechtstheorie wie der Kirchenrechtstheorie, greift der Hinweis auf einen überholten hermeneutischen »Wissenschaftsbegriff« (wovon zu reden eigentlich schon fehlerhaft ist) zu kurz.

Schließlich spricht für die Absicht, *Ebelings* Werk auf rechtstheologische Konsequenzen hin zu befragen, sein Verständnis der gesamten Theologie als »Sprachlehre des Glaubens«, als hermeneutische Theologie[43]. Denn damit folgt er nicht irgendeinem beliebigen Wissenschaftsbegriff, sondern einer von der Sache her gebotenen Form theologischen Denkens. Gleiches muss für die Jurisprudenz gelten, da – formal gesehen – Theologie wie Jurisprudenz normative Wissenschaften sind, die aus einem vorgegebenen Text verbindliche Aussagen für die Gegenwart treffen. Für *Gadamer* besitzen darum auch nicht zufällig gerade die juristische und theologische Hermeneutik exemplarische Bedeutung für seinen Versuch, die in jeder Auslegung sich vollziehende »Applikation« aufzuzeigen[44]. Die methodischen Parallelen zwischen beiden Wissenschaften haben auch andere Autoren vielfach betont.[45] Sie sind unter dem Stichwort der Hermeneutik deshalb so greifbar, weil es ja ihrer Intention entspricht, zwischen dem »empirischen und normativen Bereich« zu vermitteln[46]. Wenn es richtig ist, dass die Entwicklung einer eigenen Methode der Erkenntnis die Existenz einer selbständigen Wissenschaft begründet und weiter zwischen der Funktion einer

---

42 Ansätze zu einer Überwindung dieses Verständnisses bei *Hruschka*, Das Verstehen von Rechtstexten, 1972, etwa S. 52–55, 97f., und für das Kirchenrecht bei *Potz*, Die Geltung kirchenrechtlicher Normen, S. 18–20, 39–42, 62–64, 268.

43 Vgl. Diskussionsthesen zur Einführung in das Studium der Theologie (Anm. 26), S. 447; Studium der Theologie, S. 172f., und seinen programmatischen Aufsatz: Hermeneutische Theologie? (Anm. 26).

44 Vgl. Wahrheit und Methode, S. 290–295, 307–323, auch S. 488–499; dazu ergänzend *v. Baeyer*, Bemerkungen zum Verhältnis von juristischer und philosophischer Hermeneutik, ARSP 54 (1968) S. 27–40.

45 Vgl. von juristischer Seite etwa *Forsthoff*, Recht und Sprache, 1940, Ausgabe: Wissenschaftliche Buchgesellschaft, S. 3, 6 mit Anm. 2; *Ballerstedt*, Dulckeit als Rechtsdogmatiker, in: Gerhard Dulckheit als Rechtshistoriker, Rechtsphilosoph und Rechtsdogmatiker. Reden zu seinem Gedächtnis, 1955, S. 27, 44; *Hatz* Rechtssprache und juristischer Begriff, 1963, S. 38f.; *Hinderling*, Rechtsnorm und Verstehen. Die methodischen Folgen einer allgemeinen Hermeneutik für die Prinzipien der Verfassungsauslegung, 1971, S. 55, 70ff.; *Wieacker*, Bemerkungen zu einer rechtshistorischen Hermeneutik, in: *H. Müller, P. Schneider* (Hrsg.), Das Problem der Interpretation, 1964, S. 5. Von theologischer Seite vgl. *Ebeling*, Wort Gottes und Hermeneutik (Anm. 26), S. 346f., und *E. Fuchs*, Marburger Hermeneutik, 1968, S. 10, 33. Beachtlich auch der Versuche von *Potz* (Die Geltung kirchenrechtlicher Normen) auf Grund dieser Erkenntnis die Theologie von *Schillebeeckx* für das katholische Kirchenrecht fruchtbar zu machen; vgl. besonders a.a.O, S. 82, 149, 152f., 213–216.

46 So *Pöggeler*, Hermeneutische Philosophie, S. 45.

Wissenschaft und ihrer Methode ein notwendiger Zusammenhang besteht[47], dann bedürfen Jurisprudenz und Theologie eben wegen ihrer Erkenntnisstruktur in besonderem Maße der hermeneutischen Reflexion. Diese Aufgabe für die Theologie erkannt und ihre Lösung vorangetrieben zu haben, ist gerade das Verdienst *Ebelings*. Bedarf nun ein evangelischer Kirchenrechtsbegriff (rechts)theologischer Begründung und soll er zugleich Grundlage einer juristischen Tätigkeit sein, dann legt es sich einfach nahe, mit *Ebeling* die beide Wissenschaften verbindende hermeneutische Fragestellung zum Ausgangspunkt rechtstheologischer Reflexion zu wählen.

Da es im Folgenden um die Frage eines evangelischen Kirchenrechtsbegriffs geht, darf als Grund für die Anknüpfung an die Theologie *Ebelings* abschließend noch hinzugefügt werden, dass besonders *Ebeling* auf die Zusammenhänge zwischen Protestantismus und historisch-kritischer Theologie hingewiesen und das primäre Anliegen seiner Theologie darin gesehen hat, den hermeneutischen Sinn des »sola scriptura«, soweit er in der Reformation selbst und besonders in der lutherischen Orthodoxie nicht richtig erfasst wurde, in seinem vollen Bedeutungsgehalt für die Gegenwart zu entfalten.[48]

## II.

Wie wir sahen[49], kann nach *Ebeling* die Frage nach den theologischen Voraussetzungen für ein (evangelisches) Kirchenrecht nicht beantwortet werden, wenn nicht das Verhältnis von Kirche und Geschichte hinreichend geklärt ist. Um die kirchenrechtliche Relevanz der Theologie *Ebelings* aufzuzeigen, ist es also erforderlich, zunächst auf seinen Kirchenbegriff einzugehen (4.) und sodann sein Verständnis der Geschichtlichkeit der Kirche näher zu untersuchen (5.). Erst danach lassen sich unter Beachtung seines »Kanons« für das dogmatische Denken[50], insbesondere der Interpretation der lutherischen Zweireichelehre

47 Siehe dazu *Larenz*, Methodenlehre der Rechtswissenschaft, 1979[4] S. 3–7, vgl. auch S. 86–88 und 165–231.

48 Die Bedeutung der historisch-kritischen Methode (Anm. 21), S. 21–27, 28, 41–44, 46 u. a.; Die Geschichtlichkeit der Kirche und ihrer Verkündigung als theologisches Problem, S. 89, 91; Wort Gottes und Hermeneutik (Anm. 26), S. 322, u. a. Dieser Zusammenhang ist auch von anderen protestantischen wie katholischen Theologen betont worden. Vgl. etwa *Tillich*, Systematische Theologie, Bd. 2, S. 118, einerseits und andererseits *Blank*, Das politische Element in der historisch-kritischen Methode, in: *Neuenzeit* (Hrsg.), Die Funktion der Theologie in Kirche und Gesellschaft, 1969, S. 39ff. (44, 46, 48–51: zu *Ebeling*) sowie *Haering*, Kirche und Kerygma. Das Kirchenbild der Bultmann-Schule, 1972, S. 262 (zu *Ebeling*).

49 Vgl. bei Anm. 24f.

50 Davon spricht *Ebeling* in: Studium der Theologie, S. 144.

durch *Ebeling* (6.) konkrete Folgerungen für einen evangelischen Kirchenrechtsbegriff formulieren (7.).

4. Eine prägnante Zusammenfassung seines Kirchenverständnisses enthalten Ebelings »Leitsätze zur Ekklesiologie«[51]. Daneben sind besonders die einschlägigen Ausführungen im dritten Band seiner »Dogmatik des christlichen Glaubens« zu beachten[52].

Kirche ist nach *Ebeling* »das Geschehen vollmächtigen Wortes«[53], oder, wie er an anderer Stelle sagt: »vollmächtiges Wortgeschehen auf Grund der Vollmacht Jesus«[54]. Die Berufung auf Jesus begründet die Vollmacht der Kirche. »Denn was sich in der Erscheinung Jesu ereignet hat, ist – prägnant gesagt – Vollmacht. Und nur durch ihn ist offenbar, was Vollmacht ist.«[55] Diese Vollmacht »ist Freiheit zum Wort«; erläuternd dazu zitiert *Ebeling* Mk 1, 22: Jesus »lehrte, wie einer, der Vollmacht hat, und nicht wie die Schriftgelehrten«[56]. In Übereinstimmung mit der neutestamentlichen Forschung[57] wird von ihm besonders betont, dass Jesus »nicht der Gründer der Kirche, sondern der Grund der Kirche« sei[58]. Das heißt: Historisch lässt sich eine ausdrückliche Kirchengründung durch Jesus nicht nachweisen. Zum Grund der Kirche wird Jesus aber »in der Ganzheit seiner Person, seines Lebens und Sterbens«[59]. Da »das Zum-Glauben-Kommen als solches bereits das Sein in Christus und somit die Einverleibung in ihn Ereignis werden läßt«, kann sich auch »kein Mensch zur Kirche als deren Gründer verhalten, sondern stets nur als einer, der selber auf ihren Grund gründet und in sie eingestiftet ist«[60]. Jesus als der Grund der Kirche ist gegenwärtig »durch die Glaubensverkündigung, an der die Verheißung des Heiligen Geistes haftet«[61]. Kirche geschieht also immer wieder neu. Das Ostergeschehen stellt darum auch nicht den Grund der Kirche her, sondern seine »ekklesiologische Relevanz« liegt

51 Theologie und Verkündigung, S. 93–103. Eine noch kürzere Zusammenfassung bietet sein Aufsatz: Das Grund-Geschehen von Kirche, in: Wort und Glaube, Bd. 3, S. 463–467.

52 A.a.O, S. 331–384. Vgl. daneben noch: Das Wesen des christlichen Glaubens, 1977[4], S. 133–143, 149–151, auch S. 50–58, 65f.; Die kirchentrennende Bedeutung der Lehrdifferenzen, in: Wort und Glaube, S. 161ff. (168–172, 181–191). Für die Sekundärliteratur sei besonders auf zwei katholische Interpretationen verwiesen: *Haering*, Kirche und Kerygma, S. 195–265; *Heinz*, Das Problem der Kirchenentstehung in der deutschen protestantischen Theologie des 20. Jahrhunderts, 1974, S. 410–424.

53 Das Grund-Geschehen von Kirche (Anm. 51), S. 466.

54 Leitzsätze zur Ekklesiologie (Anm. 51), S. 98; vgl. auch S. 94, 95, 97, 99f., 101f., 103.

55 Das Grund-Geschehen von Kirche (Anm. 51), S. 465.

56 Wie Anm. 55; daneben Leitsätze zur Ekklesiologie (Anm. 51), S. 96f.

57 Vgl. etwa *G. Bornkamm*, Jesus von Nazareth, 1975[10], S. 164–166; *Conzelmann*, Grundriß der Theologie des Neuen Testaments, 1976[3], S. 49f.

58 Dogmatik des christlichen Glaubens, Bd. 3, S. 359; ähnlich: Leitsätze zur Ekklesiologie (Anm. 51), S. 95f., 98f.

59 Dogmatik, Bd. 3, S. 359.

60 Wie Anm. 59.

61 Leitsätze zur Ekklesiologie (Anm. 51), S. 94, 95.

in der »Proklamation«, dass Jesus der Grund der Kirche ist und »damit in der *Unterscheidung* der Kirche von ihrem Grund.« Allerdings sind »das Offenbarwerden Jesu und das In-Erscheinung-Treten von Kirche … gerade als Geschehen der Unterscheidung untrennbar eins.« Die Erscheinung Jesu muss so gesehen »als implizite Ekklesiologie« verstanden werden[62].

Den in der Ekklesiologie getroffenen »Distinktionen«, wie etwa die Unterscheidung zwischen sichtbarer und unsichtbarer Kirche, Gehalt und Gestalt der Kirche, Partikularkirche und Universalkirche u. a. gesteht *Ebeling* ihr »gewisses Recht« zu, doch wohnt ihnen allen seiner Ansicht nach die Tendenz inne, »die Unterscheidung vorschnell zu seiner Scheidung führen zu lassen.« Sie vermögen darum nicht »die durchgreifende Orientierungshilfe« zu liefern. Diese lässt sich nur gewinnen, wenn man sich der Frage stellt, »was Kirche zur Kirche macht«. Um hierauf eine Antwort zu finden, ist nach *Ebeling* eine »Fundamentalunterscheidung« erforderlich, die nicht wie die genannten Distinktionen »primär zwei Aspekte der Kirche aufweist und zueinander in Beziehung setzt«, sondern – und damit schließt sich der Kreis – »die Kirche als solche von ihrem Grund unterscheidet«. Denn »damit ist auf das Geschehen hingewiesen, das für das Entstehen und Bestehen der Kirche konstitutiv ist«[63].

Diesem »ekklesiologischen Grundsatz« wird man nun nach *Ebeling* am besten gerecht, wenn man das Verständnis von Kirche am paulinischen (und nachpaulinischen) Begriff des Leibes Christi orientiert[64]. *Ebeling* hat anhand dieses Begriffs unter Beachtung der darin enthaltenen Fundamentalunterscheidung sein Kirchenverständnis näher entfaltet[65]. Für die hier zu verhan-

62 Leitsätze zur Ekklesiologie (Anm. 51), S. 96 (Hervorhebung nur hier!); vgl. auch S. 97; daneben Dogmatik, Bd. 2, S. 468, 470f., und Bd. 3, S. 359.

63 Dogmatik, Bd. 3, S. 354–357; vgl. auch: Studium der Theologie, S. 124f. Zur Unterscheidung ›sichtbare – unsichtbare Kirche‹ im besonderen: Kirchenzucht, 1947, S. 28f.; Kirchengeschichte als Geschichte der Auslegung der Heiligen Schrift (Anm. 24), S. 21; Die Bedeutung der historisch-kritischen Methode für die protestantische Theologie und Kirche (Anm. 21), S. 25; Leitsätze zur Ekklesiologie (Anm. 51), S. 101f. Entgegen *Haering* (Kirche und Kerygma, S. 260) kann man auf Grund dieser Belege nicht davon sprechen, dass *Ebeling* die Unterscheidung von sichtbarer und unsichtbarer Kirche »ablehnt«. Zur Bedeutsamkeit dieser Unterscheidung für das protestantische Kirchenverständnis *K. Bornkamm*, Kirchenbegriff und Kirchengeschichtsverständnis, ZThK 75 (1978) S. 436ff. (456f.).

64 Dogmatik, Bd. 3, S. 358, genauer dazu S. 340–343; Studium der Theologie, S. 127. Zur neutestamentlichen Bedeutung dieses Begriffs vgl. daneben *Conzelmann*, Grundriß der Theologie des Neuen Testaments, S. 286–291; *Kümmel*, Die Theologie des Neuen Testaments nach seinen Hauptzeugen, $1976^3$, S. 184–189, 195–198, 225f., und *Hahn*, Charisma und Amt, ZThK 76 (1979), S. 419ff. (427–434). Auffallend ist, dass im 3. Band der Dogmatik *Ebelings* wie in seinem Buch »Studium der Theologie« der Begriff »Aufgebot des Glaubens« zur Kennzeichnung der Kirche (so noch *Ebeling*, Das Wesen des christlichen Glaubens, S. 133f., 141–143) nicht mehr auftaucht.

65 Dazu im einzelnen Dogmatik, Bd. 3, S. 258–368; Studium der Theologie, S. 127f. Daneben sind folgende Spezialuntersuchungen von ihm einschlägig: Erwägungen zum evangelischen

delnde kirchenrechtliche Fragestellung ist besonders interessant, was er in diesem Zusammenhang zur »Lebensgestalt« der Kirche ausführt:

Weil zum Wesen der Kirche »eine gesonderte Veranstaltung von Gottesdienst« gehört, ja »weil das Sein der Kirche als solches Gottesdienst ist«, nimmt sie auch »eine besondere Lebensgestalt an«[66]. Diese besondere Lebensgestalt wird, wie schon betont, nur dann recht verstanden, wenn auch die Geschichtlichkeit der Kirche berücksichtigt wird[67]; darauf ist später noch gesondert einzugehen. Aus dem zum Wesen der Kirche Gesagten ist aber schon deutlich geworden, dass alle Lebensformen der Kirche wie das kirchliche Amt, das schriftliche Bekenntnis (die Bekenntnisschriften), die Kirchenzucht etc. allein dem vollmächtigen Wortgeschehen zu dienen haben. So dürfen die kirchlichen Ämter »nicht die freien charismatischen Dienste lähmen« und »alle Dienste der Kirche müssen … auf das Christus-Amt selbst und damit auf die *Weitergabe des Christuswortes* zentriert sein«[68]. So besteht die bindende Wirkung eines kirchlichen Bekenntnisses darin, dass »die eine bestimmte Partikularkirche konstituierende Lehrtradition gegenwärtig verantwortet wird als konstitutiv für die Existenz der Kirche, d.h. dass sie nicht als kirchliche Tradition sondern in *konkreter Bezeugung des Wortes Gottes* geltend gemacht und dementsprechend nicht einfach wiederholt wird, sondern auf dem Wege der Interpretation dazu dient, die kirchliche Lehre zu identifizieren«[69]. So ist Kirchenzucht schließlich »nie die Handhabung eines Gesetzes, sondern immer der *Vollzug des Wortes von der Erwählungsgnade in Jesus Christus* und darum kein Handeln von Menschen, sondern ein Handeln des Herrn an der Kirche selbst«[70]. Zusammenfassend heißt es zur Funktion der kirchlichen Lebensformen an anderer Stelle: »*Alles* nun aber, was zur Existenz der Kirche in der Welt gehört, wie die Kirche in der Welt in Erscheinung tritt, steht im Dienst der Ausrichtung des Zeugnisses von Jesus

---

Sakramentsverständnis, in: Wort Gottes und Tradition, S. 217–226, und die in Wort und Glaube, Bd. 3, S. 522–573, abgedruckten Arbeiten: Der Theologe und sein Amt in der Kirche; Die Notwendigkeit des christlichen Gottesdienstes und: Fundamentaltheologische Erwägungen zur Predigt.

66 Dogmatik, Bd. 3, S. 304.

67 Vgl. die Nachw. in Anm. 24 und 30.

68 Dogmatik, Bd. 3, S. 367 (Hervorhebung nur hier!). Genauer zum Amtsbegriff des Neuen Testaments *Hahn*, Charisma und Amt (Anm. 64), S. 419–449, und der von *Kertelge* herausgegebene Sammelband: Das kirchliche Amt im Neuen Testament, 1977. Kirchenrechtlich hat sich mit dem kirchlichen Amt besonders *Dreier*, Das kirchliche Amt, 1972, befasst.

69 Die kirchentrennende Bedeutung der Lehrdifferenzen, in: Wort und Glaube, S. 161ff. (180) (Hervorhebung nur hier!); vgl. auch: Wort Gottes und kirchliche Lehre, in: Wort Gottes und Tradition, S. 155ff. (169f.). Die rechtliche Bedeutung, die *Liermann* den Bekenntnisschriften beimisst, lässt sich mit der Interpretation *Ebelings* durchaus vereinbaren, vgl. *Liermann*, Die rechtliche Bedeutung der Bekenntnisschriften – mit ausgewählten Texten, insbesondere der Konkordienformel, in: *ders.*, Der Jurist und die Kirche, 1973, S. 258ff. (258–261).

70 Kirchenzucht, S. 58f. (Hervorhebung nur hier!).

Christus an die Welt, also auch Verfassung und Theologie, Kultus und Dogma, sowie das Handeln und Leiden jedes einzelnen Christen.«[71]

Entscheidend ist nun, dass es keine menschliche Autorität gibt, die kraft Amtes oder unter Berufung auf das Bekenntnis oder durch Ausübung der Kirchenzucht »Apostolozität« besitzt. Denn »einzige Gewähr des Apostolischen« ist die Bibel. Damit »liefert sich die Kirche dem hermeneutischen Problem aus«[72]. Das Problem der Auslegung bekommt damit aber nicht »jurisdiktionellen Charakter« in dem Sinne, dass eine »Instanz unfehlbarer Lehrentscheidung« anerkannt wird, die über die Richtigkeit der Auslegung entscheidet, sondern für das protestantische Kirchenverständnis gilt: »es gibt keine Instanz, keine Repräsentation der ekklesia universalis, die mit der Autorität der ekklesia universalis ausgestattet wäre. Es gibt keine formal ausweisbare Lehrentscheidung und darum auch keine in formalem Recht begründete Einheit der Kirche«[73]. So kann die Kirche auch nicht »selbst maßgebende Quelle des Wortes Gottes werden«. Die Kirche ist ja, wie wir sahen, von ihrem Grund, Christus, zu unterscheiden und bleibt »damit dem Geschehen ausgesetzt und auf es angewiesen …, das Kirche zur Kirche macht«[74]. Gibt es aber keine Instanz, die verbindlich über die Richtigkeit der Auslegung entscheidet, so entfällt auch, wie die letzten Zitate ebenfalls zeigen, die Möglichkeit, die Einheit der Kirche unzweideutig darzustellen.

5. Mit der Existenz der Kirche in der Welt ist das Problem ihrer Geschichtlichkeit gegeben – ein Problem, mit dem bereits das Urchristentum konfrontiert war und für das im Neuen Testament verschiedene Lösungsansätze, vor allem in den nachpaulinischen Briefen und den johanneischen Schriften zu finden sind[75]. Die Herausbildung einer äußeren Organisation der Gemeinden als solche kann vom Neuen Testament her nicht als Abfall vom ursprünglichen Wesen der Kirche gedeutet werden, da die Kirche dadurch weder ausschließlich weltliche Institution noch Sekte wurde.[76] Dem entsprechend bejaht *Ebeling* die Möglichkeit der Kirchenzucht, falls diese »zwischen der Szylla des katholischen und der Charybdis des schwärmerischen Irrwegs den anfechtungsvollen Weg einer letztlich

71 Die Geschichtlichkeit der Kirche und ihrer Verkündigung als theologisches Problem, S. 83, (Hervorhebung nur hier!).

72 Dogmatik, Bd. 3, S. 376f. Eine entsprechende Folgerung zieht *Conzelmann* (Geschichte des Urchristentums, 1978[4], S. 107) aus der Geschichte des Urchristentums.

73 Die Geschichtlichkeit der Kirche und ihrer Verkündigung als theologisches Problem, S. 71f., genauer S. 69–72; ganz ähnlich: »Sola scriptura« und das Problem der Tradition (Anm. 24), S. 132f., auch S. 130f., und: Wort Gottes und kirchliche Lehre (Anm. 69), S. 172f.; Kirchenzucht, S. 15f.

74 »Sola scriptura« und das Problem der Tradition (Anm. 24), S. 132.

75 Dazu zusammenfassend *Conzelmann*, Geschichte des Urchristentums, S. 95–108.

76 *Conzelmann*, a. a. O., S. 104f.; *ders.*, Grundriß der Theologie des Neuen Testaments, S. 61f. mit Anm. 7, 294, 318, 333–337.

nie verfügbaren, sondern im Glaubensgehorsam immer neu geschenkten und ergriffenen bzw. im Unglauben oft genug verfehlten Kirchenzucht« geht[77].

Dem Wesen der Geschichtlichkeit der Kirche kommt man näher, wenn man sich die Frage vorlegt, in welcher Weise von einer Identität der Kirche in der Geschichte und von ihrer Veränderung durch die Geschichte gesprochen werden kann und wie sich beide Komponenten zueinander verhalten. Die Antwort darauf ergibt sich aus *Ebelings* Verständnis der Kirchengeschichte als Geschichte der Auslegung der Heiligen Schrift[78]. Inwiefern mit dieser Definition Identität und »Variabilität« der Kirche adäquat erfasst werden, hat er näher erläutert. Die Identität der Kirche, das Beharrende im Wechsel der Kirchengeschichte, »ist der Ursprung der Kirche, dessen Bezeugung die Kirche zur Kirche macht: Jesus Christus gestern und heute und derselbe auch in Ewigkeit (Hebr. 13, 8)«[79]. Dieses »Bleibende und Unwandelbare« kann aber »nicht anders bezeugt werden als in der geschichtlichen Wandlung«. Denn es ist »nicht zu separieren von dem sich Wandelnden und Vergehenden wie der Inhalt von der Form«. Es geht ja in der Kirche um *gegenwärtige* Verkündigung des Zeugnisses von Jesus Christus, die mit dem Zeugnis des Urchristentums nicht identisch sein kann. Dieses Verhältnis »zwischen Identität und Variabilität, nämlich *wie* die Variabilität gebunden ist an die Identität und die Identität notwendig eingehen muss in die Variabilität, das erfasst die Kategorie der Auslegung in seinem strukturellen Zusammenhang«. Das ursprüngliche Zeugnis bedarf der Auslegung, es kann wegen der sich ständig wandelnden Welt nicht unausgelegt verkündigt werden. Es handelt sich aber immer nur um die Auslegung des *ursprünglichen* Zeugnisses, »weil der Ursprung der Kirche ein geschichtlicher ist und darum auch das ursprüngliche Zeugnis ein geschichtliches ist, weil also die Offenbarung, die die Kirche zu bezeugen hat und die die Kirche zur Kirche macht, Offenbarung

77 Kirchenzucht, S. 16. Aus der Ablehnung des schwärmerischen Irrwegs folgt allgemein auch *Ebelings* (indirekte) Kritik an der berühmten *Sohm*schen These, dass das Kirchenrecht mit dem Wesen der Kirche im Widerspruch stehe; vgl. Kirchengeschichte als Geschichte der Auslegung der Heiligen Schrift (Anm. 24), S. 21; auch Dogmatik, Bd. 3, S. 29 i. V.m. S. 346, 354f. Ganz entsprechend wiederum vom exegetischen Befund des Neuen Testaments her die Kritik *Conzelmanns* an *Sohm* (Grundriß der Theologie des Neuen Testaments, S. 58f., 61f., 294, 318, 333f.). Neben seinem Verständnis des Urchristentums und Katholizismus ist es vor allem die *Luther*-Interpretation *Sohms*, die den Widerspruch der Theologen herausgefordert hat. Vgl. dazu bereits die Kritik von *Holl* an der Auffassung *Sohms* über das Verhältnis von geistlicher und weltlicher Gewalt in der Kirche bei *Luther:* Luther und das landesherrliche Kirchenregiment, in: *ders.*, Gesammelte Aufsätze zur Kirchengeschichte, Bd. 1, Luther, 1923[2u.3], S. 326ff. (339–350).

78 Vgl. die Nachweise in Anm. 25.

79 Die Geschichtlichkeit der Kirche und ihrer Verkündigung als theologisches Problem, S. 81f. (*Ebeling* zitiert a. a. O. den griechischen Originaltext dieser Stelle aus dem Hebräerbrief), vgl. auch S. 76.

Gottes in der Geschichte ist und zwar in der geschichtlichen Erscheinung Jesu Christi«[80].

Das so verstandene Verhältnis zwischen Identität und Variabilität der Kirche impliziert ein ganz bestimmtes Verständnis der Kirchengeschichte. Verzichtet wird vor allem auf jede universale geschichtstheologische Konstruktion. Denn eine Kirchengeschichtsauffassung, die »am Gesichtspunkt der Auslegung eines vorausliegenden grundlegenden Geschehens« orientiert ist, ordnet sich nicht einem vorgegebenen Sinn der Kirchengeschichte, einem an sie herangetragenen Entwicklungsgedanken unter, sondern fragt zu nächst unter Ausschöpfung aller historisch-kritischen Forschungsmethoden nach dem konkreten Verlauf eines bestimmten kirchengeschichtlichen Ereignisses und weiter danach, wie sich dieses Ereignis als Auslegung der Heiligen Schrift verstanden »zu dem verhält, was darin ausgelegt« wird[81]. »Aufgabe des Kirchenhistorikers ist es«, sagt *Karin Bornkamm* darum im Anschluss an *Ebeling*, »die historische und die theologische Fragestellung in seiner Arbeit zu vereinen und so etwas vom Geheimnis der Zeit erfahrbar zu machen: Einsicht in die Geschichtlichkeit einer Situation und ihr Verständnis als Ernstfall des Glaubens widersprechen einander nicht nur nicht, sondern sie bedingen einander«[82].

Besonders hebt *Ebeling* in seinen geschichtstheoretischen Erörterungen noch die Notwendigkeit hervor, sich stets des Fragmentarischen jeder Geschichtserkenntnis bewusst zu sein. In der ansatzweise von *Pannenberg* vertretenen These einer geschichtlich sich entwickelnden Sinnganzheit sieht er die Gefahr, dass sie den Zugang zur konkreten geschichtlichen Erfahrung verbaut bzw. derartige Erfahrungen dadurch als einzelne Momente eines evolutionären Geschichtsverlaufs verstanden und damit bagatellisiert werden[83]. Die Beschäftigung mit der (Kirchen-) Geschichte führt darum auch nicht zu den Naturwissenschaften vergleichbaren Erkenntnissen, wohl aber bewirkt sie – und darin liegt ihre einzigartige Bedeutung – die »Offenheit für Erfahrungen, welche die eigene

80 Die Geschichtlichkeit der Kirche, S. 82 (Hervorhebung nur hier!); ganz ähnlich: Kirchengeschichte als Geschichte der Auslegung der Heiligen Schrift (Anm. 24), S. 22, 26f.; Studium der Theologie, S. 80f.; Die Bedeutung der historisch-Kritischen Methode für die protestantische Theologie und Kirche (Anm. 21), S. 24f.; auch: »Sola scriptura« und das Problem der Tradition (Anm. 24), S. 140–143. Dazu zusammenfassend *K. Bornkamm*, Kirchenbegriff und Kirchengeschichtsverständnis (Anm. 63), S. 457.

81 So *K. Bornkamm* (Kirchenbegriff und Kirchengeschichtsverständnis [Anm. 63], S. 462) in Fortführung entsprechender Gedanken *Ebelings* (vgl. genauer a. a. O., S. 461–466). Das im Kaisertum des Mittelalters sich ausdrückende Verständnis des Christlichen ist beispielsweise zunächst als solches ohne Einordnung in einen vorgegebenen Geschichtszusammenhang zu interpretieren; die weitere Frage lautet dann, wie sich dieses Verständnis zum ursprünglichen Christuszeugnis verhält (so das Beispiel bei *Bornkamm*, a. a. O. S. 462).

82 A.a.O., S. 462.

83 Ein Briefwechsel zwischen Wolfhart Pannenberg und Gerhard Ebeling, a. a. O. (Anm. 37), S. 467–469; vgl. auch Dogmatik, Bd. 1, S. 288f.

Gegenwart übersteigen und als erinnerte Erfahrungen die eigene Gegenwart weiten, vertiefen, reicher und schöner, gewichtiger und ernster machen«. Die wesentliche Frucht solcher Erfahrung ist, »die Fähigkeit zu vergleichen, zu unterscheiden, zu differenzieren und zu nuancieren« und die lebendige »Ehrfurcht vor der Sprache«[84].

Diese Ausführungen zur Struktur der Geschichtlichkeit der Kirche und zu Sinn und Aufgabe (kirchen-) geschichtlicher Forschung machen nun auch die These *Ebelings* verständlich, dass es dem Wesen von Kirche wiederspricht, »eine bestimmte Phase ihres geschichtlichen Erscheinungsbildes als normativen Idealzustand auszugeben«[85]. Denn Kirche ist ja, wie ausgeführt, vollmächtiges Wortgeschehen, das sich in der Zeit je neu ereignet. Auf das hermeneutische Problem bezogen bedeutet das: Die Bindung kirchlicher Verkündigung an die Schrift ist nur dann richtig verstanden, wenn die Intention der biblischen Texte, eine eigene – gegenwärtige – Sprache des Glaubens zu ermöglichen, erkannt wird[86]. Es ist hier nicht der Ort, näher auf den damit angesprochenen »eigentlichen Knoten des hermeneutischen Problems«, den Zusammenhang »zwischen Auslegung des Textes als geschehener Verkündigung und Ausführung des Textes in geschehender Verkündigung« einzugehen[87] und damit zugleich die Beziehung zwischen historischer und systematischer Betrachtungsweise genauer darzulegen.[88] Für das richtige Verständnis der Geschichtlichkeit der Kirche reicht der

84 Einführung in theologische Sprachlehre, S. 262; ganz ähnlich: Studium der Theologie, S. 81f.; Diskussionsthesen zur Einführung in das Studium der Theologie (Anm. 26), S. 454. Vertiefend zur (geschichtlichen) Erfahrung: Die Klage über das Erfahrungsdefizit in der Theologie als Frage nach ihrer Sache, in: Wort und Glaube, Bd. 3, S. 3ff. (17–20); Schrift und Erfahrung als Quelle theologischer Aussagen (Anm. 29), S. 111–114. Zum Verständnis des Geschichtszusammenhangs: Dogmatik, Bd. 1, S. 284–287, und: Luther und der Anbruch der Neuzeit (Anm. 29), S. 49f. *Ebeling* wendet sich im Ergebnis sowohl gegen ein rein »antiquarisches« Geschichtsinteresse (vgl.: Zur Frage der Wissenschaftlichkeit der Theologie, in: Wort und Glaube, Bd. 3, S. 137ff. [140]) wie gegen den Versuch, Geschichte »nur noch als Steinbruch für Hypothesen gesellschaftlich-politischen Handelns sowie für Denkmodelle und Argumente im Disput um kritische Rationalität« (Kritischer Rationalismus?, S. 101) zu verstehen. Die Parallelen dieses Geschichtsverständnisses zu dem des germanistischen Flügels der Historischen Rechtsschule (vgl. dazu *Janssen*, Otto von Gierkes Methode der geschichtlichen Rechtswissenschaft. Studien zu den Wegen der Formen seines juristischen Denkens, 1974, S. 132–136, 188–193) sind nicht zu übersehen. Der wesentliche Unterschied besteht – methodisch gesehen – darin, dass die explizite hermeneutische Reflexion bei *Ebeling* das bei den Germanisten noch ungeklärte Verhältnis zwischen historischer und systematischer Betrachtungsweise einer Lösung zuführt; vgl. die Nachw. in Anm. 26.

85 Leitsätze zur Ekklesiologie (Anm. 51), S. 94.

86 Einführung in theologische Sprachlehre, S. 229; Dogmatik, Bd. 1, S. 40f.; Historische und dogmatische Theologie (Anm. 26), S. 455 u. a.

87 Wort Gottes und Hermeneutik (Anm. 26), S. 347; Historische und dogmatische Theologie (Anm. 26), S. 15.

88 Vgl. die Nachweise in Anm. 26.

Hinweis auf die enge Verflochtenheit dieser Frage mit dem hermeneutischen Problem.

6. Macht nun die *gegenwärtige* und darum stets neue Verkündigung die Kirche zur Kirche, dann gibt es auch keine abgeschlossene, allgemein verbindliche kirchliche Dogmatik und Ethik. Das Ziel dogmatischer Theologie kann darum für *Ebeling* ebenfalls »nicht die möglichst vollständige Summierung dogmatischer Aussagen« sein, sondern »die Befähigung, zu dogmatischen Aussagen zu gelangen«. Die dogmatische Theologie hat deshalb »einen Kanon dogmatischen Denkens« zu entwickeln, der »die (sc. theologische) Urteilsfähigkeit ermöglicht«[89]. Ebelings Äußerungen zu ethischen Fragen zeigen, dass hierfür das gleiche gilt.[90]

Welche Kriterien liefert nun aber die systematische Theologie insoweit für das Handeln der Kirche in der Welt? *Ebeling* hat einmal darauf hingewiesen, dass die (lutherische) Zweireichelehre »die umfassendste und differenzierteste theologische Reflexionsgestalt in bezug auf das Weltverständnis des Christen« darstellt[91]. Die Kirche als Leib Christi, als sichtbare Gemeinschaft der Christen in dieser Welt[92], hat darum entsprechend ihr Weltverständnis und damit auch ihr Verhältnis zur Politik[93] an der Zweireichelehre zu orientieren[94].

Was den Aussagecharakter der Zweireichelehre betrifft, so ist sie als Teil des von *Ebeling* geforderten »Kanons dogmatischen Denkens« zu verstehen. Denn

89 Studium der Theologie, S. 144; ganz ähnlich: Hermeneutische Theologie? (Anm. 26), S. 120; Dogmatik, Bd. 1, S. 22f.; Erwägungen zur Eschatologie, in: Wort und Glaube, Bd. 3, S. 428ff. (429), und: Einführung in theologische Sprachlehre, S. 68. Inwiefern die Bindungswirkung eines solchen Kanons der des Bekenntnisses im von *Ebeling* verstandenen Sinne (vgl.: Die kirchentrennende Bedeutung der Lehrdifferenzen [Anm. 69], S. 180f., 188, und: Wort Gottes und kirchliche Lehre [Anm. 69], S. 169f.) gleichkommt, wäre gesondert zu prüfen.

90 Vgl. etwa seine in Wort und Glaube, Bd. 3, veröffentlichten Arbeiten: Kirche und Politik (a. a. O., S. 593–610) und: Kriterien kirchlicher Stellungnahmen zu politischen Problemen (a. a. O., S. 611–634); daneben seine grundsätzlichen Bemerkungen in: Studium der Theologie, S. 159–161, und: Leitsätze zur Zweireichelehre , in Wort und Glaube, Bd. 3, S. 575ff. (584f.).

91 Leitsätze zur Zweireichelehre (Anm. 90), S. 575.

92 Zum daraus folgenden »soziologisch-politologischen Aspekt« der Kirche vertiefend *Ruh*, Sozialethischer Auftrag und Gestalt der Kirche. Ekklesiologische Konsequenzen der sozialethischen Forschung der letzten drei Jahrzehnte in Theologie und Ökumene, 1971, bes. S. 86–91 (Auseinandersetzung mit *Sohm*) und S. 141–168 (Auseinandersetzung mit *Karl Barth* u. a.).

93 Dazu heißt es bei *Ebeling* (Leitsätze zur Zweireichelehre [Anm. 90], S. 575), dass die Zweireichelehre »das Verhältnis zum Politischen von der theologischen Fundamentalunterscheidung her bedenkt«. Genauer dazu a. a. O., S. 585–587, 591f.

94 So auch die Interpretation der ekklesiologischen Aussagen *Ebelings* durch *Haering* (Kirche und Kerygma, S. 215–217). Entsprechend etwa *H. Schulze*, Ethik im Dialog. Kommentar zur Denkschrift der EKD »Aufgaben und Grenzen kirchlicher Äußerungen zu gesellschaftlichen Fragen«, 1972, S. 55ff.

*Ebeling* charakterisiert sie als »eine Lehre von der Logik des Glaubens«[95]; die weitere Besinnung auf die Zweireichelehre muss darum seiner Meinung nach »konkrete Einübung der (sc. fundamentalen) Unterscheidung von Gesetz und Evangelium« sein[96]. Formal gesehen lässt sich diese Lehre nur indirekt auf die Bibel zurückführen; der Zusammenhang ergibt sich insoweit aus den komplizierten Verbindungslinien zwischen der paulinischen Theologie und der reformatorischen Unterscheidung von Gesetz und Evangelium[97]. Ihre entscheidende inhaltliche Begründung aber liegt in der Erscheinung Jesu, die dazu »ermächtigt, Gott und Geschichte in der *rechten* (d. h. unterscheidenden) Weise zusammenzudenken«. Eben das geschieht nach *Ebeling* durch die Zweireichelehre[98]; sie »intendiert das Bekenntnis zu Jesus Christus, wie dies ihm gemäß ist, in größtmöglicher Offenheit für gegenwärtige Welterfahrung als Weltverantwortung zu artikulieren«[99]. Wenn *Ebeling* schließlich mit der Orientierung des christlichen Weltverständnisses an der Zweireichelehre im wesentlichen *Luther* folgt, so will er damit nicht einer »Art Luther-Scholastik« das Wort reden. Der Grund dafür liegt vielmehr in seinem allgemeinen Verhältnis zu *Luther*. Durch keinen anderen theologischen Denker, so hat er einmal bekannt, werde er »so tief

95 Dogmatik, Bd. 1, S. 157.

96 *Luther*. Einführung in sein Denken, 1978[3], S. 216f., vgl. auch S. 237. Näher zum Verhältnis der Zweireichelehre zur Unterscheidung von Gesetz und Evangelium: Leitsätze zur Zweireichelehre (Anm. 90), S. 581f., und: Die Notwendigkeit der Lehre von den zwei Reichen, in: Wort und Glaube, Bd. 1, S. 407ff. (409f.). Die Unterscheidung von Gesetz und Evangelium stellt nach *Ebeling* die entscheidende »Anleitung zu theologischer Urteilsfähigkeit« dar (Studium der Theologie, S. 145; ähnlich: Dogmatik, Bd. 3, S. 289f.; Einführung in theologische Sprachlehre, S. 247–249, und: Luther, S. 124, auch S. 125, 128, 133f. u. a). Sie besitzt also, wenn auch in abstrakterer (fundamentalerer) Form den gleichen Aussagecharakter wie die Zweireichelehre. Zu *Ebelings* Unterscheidung von Gesetz und Evangelium im einzelnen *Knauer*, Verantwortung des Glaubens. Ein Gespräch mit Gerhard Ebeling aus katholischer Sicht, 1969, S. 52–60.

97 Dazu: Erwägungen zur Lehre vom Gesetz, in: Wort und Glaube, Bd. 1, S. 255ff. (263–291), und Dogmatik, Bd. 3, S. 265–268.

98 Der Grund christlicher Theologie. Zum Aufsatz Ernst Käsemanns über »Die Anfänge christlicher Theologie«, in: Wort und Glaube, Bd. 2, S. 72ff. (86f., Hervorhebung bei *Ebeling!*). Im Namen Jesu Gott und Geschichte zusammenzudenken, führt nach *Ebeling* (a. a. O., S. 87) »notwendig zu einer Kritik an der Apokalyptik, aber nicht etwa zu einer Umdeutung der Apokalyptik in einen universalgeschichtlichen Offenbarungsbegriff Hegelscher Provenienz«. Inwieweit dieses *Hegel*-Verständnis ein für die protestantische Theologie charakteristisches (und folgenreiches) Missverständnis zumindest der *hegelschen* Rechts- und Religionsphilosophie beinhaltet, sei hier dahingestellt. Für eine andere Sicht sprechen insoweit folgende *Hegel*-Interpretationenen: *J. Ritter*, Hegel und die Reformation, in: *ders.*, Metaphysik und Politik, S. 310–317; *ders.*, Subjektivität und industrielle Gesellschaft. Zu Hegels Theorie der Gesellschaft, in: *ders.*, Subjektivität, 1974, S. 11–35, vgl. bes. die Bemerkung auf S. 12; *Jaeschke*, Staat aus christlichem Prinzip und christlicher Staat. Zur Ambivalenz der Berufung auf das Christentum in der Rechtsphilosophie Hegels und der Restauration, in: Der Staat 18 (1979) S. 351–368 und 373f.

99 Leitsätze zur Zweireichelehre (Anm. 90), S. 577, vgl. auch S. 582.

in die Sache der Theologie hineingeholt« wie eben durch *Luther.*[100] Es geht *Ebeling* also nicht um eine kritiklose Übernahme der lutherischen Zweireichelehre, sondern um die Frage, inwiefern durch sie das christliche Weltverständnis heute adäquat zur Sprache kommt[101].

Der dargelegte Aussagecharakter und Ableitungszusammenhang der Zweireichelehre bestimmt auch ihre inhaltliche Bedeutung. Als dogmatische Denkform, die dem Christen zur Einübung der Unterscheidung von Gesetz und Evangelium in der Welt dienen soll, bringt sie, wie die Begriffe Gesetz und Evangelium selbst[102], keine getrennten menschlichen Lebensbereiche zur Sprache, sondern Relationen (Beziehungen), die das Menschsein konstituieren, nämlich die Stellung des Menschen vor Gott und seine Beziehung zur Welt. Dabei handelt es sich nicht um »gegeneinander gleichgültige, sondern (um) gleichzeitige und ineinandergreifende Relationen«, um eine »einzige unteilbare Wirklichkeit«; denn »mit seinem Sein coram mundo ist der Mensch coram Deo und umgekehrt«[103]. Der Mensch kann nun aus sich heraus weder Gott noch der Welt gerecht werden. In seine »strittige und verworrene Situation« kommt dadurch Klarheit, dass Gott durch Jesus Christus oder anders gesprochen: mit dem Evangelium und mit dem Gesetz (im usus civilis) der menschlichen Sünde, die tiefer reicht als alle sittlichen Verfehlungen, begegnet. *Luthers* Sündenverständnis, das betont *Ebeling* ausdrücklich, ist »nicht nur der Ausgangspunkt seiner theologischen Entwicklung, sondern auch der Angelpunkt seiner Zweireichelehre«[104]. Die Zweireichelehre »expliziert, wie der Glaube zum Leben in beiden Reichen instand setzt«[105]. Das geschieht, indem er vom Zwang zur Selbstrechtfertigung befreit und damit zugleich den Menschen freisetzt, das unmittelbar Notwendige in dieser Welt in Liebe zu tun. Die Zweireichelehre ist so gesehen Ausdruck der Spannung, die in der Freiheit des Menschen von der Welt

100 Lutherstudien, Bd. 1, 1971, Vorwort S. V. Vgl. auch: Gewißheit und Zweifel. Die Situation des Glaubens im Zeitalter nach Luther und Descartes, in: Wort und Glaube, Bd. 2, S. 138ff. (181f.).

101 Kennzeichnend dafür besonders der letzte Abschnitt der von *Ebeling* verfassten »Leitsätze zur Zweireichelehre« (Anm. 90), S. 588–592: »Die Zweireichelehre in der heutigen Situation« Allgemein zur Notwendigkeit, über die Reformation hinauszudenken, und zur inhaltlichen Präzisierung eines solchen Weiterdenkens: Gewißheit und Zweifel (Anm. 100), S. 177–183, und die Nachw. in Anm. 48.

102 Dogmatik, Bd. 3, S. 290f.; Zur Lehre vom triplex usus legis in der reformatorischen Theologie, in: Wort und Glaube, Bd. 1, S. 50ff. (64f.); Erwägungen zur Lehre vom Gesetz (Anm. 97), S. 288–291; Leitsätze zur Zweireichelehre (Anm. 90), S. 581.

103 Leitsätze zur Zweireichelehre (Anm. 90), S. 580; ähnlich: Die Notwendigkeit der Lehre von den zwei Reichen (Anm. 96), S. 423–426, und ausführlich: Luther, S. 217–238.

104 Leitsätze zur Zweireichelehre (Anm. 90), S. 581; vgl. auch: Luther, S. 209f., und: Die Notwendigkeit der Lehre von den zwei Reichen (Anm. 96), S. 420–423, 425: Zum Begriff der Sünde: Dogmatik, Bd. 1, S. 356–375, und kurz: Studium der Theologie, S. 157, 158.

105 Leitsätze zur Zweireichelehre (Anm. 90), S. 582.

und seiner Freiheit zur Welt besteht[106], und nicht, wie häufig angenommen wurde, bloß eine »ethische Theorie«[107]. Durch ihre Verknüpfung mit der Rechtfertigungslehre leitet sie vielmehr zur rechten Einschätzung des Ethischen und weiter zum richtigen Verständnis des Gesetzes im usus politicus legis an.

Für das Ethische gilt zunächst allgemein, dass der Glaube zwar nicht der Liebe »bedarf«, weil er mehr ist, als »Kraft zur Liebe«. Der Glaube bringt aber die Liebe »ungefordert aus innerer Notwendigkeit mit sich, weil ... (er) als das lebenschaffende Werk Gottes am Menschen nicht sein kann, ohne daß daraus menschliches, schaffendes Leben hervorgeht«[108]. Der Glaube, verstanden als »radikales Neuwerden des Menschen«[109] ist also die Wurzel der Liebe. Anders gesprochen: Das Ethische ist nicht allein Mittel zum Zweck des »Theologischen«, wie umgekehrt das »Theologische« nicht auf ein bloßes Mittel zum Zweck des Ethischen reduziert werden kann[110]. Zum Grund des Ethischen wird das »Theologische«, weil durch den usus theologicus legis die verfehlte Einstellung des Menschen zu seinen sittlichen Leistungen offengelegt wird. Diese verfehlte Einstellung beruht auf der »Grundsünde« des Menschen, seinem Unglauben »als das Nicht-abhängig-sein-Wollen von Gott«[111]. Allein das Evangelium vermag in diese Situation des Menschen Klarheit zu bringen. Denn es befreit den Menschen von dem Zwang, sich durch sein Handeln rechtfertigen zu müssen. Sein Handeln ist so gesehen »zweckfrei«; es erwächst allein aus Liebe zum Nächsten und hat sie zum Maßstab. Diese aus dem Angenommensein des Menschen folgende Hinwendung zum Nächsten bewirkt eben jene Freiheit von der Welt und zur Welt, von der schon die Rede war[112].

Aus dieser doppelten Freiheit erwächst nun auch der richtige politische Gebrauch des Gesetzes. Denn wenn das Gesetz im usus politicus »nicht mehr dazu

106 Leitsätze zur Zweireichelehre (Anm. 90), S. 591; vgl. auch: Memorandum zur Verständigung in Kirche und Theologie, in: Wort und Glaube, Bd. 3, S. 484ff. (506–508); Einführung in theologische Sprachlehre, S. 67f.; Luther, S. 193f.; Das Wesen des christlichen Glaubens, S. 155.

107 Luther, S. 214f.; Die Notwendigkeit der Lehre von den zwei Reichen (Anm. 96), S. 414f.; Dogmatik, Bd. 1, S. 157.

108 Luther, S. 93, 187–189; ausführlich dazu, a.a.O., S. 178–197; ähnlich: Die Notwendigkeit der Lehre von den zwei Reichen (Anm. 96), S. 426f., und: Dogmatik, Bd. 3, S. 244f.

109 Luther, S. 189.

110 Leitsätze zur Zweireichelehre (Anm. 90), S. 583; ähnlich: Studium der Theologie, S. 157f., und – ausführlich –: Die Evidenz des Ethischen und die Theologie, in: Wort und Glaube, Bd. 2, S. 1–41.

111 Studium der Theologie, S. 158, ganz ähnlich: Das Verständnis vom Heil in säkularisierter Zeit, in: Wort und Glaube, Bd. 3, S. 349ff. (359f.).

112 Vgl. zum Ganzen: Leitsätze zur Zweireichelehre (Anm. 90), S. 583–585; Studium der Theologie, S. 158f.; Luther, S. 191–193, 238 u. a. Ganz ähnlich *Honecker*, Erfahrung und Entscheidung. Zur Begründunge einer theologischen Ethik, ZThK 75 (1978) S. 485ff. (501f.).

herhalten muß, Teile der Lebenswirklichkeit oder den einzelnen Menschen in ihr zu glorifizieren und zu rechtfertigen, wenn es nicht mehr den Anspruch eines Programms utopischer Weltveränderung erhebt, wenn es nicht mehr zu einem Evangelium emporstilisiert wird, wenn es vielmehr nüchtern auf den notwendigen Dienst beschränkt wird, der ihm für dieses Leben zukommt, dann ist damit dem politischen Leben und deshalb dem Menschen selbst in Hinsicht auf das irdische Leben ein entscheidender Dienst geleistet«[113]. Durch die Zweireichelehre wird also der Dienst in der Welt und für die Welt in sein volles Recht eingesetzt und zugleich die Unterscheidung zwischen dem, was Gottes, und dem, was des Menschen ist, eingeschärft. Der spezifische Beitrag des Christen zum Dienst in der Welt besteht dann darin, dass er ihn im Bewusstsein seiner Freiheit von der Welt und zur Welt, in eben dieser Spannung leistet. Das führt zunächst zur »Freiheit von dem Wahn, Weltverantwortung bestehe allein im Handeln oder gar nur in politischer Aktion und nicht auch und primär darin, aus der Quelle wahrer Weltverantwortung für sich selbst zu schöpfen und anderen weiterzugeben«. Das führt weiter zur Freiheit, sich ein unabhängiges Urteil zu wahren und auf diese Weise auch unbequeme Erkenntnisse zu berücksichtigen sowie »mit einem Berge versetzenden Glauben das für das Gemeinwohl Notwendige und Hilfsreiche, das geschehen kann, auch zu tun«. Das führt schließlich dazu, die Freiheit »nicht nur zum Schlagwort eines politischen Programms zu erheben, ... sondern sie vor allem in dem politischen Handeln selbst wirksam werden zu lassen als ein Freiheit Gewähren«[114]. Darüber hinausgehende konkrete materialethische Anweisungen enthält die Zweireichelehre dagegen nicht und kann sie – verstanden als Einübung der Unterscheidung von Gesetz und Evangelium im usus politicus legis – auch nicht enthalten[115].

Wenn das Gesagte nicht nur für das Weltverhältnis des einzelnen Christen,

---

113 Dogmatik, Bd. 3, S. 286f.; vgl. ergänzend auch: Zur Lehre vom triplex usus legis (Anm. 102), S. 66f.; Erwägungen zur Lehre vom Gesetz (Anm. 97), S. 292f., und: Die Notwendigkeit der Lehre von den zwei Reichen (Anm. 96), S. 426–428.

114 Leitsätze zur Zweireichelehre (Anm. 90), S. 591f.; ähnlich Dogmatik, Bd. 3, S. 247f., 288, und: Luther, S. 238.

115 *Ebeling* bestimmt aber das *Zustandekommen* materialethischer Entscheidungen näher; dafür ist wesentlich, dass »das an Gottes Wort gebundene und dadurch befreite Gewissen, welches auf Gottes Willen mit der Kreatur achtet und sich an das Liebesgebot als Richtschnur hält, die Vernunft aus unvernünftigen Bindungen löst, damit sie die konkreten Bedingungen und Möglichkeiten des Handelns entsprechend prüft und beurteilt, was je nach den Umständen auf ein Bewahren von Bewährtem oder auf wagemutiges Beschreiten neuer Wege hinauslaufen kann« (Leitsätze zur Zweireichelehre [Anm. 90], S. 584f.; vgl. auch: Studium der Theologie, S. 160f.). Das gleiche Ergebnis bei *Honecker*, Erfahrung und Entscheidung (Anm. 112), S. 501f. Dass die im Text getroffene Feststellung einen spezifischen theologischen Beitrag zu (sozial-) ethischen Fragen nicht ausschließt, zeigt das Buch von *Honecker*, Das Recht des Menschen. Einführung in die evangelische Sozialethik, 1978. Vgl. daselbst bes. S. 17–30, 128–166, 176–179, 182f., 184–188 und 201–217.

sondern auch für das der Kirchen gelten muss[116], dann ist es konsequent, dass die von *Ebeling* entwickelten Kriterien für die Wahrnehmung kirchlicher Weltverantwortung im Ergebnis mit der wiedergegebenen Interpretation der Zweireichelehre übereinstimmen[117].

7. Konkrete Folgerungen lassen sich aus dem Gesagten für das Kirchenrecht erst ziehen, wenn die theologische Funktion des positiven Rechts bestimmt ist, weil auch das Kirchenrecht als positives (geltendes) Recht in Erscheinung tritt. Zur Beantwortung dieser Frage ist es zunächst erforderlich, kurz auf *Ebelings* Ausführungen zum Gesetz (im theologischen Sinne) einzugehen.

Das Gesetz, so legt er dar, kann nach biblischem und reformatorischem Verständnis nicht als ein bestimmter Gesetzeskodex begriffen werden[118], sondern nur als das »ins Herz geschriebene Gesetz«, womit *Ebeling* »das Angegangensein von der schlechthinnigen Fraglichkeit« meint[119]. »Konstanten« solcher Gesetzeserfahrung sind für ihn die »elementaren Lebensvorgänge« wie »Bewußtwerdung und Selbstfindung in Kindheit und Reifung, das Erlebnis der Geschlechtlichkeit und der Beziehung zum Geschlechtspartner, das Eingehen einer Lebensbindung« etc., aber auch »besondere Fügungen und Schicksalsschläge«[120]. Diese Erlebnisse beinhalten deshalb eine Gesetzeserfahrung, weil das Gesetz als »das dem Menschen eingebrannte Fragezeichen« dadurch, dass es den Menschen ständig nach dem Ort seiner Existenz in diesem Leben fragt, »die ganze den Menschen angehende Wirklichkeit in Gang setzt und zur Sprache bringt« und damit »zur Interpretation der Wirklichkeit herausfordert«[121]. Allein das so verstandene Gesetz leitet zum rechten Verständnis des Evangeliums an. Denn das Evangelium kann nur in Konfrontation mit der Wirklichkeit (dem Gesetz) verstanden werden, wie umgekehrt – und das ist ja die wesentliche Aussage der Zweireichelehre nach *Ebeling* – das rechte Verständnis der Wirklichkeit (des Gesetzes) durch das Evangelium eröffnet wird[122].

---

116 Vgl. den Nachweis in Anm. 94.

117 Vgl. etwa: Studium der Theologie, S. 128f., und ausführlich: Kriterien kirchlicher Stellungnahmen zu politischen Problemen (Anm. 90), S. 611ff., bes. S. 621–634.

118 Vgl. die Nachweise in Anm. 102. Zum gesamtbiblischen Gesetzesverständnis zusammenfassend *Stuhlmacher*, Das Gesetz als Thema biblischer Theologie, ZThK 75 (1978) S. 251–280.

119 Erwägungen zur Lehre vom Gesetz (Anm. 97), S. 290; ähnlich Dogmatik, Bd. 3, S. 268–270, und Dogmatik, Bd. 1, S. 261, 331. Dieses Gesetzesverständnis zeigt auch die Unbegründetheit des Vorwurfs gegen *Luther*, er sei nicht »Vollhörer« der Heiligen Schrift gewesen, da er allein die Unterscheidung von Gesetz und Evangelium als hermeneutischen Schlüssel zum Verständnis der biblischen Texte anerkannt habe (dazu genauer *Ebeling*, Luther, S. 122–136).

120 Dogmatik, Bd. 3, S. 269.

121 Erwägungen zur Lehre vom Gesetz (Anm. 97), S. 290.

122 *Ebeling* beschreibt diese wechselseitige Wirkung so: Das Evangelium legt sich »auf die in verworrener und vieldeutiger Sprache vorgebrachten Interpretationen des Gesetzes … hin

Das positive Recht nun wird von *Ebeling* als »bloße *Folge* bezw. Interpretament« der geschilderten Gesetzeserfahrung verstanden; die Interpretation der Lebenswirklichkeit als Gesetzeserfahrung kann sich, wie er sagt, »dann auch in *positiven* Gesetzen« niederschlagen[123]. Das bedeutet: Das positive Recht ist theologisch gesehen Ergebnis einer Erfahrung, die der Mensch mit der als Gesetz begegnenden Lebenswirklichkeit macht. So gesehen bekommt auch die anfangs zitiere Äußerung *Ebelings* Sinn, dass mit dem richtigen Verständnis der Geschichtlichkeit der Kirche die Frage nach der rechten kirchlichen Ordnung notwendig zusammenhängt[124]: Auch die Kirche steht in dieser Welt unter dem »Gesetz«, und ihr positives Recht ist eine Folge der kirchlichen Welterfahrung als Gesetzeserfahrung. Es bestätigen sich damit erneut die bereits erwähnten Bedenken gegen die Ansicht, dass die Herausbildung fester Lebensformen der Kirche im Urchristentum als Abfall gegenüber der Anfangszeit der reinen Lehre und Liebe zu deuten sei[125]. Von einem solchen »Abfall« kann nur gesprochen werden, wenn die Geschichtlichkeit der Kirche, mit der ja die kirchliche Rechtsordnung gegeben ist, falsch verstanden wird. Dieser Gefahr versucht *Ebeling*, wie wir sahen, dadurch zu begegnen, dass er die Geschichtlichkeit der Kirche mit der Kategorie der Auslegung zu erfassen sucht. Denn auf diese Weise werden die Identität und Variabilität der Kirche, die beide in ihrer Daseinsform als Wortgeschehen in der Zeit begründet liegen, einander sinnvoll zugeordnet[126]. Für das Kirchenrecht als Folge der Geschichtlichkeit der Kirche muss eine entsprechende Zuordnung vorgenommen werden. »Der Geist schafft Recht, Tradition« und steht insoweit nicht mit dem Wesen der Kirche in Widerspruch; es kommt aber dazu, wenn »das Recht aus einem regulierenden zu einem konstituierenden wird ..., wenn also nicht mehr das Recht der Ordnung der Kirche dient, sondern die Kirche als solche zur Rechtsanstalt wird und sich an der Rechtsordnung mißt«[127]. Das Kirchenrecht ist demnach zwar nicht dogmatisch,

als solches aus und gelangt so zu seiner Artikulation. Indem dies geschieht, bringt das Evangelium jedoch auch erst das Gesetz zur Klarheit, so daß es nun überhaupt erst als Gesetz verstanden und virulent, zugleich aber in seine Schranken gewiesen wird. So hebt das Evangelium das Gesetz einerseits auf, setzt es jedoch andererseits gerade erst in Kraft« (Einführung in theologische Sprachlehre, S. 248).

123 Erwägungen zur Lehre vom Gesetz (Anm. 97), S. 290, 291 (Hervorhebung nur hier!). Für das positive Kirchenrecht gilt entsprechendes, vgl.: Wort Gottes und kirchliche Lehre (Anm. 69), S. 172.

124 Vgl. die Nachw. in Anm. 24 und 30.

125 Vgl. die Nachw. in Anm. 75 und 76.

126 Vgl. bei Anm. 80.

127 *Conzelmann*, Grundriß der Theologie des Neuen Testaments, S. 333, Vgl. auch S. 294, 318, 335 im Anschluss an *Käsemann* und *Bultmann*. Eine dem ganz entsprechende Rechtsauffassung *Ebelings* folgt nicht nur indirekt aus seinem dargelegten Verständnis der Geschichtlichkeit der Kirche, sondern auch direkt aus seinen Darlegungen zur Kirchenzucht, vgl. Kirchenzucht, S. 15f.; daneben auch allgemein: Kirchengeschichte als Geschichte der

wohl aber empirisch notwendig. Legt man *Ebelings* weites Verständnis der »Kategorie der Auslegung« zugrunde[128], so muss im Blick auf die notwendige institutionelle Seite der Kirche auch das Kirchenrecht als Auslegung der Heiligen Schrift begriffen werden. Es ist in seinen verschiedenen Erscheinungsformen dann ein Stück der Geschichte der Auslegung der Heiligen Schrift. Dem entspricht es, wenn *Ebeling* feststellt, dass sich »auch in Kirchenrecht und Verfassung … ein bestimmtes Verständnis der Offenbarung« ausdrückt[129]. Um Anschluss an eine bekannte rechtstheoretische These zu gewinnen[130], kann man für den Begriff »Auslegung« auch den der »Vermittlung« (im hegelschen Sinne) setzen und die Aufgabe des Kirchenrechts in der Vermittlung zwischen der geschichtlichen Welt (Politik) und den religiösen Überzeugungen (dem Theologischen) erblicken[131].

*Wie* nun die geschilderte Auslegungs- bzw. Vermittlungsaufgabe des Kirchenrechts zu geschehen hat, dafür liefert *Ebelings* Interpretation der (lutherischen) Zweireichelehre Anhaltspunkte. Auszugehen ist von dem dargelegten Verständnis des positiven Rechts und damit auch des Kirchenrechts als möglicher Folge der als Gesetz verstandenen Lebenswirklichkeit. Die Ausführungen zur Zweireichelehre zeigten die Verbindungslinien zwischen dem usus politicus legis, der hier ja zu Diskussion steht, und der (reformatorischen) Rechtfertigungslehre auf. Auch das Kirchenrecht kann sich ganz auf die weltliche Seite der

---

Auslegung der Heiligen Schrift (Anm. 24), S. 21f.; Die Bedeutung der historisch-kritischen Methode für die protestantische Theologie und Kirche (Anm. 24), S. 25f., 27, und: Die kirchentrennende Bedeutung der Lehrdifferenzen (Anm. 69), S. 182f. Die nur regulative (und nicht konstitutive) Bedeutung des Kirchenrechts betont auf katholischer Seite auch *W. Böckenförde*, Das Rechtsverständnis der neueren Kanonistik und die Kritik Rudolph Sohms, S. 200. Zu den entsprechenden Lehren von *Joseph Klein* vgl. *P. Krämer*, Theologische Grundlegung des kirchlichen Rechts, S. 34f., auch S. 27f., 31f., 93–95 u. a.

128 »Auslegung der Heiligen Schrift«, so definiert er, »vollzieht sich in Kultus und Gebet, in theologischer Arbeit und persönlichen Entscheidungen, in kirchlicher Organisation und Kirchenpolitik, in der Weltherrschaft der Päpste und in der Kirchenhoheit von Landesherren, in Kriegen im Namen Gottes und in Werken barmherziger Liebe, in christlicher Kulturgestaltung und klösterlicher Weltflucht …« (Kirchengeschichte als Geschichte der Auslegung der Heiligen Schrift [Anm. 24], S. 24). Weitere Nachw. zu *Ebelings* Verständnis der Kategorie der Auslegung in Anm. 25.

129 Über Aufgabe und Methode der Konfessionskunde (Anm. 25), S. 36. Ähnlich: Die Geschichtlichkeit der Kirche als theologisches Problem, S. 83.

130 Vgl. *E.-W. Böckenförde*, Die Historische Rechtsschule und das Problem der Geschichtlichkeit des Rechts (Anm. 13), S. 32–36; ähnlich *ders.*, Die Rechtsauffassung im kommunistischen Staat, 1967, S. 85–87, und Verfassungsfragen der Richterwahl, 1974, S. 96f.

131 Dieses Verständnis des Kirchenrechts entspricht auch unseren Erörterungen zum Kirchenbegriff selbst. Kirche als Leib Christi – so sagten wir – ist von ihrem Grund, Christus, zu unterscheiden und dient in allen ihren Lebensformen also auch durch Ausübung der Kirchenzucht, Ämter- und Bekenntnisbildung etc. der Verkündigung des Evangeliums an die Welt (vgl. bei Anm. 64–71). Das Kirchenrecht als notwendiger Bestandteil der kirchlichen Existenz in dieser Welt muss folglich die gleiche dienende Funktion ausüben.

Kirche konzentrieren und das insoweit Notwendige regeln, da die Kirche ihre Existenz nicht aus sich heraus hat und keiner weltlichen Anerkennung bedarf. Das »Theologische« kommt so gesehen durch das Kirchenrecht in der Weise zur Geltung, als dieses Recht in Inhalt und Handhabung die durch das Evangelium begründete Freiheit von und zu der Welt aufzeigen und die sich daraus ergebende Folge, in Liebe das unmittelbare Notwendige zu tun, ermöglichen muss. Die Vermittlung des Weltlichen (Politischen) mit dem Theologischen hat also zum Ziel, die Zusammengehörigkeit von Gesetz und Evangelium im positiven Kirchenrecht deutlich werden zu lassen. Wenn *Dantine* in seiner »Skizze einer Theologie des Rechts« betont, dass »weder das ›Gesetz‹ noch das ›Evangelium‹ als … unmittelbare Quelle« des Rechts in Betracht kommen, »wohl aber in der Relation von Gesetz und Evangelium eine Weise des Umgangs mit dem Recht« begründet liegt[132], so kann dem vom dargelegten Standpunkt *Ebelings* aus mit der Modifikation zugestimmt werden, dass der Ort des Rechts in der als Gesetz erfahrenen Wirklichkeit zu suchen ist[133], die allerdings ohne das Evangelium nicht richtig zur Sprache kommt. Aus diesem Grund leitet also auch nach *Ebeling* die Unterscheidung von Gesetz und Evangelium oder anders gesprochen: die Zweireichelehre zum rechten Umgang mit dem Recht an.

Auch die weitere Folgerung *Dantines*, dass dem Kirchenrecht exemplarische Bedeutung für die allgemeine Rechtsordnung zukommt, da der Kirche »die Botschaft von Gesetz und Evangelium treuhänderisch anvertraut« ist[134], entspricht dem dargelegten Kirchenrechtsverständnis. Aber auch hier bedarf es noch einer wesentlichen Klarstellung nach dem zur Zweireichelehre Gesagten. Während die Funktion des weltlichen Rechts sich darauf »beschränkt«, zwischen dem Ethischen als einem autonomen, logisch nicht notwendig mit der Theologie verknüpften Phänomen[135] und dem Politischen zu vermitteln, da es eben ein Recht für alle, also auch für die Nichtchristen ist, muss das Kirchenrecht den in der Zweireichelehre wirksamen Gedanken erkennbar machen, dass erst das Evangelium zum rechten Verständnis des Ethischen anleitet und in diesem Sinne den Grund des Ethischen ausmacht[136]. Eben darin liegt der innere Sachgrund für unsere Definition des Kirchenrechts als einer Vermittlung zwischen dem Theologischen und Politischen (der Welt).

Eine genauere inhaltliche Bestimmung des Kirchenrechts durch die Bibel ist

132 Skizze einer Theologie des Rechts, ZevKR 23 (1978) S. 50ff. (55). Ansatzweise hat *Dantine* diese Sicht schon entwickelt in seinem Aufsatz: Die Geschichtlichkeit des Rechts als ethisches Problem, ZEE 6 (1962) S. 321ff. (332–335, 339f.); vgl. auch seine »Antwort an Dombois«, ZEE 7 (1963) S. 390f.

133 Vgl. die Nachw. in Anm. 123.

134 *Dantine*, a.a.O. (Anm. 132), S. 57f.

135 Dazu *Honecker*, Erfahrung und Entscheidung (Anm. 112), S. 499f.

136 Vgl. dazu das bei Anm. 109–112 Gesagte.

dagegen, folgen wir auch insoweit unseren Ausführungen zur Zweireichelehre, nicht möglich. Für den Inhalt des Kirchenrechts können aber die für das Handeln des Christen in der Welt entwickelten Maximen, die sich aus der Zweireichelehre ergaben[137], gelten. Denn auch das kirchliche Leben ist als Leben in dieser Welt von der Spannung zwischen der Freiheit von der Welt und zur Welt geprägt. Auch hier geht es um die »rechte Zuordnung von Weltüberwindung und Welterhaltung, von Heil und Wohl der Welt auf dem Grunde der Freiheit von der Welt und zur Welt«[138].

Letztlich folgt die Unmöglichkeit einer konkreteren biblischen Bestimmung des Kirchenrechts aus *Ebelings* theologischem Gesetzesverständnis. Denn begegnet das Gesetz in der gesamten Lebenswirklichkeit, so kann es nicht, wie schon erwähnt, mit bestimmten biblischen Texten identifiziert werden. Solche Texte, wie etwa der Dekalog, die Bergpredigt, die apostolischen Paränesen u. a. bringen aber das Gesetz beispielhaft zur Sprache; sie sind »Auslegungen« des Gesetzes und haben darin ihren theologischen Sinn[139]. Von diesem Standpunkt aus ist auch konsequent, wenn *Ebeling* zustimmend das *Luther*-Wort zitiert, dass der Glaubende dazu fähig sei, neue Dekaloge zu schaffen[140]. Ein jus divinum im Sinne eines unantastbaren biblischen Normenbestandes kann es darum nicht geben. Das »Grundprinzip der Ordnung der Kirche (ist eben) die konkrete Versammlung der Gemeinde unter Wort und Sakrament«[141], es vollzieht sich also jeweils neu in Auslegung der Heiligen Schrift. Auch insoweit gilt das zur kirchlichen Lehrautorität und zur Geschichtlichkeit der Kirche Gesagte[142].

---

137 Vgl. bei Anm. 113–115.

138 Memorandum zur Verständigung in der Kirche und Theologie (Anm. 106), S. 507.

139 Dogmatik, Bd. 3, S. 272, 273f., 276, 277, 291 und die Nachw. in Anm. 102. Beispielhaft für das Verständnis der genannten biblischen Texte als Auslegung des Gesetzes etwa *Ebelings* Schrift: Die Zehn Gebote in Predigten ausgelegt, 1973, und seine Bemerkungen zu *Luthers* Bergpredigt-Auslegung, in: Luther. Einführung in sein Denken, S. 233–238.

140 Dogmatik, Bd. 3, S. 294.

141 Kirchenzucht, S. 46. Im Ergebnis ebenso: Die Bedeutung der historisch-kritischen Methode für die protestantische Theologie und Kirche (Anm. 20), S. 25.

142 Vgl. bei Anm. 72–80 und: Die Geschichtlichkeit der Kirche und ihrer Verkündigung als theologisches Problem, S. 70–72. Ein ähnliches Verständnis des jus divinum wird in der evangelischen Kirchenrechtswissenschaft etwa von *Pirson*, Universalität und Partikularität der Kirche, S. 220, 287–290; *Dreier*, Das kirchliche Amt, S. 92ff., bes. 102–115, und *Obermayer*, Weltliches Recht und Evangelisches Kirchenrecht, in: FS Liermann, 1964, S. 144ff. (149–154), vertreten. Für zum Teil vorhandene Parallelen in der katholischen Kirchenrechtswissenschaft sei verwiesen auf die Ausführungen von *W. Böckenförde*, Das Rechtsverständnis der neueren Kanonistik und die Kritik Rudolph Sohms, S. 209–222, auch S. 202–206; *Hollerbach*, Göttliches und Menschliches in der Ordnung der Kirche, in: Mensch und Recht. FS Erik Wolf, 1972, S. 212ff., bes. S. 221–229, auch 235, und zusammenfassend *Potz*, Die Geltung kirchenrechtlicher Normen, S. 186ff., bes. S. 207–220. Allgemeiner Überblick über die verschiedenen, auch in der protestantischen und katholischen Theologie vertretenen Positionen bei *U. A. Wolf*, Jus divinum. Erwägungen zur Rechtsgeschichte und Rechtsgestaltung, 1970, S. 174–200.

## III.

Es bleibt die Frage, inwieweit der entwickelte Kirchenrechtsbegriff Bedeutung für die (evangelische) Kirchenrechtswissenschaft besitzt. Eine umfassende Antwort darauf kann in diesem Rahmen naturgemäß nicht gegeben werden. Doch soll an einigen Grundlagenproblemen der Kirchenrechtswissenschaft die praktische Relevanz unserer Darlegungen zu Begriff und Funktion des kirchlichen Rechts aufgezeigt werden. Dafür wird zunächst der Versuch unternommen, den entwickelten Kirchenrechtsbegriff mit entsprechenden in der evangelischen Rechtstheologie vertretenen Auffassungen in Beziehung zu setzen und seine Struktur und inhaltlichen Determinanten näher zu bestimmen (8.). Daran anschließend soll unter Beachtung von Inhalt und Struktur des entwickelten Kirchenrechtsbegriffs genauer untersucht werden, welchen Sinn die Rede von der »exemplarischen Bedeutung« des Kirchenrechts für das weltliche Recht besitzt (9.). Unsere Überlegungen enden mit einem Blick auf das Staatskirchenrecht. Ergeben sich, so wollen wir abschließend fragen, auch in diesem Bereich neue Aspekte aus dem vorliegenden Versuch einer rechtstheologischen Begründung des Kirchenrechts im Anschluss an die Theologie *Ebelings* (10.)?

8. Der Gedanke, dass das Kirchenrecht als eine notwendige Folge der Geschichtlichkeit der Kirche zu verstehen ist[143], und strukturell, wenn auch nicht inhaltlich, mit dem weltlichen Recht übereinstimmt[144], wird nun auch in der evangelischen Kirchenrechtswissenschaft häufiger betont. Kennzeichnend dafür ist besonders der Kirchenrechtsbegriff *Pirsons.* Er versteht alles Recht als »Folge der Geschichtlichkeit des menschlichen Daseins«[145]. Folglich ist, wie er sagt, auch »das Recht in der Kirche durch deren Geschichtlichkeit bedingt und ist insoweit das gleiche Phänomen wie alles sonstige Recht«[146]. In Übereinstimmung mit dem dargelegten Kirchenrechtsbegriff betont *Pirson* weiter, dass der Unterschied des kirchlichen gegenüber dem weltlichen Recht nicht in einem andersartigen Rechtsbegriff, sondern im spezifischen Telos des kirchlichen Rechts liegt, das wiederum »in der Besonderheit der Kirche als einer geschichtlichen Größe, die ihre geschichtliche Daseinsweise transzendiert«[147], seinen Grund findet. Dem im wesentlichen entsprechende Äußerungen zum Kirchenrechtsbegriff finden sich im Werk *Liermanns*, bei *Obermayer, Frost* und *Dreier* u. a.[148]. Aus der Theologie

143 Vgl. dazu bei Anm. 23f., 30f., und bei Anm. 75–77.

144 Vgl. bei Anm. 123–136.

145 *Pirson*, Universalität und Partikularität der Kirche, S. 23.

146 *Pirson*, a. a. O., S. 17, vgl. auch S. 216f.

147 Wie Anm. 146.

148 Für *Liermann* vgl.: Deutsches Evangelisches Kirchenrecht, 1933, S. 19–23, und die in seinem Aufsatzband »Der Jurist und die Kirche«, 1973, vereinigten Arbeiten: Die gegenwärtige Lage der Wissenschaft vom Evangelischen Kirchenrecht, S. 147–159; Der Jurist und die

*Ebelings* lässt sich demnach die rechtstheologische Begründung für einen solchen Kirchenrechtsbegriff ableiten. Beachtet man diesen Zusammenhang, so wird man unseren Interpretationsversuch als Ergänzung zu der von *Steinmüller* unternommenen rechtstheologischen Bestandsaufnahme im evangelischen Bereich versehen dürfen.

Doch darin erschöpft sich die kirchenrechtliche Relevanz der Theologie *Ebelings* nicht. Vielmehr kann Struktur und Inhalt des daraus abgeleiteten Kirchenrechtsbegriffs noch näher bestimmt werden. Das Proprium kirchenrechtlicher gegenüber theologischer Betrachtungsweise darf genau genommen nicht in der Vermittlung des Theologischen mit dem Weltlichen als solcher gesehen werden. Denn Quelle theologischer Aussagen sind ja ebenfalls Schrift und (Welt-) Erfahrung[149]. Kirchliche Verkündigung ist darum ja immer *gegenwärtige* Verkündigung. Entsprechend der von *Ebeling* weitgefassten Kategorie der Auslegung konnten wir neben der Wortverkündigung als solcher auch das Kirchenrecht als Auslegung der Heiligen Schrift verstehen[150]; gleiches müsste etwa für den Bau einer Kirche, die Komposition und die Darbietung einer Kirchenmusik sowie für karitative kirchliche Dienste gelten. Wie nun aber der Architekt und bildende Künstler für den Kirchenbau, der Musiker für die Kirchenmusik, der Mediziner und Pädagoge für die karitativen Dienste etc., so ist der Jurist für die Rechtsordnung der Kirche zuständig und hat sie mit juristischen Begriffen und Methoden zu gestalten, auszulegen und fortzubilden. Darin liegt sein spezifischer Beitrag. Nicht »die theologische Wissenschaft als solche« ist darum alleinige »Deduktionsbasis« der Kirchenrechtslehre[151], wie es auch umgekehrt vom dargelegten Rechtsbegriff aus problematisch erscheint, das Herzstück reformatorischer Theologie, die Rechtfertigungslehre, als Rechtsvorgang zu begreifen[152]. Die

Kirche, S. 159ff. (163); Kirchenrecht und Soziologie – Zugleich ein Beitrag zum ökumenischen Gespräch, S. 193ff. (193 Anm. 2, 196–199); Über die neuere Entwicklung des evangelischen Kirchenrechts, S. 226ff. (232f.,). Für *Obermayer* vgl.: Weltliches Recht und Evangelisches Kirchenrecht (Anm. 140), S. 144–159; Kirchenreform und Kirchenrecht. Gedanken zur Neuordnung der Kirche, in: *Neuenzeit* (Hrsg.), Die Funktion der Theologie in Kirche und Gesellschaft, 1969, S. 341ff. (346f.). Zu *Frost:* Strukturprobleme evangelischer Kirchenverfassung. Rechtsvergleichende Untersuchungen zum Verfassungsrecht der deutschen evangelischen Landeskirchen, 1972, S. 5f., 8–14; Zur Methodenproblematik des Evangelischen Kirchenrechts, in: Studium Gerierale 13 (1960) S. 222ff. (223–226). Für *Dreier* vgl.: Das kirchliche Amt, S. 61–92, und die in Anm.2, 4 und 14 genannten Arbeiten von ihm. Zum Verständnis des jus divinum bei *Pirson, Dreier* und *Obermayer* vgl. die Nachw. in Anm. 142.

149 Vgl. bei Anm. 76–80 und *Ebeling*, Dogmatik, Bd. 1, S. 24–42, bes. S. 41f., sowie: Schrift und Erfahrung als Quelle theologischer Aussagen (Anm. 29), S. 111–116.

150 Vgl. bei Anm. 128f.

151 So etwa die Ansicht von *Wehrhan*, ZevKR 1 (1951) S. 55ff., Stellungnahme zu dieser These bei *Pirson*, Universalität und Partikularität der Kirche, S. 19f.

152 Das ist die entscheidende Kritik an Dombois' »Recht der Gnade«. Vgl. dazu etwa *Dantine*, Antwort an Dombois (Anm. 132), S. 390; *Pirson*, Universalität und Partikularität der Kir-

kirchenrechtliche Arbeit erfordert demnach kein besonderes geartetes juristisches Denken; der Unterschied zum weltlichen Rechtsdenken liegt allein – wie bemerkt – in der Beachtung des besonderen Telos, dem das Kirchenrecht dient[153]. Inhaltlich sind dem Kirchenrecht nach der gegebenen Definition die beiden Größen Welt (Politik) und religiöse Überzeugungen bzw. ihre kirchlichen und wissenschaftlichen Aussageformen (Theologie)[154] vorgegeben. Es hat, so sagten wir, zwischen ihnen zu vermitteln. Ein rein religiöses wie ein rein weltliches Kirchenrecht wäre so gesehen gleich totalitär. Denn das Kirchenrecht muss nach der gegebenen Definition in der Spannung zwischen Weltüberwindung und Welterhaltung verharren oder besser: sie austragen. Sein geschichtlicher Wandel ist durch den Wandel der genannten Größen bedingt[155]. Inwiefern die *hegel*sche Logik und Religionsphilosophie für die Vermittlungsleistung des Kirchenrechts von der (protestantischen) Theologie kaum beachtete Denkhilfen bereithält[156], kann in diesem Rahmen nicht untersucht werden.

Was schließlich die Entstehung des Kirchenrechts betrifft, so legt seine beschriebene Vermittlungsaufgabe die Annahme nahe, dass zu dem Zeitpunkt die

---

che, S. 18f. Anm. 14, S. 20 Anm. 16, S. 24 Anm. 24, und von katholischer Seite *W. Böckenförde*, Das Rechtsverständnis der neueren Kanonistik und die Kritik Rudolph Sohms, S. 192–194, 201. Interessant in diesem Zusammenhang eine sehr frühe Äußerug *Tillichs* zum Kirchenrecht: »Kirchenrecht im Sinne einer theonomen Rechtslehre für eine besondere religiöse Gemeinschaft ist ... unmöglich und führt, wo es versucht wird, zu den großen Konflikten zwischen profaner und kirchlicher Rechtsordnung. Auch dieser Konflikt ist nur lösbar durch die Einsicht in den symbolischen paradoxen Charakter der religiösen Gemeinschaft und durch die Schaffung, nicht eines theonomen Rechtes, sondern eines autonomen Rechtes, das getragen ist vom theonomen Ethos« (System der Wissenschaften und Methoden, 1923, in: Gesammelte Werke, Bd. 1, 1959, S. 283, vgl. auch S. 257–263 und die im gleichen Band abgedruckte Religionsphilosophie« *Tillichs* von 1925, a. a. O., S. 364). Zu methodischen Parallelen zwischen *Tillich* und *Ebeling* vgl. hier bei Anm. 29. Entsprechende Äußerungen zum Kirchenrechtsbegriff finden sich bei dem Historiker *R. Wittram* (vgl.: Bedeutung und Gefahren des Institutionellen in der Kirche, in: *Wittram*, Zukunft in der Geschichte. Zu Grenzfragen der Geschichtswissenschaft und Theologie, 1966, S. 82f.). Die Ähnlichkeiten in der (Kirchen-) Geschichtsauffassung *Wittrams* (vgl. bes. *Wittram*, Das Interesse an der Geschichte, 1963², S. 136–150) und *Ebelings* sind so gesehen sicher nicht zufällig.

153 Im Ergebnis ebenso *W. Maurer*, Theologie und Jurisprudenz. Ihre Begegnung im Kirchenrecht, in: FS Liermann, 1964, S. 124ff. (128, 132f.); *Pirson*, Universaltität und Partikularität der Kirche, S. 15–26, 216f.

154 Maßgeblich ist insoweit nicht die religiöse Überzeugung der Mehrheit der Christen, sondern allein die in gewissenhafter Auslegung der Heiligen Schrift gewonnene religiöse Überzeugung (*Ebeling*, Dogmatik, Bd. 3, S. 268). Eine Instanz, die mit »unfehlbarer Lehrentscheidung« die Richtigkeit einer solchen Auslegung feststellt, gibt es aber nicht, vgl. das bei Anm. 72f. Gesagte.

155 Entsprechende Folgerungen für das weltliche Recht, das von ihm als »Vermittlung zwischen Politik und Ethik« verstanden wird, bei *E.-W. Böckenförde*, Die Historische Rechtsschule und das Problem der Geschichtlichkeit des Rechts (Anm. 13), S. 32–35.

156 Vgl. die Literaturhinweise in Anm. 98.

kirchliche Rechtsbildung einsetzen musste, als der jungen Christenheit der Gegensatz zwischen geistlicher und weltlicher Existenz bewusst und damit eine Vermittlung zwischen beiden durch eine verbindliche Verhaltensordnung erforderlich wurde[157]. Demnach müssten besonders jene Traditionsschichten des Neuen Testaments, die von der Erkenntnis geprägt sind, dass die Wiederkunft Christi nicht mehr unmittelbar bevorsteht, sondern sich in unbestimmter ferner Zukunft ereignen wird, die Anfänge kirchlicher Rechtsbildung erkennen lassen. Entsprechende Ergebnisse der einschlägigen neutestamentlichen Forschung[158] ließen sich damit auch systematisch (rechtstheoretisch) erklären.

9. Um die Frage nach der exemplarischen Bedeutung des Kirchenrechts genauer zu beantworten[159], ist es zunächst erforderlich, die Gesichtspunkte zu benennen, die die Bedeutung der Kirche für das Leben des Staates begründen. Erst wenn diese Gesichtspunkte aufgezeigt worden sind, ist es möglich, nach ihrem inhaltlichen Niederschlag im Kirchenrecht und weiter nach dessen Ausstrahlung auf die weltliche Rechtsordnung zu fragen.

Der freiheitliche säkularisierte Staat kann die Voraussetzungen, die seine Lebensfähigkeit begründen, aus sich selbst heraus nicht schaffen[160]. Hier kommt den Kirchen eine, wenn nicht die wesentliche Aufgabe zu[161]. Zu denken ist dabei

---

157 Eine entsprechende Folgerung für das weltliche Recht wiederum bei *E.-W. Böckenförde*, Die Historische Rechtsschule und das Problem der Geschichtlichkeit des Rechts (Anm. 13), S. 35.

158 Sie werden übersichtlich referiert von *Dreier*, Das kirchliche Amt, S. 28–37, 147–154. Vgl. daneben *Conzelmann*, Geschichte des Urchristentums, S. 95–108, und Grundriß der Theologie des Neuen Testaments, S. 333–337; *Hahn*, Charisma und Amt (Anm. 64) u. a.

159 Allgemein dazu bereits bei Anm. 134–136. Auf die exemplarische Bedeutung des Kirchenrechts hat besonders *Erik Wolf* hingewiesen, vgl. Ordnung der Kirche. Lehr- und Handbuch des Kirchenrechts auf ökumenischer Basis, 1960, S. 4f.; *ders.*, Rechtsgedanke und biblische Weisung, 1948, S. 93. Genauer zu dieser These *Wolfs* mit weiteren Literaturangaben auch aus dem Bereich der Theologie *Steinmüller*, Evangelische Rechtstheologie, 1. Halbbd., S. 391–393, 419–421. Zu dieser Frage vgl. auch *Hollerbach*, Göttliches und Menschliches in der Ordnung der Kirche (Anm. 142), S. 227f., sowie *Pirson*, Universalität du Partikularität der Kirche, S. 26f. mit ergänzenden Literaturangaben.

160 Zusammenfassend dazu mit weiteren Literaturhinweisen *Meyer-Teschendorf*, Der Körperschaftsstatus der Kirche. Zur Systemadäquanz des Art. 137 Abs. 5 WRV im pluralistischen Gemeinwesen des Grundgesetzes, AöR 103 (1978) S. 289ff. (318–320), und *ders*, Staat und Kirche im pluralistischen Gemeinwesen. Verfassungstheoretische Vorverständnisse von Staat, Kirche und Gesellschaft in der staatskirchenrechtlichen Diskussion der Gegenwart, 1979, S. 130f.

161 *E.-W. Böckenförde* (Die Entstehung des Staates als Vorgang der Säkularisation, in: Säkularisation und Utopie. Ebracher Studien. Ernst Forsthoff zum 65. Geburtstag, 1967, S. 75ff., [94]) fragt entsprechend, ob nicht auch »der säkularisierte weltliche Staat letztlich aus jenen inneren Antrieben und Bindungskräften leben muß, die der religiöse Glaube seiner Bürger vermittelt«. *Obermayer* (Bonner Kommentar zum Grundgesetz, 1950ff., Art. 140, Zweitbearbeitung [1971], Rdnr. 79) spricht davon, dass eine Verdrängung der Kirchen aus dem öffentlichen Leben einen »Substanzverlust« des Staates bedeuten würde.

besonders an die freiheitsstiftende Funktion des religiösen Bewusstseins der Kirchen[162]. Die Ausrichtung auf das Freiheitsproblem trat ja in *Ebelings* Interpretation der Zweireichelehre deutlich hervor[163]. Daneben hat man in der Literatur zu Recht immer wieder zwischen dem Wirken der Kirchen einerseits und dem der (Interessen-) Verbände andererseits unterschieden. Das besondere Kennzeichen kirchlicher Tätigkeit wird insoweit im Gegensatz zu der Tätigkeit der (Interessen-) Verbände in der zweckfreien Sorge um den *ganzen* Menschen gesehen. Die Kirchen erscheinen darum als Garanten einer wirklichen Humanität[164] und besitzen in eben dieser Funktion ihre zweite wesentliche Bedeutung für den Staat[165]. Damit wird, wenn auch in anderer Form, die weitere wesentliche Aussage der Zweireichelehre, die ebenfalls aus *Ebelings* Verknüpfung der Zweireichelehre mit der Rechtfertigungslehre folgt, nämlich das durch sie vermittelte Verständnis des Ethischen angesprochen: Die Erkenntnis des Menschen, nicht durch sein Handeln – aus sich selbst heraus – gerechtfertigt zu sein, lässt ihn dieses Handeln als Folge seines Angenommenseins durch Gott verstehen und befreit ihn dazu, zweckfrei das Notwendige aus Liebe zum Nächsten zu tun[166].

---

162 Vgl. dazu etwa *Pannenberg*, Die Kirche und das eschatologische Gottesreich, in: *Braaten* u. a., Kirche ohne Konfession?, 1971, S. 119ff., (133); *K. Bornkamm*, Kirchenbegriff und Kirchengeschichtsverständnis (Anm. 63), S. 460f.; *J. Ritter*, Hegel und die Reformation (Anm. 98), S. 316f.; *Hollerbach*, Liberalismus und Kirche: Fragen an die FDP, in: Internationale Katholische Zeitschrift, 1975, S. 160ff. (168).

163 Vgl. bei Anm. 112–114. Daneben mit ausdrücklichem Bezug auf das Verhältnis Staat – Kirche: Dogmatik, Bd. 3, S. 365.

164 Vgl. dazu u. a. *Pannenberg*, Thesen zur Theologie der Kirche, 1970, S. 19f.; *Schlaich*, Der Öffentlichkeitsauftrag der Kirchen, in: HdbStKirchR, Bd. II, 1975, S. 231ff. (251, 268), und *Meyer-Teschendorf*, Staat und Kirche im pluralistischen Gemeinwesen, S. 115–117. Allgemein zum Christentum als Voraussetzung einer wahren Humanität *Zahrnt*, Wozu ist das Christentum gut?, 1972, S. 136–145, 205–211. Zum dargelegten Unterschied zwischen Kirchen und Verbänden auch BVerfGE 42, 312ff. (331.333).

165 Eine weitere wesentliche Bedeutung der Kirchen sehen besonders *Schlaich* (Öffentlichkeit, nicht Privatisierung des kirchlichen Wirkens, in: Recht und Gesellschaft, 1973, S. 138ff., [140], und: Der Öffentlichkeitsauftrag der Kirchen [Anm. 164], S. 270f.) und *Meyer Teschendorf* (Der Körperschaftsstatus der Kirchen [Anm. 160], S. 322–329) in ihrem Beitrag zum »Kulturstaat«, wie er sich etwa in kulturellen kirchlichen Veranstaltungen (Kirchenmusik, Vorträge u. a.), kirchlicher Jugend- und Bildungsarbeit, sozialer Tätigkeit der Kirchen (kirchliche Heil- und Pflegeanstalten, Krankenhäuser, Entwicklungshilfe u. a.), zeigt. Uns erscheinen diese kirchlichen Aktivitäten aber streng genommen als zwangsläufige Folgen, die sich aus der beschriebenen grundsätzlichen Aufgabe der Kirche, der zweckfreien Sorge um den ganzen Menschen, ergeben. Verliert man diesen prinzipiellen Zusammenhang aus den Augen und sieht diese Tätigkeit der Kirchen allein im Kontext eines pluralistischen Verbändestaates, so legt sich die Folgerung, dass die verfassungsrechtliche Stellung der Kirchen als Modell für ein Verbände-Verfassungsrecht zu verstehen ist (so besonders nachdrücklich *Meyer-Teschendorf* im Anschluss an *Schlaich*), nahe. Dazu genauer mit Nachweisen bei Anm. 204–208.

166 Vgl. dazu unsere Darstellung bei Anm. 104–112. Dieser Aussagenzusammenhang macht es überflüssig, in »der Gewissensanrede gegen Totalitätsansprüche« einen selbständigen öf-

An anderer Stelle hat *Ebeling* sich noch konkreter zum Verhältnis von Staat und Kirche geäußert. Diese Ausführungen bestätigen und konkretisieren die aufgezeigte Bedeutung der Kirchen für den Staat. Zunächst sieht *Ebeling* dort auch die gegenüber den Verbänden besondere, aber mit dem Staat gemeinsame Aufgabe der Kirchen in der Sorge um den ganzen Menschen, betont aber zugleich die unterschiedlichen Wege in der Erfüllung dieser gemeinsamen Aufgabe – insbesondere: die Notwendigkeit staatlicher Gewaltausübung einerseits, die Unzulässigkeit irgendwelcher Gewaltanwendung durch die Kirchen andererseits. *Ebeling* definiert das Verhältnis von Staat und Kirche dann genauer als »gegenseitiges Dienstverhältnis« und führt dazu aus: »Die Kirche profitiert vom Lebensschutz des Staates und unterliegt auch den dafür erforderlichen politischen Bedingungen einschließlich einer gewissen Aufsicht. Ihrerseits trägt sie dazu bei, dass dem Staat willig gegeben wird, was ihm gebührt, wacht aber auch darüber, dass er sich nicht anmaßt, was ihm nicht zukommt, oder etwas unterlässt, was seine Pflicht ist.«[167] Die wesentliche Funktion der Staatsgewalt sieht *Ebeling* im Schutz der Grundrechte, die Bedeutung der Kirche für den Staat dagegen vor allem in der Verkündigung des wahren Grundes (grundrechtlicher) Freiheit und in der Anleitung zum rechten Umgang mit ihr[168].

Diese inhaltliche Festlegung der Aufgaben von Staat und Kirche lässt es zu, sie als eine mögliche Folgerung aus *Ebelings* Interpretation der Zweireichelehre zu verstehen, auch wenn er diesen Zusammenhang nicht ausdrücklich herstellt. Das durch die Zweireichelehre zur Sprache gebrachte »Gefälle«, das zwischen dem »Ethischen« und »Theologischen« besteht[169], kommt in seiner Verhältnisbestimmung von Staat und Kirche dadurch zum Ausdruck, dass der Staat zwar, wie bemerkt, zum Schutz der menschlichen Freiheit aufgerufen ist, diese Freiheit des Menschen selbst aber nicht schaffen und ihren sinnvollen Gebrauch aus sich heraus nicht garantieren kann. Er lebt insoweit von Voraussetzungen, die vor allem in die Verantwortung der Kirchen fallen. Da es sich bei diesen Aufgaben von

---

fentlichen Beitrag der Kirchen zu sehen (so aber *Schlaich*, Der Öffentlichkeitsauftrag der Kirchen [Anm. 164], S. 271f.), da sich diese kirchliche Aufgabe unmittelbar aus der Sorge der Kirche um den ganzen Menschen bzw. aus ihrer Freiheit von und zu der Welt zwingend ergeben kann.

167 Dogmatik, Bd. 3, S. 365.

168 Vgl. Dogmatik, Bd. 3., S. 364f. Andeutungen auch in: Leitsätze zur Zweireichelehre (Anm. 90), S. 590f. u. a. Überraschende Parallelen zu diesem allerdings nur kurz von *Ebeling* angesprochenen Staatsverständnis finden sich bei *Wilhelm Hermann*, Ethik, 1913[5] (Neudruck 1921), S. 214–217, 219f., 223 u. a. Im Blick auf *Ebelings* positive Verarbeitung der Theologie *Hermanns* in seinen grundlegenden Arbeiten zum ethischen Problem scheint das nicht verwunderlich, vgl. dazu *Ebelings* Aufsätze: Die Evidenz des Ethischen und die Theologie (Anm. 110), S. 8, 21; Die Krise des Ethischen und die Theologie (Anm. 37), S. 42–46, 48; daneben aber auch: Die Botschaft von Gott an das Zeitalter des Atheismus, in: Wort und Glaube, Bd. 2, S. 372ff. (S. 393 Anm. 23).

169 So die Ausdrucksweise *Ebelings*, Leitsätze zur Zweireichelehre (Anm. 90), S. 583.

Staat und Kirchen um verschiedene, sich gegenseitig ausschließende Aufgaben handelt[170], die sie beide in der gemeinsamen Sorge um den ganzen Menschen erfüllen, folgt aus dem erwähnten »Gefälle« zwischen dem Ethischen und Theologischen keine irgendwie geartete Überordnung der Kirchen über den Staat[171]; vielmehr sind Staat und Kirche insoweit gleichgeordnet.

Schon *Rudolph Sohm* hat in einer frühen Schrift über das Verhältnis von Kirche und Staat[172] von der »ethischen Gleichordnung« der Kirche mit dem Staat gesprochen[173]. Beachtet man dabei, dass auch *Sohm* von der Kirche und Staat gemeinsam aufgetragenen Sorge um den Menschen ausgeht[174] und dass weiter seiner Meinung nach Kirche und Staat in Erfüllung dieser Aufgabe verschiedenen »Gesetzen«, nämlich dem Sittengesetz (so die Kirche) und dem Rechtsgesetz (so der Staat) dienen, die wiederum besondere Arten des »um der Vollkommenheit des Menschen willen« notwendigen »ethischen Gesetzes« sind[175], so wird deutlich, dass *Sohm* mit der »ethischen« Gleichordnung von Staat und Kirche bzw. mit dem »ethischen Gesetz« nicht den Bedeutungsgehalt verbindet, den *Ebeling* mit dem Begriff »Ethik« meint. Eine genaue Analyse der genannten Schrift *Sohms* vermöchte vielmehr zu zeigen, dass er genau wie *Ebeling*, um dessen Worte noch einmal zu gebrauchen, das zwischen »Ethischem« und »Theologischem« bestehende Gefälle zum Ausgangspunkt nimmt, um das Verhältnis von Staat und Kirche genauer zu bestimmen[176].

---

170 Man kann diesen Unterschied auf die Formel von den »geistlichen« Aufgaben der Kirchen und den »weltlichen« des Staates bringen, wenn man dabei die Relevanz des geistlichen Zuspruchs der Kirchen für die Welt mitbedenkt. Vgl. dazu einprägsam *E.-W. Böckenförde*, Die verfassungstheoretische Unterscheidung von Staat und Gesellschaft als Bedingung der individuellen Freiheit, 1973, S. 22–24. Wie von diesem Standpunkt aus die Kirche auf die Politik richtigerweise einwirken sollte, hat der gleiche Autor an anderer Stelle genauer dargelegt, vgl. *E.-W. Böckenförde* Kirchlicher Auftrag und politische Entscheidung, 1973, S. 206ff. (211–213).

171 Umgekehrt kann in dieser Hinsicht natürlich auch nicht von einer Unterordnung der Kirche unter den Staat gesprochen werden.

172 Der genaue Titel lautet: Das Verhältnis von Staat und Kirche aus dem Begriff von Staat und Kirche entwickelt, 1873.

173 A.a.O. S. 54, vgl. auch S. 32, 46, 50, wo *Sohm* von der ethischen »Gleichberechtigung« der Kirchen mit dem Staat spricht, und S. 44, wo gesagt wird, dass »die Kirche als Heilsanstalt ethisch gleich nothwendig neben dem Staat steht«.

174 Vgl. a.a.O., S. 10, 32.

175 A.a.O., S. 10–15, 32.

176 So heißt es bei *Sohm*, dass »der Staat Hüter des Rechtsgesetzes *um* des Sittengesetzes (sc. dem die Kirche dient) *willen*« sei (a.a.O., S. 44 [Hervorhebung nur hier!], ganz ähnlich S. 12). Die Staatsgewalt verrichte ihren Dienst »im Interesse der freien sittlichen Entwicklung« des Bürgers (a.a.O., S. 17, ähnlich S. 14). Folglich »will« auch »das Rechtsgesetz ... die Congruenz des menschlichen Willens mit dem menschlichen, um die *äußeren Hindernisse* zu beseitigen, welche der sittlichen Entwicklung, der Congruenz des menschlichen Willens mit dem göttlichen, entgegenstehen. Das Recht will die *freie* Unterordnung unter das Sittengesetz ermöglichen. Es will äußere Freiheit um der inneren

Die aus dem »gegenseitigen Dienstverhältnis« folgende Gleichordnung von Kirche und Staat und das auch die Beziehungen von Kirche und Staat bestimmende, durch *Ebelings* Interpretation der Zweireichelehre begründete Verständnis des Ethischen sind die wesentlichen Voraussetzungen für eine genauere Bestimmung der exemplarischen Bedeutung des *Kirchenrechts:*

Wie der Staat von Voraussetzungen lebt, über die er selbst nicht Herr ist[177], so gilt das gleiche für die staatliche Rechtsordnung, deren Gestaltung und Durchsetzung ja wesentliche Aufgabe staatlicher Gewalt ist. Was die Kirchen für den Staat nach *Ebeling* bedeuten, so dürfen wir vom dargelegten Kirchenrechtsbegriff aus weiter folgern, das bedeutet die kirchliche Rechtsordnung für das staatliche Recht[178]. Diese ihre exemplarische Bedeutung kann inhaltlich noch näher präzi-

---

Freiheit willen« (a. a. O., S. 12 [Hervorhebungen bei *Sohm!*]). Das Rechtgesetz ist aus diesem Grund auch inhaltlich von dem Sittengesetz unabhängig (a. a. O., S. 12), es schöpft seine Ideen aus dem tatsächlichen Leben (a. a. O., S. 22, 44), was aber – wie gesagt – nicht bedeutet, dass keine »Identität der Aufgabe von Sittengesetz und Rechtsgesetz« vorliegt (so ausdrücklich S. 12).

Die Gedanken *Sohms* zum grundsätzlichen Verhältnis von Staat und Kirche sind nun – das sei ausdrücklich betont – keinesfalls so neu für seine Zeit, wie es vielleicht scheinen mag. So finden sich etwa überraschende Parallelen bei dem Theologen *Theodosius Harnack* (1817–1889) (vgl. die Darstellung bei *Ch. Link*, Die Grundlagen der Kirchenverfassung im lutherischen Confessionalismus des 19. Jahrhunderts, insbesondere bei Theodosius Harnack, 1966, S. 245–249, bes. S. 248f.). Im Grunde durchziehen aber entsprechende Gedanken das deutsche Staatskirchenrecht seit der Aufklärung, wie eine weitere Arbeit des gleichen Autors einprägsam belegt: *Link*, Staatskirchenhoheit. Religionsgesellschaftliche Autonomie und säkulare Gemeinwohlverantwortung im deutschen Staatskirchenrecht seit der Aufklärung, ZevKR 20 (1975) S. 1–42. Die spezifische Bedeutung der *Sohm*schen Schrift für unsere Fragestellung resultiert aus der Konkretisierung des Zusammenhangs, der zwischen der theologischen Einschätzung des Ethischen und der Bedeutung der Kirchen für das Gemeinwesen besteht, und besonders in der Konkretisierung von Funktion und Inhalt des staatlichen Rechts im Blick auf die Stellung der Kirchen. Welche exemplarische Bedeutung des *kirchlichen* Rechts sich nun daraus ergibt, kann allerdings aus *Sohms* Schrift nicht mehr abgeleitet werden, da er ja ein eigenständiges kirchliches Recht ablehnt; vgl. dazu genauer Anm. 178.

177 So *E.-W. Böckenförde*, die Entstehung des Staates als Vorgang der Säkularisation (Anm. 161), S. 93.

178 Eine solche Folgerung ist für *Sohm* wegen seiner Ablehnung eines eigenständigen Kirchenrechtsbegriffs nicht möglich. Die Ursache für diese These *Sohms* ist wohl mit *W. Böckenförde* u. a. primär in *Sohms* Kirchenbegriff – genauer in seiner Verkennung der Geschichtlichkeit der Kirche – zu suchen (dazu *W. Böckenförde*, Das Rechtsverständnis der neueren Kanonistik und die Kritik Rudolph Sohms, S. 100f., 106–108, 164f.), obwohl *Sohm* selbst als ursächlich dafür, wie noch einmal deutlich sein 1975 herausgegebener Briefwechsel mit *Adolf von Harnack* und *Ulrich Stutz* zeigt, seinen Rechtsbegriff ansah (vgl. *Lease*, Der Nachlaß Sohms, ZRG 92 [1975], Kan. Abt. 62, S. 348ff. [360, 361f., 372, 376]). Ähnlich wie *Sohm* in seinen Arbeiten zur mittelalterlichen Verfassungsgeschichte von einem statischen (neuzeitlichen) Staatsbegriff ausgeht (dazu *E.-W. Böckenförde,* Die deutsche verfassungsgeschichtliche Forschung im 19. Jahrhundert. Zeitgebundene Fragestellung und Leitbilder, 1961, S. 192–195), liegt seiner Kirchenrechtstheorie die Vorstellung von einer sich stets gleichbleibenden, scheinbar aus *Luthers* Theologie folgenden geistlichen

siert werden, wenn wir an unsere Überlegungen zur exemplarischen Bedeutung des Kirchenrechts in Weiterführung entsprechender rechtstheologischer Gedanken *Dantines* anknüpfen[179]. Das Kirchenrecht als Recht der Kirche, der die Botschaft von Gesetz und Evangelium an die Welt aufgetragen ist, hat eben diese Relation in Inhalt und Handhabung deutlich werden zu lassen und damit für die weltliche Rechtsordnung das Bewusstsein für den Grund des Ethischen gegenwärtig zu halten. Das Gefälle, von dem im Blick auf die Aufgaben von Kirche und Staat für die Verwirklichung des »ethischen Gesetzes« im Sinne *Sohms* die Rede war, eben dieses Gefälle besteht auch zwischen kirchlichem und staatlichem Recht. Dieses Gefälle bedeutet nach dem Gesagten aber keine Höherrangigkeit des kirchlichen Rechts und ebenfalls keine Determination der im weltlichen Recht wirksamen ethischen Überzeugungen, wohl aber eine für das weltliche Recht »exemplarische« Verhältnisbestimmung zu diesen Überzeugungen wie zum das Recht bestimmenden Ethischen überhaupt.

Diese exemplarische Bedeutung könnte das Kirchenrecht allerdings nicht besitzen, wenn man mit einem Teil der Literatur von einem eigenständigen, mit dem weltlichen Recht unvergleichlichen kirchlichen Rechtsbegriff ausgehen würde[180]. Denn erst die strukturelle Gemeinsamkeit beider Rechtsbegriffe, die in der gemeinsamen, wenn auch inhaltlich andersartigen Vermittlungsaufgabe besteht, lässt den Brückenschlag zwischen beiden Rechten zu und ermöglicht es, das Bewusstsein vom aufgezeigten Gefälle zwischen kirchlichem und weltlichem Rechtsbegriff auch im weltlichen Recht wirksam werden zu lassen. *Ebelings* Interpretation der lutherischen Zweireichelehre zwingt, wie wir sahen, nicht zu einer Leugnung dieser strukturellen Gemeinsamkeit; sie leitet im Gegenteil dazu an, die Weltlichkeit (Geschichtlichkeit) der Kirche und ihrer Rechtsordnung in eben ihrer Weltlichkeit und zugleich in ihrer darüber hinausweisenden Daseinsweise zu begreifen. Genauso aber wie das weltliche Recht nicht schon ohne weiteres aus der Funktion praktischer Vernunft (Ethik) folgt, so folgt nicht unmittelbar aus theologischen (religiösen) Überlegungen ein Kirchenrecht. In beiden Fällen bedarf es

---

Kirche zugrunde (vgl. W. Böckenförde, a. a. O., s. 102–106). Die Konfrontation dieses Kirchenbegriffs mit einem neuzeitlichen Rechtsbegriff durch *Sohm* führt dann zu seiner berühmten These vom Widerspruch zwischen Kirche und Kirchenrecht und verfehlt damit die tatsächliche kirchliche Wirklichkeit (wie er sich umgekehrt durch die Konfrontation des neuzeitlichen Staats- und Rechtsbegriffs mit der mittelalterlichen Verfassungswirklichkeit den Zugang zu deren wirklicher geschichtlicher Realität verbaut).

179 Vgl. dazu Anm. 134–136.

180 Zu diesen Versuchen in der Literatur kritisch und mit weiteren Belegen besonders *Pirson*, Universalität und Partikularität der Kirche, S. 18 Anm. 14, S. 22–26, 211f., 216f.; *Ruppel*, Die Gemengelage von staatlichem und kirchlichem Recht und der kirchliche Rechtsbegriff, in: FS Michaelis, 1972, S. 266ff. (269–275); *Dreier*, Das kirchliche Amt, S. 37–40, 61, 72–91, und: Methodenprobleme der Kirchenrechtslehre (Anm. 14), S. 362–367; *W. Böckenförde*, Das Rechtsverständnis der neueren Kanonistik und die Kritik Rudolph Sohms, S. 190–194, 206, 217. Vgl. daneben die Nachweise in Anm. 148.

der Vermittlung bzw. Auslegung im Sinne *Ebelings*. Das beweist für das weltliche Recht die herkömmliche Trennung von Moralität und Legalität bzw. Ethik und Politik[181] und entsprechend für das kirchliche Recht das mit der Geschichtlichkeit der Kirche gegebene Problem eines Auseinandertretens von religiöser (geistlicher) und weltlicher Existenz[182].

Eine *in*direkte exemplarische Bedeutung kann vom dargelegten Standpunkt aus auch dem Staatskirchenrecht zuerkannt werden. Dem steht nicht die Tatsache entgegen, dass es sich bei dem Staatskirchenrecht um vom Staat gesetztes Recht, insbesondere um staatliches Verfassungsrecht handelt[183]. Denn der staatliche Gesetzgeber tritt insoweit mit seinen Regelungen in eine direkte Beziehung zu den Kirchen und setzt sich damit, sei es – wie durchweg – in negativ-abgrenzender Form, sei es in »positiver« Form, wie es etwa durch zahlreiche Bezugnahmen auf kirchliche Rechtsnormen und sonstige Akte kirchlicher Rechtsgestaltung geschieht[184], mit ihrer Rechtsordnung auseinander. Besonders deutlich wird diese indirekte exemplarische Bedeutung des Kirchenrechts in den zwischen Staat und Kirchen geschlossenen Verträgen. Zu solchen Verträgen kommt es seitens des Staates ja aus der Einsicht in die inneren Grenzen seiner Souveränität. Für jene Einflüsse, über die er nicht Herr ist, die aber das Staatsleben (mit-) konstituieren, strebt er im Wege des Vertrages mit den Kirchen, die von ihm insoweit als wesentlicher »Ordnungsfaktor« anerkannt werden, eine gemeinsame Regelung an[185]. Die exemplarische Bedeutung des Kirchenrechts kann sich hier um so mehr entfalten, als es sich beim zwischen Staat und Kirche geschlossenen Vertrag ja nicht um einseitiges, vom Staat gesetztes Recht handelt[186].

181 So richtig *Bubner*, Handlung, Sprache, Vernunft. Grundbegriffe einer praktischen Philosophie, 1976, S. 290.

182 Vgl. auch das hier bei Anm. 157f. zur Entstehung des Kirchenrechts Gesagte.

183 Dazu besonders klar *Hollerbach*, Die Kirchen unter dem Grundgesetz (Mitbericht), in: VVDStRL Heft 26, 1968, S. 57ff (58–60, 63); *H. Weber*, Grundprobleme des Staatskirchenrechts, 1970, S. 22–32; *Obermayer*, Bonner Kommentar zum Grundgesetz, 1950ff., Art. 140, Zweitbearbeitung (1971), Rdnr. 88, jeweils m. w. N.

184 Zu diesem Problem *Pirson*, Kirchliches Recht in der weltlichen Rechtsordnung, in: FS Ruppel, 1968, S. 277–311, einerseits sowie *Ruppel*, Die Gemengelage von staatlichem Recht und kirchlichem Recht und der kirchliche Rechtsbegriff (Anm. 180), S. 267ff., bes. S. 275–280, und *Schlaich*, Neutralität als verfassungsrechtliches Prinzip, vornehmlich im Kulturverfassungs- und Staatskirchenrecht, 1972, S. 199–202, andererseits.

185 Diese Deutung der Funktion des Kirchenvertrages folgt im wesentlichen *Pirson*, Der Kirchenvertrag als Gestaltungsform der Rechtsbeziehungen zwischen Staat und Kirche, in: FS Liermann, 1964, S. 177ff. (181–187). Vertiefend mit weiteren Literaturhinweisen: *Hollerbach*, Die vertragsrechtlichen Grundlagen des Staatskirchenrechts, in: HdbStKirchR, Bd.1, 1974, S. 267ff. (276–285).

186 Zur Charakterisierung dieses Rechts besonders *Hollerbach*, a.a.O., S. 283f. Ausführlicher *ders.*, Verträge zwischen Staat und Kirche in der Bundesrepublik Deutschland, 1965, S. 89–96.

10. Mit diesem Hinweis auf die indirekte exemplarische Bedeutung des Staatskirchenrechts für das übrige weltliche Recht ist im Grunde schon eine erste wichtige Folgerung aus dem dargelegten Kirchenrechtsbegriff für das Staatskirchenrecht angesprochen. Für das Vertragsstaatskirchenrecht ist insoweit jedoch noch eine nähere Darlegung des Zusammenhangs erforderlich, der zwischen dem hier entwickelten Kirchenrechtsbegriff und der für das Kirchenvertragsrecht zentralen These besteht, dass Staat und Kirche einem gemeinsamen Rechtsbereich angehören. Dieser Zusammenhang ist nun dadurch gegeben, dass die wiederholt betonte strukturelle Gemeinsamkeit von staatlichem und kirchlichem Recht erst die Vorstellung eines gemeinsamen Rechtsbereichs von Staat und Kirche zulässt. Es ist darum kein Zufall, wenn *Scheuner* gerade in Anknüpfung an die Darlegungen *Pirsons* zum kirchlichen Rechtsbegriff (deren Übereinstimmung mit dem hier entwickelten Kirchenrechtsbegriff wiederum schon aufgezeigt wurde[187]) feststellt: »Nur von einem solchen Verständnis des Rechts in der Kirche her, das seine in der Geschichtlichkeit der in der Welt lebenden Kirche begründete Funktion ernst nimmt und es daher, gewiß unter dem Gebot der Liebe, als echtes gemeinschaftgestaltendes und ordnendes Gebot erkennt, kann eine wirkliche Beziehung und Verbindung mit dem staatlichen Recht möglich werden. Diese ist dann eine solche einer allgemeinen gemeinsamen Rechtsebene allen zwischenmenschlichen Rechts.«[188] Wenn *Scheuner* an anderer Stelle diese Ausführungen dahingehend ergänzt, dass staatliches und kirchliches Recht sich »in der Inanspruchnahme desselben Menschen« begegnen[189], so ist damit für den Rechtsbegriff ein Wirklichkeitsverständnis zugrunde gelegt, das nach *Ebelings* Interpretation der Zweireichelehre für die Stellung des Menschen in dieser Welt überhaupt gilt[190]. Die Annahme einer gemeinsamen, Staat und Kirche verbindenden Rechtsebene lässt sich also als die konsequente rechtliche Folgerung aus dem durch die Zweireichelehre begründeten Existenzverständnis des Menschen verstehen. Aus dem gleichen Grund versuchten wir ja für den Kirchenrechtsbegriff selbst, insbesondere für seine Vermittlungsaufgabe, die Zweireichelehre fruchtbar zu machen. Im Ergebnis erlaubt damit der im Anschluss an die Theologie *Ebelings* entwickelte Kirchenbegriff nicht nur den Hinweis auf die besonders im Ver-

187 Vgl. bei Anm. 143–148.

188 *Scheuner*, Kirchenverträge in ihrem Verhältnis zu Staatsgesetz und Staatsverfassung, in: *ders.*, Schriften zum Staatskirchenrecht, 1973, S. 353ff. (367); ebenso die im gleichen Aufsatzband abgedruckten Artikel: Evangelische Kirchenverträge I, a.a.O. S. 336ff. (338), und: Konkordat, a.a.O., S. 347ff. (349). Daneben vgl. *Pirson*, Der Kirchenvertrag als Gestaltungsform der Rechtsbeziehungen zwischen Staat und Kirche (Anm. 184) S. 192–195; *Bäumlin*, Staatslehre und Kirchenrechtslehre, über gemeinsame Fragen ihrer Grundproblematik, in: Staatsverfassung und Kirchenordnung. FS *R. Smend*, 1962, S. 3ff. (8f.), und die in Anm. 186 genannten Arbeiten *Hollerbachs.*

189 Art. »Konkordat« (Anm. 188), S. 349.

190 Vgl. bei Anm. 102f., 118–122.

tragskirchenrecht wirksame (indirekte) exemplarische Bedeutung des Kirchenrechts, sondern er ermöglicht überhaupt erst die Vorstellung einer Staat und Kirche gemeinsam bindenden Rechtsordnung[191].

Die bereits erwähnte Auffassung *Sohms* zum Verhältnis von Staat und Kirche, deren Übereinstimmung mit *Ebelings* Gedanken zu diesem Problem nicht zu übersehen war, vermag auch deutlich zu machen, inwiefern der hier entwickelte Kirchenrechtsbegriff den verfassungsrechtlichen Status der Kirche als Körperschaften des öffentlichen Rechts (Art. 140 GG i. V. m. Art. 137 V WRV) zu rechtfertigen vermag. Aus der »ethischen Gleichordnung« der Kirche mit dem Staat, besonders aber aus dem aufgezeigten »Gefälle«, das zwischen den Aufgaben von Kirchen und Staat für die Verwirklichung des »ethischen Gesetzes« im Sinne *Sohms* besteht, leitet dieser die Notwendigkeit ab, für die Kirchen den öffentlich-rechtlichen Korporationsstatus als einzig angemessene Rechtsform anzuerkennen. Für diese rechtliche Folgerung aus einem »vorrechtlichen« Sachverhalt führt *Sohm* zwei Gründe an. Zunächst verweist er darauf, dass die ethische Gleichordnung der Kirche »auch im Recht ihren Ausdruck finden müsse«. Denn das Recht solle »die dem thatsächlichen Leben *adäquate* Form« sein[192]. Aber nicht nur die ethische Realität der Kirchen spricht nach *Sohm* für ihre gegenüber anderen

191 Zu den Möglichkeiten, den Verpflichtungscharakter dieses gemeinsamen, durch Vertrag geschaffenen Rechts zu begründen: *Pirson*, Der Kirchenvertrag als Gestaltungsform der Rechtsbeziehungen von Staat und Kirche (Anm. 185), S. 192–195.
Wenn nach *Sohm* (Das Verhältnis von Staat und Kirche, S. 53) dagegen Konkordate – und nur von diesen spricht er – »nicht völkerrechtliche Verträge, sondern nur der Ausdruck eines juristisch irrelevanten Consenses der Kirche zu einem staatlichen Gesetzgebungsact« sind, so folgt das aus seinem Verständnis der Kirchengewalt als Korporationsgewalt, die »begrifflich eine (sc. dem Staat) unterthane Gewalt« ist (a. a. O.) Aus der »ethischen Gleichordnung« der Kirche mit dem Staat ergibt sich für *Sohm* insoweit also nicht die rechtliche Gleichordnung beider. Ein vertieftes Verständnis der staatlichen Souveränität verbundenm mit der Einsicht, dass nicht die Kirche als Körperschaft des öffentlichen Rechts bzw. als Völkerrechtssubjekt, sondern als geistige, der hoheitlichen Einwirkung des Staates entzogene Macht mit diesem Verträge abschließt (vgl. *Pirson*, Der Kirchenvertrag als Gestaltungsform der Rechtsbeziehungen zwischen Staat und Kirche [Anm. 185], S. 182–187; *Hollerbach*, Die vertragsrechtlichen Grundlagen des Staatskirchenrechts [Anm. 185], S. 285, und: Verträge zwischen Staat und Kirche in der Bundesrepublik Deutschland, S. 96–106) und schließlich die aus der recht verstandenen Geschichtlichkeit der Kirche folgende Ablehnung der strikten *Sohm*schen Trennung zwischen dem »Begriff der Kirche im Rechtssinn«, der mit ihrer Eigenschaft als Korporation identisch ist, und dem »Begriff der Kirche im Lehrsinn« (a. a. O., S. 22–25) sind weitere Ursachen für diese »etatistische Legaltheorie« (so die Kennzeichnung von *Hollerbach*, Vertragsrechtliche Grundlagen des Staatskirchenrechts [Anm. 185], S. 282) *Sohms*. Dass die »ethische« Gleichordnung von Staat und Kirche bei *Sohm* jedoch nicht ohne gänzliche rechtliche Folgen bleibt, zeigen seine Ausführungen zur Begründung eines *öffentlich*-rechtlichen Korporationsstatus der Kirchen. Darauf ist im Folgenden noch einzugehen.

192 Das Verhältnis von Staat und Kirche aus dem Begriff von Staat und Kirche entwickelt, S. 44 (Hervorhebung bei *Sohm!*), vgl. auch S. 22, 23.

Verbänden herausgehobene Stellung[193], sondern vor allem sein Staatsverständnis. Der Staat »als Hüter des Rechtsgesetzes um des Sittengesetzes willen … *muß*«, so sagt er, »an der Kirche interessirt sein, der Predigerin des göttlichen Gesetzes« und fährt warnend fort: »Nicht ungestraft kann der Staat die gewaltige sittliche Macht ignoriren, deren Trägerin die Kirche in jeder ihrer Erscheinungsformen ist … Wehe dem Ultramontanismus, wenn er durch seine Entstellung und Schändung des Kirchenzwecks dem Staat die ultima ratio regum in die Hand zwingt.«[194] Gerade diese Funktion der Kirche für den Staat erfüllt nach *Sohm* nun weder eine »Freikirche«, d. h. »die freie Selbstregierung der Kirche als eines privaten Gesinnungsvereins« noch »die Landeskirche«, d. h. die »die Regierung der Kirche durch den Staat«; die Kirche muss vielmehr, wie er weiter ausführt, eine »Mittelstellung zwischen Landeskirche und Freikirche« einnehmen. Diese Mittelstellung der Kirchen beinhaltet »die Verbindung mit dem Staat (und damit die Privilegierung durch den Staat), und dennoch die Verschiedenheit vom Staat«. Dabei handelt es sich nicht um »eine äußerliche Vereinigung innerer Gegensätze, welche deshalb blosses Uebergangsstadium zu sein bestimmt wäre, sondern (sc. diese Rechtstellung) ist gerade die normale Stellung der Kirche zum Staat, welche durch den *Begriff* der Kirche wie des Staates gefordert ist«[195].

Es kommt hier nun nicht auf die mit dem heutigen verfassungsrechtlichen Status der Kirchen und den staats- und rechtstheoretischen Einsichten der Gegenwart nicht mehr zu vereinbarenden rechtlichen Folgerungen an, die *Sohm* aus seinen wiedergegebenen grundsätzlichen Ansichten zum Verhältnis von Staat und Kirche im Einzelnen zieht[196]. Wichtig sind diese Ausführungen *Sohms* für uns aber, weil in ihnen genau der Bedeutungsgehalt des Art. 137 V WRV zur Sprache kommt, der *Ebelings* Darlegungen zum Verhältnis von Staat und Kirche, dem von uns aus seiner Theologie entwickelten kirchlichen Rechtsbegriff sowie der darauf aufbauenden genaueren Bestimmung der Bedeutung von Kirche und Kirchenrecht für die Welt (den Staat) entspricht. Dieses Ergebnis legt die These nahe, dass mit dem verfassungsrechtlichen Begriff der öffentlich-rechtlichen Körperschaft in

193 Dazu *Sohm*, a. a. O., S. 25f.

194 A.a.O., S. 44 (erste Hervorhebung bei *Sohm*«) Zu seiner Charakterisierung des Montanismus als Wiederaufleben »der altchristlichen Hoffnung auf ein nahes Weltende, verbunden mit enthusiastischer Lossagung von dem Irdischen« zusammenfassend *Sohm*, Kirchengeschichte im Grundriß, 1892[7], S. 32f.

195 A.a.O., S. 44–46 (Hervorhebung bei *Sohm!*). Das Verhältnis von kirchlicher Teilhabe am staatlichen Leben und Distanz davon als das »Kompromißprodukt einer Christianisierung« zu verstehen, lehnt auch *Ebeling* (Dogmatik, Bd. 3, S. 365) ab.

196 Dazu schon unsere Kritik in Anm. 191 und auch Anm. 178. Der entscheidende verfassungsrechtliche Unterschied besteht in dem den Kirchen heute durch die Art. 4 I und II GG sowie Art. 137 I und III WRV zuerkannten Öffentlichkeitsstatus als Grundrechtsstatus (vgl. *Meyer-Teschendorf*, Der Körperschaftsstatus der Kirchen [Anm. 160], S. 304f., 314 m. w. N.).

Art. 137 V WRV den Kirchen eine von allen übrigen Verbänden einschließlich der Parteien abgehobene Stellung zuerkannt wird, die ihr besondere Notwendigkeit für das menschliche Zusammenleben (den Staat) adäquat ausdrückt.

Eine solche Interpretation des Art. 137 V WRV bedarf aber noch einiger Klarstellungen. Zunächst muss mit einem wesentlichen Teil der Lehre wohl davon ausgegangen werden, dass nicht Art. 137 V WRV, sondern die Bestimmungen des Art. 4 I und II GG, Art. 137 I und III WRV den »konstitutionellen Grund-Status« der Kirchen umschreiben[197] und Art. 137 V WRV so gesehen ergänzend zu diesem verfassungsfesten[198] Rechts-Status (und ihn darum voraussetzend) hinzutritt[199]. Weiter kann nicht übersehen werden, dass den Kirchen – abstrakt gesehen – der öffentlich-rechtliche Körperschaftsstatus vom Staat verliehen wurde, um ihnen einen Kern öffentlich-rechtlicher Befugnisse und Fähigkeiten zu gewähren und diesen Kern dem Zugriff der normalen Gesetzgebung zu entziehen[200]. Doch selbst bei dieser rein positiv-rechtlichen Ausdeutung des Art. 137 V WRV wird von deren Vertretern zugestanden, dass in der Zubilligung der Eigenschaft einer Körperschaft des öffentlichen Rechts für die Kirchen auch eine »Anerkennung« liege; der Staat erkenne »die Bedeutung der Kirchen als Faktor des öffentlichen Lebens« an[201]. Auch wird betont, dass dem Art. 137 V WRV »im Zusammenhang mit den sonstigen Einzelgarantien (Besteuerungsrecht, kirchliches Vermögen, Anstalts- und Wehrmachtsseelsorge, kirchliche Feiertage) … ein wesentliches Auslegungskriterium« für alle staatskirchenrechtlichen Verfassungsbestimmungen zu entnehmen sei, nämlich die Absicht des Verfassungsgebers, »die Kirchen vor einer Depossedierung hinsichtlich ihrer herkömmlichen öffentlichen Wirkungsmöglichkeit zu bewahren«[202].

Die Frage nun, *worin* die Bedeutung der Kirchen für das öffentliche Leben liegt

---

197 Dazu zusammenfassend *Hollerbach*, Verfassungsrechtliche Grundlagen des Staatskirchenrechts, in: HdbStKirchR, Bd. I, 1974, S. 250–255 m. w. N.; daneben *Meyer-Teschendorf*, a.a.O (Anm. 196).

198 Vgl. Hollerbach, a. a. O. (Anm. 197), S . 253f.

199 *Hollerbach*, a. a. O., S. 254. Ausführlich zu dieser ergänzenden, den kostitutionellen Grund-Status der Kirchen abrundenden Funktion des Art. 137 V WRV *ders.*, Die Kirchen als Körperschaften des öffentlichen Rechts, in: Essener Gespräche zum Thema Staat und Kirche, Bd. 1, 1967, S. 46ff., bes. S. 51f., 59, 62–65; *Meyer-Teschendorf*, Der Körperschaftsstatus der Kirchen (Anm. 160), S. 303–306, und *ders.*, Staat und Kirche im pluralistischen Gemeinwesen, S. 124–126, 132f. und bes. S. 209.

200 So *H. Weber*, Die Religionsgemeinschaften als Körperschaften des öffentlichn Rechts im System des Grundgesetzes, 1966, S. 59ff., bes. S. 91ff. (94f.); ähnlich *Pirson*, Universalität und Partikularität der Kirche, S. 186f. Anm. 32, 215f.

201 So *Pirson*, Universalität und Partikularität der Kirche, S. 186 Anm. 32; ähnlich *H. Weber*, Grundprobleme des Staatskirchenrechts, S. 56f.; *Scheuner*, System der Beziehungen von Staat und Kirchen im Grundgesetz. Zur Entwicklung des Staatskirchenrechts, in: HdbSt-KirchR, Bd. I, 1974, S. 5ff. (74f.).

202 So *Pirson*, Art. »Öffentlichkeitsanspruch«, in: EvStL$^2$, Sp. 1658ff. (1662).

bzw. *warum* ihnen öffentliche Wirkungsmöglichkeiten gewährt werden, ist damit allerdings nicht beantwortet. Die richtige Beantwortung eben dieser Frage besäße nun aber auch für die Inhaltsbestimmung des Art. 137 V WRV Bedeutung, wenn etwa dessen Abschaffung erwogen würde[203]. Verliert man in einer solchen Situation den von *Sohm* so überzeugend dargelegten Begründungszusammenhang, der ja der rechtstheologischen Begründung des hier entwickelten Kirchenrechtsbegriffs entspricht, aus den Augen, dann ist in der Tat die Gefahr gegeben, vor der *Hermann Weber* bereits vor zehn Jahren warnte, nämlich, dass »die Betonung einer Interpretation der Korporationsqualität als Gesamtstatus oder Schlüsselbegriff in dem geschilderten Sinn (d. h. die in Art. 137 V WRV hineingelesene verfassungsrechtliche Anerkennung der Zugehörigkeit der Kirchen zur Sphäre einer soziologisch-faktisch verstandenen Öffentlichkeit) leicht dazu führen kann, Art. 137 V WRV als verfassungsrechtliche Antwort auf eine *allgemeine* Verbändeproblematik mißzuverstehen«[204].

In Fortführung einiger bereits vorhandener Ansätze[205] hat nun einen solchen Versuch in der Tat jüngst *Meyer-Teschendorf* gemacht. Er unternimmt es, die besondere Funktion des Art. 137 V WRV »als Pionier eines Verbände-Verfassungsrechts«[206] darzulegen. Daneben betont *Meyer-Teschendorf* u. a. zwar auch die Bedeutung dieser Vorschrift »als institutionalisierte Verfassungserwartung und als Begünstigung des moralisch-ethischen Mandats der Kirchen«[207], doch sieht er darin – und das ist entscheidend – einen Rechtfertigungsgrund für die Beibehaltung des Art. 137 V WRV *neben* verschiedenen anderen[208]. Durch diese Einebnung der verschiedenen kirchlichen Aufgaben wird aber genau jenes »Gefälle« geleugnet, das zwischen der durch die Botschaft der Kirchen und ihre Rechtsordnung vermittelten Einschätzung des Ethischen und der daraus not-

---

203 Dazu besonders die Arbeit von *Schmitdt-Eichenstaedt*, Kirchen als Körperschaften des öffentlichen Rechts? Eine Überprüfung des öffentlich-rechtlichen Status von Religions- und Weltanschauungsgemeinschaften, 1975. *Schmidt-Eichenstaedt* kommt in der genannten Untersuchung zu dem Ergebnis (a. a. O., S. 107–109), dass Art. 137 V WRV »tragenden Prinzipien« des Grundgesetzes widerspreche und deshalb aufzuheben sei.

204 H. Weber, Grundprobleme des Staatskirchenrechts, S. 57 (Hervorhebung bei *Weber!*).

205 Vgl. etwa *Schlaich*, Neutralität als verfassungsrechtliches Prinzip, S. 154–217; *ders.*, Der Öffentlichkeitsauftrag der Kirchen (Anm. 164) S. 231–272, und *Kewenig*, Das Grundgesetz und die staatliche Förderung der Religionsgemeinschafen, in: Essener Gespräche zum Thema Staat und Kirche, Bd. 6, 1972, S. 9–35 u. a.

206 Der Körperschaftsstatus der Kirchen (Anm. 160), S. 306–315, und *ders.*, Staat und Kirche im pluralistischen Gemeinwesen, S. 119–135.

207 Der Körperschaftsstatus der Kirchen (Anm. 160), S. 318–322, und: Staat und Kirche im pluralistischen Gemeinwesen, S. 130f.

208 Als weitere Rechtsfertigungsgründe für die Regelung des Art. 137 V WRV werden von *Meyer-Teschendorf* »die gemeinwohlorientierten sozialen Dienste« der Kirche und das öffentliche kirchliche »Kulturengagement« (Der Körperschaftsstatus der Kirchen [Anm. 160], S. 322–329) genannt.

wendig folgenden kirchlichen Tätigkeit besteht[209] und das u. E. bei *Sohm* in so eindrucksvoller Weise zum Grundprinzip staatskirchenrechtlicher Ordnung gemacht wurde. Nach der hier vertretenen (rechts-)theologischen Begründung für die öffentliche Bedeutsamkeit der Kirchen lässt sich diese allein auf ihre Botschaft von der Rechtfertigung des Sünders zurückführen, womit sich alle weiteren karitativen und kulturellen kirchlichen Tätigkeiten als Folgen daraus und damit letztlich als sekundär erweisen. Eben diese Botschaft selbst fällt auch zusammen mit dem freiheitsstiftenden Bewusstsein der Kirchen und ihrer zweckfreien Sorge um den ganzen Menschen, wovon schon die Rede war[210]. Hält man nun an dieser Bedeutung der Kirchen als alleinige inhaltliche Rechtfertigung für ihr öffentliches Wirken fest, so zwingt man den Staat, falls er eine Abschaffung des Art. 137 V WRV beabsichtigt, zu einer im Vergleich zu *Meyer-Teschendorf* weitaus fundamentaleren Begründung für einen solchen Schritt. Denn dann geht es bei der Entscheidung über diese Frage nicht um die Beschränkung einer zwischen Staat und Gesellschaft anzusiedelnden öffentlichen Wirksamkeit irgendeines Verbandes[211], sondern darum, ob der Staat mit der Abschaffung des Art. 137 V WRV nicht, was *Sohm* ja befürchtete, im Widerspruch zur gesamten neuzeitlichen Verfassungsentwicklung den ersten Schritt zu dem Versuch macht, »die *ultima* ratio regum« aus sich heraus selbst festzulegen. Genau diese Frage hätte auch die Wissenschaft vom Staatskirchenrecht in ihre Diskussion um den Körperschaftsstatus der Kirchen mit einzubeziehen. Der Hinweis auf die durch die Art. 4 I und II GG, Art. 137 I und III WRV verfassungsrechtlich garantierte Möglichkeit öffentlicher Wirksamkeit der Kirchen würde letztlich wohl nur dann nicht als Begründung für die Abschaffung des Ar. 137 V WRV ausreichen, wenn man auf die Unvergleichlichkeit der Kirchen mit den Verbänden abhebt. Sie besteht wie gesagt darin, dass die Kirchen wie der Staat »freilich in ganz anderer Hinsicht Verantwortung für alle« (*Ebeling*) wahrnehmen[212]. Gerade diese mit dem Staat gemeinsame Sorge um den ganzen Menschen rechtfertigt dann auch die öffentlich-rechtliche Struktur der kirchlichen Rechtsordnung, für die der Begriff des

209 Dazu schon unsere Kritik in Anm. 165.

210 Vgl. bei Anm. 161–166.

211 Zu diesem den Kirchen zugeschriebenen Bereich des »Öffentlichen« mit weiteren Literaturhinweisen *Meyer-Teschendorf*, Der Körperschaftsstatus der Kirchen (Anm. 160), S. 303–306. Kritisch zu den Versuchen, den so beschriebenen öffentlichen Status der Kirchen etwa zur Begründung eines kirchlichen Subventionsanspruchs bei einer Aberkennung ihres Rechts auf Erhebung von Kirchensteuern heranzuziehen und allein damit den kirchlichen Körperschaftsstatus zu rechtfertigen *E.-W. Böckenförde*, Die Bedeutung der Unterscheidung von Staat und Gesellschaft im demokratischen Sozialstaat der Gegenwart, in: Rechtsfragen der Gegenwart, FS Hefermehl, 1972, S. 11ff. (22f.) u. a.

212 Dogmatik, Bd. 3, S. 304. Das gleiche Ergebnis unter staatstheoretischem Blickwinkel bei *E.-W. Böckenförde*, Die Bedeutung der Unterscheidung von Staat und Gesellschaft als Bedingung individueller Freiheit, S. 22–24, und BVerfGE 42, 321ff. (330–333).

kirchlichen Amtes besonderer Ausdruck ist[213]. Wenn bereits gefolgert wurde, dass mit dem Wegfall des zum »verfassungswidrigen Verfassungsartikel« erklärten Art. 137 V WRV ein Streikrecht *aller* kirchlichen Bediensteten befürwortet werden müsse[214], so mag das als Beleg dafür dienen, wie weit die richtige Begründung für den öffentlich-rechtlichen Körperschaftsstatus der Kirchen in aktuelle kirchenrechtliche Fragen der Gegenwart hineinreicht und sie mit bestimmt.

## IV.

11. Wir stehen damit am Ende unserer Überlegungen. Sie nahmen ihren Ausgangspunkt von der These *Ebelings*, dass mit der Frage nach Inhalt und Bedeutung der Geschichtlichkeit der Kirche – ihrem Dasein in der Welt – das richtige Verständnis der kirchlichen Rechtsordnung unmittelbar zusammenhängt. Diese These hat sich bestätigt. *Ebelings* Verständnis der Kirchengeschichte als Geschichte der Auslegung der Heiligen Schrift konnte für den kirchlichen Rechtsbegriff mit der Modifikation fruchtbar gemacht werden, dass Kirchenrecht Auslegung der Heiligen Schrift in Form der Vermittlung zwischen

---

213 Zu dem in dieser Hinsicht Staat und Kirchen verbindenden Merkmal noch immer besonders anschaulich *Köttgen*, Das anvertraute öffentliche Amt, in: Staatsverfassung und Kirchenordnung: FS *R. Smend*, 1962, S. 119ff., bes. S. 143–148. Nach herrschender Meinung folgt gerade die Dienstherrnfähigkeit der Kirchen (d. h. die Befugnis, Beamte zu haben) aus ihrem durch Art. 137 V WRV garantierten Körperschaftsstatus; vgl. *Frank*, Dienst- und Arbeitsrecht, in: HdbStKirchR, Bd. I, 1974, S. 669ff. (680f.) m. N. Aber auch der durch Art. 137 V WRV ermöglichte Ausbau einer öffentlich-rechtlichen Organisation (vgl. dazu *A. v. Campenhausen*, Staatskirchenrecht. Ein Leitfaden durch die Rechtsbeziehungen zwischen Staat und den Religionsgemeinschafen, 1973, S. 121) gehört hierher. Deutlich zeigen sich die Parallelen für das Verfassungsrecht der evangelischen Kirchen besonders in der großen Untersuchung von *Frost*, Strukturprobleme evangelischer Kirchenverfassung. Rechtsvergleichende Untersuchungen zum Verfassungsrecht der deutschen evangelischen Landeskirchen, 1972. Dort werden etwa dem »weltlichen« öffentlichen Recht durchaus ähnelnde Themen behandelt wie: die Spannung zwischen Amt und Gemeinde bzw. Kirche und Gemeinde (Aufsichtsrecht) oder das Spannungsverhältnis zwischen landekirchlichem Zentralismus und notwendiger Dezentralisation; die Abgrenzung der Kirchenleitung von der Kirchenverwaltung; die kirchlichen Zweckverbände der Gemeinden und Mittelstufenverbände; die Verbindungen der »souveränen« Landeskirchen untereinander sowie die Organe der kirchlichen Gerichtsbarkeit u. a. Zu den übbrigen »öffentlich-rechtlichen« Korporationsrechten der Kirchen vgl. die Übersichten bei *v. Campenhausen*, a. a. O., S. 115–124, und *H. Weber*, die Religionsgemeinschaften als Körperschaften des öffentlichen Rechts im System des Grundgesetzes, S. 109–131. Allgemein zur öffentlich-rechtlichen Struktur der kirchlichen Rechtsordnung auch *Hollerbach*, Die Kirchen als Körperschaften des öffentlichen Rechts (Anm. 199), S. 55f., und *v. Campenhausen*, Aktuelle Probleme des Geistlichenprivilegs im Wehrrecht, DVBl. 1980, 578ff. (579f.).

214 So die rechtliche Bewertung des Art. 137 V WRV bei *Schmidt-Eichstaedt*, Kirchen als Körperschaften des öffentlichen Rechts?, S. 107–111. Zum daraus gefolgerten Streikrecht, S. 107.

Kirche und Welt betreibt[215]. Auch die zweite wesentliche theologische Aussage *Ebelings* zur kirchlichen Existenz in der Welt, seine Interpretation der (lutherischen) Zweireichelehre, gewann für die Bestimmung des Kirchenrechtsbegriffs Bedeutung. Denn sie verhalf dazu, den Inhalt der kirchenrechtlichen Vermittlungsaufgabe genauer zu umschreiben[216], sowie die Folgerungen aus dem dargelegten Kirchenrechtsbegriff zur exemplarischen Bedeutung des Kirchenrechts[217], zum Vertragskirchenrecht[218] und zur Rechtfertigung des Art. 137 V WRV[219] näher zu begründen.

Die Bemerkung *Pirsons*, dass sich »›rechtstheologische‹ Konsequenzen aus jeder der denkbaren theologischen Positionen« ergeben[220], besteht demnach – was die Theologie *Ebelings* betrifft – zu Recht. Die Konsequenzen reichen in diesem Fall sogar, wie deutlich wurde, über den engeren Bereich der Rechtstheologie weit hinaus. Es wäre viel gewonnen, wenn dieses Ergebnis für die evangelische Kirchenrechtswissenschaft Anlass wäre, das Gespräch mit der neueren protestantischen Theologie verstärkt wieder aufzunehmen, und wenn weiter die allgemeine Rechtstheorie dadurch angeregt würde, die scheinbar erledigte Frage nach dem Verhältnis von Rechtsgeschichte und Rechtsdogmatik unter Beachtung entsprechender Überlegungen in der hermeneutischen Theologie erneut zu durchdenken.

## Thesen

### I.

Mehrere Gründe sprechen dafür, nach der Relevanz der historisch-kritischen Theologie *Gerhard Ebelings* für das evangelische Kirchenrecht zu fragen:

1. Zunächst allgemein der seit längerem zu beobachtende Abbruch der bald nach dem zweiten Weltkrieg einsetzenden rechtstheologischen Diskussion, die ihre Parallele in der Naturrechtsdiskussion der Nachkriegszeit besitzt. Während nun aber die Naturrechtsdiskussion bis heute in engem Kontakt mit der (praktischen) Philosophie geführt wird, fehlt es seit dem Aufkommen der historisch-kritischen Theologie i. S. *Bultmanns* und seiner Schüler an einem entsprechend intensiven Gespräch zwischen Kirchenrechtswissenschaft und protestantischer Theologie.

215 Vgl. bei Anm. 130f., 149–158.
216 Vgl. bei Anm. 132f.
217 Vgl. bei Anm. 134–136 und bei Anm. 162–171, 176–182.
218 Vgl. bei Anm. 102f. i. V. m. 188–190.
219 Vgl. bei Anm. 164–171, 196f., 209f., 212f.
220 Vgl. den Nachweis in Anm. 18.

2. Eine wesentliche Ursache für den damit eingetretenen Stillstand in der rechtstheologischen Diskussion ist in dem Umstand zu sehen, dass selbst die systematische Theologie lange gebraucht hat, um die von einem historisch-kritischen Denken bestimmten neueren Ergebnisse der neutestamentlichen Exegese positiv zu verarbeiten, Das ist allerdings inzwischen in vorbildlicher Weise durch das theologische Werk *Gerhard Ebelings* geschehen. Insbesondere seine Überlegungen zu einer hermeneutischen Theologie haben dann auch die im 19. Jahrhundert noch vertretene scharfe Trennung zwischen historischer und systematischer Betrachtungsweise als zwei Seiten eines einheitlichen Erkenntnisvorgangs verstehen gelehrt. Das eröffnete schließlich auch ein neues Verständnis für die Geschichtlichkeit der Kirche und – daraus folgend – für das Problem einer theologischen Begründung des Kirchenrechts.

3. Die durch *Ebelings* Theologie so geschaffene Verbindung zwischen theologischen und kirchenrechtlichen Fragen ist auch deshalb ein geeigneter Anknüpfungspunkt für die theologische Begründung des Kirchenrechts, weil beide – Jurisprudenz wie Theologie – wegen ihrer Erkenntnisstruktur der hermeneutischen Reflexion bedürfen. Eben dazu hat, was die Theologie betrifft, *Ebeling* grundlegende Arbeiten verfasst.

## II.

Die kirchenrechtliche Relevanz der Theologie *Gerhard Ebelings* ergibt sich aus folgenden gedanklichen Schritten:

4. Zunächst gilt für sein Verständnis der Kirche, dass sie von ihrem Grund, Jesus Christus, zu unterscheiden ist, wobei diese »Fundamentalunterscheidung« aber nicht zu einer »Scheidung« führen darf. Kirche ist darum »vollmächtiges Wortgeschehen«, dem alle ihre »Lebensformen« wie das kirchliche Amt, das (schriftliche) Bekenntnis, die Kirchenzucht etc. zu dienen haben. Es gibt aber keine menschliche Autorität, die »Apostolizität« besitzt. Damit »liefert sich die Kirche dem hermeneutischen Problem« aus.

5. Für das Verständnis der Kirchengeschichte hat das zur Folge, dass sie als »Geschichte der Auslegung der Heiligen Schrift« zu verstehen ist. Dieses Verständnis der Kirchengeschichte ist also nicht durch den Entwicklungsgedanken bestimmt, sondern orientiert sich »am Gesichtsprunkt der Auslegung eines vorausliegenden grundlegenden Geschehens«. Das macht die Identität und »Variabilität« der Kirchengeschichte aus und bestimmt auch den Inhalt des kirchlichen Traditionsbegriffs.

6. Für das gegenwärtige Handeln der Kirche in der Welt ist, wie für das Weltverständnis des einzelnen Christen, die (lutherische) Zweireichelehre insofern bestimmend, als sie die »konkrete Einübung der (fundamentalen) Un-

terscheidung von Gesetz und Evangelium« ermöglicht. Sie ist eine »Logik des Glaubens«, in der die Spannung, die in der (christlichen) Freiheit der Menschen von der Welt und zur Welt besteht, zum Austrag kommt. Entsprechendes gilt für die Existenz der Kirche in der Welt.

7. Kirchenrecht hat als notwendige Folge der kirchlichen Existenz in der Welt zwischen der geschichtlichen Welt (Politik) und den religiösen Überzeugungen (dem Theologischen) zu vermitteln, während dem weltlichen Recht die Vermittlung zwischen Politik und (säkularer) Ethik obliegt. Die genannte Vermittlungsaufgabe des Kirchenrechts hat zum Ziel, die Zusammengehörigkeit von Gesetz und Evangelium im positiven Kirchenrecht deutlich werden zu lassen.

## III.

Diese theologische Grundlegung des Kirchenrechts lässt einige Folgerungen für die Kirchenrechtswissenschaft zu:

8. Kirchenrecht und weltliches Recht sind nach dem Gesagten lediglich einem unterschiedlichen Telos verpflichtet; es handelt sich in beiden Fällen aber um *Rechts*ordnungen. Deshalb hat der Jurist das kirchliche *wie* das weltliche Recht mit juristischen Begriffen und Methoden zu gestalten, auszulegen und fortzubilden.

9. Die exemplarische Bedeutung des kirchlichen für das weltliche Recht ergibt sich aus der freiheitsstiftenden Funktion des Christentums und der daraus folgenden Rolle der christlichen Kirchen als Garanten einer wahren Humanität. Man kann darum das »Theologische« als bleibenden Grund des »Moralischen« verstehen. Da nun dem weltlichen Recht die Vermittlung zwischen Politik und Ethik obliegt (siehe 7.), erinnert so das Kirchenrecht mit seiner Vermittlung zwischen dem Theologischen und dem Politischen (der Welt) das weltliche Recht an den *Grund* und die *Notwendigkeit* seiner spezifischen Aufgabe.

10. Die entscheidende Rechtfertigung für den Status der Kirchen als Körperschaften des öffentlichen Rechts muss in der eben (siehe 9.) skizzierten Aufgabe der Kirchen und ihres Rechts gesehen werden. Ein Verzicht auf diesen Status würde also – wie schon besonders klar *Rudolf Sohm* gesehen hat – zwangsläufig einen Verlust der inhaltlichen (ethischen) Substanz des Staates nach sich ziehen.

# 5. Hans Barions Werk als Anfrage an das evangelische Kirchenrecht

## I.

1. Warum soll im Folgenden gerade das Werk eines zugegebenermaßen bedeutenden, aber für die katholische Kirchenrechtswissenschaft nach dem Zweiten Vaticanum sicherlich nicht repräsentativen Kanonisten auf seine Relevanz für das evangelische Kirchenrecht hin untersucht werden?

Die Antwort auf diese Frage wird einen evangelischen Kirchenjuristen wohl am ehesten überzeugen, wenn man auf die zahlreichen sachlichen Übereinstimmungen im Denken von *Hans Barion* und *Rudolph Sohm* und die von *Barion* ausdrücklich betonte Wertschätzung dieses zweifellos großen evangelischen Kirchenrechtlers, Rechtshistorikers, Zivilisten und Romanisten hinweist[1]. Denn nach wie vor wird ein gewissenhaftes Nachdenken über die Grundlagen des evangelischen Kirchenrechts sich mit der These *Sohms* auseinandersetzen müssen, dass das Kirchenrecht »mit dem Wesen der Kirche in Widerspruch« steht – die Kirche »kraft ihres Wesens« kein Kirchenrecht »will«[2].

Betrachtet man die Positionen von *Hans Barion* und *Rudolph Sohm* näher, so wird sofort klar, dass bei *Barion* primär die rechtstheologischen und die daraus folgenden rechtstheoretischen Grundlagen seines kanonistischen Denkens durch die Auseinandersetzung mit dem Werk *Sohms* ihre spezifische Prägung erfahren haben. Es sind darum auch die dem positiven katholischen Kirchenrecht vorgelagerten, die ante-kanonistischen Standpunkte *Barions*, die im Folgenden primär interessieren. Dass damit sein den Leser durch bestechende Gedankenschärfe immer wieder faszinierendes Werk nur verkürzt zur Sprache kommt, sei ausdrücklich zugestanden. Das gilt umso mehr, als selbst die angesprochenen ante-kanonistischen Positionen *Barions* hier nicht vollständig be-

1 Siehe dazu nur *W. Böckenförde* in der Einführung zu dem von ihm herausgegebenen und mit vorzüglichen Registern versehenen Sammelband: *Hans Barion*, Kirche und Kirchenrecht. Gesammelte Aufsätze, 1984, S. 22 m. w. N.

2 *Sohm*, Kirchenrecht, Bd. 1: Die geschichtlichen Grundlagen, 1923², S. 1, 3.

rücksichtigt werden sollen, sondern nur soweit entsprechende Fragestellungen die gegenwärtige evangelische Kirchenrechtswissenschaft (und Theologie) beschäftigen.

Dieses Vorgehen kann sich auf ein entsprechendes Beispiel von katholischer Seite berufen: Vor gut zwanzig Jahren hat *Werner Böckenförde* in seiner theologischen Dissertation über »Das Rechtsverständnis der neueren Kanonistik und die Kritik Rudolph Sohms«[3] *Sohms* Denken zum Anlass genommen, um kritische Fragen an das herrschende kanonistische Rechtsverständnis zu richten. Ebenfalls in Übereinstimmung mit der von uns gewählten Fragestellung für das evangelische Kirchenrecht versteht er seine Arbeit, wie der Untertitel treffend zum Ausdruck bringt, als »Eine ante-kanonistische Studie zum Verhältnis von Kirche und Kirchenrecht«. Es ist schon erstaunlich – das muss hier einmal kritisch gesagt werden –, dass die evangelische Kirchenrechtswissenschaft die von *Hans Barion* und *Werner Böckenförde* in der Auseinandersetzung mit *Sohm* gewonnenen rechtstheologischen und rechtstheoretischen Ausgangspunkte bisher offensichtlich nicht für wert befunden hat, sich damit gründlich auseinanderzusetzen.

2. Dieses Erstaunen wächst um so mehr, wenn man feststellt, dass bei beiden Autoren und namentlich bei *Hans Barion* nicht nur der »Rechtsbegriff« des Kirchenrechts im Anschluss an *Sohm* diskutiert wird, sondern auch die Frage, ob und inwieweit die Kirche ihren Gliedern kirchenrechtlich verbindliche Weisungen für politische Entscheidungen erteilen kann[4]. Es geht *Barion* dabei um die lehramtliche oder – allgemeiner gesprochen – die theologische Legitimität derartiger kirchlicher Aussagen und damit um ein auch die wesentlichen Grundlagen des evangelischen Kirchenrechts betreffendes Thema. Denn wer sollte leugnen, dass vor allen juristischen Abgrenzungsversuchen für die Frage nach dem Verhältnis von kirchlichem Amt und politischem Mandat oder nach der legitimen Befassungskompetenz der Synoden und kirchlichen Denkschriften mit politischen Themen zunächst und vor allem die Frage nach der theologischen Berechtigung und Notwendigkeit zu solchem Tun steht? Und hängt nicht eine weitere, das evangelische Kirchenrecht unmittelbar betreffende Frage damit zusammen – nämlich die nach dem prägenden Inhalt dieses Rechts?

3. Neben den genannten zwei Themen soll drittens hier noch auf den Denkstil *Hans Barions* – seine juristische Methode – genauer eingegangen werden. Das ist nach meinem Eindruck bisher so gut wie nicht geschehen, obwohl *Barion* selbst gesagt hat, dass es auch mit »der wissenschaftlichen Art zu räsonieren« zusammenhänge, ob jemand »katholisch oder evangelisch wird«. Ausdrücklich

3 Münster 1969.

4 Dazu genauer hier unter II 2. Für *W. Böckenförde* s. etwa S. 176ff. (bes. S. 181 im Anschluss an *E.-W. Böckenförde*) seiner soeben genannten Dissertation.

betont er daneben die Ansicht, dass es nur »Thesen ... und Antithesen« gäbe; eine Synthese sei »bloß ein Zeichen dafür, daß entweder die These oder die Antithese nicht richtig gefaßt« sei, sonst könne man ja nicht »synthetisieren«[5]. Ist es tatsächlich so, dass »der konfessionelle Gegensatz auch ein philosophischer« ist[6] und darin die letzte unabänderliche Ursache für die Unterschiede im katholischen und evangelischen rechtstheologischen Denken gesehen werden muss? Ist es weiter richtig, dass nur ein streng antithetisches Denken der kirchenrechtlichen Grundlagenproblematik gerecht wir? Diese Fragen beweisen wohl hinlänglich, dass ein Eingehen auf *Hans Barions* Denkstil unumgänglich ist.

4. Unumgänglich scheint es mir auch zu sein, die aus dem Werk *Hans Barions* folgenden Anfragen an das evangelische Kirchenrecht nicht nur mit den einschlägigen Aussagen der evangelischen Kirchenrechtstheorie zu konfrontieren, sondern vor allem mit denen der evangelischen Theologie. Geht man nämlich mit *Barion* davon aus, dass *Sohm* mit seiner Beschreibung des katholischen und evangelischen Kirchenbegriffs den verbindlichen Ausgangspunkt katholischer und evangelischer Kirchenrechtstheorie gültig formuliert hat und dass weiter die Entscheidung für einen der beiden Kirchenbegriffe eine Glaubensentscheidung darstellt[7], dann erfordert diese These vor jeder kirchenrechtlichen (rechtstheoretischen) Stellungnahme von evangelischer Seite aus zunächst eine theologische. Diese Notwendigkeit folgt auch aus der Tatsache, dass beinahe alle neueren Arbeiten zu den Grundlagen des evangelischen Kirchenrechts ihren Ausgangspunkt von einem bestimmten Kirchenbegriff nehmen[8].

Da *Barion* nun im Anschluss an *Sohm* die angeblich von *Luther* vertretene Idee der Unsichtbarkeit der Kirche Christi als der evangelischen Kirchenrechtstheorie zwingend vorgegeben erachtet, empfiehlt es sich, für die eigene Antwort einen evangelischen Theologen zu wählen, der in bewusster Anknüpfung an *Luther* und im Weiterdenken seiner Theologie zum Kirchenbegriff Stellung genommen hat. Schon aus diesem Grund erweist sich die bekannte Auseinandersetzung zwischen dem konvertierten Kanonisten und Theologen *Joseph Klein* und *Hans Barion* insoweit als ungeeignet, zumal sich die Stel-

---

5 *Barion*, Kirche und Kirchenrecht (Anm. 1), S. 658, 659, s. auch S. 661; dazu hier unter II 3.

6 So der Titel einer Buchbesprechung von *Ebeling*, die sich mit dem heute fast vergessenen Werk des evangelischen Dogmatikers *Julius Kaftan* »Philosophie des Protestantismus« (1917) befasst, abgedr. in: *Ebeling*, Wort Gottes und Tradition. Studien zu einer Hermeneutik der Konfessionen, 1966², S. 78ff.

7 Dazu zusammenfassend *W. Böckenförde*, Einführung (Anm. 1), S. 4ff.

8 Siehe zuletzt: *Janssen*, Historisch-kritische Theologie und evangelisches Kirchenrecht. Zur kirchenrechtlichen Bedeutung der Theologie Gerhard Ebelings, ZevKR 26 (1981) S. 1 (12ff.); *Schlaich*, Kirchenrecht und Kirche. Grundfragen einer Verhältnisbestimmung heute, ZevKR 28 (1983) S. 337 (346ff.); *Ehlers*, Rechtstheologische und säkulare Aspekte des evangelischen Kirchenrechts, in: FS Obermayer, München 1986, S. 275 (277f., 279, 280, 283).

lungnahmen *Joseph Kleins* auch durchweg in einer Kritik des von *Barion* vertretenen kanonistischen Rechtsdenkens erschöpfen[9]. Ganz anders steht es mit der Theologie *Gerhard Ebelings.* Es gibt wohl keinen systematischen Theologen der Gegenwart, der sich mit gleicher Gründlichkeit und Ausführlichkeit mit *Luther* auseinandergesetzt hat und als Folge davon seinem Denken verpflichtet fühlt[10]. Ich kenne auch keinen protestantischen Theologen der Gegenwart, in dessen dogmatischem Denken das nicht nur für die hermeneutische Frage, sondern auch für den Kirchenbegriff und das Kirchenrecht zentrale Problem von Schrift und Tradition eine solch große Bedeutung besitzt[11]. Bisher ungedruckte Arbeiten *Ebelings* aus den Jahren 1946–1949 zeigen darüber hinaus, dass er ähnlich wie *Barion* gerade in der Auseinandersetzung mit *Rudolph Sohm* das Verhältnis von Kirchengeschichte und Kirchenrecht näher bestimmt hat[12].

Am Leitfaden der Theologie *Gerhard Ebelings* soll darum eine Antwort der protestantischen Theologie auf die Anfragen *Barions* versucht und ergänzend dann auch nach Antworten der evangelischen Kirchenrechtstheorie Ausschau gehalten werden. Damit ergibt sich für das weitere Vorgehen folgende allgemeine Gliederung: Zunächst ist den bereits genannten drei Themen in *Barions* Werk nachzugehen: den rechtstheologischen und rechtstheoretischen Grundlagen seines kanonistischen Rechtsdenkens, den Stellungnahmen Barions zur politischen Theologie und schließlich seinen methodischen Ausgangspunkten - dem Denkstil (II.). Im nächsten Schritt geht es dann, wie gesagt, um eine theologische Antwort auf die drei genannten Themen *Barions* am Leitfaden der Theologie *Gerhard Ebelings* und unter Beachtung einiger einschlägiger Arbeiten der evangelischen Kirchenrechtstheorie (III.).

9 Siehe seine Aufsatzsammlung: Skandalon. Um das Wesen des Katholizismus, 1958, pass., und die Schilderung der Auseinandersetzung zwischen *Barion* und *Klein* bei *Krämer*, Theologische Grundlegung des kirchlichen Rechts. Die rechtstheologische Auseinandersetzung zwischen H. Barion und J. Klein im Licht des II. Vatikanischen Konzils, 1977, bes. S. 62ff.; daneben *Barions* Rezension des genannten Buches von *Klein*, in: *ders.*, Kirche und Kirchenrecht (Anm. 1), S. 323ff.

10 Siehe zuletzt etwa folgende Arbeiten von *ihm:* Das rechte Unterscheiden. Luthers Anleitung zu theologischer Urteilskraft, ZThK 85 (1988) S. 219ff., und: Reformation einst und jetzt. Erwägungen in entwurzelter Zeit, EKD-Texte 30, 1990.

11 Siehe besonders deutlich: »Sola scriptura« und das Problem der Tradition, in: *ders.*, Wort Gottes und Tradition (Anm. 6), S. 91ff.; zuletzt dazu: Heiliger Geist und Zeitgeist. Identität und Wandel in der Kirchengeschichte, ZThK 87 (1990) S. 185 (186f.).

12 Ich danke Herrn Professor *Gerhard Ebeling* auch an dieser Stelle noch einmal dafür, dass er mir seine insofern einschlägige maschinenschriftliche Ausarbeitung mit dem Thema »Kirchengeschichte und Kirchenrecht« und seinen in handschriftlicher Fassung vorliegenden Vortrag über »Rudolph Sohms Auffassung vom Kirchenrecht« aus den im Text genannten Jahren überlassen hat. In einem Brief vom 11.05.1990 teilt er mir zudem mit, dass »der Kirchenbegriff (samt den Fragen der Kirchenordnung und der Kirchengeschichte)« für ihn »in den Jahren 1945 bis 1954 das dominierende Thema« gewesen sei und dass diese Beschäftigung »25 Titel, von denen fünf gedruckt wurden«, erbracht habe.

## II.

1. Gemäß der vorgestellten Gliederung ist nun also zuerst nach dem Kirchenbegriff *Barions* und seinem darauf aufbauenden Rechtsbegriff zu fragen:

a) Im Anschluss an *Sohm* sieht *Barion* das Wesen der katholischen Kirche darin, dass »sie sichtbare und unsichtbare Kirche in eins setzt: Dort, wo die sichtbare Kirche ist, dort ist auch die unsichtbare Kirche, die Kirche Christi.« Die von *Sohm* unter Berufung auf *Luther* getroffene Unterscheidung zwischen der für die Welt unsichtbaren Kirche, die allein für die Gläubigen in Wort und Sakrament erfahren wird, und der für jedermann erkennbaren (»sichtbaren«), rechtlich verfassten Institution Kirche, der Kirche im Rechtssinn, erkennt *Barion* für die katholische Position also nicht an. Das Wesen des katholischen Kirchenbegriffs liegt für ihn gerade in der Annahme einer »rechtlichen Identität der sichtbaren Katholischen Kirche mit der unsichtbaren Kirche Christi«[13]. Demnach gehört derjenige, welcher zur Kirche Christi gehören will, auch zur katholischen Rechtskirche[14]. *Sohm* hat mit dieser Kennzeichnung des katholischen Kirchenbegriffs nach *Barion* der katholischen Kirche »die endgültige Formulierung ihres Selbstverständnisses« geliefert[15]. Über die Berechtigung der Unterscheidung von sichtbarer und unsichtbarer Kirche lasse sich allerdings »nicht wissenschaftlich, sondern nur glaubensmäßig« entscheiden[16].

b) Der so verstandene Kirchenbegriff impliziert ein ganz bestimmtes Verständnis der Kirchengeschichte wie auch des Verhältnisses von Schrift und Tradition. Denn »wegen der rechtlichen Identität der Katholischen Kirche mit der unsichtbaren Kirche Christi folgt aus der Einzigkeit der unsichtbaren Kirche *notwendig* die *geschichtliche Identität* der sichtbaren Kirche mit sich selbst«[17].

---

13 Kirche und Kirchenrecht (Anm. 1), S. 653.

14 Ebd., S. 654.

15 Wie Anm. 14.

16 Ebd., S. 662. Wie ernst *Barion* den Charakter dieser Entscheidung als Glaubensentscheidung und folglich die Gleichberechtigung der beiden Standpunkte nimmt, zeigt z. B. seine Haltung zur Missionsaufgabe der beiden großen christlichen Kirchen. Denn dazu führt er aus (ebd., S. 659f.): »Es ist geradezu jämmerlich, es ist herzzerreißend, wenn man sieht, wie die Kirchen, anstatt ihre Kräfte zu vereinigen für ihre christlichen Aufgaben, diese Kräfte dazu benutzen, um gegeneinander zu arbeiten, etwa in der Mission. Ich habe nie begriffen, warum es nicht möglich sein sollte, daß, wie Abraham und Lot sich das Land geteilt haben in Kanaan, die katholische und die evangelische Kirche sich teilen in den Missionsgebieten. Ich habe nie begriffen – und dies gilt für beide Kirchen –, daß jede Kirche mit besonderem Impetus und mit besonderer Inbrunst dort missioniert, wo die andere schon einmal missioniert hat. Das ist in Indonesien so, da gehen die katholischen Missionare in Gegenden, die von den holländischen Calvinisten sehr erfolgreich christianisiert worden sind, und die evangelische Kirche hat das dringende Bedürfnis, in Spanien zu missionieren oder in Südamerika. Das nenne ich einen Verstoß gegen ›Life and Work‹, den ich durchaus ablehne.«

17 Ebd., S. 653 (Hervorhebung vom Verf.).

Das »katholische Grunddogma« lautet darum nach *Barion*, »daß die Katholische Kirche sich nicht ändert«[18] – »sie kann sich entwickeln, aber sie kann sich nicht wandeln«[19]. Demnach kann, wie zutreffend von anderer Seite gesagt worden ist, »die Kirche nur wachsen, ihre Lehre nur sich entfalten bei vollständiger Wahrung von Identität und Kontinuität. Es ist eine rein *biologische*, keine eigentlich geschichtliche Bewegung. Eigentlich geschichtliche Bewegung vollzieht sich nur am Rande in Gestalt von Verfolgung und Häresie.«[20]

Die Kirche ist aber nicht nur als Institution, sondern auch hinsichtlich ihres Dogmas aller geschichtlichen Veränderung entzogen und überlegen. Deshalb kann *Barion* allgemein feststellen: »Wie die Formel Solâ Ecclesiâ für die Katholische Kirche der Articulus stantis et cadentis revelationis ist, so beruhen der Glaube, die Kirchen und das Kirchenrecht der Reformation auf dem Prinzip des Solâ Scripturâ.«[21] Für das Dogma folgt daraus, dass die Unterscheidung von »Substanz und Formulierung des Dogmas« aus katholischer Sicht nicht haltbar ist, das Dogma lässt sich nach *Barion* »begrifflich eindeutig fassen«[22]. Die Schrift muss von der Tradition her ausgelegt werden, und es gibt Glaubensaussagen, die »überhaupt nicht belegt werden können«; das beweist besonders deutlich »die Lehre von Maria als der Mutter Gottes mit ihren Explikationen bis hin zur Aufnahme Mariens in den Himmel (von 1950)«. Die Tradition besitzt im Übrigen selbständige dogmatische Bedeutung neben der Schrift, und es ist falsch zu sagen, die Tradition sei »nichts weiter als eine Verschönerung dessen, was ohnehin in der Heiligen Schrift steht«[23].

---

18 Ebd., S. 663.

19 Ebd., S. 655.

20 So die richtige Kennzeichnung des katholischen Kirchengeschichtsbegriffs, dem *Barion* insoweit folgt, durch *Ebeling*, Kirchengeschichte als Geschichte der Auslegung der Heiligen Schrift, in: *ders.*, Wort Gottes und Tradition (Anm. 6), S. 19; s. daneben *ders*, Studium der Theologie. Eine enzyklopädische Orientierung, 1975, S. 71f. Eine Parallele findet dieses Geschichtsdenken in dem des romanistischen Flügels der Historischen Rechtsschule, namentlich im Werk *Savignys*; s. dazu nur *E.-W. Böckenförde*, Die Historische Rechtsschule und das Problem der Geschichtlichkeit des Rechts, in: Collegium Philosophicum. Studien Joachim Ritter zum 60. Geburtstag, 1965, S. 9 (18ff.); genauer zu den Parallelen und Unterschieden im Geschichtsverständnis des germanistischen Flügels der Historischen Rechtsschule und vor allem bei *Otto von Gierke: Janssen*, Otto von Gierkes Methode der geschichtlichen Rechtswissenschaft. Studien zu den Wegen und Formen seines juristischen Denkens, 1974, S. 188ff.

21 Kirche und Kirchenrecht, S. 402.

22 Ebd., S. 663, s. auch S. 667 und S. 350ff.

23 Ebd., S. 664. Zur Dogmatisierung der »assumptio Mariae« heißt es bei dem katholischen Kirchenhistoriker *Altaner* (zitiert bei Ebeling, Die Geschichtlichkeit der Kirche und ihrer Verkündigung als theologisches Problem 1954, S. 48f.): »Jeder Schriftbeweis und damit die biblische Grundlage des Dogmas fehlt. Ein Traditionsbeweis, der eine in irgend einer Form auf die apostolische Zeit zurückgehende Überlieferung feststellen möchte, kann nicht geführt werden … Für jeden Theologen ist es (erg.: dennoch) klar und eine Selbstverständ-

c) Der gedankliche Kreis schließt sich, wenn *Barion* weiter folgert, »daß Dogmen *Rechtssätze* sind und daß sie als Rechtssätze eben unveränderlich sind«[24]. Erläuternd heißt es dazu an anderer Stelle: Das göttliche Kirchenrecht »hat formal betrachtet gegenüber der Offenbarung die Aufgabe, für den durch göttliche Offenbarung gegebenen Inhalt eine eindeutige Fassung zu bieten, die es erlaubt, diesen Inhalt zu fixieren, die Verpflichteten an den so umschriebenen Inhalt zu binden und Abweichungen von ihm festzustellen. Diese Aufgabe bestimmt das Wesen, ihre Lösung begründet die Rechtsnatur des katholischen Kirchenrechts, das demgemäß mit jeglichem dynamischen Verständnis der Offenbarung als einer noch immer andauernden oder je und je sich neu ereignenden und anzueignenden Kundmachung Gottes unvereinbar ist und gegenüber solcher dynamischen Auslegung das Donum revelatum in seiner geschichtlichen Urgestalt fixiert und nur eine dieser Urgestalt homogene Entwicklung zulässt. So betrachtet sind also die Dogmen formal als Rechtssätze strukturiert.«[25]

Der entscheidende Ausgangspunkt dieser Betrachtung nun, so hat *Barion* in Abgrenzung zum evangelischen Kirchenrecht einmal zusammenfassend formuliert, liegt in der Überzeugung, »daß die Kirche durch das göttliche Recht (als Rechtskirche) formiert und (als in ihrer Formung unveränderlich) strukturiert wird«[26]. Was das *übrige* kirchliche Recht als bloß menschliche Rechtsetzung betrifft, so gründet es nach *Barion* in dem Willen der hierarchischen Amtsträger der Kirche, die insoweit den vom göttlichen Recht gesetzten Rahmen ausfüllen[27].

Die Rolle der Kanonistik kann nach dem Gesagten keine andere sein als die einer dem Positivismus verpflichteten säkularen Rechtswissenschaft. Denn sie ist durch eine formale Bindung an die Theologie und das kirchliche Lehramt gekennzeichnet. Man darf ihre Aufgabe darum aber keineswegs gering achten, wie *Barion* im Einzelnen an ihrer Funktion als Ancilla, Custos und Illuminatrix theologiae dargelegt hat[28]. Damit ergibt sich für das katholische Kirchenrecht insgesamt, dass es »unter dem Prinzip des ›Sola Ecclesia‹ steht und allein von der Kirche her bestimmt werden kann, – das göttliche Recht, weil es von der Kirche

lichkeit, daß, wenn das Lehramt gesprochen hat, es sich theologisch um eine res iudicata handelt, d. h. daß dann die Lehre als im Depositum fidei enthalten zu glauben ist, und daß wir nicht mehr eine pia et probalilis opinio, sondern eine fide divina anzunehmende Wahrheit vor uns haben. Dann weiß der Theologe, der die Definibilität der Lehre geleugnet hat, daß die von ihm festgestellte theologische Erkenntnislücke durch den Beistand des Heiligen Geistes ausgefüllt und beseitigt wurde.« Damit ist meines Erachtens exakt auch die Meinung *Barions* wiedergegeben.

24 Ebd., S. 668.

25 Ebd., S. 330f., s. auch S. 240f. u. a.

26 Ebd., S. 344.

27 So zumindest kennzeichnet *Krämer* den Standpunkt *Barions:* a. a. O. (Anm. 9), S. 59.

28 Kirche und Kirchenrecht (Anm. 1), S. 345ff.

umschrieben und verkündigt wird, das rein kirchliche Recht hingegen, weil es als ein von der Kirche geschaffenes Recht zu verstehen ist«[29].

Man hat diese Rechtsauffassung *Barions* als »normativen Positivismus« bezeichnet[30] – ein Urteil, das seine Entsprechung in der Befürchtung eines »kirchlichen Positivismus« finden würde, die angesichts der von *Barion* ja durchaus gebilligten Tatsache geäußert worden ist, dass die Dogmatisierung der »assumptio Mariae« ohne jede biblische Grundlage und Anhalt in der kirchlichen (apostolischen) Tradition vollzogen wurde[31]. An dieser Feststellung ist zumindest so viel richtig, dass der Inhalt des göttlichen Kirchenrechts sich nach *Barion* nicht von dem kirchlichen Dogma unterscheidet[32], dem kirchlichen Recht also etwa nicht die Vermittlung mit der sozialen Wirklichkeit der Kirche zukommt. Ist dann aber nicht zumindest das »Glaubensrecht« der Kirche richtigerweise als Bestandteil der moralischen Ordnung aufzufassen? Diese Frage hat etwa – ausgehend von der Konzilserklärung über die religiöse Freiheit – *Werner Böckenförde* gestellt[33]. Solange man allerdings an der Überzeugung festhält, dass die Kirchenrechtsgeschichte anders zu verstehen ist als die allgemeine Verfassungsgeschichte, weil »es sich bei der Kirche um eine göttliche Stiftung handelt, die ihre Substanz von Anfang an in sich trägt und sie in der Geschichte nur entfaltet«[34], wird man beim Verständnis der Kirche als Rechtskirche kaum zu einer anderen Kirchenrechtstheorie als der von *Barion* vertretenen kommen. Für *Barion* konnte *Sohm* wohl auch nur deshalb das exemplarische Vorbild werden, weil er, wie unter III noch zu zeigen ist[35], ebenfalls von einer ungeschichtlichen Betrachtung der Kirche und des Kirchenrechts ausging.

2. Das zweite Thema in *Barions* Werk, auf das hier näher eingegangen werden soll, ist die Idee der politischen Theologie, soweit damit von ihm die Frage nach der legitimen kirchlichen Einflussnahme im politischen Bereich angesprochen wird.

Ausgangspunkt der Überlegungen *Barions* ist der eschatologische Charakter der christlichen Botschaft. Zum geistlichen »Bereich«, der vom weltlichen streng zu unterscheiden ist, gehört, »was in Beziehung zum eschatologischen Heil steht, was notwendig ist, um das Heil zu wirken«. Geistliche Weisungen sind darum

29 So richtig zum Rechtsverständnis *Barions: Krämer*, a. a. O., S. 83.

30 Ebd., S. 89.

31 Und zwar von dem bereits in Anm. 23 genannten katholischen Kirchenhistoriker *Altaner* (s. dazu wiederum *Ebeling*, Die Geschichtlichkeit der Kirche [Anm. 23], S. 48).

32 Siehe noch einmal *Barion*, Kirche und Kirchenrecht (Anm. 1), S. 660: »Die Einheit von Glaube und Kirchenverfassung ist ein katholisches Ziel.«

33 Dissertation (Anm. 3), S. 188ff., bes. S. 198ff.

34 So etwa ganz im Sinne *Barions: E.-W. Böckenförde*, Die deutsche verfassungsgeschichtliche Forschung im 19. Jahrhundert. Zeitgebundene Fragestellungen und Leitbilder, 1961, S. 196, Anm. 93.

35 Siehe dort bei Anm. 74ff.

»Weisungen ratione salutis bzw. ratione peccati«. Damit nun eine politische Weisung der Kirche verpflichtende Kraft erhält, muss sie durch den geistlichen Zweck gedeckt sein, muss ihre Nichtfolgerung diesen Zweck verletzen, also Sünde sein[36]. Man kann darum auch nicht biblische Sätze über Gerechtigkeit und Gleichheit unmittelbar auf den gesellschaftlichen Bereich anwenden und deshalb z. B. »keine Rezepte für die Mitbestimmung« aus dem Neuen Testament gewinnen[37]. Genau das wäre eine Leugnung des Eschatologischen, das sich kategorial[38] vom Weltlichen unterscheidet. Diese mangelnde Unterscheidung hält *Barion* für *den* Sündenfall der katholischen Kirche[39].

Er bezeichnet sich selbst darum als einen Vertreter des religiösen Katholizismus, der im Gegensatz zum politischen Katholizismus steht. Diese Haltung sei nicht, wie *Carl Schmitt* gesagt habe, »nur Gefühl und Empfindung«, sondern diese Unterscheidung ermögliche »die ganz exakte Beschreibung der ständigen Versuchung und des ständigen Sündenfalls der Katholischen Kirche: der Versuchung, die Botschaft Christi ins Politische umzumünzen«, was eben »die Verkehrung und die Leugnung des eschatologischen Charakters der Botschaft Christi« bedeute[40].

Dem genannten »Sündenfall« der katholischen Kirche ist *Barion* nun in mehreren Arbeiten nachgegangen. Zunächst in zwei Aufsätzen mit der Überschrift »Kirche oder Partei?«[41], in denen es um die Frage geht, ob die Kirche Anspruch auf politische Macht erheben kann und muss und ob es eine soziologische Affinität der Kirche zu einem bestimmten politischen System gibt. Beide Fragen verneint *Barion* nachdrücklich. Seine Kritik am Zweiten Vaticanum lautet dementsprechend, dass das Konzil »zum ersten Mal in einer quasi dogmatischen Form die Kirche auf die Demokratie festgelegt ... (erg.: habe), auf die Menschenrechte«[42]. Entsprechend kritisiert *Barion* in seiner Abhandlung »Das konziliare Utopia«[43] auch die Soziallehre des Zweiten Vatikanischen Konzils. Noch grundsätzlicheren Charakter besitzt schließlich seine Kritik am Zweiten Vaticanum in dem Aufsatz »Weltgeschichtliche Machtform?«[44]. Sie mündet in die Feststellung ein, dass es »kein legitimes Beziehungsfeld zwischen

---

36 So die Schilderung von *Barions* Standpunkt durch *W. Böckenförde*, Einführung (Anm. 1), S. 6f. m. N.

37 *Barion*, Kirche und Kirchenrecht (Anm. 1), S. 673; genauer dazu *seine* Kritik an der Soziallehre des Zweiten Vatikanischen Konzils, ebd., S. 557ff.

38 So richtig *W. Böckenförde*, Einführung, S. 6; vgl. insoweit nur die Ausführungen *Barions*, Kirche und Kirchenrecht, S. 458f.

39 Kirche und Kirchenrecht, S. 672.

40 Ebd., S. 673.

41 Ebd., S. 453ff. und S. 463ff.

42 Ebd., S. 669.

43 Ebd., S. 551ff.

44 Ebd., S. 599ff.

Kirche und Politik außerhalb der Ratio peccati« gibt. Denn »wo die Kirche eine positive politische Idee repräsentiert, die theologisch immer nur eine unter mehreren von den Zehn Geboten aus möglichen ist, überschreitet sie ihren göttlichen Auftrag«[45].

Hervorzuheben ist noch einmal, dass es nicht die kategoriale Unterscheidung zwischen Geistlichem und Weltlichem als solche ist, die *Barion* zu einer Beschränkung der kirchlichen Einflussnahme auf die Politik kommen lässt, sondern vor allem die Überzeugung, dass eine solche Einflussnahme auch nur »ratione peccati« *legitimiert* werden kann[46]. Wer wollte daran zweifeln, dass dieses Legitimationsproblem eine Frage ist, die sich die evangelische Kirche bei jeder politischen Einflussnahme ebenfalls immer wieder stellen muss? *Barion* hat das gesehen. Er schreibt: »Was ich der evangelischen Kirche vorwerfe, ist, daß sie der Versuchung nicht widerstehen kann, kirchlich ekklesiologisch zu katholisieren. Das ist ganz eindeutig. Wenn sie sich vom Katholisieren streng fernhielte, dann wären diese ganzen Denkschriften der EKD überhaupt nie entstanden.«[47] Hier kommt also, wie unter III noch näher darzulegen ist[48], ein gemeinsames Anliegen beider Kirchen zur Sprache. Das mag abschließend noch ein Hinweis *Barions* auf »die im apostolischen Kerygma grundgelegte Lehre von den zwei Reichen«[49] belegen. Es hat den Anschein, dass nicht die Unterscheidung zwischen Geistlichem und Weltlichem als solche und auch nicht die abstrakte Frage nach der Legitimität der Kirche zu derartigen Aussagen den eigentlichen Unterschied zwischen den Kirchen ausmacht. Dieser ist vielmehr wohl in dem katholischen Verständnis dieser Unterscheidung als zweier getrennter Bereiche und der ausschließlichen Zuständigkeit des kirchlichen Lehramts für den geistlichen Bereich zu suchen[50].

Ganz im Sinne dieser Darlegungen heißt es bei *Ernst-Wolfgang Böckenförde* zum politischen Mandat der Kirche: »Wenn die Kirche (als Amtskirche) Grund und Grenze ihres Auftrags in der Verkündigung ihrer Heilsbotschaft hat, so ist sie auf das beschränkt, was selbst Gegenstand dieser Botschaft ist. Es ist nicht *ihres* Amtes, das Dazwischentreten der Überlegung, Abwägung und Entscheidung der Christen in der Konkretisierung der Offenbarung auszuschalten, für

---

45 Ebd., S. 640.

46 Ebd., S. 459; s. auch S. 498 (Hervorhebung vom Verf.): Wenn die »Freiheiten, die die Kirche für sich in Anspruch nimmt, *naturrechtlich* begründet wurden, sind es begriffsnotwendig generische und nicht spezifische Freiheiten: Sie stehen naturrechtlich betrachtet der typischen Gemeinschaft solcher Art zu und nicht bloß der Katholischen Kirche.«

47 Ebd., S. 671.

48 Siehe dort bei Anm. 104ff.

49 Kirche und Kirchenrecht, S. 589, 635; siehe auch die Einführung von *W. Böckenförde* (Anm. 1), S. 14.

50 Siehe dazu u. a. Kirche und Kirchenrecht, S. 509, 584, 595, 634, 643, und Seite 14 der Einführung von *W. Böckenförde*.

sie vorab zu entscheiden und sich an ihre Stelle zu setzen; es obliegt ihr vielmehr, die Gläubigen immer wieder anzuregen, zu ermahnen, und, soweit es um die Kenntnis der christlichen Heilsbotschaft geht, instand zu setzen, diese Entscheidung und Konkretisierung selbst vorzunehmen.[51]« Interessant ist nun, dass *Böckenförde* zu dieser Ansicht kommt, weil es sich insoweit – wie er ausführt – »nicht um eine einfache logische Schlußfolgerung handelt, sondern um eine schöpferische Konkretisierung und Abwägung«. Die Verkündigung zielt zwar »aus sich selbst auf die Umsetzung in weltbezogenes Verhalten«, aber diese Wirkungen seien »*vermittelt*«, nämlich »vermittelt durch die Christen als selbsthandelnde, in der christlichen Freiheit und aus ihr heraus abwägende und entscheidende Personen«[52]. Das ist ganz im Sinne *Barions* gedacht: Was den Glauben als solchen – »das Geistliche« – betrifft, so bedarf es keiner Vermittlung auf Grund christlicher Freiheit. Hier gelten die vom Lehramt verkündeten Dogmen als Sätze göttlichen Rechts und lassen keine Unterscheidung zwischen ihrer »Substanz und Formulierung« zu. Das Problem der Geschichtlichkeit des Rechts stellt sich darum auch nicht innerhalb, sondern nur außerhalb des unmittelbaren Bereichs des »Geistlichen«.

3. Damit ist schon ein wesentliches Moment der Denkweise *Barions*, der ich mich nun zuwenden will, angesprochen. Sie kann im Blick auf seine kirchenrechtlichen Arbeiten nach dem zur Geschichtlichkeit des Rechts Gesagten und dem zu *Barions* Verständnis der Kirchengeschichte Ausgeführten nur als eine axiomatische, die hermeneutischen Probleme des historischen Verstehens leugnende bezeichnet werden. Ein Axiom ist bekanntlich eine Grundsatz, »dessen Wahrheit unmittelbar einleuchtet, der eines Beweisgrundes weder bedürftig noch fähig ist und als Grundlage des Beweises für weitere Sätze gilt: der Ausgangspunkt eines deduktiven Systems, der selbst nicht deduzierbar ist«[53]. Genauso stellt sich *Barions* Kirchenrechtstheorie dar: Ausgangspunkt ist, wie er betont, die Glaubensentscheidung für die sichtbare (Rechts-) Kirche, von der sich eine unsichtbare Kirche nicht unterscheiden lässt. Das Lehramt formuliert die maßgebenden Dogmen, die der Kanonistik als Rechtssätze vorgegeben sind und die sie im Wege strenger Deduktion (bzw. Subsumtion) systematisiert und auslegt[54].

Wie daneben *Barions* strikte Unterscheidung zwischen »Geistlichem« und »Weltlichem« zeigt, kann sein Denken zugleich als ein kategoriales Denken in dem Sinne verstanden werden, dass die beiden genannten Begriffe kategoriale

51 *E.-W. Böckenförde*, Kirchlicher Auftrag und politische Entscheidung, 1973, S. 215.
52 Wie Anm. 51.
53 So *Hofmeister*, Wörterbuch der philosophischen Begriffe, $1955^2$, Stichwort »Axiom«.
54 Siehe zusammenfassend zu seiner axiomatischen Betrachtungsweise *Barion*, Kirche und Kirchenrecht (Anm. 1), S. 677f.

Formen des Seins benennen[55]. Denn es werden damit ja streng zu trennende Existenzweisen des Menschen, denen in Staat und Kirche jeweils selbständige Organisationsformen entsprechen, zu erfassen versucht[56]. Die Amtskirche ist dementsprechend nach dem wiedergegebenen Zitat von *Ernst-Wolfang Böckenförde* auf den »Gegenstand« der Heilsbotschaft beschränkt[57] und muss deshalb »im Rahmen der Verkündigung der Glaubensbotschaft« handeln[58]. Damit stimmt *Barions* Sicht, wie wir unter 2. sahen, voll überein[59]. Kategorien sind bei *Barion* also nicht (primär) bestimmte Formen des Denkens im Sinne *Kants*, die »in der Natur der Seele ihre Quelle haben«[60]. Um die Gegensätzlichkeit des protestantischen Standpunktes zu diesem Denken *Barions* noch deutlicher zu erfassen, ist daran zu erinnern, dass nach der richtig verstandenen lutherischen Zweireichelehre mit dem Geistlichen und dem Weltlichen nicht »separate Dinge, sondern Relationen« gemeint sind, die das »Menschsein ... konstituieren«; darauf ist zurückzukommen[61].

Eine dritte Eigenart des von *Barion* praktizierten rechtstheologischen und rechtsdogmatischen Denkens, die mit den beiden zuerst genannten Charakteristika in Zusammenhang steht, ist darin zu sehen, dass *Barion* nach seinen eigenen Worten nur Thesen und Antithesen, aber keine Synthesen anerkennt[62]. Darauf wurde schon in der Einleitung hingewiesen. Genauer müsste man von einem Denken in Alternativen sprechen: Es gibt nur die sichtbare *oder* die unsichtbare Kirche, ein durch das lehramtliche Dogma geprägtes Kirchenrecht *oder* subjektive Glaubensüberzeugungen, einen von dem weltlichen *streng geschiedenen* geistlichen Bereich usw. Solche Alternativen kann man nach *Barion* nur durch »*dialektische Kunststücke*« überbrücken[63]. Es lassen sich »wissenschaftlich« auch nicht »die beiden Kirchen *zusammen*bringen« – an diesem Punkt sei »auch *Hegel* gescheitert«[64]. Man kann sich nach *Barions* Meinung

55 Siehe dazu wieder *Hofmeister*, a. a. O., Stichwort »Kategorie«.

56 Plastisch insoweit *E.-W. Böckenförde*, Die verfassungstheoretische Unterscheidung von Staat und Gesellschaft als Bedingung der individuellen Freiheit, 1973, S. 22ff.

57 Wie Anm. 51.

58 *E.-W. Böckenförde*, Kirchlicher Auftrag und politische Entscheidung (Anm. 51), S. 216. Kritisch dazu aus der Sicht der lutherischen Zweireichelehre *Ebeling*, Leitsätze zur Zweireichelehre, in: *ders.*, Wort und Glaube, Bd. III (Beiträge zur Fundamentaltheologie, Soteriologie und Ekklesiologie), 1975, S. 575f., 578f.

59 Siehe ergänzend noch *Barion*, Kirche und Kirchenrecht (Anm. 1), S. 458f., 460, 509, 635 u. a.

60 Dazu noch einmal *Hofmeister*, a. a. O. (Anm. 53), Stichwort »Kategorie« (dort auch das *Kant*-Zitat).

61 Siehe vorerst *Ebeling*, Leitsätze zur Zweireichelehre (Anm. 58), S. 580.

62 *Barion*, Kirche und Kirchenrecht (Anm. 1), S. 659, 661.

63 Ebd., S. 103.

64 Ebd., S. 659. Aufschlussreich für *Barions* Denken daselbst auch folgender Vergleich: Der Versuch, »wissenschaftlich« die beiden Kirchen zusammenzubringen, »ist *genauso wie* wenn jemand ein Buch scheibt und sagt, dass im euklidischen System ein Dreieck zwei stumpfe

ferner nur »für oder gegen Sohm entscheiden: *tertium non datur*«. Zu kritisieren ist schließlich seiner Meinung nach das »Schlüsselwort« der »konziliar-progressistischen Theologie ... der *Dialog*, das *Gespräch*«. Diese Theologie ist folglich – und damit fällt wieder das Stichwort, was meines Erachtens am ehesten den Charakter dieses Denkens erklärt – »zu einem der *Geschichtlichkeit entzogenen* Glaubenskanon nicht geeignet«[65].

Die Tatsache nun, dass sich im Denken *Sohms* eine ähnliche Antithetik finden lässt[66], gibt einen ersten Fingerzeig, dass bei beiden in der Leugnung einer wirklichen Geschichtlichkeit der Kirche der entscheidende Grund für ein solches Denken zu vermuten ist. *Barion* musste meines Erachtens so verfahren, weil er aus seinen innersten Antrieben dem »Gesetz der Form« genügen wollte. Er erkannte in seiner Gegenwart Tendenzen, welche die für die katholische Kirche konstitutive »Unaufgebbarkeit der juristischen Form« aufzulösen suchten[67]. Die juristische Form ist bekanntlich eine der drei Formen, welche *Carl Schmitt* in seinem für die wissenschaftliche Entwicklung *Barions* entscheidenden Essay »Römischer Katholizismus und politische Form«[68] herausgearbeitet hat. Ich muss es mir hier versagen, auf ähnliche Motive in den nach 1945 verfassten staatsrechtlichen Arbeiten des *Schmitt*-Schülers *Ernst Forsthoff* einzugehen[69],

---

Winkel haben kann« (Hervorhebung vom Verf.); siehe insoweit auch ebd., S. 652 und S. 658f.

65 Ebd., S. 554 (Hervorhebung vom Verf.). Konsequent ist es darum auch, wenn *Barion* nicht das historisch-kritische, sondern das »theologische« Verständnis des Neuen Testaments als für die Dogmenbildung maßgebend erachtet (so ebd., S. 666).

66 Siehe dazu nur *W. Böckenförde*, Dissertation (Anm. 3), S. 106ff. m. N.

67 Siehe als Beleg die von *W. Böckenförde* wiedergegebenen Auszüge aus der Rede von *Gustav Hillard Steinböhmer* zu Barions 70. Geburtstag: Einführung (Anm. 1), S. 18, 20.

68 Siehe nur das Selbstzeugnis *Barions*, in: *ders.*, Kirche und Kirchenrecht (Anm. 1), S. 668. Zur Interpretation des genannten Textes s. etwa *Kröger*, Bemerkungen zu Carl Schmitts »Römischer Katholizismus und politische Form«, in *Quaritsch* (Hrsg.), Complexio Oppositorum. Über Carl Schmitt, 1987, S. 159ff., und ebd. *Ulmen*, Politische Theologie und politische Ökonomie – Über Carl Schmitt und Max Weber, S. 34ff., bes. S. 350ff.; daneben nach wie vor erhellend *Ball*, Carl Schmitts Politische Theologie, in: Hochland 1924, S. 263ff., bes. S. 283ff. (s. zu dieser Interpretation auch die Stellungnahme von *Carl Schmitt* selbst: Politische Theologie II, 1970, S. 28 Anm. 5).

69 Meines Erachtens besaß *Forsthoff* ein ganz bestimmtes, namentlich durch *Hegel* und *Lorenz von Stein* geprägtes und im Blick auf das frühe 20. Jahrhundert durchaus reales Staatsbild, das er für seine Gegenwart zu verteidigen suchte, und zwar mit formalen Argumenten, die nach wie vor viel für sich haben: Trennung zwischen (formalem) Rechtsstaatsbegriff und Sozialstaatsbegriff, streng juristisches Verständnis der Grundrechte als Abwehrrechte, Gefahr der Maßnahmegesetze u. a. Zum versinkenden Staatsbild in Parallele zum versinkenden Bild der katholischen Kirche bei *Barion* s. dann besonders *Forsthoffs* Buch: Der Staat der Industriegesellschaft. Dargestellt am Beispiel der Bundesrepublik Deutschland, 1971. Mit diesem Vergleich soll nicht das Bleibende der Kritik *Forsthoffs* in irgendeiner Form geleugnet werden, s. insoweit auch *meinen* Versuch, die genannte Kritik *Forsthoffs* zum Ausgangspunkt eigener Überlegungen zu machen: *Janssen*, Über die Grenzen des legislativen Zugriffsrechts.

und wage abschließend zu diesem Abschnitt nur die Behauptung, dass es sich im Blick auf das Werk *Barion* und *Forsthoff* lohnen würde, erneut über die These nachzudenken, dass Juristen Katechonten sind[70].

## III.

Wenn nun aus den eingangs genannten Gründen vor allem am Leitfaden der Theologie *Gerhard Ebelings* eine evangelische Antwort auf die Anfragen *Barions* versucht werden soll, so kann es in diesem Rahmen nicht um eine umfassende Darlegung der gegensätzlichen Standpunkte *Ebelings* gehen, sondern mehr um Hinweise auf dieses Faktum. Mich beruhigt bei diesem Vorgehen, dass ich vor Jahren ja in ausführlicherer Form *Ebelings* rechtstheologisch relevante Aussagen dargestellt habe[71].

1. Die erste und wichtigste Differenz zwischen *Barion* und *Ebeling* besteht darin, dass die Notwendigkeit einer Unterscheidung zwischen sichtbarer und unsichtbarer Kirche von *Ebeling* bejaht wird, diese Unterscheidung aber seiner Ansicht nach nicht – im Gegensatz zu *Sohm* und mit *Luther* – zu einer Scheidung führen darf, d. h. an einem einheitlichen Kirchenbegriff festzuhalten ist[72]. Das Verdienst *Sohms* ist es, wie *Ebeling* in seiner bisher ungedruckten Arbeit über »Kirchengeschichte und Kirchenrecht« ausführt, dass er das Problem des Kirchenrechts (wieder) als theologisches Problem aufgeworfen hat[73]. Die Schwierigkeit, die für *Sohm* seiner Meinung nach daraus folgte, lag darin, dass er »das theologisch begründete Nein zum Kirchenrecht in Ausgleich bringen (erg.: musste) mit dem ebenfalls theologisch begründeten Ja zur Kirche und deren realer Existenz in der Geschichte«. *Sohm* erfasste also nach Ebeling das Verhältnis von Kirchengeschichte und Kirchenrecht als ein »spannungsreiches Problem«[74].

*Barion* löst diese Frage, wie gezeigt wurde, durch ein ungeschichtliches Ver-

---

Untersuchungen zu den demokratischen und grundrechtlichen Schranken der gesetzgeberischen Befugnisse, 1990, bes. S. 85ff. m. N.

70 *Carl Schmitt* hat von *Savigny* und *Hegel* als Katechonten gesprochen, weil sie »Aufhalter der freiwilligen und unfreiwilligen Beschleuniger auf dem Wege zur restlosen Funktionalisierung« waren; s. seinen Nachtrag zum Vortrag »Die Lage der europäischen Rechtswissenschaft« (1943/44), in: *ders.*, Verfassungsrechtliche Aufsätze aus den Jahren 1924–1954. Materialien zu einer Verfassungslehre, 1973², S. 429. *B. Schlink* hat diese Formulierung in seinem bisher ungedruckten Referat auf der Staatsrechtslehrertagung 1989 in Hannover über »Die Bewältigung der wissenschaftlichen und technischen Entwicklungen durch das Verwaltungsrecht« aufgenommen.

71 Siehe den Nachweis in Anm. 8.

72 Vgl. die Nachweise bei *Janssen*, Historisch-kritische Theologie (Anm. 8), S. 14, Anm. 63.

73 Kirchengeschichte und Kirchenrecht (Anm. 12), S. 6ff.

74 Ebd., S. 2f.

ständnis der Kirchengeschichte zugunsten der Unabänderlichkeit der rechtlich verfassten sichtbaren Kirche. *Sohms* mühsames Ringen mit dem Faktum Kirchengeschichte führt letztlich, wie *Ebeling* im Einzelnen nachweist[75], ebenfalls zu einer ungeschichtlichen Betrachtungsweise der Kirchengeschichte. Denn »die Geschichte einer ausschließlich unsichtbaren Kirche ist ein Widerspruch an sich«[76]. *Sohm* kommt jedoch eben wegen seines Kirchenbegriffs zu anderen Folgerungen für das Kirchenrecht als *Barion*, nämlich zu seiner bekannten und hier anfangs schon erwähnten These, dass das Kirchenrecht mit dem Wesen der Kirche in Widerspruch steht. Indem *Ebeling* nun in seiner Antwort auf diese These *Sohms* das richtige Verhältnis der Kirche zu ihrer Tradition zum Ausgangspunkt seiner Überlegungen macht, nimmt er – indirekt – zugleich zu *Barions* rechtstheologischen Grundannahmen Stellung. Denn diese sind nach unserer Interpretation ja entscheidend durch einen Traditionsbegriff geprägt, der in Übereinstimmung mit *Sohm* von einem ungeschichtlichen Kirchenbegriff ausgeht. Es sind drei Gesichtspunkte, die *Ebeling* gegenüber *Sohm* geltend macht:

a) Zunächst hat nach *Ebeling* die Reformation nicht die Bedeutung der Tradition für die Kirche bestritten, sondern deren Umfang »nur anders normativ bestimmt, nämlich in dem Sinne, daß allein die Schrift die maßgebende Tradition ist«[77]. Diese Bindung der Kirche an die Tradition ist allerdings nicht »Bindung an ein gesetztlich festgelegtes Statut, sondern Bindung an den lebendigen Herrn der Kirche«. Dennoch entbehrt diese Bindung »nicht konkreter geschichtlicher Kennzeichen, über die mit der Offenbarung Gottes in Jesus Christus ein für allemal entschieden ist«. *Damit* ist aber, so lautet die weitere, kirchenrechtliche Folgerung *Ebelings*, »für die Kirche in der Tat ein aus der Offenbarung Gottes sich herleitendes *ius divinum* gegeben«[78]. Denn wer »die Existenz der Kirche unaufgebbar gebunden weiß an das Zeugnis von der Offenbarung in Jesus Christus und damit an *konkrete Vorgänge* der Berufung und Sammlung durch Wort und Sakrament, der wird nicht bestreiten können, dass dieses Geschehen nicht ohne Kriterien dafür ist, was an ihm nicht menschlichen, sondern göttlichen Rechts ist«[79].

75 Ebd., S. 8ff.

76 Ebd., S. 13.

77 Ebd., S. 14. Vertiefend dazu: *ders.*, Die Geschichtlichkeit der Kirche und ihrer Verkündigung als theologisches Problem (Anm. 23), S. 50ff., 66ff., und *ders.*, »Sola scriptura« und das Problem der Tradition (Anm. 11), S. 91ff., bes. S. 140ff.

78 Kirchengeschichte und Kirchenrecht, S. 14 (Hervorhebung vom Verf.). Siehe allgemein zu Ebelings Verhältnisbestimung von Kirche und Kirchengeschichte *Janssen*, Historisch-kritische Theologie (Anm. 8), S. 16ff.; zu *Ebelings* Verständnis eines ius divinum vgl. noch seine kurzen Ausführungen in: Kirchenzucht, 1947, S. 46.

79 Kirchengeschichte und Kirchenrecht, S. 15 (Hervorhebung vom Verf.), und ergänzend *Janssen*, Historisch-kritische Theologie, S. 15f., 27f.

Zusammenfassend hat *Sohm* also nach *Ebeling* verkannt, »daß es zum Wesen der Kirche gehört, daß sie eine Geschichte hat, daß sie darum steht und fällt mit ihrem Verhältnis zur Tradition und daß das Faktum der Tradition in der Tat ein ius divinum für die Kirche begründet«[80].

b) Entgegen *Sohm* widerstreitet der Ereignischarakter der Kirche auch nicht der Kontinuität der Kirche in der Geschichte. Die Kirche kann nur jetzt und hier Ereignis werden, wenn »dieses Geschehen in ununterbrochener geschichtlicher Kontinuität steht mit dem Geschehen, das die Kirche begründet hat«. Auch das ius divinum ist »Sache des Ereigniswerdens«. Folglich begründet das »ius divinum die Kontinuität der Kirche in der Geschichte nicht in der Weise der Kontinuität einer Institution, sondern in der Weise der Kontinuität desjenigen Geschehens, das Kirche je und je neu Ereignis werden läßt«[81].

c) Das Geschehen, das Kirche je und je Ereignis werden lässt, ist entgegen *Sohm* schließlich »nicht getragen von der Initiative geisterfüllender *Individuen*, und auch nicht (erg.: entgegen der katholischen Auffassung) von der Existenz einer zentralen *Ämterorganisation*, sondern von der Realität sich immer wieder versammelnder *Gemeinden* solcher, die ihr Leben von der Tatsache der Taufe her bestimmt sein lassen«. Das ist die einzige Weise, wie das Ereigniswerden der Kirche sichtbar wird, und »hier ist der Ort, wo das für die Kirche geltende ius divinum einzig erfaßt werden und konkret Gestalt gewinnen kann«. Diese »relative Stetigkeit konkreter versammelter Gemeinde« ist darum auch der Grund dafür, dass »sich um das ius divinum herum, ihm dienend untergeordnet, kirchliche Ordnungen gestalten, die für sich genommen allein de iure humano gelten«[82].

Die Schlussfolgerung, die *Ebeling* aus diesen Überlegungen zieht, lautet: »Das Grundprinzip evangelischen Kirchenrechts ist darum *dasselbe*, wie das Grundprinzip evangelischen Verhältnisses zur Kirchengeschichte, nämlich die permanente Reformation der Kirche durch das Wort Gottes. Dieser zugleich kritische und aufbauende Prozeß bewirkt also beides: die Variabilität und die Kontinuität der Kirche in der Geschichte.«[83]

Worin liegt nun der Unterschied des so gekennzeichneten ius divinum zur Auffassung *Barions?*

Zunächst kann es sich formal gesehen nicht, wie *Barion* meint, bei dem ius divinum um Rechtssätze handeln, sondern »nur« um Auslegungen des Gesetzes im theologischen Sinne. Darum ist der von anderer Seite benutzte Vergleich des

80 Kirchengeschichte und Kirchenrecht, S. 14.

81 Ebd., S. 15.

82 Ebd., S. 16 (Hervorhebung vom Verf.). Ganz ähnlich aus kirchenrechtlicher Sicht *Schlaich*, a. a. O. (Anm. 8), S. 367f.

83 Kirchengeschichte und Kirchenrecht, S. 16 (Hervorhebung vom Verf.).

ius divinum mit den Zehn Geboten so hilfreich[84], zumal dieser Vergleich auch die Folgerung zulässt, dass das ius divinum nur negative Bestimmungen enthalten sollte, d. h. »nur aussagt, wie eine Kirche nicht geordnet sein darf, wenn sie sich nicht gegen ihr eigenes Wesen verfehlen will. Es steckt nur … den *Raum* ab, innerhalb dessen es Ordnung geben kann, die kirchliche Ordnung genannt zu werden verdient.« Inhaltlich gesehen muss zweitens das wichtigste Gebot des ius divinum aus evangelischer Sicht lauten, dass »nichts, aber auch nichts neben Wort und Sakrament auftreten darf, was göttliche Autorität in Anspruch nimmt, die Gewissen binden, eine Gewähr dafür bieten will, daß aus Menschenwort Gottes Wort, aus sichtbarer Kirche geistliche Kirche wird. Kirchliche Ordnung ist nicht dafür da, daß aus Leiblichen und Äußerem Geistliches und Innerliches werde, sondern steht immer an der Stelle, wo Geist sich verleiblicht, und deswegen ist sie frei.«[85]

Dogma (Bekenntnis) und ius divinum sind also entgegen *Barion* nicht mit der Verkündigung identisch, sondern Voraussetzung für sie. Für das übrige evangelische Kirchenrecht schließlich gilt nach *Ebeling*, dass es – theologisch gesehen – als Folge der Gesetzeserfahrung im theologischen Sinne verstanden werden muss. Das habe ich an anderer Stelle ausführlich dargelegt und muss hier darauf verweisen[86].

84 Denn auch die Zehn Gebote sind nach *Ebeling* als Auslegung des Gesetzes im theologischen Sinne zu verstehen (s. dazu *Janssen*, Historisch-kritische Theologie [Anm. 8], S. 30). Der Vergleich findet sich bei *Rückert*, Kirche und Amt in der Diskussion der evangelischen Theologie, in: *ders.*, Vorträge und Aufsätze zur historischen Theologie, 1972, S. 347.

85 So wiederum *Rückert*, a. a. O., der damit meines Erachtens nach – ohne das zu betonen – sehr genau den Standpunkt *Ebelings* beschreibt.

86 Siehe *Janssen*, Historisch-kritische Theologie, S. 26ff. In der Diskussion über diesen Vortrag ist mir entgegengehalten worden, dass in gewisser Weise auch die im Anschluss an *Ebeling* formulierte Gegenposition der evangelischen Seite von einem axiomatischen Standpunkt ausgehe, und zwar dem der »Geschichtlichkeit allen Verstehens«. Wenn man sich darauf einigen könnte, dass es sich insoweit um ein Paradigma handelt, will ich das gern zugestehen und mich auf eine Frage und eine Feststellung dazu beschränken. Die Frage: Gibt es denn ein anderes (ebenfalls durch die Reformation beeinflusstes) neuzeitliches Paradigma, das »besser« wirkliches Verstehen von Vergangenem gewährleistet? Und die Feststellung: Ich sehe das nicht und damit auch keinen anderen Weg, auf dem die biblische Botschaft heute die Gewissheit des Gewissens und damit Glauben stiften (begründen) könnte.
Im Übrigen bedeutet die damit verbundene Anerkennung der Geschichtlichkeit des (Kirchen-) Rechts nicht die Leugnung jeder inhaltlichen Bindung dieses Rechts. Dafür ist vor allem wie im weltlichen Recht auf die »Unvermeidlichkeit von Üblichkeiten« (siehe dazu *Marquard*, Über die Unvermeidlichkeit von Üblichkeiten, in: *Oelmüller* [Hrsg.], Normen und Geschichte, 1979, S. 332ff., und ebd. *seine* Diskussionsbeiträge auf S. 344, 351f., 353f., 358f., sowie vom selben Autor: Zur Diätetik der Sinnerwartung. Philosophische Bemerkungen, in: *ders.*, Apologie des Zufälligen. Philosophische Studien, 1986, S. 33ff., bes. S. 48ff.) bzw. die sich in der kirchlichen Praxis herausbildenden Handlungsmaximen, die sich zu Normen verdichten können (siehe dazu *Bubner*, Geschichtsprozesse und Handlungsnormen. Untersuchungen zur praktischen Philosophie 1984, S. 223ff.), hinzuweisen.

2. *Ebelings* rechtstheologische Aussagen (und damit auch die evangelische Antwort auf *Barions* Anfragen) lassen sich nun noch durch einige neuere kirchenrechtstheoretische Arbeiten weiter konkretisieren. Denn sie sind entweder mit diesem Ansatz kompatibel (so die Abhandlungen von *Ehlers*[87] und *Schlaich*[88]) oder knüpfen bewusst an *Ebeling* an (so mein eigener Versuch[89]):

a) Alle drei genannten Autoren gehen zunächst von einem einheitlichen Kirchen- und Rechtsbegriff aus. Dabei ist wesentlich, dass diese Einheitlichkeit nicht die Unterscheidung zwischen sichtbarer und unsichtbarer Kirche im Kirchenbegriff[90] und inhaltliche Unterschiede zwischen weltlichem und kirchlichem Recht ausschließt[91].

b) Zur inhaltlichen Prägung des Kirchenrechts betont *Ehlers*, dass kirchliche Rechtsetzung »die sich aus Schrift und Bekenntnis ergebenden Rechtsgrundsätze zu konkretisieren« habe, wobei zu beachten sei, dass »zwischen dem Auftrag der Kirche und der jeweiligen geschichtlichen Lage … eine Wechselwirkung« stattfinde[92]. *Schlaich* spricht vom »Antwortcharakter« des evangelischen Kirchenrechts; es sei »Antwort auf das Evangelium, nicht bloße Organisation und Ordnung und nicht bloßer Vollzug göttlichen Willens bzw. göttlichen Rechts«[93], und er tendiert im Ergebnis dahin, dass das Kirchenrecht der theologischen Ethik »nähersteht« als der Dogmatik[94]. Ich selbst habe in Anknüpfung an *Ebelings* Verständnis der Kirchengeschichte auch das Kirchenrecht im Blick auf die notwendige institutionelle Seite der Kirche als Auslegung der Heiligen Schrift verstanden und vorgeschlagen, für den Begriff der »Auslegung« den der »Vermittlung« zu setzen. Aufgabe des Kirchenrechts sei dann die Vermittlung zwischen der geschichtlichen Welt (Politik) und den religiösen Überzeugungen (dem Theologischen)[95].

---

Diese Formen (kirchlicher) Rechtsbildung werden allerdings nicht wahrgenommen, wenn man auf abstrakten Sollensforderungen beharrt. Eine solche kann im Übrigen für das Kirchenrecht nur dahingehend lauten, dass die gesamte kirchliche Rechtsordnung die Verkündigung durch Wort und Sakrament ermöglichen muss (s. insoweit schon hier das Zitat bei Anm. 85).

87 A.a.O. (Anm. 8).

88 A.a.O. (Anm. 8).

89 Historisch-kritische Theologie (Anm. 8).

90 Siehe *Ehlers*, a.a.O. (Anm. 8), S. 277, 279, 283; *Schlaich*, a.a.O., S. 346ff., 362f.; *Janssen*, Historisch-kritische Theologie, S. 14 mit Anm. 63.

91 Siehe *Ehlers*, a.a.O.; S. 279ff., *Schlaich*, a.a.O., S. 339, 353, 362f.; *Janssen*, Historisch-kritische Theologie, S. 26ff.

92 *Ehlers*, a.a.O., S. 283.

93 *Schlaich*, a.a.O., S. 354.

94 *Schlaich*, a.a.O., S. 357f. mit Anm. 117.

95 *Janssen*, Historisch-kritische Theologie (Anm. 8), S. 27ff. *Schlaich* hat darin ein ethisch geprägtes Kirchenrechtsdenken gesehen (Die Grundlagendiskussion zum evangelischen Kirchenrecht, PTh 72 [1983] S. 240 [249ff.]; kurz auch: *ders.*, Kirchenrecht und Kirche, S. 357f. mit Anm. 114) und – wie auch *Ehlers* und *Schwarz* – den von mir im Anschluss an

c) Was schließlich das Verständnis des ius divinum betrifft, so gehen alle drei Autoren mit *Ebeling* davon aus, dass es ein solches in Form von verbindlichen Rechtssätzen mit einem feststehenden und unabänderlichen Inhalt nicht geben

*Hegel* eingeführten Begriff der »Vermittlung« kritisiert (siehe *Schlaich*, Die Grundlagendiskussion zum evangelischen Kirchenrecht, S. 252, und bes. *ders.*, Kirchenrecht und Kirche, S. 365f. Anm. 152; Ehlers, a.a.O. [Anm. 8], S. 283 Anm. 51; *K.*. *Schwarz*, Rechtstheologie – Kirchenrecht. Anmerkungen und Aperçus zu innerprotestantischen Kontroversen hinsichtlich Begründung und Entfaltung eines evangelischen Kirchenrechts, ZevKR 28 [1983] S. 172 [189f.]). Dazu hier in Kürze nur folgendes:
Das wesentliche Ergebnis der rechtstheologischen Reflexion *Ebelings* bestand darin – um es noch einmal zu wiederholen –, dass »das Grundprinzip evangelischen Kirchenrechts ... *dasselbe* (erg.: ist), wie das Grundprinzip evangelischen Verhältnisses zur Kirchengeschichte, nämlich die permanente Reformation durch das Wort Gottes«. Dadurch werde »die Variabilität *und* die Kontinuität der Kirche in der Geschichte« bewirkt (Nachweis: Anm. 83). Das bedeutet: Wenn die fortwährende Bindung der Kirche an ihren historischen Ursprung, die einmalige geschichtliche Offenbarung in Jesus Christus, *und* die fortwährende Verkündigung eben dieser Offenbarung ihr Wesen ausmachen, dann ist nicht nur die Kirchengeschichte, sondern auch das Kirchenrecht als Auslegung der Heiligen Schrift zu verstehen. Sieht man darin ein »ethisches« Kirchenrechtsdenken, so greift das meines Erachtens zu kurz. Diese Kennzeichnung ist wohl bedingt durch meine Zuordnung des Kirchenrechts zum usus politicus legis, obwohl ich immer davon gesprochen habe, dass das positive Kirchenrecht wegen der Verknüpfung des usus politicus legis mit der Rechtfertigungslehre die *Zusammengehörigkeit* von Gesetz und Evangelium und als Folge davon den *Grund* des Ethischen erkennbar machen muss (*Janssen*, Historisch-kritische Theologie, S. 23ff., 28ff.). Auch die Interpretation des von mir benutzen Vermittlungsbegriffs als »Aufhebung« der Gegensätze trifft weder das von *Hegel* damit Gemeinte noch das von mir damit Intendierte. Denn *Hegel* wollte nur sekundär mit dem Vermittlungsbegriff »Ausgleichsbemühungen« erfassen. Primär verstand er unter einer Philosophie als »Vermittlungsforschung«, wie *Odo Marquard* (Hegel und das Sollen, in: *ders.*, Schwierigkeiten mit der Geschichtsphilosophie, 1973, S. 37 [43]) richtig ausführt, folgendes: Eine solche Philosophie »nimmt die Wirklichkeit nicht hin als nun einmal Gegebenes, sondern prüft und richtet sie oder genauer: diese Philosophie begreift die Wirklichkeit als eine, die sich selber nicht hinnimmt als nun einmal gegebenes, sondern beständig mit sich selber einen ›Prozeß‹ führt und sich fortwährend das Urteil sprechen muss und sich dabei freispricht und legitimiert einzig aufgrund ihrer Vermittlungsleistung, ihres Beitrages zur Verwirklichung der maßgeblichen Zwecke«. Versteht man nun unter diesen »maßgeblichen Zwecken« den Auftrag der Kirche zur Verkündigung des Evangeliums in der Welt, so kann meines Erachtens der Vermittlungsbegriff *Hegels* für die Aufgabe des Kirchenrechts in der Tat erhellend wirken, zumal wenn man neuere Überlegungen im Anschluss an die *hegel*sche Logik (siehe etwa *Bubner*, Dialektik als Topik, 1990, bes. S. 88ff.) und seines in der Rechtsphilosophie entwickelten Konzepts von Sittlichkeit (dazu wiederum *Bubner*, Geschichtsprozesse und Handlungsnormen [Anm. 86], S. 184ff.) in die Betrachtung mit einbezieht. Auch sollte es zu denken geben, wenn von der Hermeneutik als »Vermittlung zwischen dem empirischen und dem normativen Bereich« gesprochen worden ist (so *Pöggeler* in seiner Einführung zu dem von ihm herausgegebenen Sammelband: Hermeneutische Philosophie, 1972, S. 45). Schließlich ist es von dem Verständnis der *Hegel*schen Dialektik als Topik nur noch ein kleiner Schritt zur von *Rolf Gröschner* entwickelten Dialogik als Philosophie des Dialogs und als Techne der Jurisprudenz (s. *ders.*, Dialogik und Jurisprudenz. Die Philosophie des Dialogs als Philosophie der Rechtspraxis, 1982). Dass im Übrigen das dargelegte Kirchenrechtsverständnis dessen verbindliche inhaltliche Prägung nicht ausschließt, wurde gesagt (s. Anm. 86).

kann. *Ehlers* hat das ius divinum mit (allgemeinen) Rechtsgrundsätzen verglichen, die ja gerade keine Rechtsquellen darstellen, sondern »Richtlinien für die Gestaltung des Rechtszustandes« beinhalten[96]. *Schlaich* charakterisiert das ius divinum als »Anruf des Evangeliums ..., auf das eine menschliche Antwort gegeben wird«[97], und ich habe ergänzend in Anknüpfung an *Ebelings* theologisches Gesetzesverständnis ein ius divinum schon im Sinne eines unantastbaren *biblischen* Normenbestandes negiert[98].

Im Ergebnis ist es also in der Tat so, dass *Ebelings* Arbeiten eine rechtstheologische Rechtfertigung für die besprochenen kirchenrechtlichen Abhandlungen zu liefern vermögen. Rechtstheologische Grundlegung und rechtstheoretische Ausformung korrespondieren also – der Gegensatz zu *Barions* Standpunkt ist insoweit von evangelischer Seite markiert.

3. Es bleibt die Aufgabe, das ebenfalls für das Thema der »Politischen Theologie« am Leitfaden der Arbeiten *Gerhard Ebelings* zu versuchen. Ich wähle dafür einen Text, in dem sich *Ebeling* mit der Friedensdenkschrift der EKD auseinandersetzt[99], weil *Barion* ja gerade in den Denkschriften der EKD ein Zeichen dafür sah, dass auch die evangelische Kirche sich auf die von ihm abgelehnte Politische Theologie eingelassen hat.

Betrachtet man die Kritik *Ebelings* an der genannten Denkschrift als solche, so könnte sie von *Barion* stammen[100]. Zunächst rügt er nämlich, dass in der Denkschrift »der *Unterschied* nicht deutlich wird zwischen dem Frieden, den Gott in Jesus Christus gestiftet hat, und dem Weltfrieden, den zu wahren, zu fördern und zu erneuern die Christen aufgerufen sind samt allen anderen und in gewisser Weise vor allen anderen«[101]. *Ebeling* kritisiert daneben, dass in der Denkschrift die eigentliche Wurzel des Unfriedens in der Welt nicht deutlich angesprochen wird. Es würde nämlich nicht klar genug herausgearbeitet, dass es »beim Frieden mit *Gott* ... um die Aufhebung der *Sünde* und deshalb primär um den Frieden des Herzens und Gewissen« gehe, beim »Weltfrieden dagegen im Extremfall um die Verhinderung des Krieges als einer der *Folgewirkungen* der Sünde«[102]. Wenn damit im Ergebnis wiederum die mangelnde *Unterscheidung* »zwischen der pax conscientiae und der pax publica«[103] gerügt wird, so könnte *Barion* zumindest darin *Ebeling* folgen.

---

96 *Ehlers*, a.a.O., S. 281.
97 *Schlaich*, Kirchenrecht und Kirche, S. 354ff.
98 *Janssen*, Historisch-kritische Theologie (Anm. 8), S. 30.
99 Sein genauer Titel lautet: Usus politicus legis – usus politicus evangelii, ZThK 79 (1982) S. 323ff.
100 Zum Folgenden ebd., S. 336ff.
101 Ebd., S. 337 (Hervorhebung vom Verfasser).
102 Ebd., S. 339 (Hervorhebung vom Verfasser).
103 Wie Anm. 102.

Das gilt schließlich auch dür die Ausführungen *Ebelings* zum (möglichen) Beitrag der Kirche für den Frieden dieser Welt. Die Kirche kann nach *Ebeling* »gar nichts Besseres und Dringenderes für den Frieden tun, als in deutlicher *Unterscheidung* von der pax publica den Frieden Gottes zu verkünden«[104]. Es müssen seiner Meinung nach »schon sehr besondere Anlässe sein, dass es notwendig wird, ganz bestimmte politische Maßnahmen und Entscheidungen kirchlicherseits zu diskutieren«[105]. Gerade was insoweit in der Kirche »kraft des Amtes« geschehe, d. h. »durch den Pfarrer, durch die Kirchenleitung oder durch welche Instanzen auch immer«, habe sich »in politischer Hinsicht auf das Handeln mit dem Wort zu konzentrieren«. Die einzelnen Christen dagegen hätten die Pflicht, »sich je nach Möglichkeit und Eignung auf politische Tätigkeiten einzulassen«. Wegen dieser Aufgabenverteilung sei es das Beste, wenn »kirchliche Amtsträger möglichst ganz auf öffentliche politische Tätigkeit, auf Parteizugehörigkeit und auf Teilnahme an Demonstrationen verzichteten, um nicht die Urteilskraft und die Gewissen der anderen zu verwirren«. Hervorzuheben ist aber, dass *Ebeling* daneben ausdrücklich die Möglichkeit der Grenzsituation für das Verhalten der Kirche in diesem Bereich betont[106].

Die entscheidende *Ursache* für den zu kritisierenden Inhalt der Friedensdenkschrift sieht *Ebeling* darin, dass heute – in reformatorischer Terminologie gesprochen – »der usus politicus legis aus dem christlichen Bewußtsein und der kirchlichen Verkündigung weitgehend verschwunden« sei und man dafür in politischen Stellungnahmen der Kirche einen umso »unbekümmerteren usus politicus evangelii« beobachten könne[107], d. h. u. a. den ebenfalls von *Barion* gerügten unmittelbaren Rückgriff auf biblische Aussagen bei entsprechenden offiziellen Äußerungen der Kirche.

Aber weiter gehen die Parallelen in der Argumentation von *Barion* und *Ebeling* nicht. Denn die »zentral theologische Ortsbestimmung des Politischen«, die *Ebeling* im Anschluss an Luther mit der Formel des »usus politicus legis« vornimmt[108], intendiert im Gegensatz zu *Barions* kategorialer Scheidung zwi-

---

104 Ebd., S. 342 (Hervorhebung vom Verfasser).

105 Ebd., S. 344.

106 Wie Anm. 105. Im gleichen Sinne zum Inhalt und zu den Grenzen politischer Stellungnahmen der (evangelischen) Kirche aus der Sicht kirchlicher Praxis *H. Ph. Meyer*, Tagesordnungspunkt: Politik, 1978, und *Schnübbe*, Christen in der Politik. Das Liebesgebot der Bergpredigt und das Gewaltmonopol des Staates, 1989.

107 Usus politicus legis – usus politicus evangelii, S. 340. Deutlich auch die entsprechende Kritik an der Denkschrift im Blick auf ihr Staatsverständnis: »Es überwiegt, wie mir scheint, die Tendenz, den Staat *unmittelbar* von dem christlichen Hoffnungsziel des Gottesfriedens her zu verstehen und nicht von der Welterhaltung her« (ebd., S. 345 – Hervorhebung vom Verfasser).

108 Usus politicus legis – usus politicuas evangelii, S. 325. Darum liegt auch die folgende Kritik von *Ernst-Wolfgang Böckenförde* neben der Sache, wenn er schreibt: »Einer ›Entdeckung‹

dieses Bezuges (erg.: d. h. des dem Evangelium immanenten Auftrags zur Umgestaltung und Erneuerung der Welt im Geist des Evangeliums u. a.) bedarf es allenfalls gegenüber derjenigen (im deutschen Sprachraum lange vorherrschenden) Theologie, die von der Existenzphilosophie und Transzendentalphilosophie inspiriert wurde und von daher nahezu ausschließlich das individuelle Gottesverhältnis zum Gegenstand ihrer Reflexion machte und in dieser Weise auch das religiöse und theologische Bewußtsein bildete. Die Polemik heutiger ›politischer‹ Theologie … gegen die theologische Privatisierung des Heils muß aus der Reaktion gegen diese theologische Richtung verstanden werden; sie hat einen theologie- und geistesgeschichtlichen, nicht einen hermeneutischen Grund« (Kirchlicher Auftrag und Politische Entscheidung [Anm. 31], S. 211 Anm. 8).
Denn der usus politicus legis hat genau das Handeln der Christen in dieser Welt im Blick (s. zur Erläuterung die insoweit einschlägige Interpretation der Zweireichelehre durch *Ebeling*; dazu zusammenfassend *Janssen*, Historisch-kritische Theologie [Anm. 8], S. 21ff.). Im Übrigen muss *Böckenförde* sich fragen lassen, welche u. a. von der Existenzphilosophie inspirierte Theologie er eigentlich bei seiner Kritik im Auge hat. *Bultmann* und vor allem seine Schüler mit ihrer besonders in den fünfziger Jahren (neu) aufgeworfenen Frage nach dem historischen Jesus können wohl kaum gemeint sein. Denn *Bultmann* selber war bekanntlich der Ansicht, »dem Subjektivismus sei dadurch vorgebeugt, daß sich der Glaube ständig auf das von außen ergehende Wort bezogen wisse, ja, sich nur als diesen Bezug selbst verstehen konnte. Damit weiß er sich in die *Kirche* verwiesen, in welcher dieses Wort gepredigt wird. Er erfährt sich nicht in Analyse des subjektiven Glaubenslebens, sondern im Akt des Hörens.« (so *Conzelmann*, Rudolf Bultmann. Theologie als Schriftauslegung, in: *ders.*, Theologie als Schriftauslegung, Aufsätze zum Neuen Testament, 1974, S. 9 [13]). Daneben haben seine Schüler bereits kritisch gefragt, ob bei *Bultmann* »diese scharfe Konzentration auf den Akt des Sagens/Hörens nicht eine Verengerung des von den neutestamtlichen Aussagen Gemeinten« bedeutet (so etwa wiederum *Conzelmann*, a.a.O., S. 13f.). Die von den *Bultmann*-Schülern gestellte Frage nach dem historischen Jesus war ja wesentlich durch die Überzeugung bestimmt, »daß auch der Glaube nicht nur konfessorisch redet, sondern sich verantwortet, und also nicht verdunkelt wird, daß auch er gute Gründe hat, gerade diesen Jesus von Nazareth als Christus und Herrn zu verkündigen und zu bekennen, und nicht eine mythische Gestalt an seine Stelle setzt« (so *G. Bornkamm*, Jesus von Nazareth, 1975[10], S. 211; s. ergänzend besonders den erhellenden persönlichen Rückblick von *Käsemann*, Was ich als deutscher Theologe in fünfzig Jahren verlernte, in: *ders.*, Kirchliche Konflikte, Bd. I, 1982, S. 233 [238ff]). Übersehen wird häufig daneben, dass gerade mit der Frage nach dem historischen Jesus auch das Problem von Schrift und Tradition neu betrachtet werden musste, nämlich in dem Sinne, wie *Ebeling* Kontinuität und Variabilität in der Kirchengeschichte verstand (siehe dazu *Janssen*, Historisch-kritische Theologie, S. 16ff., und ergänzend *Rückert*, Schrift, Tradition und Kirche, in: *ders.*, Vorträge und Aufsätze zur historischen Theologie, 1972, S. 310 [326ff.]). Der daraus folgende Traditionsbegriff wies gerade über die eigene (persönliche) historische Erfahrung hinaus (s. *Ebeling*, Die Geschichtlichkeit der Kirche [Anm. 23], S. 31ff., bes. S. 34f. und S. 50ff.), wodurch die Geschichte aber nicht zum »Objekt« der Betrachtung wurde, sondern man stieß unter Überwindung des Subjekt-Objekt-Schemas zu der schon in Ansätzen bei *Luther* vorhandenen personalen Geschichtsbetrachtung durch (s. wiederum *Ebeling*, Die Geschichtlichkeit der Kirche, S. 62ff., und ergänzend *Rückert*, Personale Geschichtsbetrachtung. Einleitende Überlegungen zu einer Vorlesung über Kirchengeschichte der Neuzeit, ebd., S. 1 [7f.]; *ders.*, Die geistesgeschichtliche Einordnung der Reformation, ebd., S. 52 [64f.]; *ders.*, Für und wider die Theologie Bultmanns, ebd., S. 404 [424ff.]).
Es ist nicht uninteressant – und bestätigt indirekt den hier angedeuteten Zusammenhang zwischen der Frage nach dem historischen Jesus und dem Geschichtsverständnis überhaupt –, dass von philosophischer Seite bei dem Versuch, den der historischen Erfahrung

schen Geistlichem und Weltlichem gerade nicht die strenge Unterscheidung zweier getrennter Bereiche und die Begründung einer ausschließlichen Zuständigkeit des »kirchlichen Lehramts« für den geistlichen Bereich. Nach *Ebeling* geht das »Gesetz«, das erst vom Evangelium her als das »Gesetz Gottes« erfahren wird, »entgegen der allgemeinen Tendenz zu regionaler Aufteilung, in seiner Ganzheit jeden einzelnen daraufhin« an, »was er Gott und was er der Welt schuldet«[109]. Denn »mit seinem Sein coram mundo ist der Mensch coram Deo und umgekehrt«[110]. Es handelt sich um »gleichzeitige und ineinandergreifende Relationen«, um »entscheidende Widerfahrnisse« des Menschseins[111]. Nimmt man hinzu, dass *Ebeling* insoweit die Grundsituation des einzelnen Menschen beschreibt[112] und politische Stellungnahmen der Kirche legitimerweise nur das Nachbuchstabieren eben dieser Grundsituation beinhalten können, so dürften die Unterschiede zu *Barions* Ablehnung der Politischen Theologie hinreichend deutlich geworden sein.

4. Nun noch ein Wort zur Denkweise *Gerhard Ebelings* und der kurz darge-

---

adäquaten Kommunikationsbegriff zu formulieren, nach Durchmusterung verschiedener Modelle auf das Beispiel der Christologie zurückverwiesen wird (so von *Gründer*, Erfahrung der Geschichte, in: *ders.*, Reflexion der Kontinuitäten. Zum Geschichtsdenken der letzten Jahrzehnte, 1982, S. 118 [131f.]).

*Böckenfördes* Kritik ist aber zuzugestehen, dass die *Bultmann*-Schüler dieses ihr Geschichtsverständnis nur gelegentlich dargelegt und möglicherweise nicht bis zur letzten gedanklichen Schärfe »auf den Begriff« gebracht haben. Hilfreich wären insoweit sicherlich die *Hegel*-Interpretationen von *Joachim Ritter* (siehe die Nachweise bei *Janssen*, Historisch-kritische Theologie, S. 22 Anm. 98), und *Erwin Metzke* (Nikolaus von Cues und Hegel, in: *ders.*, Coincidentia Oppositorum. Gesammelte Studien zur Philosophiegeschichte, 1961, S. 241ff.; *ders.*, Georg Wilhelm Friedrich Hegel 1770–1831, ebd., S. 320ff., und ergänzend dazu *ders.*, Nikolaus von Cues und Martin Luther, ebd., S. 205ff.) u.a. mit ihren ausdrücklichen Hinweisen auf entsprechende theologische Fragestellungen sowie das »hermeneutische« *Hegel*-Verständnis von *Odo Marquard* und *Rüdiger Bubner* u. a. (siehe schon die Nachweise in Anm. 95), und schließlich auch *Gadamers* Studien zum Verhältnis von *Hegel* und *Heidegger* (Anmerkungen zu dem Thema »Hegel und Heidegger« in: FS *Löwith*, 1967, S. 123ff., sowie: *ders.*, Hegel und Heidegger, in: *ders.*, Hegels Dialektik. Fünf hermeneutische Studien, 1971, S. 83ff.). In diesem Zusammenhag würde auch die Frage gehören, inwieweit – wenn man überhaupt noch davon reden will – sich die Struktur des transzendentalen Arguments durch die hermeneutische Fragestellung mit ihrer Wendung zur Sprache gewandelt hat (siehe insoweit nur *Gründer*, Sprache und Geschichte. Zu J. G. Hamanns »Methakritik über den Purismum der Vernunft«, in: *ders.*, Reflexion der Kontinuitäten, S. 48 [52ff.], und *Bubner*, Transzendentale Hermeneutik?, in: *Simon-Schaeferl/Zimmerli*, Wissenschaftstheorie der Geisteswissenschaften, 1975, S. 56ff., und vertiefend *ders.*, Selbstbezüglichkeit als Struktur transzendentaler Argumente, in: *Kuhlmann/Böhler* [Hrsg.], Kommunikation und Reflexion. Antworten auf Karl-Otto Apel, 1982, S. 304ff.).

109 *Ebeling*, Das rechte Unterscheiden (Anm. 10), S. 255 (Hervorhebung vom Verf.).

110 *Ebeling*, Leitsätze zur Zweireichelehre (Anm. 58), S. 580.

111 Wie Anm. 110. Genauer dazu m. w. N. *Janssen*, Historische-kritische Theologie (Anm. 8), S. 22f.

112 Usus politicus legis – usus politicus evangelii (Anm. 99), S. 326f.

stellten Kirchenrechtstheorien, die mit seinen rechtstheologischen Aussagen ja kompatibel sind.

Zunächst lässt sich bei *Ebeling* nicht wie bei *Barion* eine axiomatische Betrachtungsweise von Kirche und Kirchenrecht feststellen. Er kritisiert vielmehr das Subjekt-Objekt-Schema als Ausgangspunkt für das Verständnis der Kirchengeschichte, der Offenbarung und Tradition und grenzt daneben insoweit die an der Reformation (*Luther*) orientierte protestantische Sichtweise ausdrücklich besonders von einem schwärmerischen (subjektivistischen) und einem objektivierten (katholischen) Verständnis ab[113]. Das gilt auch für seinen Begriff der Kirchenzucht[114]. Ebeling fordert demgegenüber eine personale Betrachtungsweise, die in Relationen (Beziehungen) denkt und offen ist für Widererfahrnisse extra nos[115].

Wie *Ebelings* Interpretation des usus politicus legis zeigt, kann man bei ihm im Gegensatz zu *Barion* auch nicht von einem kategorialen Denken reden. Denn es geht ihm insoweit ja nicht um streng zu trennende Existenzweisen des Menschen, sondern wiederum um Relationen, die als solche das Menschsein konstituieren und vom Menschen immer zugleich als unterschieden wie aufeinander bezogen erfahren werden.

Mit dieser letzten Feststellung ist schon das entscheidende Stichwort für *Ebelings* Denkweise gefallen:

Es geht ihm in seinem vor allem an *Luther* orientierten theologischen Denken um das rechte Unterscheiden, das nicht zu einer Scheidung führen darf. Er sagt: Für »die Sache der Theologie (erg.: ist) der Vorgang des Unterscheidens ausschlaggebend, dessen Vollzug im theologischen Denken dem Geschehen Raum zu geben hat, in dem sich das zurechtbringende Unterscheiden in und an der Lebenswirklichkeit selbst vollzieht. Das nicht trennende, sondern in die rechte Beziehung setzende Unterscheiden« ist also gemeint[116]. Darum kommt »die Konfrontation von Glaubensüberlieferung und Erfahrung … nicht zustande bei

113 Siehe zunächst schon die Ausführungen in Anm. 108; daneben zur spezifisch protestantischen Sicht der Kirchengeschichte *Ebeling*, Kirchengeschichte als Geschichte der Auslegung der Heiligen Schrift (Anm. 20), S. 19ff.; *ders.*, Studium der Theologie (Anm. 20), S. 71ff., 80f., und zuletzt *ders.*, Heiliger Geist und Zeitgeist (Anm. 11), S. 186f. Aus der Literatur zu *Ebelings*, Verständnis der Kirchengeschichte: *K. Bornkamm*, Kirchenbegriff und Kirchengeschichtsverständnis, ZThK 75 (1978) S. 436 (455ff., bes. 461ff.); *Janssen*, Historisch-kritische Theologie (Anm. 8), S. 16ff., und *Jaspert*, Hermeneutik der Kirchengeschichte, ZThK 86 (1989) S. 59 (76ff.).

114 *Ebeling*, Kirchenzucht (Anm. 78), S. 14ff.

115 Dafür kann im vorliegenden Zusammenhang als Beleg einmal seine Interpretation der lutherischen Zweireichelehre dienen (dazu *Janssen*, Historisch-kritische Theologie, S. 20ff.), zum anderen sein bereits mehrfach angesprochenes Verständnis der Kirchengeschichte bzw. der Tradition (zu den insoweit bestehenden Parallelen bei *H. Rückert* siehe bereits Anm. 108).

116 Studium der Theologie (Anm. 20), S. 172.

bloßer Entgegensetzung oder Zusammenfügung beider, wenn also eines das andere nur verdrängt oder angeblich ergänzt. Es bedarf einer *gegenseitigen Durchdringung*, bei der die Glaubensüberlieferung sich in die Lebenserfahrung hinein auslegt und so die Lebenserfahrung zum Material des Glaubens wird.«[117] Darum können auch die theologischen Grundaussagen »nicht als ein in sich geschlossener Block hingestellt und dargestellt (erg.: werden), um sie erst nachträglich einer ebenfalls für sich bestehenden Erfahrungswirklichkeit des Menschen bloß hinzuzufügen. Vielmehr ist es Sache der Theologie, den Zusammenhang oder richtiger: Zusammenprall als ein Geschehen in den Blick zu fassen, das *in der Antithetik eine Korrespondenz* erkennen läßt.«[118]

Dieses »in die rechte Beziehung setzende Unterscheiden« ist es, das *Ebeling* angesichts der sichtbaren und unsichtbaren Kirche von einer »Dialektik« im evangelischen Kirchenbegriff sprechen lässt[119] und das für sein Verständnis von Kirchengeschichte und Tradition[120], von Gesetz und Evangelium[121], der Zweireichelehre[122] usw. leitend ist. Die Wurzel für diese Form theologischen Denkens ist meines Erachtens in seinem besonders von *Luther* geprägten Verständnis des biblischen Sprachgeschehens zu suchen[123].

Wenn die dargestellten Kirchenrechtstheorien gerade den Zusammenhang zwischen dem geistlichen Auftrag der Kirche und ihrem Dasein in der Welt im Kirchenrecht gewahrt wissen wollen, liegt ihnen wohl mehr oder weniger eine ähnliche Betrachtungsweise zugrunde. Diese bedarf sicherlich noch der rechtstheoretischen Vertiefung. Mein Vorschlag wäre – auch im Blick auf eine mögliche Überwindung der von *Barion* als unversöhnliche Gegensätze verstandenen Ausgangspunkte evangelischer und katholischer Kirchenrechtstheorie, sich auf *Hegels* Denken zurückzubesinnen. Das deutet schon das hier vertretene Verständnis des Kirchenrechts als Vermittlung zwischen der geschichtlichen Welt (Politik) und den religiösen Überzeugungen (dem Theologischen) an[124]. Als ergänzender, weiterführender Hinweis sei hier noch an die

117 Reformation einst und jetzt (Anm. 10), S. 3 (Hervorhebung vom Verf.).

118 Reformation einst und jetzt, S. 13 (Hervorhebung vom Verf.).

119 Kirchenzucht (Anm. 78), S. 28f.; Kirchengeschichte als Geschichte der Auslegung der Heiligen Schrift (Anm. 20), S. 20f., und Dogmatik des christlichen Glaubens, Bd. III, 1979, S. 354f.

120 Siehe dazu die Nachweise in Anm. 11, 108 und 113.

121 Dazu *Janssen*, Historisch-kritische Theologie (Anm. 8), S. 21f., 26, 30 m. N.; daneben *Ebeling*, Usus politicus legis – usus politicus evangelii (Anm. 99), S. 324ff., und *ders.*, Das rechte Unterscheiden (Anm. 10), S. 254f.

122 Dazu *Janssen*, Historisch-kritische Theologie S. 21ff. m. N.

123 Als neuere Belege für diese Behauptung s. *Ebelings* Arbeiten: Das rechte Unterscheiden (Anm. 10), und Reformation einst und jetzt (Anm. 10).

124 Siehe dazu Anm. 95.

Ausführungen des Philosophen *Erwin Metzke* erinnert, die er zu den Parallelen im Denken von *Nikolaus von Cues*, *Luther* und *Hegel* gemacht hat[125].

## IV.

Ich komme zum Schluss: *Barions* Anfrage an das evangelische Kirchenrecht hat sich so im Laufe des Referats zugespitzt auf die Frage, ob der »konfessionelle Gegensatz auch ein philosophischer ist«[126]. Bevor Sie dieses Ergebnis mit dem Urteil »Thema verfehlt« versehen, bitte ich zweierlei zu bedenken. Zunächst: Auch in Berlin wird zur Zeit unter staatsrechtlichen Aspekten über Einheit nachgedacht[127]. Wenn wir Kirchenrechtler das in Heidelberg nun zeitgleich in einer viel grundsätzlicheren Weise tun, so mag das auch ein bescheidener Hinweis darauf sein, in welcher von beiden juristischen Disziplinen immer noch die wirklich entscheidenden Fragen gestellt werden. Und mein zweiter Versuch für eine Rechtfertigung des vorgetragenen Ergebnisses kann nur eine Frage sein: Zeigt sich nicht auch darin die gedankliche Tiefe und der gedankliche Reichtum des Werkes von *Hans Barion*, dass es den Interpreten am Schluss vor ein solch grundsätzliches Problem stellt?

## Thesen

### I.

Mehrere Gründe sprechen dafür, dass eine genauere Beschäftigung mit dem *kanonistischen* Werk *Hans Barions* für das Nachdenken über die (rechts-) theologischen Grundlagen des evangelischen Kirchenrechts förderlich sein kann:

125 Nachweis in Anm. 108. Auch die im gleichen Sammelband enthaltene Arbeit »Sakrament und Metaphysik. Eine Lutherstudie über das Verhältnis des christlichen Denkens zum Leiblich-Materiellen« (ebd., S. 158ff.) ist in diesem Zusammenhang zu nennen, weil darin die Ansätze für eine Verbindung mit *Luthers* Denken zur Sprache kommen. Zur Begründung dafür, dass hier zuletzt der Philosoph *Erwin Metzke* (und kein Theologe) als Beispiel für ein Denken genannt wird, das die von *Barion* genannten Gegensätze überwinden könnte, s. nur den Bericht von *Gründer* (Reflexion der Kontinuitäten [Anm. 108], S. 58ff.) über eine Diskussion zwischen *Heidegger und Metzke*.

126 So die von *Ebeling* in einer Rezension (Anm. 6) aufgeworfene Frage.

127 Am selben Tag, an dem dieses Referat gehalten wurde, fand in Berlin eine Sondertagung der Vereinigung der Deutschen Staatsrechtslehrer statt, die sich unter dem Thema »Deutschlands aktuelle Verfassungslage« vor allem mit den staatsrechtlichen Fragen der bevorstehenden deutschen (Wieder-) Vereinigung befasste.

1. Zunächst *Barions* ausführliche Auseinandersetzung mit dem evangelischen Kirchenrechtler *Rudolf Sohm.* Denn dessen Lehre, dass das Kirchenrecht dem Wesen der Kirche widerspricht, stellt nach *Barion* eine bis heute gültige (und unwiderlegliche) Stellungnahme zum Problem des Kirchenrechts aus *protestantischer* Sicht dar.

2. Die von *Barion* in Auseinandersetzung mit *Sohm* gewonnenen kanonistischen Standpunkte betreffen nach wie vor aktuelle Themen wie den Rechtsbegriff des katholischen Kirchenrechts und die theologische (lehramtliche) Legitimität der Kirche zu Weisungen an ihre Mitglieder für deren politische Entscheidungen. Für die evangelische Kirchenrechtswissenschaft sind die genannten Themen deshalb von Interesse, weil sie zur Frage des für sie verbindlichen Rechtsbegriffs und zu der nach den Grenzen der kirchlichen Befassungskompetenz mit politischen Themen ebenfalls Stellung nehmen muss.

3. Der Denkstil *Barions* – sein striktes kanonistisches Denken in Antithesen – führt zu der grundsätzlichen Frage, ob die entscheidenden Unterschiede zwischen der katholischen und evangelischen Rechtstheologie methodischer Art sind oder allgemeiner gesprochen: ob der konfessionelle Gegensatz auch ein philosophischer ist.

4. Für *Barion* ist im Anschluss an das Kirchenrecht *Sohms* der Begriff der Kirche die entscheidende Grundlage für jede kirchenrechtliche Argumentation. Da die Frage nach dem »richtigen« Kirchenbegriff nun aber eine theologische ist, muss *Barions* kanonistische Grundlegung vor allem als eine Herausforderung an die protestantische Theologie verstanden werden. In neuerer Zeit hat besonders *Gerhard Ebeling* in Anknüpfung an *Luther* und in Auseinandersetzung mit *Sohm* zu eben dieser Frage Stellung genommen. Deshalb bietet es sich an, vor allem seine insoweit einschlägigen Stellungnahmen mit den entsprechenden Thesen von *Barion* zu konfrontieren.

## II.

Im Einzelnen ist zu *Barions* Grundlegung des katholischen Kirchenrechts – seine ante-kanonistischen Prämissen – folgendes festzustellen:

1. In Übereinstimmung mit *Sohm* sieht *Barion* das Wesen der katholischen Kirche darin, dass »sie sichtbare und unsichtbare Kirche in eins setzt«; insoweit besteht auch eine rechtliche Identität. Für das protestantische Kirchenverständnis unterscheidet *Sohm* dagegen nach *Barion* zu Recht streng zwischen der für die Gläubigen allein in Wort und Sakrament erfahrbaren (unsichtbaren) und der sichtbaren, rechtlich verfassten Institution Kirche. Damit hat *Sohm* nach *Barion* den insoweit bestehenden konfessionellen Gegensatz überzeugend beschrieben. Für das Verständnis der Kirchengeschichte folgt daraus für *Barion*,

dass die katholische Kirche als Institution sich nicht »ändert«, sondern nur »entwickelt«. Auch ihre Dogmen sind aller geschichtlichen Veränderung entzogen und überlegen. Da Dogmen nach *Barion* (durch das Lehramt inhaltlich festgelegte) *Rechtssätze* sind, ist die Kanonistik als eine dem Positivismus verpflichtete Rechtswissenschaft zu verstehen.

2. Eine legitime kirchliche Einflussnahme auf den politischen Bereich liegt nach *Barion* nur dann vor, wenn sie durch den geistlichen Zweck der Kirche gedeckt ist, d. h. wenn sie eine kirchliche Weisung »ratione salutis« bzw. »ratione peccatis« ist. Diese These folgt aus der strikten Trennung *Barions* zwischen dem geistlichen Auftrag der Kirche und dem weltlichen des Staates. Für ersteren besteht eine ausschließliche Zuständigkeit des kirchlichen Lehramts.

3. *Barions* Argumentation liegt eine axiomatische, die hermeneutischen Probleme des historischen Verstehens leugnende Denkweise zugrunde. Im Blick auf seine strikte Trennung zwischen »Geistlichem« und »Weltlichen« kann man sein Denken auch als ein kategoriales bezeichnen, da die beiden genannten Begriffe ja kategoriale Formen des Seins benennen. Schließlich betont *Barion* noch ausdrücklich, dass man richtigerweise nur in Thesen und Antithesen denken und die damit zwangsläufig vorhandenen Gegensätze nicht durch »dialektische Kunststücke« überbrücken könne.

## III.

Eine Stellungnahme zu *Barions* ante-kanonistischem Denken am Leitfaden der Theologie *Gerhard Ebelings* kann in mehrfacher Weise die theologische Grundlegung des (evangelischen) Kirchenrechts vertiefen:

1. a) Im Gegensatz zu *Barion* (und *Sohm*) vertritt *Ebeling* einen *geschichtlichen* Kirchenbegriff. Daraus folgt zunächst, dass er zwar im gedanklichen Ansatz wie *Sohm* von der Unterscheidung zwischen sichtbarer und unsichtbarer Kirche ausgeht; doch darf nach *Ebeling* diese Unterscheidung nicht wie bei *Sohm* zu einer Scheidung führen. *Insofern* hält er an einem einheitlichen Kirchenbegriff fest.

b) Für die Kirche ist nach *Ebeling* weiter ihre Bindung an »die Schrift die maßgebende Tradition«. Diese Bindung entbehrt »nicht konkreter geschichtlicher Kennzeichen, über die mit der Offenbarung Gottes in Jesus Christus ein für allemal entschieden ist«. Damit ist auch, wie er u. a. daraus folgert, »für die Kirche … ein aus der Offenbarung Gottes sich herleitendes ius divinum gegeben«.

c) Die »relative Stetigkeit konkreter versammelter Gemeinde« unter Gottes Wort ist nach *Ebeling* die einzige Weise, wie das Ereigniswerden der Kirche sichtbar wird und damit auch »der Ort, wo das für die Kirche geltende ius divinum einzig erfasst werden und konkret Gestalt gewinnen kann.« Das ius divinum enthält folglich nach *Ebeling* im Gegensatz zu *Barion* keine Rechtssätze.

2. Neuere kirchenrechtliche Arbeiten zur Grundlagendiskussion im evangelischen Kirchenrecht kommen zu entsprechenden Ergebnissen wie die von *Ebeling* vertretenen (siehe 1.). So hält man darin auch an einem letztlich einheitlichen Kirchenbegriff fest; betont aber zugleich die Notwendigkeit, zwischen sichtbarer und unsichtbarer Kirche zu unterscheiden. In Übereinstimmung mit *Ebeling* erkennen diese Arbeiten weiter auch ein ius divinum mit dem »einschränkenden« Hinweis an, dass es ein solches nicht in der Form von verbindlichen Rechtssätzen mit einem feststehenden Inhalt geben kann.

3. *Ebelings* Stellungnahme zur sog. Politischen Theologie entspricht weitgehend der wiedergegebenen Auffassung *Barions* zu diesem Problem (s. II 2.). Allerdings liegt bei ihm der Unterscheidung zwischen »Geistlichem« und »Weltlichem« nicht die Vorstellung zweier streng getrennter Lebensbereiche zugrunde (und der ausschließlichen Zuständigkeit des kirchlichen Lehramts für den geistlichen Bereich). Vielmehr handelt es sich nach *Ebeling* auch insoweit um »gleichzeitige und ineinandergreifende Relationen« des Menschseins.

4. Gegenüber *Barions* axiomatischer Betrachtungsweise von Kirche und Kirchenrecht ist für *Ebelings* historisches Denken zunächst die Überwindung des Subjekt-Objekt-Schemas kennzeichnend und daneben eine an *Luther* orientierte protestantische Sichtweise, die sich als Alternative zu einem schwärmerischen (subjektivistischem) wie zu einem objektivierten (katholischen) Standpunkt versteht. Dem entspricht es, dass für *Ebelings* Argumentationsgang die Denkform der Unterscheidung bestimmend ist; und zwar in der Weise, dass sie »in der Antithetik eine Korrespondenz erkennen lässt.« Es geht *Ebeling* insoweit also um ein »in die rechte Beziehung setzendes« Unterscheiden, das für sein Verständnis von sichtbarer und unsichtbarer Kirche, von Kirchengeschichte und Tradition, von Gesetz und Evangelium, der Zweireichelehre u. a. leitend ist.

## IV.

Das kanonistische Werk *Barions* und das theologische *Ebelings* zeigen im Ergebnis damit, dass der konfessionelle Gegensatz auch ein philosophischer ist.

# 6. Die Unabhängigkeit des evangelischen Kirchenrechts von der (theologischen) Ethik. Anmerkungen zu seiner theologischen Begründung durch Gerhard Ebeling

## I. Die Gründe für die Themenwahl

1. *Gerhard Ebeling* hat das Verhältnis der Theologie zur Ethik wie folgt charakterisiert:

> »Dass Theologie als solche nicht Ethik ist, kommt darin zum Ausdruck, dass das, was ihr unmittelbar vorgegeben und zu bedenken aufgegeben ist, den Charakter von Evangelium hat, für das der Mensch ausschließlich als Empfänger in Betracht kommt, und nicht den Charakter von Gesetz, das ihn auf sein Tätersein hin anspricht. Als Empfänger aber kommt der Mensch deshalb in Betracht, weil er zwar *im* Tätigsein lebt, aber nicht *aus* dem Tätigsein. Deshalb ist das Evangelium nur von seinem Bezug auf das Gesetz hin zu verstehen. Und die Theologie kann in ihrer spezifischen Verschiedenheit von der Ethik nur durch ihren Bezug auf das Phänomen des Ethischen verständlich werden.«[1]

Das eigentliche Thema der Theologie kann demnach nach *Ebeling* nicht die theologische Ethik sein, wohl aber das Phänomen des Ethischen als (exemplarische) Gesetzeserfahrung. Denn das Evangelium ist, um es noch einmal mit seinen Worten zu sagen, »nur von seinem Bezug auf das Gesetz hin zu verstehen«.

Hat wohl aus diesem Grund *Ebeling* zwar ein großes theologisches Werk, aber keine theologische Ethik hinterlassen, so ist es um so erstaunlicher, dass sich aus seinen Arbeiten eine theologische Grundlegung des evangelischen Kirchenrechts ableiten lässt. Dafür bedarf es also nach *Ebeling* augenscheinlich keiner theologischen Ethik. Ich habe diese These vor Jahren in einem Durchgang durch sein (damals vorliegendes) theologisches Werk zu begründen versucht[2] und

---

1 *Ebeling*, Studium der Theologie. Eine enzyklopädische Orientierung, 1975, S. 157 (Hervorhebungen bei Ebeling).

2 Siehe *meinen* Aufsatz: Historisch-kritische Theologie und evangelisches Kirchenrecht. Zur kirchenrechtlichen Bedeutung der Theologie Gerhard Ebelings, ZevKR 26 (1981) S. 1ff. Ich habe diese Überlegungen vertieft in *meinem* Aufsatz : Hans Barions Werk als Anfrage an das evangelische Kirchenrecht, ZevKR 35 (1990) S. 357 (370ff.) und in *meiner* Würdigung Ebe-

möchte diese Begründung jetzt noch einmal aufgrund folgender Überlegungen vertiefen:

Zunächst lässt *Ebelings* Auseinandersetzung mit *Rudolf Sohm* aus den Jahren 1947/48, die bei Abfassung meines damaligen Aussatzes noch nicht im Druck erschienen war, die Folgerung zu, dass die Bindung des evangelischen Kirchenrechts an das Evangelium genau genommen als Bindung an ein ius divinum zu verstehen ist[3]. Diese These möchte ich im Folgenden unter II. begründen.

In einem späteren Aufsatz, in dem ich die Grundlegung des evangelischen Kirchenrechts durch *Gerhard Ebeling* mit dem kanonistischen Denken von *Hans Barion* verglich[4], habe ich dann aufzeigen können, dass ihre unterschiedlichen Standpunkte zu den theologischen Grundlagen des Kirchenrechts die Frage aufkommen lassen, ob der »konfessionelle Gegensatz auch ein philosophischer« ist[5]. Bei meiner anschließenden Beschäftigung mit dem von der hermeneutischen Philosophie vertretenen Verhältnis der Rechtsgeschichte zur Rechtsdogmatik[6] ist mir dann endgültig klar geworden, wie stark die damit aufgeworfene ontologische Fragestellung *Gerhard Ebelings* Werk durchzieht, und zwar besonders sein Spätwerk, in dem ja immer deutlicher fundamentaltheologische Überlegungen in den Vordergrund treten[7]. Die Frage, ob der konfessionelle Gegensatz auch ein philosophischer ist, lässt sich darum m. E. aufgrund dieser Arbeiten dahingehend präzisieren, ob der philosophische Gegensatz zwischen den Konfessionen zumindest ein ontologischer in dem Sinne ist, als man von einem spezifischen evangelischen Wirklichkeitsverständnis ausgehen muss. Die Beantwortung dieser Frage kann nun nicht, wie ich unter III. und IV. zeigen möchte, ohne Folgen für die theologische Begründung des evangelischen Kirchenrechts bleiben. Denn sie muss ja auf das Verständnis der Wirklichkeitserfahrung als Gesetzeserfahrung eingehen und hat eben dabei auch zu bedenken,

---

lings anlässlich seines 80. Geburtstags: Dank des Juristen an Gerhard Ebeling, ZevKR 37 (1992) S. 225ff.

3 Diese Auseinandersetzung *Ebelings* ist unter dem Titel »Kirchengeschichte und Kirchenrecht. Eine Auseinandersetzung mit Rudolph Sohm« erschienen in ZevKR 35 (1990) S. 406ff.

4 Siehe den Nachweis in Anm. 2.

5 So die Frage im Titel einer Stellungnahme *Ebelings* zu dem 1917 erschienenen Buch von *Julius Kaftan* »Philosophie des deutschen Protestantismus«, in: *Ebeling*, Wort Gottes und Tradition. Studien zu einer Hermeneutik der Konfessionen, 2. Aufl. 1966, S. 78ff.

6 Siehe dazu *meinen* Aufsatz »Rechtsgeschichte und Rechtsdogmatik. Aussagen der hermeneutischen Philosophie zu ihrem Verhältnis«, in: Wirkungen europäischer Rechtskultur (FS für Karl Kroeschell zum 70. Geburtstag) 1997, S. 467ff.

7 Im Vorwort zu *Ebelings* 1995 erschienenen 4. Band seiner unter dem Titel »Wort und Glaube« herausgegebenen Aufsätze, der den Haupttitel »Theologie in den Gegensätzen des Lebens« trägt, heißt es auf S. IX dementsprechend: »Überdenke ich alles miteinander in dieser Komposition (erg.: die *Ebeling* für diesen Band gewählt hat), so will es mir scheinen, als könne es den Grundzügen nach dasjenige ersetzen, was mit der *Fundamentaltheologie* geplant war (a.a.O., S. IX – Hervorhebung A. J.).

dass das evangelische Kirchenrecht als notwendige Folge des kirchlichen Lebens unter dem Gesetz zu verstehen ist.

Der dritte Grund, der mich noch einmal nach *Ebelings* theologischer Begründung des evangelischen Kirchenrechts fragen lässt, ist mein Eindruck, dass sich gerade aus *Ebelings* grundsätzlicher Beschäftigung mit der ontologischen Frage und der daraus ableitbaren theologischen Begründung des evangelischen Kirchenrechts auch wichtige Folgerungen für das Verständnis des staatlichen Rechts und der Jurisprudenz ergeben. Ein seit kurzem in meinem Besitz befindlicher, über zirka zwanzig Jahre reichender Briefwechsel zwischen *Gerhard Ebeling* und dem Juristen *Wilhelm Henke* bestätigt diesen Eindruck noch nachdrücklicher als die von beiden gedruckt vorliegenden Arbeiten. Darauf will ich hier unter V. eingehen.

Nicht von einer theologischen Ethik also, sondern von *Ebelings* Auseinandersetzung mit *Rudolf Sohm*, der Beschäftigung mit den ontologischen Grundlagen seines Denkens und von seinem Gedankenaustausch mit dem Juristen *Wilhelm Henke* sind demnach, wie ich vermute, Verstehenshilfen für das evangelische Kirchenrecht und das staatliche Recht zu erwarten.

2. So richtig diese Vermutung auch sein mag, so ist die daraus folgende Fragestellung m. E. letztlich doch nur dann begründet, wenn die Theologie *Gerhard Ebelings* eine *bleibende* Bedeutung für das evangelische Kirchenrecht besitzt. Und genau das ist nach meinem Dafürhalten aufgrund folgender Überlegungen der Fall:

Zunächst sprechen dafür m. E. die Ausführlichkeit und Gründlichkeit der lebenslangen Beschäftigung *Ebelings* mit der Theologie *Luthers*. Zu nennen sind insoweit besonders seine Dissertation aus dem Jahre 1942[8], seine fünfbändigen »Lutherstudien«, zu denen auch der ausführliche Kommentar zu *Luthers* Disputatio de homine gehört[9], und schließlich seine Einführung in *Luthers* Denken[10] sowie seine letzte große Monographie über »Luthers Seelsorge«[11]. Eine evangelische Theologie und auch die Wissenschaft vom evangelischen Kirchenrecht wird daran wohl auf lange Zeit nicht vorbeisehen können[12].

8 Evangelische Evangelienauslegung. Eine Untersuchung zu Luthers Hermeneutik.

9 Zu *Ebelings* Lutherstudien sind daneben auch noch die in seinem Buch »Umgang mit Luther« (1983) enthaltenen 12 Aufsätze zu zählen.

10 Sie ist unter dem Titel »Luther. Einführung in sein Denken« 1964 erschienen. Es handelt sich dabei um die schriftliche Fassung einer (mit Anmerkungen versehenen) Vorlesung, die *Ebeling* im Wintersemester1962/1963 vor Hörern aller Fakultäten an der Universität Zürich gehalten hat.

11 Der genaue Titel dieses 1997 erschienenen letzten Buches von *Ebeling* lautet: Luthers Seelsorge. Theologie in der Vielfalt der Lebenssituationen an seinen Briefen dargestellt.

12 Man braucht nur an die bis heute anhaltende Breiten- und Tiefenwirkung der 1923 in 2. und 3. Auflage in Buchform erschienenen Lutheraufsätze von *Karl Holl* (= Gesammelte Aufsätze

Die zweite Überlegung, die für die bleibende Bedeutung der Theologie *Gerhard Ebelings* für das evangelische Kirchenrecht spricht, liegt m. E. in dem Umstand begründet, dass auch sein gesamtes übriges Werk als permanente Auseinandersetzung mit *Luthers* Theologie gelesen werden kann, wenn man es als den Versuch versteht, mit *Luther* über *Luther* hinauszudenken. Denn das geschieht nicht nur in *Ebelings* rein dogmatischen Arbeiten[13], sondern auch in seiner Auseinandersetzung mit großen philosophischen Denkern der Neuzeit[14], dem theologischen Werk von *Friedrich Schleiermacher*[15] und der dialektischen Theologie *Karl Barths*[16] und *Rudolf Bultmanns*[17] u. a. Und das geschieht schließlich selbst in seinen wissenschaftstheoretischen Arbeiten. Ich nenne als markante Beispiele hierfür nur seine Stellungnahme zu *Hans Alberts* »Traktat über kritische Vernunft«[18] und seine »Einführung in theologische Sprachlehre«[19]. Auch diese zuletzt genannten Arbeiten werden m. E. nämlich nur dann

---

zur Kirchengeschichte, Bd. 1, Luther) als Beleg für die Berechtigung dieser Vermutung zu erinnern.

13 Eine Zusammenfassung dieser Arbeiten stellt seine 1979 erschienene »Dogmatik des christlichen Glaubens« dar: Bd.1 Prolegomena. Erster Teil: Der Glaube an Gott den Schöpfer der Welt; Bd. 2 Zweiter Teil: Der Glaube an Gott den Versöhner der Welt; Bd. 3 Dritter Teil: Der Glaube an Gott den Vollender der Welt.

14 Siehe etwa folgende Aufsätze von *Ebeling:* Gewissheit und Zweifel. Die Situation des Glaubens im Zeitalter nach Luther und Descartes (1967), in: *ders.*, Wort und Glaube, Bd. 2: Beiträge zur Fundamentaltheologie und zur Lehre von Gott, 1969, S. 138ff.; Zum Religionsverständnis Feuerbachs (1984), in: *ders.*, Wort und Glaube, Bd. 4 (Anm. 7), S. 76ff. und: Verantworten des Glaubens in Begegnung mit dem Denken M. Heideggers. Thesen zum Verhältnis von Philosophie und Theologie (1961), in: Wort und Glaube, Bd. 2, S. 92ff.

15 Vgl. insoweit besonders *seinen* Aufsatz »Luther und Schleiermacher« (1984), in: *ders.*, Lutherstudien, Bd. 3: Begriffsuntersuchungen – Textinterpretationen – Wirkungsgeschichtliches, 1985, S. 405ff. Aber auch *Ebelings* zahlreiche Schleiermacher-Interpretationen in : Wort und Glaube, Bd. 2 (Anm. 14), S. 305ff.; Bd.3: Beiträge zur Fundamentaltheologie, Soteriologie und Ekklesiologie, 1975, S. 60ff., 96ff. und 116ff. sowie Bd. 4 (Anm. 7), S. 55ff., 540ff. sind m. E. vielfach durch sein Verständnis der Theologie *Luthers* mitbestimmt.

16 Dazu seien folgende Aufsätze *Ebelings* genannt: Karl Barths Ringen mit Luther, in: *ders.*, Lutherstudien, Bd. 3 (Anm. 15), S. 428ff. (der Aufsatz umfasst ca. 150 Druckseiten!); Über die Reformation hinaus? Zur Luther-Kritik Karl Barths (1986), in Wort und Glaube, Bd. 4 (Anm. 7), S. 270ff.

17 Siehe dazu besonders: *Ebeling*, Theologie und Verkündigung. Ein Gespräch mit Rudolf Bultmann , 2. Aufl. 1963, und seinen Aufsatz: Zum Verständnis von R. Bultmanns Aufsatz: »Welchen Sinn hat es von Gott zu reden?« (1966/1967), in Wort und Glaube, Bd. 2 (Anm. 14), S. 343ff.

18 Der genaue Titel dieses 1973 erschienenen Buches von *Ebeling* lautet: Kritischer Rationalismus? Zu Hans Alberts »Traktat über kritische Vernunft«.

19 Erschienen 1971. Diesem Buch ist der Vorwurf gemacht worden, dass es die rhetorische Tradition der (theologischen) Sprachlehre, wie sie besonders in *Luthers* Denken ihren Niederschlag gefunden habe, nicht (hinreichend) berücksichtige, so *Klaus Dockhorn*, Luthers Glaubensbegriff und die Rhetorik. Zu Gerhard Ebelings Buch »Einführung in theologische Sprachlehre«, in: Linguistica Biblica 3 (1973) S. 19ff., bes. S. 30ff. Diese Kritik übersieht m. E., dass sich *Ebelings* theologische Sprachlehre letztlich an der Unterscheidung

richtig verstanden, wenn man sie als Verteidigung einer von *Ebeling* vertretenen »relationalen Ontologie« als maßgeblicher Basis theologischen Denkens[20], die von *Luther* grundgelegt ist[21], versteht.

Der dritte Grund für die bleibende Bedeutung der Theologie *Ebelings* für das Kirchenrecht liegt für mich in ihrer Relevanz für das konfessionelle Gespräch. Insoweit ist zu Recht allgemein festgestellt worden:

> *Ebelings* »Überlegungen zum Verhältnis von Schriftprinzip und Schriftauslegung in methodischer und ökumenischer Perspektive sind an entscheidenden Stellen die fortgesetzte Anwendung der lutherischen Rechtfertigungslehre, und doch enthalten auch sie ein gewaltiges, *über die konfessionelle Engführung hinausgehendes Potential.* Hier sind in erster Linie sein Verständnis der historischen Kritik als Aufhellung ursprünglicher religiöser Erfahrung und sein Hinweis auf die Affinität des Schriftprinzips zum Traditionsprinzip zu nennen.«[22]

Diese ökumenische Perspektive der Theologie *Ebelings* bestätigt nun auch der Umstand, dass es mehrere Monographien von katholischer Seite gibt, die sich

---

von Gesetz und Evangelium orientiert und folglich die Sprache des Evangeliums betrifft; das zeigen besonders deutlich seine Ausführungen in »Einführung in theologische Sprachlehre«, S. 247ff. und: Luther (Anm. 10), S. 130ff. Für die (vom Leben unter dem Gesetz geprägte) Alltagssprache ist dagegen die rhetorische Tradition durchaus auch für *Ebeling* bedeutsam, s. etwa seine Ausführungen in »Einführung in theologische Sprachlehre«, S. 159ff., 172ff. Im Übrigen stehen Sprache des Evangeliums und Sprache des Gesetzes ja nach *Ebeling* nicht beziehungslos nebeneinander. Denn die richtige Unterscheidung zwischen Gesetz und Evangelium setzt für ihn die Beachtung der Relation voraus, die *zwischen* Gesetz und Evangelium besteht (dazu hier genauer unter III.). Dementsprechend sagt *Ebeling* einmal (Luthers Seelsorge, Anm. 11, S. 481), dass bei *Luther* »seinem Eindringen in die biblische Sprache das Vordringen zu dem allgemeinmenschlichen Erfahrungsgrund von Sprache korrespondiert.« So gesehen ist es auch konsequent, wenn er in seiner »Einführung in theologische Sprachlehre« mehrfach betont, dass eine theologische Sprachlehre letztlich Phänomene der Sprache als solcher besonders deutlich artikuliert, vgl. a. a. O. etwa S. 238f., 241, 242, 243f., 250, 251.

20 Siehe insoweit besonders *Ebeling*, Dogmatik, Bd. 1 (Anm. 13), S. 219ff., 305f., 346ff. und: Dogmatik und Exegese (1980), in: Wort und Glaube, Bd. 4 (Anm. 7), S. 492 (507f.).

21 Besonders klar zu dieser Grundlegung durch *Luther: Ebeling*, Luthers Wirklichkeitsverständnis (1993), in: Wort und Glaube, Bd. 4 (Anm. 7), S. 460ff. mit dem Ergebnis (a. a. O., S 475), zusammenfassend sei der »Befund … durch die Unterscheidung Substanzontologie und relationaler Ontologie zu kennzeichnen«. Ganz entsprechend besteht nach *Hanns Rückert* die theologische Aufgabe darin, » aus dem Subjekt-Objekt-Schema herauszukommen, das für das richtige Verständnis dessen, was *Luther* meint, überall ungeeignet ist und innerhalb dessen man sich immer nur im Kreise dreht. Gott objektiviert sich nie; die Versicherungen, die es für seine Gegenwart und sein gnädiges Wirken gibt, sind nicht gegenständlicher, sondern personal-worthafter Art und fordern den Glauben«, so *ders.*, Kirche und Amt in der Diskussion der evangelischen Theologie (1968), in: *Rückert*, Vorträge und Ausätze zur historischen Theologie, 1972, S. 340 (348 – Hervorhebung A. J.).

22 So *Jörg Lauster*, Prinzip und Methode. Die Transformation des protestantischen Schriftprinzips durch die historische Kritik von Schleiermacher bis zur Gegenwart, 2004, S. 307f. (Hervorhebungen A. J.).

zwar kritisch mit ihr auseinandersetzen, zugleich aber Brücken der Verständigung zwischen den Konfessionen aufgrund dieser Auseinandersetzung aufzeigen[23]. Besonders beachtenswert erscheint mir insoweit der Versuch von katholischer Seite, die Kritik an der Theologie *Ebelings* letztlich an seiner »performativen« Sprachtheorie festzumachen[24]. Denn wenn demgegenüber für die katholische Theologie eine »signifikative« Sprachtheorie als verbindlich erachtet wird, so mag damit ein unüberwindlicher theologischer Gegensatz zwischen den Konfessionen, der letztlich in Verstehensdifferenzen hermeneutischer Art wurzelt (dazu hier III.), markiert sein; doch ermöglicht dieser konfessionelle Gegensatz, eben weil er ein *sprachlich fundierter* ist, die Annahme einer daneben bestehenden *gemeinsamen* Gesprächsebene, die sich an den Verständigungsmöglichkeiten der (säkularen) Alltagssprache orientiert[25]. Sie wäre dann auch – kirchenrechtlich gesehen – die Basis für ein »Gemeinschaftsverhältnis« zwischen der katholischen und den übrigen Kirchen, »das in der gemeinsamen Verpflichtung gegenüber dem Verkündigungsauftrag seinen Grund hat«[26]. *Ebelings* Verständnis der Theologie als Sprachlehre des Glaubens, das wiederum wesentlich von *Luthers* theologischem Denken geprägt ist[27], besitzt so gesehen in der Tat eine auch im Blick auf das Kirchenrecht nicht unerhebliche Relevanz für das konfessionelle Gespräch. Allerdings sollte man sich bei

23 Besonders zu nennen sind folgende Arbeiten: *Peter Knauer*, Verantwortung des Glaubens. Ein Gespräch mit Gerhard Ebeling aus katholischer Sicht, 1969; *Michael Raske*, Sakrament, Glaube, Liebe. Gerhard Ebelings Sakramentsverständnis – eine Herausforderung an die katholische Theologie, 1973; *Jürgen Werbick*, Die Aporetik des Ethischen und der christliche Glaube. Studien zur Fundamentaltheologie Gerhard Ebelings, 1976; *Peter Suchla*, Kritischer Rationalismus in theologischer Prüfung. Zur Kontroverse zwischen Hans Albert und Gerhard Ebeling, 1982.

24 So besonders nachdrücklich *Werbick* (Anm. 23), S. 311 ff., 327 ff.

25 Diese sind m. E. in nach wie vor gültiger Weise in *Schleiermachers* Hermeneutik und Dialektik dargelegt. Zu seinem insoweit besonders wichtigen Verständnis der Sprache als »ein individuelles Allgemeines« s. nur *Manfred Frank*, in: F.D.E. Schleiermacher, Hermeneutik und Kritik, herausgegeben und eingeleitet von M. Frank, 1977, S. 25 ff. (Zitat: S. 38). Die genannte Interpretation ergänzend und teilweise modifizierend *ders.*, in: Friedrich Schleiermacher, Dialektik, herausgegeben und eingeleitet von M. Frank, Bd. 1, 2001, S. 34 ff. Ich habe demgegenüber erhebliche Zweifel, ob *Gadamers* Sprachverständnis *insoweit* das Richtige trifft, – vor allem, wenn dafür »die spekulative Wahrheit der Sprache« prägend sein soll, so die Kennzeichnung seines Sprachverständnisses durch *Jean Grodin*, Einführung zu Gadamer, 2000, S. 230 ff. .Es wäre eine besondere Prüfung wert, ob die Sprache der Kunst, an der sich ja *Gadamers* Sprachverständnis letztlich orientiert, einen ähnlichen Charakter besitzt wie die Sprache des Evangeliums, s. insoweit hier bereits Anm. 19.

26 So richtig *Dietrich Pirson*, Die protestantischen Kirchen im universalkirchlichen Zusammengang, in: Essener Gespräche zum Thema Staat und Kirche 37 (2003) S. 23 (41); ganz entsprechend *ders.*, Die Ökumenizität des Kirchenrechts, in: Gerhard Rau u. a. (Hrsg.), Das Recht der Kirche, Bd. 1, 1997, S. 499 (505) und: Universalität und Partikularität der Kirche. Die Rechtsproblematik zwischenkirchlicher Beziehungen, 1965, S. 268 ( 277 u. a.).

27 Siehe dazu bereits Anm. 19 mit den entsprechenden Nachweisen.

dieser Feststellung darüber im Klaren sein, dass ihr das »offizielle« Selbstverständnis der katholischen Kirche entgegensteht, weil es nach wie vor »die Vorstellung einer Pluralität gleich gearteter Kirchen nicht zulässt«[28].

## II. Das Wesen des evangelischen Kirchenrechts: Die verbindliche Auslegung des ius divinum

3. Was nun *Gerhard Ebelings* theologische Begründung eines evangelischen Kirchenrechts betrifft, der ich mich jetzt (erneut) unter Berücksichtigung seiner Auseinandersetzung mit *Rudolf Sohm* zuwende, so kommt es ihm insoweit zunächst entscheidend auf den notwendigen Zusammenhang zwischen einer (richtig verstandenen) kirchlichen Tradition und dem evangelischen Kirchenrecht an. Für das von Eb*eling* vertretene Traditionsverständnis zunächst ein Zitat aus einem einschlägigen Artikel von ihm. Es lautet:

> »Das Problem der Tradition mündet in das Problem der Hermeneutik einerseits, des Kirchenrechts anderseits. Vom Gesichtspunkt der *Hermeneutik* her erschließt sich die Struktur des Traditionsgeschehens als Auslegungsgeschehens ... In dem Fortgang des Auslegungsgeschehens als Weitergabe der Evangeliums-Überlieferung in je neuer Begegnung mit und Unterscheidung von der Wirklichkeit des Gesetzes liegt der – einen Erkenntnis- und Erfahrungszuwachs einschließende – Sinn der Kirchengeschichte. Unter dem Gesichtspunkt des *Kirchenrechts* bestimmt sich das Traditionsgeschehen als der über den Heiligen Geist nicht verfügende, ihm Freiheit einräumende Dienst am Wortgeschehen des Evangeliums, um dessentwillen Rechtsordnungen soweit gut und notwendig sind, als sie ihre Ortsanweisung erhalten aus der Unterscheidung von Gesetz und Evangelium. Dem rechten theologischen Verständnis der Tradition in dem Ineinandergreifen des Problems der Hermeneutik und des Problems des Kirchenrechts dient das reformatorische ›Sola scriptura‹, indem es dafür sorgt, daß die Unterscheidung von Text und Auslegung und darum auch von Jesus Christus und Kirche erhalten und so das Wortgeschehen des Evangeliums wirklich ›*Überlieferung*‹ bleibt«[29].

---

28 So wiederum *Pirson*, Die protestantischen Kirchen (Anm. 26), S. 41. Damit übereinstimmend stellt *Ebeling* fest: »Ein Dialog zwischen den Konfessionen kann nur dann, muss dann aber auch geführt werden, wenn sich die daran beteiligten Konfessionskirchen *nicht je für sich exklusiv mit dem Leibe Christi identifizieren.* Denn dann nötigt die gegebene Einheit des gemeinsamen Grundes dazu, nach der verlorenen Einigkeit in Bezug auf diesen gemeinsamen Grund zu fragen ... Das Zusammenleben trotz der konfessionellen Differenz ist civiliter ja ohnehin unausweichlich, sollte aber auch theologice, d. h. in der von der konfessionellen Differenz betroffenen Hinsicht, verwirklicht werden, und zwar weder nur als ein leidlicher modus vivendi, noch auch als ein bloßes zeitweiliges Zweckbündnis gegen gemeinsame Gegner, vielmehr im Wissen um das geschichtliche und geistliche Band, das die Konfessionen *zur gemeinsamen Verantwortung für ihr gemeinsames Erbe* verbindet«, so *ders.*, Eine Skizze zum Konfessionsproblem (1980/1988), in Wort und Glaube, Bd. 4 (Anm. 7), S. 517 (518f. – Hervorhebungen A. J.).

29 So *Ebeling*, Artikel »Tradition VII Dogmatisch«, in: Die Religion in Geschichte und Ge-

Zwei Folgerungen lässt das Zitat zu: Zunächst entsteht danach kirchliche Tradition dadurch, dass die Geschichte der Kirche aus protestantischer Sicht als Geschichte der Auslegung der Heiligen Schrift zu verstehen ist. Denn mit dieser Definition lassen sich – wie *Ebeling* mehrfach dargelegt hat – sowohl die Identität der Kirche wie ihre »Variabilität« adäquat erfassen. Die Identität der Kirche, das Beharrende im Wechsel der Kirchengeschichte, »ist der Ursprung der Kirche, dessen Bezeugung die Kirche zur Kirche macht: Jesus Christus gestern und heute und derselbe auch in Ewigkeit (Hebr. 13,8)«[30]. Dieses »Bleibende und Unwandelbare« kann aber »nicht anders bezeugt werden, als in der geschichtlichen Wandlung«. Denn es ist »nicht zu separieren von dem sich Wandelnden und Vergehenden wie der Inhalt von der Form«. Es geht ja in der Kirche um *gegenwärtige* Verkündigung des Zeugnisses von Jesus Christus, die mit dem Zeugnis des Urchristentums nicht identisch sein kann. Dieses Verhältnis »zwischen Identität und Variabilität, nämlich *wie* die Variabilität gebunden ist an die Identität und die Identität notwendig eingehen muss in die Variabilität, das erfasst die Kategorie der Auslegung in seinem strukturellen Zusammenhang.«[31]

Neben diesem für die kirchliche Tradition wesentlichen Verständnis der Kirchengeschichte ist nach dem anfangs wiedergegebenen Zitat aber noch zu beachten, dass erst »das *Ineinandergreifen* des Problems der Hermeneutik und des Problems des Kirchenrechts« kirchliche Tradition begründet und der richtigen theologischen Deutung einer so verstandenen Tradition »das reformatorische ›Sola scriptura‹ dient«[32]. Das Problem des Kirchenrechts hängt also wie das Problem der Kirchengeschichte tatsächlich mit dem Begriff der Tradition unmittelbar zusammen; und man wird auch ihm – wie gesagt – nur gerecht, wenn man anerkennt, dass sich »aus dem Schriftprinzip mit Notwendigkeit eine Lehre von der Tradition«[33] ergibt.

4. *Ebeling* hat nun noch besonders in Auseinandersetzung mit *Rudolf Sohm* den Zusammenhang von Tradition und Kirchenrecht genauer entwickelt[34]. Das

---

genwart, Bd. 6, 3. Aufl. 1962, Sp. 976 (983 – Hervorhebungen dort). Genauer zum Verständnis der Tradition aus protestantischer Sicht *ders.*, Die Geschichtlichkeit der Kirche und ihrer Verkündigung als theologisches Problem, 1954, S. 31 ff.

30 *Ebeling*, Geschichtlichkeit der Kirche (Anm. 29), S. 81 f. (*Ebeling* zitiert a. a. O. den griechischen Originaltext dieser Stelle aus dem Hebräerbrief), vgl. auch S. 76.

31 *Ebeling*, Geschichtlichkeit der Kirche (Anm. 29), S. 82 (Hervorhebung A. J.); ganz ähnlich *ders.*: Kirchengeschichte als Geschichte der Auslegung der Heiligen Schrift (1947), in: Wort Gottes und Tradition (Anm. 5), S. 9 (22, 26 f.) ; Studium der Theologie (Anm. 1), S. 80 f.; Die Bedeutung der historisch-kritischen Methode für die protestantische Theologie und Kirche (1950), in: *ders.*, Wort und Glaube, 1960, S. 1 (24 f.); s. auch »Sola scriptura« und das Problem der Tradition (1963), in: Wort Gottes und Tradition (Anm. 5), S. 91 (140 ff.).

32 Wie Anm. 29 (Hervorhebung A. J.). Vertiefend insoweit *Ebeling*, »Sola scriptura« (Anm. 31), S. 91 ff.

33 So *Ebeling*, »Sola scriptura« (Anm. 31), S. 140.

34 Siehe dazu besonders seine Tübinger Antrittsvorlesung aus dem Jahr 1947, die erst 1990 im

»Faktum der Kirchengeschichte«, so stellt er dort in bewusster Abgrenzung von *Sohm* fest, »schließt das Faktum des Kirchenrechts in sich, sofern eine Institution in der Geschichte nicht anders existieren kann als in irgendwelchen Formen der Rechtsordnung. Kirchenrecht ist also selber eine kirchengeschichtliche Erscheinung«[35]. Mit *Sohms* »Verwerfung des Kirchenrechts« ist, so sagt er, »eine unaufgebbare Grundbedingung geschichtlicher Existenz der Kirche preisgegeben …, nämlich die Kontinuität der Kirche in der Geschichte«[36].

Worin besteht diese Kontinuität? Sie besteht nach *Ebeling* zunächst für das Recht allgemein darin, dass »zum Wesen des Rechts … ein Element« gehört, »das dem geschichtlichen Wandel überlegen und ihm entzogen ist.« Eben darum ist das Recht überhaupt »eine wesentliche Form der Tradition.« Diese Traditionsgebundenheit des Rechts wäre also falsch verstanden, wenn »das Herkommen als solches über Recht und Unrecht« entscheiden und der »verpflichtende Charakter des Rechts einfach aus dem Faktum der Tradition« hergeleitet würde[37].

Speziell für das Kirchenrecht bedeutet das Gesagte zunächst, dass in ihm und seiner Handhabung ebenfalls die »Identität« und »Variabilität« der Kirche Ausdruck finden muss, was im Grunde also wie bei der Kirchengeschichte auf die These hinausläuft, dass es im Blick auf die notwendige institutionelle Seite der Kirche als Auslegung der Heiligen Schrift begriffen werden muss. Es ist so gesehen in seinen verschiedenen Erscheinungsformen ein Stück der Auslegungsgeschichte der Heiligen Schrift und begründet in diesem Sinne Tradition. Dementsprechend sagt *Ebeling* einmal, dass sich »auch in Kirchenrecht und Verfassung … ein bestimmtes Verständnis der Offenbarung« ausdrückt[38].

Die These, dass das Kirchenrecht letztlich auch als Auslegung der Heiligen Schrift verstanden werden kann, lässt sich noch präzisieren, wenn man genauer danach fragt, worin konkret für das Kirchenrecht das Element besteht, »das dem geschichtlichen Wandel überlegen und ihm entzogen ist«, und damit erst für die Kirche und ihr Recht verbindliche Tradition begründet? *Ebeling* sieht dieses »Element« im richtig verstandenen ius divinum und führt dazu erläuternd aus:

> »Obgleich also die Bindung an die Tradition, mit der die Kirche steht und fällt, nicht Bindung an ein gesetzlich festgelegtes Statut, sondern Bindung an den lebendigen Herrn der Kirche ist, so entbehrt doch diese Bindung nicht konkreter geschichtlicher

---

Druck erschienen ist (vgl. den Nachweis in Anm. 3). Ein in meinen Händen befindlicher, aber von *Ebeling* nicht für den Druck freigegebener Vortrag von ihm, der den Titel »Rudolph Sohms Auffassung vom Kirchenrecht« trägt und allem Anschein nach in unmittelbarem zeitlichen Zusammenhang mit der genannten Antrittsvorlesung steht, bestätigt weitgehend das dort Gesagte.

35 A.a.O., S. 406.

36 A.a.O., S. 408.

37 A.a.O., S. 409.

38 Über Aufgabe und Methode der Konfessionskunde (1952), in: Wort Gottes und Tradition (Anm. 5), S. 28 (36); ähnlich: Geschichtlichkeit der Kirche (Anm. 29), S. 83.

Kennzeichen, über die mit der Offenbarung Gottes in Jesus Christus ein für allemal entschieden ist. Damit ist aber für die Kirche in der Tat ein aus der Offenbarung Gottes in Jesus Christus sich herleitendes ius divinum gegeben ... Wer ... die Existenz der Kirche unaufgebbar gebunden weiß an das Zeugnis der Offenbarung Gottes in Jesus Christus und damit an konkrete Vorgänge der Berufung und Sammlung durch Wort und Sakrament, der wird nicht bestreiten können, daß dieses Geschehen nicht ohne Kriterien dafür ist, was an ihm nicht menschlichen, sondern göttlichen Rechts ist. Damit wird nicht notwendig aus dem Evangelium Gesetz gemacht, vielmehr die Tatsache ernst genommen, daß Gott in Jesus Christus seinen Willen offenbar gemacht hat und daß darum das *Evangelium* in der Tat das *Gebot* Gottes in sich schließt«[39].

Das Verhältnis des positiven Kirchenrechts zum ius divinum ist dann so zu sehen, dass sich »um das ius divinum, ihm dienend untergeordnet, kirchliche Ordnungen gestalten, die, für sich genommen, allein de iure humano gelten«[40]. Wenn nun auch das ius divinum keine verbindliche Tradition der Kirche »in der Weise der Kontinuität einer Institution« begründet, so doch »in der Weise der Kontinuität desjenigen Geschehens, das Kirche je und je neu Ereignis werden lässt.« Konkret ist das »Sichimmerwiederversammeln unter dem Wort ... die einzige Weise, wie das Ereigniswerden der Kirche sichtbar wird.« Das ist dann auch »der Ort, wo das für die Kirche geltende ius divinum einzig erfasst werden und konkret Gestalt gewinnen kann«[41].

Wir können damit unsere anfängliche allgemeine Bestimmung des Kirchenrechts als Auslegung der Heiligen Schrift dahingehend präzisieren, dass es genau genommen Auslegung des ius divinum ist[42] und die Geschichte des Kirchenrechts entsprechend dem dargelegten Traditionsbegriff *Ebelings* als Geschichte der Auslegung des ius divinum verstanden werden muss.

---

39 Kirchengeschichte und Kirchenrecht (Anm. 3), S. 418 (Hervorhebungen A. J.).

40 A.a.O., S. 419.

41 Wie Anm. 40.

42 Siehe dazu auch *Ebeling*, Kirchenzucht, 1947, S. 46: »Die Ordnung der Kirche und die Zucht in der Kirche haben damit, dass sie auf Wort und Sakrament begründet sind und auf ihre Weise selber das Wort bezeugen, ihren Grund und ihren Maßstab an einem Jus divinum«, s. auch ergänzend S. 54f., 58f. Im übrigen ist der Begriff »Auslegung« hier wie bei seiner Definition der Kirchengeschichte »als Geschichte der Auslegung der Heiligen Schrift« weit zu fassen. Zutreffend stellt insoweit *Dietrich Pirson* für das Verhältnis von Bekenntnis und positivem Kirchenrecht entsprechend fest: Man muss »einen weiten Bereich (erg.: dem positiven Kirchenrecht) für die Ausgestaltung nach dem Prinzip der Zweckmäßigkeit vorbehalten, wobei aber zu beachten bleibt, dass Zweckmäßigkeit hier nicht als Freiheit für selbst gewählte Zwecke verstanden werden darf, sondern die Freigabe für ein Handeln nach menschlicher ratio nur im Blick auf den durch den Verkündigungsauftrag vorgegebenen Zweck erfolgt, so dass auch insoweit von einer mittelbaren Destination durch das Bekenntnis gesprochen werden kann« (s. *ders.*, Evangelisches Kirchenrecht und Bekenntnis, ZevKR 47, 2002, S. 172/185).

5. Zur Struktur und zum Inhalt eines evangelischen ius divinum[43] hat *Hanns Rückert*, dem *Ebeling* ja theologisch wie menschlich besonders verbunden war[44], im Sinne des Ausgeführten bemerkt, dass insoweit an zwei Dingen »unnachsichtig festgehalten« werden müsse:

»Einmal daran, dass dieses göttliche Kirchenrecht ebenso wie die Zehn Gebote überhaupt nur negative Bestimmungen enthält, das heißt nur aussagt, wie eine Kirche nicht geordnet sein darf, wenn sie sich nicht gegen ihr eigenes Wesen verfehlen will. Es steckt nur – dies allerdings mit letzter Verbindlichkeit – den Raum ab, innerhalb dessen es Ordnung geben kann, die kirchliche Ordnung genannt zu werden verdient … Und zweitens: Das erste und vornehmste dieser negativen Gebote göttlichen evangelischen Kirchenrechts lautet dahin, dass nicht nur außerhalb, sondern gerade auch innerhalb des weiten abgesteckten Raums nichts, aber auch nichts neben Wort und Sakrament auftreten darf, was göttliche Autorität in Anspruch nimmt, die Gewissen binden, eine Gewähr dafür bieten will, dass aus Menschenwort Gotteswort, aus sichtbarer Kirche geistliche Kirche wird.«[45]

Zu diesen Feststellungen passt es, wenn *Ebeling* den möglichen Anlass zur Kirchenzucht, die ja seiner Meinung nach aufgrund des ius divinum geboten sein kann und in ihm seinen Maßstab besitzt[46], wie folgt definiert:

»Anlaß zur Kirchenzucht ist allein die Verletzung des Bekenntnisses zu Christus und d. h. die Verletzung des Bekenntnisses zu dem Wort von der Erwählungsgnade Gottes in Jesus Christus, sei es durch Verlassen der Versammlung der Gemeinde unter Wort und Sakrament, sei es durch Verfälschung der Verkündigung und Missbrauch des Sakraments, sei es durch irgendein Verhalten, das trotz Zugehörigkeit zur gottesdienstlichen Versammlung der Gemeinde eine öffentliche Verletzung des Bekenntnisses zu Christus darstellt.«[47]

Der Inhalt des von *Ebeling* bejahten ius divinum lässt sich nun noch näher bestimmen, wenn man seine Auslegung der zehn Gebote – genauer gesagt der

43 Dass insoweit Unterschiede zum Verständnis des ius divinum in der katholischen Kirche bestehen, betont *Ebeling* (Kirchenzucht, S. 46) ausdrücklich.

44 Siehe als Belege etwa: *Ebelings* Widmung in: Wort und Glaube (Anm. 31): »Den *Freunden* Hanns Rückert und Ernst Fuchs« (Hervorhebung A. J.); das Vorwort im 1. Bd. der Dogmatik (Anm. 13), S. V (1. Absatz) sowie besonders *seinen* Aufsatz »Das Leben – Fragment und Vollendung. Luthers Auffassung vom Menschen im Verhältnis zu Scholastik und Renaissance (1975), in: Lutherstudien, Bd. 3 (Anm. 15), S. 311 ff.

45 So *Rückert*, Kirche und Amt (Anm. 21), S. 347.

46 Siehe das Zitat in Anm. 42.

47 Kirchenzucht, S. 57. Siehe ergänzend *Wilhelm Dantine*, Das Gesetz Gottes und die Gesetze der Menschen (1966), in: *ders.*, Recht aus Rechtfertigung. Ausgewählte rechtstheologische und kirchenrechtliche Ausätze (hrsg. von Albert Stein), 1982, S. 227 (242): »Nach Augustana V (erg.: ist) der Dienst des Wortes und der Sakramente von Gott eingesetzt, und insofern kann man von einem jus divinum sprechen«.

ersten Tafel des Dekalogs – berücksichtigt[48]. Die Berechtigung für ein solches methodisches Vorgehen ergibt sich für mich aus folgender Überlegung:

In der Apologie des Augsburger Bekenntnisses von 1531 (Artikel II Von der Erbsünde) heißt es:

> »Nun aber umfasst die Gerechtigkeit der Hl. Schrift nicht nur die zweite Tafel des Dekalogs, sondern auch die erste, die Gebote gibt über die Gottesfurcht, den Glauben und die Liebe zu Gott. Deshalb hat die Urgerechtigkeit nicht nur die Ausgewogenheit der körperlichen Eigenschaften beinhaltet, sondern auch diese Gaben: eine genauere Gotteserkenntnis, Gottesfurcht, Gottvertrauen, oder doch wenigstens das richtige Werk und die Kraft, dieses Werk zu wirken. Und das bezeugt die Hl. Schrift, wenn sie sagt, der Mensch sei ›zum Abbild und Gleichnis‹ (imago et similitudo) Gottes geschaffen.«[49]

Diese Stelle aus der Apologie gäbe, so hat *Hans Liermann* bemerkt, »die theologische Geisteshaltung wieder, aus der heraus ius divinum in den Bekenntnissen an zahlreichen Stellen in Erscheinung tritt«[50]. Dafür spricht nun auch, dass das Bekenntnis eine ähnliche Bindungswirkung für das positive Kirchenrecht entfaltet, wie sie nach *Ebeling* für das ius divinum anzunehmen ist[51]. Schließlich unterstützt das nach *Liermann* wohl zulässige Verständnis der ersten Tafel des Dekalogs (auch) als Ausdruck eines ius divinum die These, dass »göttliches Recht in den Bereich des Evangeliums, nicht in den Bereich des Gesetzes gehört« und das ius divinum »nur erkennbar« wird, »insoweit das Evangelium verstanden wird«[52]. Denn die Auslegung der zehn Gebote durch

48 Siehe dazu besonders *sein* Buch: Die zehn Gebote in Predigten ausgelegt, 1973. Ergänzend *Ebeling*, »Was heißt ein Gott haben oder was ist Gott?« Bemerkungen zu Luthers Auslegung des ersten Gebots im Großen Katechismus, in: Wort und Glaube, Bd. 2 (Anm. 14), S. 287ff. und zum Bilderverbot: Dogmatik, Bd. 1 (Anm. 13), S. 385ff.

49 Die Bekenntnisschriften der evangelisch-lutherischen Kirche, 3. verbesserte Aufl. 1956, S. 150. Ich habe diesen Text in der deutschen Fassung wiedergegeben, wie sie sich findet in: Unser Glaube. Die Bekenntnisschriften der evangelisch-lutherischen Kirche (im Auftrag der Kirchenleitung der Vereinigten Evangelisch-Lutherischen Kirche Deutschlands -VELKD- herausgegeben vom Lutherischen Kirchenamt) 1986, S. 133.

50 *Hans Liermann*, Die rechtliche Bedeutung der Bekenntnisschriften. Mit ausgewählten Texten, insbesondere der Konkordienformel (1969), in: *ders.*, Der Jurist und die Kirche. Ausgewählte kirchenrechtliche Aufsätze und Rechtsgutachten (herausgegeben von Martin Heckel u.a.) 1973, S. 258 (268).

51 Genauer zu dieser Bindungswirkung des Bekenntnisses für das Kirchenrecht zuletzt: *Michael Germann*, Die Bindung der kirchlichen Gerichte an Schrift und Bekenntnis, ZRG 122 Kan. Abt. 91 (2005) S. 499 (535ff.) und *ders.* Zur kirchengerichtlichen Überprüfung eines Synodenbeschlusses über die Segnung gleichgeschlechtlicher Partnerschaften, ZevKR 50 (2005) S. 592 (601ff.).

52 So *Pirson*, Universalität (Anm. 26), S. 288. Darin sieht Pirson (a.a.O.) »eine grundlegende Voraussetzung für das protestantische Kirchenordnungsdenken«. Sehr klar dazu auch *Dantine*, »Evangelium und Recht in den lutherischen Kirchen« (1975), in: *ders.*, Recht aus Rechtfertigung (Anm. 47), S. 279 (286f.): »Vom Jus divinum kann geredet werden, wenn

Ebeling zeigt m. E., dass sich die Gebote der ersten Tafel im Gegensatz zu denen der zweiten ebenfalls als »in den Bereich des Evangeliums« gehörend verstehen lassen[53].

Versucht man nun aus diesem Gründen *Ebelings* Auslegung der ersten Tafel des Dekalogs (auch) als Aussage über sein inhaltliches Verständnis des ius divinum zu interpretieren, so leuchtet das für das zweite und dritte Gebot (nach der Zählung des Kleinen und Großen Katechismus *Luthers*) unmittelbar ein. Denn man wird sagen dürfen, wenn man sich an den bereits zitierten Tatbeständen orientiert, die nach *Ebeling* Anlass der Kirchenzucht sind, dass die »Verfälschung der Verkündigung und (erg.: der) Missbrauch des Sakraments« als Verstoß gegen das zweite Gebot und das »Verlassen der Versammlung der Gemeinde unter Wort und Sakrament« als Verstoß gegen das dritte verstanden werden können. Aber auch *Ebelings* Auslegung des Bilderverbots, das er im

---

damit das, notwendigerweise wie jedes menschliche Recht mit Gesetzen und Verordnungen und daher mit gesetzhaftem Zwang arbeitende, Kirchenrecht seinen sekundären Rang gegenüber der in Christus offenbarten Gottesgerechtigkeit dokumentieren, und damit seinen Dienstcharakter gegenüber dieser zur Sprache bringen soll. Gefährlich würde es aber für lutherisches Verständnis, wenn dabei die tiefe Differenz im Begriff des ›Rechtes‹ hier und dort eingeebnet würde: jus divinum ist wesentlich, ›Evangelium‹ – jus humanum, auch als jus ecclesiasticum, ist wesentlich ›Gesetz‹; Luthers tiefe Einsicht, dass die Fähigkeit zum Unterscheiden zwischen beiden den Rang der Theologie bestimme, darf gerade im Kirchenrecht nicht vergessen werden, dem freilich auch nicht durch statische Entgegensetzung beider geholfen werden kann.«

53 Zu *Luthers* entsprechendem Verständnis hat *Albrecht Peters* (Kommentar zu Luthers Katechismen, Bd. 1: Die Zehn Gebote. Luthers Vorreden, 1990, S. 87f.) ausgeführt: *Luther* gliedert »den Dekalog nach dem Doppelgebot der Gottes- und Nächstenliebe in zwei Tafeln … Für Luther haben dabei die Gebote der ersten Tafel auch unabhängig von den letzten sieben der zweiten Tafel einen eigenständigen und unmittelbaren Sinn. In ihnen handelt Gott mit uns und wir mit ihm zutiefst direkt ›ohn Mittel irgend einer Kreatur‹. Die im ersten Gebot zentrierte erste Tafel wacht über unserem unmittelbaren Gottesbezug, in welchem unser Weltverhältnis gründen soll.« Damit übereinstimmend hat *Ebeling* zum »Doppelgebot der Liebe« bemerkt: Es »ist keine überflüssige Verdoppelung, so dass es auf die Nächstenliebe reduzierbar wäre und die Liebe zu Gott in nichts anderem bestände als in der Liebe zum Nächsten. Wenn sie sich von dieser auch nicht isolieren lässt, so kommt eben in dieser Doppelrelation die Unterscheidung zur Geltung zwischen dem Anspruch Gottes und allem, was aus der Lebenswirklichkeit heraus den Menschen in Anspruch nimmt. Darin besteht Gottes Anspruch, dass er so für den Mitmenschen eintritt, wie das kein anderer Anspruch vermöchte. Die Philanthropie Gottes selbst … steht hinter dem Gebot der Nächstenliebe«, so Dogmatik, Bd. 3 (Anm. 13), S. 273f. Aus *Ebelings* (an *Luther* orientierten) theologischem Verständnis des Politischen folgt ebenfalls die unterschiedliche theologische Bedeutung der zwei Tafeln des Dekalogs, s. *ders.*, Theologisches Verantworten des Politischen. Luthers Unterrichtung der Gewissen heute bedacht (1983), in: Umgang mit Luther (Anm. 9), S. 165 (180): »Die Orientierung an der reformatorischen Lehre von der Erbsünde begrenzt die Zuständigkeit weltlicher Obrigkeit. Sie hat über die Einhaltung der Gebote der zweiten Tafel zu wachen nach deren äußerem, politisch-moralischem Verständnis. Dagegen sind ihr die Zuständigkeit für die erste Tafel des Dekalogs und der Zugriff auf die Gewissen entschieden verwehrt.«

Gegensatz zu *Luther* (aber in Übereinstimmung mit dem Urtext) als selbständiges Gebot der ersten Tafel des Dekalogs interpretiert, kann m. E. als Inhaltsbestimmung des ius divinum verstanden werden[54]. Das Bilderverbot fordert uns nämlich, wie er darlegt, zur Beantwortung der Frage auf, wie Gott auf rechte Weise konkret wird. Seine Antwort auf diese Frage lautet:

> »Es stellt die reinste Weise von Gottesdienst dar, im Mitmenschen die Anwesenheit Gottes zu glauben, ihn als Ebenbild Gottes, als Stellvertreter Gottes ernst zu nehmen, an ihm die Ehrfurcht, Liebe und das Vertrauen konkret werden zu lassen, so wie wir das Gott schulden.«[55]

Darum wird Gott nicht so konkret, wie er fortfährt,

> »dass wir ihn mit dem Mitmenschen verwechseln, vielmehr so, dass wir ihn im Mitmenschen entdecken. Das ist das Zentrum, von dem aus alles in das Konkretwerden Gottes einbezogen wird.«[56]

Wenn dieses Konkretwerden Gottes im Mitmenschen geleugnet (und Gott damit woanders gesucht) wird, so stellt das folglich eine Missachtung des Bilderverbots und damit ebenfalls einen Vorstoß gegen das ius divinum dar. Orientiert man sich nun auch insoweit wiederum an *Ebelings* schon erwähnte Bestimmung

---

54 Das Bilderverbot ordnet sich im Kleinen und Grossen Katechismus Luthers »dem umgreifenden Abgöttereiverbot als ein Sonderfall ein und unter. Luther folgt hierin den deuteronomischen Predigern, welche das Bilderverbot dem Fremdgötterverbot zuordneten«, so *Peters*, Kommentar (Anm. 53), S. 137 mit weiteren Nachweisen.

55 Zehn Gebote (Anm. 48), S. 63.

56 A. a. O., S. 64. Vertiefend dazu *Ebeling*, Dogmatik, Bd. 1 (Anm. 13), S. 385ff. . Man könnte m.E. noch umfassender, als *Ebeling* es in seiner Auslegung der zehn Gebote tut, das Bilderverbot deuten, wenn man Gottes »Schöpfung als Anrede« an uns versteht. Und zwar deshalb, weil wir – um mit *Paulus* zu reden – als »Söhne« Gottes Verantwortung für sein »Erbe«, die Schöpfung, tragen. Neben der von *Ebeling* benannten Leugnung der Gegenwart Gottes im Mitmenschen wäre also das (bewusste) Überhören der Anrede Gottes durch seine Schöpfung ein weiterer Beleg dafür, dass wir Menschen das vom Bilderverbot intendierte richtige Konkretwerden Gottes nicht gegen uns gelten lassen wollen, sondern falschen Gottesbildern anhängen. Die Formulierung »Schöpfung als Anrede« entnehme ich dem Titel der 1990 in 2. Aufl. erschienenen Aufsatzsammlung von *Oswald Bayer* (Schöpfung als Anrede. Zu einer Hermeneutik der Schöpfung). Für die (an *Paulus* orientierte) Begründung unserer Verpflichtung, auf Gottes entsprechenden Ruf zu hören, verweise ich auf folgende Arbeiten *Friedrich Gogartens:* Verhängnis und Hoffnung der Neuzeit. Die Säkularisierung als theologisches Problem, 2. Aufl. der Taschenbuchausgabe 1987, S. 73ff., vgl. auch S. 25ff. und: Der Mensch zwischen Gott und Welt, 1956, S. 13ff. . Diese Begründung *Gogartens* passt, wie ich meine, durchaus in den Kontext der Theologie *Ebelings*, s. insoweit besonders: *Ebeling*, Dogmatik, Bd. 1 (Anm. 13), S. 304ff., 307ff., 385ff. und *ders.*, Disputatio de homine, Bd. 2 Zweiter Teil: Die philosophische Definition des Menschen (Kommentar zu These 1–19) 1982, S. 423ff. sowie *seine* Ausführungen zum paulinischen Begriff der »Sohnschaft«, der ja in *Gogartens* Überlegungen eine zentrale Rolle spielt: Dogmatik, Bd. 3 (Anm. 13), S. 179 und: Die Wahrheit des Evangeliums. Eine Lesehilfe zum Galaterbrief, 1981, S. 248ff., 283ff., 294f., 301ff.

für den Anlass der Kirchenzucht, so ist damit das »Verhalten« untersagt, »das trotz Zugehörigkeit zur gottesdienstlichen Versammlung der Gemeinde eine öffentliche Verletzung des Bekenntnisses zu Christus darstellt.« Letztlich wird also mit dem ius divinum, wie *Ebeling* in anderem Zusammenhang seiner Auslegung der zehn Gebote sagt,

> »die Wahrung des Gottseins Gottes eingeschärft. Das heißt: Nicht Leistungen für Gott werden gefordert, kein Aufgebot frommer Spezialwerke, sondern nur die *Unterlassung* dessen, durch religiöse Sonderunternehmungen Gott zu beleidigen. Wie bescheiden: Gott fordert nichts, als ihm nicht zu trotzen, ihm gleichsam nicht ins Angesicht zu spucken, ihn vielmehr den *sein* zu lassen, – und das heißt, wenn es um Gott geht: ihn als den *wirken* zu lassen, der er ist.«[57]

Im Blick auf dieses letzte Zitat bekommt nun auch die bereits wiedergegebene Forderung *Rückerts* einen Sinn, dass das ius divinum nur negative Bestimmungen enthalten darf und – um es noch einmal zu wiederholen – innerhalb dieses

> »Raums nichts, aber auch nichts neben Wort und Sakrament auftreten darf, was göttliche Autorität in Anspruch nimmt, die Gewissen binden, eine Gewähr dafür bieten will, dass aus Menschenwort Gotteswort, aus sichtbarer Kirche geistliche Kirche wird.«

## III. Der Grund des evangelischen Kirchenrechts: Lebenserfahrung als Gesetzeserfahrung

6. Um es noch einmal zu wiederholen: Dem »rechten Gebrauch von Tradition« dient nach *Ebeling*, »das reformatorische ›*sola scriptura*‹, nicht als gesetzliche Vorschrift von Traditionen, sondern als Quellgrund der einen Überlieferung, welcher Raum zu lassen das Kriterium aller Traditionen ist«[58]. Aufgrund eben dieses Maßstabs findet er nun u. a. zu einem besonderen evangelischen Begriff des ius divinum und der Kirchenzucht, der Kirchengeschichte und der Tradition, wobei er die jeweilige evangelische Auffassung besonders im Gegensatz zu einer entsprechenden katholischen sieht[59]. »Vom ›*sola scriptura*‹ her« ist darum auch, wie *Ebeling* sagt, »das Problem der Tradition in die Verzweigung seiner mannigfachen Konkretionen hinein zu erörtern«, und zwar auch »im Hinblick … auf die Hermeneutik der konfessionellen Auseinandersetzung und des öku-

57 Die zehn Gebote (Anm. 48), S. 37 (1. Hervorhebung A. J.).

58 »Sola scriptura« (Anm. 31), S. 143 (Hervorhebungen bei Ebeling).

59 Siehe insoweit zum ius divinum: Kirchenzucht (Anm. 42), S. 46; zur Kirchenzucht: daselbst S. 14ff.; zur Kirchengeschichte: Kirchengeschichte als Geschichte der Auslegung (Anm. 31), S. 19ff.; zur Tradition: Geschichtlichkeit der Kirche (Anm. 29), S. 38ff. und allgemein zu den genannten unterschiedlichen Auffassungen: Konfessionskunde (Anm. 38), 33ff.

menischen Gesprächs, ... der kirchlichen Lehre und des Kirchenrechts«[60]. Ergänzend dazu heißt es dazu an anderer Stelle bei ihm:

> »Umfassende Verstehensdifferenzen, wie etwa die zwischen den Konfessionen, sind ... *hermeneutischer* Art und stellen in ihrer Gegensätzlichkeit vor letzte Verständigungsgrenzen, eben weil sie an letzte *Geheimnisse des Verstehensgrundes* rühren.«[61]

Im Gespräch der Konfessionen meldet sich danach also bereits die ontologische Frage, auf eben sie läuft alles hinaus.

7. Welcher »Verstehensgrund« ist es nun aber, der aus protestantischer Sicht die richtige Wirklichkeitserfahrung, die dann ja auch konstitutiv für das evangelische Kirchenrechtsverständnis sein müsste, ermöglicht? Es ist nach *Ebeling* »nicht die an den Sinnen orientierte Verstandeserfahrung, sondern ... die Gewissenserfahrung, die durch das Zeugnis der Schrift ausgelöst wird: das Angenommensein durch Gott, das sogar gegen den Tod in Geltung bleibt.« Allerdings

> »schließt diese Gewissenserfahrung nicht nur die Befreiungserfahrung in sich, sondern auch die Nichtigkeits- und Ohnmachtserfahrung, nicht nur das, was man durch Christus ist, sondern auch das, was man ohne ihn ist. Damit wird prinzipiell alle lebensrelevante Welt- und Selbsterfahrung zum Material der Gotteserfahrung, also zu theologisch relevanter Erfahrung.«[62]

Wenn nach *Ebeling* – um es zu wiederholen – »prinzipiell alle lebensrelevante Welt- und Selbsterfahrung zu theologisch relevanter Erfahrung« wird, so bringt er damit zum Ausdruck, was für ihn den Inhalt der *Gesetzes*erfahrung ausmacht[63]. Denn das Gesetz kann, wie er mehrfach dargelegt hat, nach biblischen und reformatorischen Verständnis nicht als ein bestimmter Gesetzeskodex begriffen werden[64], sondern nur als das »ins Herz geschriebene Gesetz«, womit

---

60 Wie Anm. 58 (Hervorhebungen bei Ebeling).

61 Wort Gottes und Hermeneutik (1959), in: Wort und Glaube (Anm. 31), S. 319 (337f. – Hervorhebungen A. J.).

62 Schrift und Erfahrung als Quelle theologischer Aussagen (1978), in: Umgang mit Luther (Anm. 9), S. 59 (73, s. auch S. 76); vgl. daneben Kritischer Rationalismus (Anm. 18), S. 111ff. mit der Unterscheidung zwischen »Wissensgewissheit« und »Gewissensgewissheit« sowie: Gewissheit und Zweifel (Anm. 14), S. 161ff. Grundlegend zu der genannten Unterscheidung das Buch eines Schülers von Gerhard Ebeling: *Walter Mostert*, Sinn oder Gewissheit? Versuche zu einer theologischen Kritik des dogmatischen Denkens, 1976 und *ders.*, »Erfahrung als Kriterium der Theologie«, ZThK 72 (1975) S. 427 (441ff.).

63 Siehe auch Dogmatik, Bd. 1 (Anm. 13), S. 261: »Die Unterscheidung von Gesetz und Evangelium kommt nur dann rein zur Geltung, wenn ... der Begriff des Gesetzes die Weite gewinnt, die das, was alle Menschen angeht, umschließt.«

64 Dogmatik, Bd. 3, S. 290f.; Zur Lehre vom triplex usus legis in der reformatorischen Theologie (1950), in: Wort und Glaube (Anm. 31), S. 50 (64f.); Erwägungen zur Lehre vom Gesetz (1958), in: Wort und Glaube (Anm. 31), S. 255 (288ff.); Leitsätze zur Zweireichelehre (1972), in: Wort und Glaube, Bd. 3 (Anm. 15), S. 574 (581).

*Ebeling* »das Angegangensein von der schlechthinnigen Fraglichkeit« meint[65]. »Konstanten« solcher Gesetzeserfahrung sind für ihn darum die »elementaren Lebensvorgänge« wie »Bewusstwerdung und Selbstfindung in Kindheit und Reifung, das Erlebnis der Geschlechtlichkeit und der Beziehung zum Geschlechtspartner, das Eingehen einer Lebensbindung« etc., aber auch »besondere Fügungen und Schicksalsschläge«[66]. Diese Erlebnisse beinhalten deshalb eine Gesetzeserfahrung, weil das Gesetz als »das dem Menschen eingebrannte Fragezeichen« dadurch, dass es den Menschen ständig nach dem Ort seiner Existenz in diesem Leben fragt, »die ganze den Menschen angehende Wirklichkeit in Gang setzt und zur Sprache bringt« und damit »zur Interpretation der Wirklichkeit herausfordert«[67]. Allein das so verstandene Gesetz leitet zum rechten Verständnis des Evangeliums an. Denn das Evangelium kann nur in Konfrontation mit der Wirklichkeit (dem Gesetz) verstanden werden, wie umgekehrt das rechte Verständnis der Wirklichkeit (des Gesetzes) durch das Evangelium eröffnet wird[68].

8. Für die geschilderte Gesetzeserfahrung besonders markant ist nun nach *Ebeling* die ethische Forderung. Denn das »Phänomen des Ethischen« hat für ihn »vornehmlich die Funktion eines *Verstehenshorizonts*, ohne den nicht deutlich werden kann, was Sache der Theologie ist«[69]. Es geht also um die Gesetzeserfahrung »im Horizont des Ethischen«. Darum berühren, wie *Ebeling* selbst sagt, seine »Analysen zum Phänomen des Ethischen die anthropologischen und ontologischen Sachverhalte« und sind »vor allem auf die Aporetik des Ethischen« gerichtet, die für ihn darin begründet liegt, dass es zum »Wesen« des Ethischen gehört, »Fragen aufbrechen zu lassen, welche die Kompetenz des Ethischen *überschreiten*«[70]. Aus dieser Sicht erklärt sich nun auch, dass seiner

---

65 Erwägungen (Anm. 64), S. 290; ähnlich Dogmatik, Bd. 3 (Anm. 13), S. 268ff. und Dogmatik, Bd. 1 (Anm. 13), S. 261, 331.

66 Dogmatik, Bd. 3 (Anm. 13), S. 269.

67 Erwägungen (Anm. 64), S. 290.

68 *Ebeling* beschreibt diese Wechselwirkung so: Das Evangelium legt sich »auf die in verworrener und vieldeutiger Sprache vorgebrachten Interpretationen des Gesetzes … hin als solches aus und gelangt so zu seiner Artikulation. Indem dies geschieht, bringt das Evangelium jedoch auch erst das Gesetz zur Klarheit, so dass es nun überhaupt erst als Gesetz verstanden und virulent, zugleich aber in seine Schranken gewiesen wird. So hebt das Evangelium das Gesetz einerseits auf, setzt es jedoch andererseits gerade erst in Kraft«, so Einführung in theologische Sprachlehre (Anm. 19), S. 248.

69 Studium der Theologie (Anm. 1), S. 146 (Hervorhebung A. J.); s. auch *Ebeling*, Zum Verhältnis von Dogmatik und Ethik (1982), in: Wort und Glaube, Bd. 4 (Anm. 7), S. 510 (514): »Das immer schon vorgegebene Phänomen des Ethischen begegnet deshalb um seiner Tiefendimension willen in der Dogmatik durchweg als allgemein zuzumutender Erfahrungshorizont dogmatischer Aussagen, was der reformatorischen Lehre vom usus theologicus legis entspricht.«

70 So *Ebeling* in: Ein Briefwechsel zwischen Wolfhart Pannenberg und Gerhard Ebeling, ZThK 70 (1973) S. 448 (464 – Hervorhebung A. J.). Genauer zur Aporetik des Ethischen *Ebeling*, Die

Meinung nach die »theologische Verantwortung ... ihre unmittelbare Zuständigkeit nicht in ethischen Fragen, freilich auch nicht in Fragen abseits der Ethik, wohl aber in der theologischen *Einschätzung* des Ethischen« besitzt[71]. Daraus folgt nun aber gerade nicht, wie hier bereits unter II. gezeigt, die fehlende (unmittelbare) theologische Verantwortung für das Kirchenrecht!

9. Begegnet nun aber das Gesetz in der gesamten (besonders durch die ethische Forderung bestimmten) Lebenswirklichkeit so kann es nicht mit bestimmten biblischen Texten identifiziert werden. Solche Texte, wie etwa der Dekalog (insbesondere die zweite Tafel), die Bergpredigt, die apostolischen Paränesen u.a. bringen aber das Gesetz beispielhaft zur Sprache; sie sind »Auslegungen« des Gesetzes und haben darin ihren theologischen Sinn[72]. Von diesem Standpunkt aus ist auch konsequent, wenn *Ebeling* zustimmend das Luther-Wort zitiert, dass der Glaubende dazu fähig sei, neue Dekaloge zu machen[73]. Dennoch bleibt zu bedenken, dass – wie *Ebeling* sagt – »die göttlichen Gebote ... alle eine lebenserhaltende Funktion« besitzen, »obwohl sie infolge der Sünde zu einem tötenden Gesetz werden«[74]. Im Grunde intendieren sie also eine »Ethik der Freiheit«. Daraus folgt für die Interpretation der genannten biblischen Texte

> die »Aufgabe, Ethik der Freiheit und Ethik des Gesetzes nicht nur alternativ einander entgegenzusetzen, sondern sie so zueinander in Beziehung zu bringen, dass in der Ethik der Freiheit die Ethik des Gesetzes mit bedacht und die Ethik des Gesetzes durch die Ethik der Freiheit gefördert wird«[75].

---

Evidenz des Ethischen und die Theologie (1960), in: Wort und Glaube, Bd. 2 (Anm. 14), S. 1 (22ff., 32ff.).

71 Studium der Theologie (Anm. 1), S. 157 (Hervorhebung A. J.). *Ebeling* verweist für sein theologisches Verständnis des Ethischen mehrfach auf das Werk von *Wilhelm Herrmann*, s. besonders: Die Krise des Ethischen und die Theologie. Erwiderung auf W. Pannenbergs Kritik, in: Wort und Glaube, Bd. 2 (Anm. 14), S. 42ff., 48 und daselbst: Die Botschaft von Gott an das Zeitalter des Atheismus (1963), S. 372 (393). Für *Herrmans* entsprechende Überlegungen s. besonders prägnant *ders.*, Ethik, 5. Aufl. 1913 (Neudruck 1921) S. 1ff., 88ff. In seiner Auseinandersetzung mit *Rudolf Bultmann* über die Frage nach dem historischen Jesus hat *Ebeling* sich ebenfalls einige Male auf *Herrmann* berufen, s. besonders *ders.*, Theologie und Verkündigung (Anm. 17), S. 32, 76, 124. Diese Auseinandersetzung *Ebelings* mit *Bultmann* zeigt übrigens, dass sie letztlich in ontologische Fragen einmündet. Das belegt m.E. besonders die Bemerkung *Ebelings* auf S. 115f. seines zuletzt genannten Buches.

72 *Ebeling*, Dogmatik, Bd. 3 (Anm. 13), S. 272, ähnlich S. 291. Beispielhaft für das Verständnis der genannten biblischen Texte als Auslegung des Gesetzes etwa seine Bemerkungen zu *Luthers* Bergpredigt-Auslegung, s. *ders.*, Luther (Anm. 10), S. 233ff.

73 Dogmatik, Bd. 3 (Anm. 13), S. 294.

74 Dogmatik, Bd. 1 (Anm. 13), S. 331.

75 So *Ebeling*, Wahrheit des Evangeliums (Anm. 56), S. 340. Siehe auch *ders.*, Zum Verhältnis von Dogmatik und Ethik (Anm. 69), S. 515: »Ethik der Freiheit und Ethik des Gesetzes verhalten sich ... nicht schlechterdings disjunktiv zueinander, vielmehr gilt es, von der Ethik der Freiheit her die Ethik des Gesetzes zu erläutern, sie aber auch als solche mit äußerstem Ernst zu respektieren.«

Das richtige Verständnis dieser Texte hängt damit letztlich am richtigen Verständnis des ersten Gebots. Denn das erste Gebot wird – wie er sagt –

> »allein durch den Glauben erfüllt. Und der Glaube wird tätig in Erfüllung der andern Gebote. Denn in ihnen geht es nur um dies Eine: den Folgen des Unglaubens in all seinen Konkretionen zu widerstehen; wir könnten auch sagen: allen Gestalten und Äußerungen der Unfreiheit zu widerstehen. Denn Gottes Gebote wenden sich nicht gegen die Freiheit, sondern gegen die Unfreiheit des Menschen.«[76]

10. Ist damit wohl hinreichend deutlich geworden, was *Ebeling* unter »Gewissenserfahrung« (im Gegensatz zur »Verstandeserfahrung«) versteht, die der rechte Umgang mit dem Gesetz vermittelt, so bleibt noch besonders zu betonen, dass dafür auch noch die Beachtung der Relation *zwischen* Gesetz und Evangelium erforderlich ist – oder anders gesprochen: eine »relationale Ontologie« (im Gegensatz zur Substanzontologie) ist nach *Ebeling* für unsere richtige Wirklichkeitserfahrung und damit auch für die Wirklichkeitserfahrung der Kirche konstitutiv[77]. Das ist eine Einsicht, die nach seiner Überzeugung die Philosophie aus sich heraus (selbständig) nicht gewinnen kann. Denn die Philosophie ist, weil sie der das Gewissen gewissmachenden Sprache eben nicht mächtig ist, theologisch gesehen auf die (nicht vom Evangelium bestimmte) Auslegung des Gesetzes »beschränkt«[78]. Diesen Gedanken hat *Ebeling* besonders in seiner umfassenden Interpretation von *Luthers* Disputatio de homine genauer entwickelt[79].

Die für die Kirche und das Kirchenrecht maßgebliche Wirklichkeitserfahrung – so können wir damit unsere Überlegungen zum Grund des evangelischen Kirchenrechts zusammenfassen – ist nach *Ebeling* eine Gesetzeserfahrung, für die eine relationale Ontologie kennzeichnend ist.

---

76 Zehn Gebote (Anm. 48), S. 47f. ; ähnlich: Luthers Seelsorge (Anm. 11), S. 222; Dogmatik, Bd. 3 (Anm. 13), S. 273, 291 und Leitsätze zur Zweireichelehre (Anm. 64), S. 583f.

77 Siehe die Nachweise in Anm. 20 und 21.

78 Dazu genauer: Begegnung mit dem Denken Heideggers (Anm. 14), S. 95ff. Vertiefend dazu auch *mein* Aufsatz, Rechtsgeschichte und Rechtsdogmatik (Anm. 6), S. 484ff.

79 Übrigens hat meines Wissens die (hermeneutische) Philosophie bis heute auf dieses große Werk *Ebelings* nicht wirklich geantwortet – möglicherweise hat sie noch gar nicht die für sie damit bestehende Herausforderung erkannt! Dass *Luthers* Disputatio de homine zumindest für das Gesamtverständnis der Theologie *Ebelings* zentrale Bedeutung besitzt, steht für mich außer Zweifel. Seine Auffassung zu diesem Text hat *Ebeling* kurz zusammengefasst, s. *ders.*, Zur Definition des Menschen (1983), in: Umgang mit Luther (Anm. 9), S. 95ff.

## IV. Der Ort des evangelischen Kirchenrechts: Der usus politicus legis

11. Will man den Ort des evangelischen Kirchenrechts näher bestimmen, so ist zunächst die Feststellung wichtig, dass das positive Recht überhaupt nach *Ebeling* als »bloße *Folge* bzw. Interpretament« der geschilderten Gesetzeserfahrung zu verstehen ist. Die Interpretation der Lebenswirklichkeit als Gesetzeserfahrung kann sich, wie er sagt, »dann auch in positiven Gesetzen« niederschlagen[80]. Das positive Recht ist also theologisch gesehen Ergebnis einer Erfahrung, die der Mensch mit der als Gesetz begegnenden Lebenswirklichkeit macht. Da die Kirche in dieser Welt ebenfalls unter dem »Gesetz« steht, muss auch ihr positives Recht als eine Folge der kirchlichen Welterfahrung als Gesetzeserfahrung verstanden werden.

Der Ort des kirchlichen Rechts lässt sich noch genauer bestimmen, wenn mit *Ebeling* im Anschluss an *Luther* zwischen dem einen Gesetz und seinem zweifachen Gebrauch (usus) unterschieden wird. Das Evangelium als frohe, gewissmachende Botschaft kann gar nicht ohne die soeben unter III. geschilderte Gesetzeserfahrung zur Sprache kommen, weil es nur so auf die Welterfahrung bezogen bleibt. Von diesem usus theologicus legis ist der für die Ortsbestimmung des Kirchenrechts wesentliche usus politicus legis zu unterscheiden. Er will – allgemein gesprochen – den Folgen der Sünde in dieser Welt begegnen – sie eindämmen. Es geht insoweit um die »Erhaltung des geschöpflichen Lebens«. Im usus politicus legis soll also das Gesetz »nicht primär anklagen oder gar töten, sondern das Leben, wenn auch nicht schaffen, so doch pflegen«[81]. Entsprechend kann für das Kirchenrecht gesagt werden, dass es als notwendige Folge des Lebens der Kirche in der Welt verstanden dieses Leben der Kirche unter dem Gesetz zu »pflegen« hat.

12. Doch wie geschieht das? Oder anders, i. S. des unter III. Ausgeführten gefragt: Was ist die einer relationalen Ontologie gemäße Denkform, die damit auch dem Kirchenrecht vorgegeben ist? Im Grunde wäre an dieser Stelle des Gedankengangs genauer auf *Ebelings* Verständnis der Zweireichelehre *Luthers* einzugehen und seinen Versuch, diese eigenständig auf ihre Bedeutung für die Gegenwart hin weiterzudenken. Denn die Zweireichelehre lehrt ja die Einübung der Unterscheidung von Gesetz und Evangelium im usus politicus legis. Ich will mich hier aber entsprechend der zu Anfang skizzierten Fragestellung auf den

80 Erwägungen zur Lehre vom Gesetz (Anm. 64), S. 290, 291 (Hervorhebung A. J.).

81 *Ebeling*, Usus politicus legis – usus politicus evangelii (1982), in: Umgang mit Luther (Anm. 9), S. 131 (143). Deshalb muss auch, so folgert *Ebeling* dort weiter, »die meist verengte Vorstellung vom usus polticus legis zu der ganzen Weite und zu dem Reichtum menschlicher Kultur hin geöffnet werden. Nicht etwa nur der christlichen.«

Punkt beschränken, der über das dazu von mir bereits früher Gesagte[82] hinausführt, nämlich auf die von *Ebeling* als maßgeblich für jede theologische Argumentation erachtete (ontologisch begründete) Denkform des Unterscheidens. Dazu hat er ausgeführt:

> Das »Ineinander von Gotteserfahrung, Welterfahrung und Selbsterfahrung, wie es in der Erscheinung Jesu Christi sich ereignet hat und verkündbar geworden ist und im Glauben, der an ihm sein Gegenüber und seinen Grund hat, lebensbestimmend wird, vollzieht sich als ein Geschehen, in dem das, was verworren, verkehrt und verdorben ist, dadurch zurechtgebracht wird, dass alles in das rechte Verhältnis zueinander kommt. Darum ist für die Sache der Theologie der Vorgang des Unterscheidens ausschlaggebend, dessen Vollzug im theologischen Denken dem Geschehen Raum zu geben hat, in dem sich das zurechtbringende Unterscheiden in und an der Lebenswirklichkeit selbst vollzieht. Das nicht trennende, sondern in die rechte Beziehung setzende Unterscheiden … bedarf der Ausarbeitung leitender Fundamentalunterscheidungen wie der zwischen … Gesetz und Evangelium. An der Weise, wie die Fundamentalunterscheidung gefasst wird, entscheidet sich der Wirklichkeitsbezug der Theologie, welchen Sitz im Leben die Sache der Theologie hat.«[83]

Es kommt also auch im usus politicus legis darauf an, dementsprechend zwischen Gesetz und Evangelium zu unterscheiden. Daraus ergibt sich für das Kirchenrecht unter Berücksichtigung des hier zu seinem Wesen unter II. Gesagten die Aufgabe, das »nicht trennende, sondern in die rechte Beziehung setzende Unterscheiden« zwischen den für die Kirche in dieser Welt notwendigen Regelungen und dem ius divinum als deren Grund und Maßstab zu realisieren[84]. Es ist also die gleiche Aufgabe, die *Ebeling* für die richtige Verhältnisbestimmung zwischen Ethik der Freiheit und Ethik des Gesetzes gesehen hat, die für ihn – um es noch einmal zu wiederholen – ja darin bestand, »Ethik der Freiheit und Ethik des Gesetzes nicht nur alternativ einander entgegenzusetzen, sondern sie so zueinander in Beziehung zu bringen, dass in der Ethik der Freiheit

---

82 Historisch-kritische Theologie (Anm. 2), S. 20ff.

83 So Studium der Theologie (Anm. 1), S. 171f. Vertiefend dazu *Ebeling*, Das rechte Unterscheiden. Luthers Anleitung zu theologischer Urteilskraft (1988), in: Wort und Glaube, Bd. 4 (Anm. 7), S. 420ff. und: Luthers Wirklichkeitsverständnis (Anm. 21), S. 471f. Ganz entsprechend *Dantine*, s. das Zitat hier in Anm. 52. Zum Ganzen genauer *mein* Aufsatz: Hans Barions Werk (Anm. 2), S. 379ff.

84 Mit dieser Aufgabenbestimmung des Kirchenrechts gebe ich bewusst den von mir bisher benutzten Begriff der »Vermittlung«, den das Kirchenrecht insoweit zu leisten hat, auf, so noch *meine* Aufsätze: Historisch-kritische Theologie (Anm. 2), S. 28f. und: Hans Barions Werk (Anm. 2), S. 374 mit Anm. 95 und S. 381. Denn ich habe in dem nun vollständig vorliegenden Werk *Ebelings* keinen Beleg für diesen Begriff im Zusammenhang mit seiner theologischen Begründung des Kirchenrechts finden können. Ich betrachte dennoch aus den mitgeteilten Gründen (s. besonders Hans Barions Werk, a. a. O., S. 374 Anm. 95) den richtig verstandenen Begriff der »Vermittlung« nach wie vor als zutreffende Wiedergabe des von *Ebeling* insoweit Gemeinten.

die Ethik des Gesetzes mit bedacht und die Ethik des Gesetzes durch die Ethik der Freiheit gefördert wird«[85].

Der so skizzierten Aufgabe des Kirchenrechts werden die für die kirchliche Rechtsetzung und die Anwendung des kirchlichen Rechts Verantwortlichen am ehesten gerecht, wenn sie sich dabei ihres im positiven Sinne »beschränkten« Auftrags bewusst bleiben. Denn – so lautet die Folgerung *Ebelings* –, wenn das Gesetz im usus politicus (und damit auch das Kirchenrecht als Folge dieser Gesetzeserfahrung)

> »nicht mehr dazu herhalten muss, Teile der Lebenswirklichkeit oder den einzelnen Menschen in ihr zu glorifizieren und zu rechtfertigen, wenn es nicht mehr den Anspruch eines Programms utopischer Weltveränderung erhebt, wenn es nicht mehr zu einem Evangelium emporstilisiert wird, wenn es vielmehr nüchtern auf den notwendigen Dienst beschränkt wird, der ihm für dieses Leben zukommt, dann ist damit dem politischen Leben und deshalb dem Menschen selbst im Hinblick auf das irdische Leben ein entscheidender Dienst geleistet. Die Ausstrahlung des Evangeliums in die Welt des Politischen hinein *kraft dieses Verständnisses des Gesetzes im usus politicus legis* kann gar nicht hoch genug eingeschätzt werden.«[86]

## V. Ähnlichkeiten und Unterschiede zwischen kirchlichem und staatlichem Recht und demWissenschaftsverständnis von Theologie und Jurisprudenz

13. Für die Ortsbestimmung des Kirchenrechts ist es schließlich noch hilfreich, seine Aufgaben von denen des staatlichen Rechts abzugrenzen. Zu den besonderen Aufgaben der staatlichen Rechtsordnung hat *Ebeling* bemerkt:

> »Wie immer man die Ordnung des Staates problematisieren mag, es ist unmöglich, der Macht des Bösen zu wehren, die das Zusammenleben der Menschen bedroht und zerstört, wenn nicht eine Rechtsordnung und eine mit physischer Gewalt ausgestattete Rechtswahrung Gestalt gewinnen, die gewiss nicht dazu angetan sind, das Böse zu überwinden, wohl aber dazu, seine Folgen so weit als möglich einzudämmen.«[87]

Die Anforderungen an den Inhalt dieser Rechtsordnung und an ihren Vollzug ergeben sich nun aber wie beim kirchlichen Recht wiederum aus dem richtigen Gebrauch des usus politcus legis. Dementsprechend sagt *Ebeling:*

85 Siehe den Nachweis in Anm. 75.

86 So Dogmatik, Bd. 3 (Anm. 13), S. 286f. (Hervorhebungen A. J.); vgl. daneben: Leitsätze zur Zweireichelehre (Anm. 64), S. 585ff., 591f. sowie Usus politicus (Anm. 81), S. 143ff. und TheologischesVerantworten des Politischen (Anm. 53), S. 179ff.

87 Dogmatik, Bd. 1 (Anm. 13), S. 331.

> So »menschlich« es auch in der staatlichen Rechtsordnung und »anderen institutionellen Weisen der göttlichen Welterhaltung« zugeht, »und so variabel sie auch in der Geschichte sein mögen und nicht nur ihrem Gebrauch nach, sondern auch ihrer Gestaltung nach der menschlichen Verantwortung überlassen sind, so wird doch ihr wahres Verständnis verfehlt, wenn sie nicht mit Gott in Zusammenhang gebracht und als Instrumente seiner Welterhaltung verstanden werden«[88].

Ist demnach aus theologischer Sicht für das richtige Verständnis des kirchlichen wie staatlichen Rechts der usus politcus legis entscheidend, so liegt der Unterschied des kirchlichen gegenüber dem staatlichen Recht allein darin, dass ersteres inhaltlich in der dargelegten Form (s. II.) dem ius divinum verpflichtet ist, während man in der »Gerechtigkeit die Sache«[89] sehen muss, um die es letztlich bei der staatlichen Rechtssetzung und Rechtsanwendung geht. Das ergibt sich aus folgender Überlegung:

Wenn der Staat, wie ausgeführt, namentlich mit den Mitteln des Rechts Gewalt verhindern soll, so muss er zuallererst den (äußeren) Frieden sicherstellen. Dementsprechend sagt *Ebeling:*

> »Gottes ausdrücklicher Wille als Wirkursache, die menschliche Sünde als Veranlassung und der öffentliche Friede als Aufgabe und Ziel weltlicher Obrigkeit – diese drei Bestimmungen sind eng aufeinander bezogen«[90].

Den (äußeren) Frieden wahren kann nun aber nur eine staatliche Rechtsordnung, wenn sie gerecht ist und ihre Anwendung gerecht geschieht. Damit übereinstimmend definiert *Wilhelm Henke*, der Briefpartner *Ebelings*, die Aufgabe des staatlichen Rechts. Es soll, wie er sagt,

> »in seinen Entscheidungen und in den Verfahren, die zur Entscheidung eines Streits führen, in dem Sinne gerecht sein, dass es beiden Streitenden zumutbar ist, es anzunehmen und *Frieden* zu halten, nicht nur dem, der recht bekommt, sondern auch dem Unterliegenden, der nicht recht bekommt«[91].

Dieser Aufgabenbestimmung stimmt nun, wie der Briefwechsel belegt, *Ebeling* grundsätzlich zu. Wenn *Ebeling* an anderer Stelle das allgemeine Verhältnis

---

88 Wie Anm. 87; s. daneben Dogmatik, Bd. 3 (Anm. 13), S. 485, 490 und Leitsätze zur Zweireichelehre (Anm. 64), S. 586. Ganz i. S. des im Text wiedergegebenen Zitats stellt *Ebeling* an anderer Stelle fest, dass »aus dem Evangelium ein gar nicht hoch genug zu wertender Einfluss auf den usus politicus legis« erwächst, so Usus politicus (Anm. 81), S. 144.

89 Ausdruck von *Wilhelm Henke*, dem Briefpartner Ebelings, s. *ders.*, Hermeneutik in der Jurisprudenz, in: Wahrheit der Schrift – Wahrheit der Auslegung. Eine Zürcher Vorlesungsreihe zu Gerhard Ebelings 80. Geburtstag am 6. Juli 1992 (hrsg. von Hans Friedrich Geißer u. a.) 1992, S. 159 (178).

90 Theologisches Verantworten des Politischen (Anm. 53), S. 172f., genauer zu dieser Aufgabe: S. 183ff.

91 So *Henke*, Recht, ZThK 86 (1989), S. 533 (536 – Hervorhebung A. J.). Genauer zu dieser Aufgabe des Rechts a. a. O., S. 536ff.

zwischen Kirchen und Staat aus theologischer Sicht als ein »gegenseitiges Dienstverhältnis«[92] charakterisiert hat, so bestätigt diese Aussage m. E. indirekt den hier versuchten Vergleich zwischen staatlichem und kirchlichem Recht.

14. Neben diesen aus theologischer Sicht bestehenden Ähnlichkeiten und Unterschieden zwischen dem kirchlichen und staatlichen Recht gibt es, wie nun besonders deutlich der Briefwechsel zwischen *Gerhard Ebeling* und *Wilhelm Henke* zeigt, auch solche zwischen dem Wissenschaftsverständnis der Theologie und Jurisprudenz, die ebenfalls für das evangelische Kirchenrechtsverständnis nicht ohne Bedeutung sind.

In dem genannten Briefwechsel haben sich die beiden ausführlich über *Ebelings* 1973 im Druck erschienene ablehnende Stellungnahme zu *Hans Alberts* »Traktat über kritische Vernunft« ausgetauscht. Dieser Traktat wird ja nach wie vor für eine programmatische Äußerung des sog. kritischen Rationalismus gehalten. *Henke* stimmt brieflich nachdrücklich dem von *Ebeling* dort für die Theologie in Abgrenzung zum kritischen Rationalismus vertretenen »hermeneutischen« Wissenschaftsverständnis zu. Ein Jahr später erscheint dann die von *Henke* verfasste Schrift »Kritik des kritischen Rationalismus«, die sich mit den entsprechenden Lehren von *Popper* und *Albert* auseinandersetzt und für die Rechtswissenschaft einen ähnlichen Wissenschaftsbegriff wie den für die Theologie nach *Ebeling* geltenden reklamiert[93]. *Ebeling* erklärt daraufhin in mehreren Briefen sein ausdrückliches Einverständnis zu dieser Position *Henkes.*

Weitergehende konkrete Äußerungen *Ebelings* zum für die Jurisprudenz verbindlichen Wirklichkeitsbegriff und Wissenschaftsverständnis finden sich

---

92 Dogmatik, Bd. 3 (Anm. 13), S. 365. Dieses »Gegenseitigkeitsverhältnis« hat *Ebeling* wie folgt gekennzeichnet: »Der Staat samt seinen Organen trägt in seinem Hoheitsbereich Verantwortung für die Erhaltung alles menschlichen Lebens und der dafür erforderlichen Lebensbedingungen, insbesondere angesichts derjenigen Kräfte, welche die Grundrechte der Menschen gefährden und missbrauchen. Die Kirche dagegen trägt für dieselben Menschen ausnahmslos, ob sie ihr angehören oder nicht, Verantwortung im Hinblick auf diejenigen Mächte, die des wahren Lebens und der wahren Freiheit berauben … Die Kirche profitiert vom Lebensschutz seitens des Staates und unterliegt auch den dafür erforderlichen politischen Bedingungen einschließlich einer gewissen Aufsicht. Ihrerseits trägt sie dazu bei, dass dem Staate willig gegeben wird, was ihm gebührt, wacht aber auch darüber, dass er sich nicht anmaßt, was ihm nicht zukommt, oder etwas unterlässt, was seine Pflicht ist« (a.a.O., S. 364f.).

93 Siehe besonders das Ergebnis der Überlegungen *Henkes* auf S. 28: »Die Jurisprudenz ist herkömmlich eine hermeneutische Wissenschaft. Wenn auch die allgemeine Rechtslehre viel zu wünschen übrigläßt, so wird man doch nicht sagen können, dass Juristen nicht wissen, was sie tun. Es ist nicht jeder blind, der die Wirklichkeit nicht mit den Augen des Soziologen sieht. Ob die juristische Hermeneutik mit der Hermeneutik im philosophischen Sinne gleichgesetzt werden kann oder wie sie sich sonst zu ihr verhält, soll hier nicht weiter erörtert werden. Gewiss ist, dass die Jurisprudenz sich von den Wissenschaften der Gesellschaft und der Politik nicht abschließen darf, gewiss ist ferner, dass sie auf philosophischer Ebene eine Grundlage braucht oder sich ihrer vorhandenen Grundlage besser bewusst werden muss. Gewiss ist aber auch, dass der kritische Rationalismus diese Grundlage nicht sein kann.«

allerdings weder in dem Briefwechsel noch in seinem veröffentlichten Werk. *Henke* hat nun aber aus den zwischen beiden übereinstimmenden erkenntnistheoretischen Grundlagen für das Wissenschaftsverständnis der Jurisprudenz konkrete Folgerungen gezogen. Sie sollen jetzt deshalb noch näher geschildert werden, weil sie eine frappierende Ähnlichkeit mit den dargestellten Überlegungen *Ebelings* zur Grundlegung des Kirchenrechts aufweisen und damit (indirekt) verdeutlichen können, welche Anregungen diesen Überlegungen auch für das Verständnis der Rechtswissenschaft zu entnehmen sind.

Bereits 1968 hat *Henke* in seiner (programmatischen) Antrittsvorlesung »Sozialtechnologie und Rechtswissenschaft«[94], in der er sich u. A. ebenfalls mit *Albert* auseinandersetzt, zum Charakter der Rechtswissenschaft bemerkt:

> »In *allen* Aussagen« der Rechtswissenschaft »sind verstehende Interpretationen enthalten von der Art wie die Grundentscheidung der exakten Wissenschaft. Dieser Unterschied ist darin begründet, dass die exakte Wissenschaft es nur am *Anfang* mit der Welt als bloßer unzubereiteter Wirklichkeit, in der *Folge* dagegen mit dem reduzierten Gegenstand der Fakten und Funktionen zu tun hat, der ihre reine Rationalität möglich macht, die Rechtswissenschaft dagegen *stets* der unreduzierten lebendigen Wirklichkeit des Menschen gegenübersteht, der nach Recht und Gerechtigkeit verlangt. Darum ist die Lehre vom Recht keine exakte Wissenschaft; darum ist ihr Denken ein wissenschaftliches Denken von anderer Art als das der exakten Wissenschaft. Ihre Logik ist eine hermeneutische Logik.«[95]

Aus diesem Status der Jurisprudenz als Wissenschaft ergibt sich in der genannten Vorlesung für *Henke* zwingend, dass der namentlich die Sozialwissenschaften beherrschende, weitgehend an den Naturwissenschaften orientierte Wissenschaftsbegriff für sie nicht verbindlich sein kann. Denn die Sozialwissenschaften reduzieren, wie er dort weiter ausführt, eben gemäß ihrem Selbstverständnis als »exakte« Wissenschaften zwangsläufig ihre Fragestellung. Sie fragen allein danach, was sie »gewiss wissen« können, nicht aber danach, »was ist und was es bedeutet, daß etwas ist«. Ihre Fragestellung ist also eine erkenntnistheoretische und keine ontologische[96]. Die Rechtswissenschaft wird dagegen »von ihrem Gegenstand, dem Recht, konstituiert. Sie entspringt nicht dem Wissensdurst, sondern dem Schrei nach Gerechtigkeit«[97]. Darum hat etwa nach *Henke*, wie er an anderer Stelle sagt, der Richter das Gesetz »in der Auslegung für sein Urteil in diesem Fall, der ihm vorliegt, immer auch zu ergänzen, nämlich um das, was der Gesetzestext eigentlich meint, die Gerechtigkeit«[98]. Zur

94 Abgedruckt in: Der Staat 8 (1969) S. 1ff.

95 A.a.O., S. 13f. (Hervorhebungen A. J.).

96 A.a.O., S. 9f.

97 A.a.O., S. 12.

98 Hermeneutik in der Jurisprudenz (Anm. 89), S. 179. Ganz entsprechend bemerkt *Ebeling* einmal zur juristischen Hermeneutik: »Nun ist die Zuspitzung des hermeneutischen Pro-

näheren Kennzeichnung des Verhältnisses von positivem Recht und Gerechtigkeit hat er dann weiter von einer »säkularen, weltlichen Zwei- Reiche-Lehre« gesprochen, »in der Recht und Gerechtigkeit wie das Reich der Welt und das Reich Gottes *nicht getrennt, aber unterschieden werden*«, und genauer dazu ausgeführt:

> »Ihr Verhältnis dürfte danach nicht wie Idee und Wirklichkeit, Ideal und Leben oder dergleichen verstanden werden, sondern als das Vorläufige, Notdürftige, Unvollkommene: das Recht, das das Endgültige, Eigentliche, Vollkommene: die Gerechtigkeit nicht herbeiführen kann, aber ihm Raum lässt und durch Verbot und Verpflichtung, Strafen und Zwang, auch Raum und die Möglichkeit zu erscheinen schafft.«[99]

Dass zur Lösung *dieser* Frage eine theologische oder philosophische Ethik nur bedingt etwas beitragen können, liegt für *Henke* darin begründet, dass Rechtsfragen (und vor allen die hinter ihnen stehende Frage nach der Gerechtigkeit) eben Existenzfragen sind, auf die die Jurisprudenz eigene Antworten finden muss. Konsequent im Sinne dieser Darlegungen ist es dann auch, wenn er

---

blems keineswegs allein der Theologie eigen. Analog verhält es sich bei der juristischen Hermeneutik. Das *Problem der juristischen Hermeneutik* wäre unzureichend gekennzeichnet, wenn man den Gesichtspunkt außer acht ließe, wie die Verstehensaufgabe zu bewältigen ist, die sich aus der Beziehung zwischen den Rechtsquellen und der Aufgabe gegenwärtiger Rechtsprechung ergibt, so nämlich, dass die überlieferten Rechtsquellen den Weg weisen zu gegenwärtiger Rechtsprechung, also zu einer erhellenden Verstehensquelle werden für die Komplikation des gegenwärtigen Rechtsfalles … Es wird erwartet, dass in Begegnung mit dem gegenwärtigen konkreten Fall der überlieferte Text als erhellendes, klärendes, wegweisendes Wort zur Quelle des Rechtsverstehens und eben darum zur Quelle der Rechtsprechung wird. Also nicht bloß zur Quelle für vergangene Rechtsprechung, sondern als Quelle vergangener Rechtsprechung zur Quelle gegenwärtiger Rechtsprechung … Wer an der Aufgabe der Rechtsprechung uninteressiert ist, wird ein schlechter Rechtshistoriker sein. Und wer sich nicht um historische Interpretation bemüht, gefährdet die Sauberkeit gegenwärtiger Rechtsprechung. Der Hinweis auf diese Analogie bedürfte genauerer Ausführung, um auch die Unterschiede zur Problemlage theologischer Hermeneutik zur Sprache zu bringen. Es handelt sich aber bei beidem nicht um Sonderfälle. Vielmehr wird daran die Struktur des hermeneutischen Problems überhaupt deutlich, da stets historisches Verstehen sich verbindet mit einer wie auch immer gearteten Erwartung der Förderung gegenwärtigen Verstehens, das Interesse an der Vergangenheit sich paart mit dem Interesse an der Zukunft (wie auch umgekehrt das Interesse an der Zukunft mit dem Interesse an der Vergangenheit)«, so *ders.*, Wort Gottes und Hermeneutik (Anm. 61), S. 346f. (Hervorhebungen dort). Zu beachten ist, dass diese Parallele zwischen juristischer und theologischer Hermeneutik (und ihre Bedeutung für die Hermeneutik überhaupt) von *Ebeling vor* dem Erscheinen von *Hans-Georg Gadamers* Buch »Wahrheit und Methode« betont wird, in dem ja bekanntlich der juristischen und theologischen Hermeneutik exemplarische Bedeutung für das allgemeine (hermeneutische) Verstehen zugesprochen wird. Überhaupt finden sich wesentliche Erkenntnisse der Philosophie Gadamers nach meinem Eindruck (bereits) in Ebelings theologischem Werk, wobei insoweit wiederum besonders seine Luther-Interpretationen entsprechende Gedanken enthalten, s. dazu auch die Hinweise hier in den Anmerkungen 19, 21, 25, 71, 77 und 79.

99 So *Henke*, Recht (Anm. 91), S. 546 (Hervorhebungen A. J.).

von der christlichen Verkündigung nicht verbindliche inhaltliche Vorgaben für das weltliche Recht erwartet, sondern ihr die Aufgabe zuspricht, dessen »Freiheit und Offenheit für die eigentliche Gerechtigkeit zu erhalten«[100].

Diese Überlegungen *Henkes* lesen sich m. E. nun in der Tat wie ein Versuch, aus der geschilderten theologischen Grundlegung des evangelischen Kirchenrechts durch *Ebeling* die für das Verständnis der Rechtswissenschaft notwendigen Folgerungen zu ziehen. Dafür spricht schließlich noch, dass das von *Henke* für die Jurisprudenz vertretene Wirklichkeitsverständnis ebenfalls als relationale Ontologie verstanden werden muss[101]. Er lehnt nämlich ausdrücklich Kants Unterscheidung von »Ding an sich« und »Erscheinung« ab und bemerkt dann weiter ganz im Sinne des hier für das Kirchenrecht zugrunde gelegten Wirklichkeitsverständnisses (s. III.): Entscheidend ist vielmehr »das *Verhältnis* zwischen mir und den Ding, das meine Wahrnehmung konstituiert«, denn »das Gegenüber der Dinge dort und der Überlegung hier (erg.: ist) immer schon durch eine *Beziehung* überbrückt«, und zwar durch eine Beziehung zu den Dingen, »die durch solche Überlegung nicht hergestellt, sondern nur bewusst gemacht wird«, weil mir die Dinge immer schon vertraut oder fremd sind[102].

Es lässt sich abschließend also auch feststellen, dass – strukturell gesehen – besonders für das Verhältnis zwischen positivem staatlichem Recht und Gerechtigkeit eine ähnliche Situation besteht, wie sie hier zwischen positivem Kirchenrecht und ius divinum angenommen wurde.

---

100 Wie Anm. 99. »Was geschehen soll, wenn Gerechtigkeit verlangt wird, ist«, so sagt *Henke* an anderer Stelle, »dass einer mit dem, was er tut, der Lage des anderen entspricht, sonst nichts«, s. *ders.*, Recht und Staat. Grundlagen der Jurisprudenz, 1988, S. 175. Genauer zur Begründung dieser Aussage: a.a.O., S. 174ff. Die Folgerungen, die aus diesem gedanklichen Ansatz für die juristische Methodenlehre zu ziehen sind, finden sich in dem Buch von *Rolf Gröschner*, einem Schüler von *Henke:* Dialogik und Jurisprudenz. Die Philosophie des Dialogs als Philosophie der Rechtspraxis, 1982, und daneben in der Arbeit von *Jan Schapp:* Hauptprobleme der juristischen Methodenlehre, 1983. Auf beide Monographien hat *Henke* mehrfach zustimmend verwiesen: Recht und Staat, S. 73, 528 (Gröschner) und S. 528, 622, 625 (Schapp).

101 So schon *mein* Aufsatz: Rechtsgeschichte und Rechtsdogmatik (Anm. 6), S. 479.

102 *Henke*, Recht und Staat (Anm. 100), S. 113f. (Hervorhebungen A. J.). Übrigens gilt, was insoweit von *Henke* für unser Verhältnis zu den »Sachen« ausgeführt wird, erst recht für unser Verhältnis zu anderen Menschen. Hier kommt es, wie er sagt, zur »Begegnung mit dem Anderen im unvermittelten Gegenüber« (a.a.O., S. 113, genauer dazu S. 64ff.). Es wäre über diese Feststellungen hinaus gesondert zu prüfen, ob nicht die (richtig verstandene) Lehre *Otto v. Gierkes* von der Realität der Verbandsperson einen Anknüpfungspunkt für weitergehende Überlegungen zur Tragweite eines juristischen Denkens bietet, das sich einer relationalen Ontologie verpflichtet weiß, s. vorläufig dazu *meinen* Beitrag: Die bleibende Bedeutung des Genossenschaftsrechts Otto von Gierkes für die Rechtswissenschaft, ZRG Germ. Abt. 122 (2005) S. 352 (360ff.).

## VI. Ergebnis und Ausblick

15. Als *un*mittelbares Ergebnis der vorgetragenen Interpretation kann damit festgehalten werden: Die Tatsache, dass *Gerhard Ebeling* keine theologische Ethik geschrieben hat, ist für das kirchliche und staatliche Recht kaum von Bedeutung. Seine Dogmatik und Fundamentaltheologie besitzen dagegen große Bedeutung für die Begründung des kirchlichen und (indirekt) auch für das richtige Verständnis des staatlichen Rechts und der Jurisprudenz überhaupt.

Es ging mir aber mit meiner Interpretation um mehr als um dieses unmittelbare Ergebnis. Sie sollte nämlich darüber hinaus zeigen, dass es sich aus zwei Gründen auch für die evangelische Kirchenrechtswissenschaft immer noch lohnt, sich um eine aktualisierende Auslegung der Theologie *Martin Luthers*, um die es *Gerhard Ebeling* ja letztlich ein Leben lang ging, zu bemühen. Zum einen dient, wie ich meine, ein solches Bemühen mit Sicherheit der Vergewisserung des evangelischen Standpunktes. Zum anderen macht es aber, wenn es ähnlich umfassend wie bei *Ebeling* geschieht, deutlich, an welchem Punkt das konfessionelle Gespräch sinnvoll weitergeführt werden kann.

Angesichts der schwindenden religiösen Bindung in unserer Gegenwart an die großen christlichen Kirchen einerseits, der Zunahme radikaler religiöser Sekten und der wachsenden Islamisierung des Abendlandes heute andererseits, ist mir besonders dieser zweite Aspekt der vorgetragenen Interpretation wichtig. Und ich meine, dass man hier, wie anfangs (I.) kurz angedeutet, weiterkommen könnte, wenn man sowohl auf evangelischer wie auf katholischer Seite verstärkt über die »*gemeinsame* Verpflichtung gegenüber dem Verkündigungsauftrag« theologisch und kirchenrechtlich nachdenken würde[103].

## Thesen

Das Gesagte lässt sich wie folgt zusammenfassen:

### I. Die Gründe für die Themenwahl

1. Die aus *Ebelings* Werk ableitbare These, dass es zur theologischen Begründung des evangelischen Kirchenrechts keiner theologischen Ethik bedarf, lässt sich aufgrund folgender, bisher unberücksichtigter Quellen überzeugender als be-

103 So *Pirson*, Die protestantischen Kirchen (Anm. 26), S. 41 (Hervorhebung A. J.). Siehe hierzu auch noch einmal das in Anm. 28 wiedergegebene Zitat aus einer Stellungnahme *Ebelings* zum konfessionellen Problem.

reits geschehen begründen: Seine Auseinandersetzung mit *Rudolf Sohm*, seine verstärkte Beschäftigung mit den ontologischen Grundlagen des theologischen Denkens im Spätwerk und sein Briefwechsel mit dem Juristen *Wilhelm Henke.*

2. Die eigentliche Rechtfertigung dafür, sich aufgrund der gewählten Fragestellung erneut mit *Ebeling* zu beschäftigen, liegt in der bleibenden Bedeutung seines Werkes für die evangelische Kirchenrechtswissenschaft. Für diese bleibende Bedeutung spricht zunächst die Ausführlichkeit und Gründlichkeit, mit der sich *Ebeling* wie kaum ein anderer protestantischer Theologe mit *Luthers* Denken beschäftigt hat. Hinzukommt, dass auch seine dogmatischen und fundamentaltheologischen Arbeiten als der Versuch gelesen werden können, mit *Luther* über *Luther* hinauszudenken. Schließlich besitzt die Theologie *Ebelings* gerade wegen ihrer grundsätzlichen Orientierung an *Luthers* Denken eine große Bedeutung für das konfessionelle Gespräch; das gilt auch für das konfessionelle Gespräch über die theologischen Grundlagen des Kirchenrechts.

## II. Das Wesen des evangelischen Kirchenrechts: Die verbindliche Auslegung des ius divinum

3. Nach *Ebeling* begründet »das Ineinandergreifen des Problems der Hermeneutik und des Problems des Kirchenrechts« kirchliche Tradition, deren richtige theologische Deutung das reformatorische »sola scriptura« dient.

4. In seiner Auseinandersetzung mit *Rudolf Sohm* hat *Ebeling* das Kirchenrecht als Auslegung des ius divinum verstanden. Ein ius divinum ist seiner Ansicht nach deshalb anzuerkennen, weil »das Evangelium … das Gebot Gottes in sich schließt«. Die Geschichte des Kirchenrechts kann so aufgrund seines Traditionsbegriffs als Geschichte der Auslegung des ius divinum gelesen werden.

5. *Ebelings* Auslegung der ersten Tafel des Dekalogs lässt sich als Inhaltsbestimmung des ius divinum verstehen. Daraus ergibt sich, dass folgende Fälle als Verletzung des ius divinum anzusehen sind: Die Missachtung der Gegenwart Gottes im Mitmenschen (und der »Anrede« Gottes durch seine Schöpfung), die Verfälschung der Verkündigung und der Missbrauch des Sakraments sowie schließlich das (endgültige) Verlassen der unter Wort und Sakrament versammelten Gemeinde.

## III. Der Grund des evangelischen Kirchenrechts: Lebenserfahrung als Gesetzeserfahrung

6. Nach *Ebeling* gibt es einen besonderen evangelischen Begriff des ius divinum und der Kirchenzucht, der Kirchengeschichte und der Tradition. Die insoweit

namentlich gegenüber der katholischen Kirche bestehenden Unterschiede rühren für ihn an »letzte Geheimnisse des Verstehensgrundes«.

7. Der »Verstehensgrund«, der die richtige (auch für das evangelische Kirchenrechtsverständnis konstitutive) Wirklichkeitserfahrung ermöglicht, ist »die Gewissenserfahrung, die durch das Zeugnis der Schrift ausgelöst wird«. Sie ist deshalb Gesetzeserfahrung, weil das Gesetz nach biblischem und reformatorischem Verständnis nicht als ein bestimmter Gesetzeskodex begriffen werden kann, sondern nur, wie *Ebeling* sagt, als das »ins Herz geschriebene Gesetz«, womit er »das Angegangensein von der schlechthinnigen Fraglichkeit« meint. Allein das so verstandene Gesetz leitet zum richtigen Verständnis des Evangeliums an.

8. Da das Phänomen des Ethischen für *Ebeling* »vornehmlich die Funktion eines Verstehenshorizonts« besitzt, »ohne den nicht deutlich werden kann, was Sache der Theologie ist«, ist für die geschilderte Gesetzeserfahrung besonders die ethische Forderung markant. Sie macht auch deutlich, dass es zum Wesen des Ethischen gehört, »Fragen aufbrechen zu lassen, die die Kompetenz des Ethischen überschreiten«.

9. Biblische Texte wie der Dekalog (insbesondere die zweite Tafel), die Bergpredigt, die apostolischen Paränesen u. a. bringen das Gesetz beispielhaft zur Sprache; sie sind Auslegungen des Gesetzes. Dass sie im Grunde aber eine »Ethik der Freiheit« intendieren, folgt aus dem richtigen Verständnis des ersten Gebots.

10. Der richtige Umgang mit dem Gesetz setzt die Beachtung der Relation voraus, die *zwischen* Gesetz und Evangelium besteht. Eine »relationale Ontologie« (und nicht eine Substanzontologie) ist darum nach *Ebeling* für unsere Wirklichkeitserfahrung und damit auch für die Wirklichkeitserfahrung der Kirche (und ihres Rechts) konstitutiv.

## IV. Der Ort des evangelischen Kirchenrechts: Der usus politicus legis

11. Da die Kirche in dieser Welt unter dem Gesetz steht, muss ihr positives Recht als eine Folge der kirchlichen Welterfahrung als Gesetzeserfahrung verstanden werden. Sein Ort ist darum der usus politicus legis. Das Gesetz im usus politicus legis soll nun »nicht primär anklagen oder gar töten, sondern das Leben, wenn auch nicht schaffen, so doch pflegen«. Entsprechend kann für das Kirchenrecht gesagt werden, dass es das Leben der Kirche unter dem Gesetz zu »pflegen« hat.

12. Im usus politicus legis muss so zwischen Gesetz und Evangelium unterschieden werden, dass es nicht zu einem »trennenden Unterscheiden« kommt, sondern dieses Unterscheiden ein »in die rechte Beziehung setzendes Unterscheiden« bleibt. Das ist darum auch die Aufgabe des Kirchenrechts, für dessen

Inhalt und Handhabung im Übrigen stets zu beachten ist, dass das Gesetz im usus politicus legis (und damit auch das Kirchenrecht als Folge dieser Gesetzeserfahrung) u. a. nicht »den Anspruch eines Programms utopischer Weltveränderung erhebt«, sondern »nüchtern auf den Dienst beschränkt« bleibt, »der ihm für dieses Leben zukommt«.

## V. Ähnlichkeiten und Unterschiede zwischen kirchlichem und staatlichem Recht und dem Wissenschaftsverständnis von Theologie und Jurisprudenz

13. Ein Vergleich des kirchlichen mit dem staatlichen Recht zeigt, dass theologisch gesehen für das richtige Verständnis des kirchlichen wie staatlichen Rechts der usus politicus legis entscheidend ist. Es bleibt demnach allein der Unterschied, dass das Kirchenrecht dem ius divinum verpflichtet ist, während für das staatliche Recht der Maßstab der (säkularen) Gerechtigkeit zu gelten hat. Denn der Staat kann seine Aufgabe, den (äußeren) Frieden zu wahren, nur dann wirksam erfüllen, wenn er gerecht handelt.

14. Der Briefwechsel zwischen *Gerhard Ebeling* und *Wilhelm Henke* belegt daneben, dass beide für die Theologie und die Jurisprudenz im Gegensatz zum kritischen Rationalismus ein »hermeneutisches« Wissenschaftsverständnis vertreten, das für sie aus den den beiden Wissenschaften immanenten Denkgesetzen und den von ihnen geforderten Problemlösungen folgt. *Wilhelm Henke* hat diesen gemeinsamen allgemeinen Ausgangspunkt in seinen Arbeiten für die Jurisprudenz noch näher konkretisiert und gelangt im Ergebnis wie *Ebeling* für die Theologie zu einer relationalen Ontologie als der für das richtige Rechtsverständnis maßgeblichen Grundlage.

## VI. Ergebnis und Ausblick

15. Die Tatsache, dass Ebeling keine theologische Ethik geschrieben hat, ist für das kirchliche und staatliche Recht kaum von Bedeutung. Seine Dogmatik und Fundamentaltheologie besitzen dagegen für das Verständnis beider Rechte große Bedeutung. Darüber hinaus dient seine aktualisierende Auslegung der Theologie *Luthers* der Vergewisserung des evangelischen Standpunktes und der Möglichkeit, den Punkt zu benennen, von dem aus das konfessionelle Gespräch sinnvoll weitergeführt werden kann; beides vermag auch die Weiterentwicklung der evangelischen Kirchenrechtswissenschaft maßgeblich zu fördern.

# II. Ihre Bedeutung für das säkulare Rechtsdenken

# 7. Dank des Juristen an Gerhard Ebeling

## I.

Am 6. Juli 1992 ist der große protestantische Theologe *Gerhard Ebeling* 80 Jahre alt geworden. Sein umfangreiches Werk kann angemessen wohl nur der Theologe würdigen, obwohl der bei aller strengen Wissenschaftlichkeit unübersehbare seelsorgerliche Charakter dieses Werkes einen weit darüber hinausgehenden Leserkreis verdient und wohl heute auch schon besitzt.

Doch selbst wenn man sich zunächst auf die wissenschaftliche Wirkung dieses Werkes besinnt, so geht diese weit über die Theologie hinaus. Die Philosophie etwa wird sich namentlich nach *Ebelings* umfassender Interpretation von *Luthers* Disputatio de homine fragen lassen müssen, welchen »Sinn« es für sie noch hat, sich als Metaphysik zu verstehen, wenn die das Gewissen gewißmachende Sprache die ihre nicht sein kann, und sie damit auch nicht den wahren Grund der Freiheit zu benennen vermag. Wendet die Philosophie sich darum bescheidener dem »Hören auf die Sprache«[1] als solchem zu, so wird sie auch hier durch *Ebelings* Werk nachhaltig belehrt. Was man heute mit dem Begriff »metaphorische Sprache« zu erfassen sucht, ist ein Teilaspekt seines hermeneutischen Bemühens, Augen und Ohren und letztlich auch das Herz für das Verstehen *durch* Sprache (im Gegensatz zum Verstehen *von* Sprache) und damit auf den Text bezogen für das Ausgelegtwerden *durch* den Text (im Gegensatz zum Ausgelegtwerden *des* Textes) zu öffnen. Dass es durch diese Umkehr der Blickrichtung (wieder) möglich wird, die historische und systematische Betrachtungsweise als zwei Seiten eines einheitlichen Erkenntnisvorgangs anzusehen und damit verbunden das Wesen der Geschichte von einem Begriff der Tradition her zu bestimmen, der Kontinuität (Identität) mit Variabilität verbindet, kann wiederum über die theologische Deutung kirchlicher Verkündigung hinaus für das philosophische Bemühen um das rechte Hören auf die Sprache nicht ohne Wirkung bleiben. Und übersehen werden sollte auch nicht, dass ein solches

1 So der Titel des 1990 erschienenen Buches von *Manfred Riedel.*

Verstehen unter Überwindung des Subjekt-Objekt-Schemas auf eine personale Geschichtsbetrachtung zielt.

Diese kurzen Hinweise auf die philosophische Breitenwirkung von *Ebelings* theologischem Werk waren nötig, weil damit seine Bedeutung für die Jurisprudenz noch klarer wird. Es ermöglicht nämlich neben einer theologischen Ortsbestimmung des Rechts tiefe Einsichten in das Rechtsverständnis. Darauf soll im Folgenden zunächst (II.) kurz eingegangen werden. Der Dank des Juristen an *Gerhard Ebeling* aus Anlass seines 80. Geburtstags besitzt seinen wesentlichen Grund aber darin, dass er uns mit seinem Werk in einer »entwurzelten Zeit«[2] hilft, den Mut zum Recht nicht sinken zu lassen (dazu III.)[3].

## II.

Die Verkündigung der Kirche lebt von der rechten Unterscheidung zwischen Gesetz und Evangelium. Sie hat darauf zu achten, dass diese Unterscheidung nicht zu einer Scheidung führt, sondern ein in die rechte Beziehung setzendes Unterscheiden ist und bleibt. Sie hat weiter zu bedenken, dass mit dem Gesetz nach biblischem und reformatorischem Verständnis nicht ein bestimmter Gesetzeskodex gemeint ist, sondern weitaus umfassender und elementarer das »ins Herz geschriebene Gesetz« und das heißt »das Angegangensein von der schlechthinnigen Fraglichkeit«[4].

Das positive (weltliche) Recht ist eine *Folge* dieser Gesetzeserfahrung. Entscheidend für seine theologische Ortsbestimmung ist, dass zwischen dem einen Gesetz und seinem zweifachen Gebrauch (usus) unterschieden wird. Das Evangelium kann gar nicht als frohe Botschaft ohne die geschilderte Gesetzeserfahrung zur Sprache kommen, weil es nur so auf die Welterfahrung bezogen bleibt. Von diesem usus theologicus legis ist aber der usus politicus legis zu unterscheiden. Er will den Folgen der Sünde in dieser Welt begegnen – sie eindämmen. Darum ist die weltliche Obrigkeit »Gottes Anordnung und Werk in der Weise seines ersten Brauchs des Gesetzes, welcher der Herstellung und

2 Dieses Stichwort entnehme ich dankbar dem Vortrag *Ebelings:* Reformation einst und jetzt. Erwägungen in entwurzelter Zeit, EKD-TEXTE 30/1990.

3 Was hier also nicht zur Sprache kommt, ist die spezifische *kirchenrechtliche* Bedeutung der Arbeiten *Gerhard Ebelings.* Zwei von ihm sind ja in der Zeitschrift für evangelisches Kirchenrecht erschienen: Die theologische Verantwortung und ihre institutionelle Wahrnehmung, ZevKR 31 (1986) S. 1ff., Kirchengeschichte und Kirchenrecht. Eine Auseinandersetzung mit Rudolph Sohm, ZevKR 35 (1990) S. 406ff. Im Übrigen darf ich insoweit auf meine Versuche in ZevKR 26 (1981) S. 1ff. und in ZevKR 35 (1990) S. 357ff. verweisen. Die folgenden Ausführungen verstehen sich als allgemeine juristische Folgerungen aus dem dort Gesagten; darum werden auch nur die unmittelbar wiedergegebenen Zitate belegt.

4 Wort und Glaube, Bd. 1, Tübingen 1967[3], S. 255 (290).

Aufrechterhaltung bürgerlicher Gerechtigkeit dient«[5]. Als Ausdruck des usus politicus legis ist demnach auch das positive weltliche Recht zu verstehen.

Diese sich letztlich aus der Unterscheidung von Gesetz und Evangelium ergebende Ortsbestimmung des Rechts beeinflusst auch das Verständnis des Rechts und der juristischen Hermeneutik. Denn der rechte Gebrauch des usus politicus legis, dem sich ja das weltliche Recht verdankt, hat zur Voraussetzung, dass er in dem Bewusstsein des Menschen geschieht, von dem Zwang, sich durch sein Handeln rechtfertigen zu müssen, befreit zu sein und damit zugleich eine Freiheit zur Welt zu gewinnen, die ihn instand setzt, das unmittelbar Notwendige in dieser Welt in Liebe zu tun. Die so dem Recht zugesprochene Aufgabe, dem Menschen die Freiheit zur Welt in der Weise zu gewährleisten, dass er sie als Folge seiner Freiheit von der Welt erfahren kann, gibt dem Juristen nur die Zielrichtung an. Er hat diese als das Bleibende im sich ständig wandelnden Alltag zu bewähren. Das hat auch Folgen für die juristische Hermeneutik, die das fixierte Recht auf eben diese Zielrichtung hin zum Sprechen bringen muss: »Es wird erwartet, dass in Begegnung mit dem gegenwärtigen konkreten Fall der überlieferte Text als erhellendes, klärendes, wegweisendes Wort zur Quelle des Rechtsverstehens und eben darum zur Quelle der Rechtsprechung wird. Also nicht bloß zur Quelle vergangener Rechtsprechung, sondern als Quelle vergangener Rechtsprechung zur Quelle gegenwärtiger Rechtsprechung«[6]. Mit dieser Sicht korrespondiert der bereits angesprochene Traditionsbegriff *Ebelings* und sein Verständnis der Hermeneutik als »Interpretation des Textes in Hinsicht auf das Wortgeschehen«[7], was ja ein Ineinandergreifen von historischer und systematischer (dogmatischer) Betrachtungsweise impliziert.

## III.

Nun leben wir in einer Zeit, die es dem Juristen nicht leicht macht, die skizzierte Aufgabe konsequent und verantwortungsvoll wahrzunehmen. Er hat zwar, besonders wenn er ein staatliches Amt wahrzunehmen hat, schon immer gewusst, dass er häufig notwendigerweise der »lästige Jurist«[8] sein muss. Aber die Situation ist heute insofern eine andere, als wir, um ein schon genanntes Stichwort *Ebelings* wieder aufzunehmen, in einer entwurzelten Zeit leben. Es ist in allen Lebensbereichen ein Traditionsverlust in einem Maße eingetreten, das weit über das notwendige Absterben der das wahre Leben verhindernden Traditionen

5 Umgang mit Luther, Tübingen, 1983, S. 164 (180).
6 Wort und Glaube, Bd. 1, S. 319 (346).
7 A.a.O., S. 348.
8 So der Titel eines Aufsatzes von *Ernst Forsthoff* aus dem Jahr 1955, wieder abgedruckt in: *ders.*, Rechtsstaat im Wandel, Stuttgart 1976$^2$, S. 227ff.

hinausgeht und sich nur auf die grundsätzliche Traditionsfeindlichkeit unserer Zeit zurückführen lässt. Das hat natürlich auch Folgen für unser Staats- und Rechtswesen. Das Ethos, von dem die Demokratie lebt, zerfällt. An der Staatsverdrossenheit der Bürger, der abnehmenden Gemeinwohlbindung des öffentlichen Dienstes, der zunehmenden Flucht der Politiker aus der konkreten Verantwortung u. a. können keine Zweifel mehr bestehen. Mit Händen zu greifen ist ebenfalls die schwindende Verbindlichkeit des Rechts. Das häufig durch politische Intervention bedingte Vollzugsdefizit im Asylrecht und Umweltschutzrecht oder die Nichtbeachtung der für die Gewährleistung einer gesunden staatlichen Finanzwirtschaft wichtigen haushaltsrechtlichen Vorschriften – um nur einige zentrale Gestaltungs- und Vollzugsaufgaben des gegenwärtigen Staates zu nennen – belegen das hinreichend.

Wenn im Anschluss an *Hegel* das Phänomen des gegenwärtigen Traditionsverlusts mit dem durch die französische Revolution in Gang gesetzten Vorgang der Entzweiung von Geschichte und Gesellschaft zu deuten versucht worden ist, so reicht das m. E. nicht aus. Denn damit wird übersehen, wie *Ebeling* richtig sagt[9], dass geschichtliche Freiheit sich nie »als rein abstrakte, zur Tradition beziehungslose Freiheit« realisieren kann, oder anders, in der Terminologie des erwähnten Erklärungsversuchs gesprochen: Die behauptete Entzweiung von Geschichte und Gesellschaft dispensiert eine personale Geschichtsbetrachtung nicht von der Frage, welche Kräfte der Vergangenheit in der darauf folgenden »neuen« Ordnung noch fortwirken. Es ist das Bedrohliche unserer Gegenwart, dass sie eben diese Frage nicht zulässt, und zwar deshalb nicht, weil sie letztlich gerade jenem für sie konstitutiven Menschenbild misstraut, das die Aufklärung uns vermittelt hat: das der Freiheit und Mündigkeit des Menschen. Würde unsere Gegenwart darauf vertrauen, so könnte sie es vor allem nicht dulden, dass die öffentliche Meinung heute primär durch eine von privatwirtschaftlichem oder parteipolitischem Denken der Massenmedien bestimmte Auswahl der Informationen geprägt wird. Denn der so geprägte Inhalt der öffentlichen Meinung ist es, der verbunden mit dem ihr eigenen Homogenitätsdruck den einzelnen Bürger weitgehend der Möglichkeit beraubt, sich eigenständig für oder gegen Traditionen zu entscheiden und Anstöße für ihre Bildung zu geben.

Doch mit diesen Erklärungsversuchen für die gegenwärtige Situation ist nicht die uns heute eigentlich beunruhigende Frage beantwortet, woher wir denn noch den erforderlichen Mut zur Freiheit und zum Recht, das ja die Freiheit zur Welt in der geschilderten Weise gewährleisten soll, nehmen dürfen. Mir will scheinen, dass es auf genau diese Frage nur eine gewißmachende Antwort gibt, und zwar die, dass aus der rechten Unterscheidung zwischen Gesetz und Evangelium und

---

9 Die Geschichtlichkeit der Kirche und ihrer Verkündigung als theologisches Problem, Tübingen 1954, S. 34.

dem rechten Gebrauch des Gesetzes die lebensnotwendige Freiheit von der Welt und zur Welt sowie der Mut folgt, sie zu empfangen und wahrzunehmen - vor allem darum auch getrost zu beten. Dies uns in einer entwurzelten Zeit so nachhaltig eingeschärft zu haben, ist es vor allem, was wir Juristen dem Theologen *Gerhard Ebeling* anlässlich seines 80. Geburtstags zu danken haben.

# 8. Fragwürdiger Abschied vom usus politicus legis als Grundlage evangelischen Rechts- und Staatsdenkens. Eine Stellungnahme zu Wolfgang Hubers Buch: Gerechtigkeit und Recht

## I. Einleitung: Die kirchenpolitische Bedeutung der christlichen Rechtsethik Hubers

*Wolfgang Huber* hat mit seinem 2006 in dritter Auflage erschienenen Werk »Gerechtigkeit und Recht. Grundlinien christlicher Rechtsethik« ein von seinem Umfang[1] und Inhalt her gewichtiges Buch vorgelegt. Dessen Bedeutung liegt für mich auch darin, dass er diese dritte Auflage ja nicht »nur« als Professor für Systematische Theologie verantwortet, sondern zugleich als Bischof der Evangelischen Kirche in Berlin-Brandenburg und als gegenwärtiger Ratsvorsitzender der Evangelischen Kirche in Deutschland. Es gibt einen weiteren Grund, der den Charakter der christlichen Rechtsethik *Wolfgang Hubers* als eine maßgebliche kirchliche Äußerung unterstreicht: Nimmt man die im Jahr 2007 erschienene Denkschrift des Rates der Evangelischen Kirche in Deutschland »Aus Gottes Frieden leben – für gerechten Frieden sorgen« zur Hand, so wird man sehr schnell feststellen, dass wesentliche Gedanken seines hier zu behandelnden Buches in der genannten Denkschrift wiederkehren. *Huber* hat diese Gedanken in seinem Vorwort zu der Denkschrift noch einmal kurz zusammengefasst[2] und sich darin auch deutlich zustimmend zu deren Inhalt geäußert.

Es erscheint demnach lohnend, sich gründlicher mit *Wolfgang Hubers* christlicher Rechtsethik zu befassen. Das soll im Folgenden in der Weise geschehen, dass zunächst die Position *Hubers*, wie sie sich in seinem Buch niedergeschlagen hat, nachgezeichnet wird (II.), um daran anschließend die juristische (III.) und theologische (IV.) Gegenposition zu skizzieren. Meine

1 Das Buch umfasst 574 Seiten.

2 Siehe dort S. 9. Übrigens hat ein Schüler *Hubers*, *Hans-Richard Reuter*, als Mitglied der Kammer für Öffentliche Verantwortung der EKD an der Denkschrift mitgewirkt. *Huber* verweist vielfach in seinem Buch auf verschiedene Arbeiten von *Reuter* und auf solche, die er gemeinsam mit *Reuter* verfasst hat (siehe nur die Angaben auf S. 550f.) Auf S. 14f. seines Buches stellt *Huber* fest: »Am stärksten korrespondieren die rechtsethischen Untersuchungen von Hans-Richard Reuter dem Ansatz, den ich mit der hier vorgelegten Darstellung verfolge.«

Stellungnahme endet mit einer kurzen Bemerkung zu den kirchenpolitischen Folgen des Abschieds vom usus politicus legis, wie er sich ebenfalls in offiziellen kirchlichen Verlautbarungen beobachten lässt (V.). Die Perspektive, aus der ich die Gegenposition zu *Huber* darlege, ist – das sei vorab klargestellt – durch meinen beruflichen Werdegang maßgeblich bestimmt. Dieser hat es mit sich gebracht, dass ich gut dreißig Jahre lang als praktisch tätiger Verwaltungs- und Parlamentsjurist im direkten Kontakt mit der Politik meine Amtsplichten wahrzunehmen hatte. Ich habe also anders als der Verwaltungsrichter, der nach einem *Werner Weber* zugesprochenen Wort ja lediglich »die Pathologie der Verwaltung« kennt und darüber aus der Distanz urteilt – und Entsprechendes gilt für die Kenntnis und Entscheidungssituation des Verfassungsrichters – häufig in unmittelbarer Konfrontation mit zahlreichen deutschen Spitzenpolitikern meinen juristischen Standpunkt vertreten müssen, was sicherlich nicht folgenlos für mein Rechts- und Staatsdenken (und das gilt auch für seine theologische Fundierung) geblieben ist.

## II. Die Position Hubers: Die Ethisierung des Rechts als theologische Notwendigkeit

*Huber* hat am Schluss seines Buches die darin von ihm entwickelten Gedanken wie folgt zusammengefasst:

> »Recht zielt darauf, dass Menschen in Freiheit leben und sich wechselseitig als Gleiche anerkennen können. Die Menschenrechte haben sich deshalb immer deutlicher als der Kern eines Rechtsverständnisses erwiesen, das am Zusammenhang zwischen Recht und Ethik orientiert ist. Frieden, so lässt sich hinzufügen, meint mehr als die Abwesenheit kriegerischer Gewalt, so wichtig es ist, dass Menschen ohne die Furcht vor Krieg und Bürgerkrieg leben können. Frieden meint, dass Konflikte mit Hilfe des Rechts ohne physische Gewalt ausgetragen werden können. Frieden meint auch, dass die ausbeutende Gewalt der Menschen gegenüber der Natur vermindert wird. Frieden gewinnt in dem Maß an Gestalt, in dem Gerechtigkeit keine bloße Hoffnung bleibt, sondern mit den Mitteln des Rechts verwirklicht wird« (542)[3].

*Huber* versucht demnach ein Rechtsverständnis zu begründen, das – um seine Worte zu wiederholen – »am Zusammenhang zwischen Recht und Ethik orientiert ist«. Die allgemeine Begründung für diese These will ich zunächst nachzeichnen und dabei genauer auf *Hubers* Verständnis der Menschenrechte eingehen, in denen er ja nach dem Zitat den »Kern« eines solchen Rechtsverständnisse sieht (1.). Diesem Abschnitt folgt dann die Schilderung der theolo-

3 Im Folgenden verweisen wie an dieser Stelle die in Klammern gesetzten Zahlen auf die Seitenzahlen des hier zu besprechenden Werks von *Huber*.

gischen Begründung seiner Rechtsauffassung (2.). Ich beschränke mich bei alledem auf die Darlegung des theoretischen Gedankengangs *Hubers*, lasse also die zahlreichen, von ihm herangezogenen Beispiele außer Betracht. Dieses Vorgehen glaube ich deshalb verantworten zu können, weil *Huber* durchweg nur auf die ethische Problematik der besprochenen praktischen Beispiele, nicht aber auf ihre juristisch-dogmatische eingeht. Seine Ausführungen hierzu gleichen im gedanklichen Duktus also in weiten Teilen entsprechenden Überlegungen in einem protestantischen Lehrbuch der (Sozial-)ethik. Dieser Umstand gibt übrigens einen ersten Hinweis auf das durchgängige Bemühen seines Buches, bisher durchweg als allgemein ethische Fragen erörterte, auch als Rechtsfragen zu verstehen.

## 1. Der prinzipielle Zusammenhang von Recht und Ethik als Grund und Maßstab für die politische Gestaltungsaufgabe des Rechts

a) Mit dem »Rechtspositivismus« will *Huber* zwar »an der Unterscheidung zwischen Moralität und Legalität« festhalten, jedoch »ohne sie zu einer Trennung zu steigern« (102). Seine Aufgabe sieht er darin, »die These von der wechselseitigen Unabhängigkeit zwischen Recht und Sittlichkeit zu überwinden, ohne doch deren Identität zu behaupten« (102). Dafür muss nach *Huber* vor allem mit der Erkenntnis Ernst gemacht werden, dass »Rechtsregeln in einem Verweisungszusammenhang mit Prinzipien stehen, der bei der Anwendung dieser Regeln zu berücksichtigen ist« (120). Wichtig ist es nach seinen Ausführungen dann weiter, den strukturellen Unterschied zwischen Rechtsnormen und Prinzipien anzuerkennen: »Rechtsregeln verknüpfen einen Tatbestand mit einer Rechtsfolge; in dieser Verknüpfung kann es keine Abstufungen geben. Prinzipien dagegen sind Optimierungsgebote; sie werden unter konkreten Bedingungen in unterschiedlichem Umfang erfüllt. Sie gebieten, dass ein Ziel in möglichst hohem Maß verwirklicht werden soll« (121 – Hervorhebung A. J., auch 459, 523). Erwähnenswert ist in diesem Zusammenhang, dass *Huber* sich für seine These – was ihre entscheidende rechtstheoretische Begründung betrifft – besonders auf das Buch von *Alexy* »Begriff und Geltung des Rechts« stützt (121f.)[4]. Das geschieht insofern zu Recht, als *Alexy* in Übereinstimmung mit *Huber* von einer notwendigen Verbindung zwischen Recht und Ethik ausgeht. Denn es beständen, wie er betont, »sowohl begrifflich als auch normativ notwendige Zusammenhänge zwischen Recht und Moral«[5].

Konsequent ist es auch, wenn *Huber* in Übereinstimmung mit *Alexy* die

4 *Alexys* Buch ist in 1. Aufl., nach der *Huber* zitiert, 1992 erschienen.
5 *Robert Alexy*, Begriff und Geltung des Rechts, 2. Aufl. 1994, S. 39ff. (44).

Prinzipien als »Optimierungsgebote« versteht (121). Denn die rechtstheoretischen Ausführungen *Hubers* laufen letztlich wie bei *Alexy* auf die Annahme hinaus, dass diese Prinzipien »ein System ›höherer Werte‹ darstellen, das dem Recht hierarchisch vorgeordnet« ist[6]. Was diese Sicht konkret für eine Verfassungsrechtsordnung wie die in Deutschland geltende mit einer voll ausgebauten Verfassungsgerichtsbarkeit bedeutet, reflektiert *Huber* nun nicht mehr hinreichend. Zumindest wäre m. E. aber insoweit die Frage gründlicher zu untersuchen gewesen, ob nicht die Berechenbarkeit des Rechts und damit die Rechtssicherheit Schaden nimmt, wenn etwa i. S. von *Alexy* und *Huber* die Grundrechte des Grundgesetzes nicht »nur« als subjektive Rechte, sondern auch (entgegen ihrem Wortlaut) als Rechtsgrundsätze mit Verfassungsrang zu verstehen sind und damit ebenfalls ein (verfassungsrechtlich verbindliches) »Optimierungsgebot« enthalten[7].

b) Neben dem nach *Huber* notwendigen Zusammenhang von Recht und Ethik besagt die zweite These seines Buches, dass dem Recht eben wegen seines engen Zusammenhangs mit der Ethik die besondere Aufgabe gestellt ist, den Frieden zu gewährleisten. Insoweit ist, wie er ausführt, das Recht aber nicht lediglich als eine »Erhaltungsordnung für das Zusammenleben der Menschen, so wie sie sind«[8], zu verstehen. Der erwünschte Frieden gewinnt vielmehr nach *Huber* gemäß dem anfänglichen Zitat »in dem Maß Gestalt, in dem Gerechtigkeit keine bloße Hoffnung bleibt, sondern mit den Mitteln des Rechts verwirklicht wird« (542). Das bedeutet konkret für ihn u. a., dass es eine Forderung der Gerechtigkeit und nicht »nur« eine sittliche ist, den »Vorrang für die Benachteiligten« in aller Welt rechtlich anzuerkennen (229ff.) und den »ökologischen Umbau der Rechtsordnung« voranzutreiben (382ff.). Dem Frieden dient es nach *Huber* auch, wenn man stärker als bisher geschehen die »*Grenzen* strafrechtlicher Lösungskapazität« in Rechnung stellt (414ff. – Hervorhebung A. J., auch 403ff.) und der Einsicht Raum gibt, dass »bürgerlicher Ungehorsam« zwar »formal« gesehen häufig Rechtsbruch bedeutet, aber dennoch öffentlich daran erinnern

6 So kritisch *Joachim Lege*, Pragmatismus und Jurisprudenz. Über die Philosophie des Charles Sanders Peirce und über das Verhältnis von Logik, Wertung und Kreativität im Recht, 1999, S. 560 zum Standpunkt *Alexys*. Siehe zu *Leges* Kritik genauer a. a. O., S. 518f., 554ff.

7 Für mich insoweit immer noch überzeugend die Kritik des ehemaligen Bundesverfassungsrichters *Ernst-Wolfgang Böckenförde*, Grundrechte als Grundsatznormen. Zur gegenwärtigen Lage der Grundrechtsdogmatik (1990), in: *ders.*, Staat Verfassung, Demokratie. Studien zur Verfassungstheorie und zum Verfassungsrecht, 1991, S. 159 (195ff.). Zum damit verbundenen »richtigen« Verständnis der die gesamte Rechtsordnung prägenden »Rechtsgrundsätze«: *Böckenförde*, a. a. O., S. 194ff. und *Wilhelm Henke*, Juristische Systematik der Grundrechte, DÖV 1984, S. 1 (6ff., 11).

8 So *E.-W. Böckenförde*, Staatliches Recht und sittliche Ordnung (1995), in: *ders.*, Staat Nation, Europa. Studien zur Staatslehre, Verfassungstheorie und Rechtsphilosophie, 1999, S. 208 (224). Genauer zu diesem Rechtsverständnis hier unter III 2. und IV 3.

kann, dass »Recht kein Selbstzweck« ist, sondern »im Dienst der Gerechtigkeit« steht (492) und darum dieser Rechtsbruch in bestimmten Fällen auch als »Kennzeichen einer reifen Demokratie« (482, 491, 495) zu verstehen ist[9].

c) Das zum allgemeinen Rechtsverständnis *Hubers* Gesagte findet seine nachdrückliche Bestätigung in seinen Ausführungen zum rechtsethischen Gehalt der Menschenrechte und ihrem Beitrag zum (Welt-)frieden:

Nach *Huber* kommt »den Menschen und Bürgerrechten für den Zusammenhang von Ethik und Recht eine Schlüsselrolle« zu. (17). Denn »ethischer Charakter und rechtlicher Gehalt der Menschenrechte gehören zusammen« (318). Sie sind für ihn deshalb auch »das entscheidende Instrument dafür, den Gewaltursprung des Rechts zu tilgen und die Vorordnung des Rechts vor die Gewalt zu sichern« (279). Die »neuzeitliche Menschenrechtstradition« lässt sich so gesehen »als ein Versuch verstehen, Maßstäbe zu formulieren, an denen die rechtssetzende wie die rechtserhaltende Gewalt ihre Grenze findet« (213). Das alles ist deshalb möglich, weil die Menschenreche in der Moderne das »wichtigste Beispiel« für das Bemühen sind, »aus dem Begriff der Gerechtigkeit Kriterien für die Legitimität einer Rechtsordnung abzuleiten« (216).

*Huber* entnimmt den Menschenrechten daneben »positive Zielvorgaben für politisches Handeln«. Ihre »produktive Funktion« sieht er in ihrem »Gestaltungsauftrag« (316). Diesen wiederum besitzen sie deshalb, weil »ethischer Charakter und rechtlicher Gehalt der Menschenrechte« sich darin »verbinden«, dass »Freiheit, Gleichheit und Teilhabe zusammen die Grundfigur der Menschenrechte ausmachen« (318)[10]. Mit dem Gesagten stimmt nach *Huber* auch das »Friedenskonzept« der Vereinten Nationen überein, das ja »Gewaltverzicht und Menschenrechte« zum Inhalt hat (462). Dem Frieden dienlich ist darüber hinaus seiner Meinung nach, dass die Menschenrechte auch Ansätze für ein »planetarisches Ethos« enthalten. Erläuternd führt er dazu aus:

> »Es ist kein Zufall, dass der entscheidende Anstoß für die Aufnahme der Menschenrechte in das Völkerrecht von der Erfahrung ausging, dass die vollständige Trennung von Recht und Sittlichkeit zu einer vollständigen Zerstörung des Rechts führt. Deshalb aber verbindet sich mit den Menschenrechten bis zum heutigen Tage nicht nur die rechtsethische Frage, ob über ihren rechtlichen Gehalt eine Verständigung zwischen den verschiedenen Traditionen der Menschheit herbeigeführt werden kann. Sondern

9 *Huber* beruft sich für diese Haltung besonders auf *Habermas.* Zur Gegenposition s. zusammenfassend aus der Sicht der politischen Philosophie: *Jens Hacke*, Philosophie der Bürgerlichkeit. Die liberalkonservative Begründung der Bundesrepublik, 2006, dort bes. S. 194ff., 201ff., 210ff., 256ff. zur Kritik an *Habermas*; aus der Sicht der Politischen Wissenschaften: *Stephan Schlak*, Wilhelm Hennis. Szenen einer Ideengeschichte der Bundesrepublik, 2008, S. 170ff., auch S. 164ff. zur Kritik von *Hennis* an *Habermas.*

10 Die menschenrechtliche Fundierung der »Teilhabe« beinhaltet nach *Huber* nicht nur die »Zusammengehörigkeit von individuellen und sozialen Menschenrechten« (317), sondern – ansatzweise – auch das Recht auf Teilhabe an politischen Entscheidungsprozessen (320ff.).

> sie repräsentieren zugleich die weiterreichende Frage, ob es trotz der Vielfalt ethischer Grundüberzeugungen auf der Erde Grundlinien eines gemeinsamen planetarischen Ethos gebe und geben könne. Die Frage heißt, anders gewendet, ob der Kernbestand der Menschenrechte denjenigen Überschneidungsbereich zwischen den verschiedenen ethischen Grundüberzeugungen der Menschheit repräsentiert, in dem sich die Anfänge eines planetarischen Ethos abzeichnen« (456f.).

*Huber* bejaht diese Frage, indem er abschließend feststellt: »In der Anerkennung der unveräußerlichen Menschenwürde sowie der Freiheit, der Gleichheit und der Teilhabe aller Menschen sind solche Elemente eines planetarischen Ethos zu sehen« (463).

## 2. Die theologische Begründung des ethischen Rechtsverständnisses

a) Ausgangspunkt der rechtstheologischen Überlegungen *Hubers* ist die Annahme, dass das dargelegte Rechtsverständnis seine »*Entsprechung* in den Grundinhalten des christlichen Glaubens« findet. Das gilt besonders für die Menschenrechte. Genauer führt er dazu aus: »Die durch Gott in Christus geschenkte Freiheit, die in der Annahme aller Menschen durch Gott gegebene Gleichheit und die in der Teilhabe am Geist begründete Befähigung zur aktiven Mitwirkung am gemeinsamen Leben« verleihen den »drei Grundmomenten« der Menschenrechte – Freiheit, Gleichheit, Teilhabe – »eine Zuspitzung, die über das in einer säkularen Rechtsordnung jeweils Realisierte hinausweist.« Es kommt deshalb nach *Huber* darauf an, die christlichen »Interpretationsangebote für die Weiterentwicklung von Verständnis und Praxis der Menschenrechte fruchtbar zu machen« (319 – Hervorhebung A. J.). Die Zulässigkeit, deshalb »nach *Analogien* zwischen der neuzeitlichen Gestalt der Menschenrechte und Grundinhalten des christlichen Glaubens« zu fragen, begründet *Huber* mit folgender Überlegung:

> »Gegenüber Versuchen einer theologischen Ableitung der Menschenrechte nimmt sie (erg.: eine solche Interpretation) deren säkularen Charakter ernst. Gegenüber der Behauptung einer Selbstevidenz der Menschenrechte aus Gründen der allgemeinen Vernunft berücksichtigt sie den strittigen Charakter der Vernunft, die deshalb allein zur Begründung universal geltender Menschenrechte nicht zureicht. Eine Analyse der geschichtlichen Entwicklung der Menschenrechte zeigt, dass sich hinter ihren kontroversen Auslegungen – vor allem hinter der Kontroverse zwischen einer individualistisch-liberalen und einer kollektivistisch-sozialen Interpretation – ein gemeinsamer Kern erkennen lässt: Menschenrechte sollen die Stellung der Einzelperson im Gemeinwesen bestimmen und sichern; sie tun dies so, dass Freiheit, Gleichheit und Teilhabe zusammen die Grundfigur der Menschenrechte ausmachen. Dieser Grundfigur eignet auf der einen Seite säkulare Eigenständigkeit; doch sie steht zugleich in

Entsprechung zu Grundinhalten des christlichen Glaubens« (297 – Hervorhebung A. J.).

Kann man aus dem bisher Gesagten den Eindruck gewinnen, das *Huber*, ausgehend von den ethischen Grundüberzeugungen der weltlichen Rechtsordnung, nach Entsprechungen in der biblischen Botschaft fragt, so legen andere Ausführungen in seinem Buch eher den Schluss nahe, dass eine Rechtstheologie umgekehrt von der biblischen Botschaft auszugehen hat und Entsprechungen in der weltlichen Rechtsordnung aufdecken muss. So heißt es etwa zur »christlichen Mitverantwortung für das Recht«:

»Sie fragt nach den Aufgaben des Staates in der Perspektive des verheißenen Gottesreiches, in der Perspektive zugesagter Rechtfertigung. Sie fragt nach der Freiheitsfunktion des Rechts in der Perspektive zugesagter Freiheit; sie fragt nach der Friedensfunktion des Rechts in der Perspektive des verheißenen, vollkommenen Friedens; sie fragt nach der Gerechtigkeitsfunktion des Rechts in der Perspektive verheißener, umfassender Gerechtigkeit« (174).

*Hubers* Überlegungen zu Analogie und Differenz als Grundmodell theologischen Denkens lassen also beide Wege zu: Es kann sowohl von der biblischen Botschaft aus nach Entsprechungen in der weltlichen Rechtsordnung gefragt, aber auch umgekehrt ausgehend von der weltlichen Rechtsordnung nach biblischen Aussagen dazu gesucht werden. Für diese Annahme spricht auch das folgende, hier letzte Zitat aus seinem Buch zu diesem Fragenkreis:

»Nur auf dem Weg der kritischen Frage nach ihrer *Entsprechung* lässt sich heute das Verhältnis von modernen Rechtssystemen und biblischem Rechtsdenken bestimmen. Die so gestellte Frage schließt beides ein: einen kritischen Blick auf die Verhältnisse der Gegenwart aus der Perspektive des biblischen Denkens wie einen kritischen Blick auf die Angebote biblischen Denkens aus der Perspektive heutiger Erfahrungen und Einsichten. Zur hermeneutischen Ehrlichkeit gehört die Einsicht, dass wir in der Theologie insgesamt mit solchen Prozessen wechselseitiger Kritik beschäftigt sind; auch für eine theologische Rechtsethik zeigt sich kein anderer gangbarer Weg. Denn Identifikation wie Trennung führen gleichermaßen in auswegloses Gestrüpp« (167 – Hervorhebung A. J.)[11].

b) Die von *Huber* aufgedeckten Entsprechungen zwischen biblischer Botschaft und weltlichem Rechtsdenken und ebenfalls seine umgekehrte Sichtweise führen

11 Weitere Belege für *Hubers* rechtstheologisches Denken in Analogien finden sich auf S. 150f., 200, 201f., 303, 314. Siehe dazu ergänzend *Wolfgang Huber/Heinz Eduard Tödt*, Menschenrechte. Perspektiven einer menschlichen Welt, 1988, S. 11, 71ff., 158ff. Es ist nach meinem Eindruck bei *Huber* letztlich wohl das theologische Gebot, »Gerechtigkeit und Liebe nicht voneinander zu trennen«, das für die Notwendigkeit spricht, die (direkten) Entsprechungen zwischen der biblischen Botschaft und der weltlichen Rechtsordnung zur Grundlage einer christlichen Rechtsethik zu machen, s. dazu besonders klar die Ausführungen auf S. 243 seines hier zu besprechenden Buches.

nun zu einem Rechts- und Staatsverständnis, das ihn veranlasst, die theologischen Stellungnahmen dazu von *Paul Althaus, Helmut Thielicke, Rudolf Bultmann, Emil Brunner, Reinhold Niebuhr, Wolfhart Pannenverg* u. a. abzulehnen[12]. Darauf kann hier nur hingewiesen werden. Für die eigene Position *Hubers* ist dagegen kennzeichnend, wie er das bekannte analoge Denken *Karl Barths* zu diesem Fragenkreis beurteilt. *Barths* Denken kann insoweit, wie er sagt, »die Grundlegung, nicht dagegen die Durchführung einer kritischen Theologie des Rechts bieten« (151). Diese nach *Huber* zu bejahende Grundlegung leistet dieses Denken deshalb, weil *Barth* seiner Meinung nach »ein drittes Denkmodell jenseits von Trennung von Identifikation« anbietet (150). Genauer führt er dazu aus:

> »Die neulutherische Staatslehre tendiert zur Trennung zwischen der politischen Wirklichkeit und der Verheißung des Reiches Gottes; der Staat gehört dem Reich der Welt an und folgt seinen eigenen Gesetzen, während die Zugehörigkeit zum Reich Gottes die Personen in ihrer Innerlichkeit betrifft. Theologische Konzeptionen, die am Gedanken des Fortschritts orientiert sind, verstehen dagegen die Geschichte als allmähliche oder als plötzlich-revolutionäre Verwirklichung des Reiches Gottes; menschliches Handeln zielt also auf die Identität der geschichtlich realisierten politischen Gemeinschaft mit dem Reich Gottes. Während im einen Fall die Unterscheidung zwischen dem Reich Gottes und dem Handeln der Menschen zur vollständigen Trennung gesteigert wird, scheint sie sich im anderen Fall aufzulösen. Barth dagegen will diese Unterscheidung festhalten, um gerade so die Bedeutung des verheißenen Reiches Gottes für das menschliche Handeln in der Geschichte erkennbar zu machen. Sie besteht nicht darin, dass dem menschlichen Handeln eine Teleologie zukommt, die sich auf das Reich Gottes richtet; sondern sie besteht darin, dass der göttlichen Gnade selbst eine Teleologie eignet, in der das Handeln der Menschen seinen Ort erhält. Um mehr kann es nicht gehen als darum, dass Menschen in ihrem Handeln Gleichnisse schaffen für die teleologische Kraft der göttlichen Gnade; darum aber geht es auch in der Welt des Politischen« (150f.)[13].

Es wäre nun reizvoll, genauer zu untersuchen, wie viel reformierte (calvinistische) »Bundestheologie« und damit auch eine ganz bestimmte Auffassung von der Geschichte in diesem (insoweit von *Huber* gebilligten) Ansatz von *Barth* enthalten ist. Doch kann ich das in diesem Zusammenhang nicht leisten[14].

---

12 Siehe dazu S. 138ff. (zu Althaus); 238ff. (zu Niebuhr); 241ff. (zu Brunner); 247f. (zu Bultmann); 134, 387, 409f. (zu Thielicke); 243ff., 251 (zu Pannenberg).

13 Eine modifizierende Übernahme des Denkansatzes von *Barth* lässt sich auch bei *Eberhard Jüngel* feststellen, s. *ders.*, Religion, Zivilreligion und christlicher Glaube. Das Christentum in einer pluralistischen Gesellschaft, in: Essener Gespräche zum Thema Staat und Kirche 39 (2005), S. 53 (71ff., 82).

14 Dazu *Huber*, Gerechtigkeit und Recht, S. 144ff. und neben der von ihm dort genannten Literatur noch immer erhellend: *Gerhard Oestreich*, Die Idee des religiösen Bundes und die Lehre vom Staatsvertrag, in: Zur Geschichte und Problematik der Demokratie. Festgabe für Hans Herzfeld zum 65. Geb., 1958, S. 11ff.

Wichtig ist mir aber die Feststellung, dass dieser Ansatz, wie im Folgenden noch näher darzulegen ist, den Abschied vom usus politicus legis als Grundlage des evangelischen Rechts- und Staatsdenkens impliziert und letztlich auf einen »usus politicus evangelii«, wie *Ebeling* dieses theologische Denken einmal gekennzeichnet hat[15], hinausläuft. Das ergibt sich schon aus der schlichten Erkenntnis, dass »die Gefahr des Analogismus ... in der Marginalisierung des Differenten« liegt, weil »das Andere ... durch die analogische Übertragung unter den Bann der das Ausgangsmodell prägenden Leitintuition« gerät[16]. Diese Folge ist, wie man in jedem Lehrbuch der juristischen Methodenlehre nachlesen kann, für den juristischen Analogieschluss letztlich aus Gründen der Gleichbehandlung ausdrücklich gewollt und auch deshalb unproblematisch, weil er als Mittel der Rechtsfindung sich *innerhalb* des juristischen Denkens bewegt[17]. Wenn aber – wie *Huber* es ja im Ergebnis bejaht – mit Hilfe von Analogieschlüssen aus der biblischen Botschaft Forderungen für die Rechts- und Staatswirklichkeit abgeleitet werden oder umgekehrt diese mit inhaltlichen Aussagen der biblischen Botschaft gerechtfertigt wird, dann kommt es letztlich wegen der unterschiedlichen ontologischen Grundlagen von Jurisprudenz und Theologie zu der schon angesprochenen bedenklichen »Marginalisierung des Differenten«. Denn damit wird der spezifische, für die Bewältigung der menschlichen Lebenswirklichkeit so hilfreiche Beitrag, den Theologie und Jurisprudenz je für sich zu leisten vermögen, um seine entscheidende Wirkung gebracht[18]. Das ist im Folgenden unter III. und IV. noch genauer zu begründen.

15 Siehe seinen Aufsatz: Usus politicus legis – usus politicus evangelii (1982), in: *Gerhard Ebeling*, Umgang mit Luther, 1983, S. 131 ff.

16 So *Wolfgang Kersting*, Platons »Staat«, 1999, S. 182 Anm. 7 im Blick auf die Staatsphilosophie *Platons*, der, wie er weiter ausführt, »die Differenz zwischen Politik und Ethik zuungunsten der ersteren verwischte, Politik also nach ethischem Bilde entwarf«. Für *Kant* stellt *Kersting* a. a. O. genau das Gegenteil im Blick auf das Verhältnis von Ethik und Recht fest: »Bei ihm wird Ethik nach dem Bilde des Rechts modelliert, die Differenz zwischen rechtsgesetzlicher und tugendgesetzlicher Einheit verwischt.«

17 Zu Recht stellt daneben m. E. *Karlfried Gründer* fest, dass auch historische Erfahrung »von analogischem Gebrauch« sei und »auf Präsenz des Vergangenen« ziele, s. Erfahrung der Geschichte (1978), in: *ders.*, Reflexion der Kontinuitäten. Zum Geschichtsdenken der letzten Jahrzehnte, 1982, S. 118 (136, s. auch S. 122). Denn es handelt sich ja um eine analoge *zeitliche* Erfahrung, und die »Wissenschaft von der Zeit« kann »nach dem Stande unseres methodischen Wissens nur die Geschichtswissenschaft und keine andere Wissenschaft sein«, so richtig *Reinhard Wittram*, Möglichkeiten und Grenzen der Geschichtswissenschaft in der Gegenwart (1965), in: *ders.*, Zukunft in der Geschichte. Zu Grenzfragen der Geschichtswissenschaft und Theologie, 1966, S. 30 (59).

18 Ganz entsprechend löst *Huber* übrigens die Frage nach der Geltung von Grundrechten in den evangelischen Kirchen. Es geht für ihn dabei um »die kirchliche Transformation des Menschenrechtsgedankens« (518). Genauer führt er dazu aus: Die Bedeutung der kirchlichen Grundrechte kommt »nicht angemessen zum Ausdruck, wenn lediglich die im staatlichen Bereich vorgefundenen Grundrechte in den kirchlichen Bereich übertragen werden. Viel-

## III. Die juristische Gegenposition: Prinzipielle Trennung von Recht und Ethik als Forderung der Rechtstheorie und Rechtspraxis

Warum wird hier nun weiter nach einer Gegenposition zum dargelegten Rechtsverständnis *Hubers* gefragt? Ich tue das, weil dieses Rechtsverständnis meinen langjährigen Erfahrungen als praktisch tätiger Verwaltungs- und Parlamentsjurist widerspricht (1) und sich gute theoretische Gründe für ein Rechtsverständnis finden lassen, das mit der von mir wahrgenommenen Rechtswirklichkeit in Einklang zu bringen ist (2).

### 1. Die praktische Rechtserfahrung als Ausgangspunkt der Überlegungen

Nicht ohne Grund hat *Hans-Georg Gadamer* in seinem schon klassisch zu nennenden Werk »Wahrheit und Methode« die exemplarische Bedeutung der juristischen (und theologischen) Hermeneutik für eine Theorie der hermeneutischen Erfahrung herausgestellt[19]. Denn beide enthalten in der Tat »ein

mehr gilt auch hier der Gedanke der *Analogie*. Zwischen staatlichen und kirchlichen Grundrechten herrschen Entsprechungen und Differenzen. Zwar nimmt die Kirche in der Gestaltung ihrer eigenen Rechtsordnung auf der einen Seite an den rechtlichen Gestaltungsmöglichkeiten teil, die im staatlichen Bereich entwickelt werden. Doch zugleich hängen Glaubwürdigkeit und Legitimität des kirchlichen Rechts an seiner Eigenständigkeit und Eigengeartetheit, daran also, dass es in seiner spezifischen Weise am Auftrag der Kirche zu Zeugnis und Dienst partizipiert. Das gilt auch und gerade für den Bereich kirchlicher Grundrechte« (520f. – Hervorhebung A. J.). *Huber* sieht auch die »kritische Funktion, die in der Auffassung vom Kirchenrecht als exemplarischer Antwort auf das Evangelium liegt«, u. a. in dem Umgang der Kirchen mit dem »Thema der Grundrechte in der Kirche« (530). Die Forderung nach einer exemplarischen Bedeutung des Kirchenrechts wird also – was ihren Inhalt betrifft – im Ergebnis durch die »kirchliche Transformation des Menschenrechtsgedanken« (mit-) bestimmt.

Dass man die Frage nach Grund und Reichweite der Geltung von Grundrechten in der Kirche auch anders beantworten kann, zeigen etwa die Überlegungen von *Dietrich Pirson* zu diesem Problem, siehe *ders.*, Grundrechte in der Kirche ZevKR 17 (1972) S. 358ff., und: Kirchliches Verfassungsrecht. Eigenart und notwendiger Inhalt, ZevKR 45 (2000) S. 89 (101ff.): Er stellt m. E. richtig fest, dass sich die Kirche, »wenn sie sich in ihrem Handeln und ihrer Ordnung der Grundrechtsidee öffnet, einem *heteronomen* Maßstab ausliefert.« Diesem Bedenken könne nur dadurch begegnet werden, dass man »durch eine Abstraktion … die Grundrechte als ein Element verstehbar« mache, »das dazu dient, bestimmte, für den Charakter einer Rechtsgemeinschaft wesensnotwendige Positionen gegen Gefährdungen durch stärkere Kräfte oder zwangsläufige Entwicklungen zu sichern«, so ZevKR 17 (1972) S. 365 (Hervorhebung A. J.), s. auch S. 368, 372, 374, 376f., 384, 385f., ganz ähnlich ZevKR 45 (2000) S. 101ff.

19 *Hans-Georg Gadamer*, Wahrheit und Methode. Grundzüge einer philosophischen Hermeneutik, 2. Aufl. 1965, S. 307ff., bes. S. 312ff. *Ernst Forsthoff* hat bereits 1940 auf die Parallelen zwischen theologischer und juristischer Hermeneutik nachdrücklich aufmerksam gemacht,

Anwendungsmoment«[20], für das in der Theologie beispielhaft die Predigt, in der Jurisprudenz das richterliche Urteil stehen. Was *Gadamer* aber übersieht, ist die in meinen Augen entscheidende, darüber hinausgehende Erkenntnis der juristischen wie der theologischen Hermeneutik, dass das Denken der Jurisprudenz und das der Theologie von eigenständigen ontologischen Einsichten bestimmt ist[21]. Das erklärt sich für das Recht aus der zentralen Erfahrung der Rechtspraxis, dass Rechtsfragen (und vor allem die hinter ihnen stehende Frage nach der Gerechtigkeit) letztlich Existenzfragen sind, auf die die Jurisprudenz ihre eigenen Antworten finden muss[22]. Und Entsprechendes lässt sich für die Theologie behaupten. Was nun die uns hier zunächst interessierende Jurisprudenz angeht, so trifft diese Feststellung nicht nur für die von der juristischen Entscheidung Betroffenen zu, sondern auch für den, der sie zu fällen, zu »verkünden« hat. Es handelt sich insoweit, wie *Forsthoff* einmal zutreffend bemerkt hat, um eine »personhafte Entäußerung des Verkündenden«[23]. Ist dem aber so, dann erscheint es mir legitim, die persönliche praktische Rechtserfahrung zum Ausgangspunkt der folgenden Überlegungen zu machen.

Die entscheidende, sich durchhaltende Erfahrung in all' meinen Berufsjahren ist nun die gewesen, dass der Jurist notwendigerweise im politischen Alltag durchweg »der lästige Jurist«[24] sein muss. Und zwar deshalb, weil er der Politik primär Grenzen setzen muss. Das kann er nur mit *juristischen* Argumenten (und notfalls unter Berufung auf seinen Verfassungseid). Denn hinter dem Machtanspruch und Durchsetzungswillen der Regierungspolitik z. B. lassen sich durchaus auch ethische Überzeugungen ausmachen, die aber etwa mit denen der parlamentarischen Opposition häufig nicht in Einklang zu bringen sind. Beide Seiten sind nun aber nach unserer Rechtsordnung an die Verfassung und kraft Verfassung an Gesetz und Recht gebunden (Art. 1 Abs. 3, 20 Abs. 3 GG). Der Jurist gewinnt also seine Legitimation und die Verpflichtung, einer Politik, die das in Kraft stehende Recht nicht gegen sich gelten lassen will, entgegenzutreten, allein aus dieser Rechtsbindung. Und natürlich kann er die Politik nur dann überzeugen, wenn er seine Argumentation an den Gesetzen der juristischen

---

s. *ders.*, Recht und Sprache. Prolegomena zu einer richterlichen Hermeneutik, 1940/41 (Neudruck Darmstadt 1964) S. 3, 4, 6.

20 Davon spricht *Jean Grondin*, Einführung zu Gadamer, 2000, S. 161.

21 Zur These, dass sie *darum* den von *Gadamer* postulierten Universalitätsanspruch der Hermeneutik »exemplarisch« zu konkretisieren vermögen, s. *Albert Janssen*, Rechtsgeschichte und Rechtsdogmatik. Aussagen der hermeneutischen Philosophie zu ihrem Verhältnis, in: Wirkungen europäischer Rechtskultur. Festschrift für Karl Kroeschell zum 70. Geburtstag, 1997, S. 467 (476ff. = III.).

22 Dazu *Janssen*, a. a. O., S. 480ff. mit Nachweisen.

23 *Forsthoff* (Anm. 19), S. 5.

24 So der Titel eines Aufsatzes von *Ernst Forsthoff* aus dem Jahr 1955, wieder abgedruckt in: *ders.*, Rechtsstaat im Wandel. Verfassungsrechtliche Abhandlungen 1954–1973, 2. Aufl. 1976, S. 227ff.

Methode und nicht an ethischen Diskurstheorien ausrichtet. Übrigens gilt das auch – was häufig übersehen wird – für die Rolle des Juristen in den Beratungen der parlamentarischen Ausschüsse über Gesetzesvorhaben. Dieses dem Juristen aufgegebene Grenzensetzen der Politik besitzt durchaus einen (eigenständigen) materiellen Sinn, den *Klaus König* im Blick auf die Verwaltung in Übereinstimmung mit meinen praktischen Erfahrungen einmal wie folgt beschrieben hat:

> »Die Selbstbeschreibung der klassischen öffentlichen Verwaltung durch das Regulativ des Rechtsstaates bietet eine über das Professionell-Technokratische hinausweisende Qualität. Es bindet die öffentliche Verwaltung in ihren Konkretisierungen an Menschen- und Bürgerrechte, an die Messbarkeit ihrer Handlungen, an die Verhältnismäßigkeit von Mitteln und Zwecken, an die Gewährleistung von Rechtsschutz usw. Es geht mithin nicht einfach darum, dass der öffentliche Dienst eine Identitätsformel gefunden hat, sondern dass die Suche nach Gerechtigkeit zugunsten der Bürger gesichert wird.«[25]

Erstaunlich ist für mich, dass Huber diese in meinen Augen ganz entscheidende Perspektive der Rechtswirklichkeit, die übrigens weitgehend auch für den mit privaten Streitigkeiten befassten Juristen gilt, in seinen Ausführungen völlig ausblendet. Und nur weil er das tut, kann er, wie ich vermute, ein solches theologisch fundiertes ethisches Rechtsverständnis, wie unter II. geschildert, vertreten[26].

## 2. Gründe der Rechtstheorie für die prinzipielle Trennung von Recht und Ethik

Aus dem zur Rolle des Juristen in der Staatspraxis Gesagten folgt nun die Frage, ob auch theoretische Überlegungen diese »Innensicht« der Dinge zu stürzen vermögen. Das ist nach meinem Eindruck der Fall und im Folgenden (auch) deshalb genauer darzulegen, weil sich damit der richtige Zugang zur weiteren, hier entscheidenden Frage nach der überzeugenden theologischen Begründung eines evangelischen Rechts- und Staatsverständnisses eröffnet:

a) Jedes Nachdenken über das Verhältnis von Recht und Ethik (Moral) kommt nicht um eine Stellungnahme zu *Kants* insoweit einschlägige Überlegungen herum. Ich halte im vorliegenden Zusammenhang besonders den in *Wolfgang*

25 *Klaus König*, Unternehmerisches oder exekutives Management – die Perspektive der klassischen öffentlichen Verwaltung, Verw.Arch. 87 (1996), S. 19 (37).

26 Ganz entsprechend den hier geschilderten praktischen Erfahrungen dagegen aus theologischer Sicht das Rechtsverständnis von *Ingolf U. Dalferth*, Naturrecht in protestantischer Perspektive, 2008, bes. S. 56ff.

*Kerstings Kant*-Interpretation wiederholt herausgearbeiteten Gedanken für weiterführend, dass »jede Tugendhandlung, jede Verwirklichung eines Pflichtzwecks … als Handlung der Rechtsmäßigkeitsbedingung unterworfen« ist. Darum kann *Kersting* das Verhältnis von Recht und Sittlichkeit im Anschluss an *Kant* so kennzeichnen: »Das Recht spannt sich wie ein Filter vor die Tugendäußerungen und lässt nur die passieren, die mit dem Recht in Übereinstimmung stehen. An den Bestimmungen von Recht und Unrecht hat die von der Tugendlehre gebotene Gültigkeit ihre Grenze.«[27] Die Zwangsanwendung als wesentliches Kennzeichen des Rechts ist so gesehen »möglich, wenn sie auf die Abwehr von Handlungen gerichtet ist, deren Maxime als allgemeines Gesetz nicht gewollt werden kann, die zu unterlassen also moralisch notwendig ist«. Dies ist, wie *Kersting* richtig folgert, eine »spezialisierte Version des kategorischen Imperativs, eben des Rechtsgesetzes.«[28] Die häufig wiederholte Definition des Rechts als verbindliches »ethisches Minimum« ist in dieser Allgemeinheit zwar richtig[29], vermag m. E. aber nicht wie die *Kant*-Interpretation *Kerstings* einleuchtend die notwendige Trennung von Recht und Ethik zu begründen, die eben mit dem Hinweis auf die Filterfunktion des Rechts und seinem Verständnis als »spezialisierter Version des kategorischen Imperativs« zutreffend beschrieben wird.

Nur zur Erinnerung sei noch darauf hingewiesen, dass die Beweisführung *Kants*, seine transzendentale Argumentation, ja nicht »als ein theoretischer Beweis gelesen« werden kann, der »aus einsichtigen Gründen zwingende Folgerungen« zieht. Vielmehr geht es dabei um »ein Plädoyer …, das an einen Rechtstitel appelliert, den kein Subjekt bestreiten kann, das sich überhaupt als Subjekt versteht«, und zwar deshalb nicht, weil kein Subjekt »vom Selbstbe-

27 *Wolfgang Kersting*, Kant über Recht, 2004, S. 48; ganz entsprechend *ders.*, Wohlgeordnete Freiheit. Immanuel Kants Rechts- und Staatsphilosophie, 3. Aufl. 2007, S. 154.

28 *Kersting*, Kant über Recht, S. 191, s. ergänzend auch das *Kant*-Zitat auf S. 192: »Wir erkennen unsere eigene Freiheit (von der alle moralischen Gesetze, mithin auch alle Rechte sowohl als Pflichten ausgehen) nur durch den moralischen Imperativ, welcher ein pflichtgebietender Satz ist, aus welchem nachher das Vermögen, andere zu verpflichten, d. i. der Begriff des Rechts, entwickelt werden kann«; genauer zum Verhältnis von »Rechtspflicht und Tugendpflicht«; *ders.*, Wohlgeordnete Freiheit (Anm. 27), S. 143ff.

29 Siehe etwa *Hans Welzel*, Naturrecht und materielle Gerechtigkeit, 4. Aufl. 1962, mit folgender Begründung (S. 252f.): »Die Beschränkung auf die *Grundzüge* der sozialen Institutionen ermöglicht es dem Andersgesinnten, bei der näheren Ausgestaltung die eigene Überzeugung walten zu lassen … Je stärker dagegen das Recht versucht, mit Hilfe seines Sanktionssystems eine bestimmte Weltanschauung durchzusetzen, desto stärker wird es mit dem Gewissen des einzelnen in Konflikt geraten. Umgekehrt, je mehr es sich auf die Grundelemente der sozialen Institutionen beschränkt, desto mehr kann es seine Befolgung auch von der abweichenden Gewissensentscheidung erwarten, weil kein Sozialleben ohne eine *bestimmte* institutionelle Formung möglich ist.« Ergänzend dazu *Böckenförde*, Staatliches Recht (Anm. 8), S. 221f. und: Überlegungen zu einer Theologie des modernen säkularen Rechts, in: Ruhr-Universität Bochum, Universitätsreden 9, 1999, S. 27 (43f.).

wusstsein … in Übereinstimmung mit sich abzusehen« vermag. Und darum vermag es auch »die fragliche Leistung ursprünglicher Synthesis nicht zu leugnen.«[30] Ganz entsprechend hat man von anderer Seite festgestellt, dass »Kant gar nicht beanspruchte, mit seinem kategorischen Imperativ ein völlig neues ethisches Prinzip in die Welt zu bringen, sondern nur das wissenschaftlich formulieren wollte, was die rechtschaffende Gesinnung eines jeden auch ohne Philosophie vorschreibt.«[31]

b) Es ist diese Form der Beweisführung *Kants*, die es m. E. ermöglicht, Rechtserfahrung als existenzielle Erfahrung im hier unter 1. dargelegten unmittelbaren Sinn zu verstehen. Belege für eine solche Erfahrung finden sich auch in der juristischen Literatur reichlich. So heißt es etwa bei *Jhering* im Vorwort zur 4. Auflage seiner bekannten Schrift »Der Kampf ums Recht« von 1874, dass dieser Kampf geboten sei, »wo der Angriff auf das Recht zugleich eine Missachtung der Person enthält.«[32] Und *Otto von Gierke* hat um die Wende des 19. zum 20. Jahrhundert im Anschluss an *Diltheys* »Einleitung in die Geisteswissenschaften« mehrfach darauf hingewiesen, dass der »Rechtstrieb« bzw. die Forderung nach Gerechtigkeit einem »besonderen Seelenvermögen« entspricht[33]. Von diesem gedanklichen Ausgangspunkt führt der Weg zu einer umfassenden Rechts- und Staatstheorie erst im späten 20. Jahrhundert, und zwar nach meinem Eindruck besonders überzeugend bei *Wilhelm Henke*. Für ihn ist ganz i. S. der hier skizzierten Struktur des transzendentalen Arguments »das Gegenteil der Objektivität nicht nur die Subjektivität«, sondern eben auch »die Selbstbetrachtung des Geistes, die objektiv und subjektiv zugleich ist.«[34] Es ist diese Form der Reflexion, die *Henke* besonders nachdrücklich die Friedensaufgabe des Rechts betonen lässt. Dazu führt er aus:

> »Wenn unser Selbst durch einen Angriff auf unser Ansehen oder unsere Güter verletzt ist, so werden wir seine Wiederherstellung in der Vergeltung suchen, weil der Angreifer

30 So *Rüdiger Bubner*, Geschichtsprozesse und Handlungsnormen. Untersuchungen zur praktischen Philosophie, 1984, S. 276; vertiefend dazu *ders.*, Selbstbezüglichkeit als Struktur transzendentaler Argumente, in: Kommunikation und Reflexion. Festschrift für Karl-Otto Apel, 1982, S. 304ff.

31 So zutreffend *Gunter Scholtz*, Hermeneutik, Kunst und Wissenschaft, in: *ders.*, Ethik und Hermeneutik, Schleiermachers Grundlegung der Geisteswissenschaften, 1995, S. 93 (121).

32 *Rudolf von Jhering*, Der Kampf ums Recht, 4. Aufl. 1874 (Neudruck Darmstadt 1963) Vorwort S. IX, s. daneben S. 22f.

33 Genauer dazu mit Belegen: *Albert Janssen*, Otto von Gierkes Methode der geschichtlichen Rechtswissenschaft. Studien zu den Wegen und Formen seines juristischen Denkens, 1974, S. 181f.

34 So *Wilhelm Henke*, Die Lehre vom Staat. Zu Roman Herzogs Allgemeiner Staatslehre, Der Staat 12 (1973), S. 219 (228) mit dem ergänzenden Satz: »In den Spiegel sehen ist etwas anderes als aus dem Fenster sehen, aber auch etwas anderes als die Augen schließen.« Diese Bemerkung ist in meinen Augen eine zutreffende Charakterisierung der Struktur des transzendentalen Arguments als »Selbstbezüglichkeit«.

> sich im existenziellen Sinn über den Angegriffenen erhebt und ihn erniedrigt … Unser geltendes Recht hat die Rache verdrängt, und niemand kann ernsthaft wünschen, dass sie wiederkehrt. Aber man versteht das Recht und seine Bedeutung nicht, wenn man das nicht versteht, an dessen Stelle es getreten ist, ohne es je ganz ersetzen zu können.«[35]

In diesem elementaren Sinn hat das Recht nach *Henke* also seine Friedensaufgabe zu erfüllen. Denn »das Ende des Streites, der Frieden, wird mit einer gebrochenen Gerechtigkeit erkauft, und damit beginnt das Recht.«[36] So gesehen, kann man den Unterschied zwischen Sitte und Recht mit *Henke* daran festmachen, dass »Gerechtigkeit« zwar zu beiden Bereichen »gehört«, doch »in der Sitte bleibt sie frei, im Recht wird sie *um des Friedens willen* in staatliche Verwaltung genommen.«[37] Die juristische Hermeneutik versteht *Henke* deshalb auch nicht wie *Gadamer* »spielerisch ästhetisch«, sondern »als Existenzfrage, nämlich um gegen den Streit … die Wahrheit zu finden, aufzurichten und zu verkünden.«[38] Die wesentlichen Rechtsbegriffe, juristischen Prinzipien und Institute sind folglich nicht »aus theoretischen Spekulationen über Recht und Staat, sondern aus der Erfahrung im Umgang mit dem Streit um Gerechtigkeit zwischen Personen und dem Bemühen um ein gerechtes Urteil erwachsen«[39]. Das Recht besitzt *deshalb*, wie *Henke* sagt, einen »eigenen und besonderen Zugang« zu den anderen Lebensbereichen bzw. zur »Lebenswelt«[40]. Aufs Ganze gesehen lässt sich für ein solches Rechtsdenken nach *Henke* feststellen: »Die Alternative zum ideologischen ist ein rechtliches Denken, auch da, wo es nicht um Prozess, Gesetzesanwendung und Urteil geht, sondern um politischen Streit«[41].

Damit dürfte die Gegenposition zu *Hubers* Rechtsverständnis, die zugleich die hier unter 1. mitgeteilten Erfahrungen aus der Rechtspraxis zu stützen vermag, deutlich geworden sein: Das juristische Denken ist von einer spezifischen Wirklichkeitserfahrung geprägt, die sich von der ethischen unterscheidet und ein Rechtsverständnis begründet, das vom Recht als Erhaltungsordnung für das friedliche Zusammenleben der Menschen bestimmt ist. Diese so begründete (prinzipielle) Unterscheidung zwischen Recht und Ethik kann nun aber nicht – worauf abschließend zu diesem Punkt ausdrücklich hingewiesen sei – zu einer Scheidung zwischen beiden Bereichen führen. Das ergibt sich bereits aus der

35 *Wilhelm Henke*, Recht und Staat. Grundlagen der Jurisprudenz, 1998, S. 200f.

36 Recht und Staat, S. 231.

37 Recht und Staat, S. 498 (Hervorhebungen *A. J.*); dazu auch ergänzend *Ernst-Wolfgang Böckenförde*, Recht schafft Freiheit, indem es Grenzen setzt (1997), in: *ders.*, Staat, Nation, Europa (Anm. 8), S. 233 (243ff.).

38 *Wilhelm Henke*, Recht, ZThK 86 (1989), S. 533 (542f.).

39 Recht und Staat, S. 597.

40 Recht und Staat, S. 594, s. auch S. 58, 62, 63 u. a.

41 *Wilhelm Henke*, Das Ende der Revolution und die verfassungsgebende Gewalt des Volkes, Der Staat 31 (1992), S. 265 (275, auch 276). In weiten Teilen entspricht diesem Rechtsdenken Henkes insbesondere das Buch von *Jan Schapp*, Freiheit, Moral und Recht, 1994.

Überlegung, dass das Recht schon von seinem Charakter als verbindliche Ordnung her soziale Geltung (tatsächliche Wirksamkeit) voraussetzt[42]. Es ist insoweit »abhängig von dem, was in der Gesellschaft als empirisch-sittlicher Standard vorhanden ist«[43]. Aus dieser Abhängigkeit des Rechts folgt nun aber nicht, dass es (lediglich) »eine Mangelform, ein defizienter Modus von Sittlichkeit«[44] ist. Das sollten die hier gemachten Hinweise auf *Kants* Rechtsverständnis und das einiger Juristen des 19. Und 20. Jahrhunderts deutlich gezeigt haben[45].

Es bleibt allerdings noch die Frage offen, worin denn nun bei der so begründeten Selbständigkeit des Rechts gegenüber der Sittlichkeit konkret der Maßstab für die Richtigkeit der juristischen Argumentation zu suchen ist. Zu dieser Frage kann und muss in unserem Zusammenhang nicht abschließend Stellung genommen werden. Hinweisen möchte ich aber dafür zumindest noch auf die im Anschluss an den von *Charles S. Peirce* begründeten Pragmatismus entwickelte These, dass »der letzte Halt juristischer Richtigkeit … nicht in Logik oder Wertung, nicht in Argumentationstheorie oder Ethik, sondern in juristischer Ästhetik« liegt[46]. Diese These scheint mir deshalb besonders plausibel, weil sich bekanntlich »Elemente von Kants reflektierender Urteilskraft« bereits »in Savignys Lehre von der juristischen Entscheidungs- und Regelfindung« auffinden lassen[47]. Ein solches juristisches Denken entspricht also nicht nur der hier entwickelten prinzipiellen Selbständigkeit des Rechts gegenüber der Ethik, sondern besitzt ein schon klassisch zu nennendes Vorbild in der Methodenlehre *Savignys*.

42 Genauer dazu *Böckenförde*, Staatliches Recht (Anm. 8), S. 214ff. und: Überlegungen zu einer Theologie des modernen säkularen Rechts (Anm. 29), S. 44ff.

43 *Böckenförde*, Staatliches Recht (Anm. 8), S. 223f., auch S. 217.

44 *Böckenförde*, a.a.O., S. 224, auch S. 217.

45 Dafür spricht auch die These *Bubners*, dass der Maßstab für die Richtigkeit von Normen darin gesehen werden muss, dass diese für den einzelnen Betroffenen »unmittelbar in die Maxime seines Handelns *übersetzbar*« bleiben, s. Geschichtsprozesse (Anm. 30), S. 289f., genauer dazu S. 280ff., auch S. 243f., 253f.

46 So *Lege*, Pragmatismus (Anm. 6), S. 611; s. auch *ders.*, Das Verfassungsrecht zwischen normativem Anspruch und politischer Wirklichkeit. Einige Fußnoten zu Konrad Hesse, DVBl. 2007, S. 1053 (1062f.). Zum *Zusammenhang* von Ethik und Ästhetik s. nur *Martin Seel*, Ethisch-ästhetische Studien, 1996, dort besonders die Abhandlungen Nrn. 1, 11 und 13; daneben in Bezug auf *Kants* Kritik der Urteilskraft: *Otfried Höffe*, Urteilskraft und Sittlichkeit. Ein moralischer Rückblick auf die dritte Kritik, in: Immanuel Kant, Kritik der Urteilskraft, hrsg. von *Otfried Höffe*, 2008, S. 351ff.

47 Siehe dazu besonders die Untersuchung von *Stephan Meder*, Urteilen, 1999, deren Untertitel mit dem Zitat des Textes identisch ist. Ergänzend zu *Savignys* juristischem Denken *ders.*, Missverstehen und Verstehen. Savignys Grundlegung der juristischen Hermeneutik, 2004. Es ist übrigens erstaunlich, dass *Huber* die großen deutschen Rechtsdenker des 19. und 20. Jahrhunderts kaum berücksichtigt hat, wohl aber ausführlich die rechtstheoretische und rechtsphilosophische angloamerikanische Literatur – allerding nicht *Charles S. Peirce!*

c) Aus dem Gesagten ergibt sich auch ein Verständnis der Menschenrechte, das von dem *Hubers* abweicht. Die entscheidende Differenz besteht kurz gesagt darin, dass *Huber* ganz in Übereinstimmung mit seinem allgemeinen Rechtsverständnis nach meinem Eindruck nicht streng genug zwischen dem ethischen bzw. politischen Gehalt der Menschenrechte und ihrer juristischen Bedeutung unterscheidet:

Der Ursprung der Menschenrechtsidee ist nun einmal nicht mehr als ein »normatives Faktum«, das in der Bedrängnis zum Recht erklärt wird[48]. Dieses »normative Faktum« bedarf deshalb, um wirkliches Menschen*recht* bzw. Grund*recht* zu werden, zunächst der Fixierung. Das ist nach dem Zweiten Weltkrieg in bemerkenswerter Weise etwa durch die Allgemeine Erklärung der Menschen- und Bürgerrechte von 1948 geschehen. Und diese Fixierung hat dann, von »Zwischenschritten« auf europäischer Ebene einmal abgesehen, über Artikel 1 Abs. 2 (i. V. m. 79 Abs. 3), 25 und 59 Abs. 2 GG auch verfassungsrechtliche Verbindlichkeit für die deutsche Rechtsordnung erlangt[49]. Die damit einhergehende staatliche Grundrechtsgewährleistung (Artikel 1–19 GG) ist schließlich gemäß dem Charakter des Grundgesetzes als Maßstab für gerichtliche Verfahren von der Grundrechtsdogmatik in ihren einzelnen rechtlichen Bedeutungen genauer entfaltet worden.

Diese juristische »Profanierung«[50] der Menschenrechtsidee scheint mir im Blick auf das hier zur prinzipiellen Unterscheidung zwischen Recht und Ethik Gesagte zwingend. Dieser Folgerung lässt sich m. E. auch nicht dadurch entgehen, dass man mit *Huber* unter Berufung auf eine juristische Mindermeinung (*Alexy*) die Grundrechte (zusätzlich) als Verfassungsprinzipien versteht, die ein verfassungsrechtlich verbindliches Optimierungsgebot für alle drei Staatsgewalten beinhalten. Denn die aus Grundrechten gewonnenen Prinzipien (bzw. Grundsätze) sind und bleiben *Rechts*prinzipien (bzw. *Rechts*grundsätze)[51]. Sie besitzen als solche keinen höheren Rang als etwa das dem § 242 BGB immanente Rechtsprinzip. Ihre Geltung ist im Übrigen immer nur eine »vermittelte Geltung«, d. h. sie »vermittelt sich … durch Rechtsregeln«, besteht also nicht unmittelbar[52]. Nimmt man hinzu, dass rechtlich gesehen die Grundrechte richtigerweise nicht so verstanden werden können, dass sie »einen Anspruch auf eine

48 Siehe dazu grundsätzlich *Joachim Bohnert*, Über Profanierung, in: Verfassung – Philosophie – Kirche. Festschrift für Alexander Hollerbach zum 70. Geburtstag, 2001, S. 597ff. (Zitat S. 597).

49 Zu diesem Prozess genauer: *Christoph Enders*, Menschenrechtsidee und staatliche Grundrechtsgewährleistung – ein unauflösbarer Widerspruch? Das Naturrechtsproblem nach 50 Jahren Grundgesetz, in: Festschrift Hollerbach (Anm. 48), S. 533 (539f., auch 554ff.).

50 Wie Anm. 48.

51 Siehe dazu hier die Nachweise in Anm. 7.

52 So richtig *Ulrich Penski*, Rechtsgrundsätze und Rechtsregeln. Ihre Unterscheidung und das Problem der Positivität des Rechts, JZ 1989, S. 105 (114).

bestimmte Rechtsetzung« beinhalten, sondern einen »Anspruch auf Abwehr von Ermessensmissbrauch bei der Rechtsetzung«[53], so wird man festhalten müssen, dass entgegen *Huber* aus der Anerkennung der Menschenrechte bzw. der verfassungsrechtlich verbürgten Grundrechte eben wegen ihres Rechtscharakters keine besondere Nähe zur Ethik und kein besonderer rechtlich verbindlicher Gestaltungsauftrag für den Weltfrieden folgt[54].

## IV. Die theologische Gegenposition: Der usus politicus legis als Grundlage evangelischen Rechts- und Staatsdenkens

Wie lässt sich das unter III. dargelegte Rechtsverständnis theologisch rechtfertigen? Nach meinen Erfahrungen als praktisch tätiger Jurist nur durch eine Theologie, die dem Juristen dazu verhilft, den Mut zum Recht nicht sinken zu lassen (1.) und für eben diese Haltung tragfähige theologische Gründe benennen kann (2. und 3.).

### 1. Der für die Rechtspraxis relevante theologische Zuspruch

Die im vorliegenden Zusammenhang wichtigen Erfahrungen aus meiner praktischen Tätigkeit lassen sich wie folgt zusammenfassen[55]: Es können heute keine Zweifel mehr an der wachsenden Staatsverdrossenheit der Bürger, der immer häufiger in Frage gestellten Gemeinwohlbindung des öffentlichen Dienstes

53 So *Jan Schapp*, Grundrechte als Wertordnung, JZ 1998, S. 913 (917). *Schapps* Ansicht liegt die Unterscheidung zwischen grundrechtlich geschütztem Rechtsgut und Grundrecht bzw. menschlicher Freiheit und verfassungsrechtlichem Freiheitsrecht zugrunde, siehe a. a. O., S. 914ff. und daneben hierzu *Jörn Ipsen*, Staatsrecht II. Grundrechte, 11. Aufl. 2008, S. 20ff.

54 Ganz entsprechendes Ergebnis aus theologischer Sicht bei *Dalferth*, Naturrecht (Anm. 26), S. 14f., 55, 56ff., 63ff.

55 Im Folgenden schildere ich nur stichwortartig, was ich in mehreren Arbeiten genauer ausgeführt habe, so z. B.: *Albert Janssen*, Die Infragestellung des Verfassungsstaates. Ein Nachwort zur CDU-Spendenaffäre und den zeitgleichen Affären der nordrhein-westfälischen und der niedersächsischen Landesregierung, Die Verwaltung 35 (2002), S. 117 (123) ff.); *ders.*, Die zunehmende Privatisierung kommunaler Daseinsvorsorge als Rechtsproblem (Schriftenreihe des Niedersächsischen Städtetages, Heft 28, 1998, S. 3 (9ff., 17ff.); *ders.*, Die zunehmende Privatisierung des Beamtenrechts als Infragestellung seiner verfassungsrechtlichen Grundlagen, ZBR 2003, S. 113ff.; *ders.*, Verhandlungen des fünfundsechszigsten Deutschen Juristentages, Bonn 2004, Bd. II/1, P 9 (P 41ff.); *ders.*, Brauchen wir eine neue deutsche Verfassung?, in: Kommunale Selbstverwaltung zwischen Bewahrung, Bewährung und Entwicklung. Festgabe für Gernot Schlebusch zum 65. Geburtstag, 2006, S. 107 (110ff., 114ff.); *ders.*, Nachdenkliches zur Entwicklung des Landesparlamentarismus in Niedersachsen, 2007, bes. S. 10ff., 42ff.

(Stichwort: Ämterpatronage) und der zunehmenden Flucht der Politiker aus der konkreten Verantwortung bestehen. Hinzu kommt die ganz offensichtlich schwindende Verbindlichkeit des (Verfassungs-)rechts im Gesetzgebungsverfahren und im praktischen Verwaltungsvollzug. Das häufig durch politische Intervention bedingte Vollzugsdefizit im Asylrecht und Umweltschutzrecht, die Nichtbeachtung der für die Gewährleistung einer gesunden staatlichen Finanzwirtschaft wichtigen haushaltsrechtlichen Vorschriften oder die zahlreichen überhasteten Gesetzgebungsverfahren u. a. belegen das hinreichend. Es hat sich damit die Annahme als Irrtum erwiesen, dass in unserer Parteienstaatsdemokratie ausreichende Kontrollen durch die regelmäßig wiederkehrenden Wahlen, die namentlich durch die Medien geformte öffentliche Meinung und die Verfassungsgerichtsbarkeit vorhanden seien. Die bewusste systematische Schwächung der Bürokratie (Exekutive) als notwendigem Gegenspieler für die politischen Parteien und Verbände im Staat des Grundgesetzes erweist sich immer mehr als die eigentliche Ursache für die geschilderte Entwicklung.

Woher soll nun angesichts dieser Realitäten vor allem der im öffentlichen Dienst tätige Jurist, dem ja die verbindlichen Inhalte seines Handelns klar vor Augen stehen, noch den erforderlichen Mut zur Unabhängigkeit seines juristischen Urteils und zum Einstehen für seine Haltung nehmen? Das ist also nach meiner Erfahrung die entscheidende Frage, die sich aus der Sicht der Staatspraxis an die Theologie ergibt.

## 2. Die bleibende Aktualität der Theologie Luthers

Eine befriedigende Antwort auf die genannte Frage lässt sich nur – so meine Ausgangsthese – im Rückgriff auf die Theologie *Luthers* gewinnen. Für die Berechtigung dieses Rückgriffs sind einige Klarstellungen erforderlich:

a) Die erste lautet, dass es unzulässig ist – was aber auch bei *Huber* zumindest indirekt anklingt – einen *notwendigen* Zusammenhang zwischen dem obrigkeitlichen Staat oder gar dem nationalsozialistischen Staat und *Luthers* Theologie herzustellen. Schon die unbelastete Interpretation der Aussagen *Luthers* zu Recht und Staat durch den Amerikaner *Reinhard Niebuhr* und die skandinavische Theologie des späten 19. und 20. Jahrhunderts sollten davor warnen[56]. Das gilt aber etwa auch für die entsprechenden Passagen in der 1913 in fünfter Auflage erschienenen Ethik von *Wilhelm Herrmann*, die ja ebenfalls einen

56 Dazu klärend: *Dietz Lange*, Ethik in evangelischer Perspektive. Grundfragen christlicher Lebenspraxis, 2. Aufl. 2002, S. 158ff., auch 461ff. und 482f. zu *Niebuhr* sowie S. 103ff. zur skandinavischen Theologie.

durchaus reformatorischen Standpunkt vertritt[57]. Und wenn man in den Erinnerungen des lutherischen Theologen *Helmut Thielicke* die einschlägigen Ausführungen über die Zeit zwischen 1932 bis 1945 liest, kann man ein solches Verständnis der Theologie *Luthers* ebenfalls nicht nachvollziehen[58]. Das trifft für mich in noch stärkerem Maße im Blick auf den Lebenslauf und die einschlägigen Äußerungen des wohl bedeutendsten lutherischen Theologen des 20. Jahrhunderts, *Gerhard Ebeling*, in der Zeit des Nationalsozialismus zu[59]:

»Wie kaum ein anderer«, sagt er selbst, »hat Dietrich Bonhoeffer in mein Leben gezielt eingegriffen und es in eine Richtung gesteuert, an der ihm nicht aus persönlichen Motiven, sondern aus grundsätzlichen Erwägungen gelegen war«[60]. *Bonhoeffer* hat *Ebeling* nämlich 1934, als er Mitglied seines Predigerseminars in Finkenwalde war, dazu gedrängt, nach Zürich zu gehen, um seine Dissertation über »Evangelische Evangelienauslegung. Eine Untersuchung zu Luthers Hermeneutik« zu schreiben. Liest man ergänzend zu diesem Hinweis in *Ebelings* zwischen 1939–1945 gehaltenen Predigten, die er als Pfarrer der Bekennenden Kirche in Berlin-Hermsdorf und Berlin-Frohnau gehalten hat[61], dann stockt einem geradezu der Atem bei der Eindeutigkeit und Entschiedenheit der biblisch fundierten, die Ideologie des nationalsozialistischen Staates ins Mark treffenden Aussagen. Es sind darum auch besonders diese zuletzt genannten Predigten *Ebelings*, die mich in dem Eindruck bestärken, dass ein gründliches Luther-Studium die notwendige Freiheit des Urteils gegenüber politischen Zeitabläufen begründet.

b) Dieser Eindruck verstärkt sich noch – und damit bin ich bei der zweiten Klarstellung –, wenn man nach der entscheidenden Erkenntnis, die den Zugang zu *Luther* im 20. Jahrhundert neu eröffnete, fragt. Sie liegt bei *Ebeling* ganz deutlich – aber in Ansätzen bereits bei *Karl Holl* und später bei *Friedrich Gogarten* u. a.[62] – darin, dass im neuen Wirklichkeitsverständnis *Luthers* der Schlüssel für das richtige Verstehen seiner Theologie und zum richtigen theo-

57 Siehe insoweit besonders *Wilhelm Herrmann*, Ethik, 5. Aufl. 1913, S. 213ff. Was den reformatorischen Standpunkt seiner Ethik betrifft, so ist auch das Vorwort zur 5. Aufl. (a. a. O., S. XIII) zu beachten, wo *Herrmann* ergänzend auf sein Buch »Der Verkehr des Christen mit Gott« (5. Aufl. 1908) hinweist. Denn dieses zuletzt genannte Buch trägt den Untertitel »Im Anschluss an Luther dargestellt«.

58 *Helmut Thielicke*, Zu Gast auf einem schönen Stern. Erinnerungen, 1984, S. 77–202.

59 Zum Folgenden *Gerhard Ebeling*, Evangelische Evangelienauslegung, 3. Auf. 1991 (1. Aufl. 1942), S. 545ff. (Nachwort von 1990); siehe auch ergänzend die 2006 nach seinem Tod erschienene Schrift *Ebelings:* Mein theologischer Weg, S. 8–49 und *ders.*, Predigten eines »Illegalgen« 1939–1945, 1995, S. III ff. (Vorwort), S. 162ff. (Nachwort).

60 Evangelische Evangelienauslegung (Anm. 59), S. 546.

61 Siehe den Nachweis in Anm. 59.

62 Dazu der Hinweis bei *Gerhard Ebeling*, Über die Reformation hinaus? Zur Luther-Kritik Karl Barths (1986), in: *ders.*, Theologie in den Gegensätzen des Lebens (Wort und Glaube Bd. 4), 1995, S. 270 (305 Anm. 111).

logischen Denken heute liegt. Ich zitiere zum Beleg für diese Behauptung aus dem 1990 verfassten Nachwort *Ebelings* zu seiner Dissertation. Er führt dort aus:

> »Das (erg.: in dieser Arbeit zum Thema gemachte) Achten auf das hermeneutische Problem barg … die ontologische Fragestellung bereits notwendig in sich. Nicht etwa in der gängigen Identifikation von Ontologie mit traditioneller Metaphysik, vielmehr als Frage nach dem alle theologischen Aussagen durchwaltenden Seinsverständnis. An Luther selbst ist der Durchbruch hermeneutischer Bemühung in die ontologische Dimension hinein höchst instruktiv zu studieren … Die coram-Relation nimmt darin einen entscheidenden Platz ein. Achtet man auf Luthers Wirklichkeitsverständnis, so befindet man sich an dem Punkt, wo sich die Problemlinien des Verhältnisses zur Neuzeit sowie der systematischen Besinnung auf das wesenhaft Christliche einander höchst förderlich kreuzen. Ich bin zuversichtlich darin, dass eine an Luther orientierte Theologie künftig von daher weit über das hinaus vordringen wird, was mir in fünf Jahrzehnten möglich war.«[63]

Dass diese Zuversicht *Ebelings* nicht unbegründet war, zeigen für mich etwa – um nur einige meinen Gedankengang stützende Beispiele zu nennen – die Arbeiten seines Schülers *Walter Mostert*[64], *Oswald Bayers* Buch über »Martin Luthers Theologie[65]« oder die unter dem Titel »Rechtfertigung in der neuzeitlichen Lebenswelt« erschienene Aufsatzsammlung von *Michael Beintker*[66]. Die bleibende Aktualität der Theologie *Luthers* liegt demnach darin, dass »Luther mit einem Sachverhalt beschäftigt« war, »der Mittelalter und Neuzeit *transzendiert*«[67]. Und dieser »Sachverhalt«, *Luthers* Wirklichkeitsverständnis, wurzelt wiederum in seinem ebenfalls quer zum Mittelalter und zur Neuzeit stehenden Sündenverständnis. Sünde ist nach *Luther* nämlich keine moralische Kategorie, sondern der »Unglaube als das Nicht-abhängigsein-Wollen von Gott[68]«. Losgelöst von diesem Sündenverständnis, so stellt *Ebeling* fest,

> »verliert die Beziehung Luthers zur Neuzeit ihren spezifischen Charakter, ob man nun das Neuzeitliche bei Luther in der Idee der Personalität oder in der Idee der Freiheit begründet sieht. Ohne das rechte Verständnis von Sünde versinkt die Theologie überhaupt in Moralismus. Darauf lief in der Aufklärung und läuft heute wieder eine

63 Evangelische Evangelienauslegung (Anm. 59), S. 559f.

64 Siehe vor allem *Walter Mostert*, Sinn oder Gewissheit? Versuche zu einer theologischen Kritik des dogmatischen Denkens, 1976, und: Glaube und Hermeneutik. Gesammelte Aufsätze, 1998, bes. die dort unter den Nrn. 1, 4, 6–8, 14, 17 veröffentlichten Aufsätze.

65 Der vollständige Titel lautet: Martin Luthers Theologie. Eine Vergegenwärtigung, 3. Aufl. 2007.

66 Der vollständige Titel lautet: Rechtfertigung in der neuzeitlichen Lebenswelt. Theologische Erkundungen, 1998.

67 So *Gerhard Ebeling*, Luther und der Anbruch der Neuzeit (1972), in: *ders.*, Wort und Glaube, Bd. 3: Beiträge zur Fundamentaltheologie, Soteriologie und Ekklesiologie, 1975, S. 29 (56 – Hervorhebung A. J.)

68 So Gerhard Ebeling, Studium der Theologie. Eine enzyklopädische Orientierung, 1975, S. 158.

schlechte Anpassung an die Neuzeit hinaus. Das bedeutet aber nicht nur Verrat an Luther, sondern auch Verrat an der Neuzeit.«[69]

c) Aus diesem Sündenverständnis folgt für *Luther* nun weiter die begrenzte Fähigkeit der menschlichen Vernunft. Wie lassen sich aber die beiden von *Luther* benannten Wirklichkeiten: die in ihrem Vermögen begrenzte, aber von Gott dem Menschen verliehene Vernunft einerseits und sein existentielles Angewiesensein auf den Zuspruch des Evangeliums andererseits[70] als beide für die menschliche Existenz konstitutiv gedanklich zusammenführen? Ganz sicher nicht – und damit bin ich bei der dritten notwendigen Klarstellung –, wie *Huber* es ja im Anschluss an *Barth* will, durch die Denkform der Analogie. Denn diese steht nun einmal, wie bereits bemerkt, immer in der Gefahr einer »Marginalisierung des Differenten«. Für *Luthers* Denken ist eben darum auch eine andere Denkform, nämlich die des rechten Unterscheidens bestimmend. Was ist rechtes Unterscheiden? *Ebeling* hat es meines Erachtens zutreffend im Anschluss an *Luther* wie folgt gekennzeichnet:

> Das »Ineinander von Gotteserfahrung, Welterfahrung und Selbsterfahrung, wie es in der Erscheinung Jesu Christi sich ereignet hat und verkündbar geworden ist und im Glauben, der an ihm sein Gegenüber und seinen Grund hat, lebensbestimmend wird, vollzieht sich als ein Geschehen, in dem das, was verworren, verkehrt und verdorben ist, dadurch zurechtgebracht wird, dass alles in das rechte Verhältnis zueinander kommt. Darum ist für die Sache der Theologie der Vorgang des Unterscheidens ausschlaggebend, dessen Vollzug im theologischen Denken dem Geschehen Raum zu geben hat, in dem sich das zurechtbringende Unterscheiden in und an der Lebenswirklichkeit selbst vollzieht. Das nicht trennende, sondern in die rechte Beziehung setzende Unterscheiden … bedarf der Ausarbeitung leitender Fundamentalunterscheidungen wie der zwischen … Gesetz und Evangelium. An der Weise, wie die Fundamentalunterscheidung gefasst wird, entscheidet sich der Wirklichkeitsbezug der Theologie, welchen Sitz im Leben die Sache der Theologie hat.«[71]

---

69 So *Ebeling*, Luther und der Anbruch der Neuzeit (Anm. 67), S. 58f.

70 In der Erläuterung des ersten Glaubenartikels in seinem Kleinen Katechismus heißt es bei *Martin Luther:* »Ich gläube, daß mich Gott geschaffen hat sampt allen Kreaturn, mir Leib und Seel, Augen, Ohren und alle Glieder, Vernunft und alle Sinne gegeben hat und noch erhält« (BSLK 510, 33–36). In der Erklärung des dritten Glaubenartikels führt *Luther* dagegen aus: »Ich gläube, daß ich nicht aus eigener Vernunft noch Kraft an Jesum Christ, meinen Herrn, gläuben oder zu ihm kommen kann …« (BLSK 511, 46–512, 1). Treffender kann man m. E. kaum die beiden hier im Text angesprochenen »Wirklichkeiten« charakterisieren. Zur daraus folgenden Gebrochenheit der Vernunft im Anschluss an *Luther* besonders erhellend *Oswald Bayer*, Glaube und Vernunft. Protestantische Perspektive, in: Die Vernunft der Religion. Protestantische Aspekte einer aktuellen Kontroverse (Loccumer Protokolle 62/07), 2008, S. 91 (94ff.).

71 So *Ebeling*, Studium (Anm. 68), S. 171f. Vertiefend dazu *ders.*, Das rechte Unterscheiden. Luthers Anleitung zu theologischer Urteilskraft (1988), in: Theologie in den Gegensätzen des Lebens (Anm. 62), S. 420ff. Siehe daneben *Albert Janssen*, Hans Barions Werk als Anfrage an das evangelische Kirchenrecht, ZevKR 35 (1990) S. 357 (379ff.).

*Ebeling* war auch davon überzeugt, dass *Luthers* so zu verstehende Anleitung zu theologischer Urteilskraft der biblischen Botschaft gemäß ist und hat darum mehrfach *Barths* analoges Denken kritisiert[72]. Er sah darin eine abzulehnende »Ethisierung des Christlichen«[73] und hat davon gesprochen, dass *Barth* auf diese Weise »über Luther hinweg in einen gewissen Konsens mit der Scholastik« trete[74]. Dieser letzte Hinweis ist für unser Bemühen um die richtige theologische Begründung eines evangelischen Rechts- und Staatsdenkens deshalb so hilfreich, weil ja der klassischen, vom scholastischen Denken bestimmten katholischen Naturrechtslehre »ein genuin ethischer Rechtsbegriff« zugrunde liegt[75], dem selbst von katholischer Seite »mangelnde Unterscheidungskraft«[76] bzw. eine fehlende »Differenzierung zwischen Ethik und Recht«[77] vorgehalten worden ist. Wenn nun augenscheinlich zwischen dem unter II. dargelegten (auch von *Barth* beeinflussten) Rechtsverständnis *Hubers* und dem klassischen katholischen Naturrechtsdenken unübersehbare Parallelen bestehen, so gibt diese Feststellung einen ersten Hinweis auf die Notwendigkeit, dass einem evangelischen Rechts- und Staatsdenken die Denkform des Unterscheidens im dargelegten Sinne zugrunde zu legen ist.

---

72 Siehe *Ebeling*, Karl Barths Ringen mit Luther, in: *ders.*, Lutherstudien, Bd. 3: Begriffsuntersuchungen – Textinterpretationen – Wirkungsgeschichtliches, 1985, S. 428 (557f., auch 540ff.) und: Über die Reformation hinaus? (Anm. 62), S. 297f., 302f., 304ff., 310ff. Ganz entsprechende Kritik aus ethischer Perspektive von *Dietz Lange*, Schöpfungslehre und Ethik, ZThK 91 (1994), S. 157 (158f., 171) und: Ethik (Anm. 56), S. 243f., 429ff., 454f.

73 So *Ebeling*, Karl Barths Ringen (Anm. 72), S. 557 und: Über die Reformation hinaus (Anm. 62), S. 307.

74 So *Ebeling*, Karl Barths Ringen (Anm. 72), S. 555 und: Über die Reformation hinaus (Anm. 62), S. 310.

75 So *Böckenförde*, Überlegungen zu einer Theologie des modernen säkularen Rechts (Anm. 29), S. 32, s. dazu genauer S. 31ff.; ähnlich *ders.*, Religionsfreiheit als Aufgabe der Christen (1965), in: *Ernst-Wolfgang Böckenförde*, Schriften zu Staat – Gesellschaft – Kirche, Bd. 3: Religionsfreiheit. Die Kirche in der modernen Welt, 1990, S. 15 (28f.) und: Die Religionsfreiheit im Spannungsfeld zwischen Kirche und Staat (1967/1979), a. a. O., S. 33 (50f.).

76 So *Böckenförde*, Überlegungen zu einer Theologie des modernen säkularen Rechts (Anm. 29), S. 34; s. auch *ders.*, Die Religionsfreiheit im Spannungsfeld zwischen Kirche und Staat (Anm. 75), S. 49f.

77 So wiederum *Böckenförde*, Überlegungen zu einer Theologie des modernen säkularen Rechts (Anm. 29), S. 35. Ausdrücklich ist darauf hinzuweisen, dass konsequenterweise auch »das Postulat einer vom Recht, nicht von der Moral her konzipierten Identität von Recht und Moral« abzulehnen ist. Denn »diese Konzeption … birgt die Gefahr eines liberalen Totalitarismus in sich. Es gibt eine Tendenz fortschreitender Diskriminierung und Marginalisierung aller Gruppierungen, die sich durch gemeinsame Vorstellungen von dem, was ein gutes Leben ausmacht, definieren, sofern diese Vorstellungen über das rechtlich Erzwingbare hinausgehen«, so *Robert Spaemann*, Sittliche Normen und Rechtsordnung, in: Essener Gespräche zum Thema Staat und Kirche, 30 (1996), S. 5 (7). Eine Ethisierung des Rechts wie eine Verrechtlichung der Ethik ist also gleichermaßen abzulehnen, s. insoweit auch bereits hier Anm. 16.

## 3. Evangelisches Rechts- und Staatsdenken im Anschluss an Luther

Die folgenden Ausführungen können sich insoweit natürlich nur auf die Beantwortung der Fragen konzentrieren, die unsere bisherigen Überlegungen aufgeworfen haben. Danach ist zunächst (und vor allem) auf die Frage einzugehen, woher der praktisch tätige Jurist denn heute noch den Mut zum Recht angesichts einer ihn bedrängenden politischen Wirklichkeit nehmen soll. Daneben ist zu klären, ob er sich insoweit getrost auf sein vom ethischen Denken prinzipiell zu unterscheidendes juristisches Denken stützen kann und ob ihm schließlich – in Grenzsituationen – von der Theologie Maßstäbe für sein Handeln an die Hand gegeben werden können:

a) Es ist die genuin lutherische Rechtstheologie, die m. E. auf die erste der aufgeworfenen Fragen eine befriedigende Antwort zu geben vermag[78]. Danach ist davon auszugehen, dass die Verkündigung der Kirche von der rechten Unterscheidung (im hier dargelegten Sinne) zwischen Gesetz und Evangelium lebt. Sie hat dabei zu bedenken, dass mit dem Gesetz nicht ein bestimmter Gesetzeskodex gemeint ist, sondern weitaus umfassender und elementarer das »ins Herz geschriebene Gesetz« und d. h. »das Angegangensein von der schlechthinnigen Fraglichkeit«[79]. Das Gesetz ist für *Luther* also »eine existenziale Kategorie, in der die theologische Interpretation des faktischen Menschseins zusammengeballt ist«; es ist für ihn »die Wirklichkeit des gefallenen Menschen«[80].

Das positive weltliche Recht nun hat man als Folge dieser Gesetzeserfahrung

---

78 Im Folgenden fasse ich kurz zusammen, was ich in mehreren Aufsätzen vor allem im Anschluss an die Theologie *Gerhard Ebelings* genauer dargelegt habe, s. zuletzt *Albert Janssen*, Die Unabhängigkeit des evangelischen Kirchenrechts von der (theologischen) Ethik. Anmerkungen zu seiner theologischen Begründung durch Gerhard Ebeling, ZevKR 51 (2006) S. 277ff., bes. S. 292ff., s. daneben den Hinweis dort auf S. 278 Anm. 2 auf weitere insoweit einschlägige Arbeiten von mir.

79 So *Gerhard Ebeling*, Erwägungen zur Lehre vom Gesetz (1958), in: *ders.*, Wort und Glaube, Bd. 1, 1962, S. 255 (290).

80 So richtig *Gerhard Ebeling*, Zur Lehre vom triplex usus legis in der reformatorischen Theologie (1950), in: Wort und Glaube, Bd. 1 (Anm. 79), S. 50 (65); daneben *ders.*, Dogmatik des christlichen Glaubens, Bd. 3: Der Glaube an Gott den Vollender der Welt, 1979, S. 282f. Siehe dazu ergänzend folgende grundsätzliche Bemerkung *Ebelings:* »Die Frage nach der Differenz von Sein und Seiendem führt das Denken in die Erfahrung seiner Ohnmacht und eben damit der Macht des Seins. Es wäre ein Rückfall in metaphysisches Denken, die ontologische Differenz theologisch zu deuten. Wenn dagegen als theologische Differenz die von Gott und Geschöpf behauptet wird, so ist diese gegen Verwechslung mit der metaphysischen Differenz der zwei Welten nur dann geschützt, wenn sie konkret verstanden wird als die im Wortgeschehen sich ereignende Differenz von homo peccator und Deus iustificans. Dies ist es, was die Theologie in Atem hält«, so: Verantworten des Glaubens in Begegnung mit dem Denken M. Heideggers. Thesen zum Verhältnis von Philosophie und Theologie (1961), in: *ders.*, Wort und Glaube, Bd. 2: Beiträge zur Fundamentaltheologie und zur Lehre von Gott, 1969, S. 92 (97f.).

zu verstehen. Entscheidend für seine Ortsbestimmung ist, dass zwischen dem einen Gesetz und seinem zweifachen Gebrauch (usus) unterschieden wird. Das Evangelium kann gar nicht als frohe Botschaft ohne die geschilderte Gesetzeserfahrung zur Sprache kommen, weil es nur so auf die Welterfahrung bezogen bleibt. Von diesem usus theologicus legis ist aber der usus politicus legis zu unterscheiden. Er will nicht nur den Folgen der Sünde in dieser Welt begegnen – sie eindämmen. Vielmehr muss er umfassender verstanden werden. *Walter Mostert* hat es für mich auf den Punkt gebracht, wenn er sagt:

> »Gottes mir (erg.: im Evangelium) zugesprochene Gerechtigkeit eröffnet mir den usus theologicus legis und den Anblick meiner selbst als eines Sünders. Sie ermöglicht mir *eben darin* auch die Wahrnehmung des usus politicus legis als Dienst an der Schöpfung. Da auch der Christ ein Sünder ist, bleibt der usus theologicus der usus praecipuus legis. Wer, wenn nicht der Glaubende, kann schon sein Sündersein anerkennen? Einen tertius usus legis im strengen Sinn kann es nicht geben. Er ist un(theo)logisch. Die Paränese verweist den Christen nachdrücklich auf die Geltung des usus politicus legis, also des primus usus, auch für ihn, den Christen.«[81]

»Erst der Glaube vermag« also, wie *Ebeling* dazu ergänzend bemerkt,

> »das Gesetz in usu civilii so zu gebrauchen, dass es dabei nicht zugleich zu einem abusus legis kommt. Insofern liegt das Wissen um den usus theologicus dem Wissen um den usus civilis voraus. Doch hat es seine guten Gründe, wenn in Bezug auf die faktische Wirksamkeit des Gesetzes der usus civilis als erster dem usus theologicus voangestellt wird.«[82]

Zur Erläuterung dieser beiden Zitate wäre noch viel, hier nicht zu Leistendes zu sagen. Wichtig und ausdrücklich zu erwähnen ist aber der weitere gedankliche Schritt, der aus diesem Verständnis des usus politicus legis bei *Luther* folgt. Danach ist die weltliche Obrigkeit »Gottes Anordnung und Werk in der Weise seines ersten Brauchs des Gesetzes, welcher der Herstellung und Aufrechterhaltung bürgerlicher Gerechtigkeit dient.«[83] Darum ist das positive weltliche Recht als Ausdruck des usus politicus legis zu verstehen. Bevor ich gleich noch genauer auf diese theologisch fundierte spezifische Aufgabe von Recht und Staat

81 *Walter Mostert*, Zum Thema Gesetz und Evangelium (1993), in: *ders.*, Glaube und Hermeneutik (Anm. 64), S. 155 (156 – Hervorhebung A. J.); siehe auch a. a. O. S. 155: »Gottes Wort als Gesetz soll den Menschen in die durch Gott selbst realisierte Güte der Schöpfung, die er als Sünder verlassen hat und zerstört, zurückführen. Das ist der usus politicus legis.«

82 Zur Lehre vom triplex usus legis (Anm. 80), S. 66. Ergänzend heißt es dort: Die Lehre vom duplex usus legis »wäre völlig missverstanden, wenn der usus civilis in der Weise isoliert würde vom usus theologicus, dass er gewissermaßen auf sich selber steht, wenn also vergessen würde, dass erst von der Rechtfertigungslehre her von einem civilis usus legis und von einer iustitia civilis gesprochen werden kann, d. h. von einer iustitia, die nicht mit der Illusion verbunden ist, iustitia coram Deo zu sein.«

83 So *Gerhard Ebeling*, Theologisches Verantworten des Politischen. Luthers Unterrichtung der Gewissen heute bedacht (1983), in: Umgang mit Luther (Anm. 15), S. 164 (180).

nach *Luther* eingehe, soll hier der theologische Zuspruch, der aus dem bisher Gesagten für den praktisch tätigen Juristen folgt, noch einmal festgehalten werden. Er liegt darin, dass aus der rechten Unterscheidung von Gesetz und Evangelium und dem rechten Gebrauch des Gesetzes die Freiheit von der Welt und zur Welt sowie der Mut folgt, sie zu empfangen und wahrzunehmen. Allein aus dem Vertrauen darauf schöpft also – theologisch gesehen – der Jurist auch in schwierigen Zeiten seinen Mut zum Recht.

b) Die spezifische Aufgabe des säkularen Staates und seiner Rechtsordnung sind nach *Luther* begrenzt und in eben dieser Begrenzung sind sie von Gott gewollt. Im Blick auf den Dekalog bedeutet das:

> »Die Orientierung an der reformatorischen Lehre von der Erbsünde begrenzt die Zuständigkeit weltlicher Obrigkeit. Sie hat über die Einhaltung der Gebote der zweiten Tafel zu wachen nach deren äußerem, politisch-moralischem Verständnis. Dagegen sind ihr die Zuständigkeit für die erste Tafel des Dekalogs und der Zugriff auf das Gewissen entschieden verwehrt.«[84]

Eine besondere Bedeutung kommt insoweit nach *Luther* dem vierten Gebot zu, unter das er ja bekanntlich »beides miteinander begriffen« hat: »die Lehre von der elterlichen und von der obrigkeitlichen Gewalt«[85]. Diese besondere Bedeutung des vierten Gebots, die es für *Luther* vor allem gegenüber den anderen Geboten der zweiten Tafel des Dekalogs besitzt, ist in der Literatur mehrfach betont worden[86]. Wie aktuell diese Sicht ist, zeigen daneben die Ausführungen

84 Wie Anm. 83

85 So richtig *Gerhard Ebeling*, Grund und Grenzen der Gehorsamspflicht. Die Zusammengehörigkeit von Gehorsam und Freiheit als Luthers geschichtliches Vermächtnis, in: Luther im Widerstreit der Geschichte (Veröffentlichungen der Luther-Akademie e. V. Ratzeburg, Bd. 20), 1993, S. 23 (63, s. auch 62). Das vierte Gebot ist nach Luther, wie *Ebeling* a. a. O. ergänzend bemerkt, »das erste, vornehmste Gebot im Bereich menschlichen Handelns«. Entsprechend stellt bereits *Karl Holl* fest: »Eben darum, weil Luther den Staat … zuletzt von Gottes Heilsabsicht herleitet, … (erg.: kommt es zur) Einbeziehung der Pflicht gegen die Obrigkeit in das vierte Gebot«, das »Recht der Obrigkeit« ist nach Luther, wie er weiter sagt, »durch das vierte Gebot festgelegt«, s. Die Kulturbedeutung der Reformation (1911), in: *ders.*, Gesammelte Aufsätze zur Kirchengeschichte, Bd. 1: Luther, 1923, S. 468 (483). Schließlich sei in diesem Zusammenhang noch folgende Feststellung *Christoph Links* erwähnt: *Luther*, so bemerkt er, vertritt »eine patriarchalische Sozialethik, gegründet auf die Untertanen wie Obrigkeit gleichermaßen bindende wechselseitige Pflichtenrelation des vierten Gebots«, so *ders.*, Luther und das deutsche Staatsverständnis, JZ 1983, S. 869 (872).

86 Siehe dazu ausführlich *Albrecht Peters*, Kommentar zu Luthers Katechismen, Bd. 1: Die Zehn Gebote und Luthers Vorreden, 1990, S. 187ff. und daneben kurz *Hermann Deuser*, Die Zehn Gebote. Kleine Einführung in die theologische Ethik, 2002, S. 76ff., 81f. Wenig wird in der Literatur dagegen der Zusammenhang beachtet, in dem *Luthers* Erläuterungen zum vierten Gebot mit seinen übrigen Ausführungen zur Obrigkeit im Großen Kathechismus stehen, die sich dort ja an zahlreichen Stellen finden, siehe etwa *Luthers* Erläuterungen zum ersten Gebot (BSLK 566, 12–31), zum fünften Gebot (BSLK 605, 37–606, 11), zum achten Gebot (BSLK 629, 25–630, 2), zum ersten Glaubensartikel (BSLK 648, 24–32) und zur vierten Bitte

von *Hans Jonas* zu den Eltern und dem Staatsmann als »eminente Paradigmen« für das Wesen der Verantwortung in seinem Buch über »Das Prinzip Verantwortung«[87]. Man kann insoweit auch abstrakter davon sprechen, dass sich »das Verständnis der Institutionalität als eines gottgewollten und somit guten Grundbedürfnisses menschlichen Zusammenseins« mit *Luthers* Theologie durchaus begründen lässt[88]. Erforderlich ist nur, wie *Dietz Lange* zu Recht hervorhebt, »die konsequente Unterscheidung der transzendentalen von der empirischen Ebene in der Schöpfungslehre«. Eben dadurch wird, wie er fortfährt, »das konstruktive wie das kritische Potential der Zweireichelehre ans Licht« gehoben und »deren prinzipielle Überlegenheit nicht nur gegenüber utopischen Versuchen einer unmittelbaren Verchristlichung der Welt (politische Theologie ›Ökosoteriologie‹), sondern auch gegenüber den ihr selbst widerfahrenen Entstellungen (Ordnungstheologie; unkritisches Vertrauen auf einen gesellschaftlichen Grundkonsens)« erwiesen[89].

Zu dieser Verortung der Obrigkeit in Gottes Schöpferwillen gehört schließlich noch der Hinweis, dass nach *Luther* die Obrigkeit primär mit den Mitteln des Rechts den weltlichen Frieden sicherzustellen hat[90]. Das wiederum kann sie aber nur – und das hat *Luther* ebenfalls ansatzweise gesehen –, wenn man von einem für sie verbindlichen säkularen Rechtsbegriff ausgeht, der (wie die Obrigkeit selbst) eine gewisse Selbständigkeit gegenüber der Ethik besitzt. Auch insoweit muss man also im Blick auf den Dekalog zwischen dem vierten Gebot und den übrigen der zweiten Tafel unterscheiden. Zutreffend hat der Katholik *Ernst-Wolfgang Böckenförde* das aus dem Gesagten folgende allgemeine Rechtsverständnis *Luthers* so zusammengefasst:

> »Denn gerade von Luther wird dem Recht, dem usus legis politicus, der Charakter einer Erhaltungsordnung zugewiesen ... Und Luther spricht auch vom Naturrecht ... im Sinne eines menschlichen Naturrechts, das Ausdruck einer diesseits gerichteten Ver-

---

des Vaterunser (BSLK 679, 37–680, 11). Erst die genaue Darlegung dieses Zusammenhangs würde m. E. eine wirkliche Begründung für die hier vertretene These liefern, dass Recht und Staat bei Luther letztlich ihre Rechtfertigung in seinem Schöpfungsglauben finden. Das kann hier aber nicht geleistet werden.

87 Vollständiger Titel: Das Prinzip Verantwortung. Versuch einer Ethik für die technologische Zivilisation, 1979 (Taschenbuchausgabe, nach der hier zitiert wird: 1984), S. 184, 189ff.

88 So *Dietz Lange*, Schöpfungslehre und Ethik (Anm. 72), S. 186. Ganz ähnlich: *Friedrich Gogarten*, Luthers Theologie, 1967, S. 187ff. und *Gerhard Ebeling*, Dogmatik des christlichen Glaubens, Bd. 1: Prolegomena und Erster Teil (Der Glaube an Gott den Schöpfer der Welt), 1979, S. 331 sowie: Theologisches Verantworten des Politischen (Anm. 83), S. 172ff.

89 *Lange*, a. a. O. Seite 186f.

90 Richtig bemerkt insoweit *Oswald Bayer:* »Das Eintreten für das Recht ist die Pointe von Luthers politischer Ethik«, so *ders.*, Luthers Theologie (Anm. 65), S. 294; siehe dazu ergänzend *Janssen*, Die Unabhängigkeit des evangelischen Kirchenrechts (Anm. 78), S. 298ff.

nunft ist, eine ›äußere Gerechtigkeit des Fleisches‹ …, aber gleichwohl ein gutes Werk der Vernunft für die Menschen.«[91]

Für *Luther* »fungiert« auch, wie Böckenförde an anderer Stelle sagt,

»die weltliche Obrigkeit als Institution der Vermittlung; sie verfügt dabei nicht über freie Rechtssetzungsmacht, ist vielmehr gerade von ihrem Amt her gebunden an die Ausrichtung am weltlichen Naturrecht«[92].

Zusammenfassend ist damit festzustellen, dass sich unsere unter III. angestellten Überlegungen zur prinzipiellen Trennung von Recht und Ethik auch theologisch rechtfertigen lassen, oder anders gesagt: der Mut zum Recht ist auch deshalb begründet, weil es gute theologische Gründe für den säkularen Rechtsbegriff im dargelegten Sinne gibt.

c) Die letzte in unserem Zusammenhang wichtige Frage lautet nun noch, ob es Situationen gibt, in denen dem Handeln des Staates und dem Inhalt bzw. der Handhabung seiner Rechtsordnung aus theologischen Gründen widersprochen werden muss. Nach dem bisher Gesagten kann die Antwort auf diese Frage nur lauten, dass solche Situationen dann gegeben sind, wenn das nach *Luther* für die theologische Urteilskraft zentrale rechte Unterscheiden nicht mehr stattfindet und damit deutlich wird, dass der Glaube im Streit um die Wirklichkeit dem Unglauben deshalb unterlegen ist, weil der Unglaube die Macht über die Gewissen gewonnen hat. Denn das Gewissen ist eben der Ort, an dem das rechte Unterscheiden stattfindet[93]. *Martin Honecker* hat diese Bedeutung des rechten

91 *Böckenförde*, Überlegungen zu einer Theologie des modernen säkularen Rechts (Anm. 29), S. 48. Genauer zum Rechtsverständnis *Luthers* etwa: *Martin Heckel*, Rechtstheologie Luthers (1966), in: *ders.*, Gesammelte Schriften, Bd. 1: Staat, Kirche, Recht, Geschichte, 1989, S. 324 (337ff.); *Klaus Schlaich*, Martin Luther und das Recht (1985), in *ders.*, Gesammelte Aufsätze. Kirche und Staat von der Reformation bis zum Grundgesetz, 1997, S. 3 (17ff.); *Ernst-Wolfgang Böckenförde*, Geschichte der Rechts- und Staatsphilosophie. Antike und Mittelalter, 2002, S. 384ff. und: *Bayer*, Luthers Theologie (Anm. 65), S. 134ff., 293ff. Zu Luthers (vielfach missverstandener) Auffassung vom Naturrecht für mich nach wie vor überzeugend: *Karl Holl*, Der Neubau der Sittlichkeit (1919), in *ders.*, Gesammelte Aufsätze (Anm. 85), S. 155 (243ff.) und: Die Kulturbedeutung der Reformation (Anm. 85), S. 481ff. Zum heutigen Verständnis des Naturrechts aus protestantischer Sicht zuletzt: *Dalferth*, Naturrecht (Anm. 26), bes. S. 18ff., 34ff., 48ff., 61ff.

92 *Böckenförde*, Geschichte der Rechts- und Staatsphilosophie (Anm. 91), S. 388.

93 Mit diesem Bewusstsein geht das Wissen um sein ständiges Bedrohtsein einher, dazu nur folgende Bemerkung *Gerhard Ebelings:* »Was über die Gewissen Macht gewinnt, vermag alles zu entmachten, sogar Gottes Macht. Allein Gottes Wort vermag jedoch alles zurechtzubringen, ein gutes Gewissen zu verleihen. Ob so oder so, steht nicht in unserem Belieben. Es entscheidet sich an der Wahrheit, an der sich letztlich unser Leben entscheidet und von der Jesus Christus sagt: >Ich bin die Wahrheit< (Joh. 14, 6)«, so *ders.*, Hermeneutik zwischen der Macht des Gotteswortes und seiner Entmachtung in der Moderne (1994), in: Theologie in den Gegensätzen des Lebens (Anm. 62), S. 209 (224).

Unterscheidens im Blick auf politische Stellungnahmen der Kirchen wie folgt zutreffend charakterisiert:

> »Dem christlichen Glauben stellt sich bei allen öffentlichen Erklärungen ... die Aufgabe, Fundamentalunterscheidungen zu vollziehen. Er hat zwischen dem, was vor Gott und dem, was vor der Welt gilt, zu unterscheiden. Dazu hat der christliche Glaube die Macht des Bösen zu bedenken und darum Schöpfung und Erlösung zu unterscheiden. Er muss ferner zwischen Glaubensgrund und Glaubensfolgen, zwischen Evangelium und politischem Wirken unterscheiden. Für den christlichen Glauben kann politische Relevanz nicht das entscheidende und ausschlaggebende Kriterium sein. Öffentliche Äußerungen der Kirche haben daher immer eine meta-politische Dimension sichtbar zu machen. Meta-politisch ist die Weigerung, das Politische total und absolut gelten zu lassen. Der christliche Glaube widersteht jeder verabsolutierten und perfektionistischen Deutung von Politik. Er weiß um die Tiefe wie um die Macht des Bösen. Das erlaubt es ihm, das Sachgerechte als Menschengerechtes zu Geltung zu bringen.«[94]

Was insoweit nach *Honecker* für politische Stellungnahme der Kirchen maßgeblich ist, gilt – wie gesagt – meines Erachtens grundsätzlich für zu entscheidende ethische und rechtliche Probleme. Ein Beispiel aus jüngster Zeit mag das erläutern: In der Auseinandersetzung über die ethische Zulässigkeit einer Stichtagsverschiebung bei der verbrauchenden embryonalen Stammzellenforschung sind vor allem zwei Positionen in der Öffentlichkeit diskutiert worden. Einmal die von der katholischen Kirche einmütig vertretene und von Philosophen wie *Robert Spaemann* etwa nachdrücklich unterstützte Ablehnung einer solchen Verschiebung[95] und andererseits der u. a. von *Wolfgang Huber* begründete Standpunkt, nach dem es ethisch vertretbar sein soll, den Stichtag für Stammzellenlinien für einen begrenzten Zeitraum zurückzuverlegen[96]. Hier interessiert nun nicht die intensive Diskussion über die genannten unterschiedlichen Positionen im Einzelnen, sondern allein die Tatsache, dass in dieser Frage – von Ausnahmen abgesehen – kaum die theologisch gebotene Unterscheidung zwischen Schöpfer und Geschöpf zum Ausgangspunkt aller weiteren Überlegungen gemacht wird[97]. Es ist also – zumindest das kann das gewählte Beispiel deutlich machen – vom hier vertretenen Standpunkt aus möglich, aufgrund theologisch begründeter Überzeugungen das tatsächliche Handeln des

94 *Martin Honecker*, Grundriß der Sozialethik, 1995, S. 661.

95 Siehe besonders sein Buch: Personen. Versuche über den Unterschied zwischen ›etwas‹ und ›jemand‹, 1996.

96 Siehe seine Stellungnahme in: FAZ vom 27.12.2007 (Nr. 300), S. 29 und sein Interview in: Süddeutsche Zeitung vom 11.02.2008 (Nr. 35), S. 2 u. a.

97 So aber in beeindruckender Weise *Oswald Bayer*, Selbstschöpfung? Von der Würde des Menschen, in: *Christof Gestrich* (Hrsg.), Die biologische Machbarkeit des Menschen, 2001, S. 39ff. Zuletzt zur Wichtigkeit der Unterscheidung zwischen Schöpfer und Geschöpf *Dalfurth*, Naturrecht (Anm. 26), S. 44f., 52.

Staates und bestimmte rechtliche Regelungen von ihm kritisch zu hinterfragen und notfalls ihnen entgegenzutreten.

## V. Schluss: Der usus politicus evangelii in den einschlägigen Stellungnahmen der EKD als falsche Alternative

Der theologisch begründeten Ethisierung des Rechts durch Huber widersprechen im Ergebnis also sowohl juristische wie theologische Gründe. Dieses unmittelbare Ergebnis meiner Stellungnahme erlaubt aber noch eine weitergehende Folgerung, auf die es mir letztlich ankam:

Die Denkschriften der EKD hinterlassen zunehmend den Eindruck, dass diesen Stellungnahmen und anderen offiziellen Äußerungen der Evangelischen Kirche in Deutschland zu aktuellen gesellschaftlichen und politischen Problemen nicht mehr ein Verständnis von Freiheit, Frieden und Gerechtigkeit etc. zugrunde liegt, das sich von dem der Welt wirklich unterscheidet (und gerade wegen seiner Unterschiede der Welt so viel zu geben hat)[98]. Die Evangelische Kirche steht damit, wie ich meine, in der Gefahr, unter dem vermeintlichen »Zwang zur Selbstsäkularisierung« (*Martin Heckel*[99]) den usus politicus legis zugunsten eines usus politicus evangelii[100] zu verabschieden. Und eben diese Entwicklung wird durch *Hubers* Buch, das ja als ihre theoretische Rechtfertigung gelesen werden kann, nach meinem Eindruck befördert. Warum ist das so beunruhigend? Für mich deshalb, weil die Evangelische Kirche auf diese Weise vielfach nicht mehr »mit Vollmacht« lehrt, sondern wie die »Schriftgelehrten« (Mt 7, 2).

---

98 Zur Erläuterung des Gesagten hier nur eine diese Feststellung stützende Bemerkung *Gerhard Ebelings:* »Will man das anthropologische Gesamtgespräch im Blick auf den theologischen Beitrag führen, so empfehlen sich als Gegenstand der Diskussion vornehmlich zwei Begriffe, die heute zu den am meisten beschworenen und zugleich am meisten misshandelten gehören und, obwohl als politische Parolen gebraucht, in das Zentrum des christlichen Glaubens weisen: Freiheit und Friede. Wie könnte man Freiheit recht verstehen, ohne von Sünde und Vergebung zu wissen? Und wie könnte man Friede recht verstehen, ohne von dem zu wissen, was alle Vernunft übersteigt und auch den Tod hinter sich lässt, dem ewigen Leben?«, so *ders.*, Zur Definition des Menschen (1983), in: Umgang mit Luther (Anm. 15), S. 93 (100). In seiner Kritik an der ersten Friedensdenkschrift der EKD von 1983 (Frieden wahren, fördern und erneuern) hat *Ebeling* diese Aussage konkretisiert, s. *ders.*, Usus politicus legis (Anm. 15), S. 146ff.

99 So sein Diskussionsbeitrag, in: Essener Gespräche zum Thema Staat und Kirche 30 (1996), S. 33.

100 Ausdruck von *Ebeling*, siehe den Nachweis in Anm. 15.

## Thesen

### I. Einleitung: Die kirchenpolitische Bedeutung der christlichen Rechtsethik Hubers

Die dritte Auflage der christlichen Rechtsethik *Hubers* besitzt deshalb auch den Charakter einer (halb)offiziellen Äußerung der Evangelischen Kirche in Deutschland, weil ihr Autor diese nicht »nur« als Professor für Systematische Theologie, sondern auch als Bischof der Evangelischen Kirche in Berlin-Brandenburg und als gegenwärtiger Ratsvorsitzender der EKD verantwortet. Diesen (halb)offiziellen Charakter der christlichen Rechtsethik *Hubers* unterstreicht der Eindruck, dass namentlich in der Friedensgedenkschrift der EKD aus dem Jahr 2007 wesentliche Gedanken des genannten Buches wiederkehren.

### II. Die Position Hubers: Die Ethisierung des Rechs als theologische Notwendigkeit

#### 1. Der prinzipielle Zusammenhang von Recht und Ethik als Grund und Maßstab für die politische Gestaltungsaufgabe des Rechts

Der prinzipielle Zusammenhang von Recht und Ethik ergibt sich für *Huber* – rechtstheoretisch gesehen – aus der Erkenntnis, dass »Rechtsregeln in einem Verweisungszusammenhang mit Prinzipien stehen«, deren Inhalt wiederum weitgehend ethisch bestimmt ist und deren Rechtscharakter in einem für das positive Recht verbindlichen »Optimierungsgebot« besteht. Aus diesem Zusammenhang von Recht und Ethik folgt für das Recht vor allem die Aufgabe, über seinen Charakter als »Erhaltungsordnung für das Zusammenleben der Menschen« hinaus dem (Welt-)frieden in dem Sinne zu dienen, dass es von einem »Vorrang für die Benachteiligten« in aller Welt auszugehen hat. Die namentlich im Völkerrecht verstärkt anerkannten Menschenrechte besitzen deshalb eine exemplarische Bedeutung für dieses Rechtsverständnis, weil »ethischer Charakter und rechtlicher Gehalt der Menschenrechte« zusammengehören und ihren »Gestaltungsauftrag« inhaltlich bestimmen.

#### 2. Die theologische Begründung des ethischen Rechtsverständnisses

Theologisch rechtfertigen lässt sich dieses Rechtsverständnis damit, dass es »seine Entsprechung in den Grundinhalten des christlichen Glaubens« findet. Diese theologische Sicht schließt nach *Huber* »beides ein: einen kritischen Blick auf die Verhältnisse der Gegenwart aus der Perspektive des biblischen Denkens wie einen kritischen Blick auf die Angebote biblischen Denkens aus der Perspektive heutiger Erfahrungen und Einsichten«. Strukturell gesehen ähnelt eine solche Form theologischer Urteilsbildung *Karl Barths* bekannter christologischer Begründung der Aufgaben von Recht und Staat, zumindest impliziert sie die Verabschiedung des usus politicus legis.

## III. Die juristische Gegenposition: Prinzipielle Trennung von Recht und Ethik als Forderung der Rechtstheorie und Rechtspraxis

### 1. Die praktische Rechtserfahrung als Ausgangspunkt der Überlegung

Die praktische Erfahrung zum Ausgangspunkt der Frage nach dem Verhältnis zwischen Recht und Ethik zu wählen, ist deshalb sinnvoll, weil jede wirkliche juristische Entscheidung sich als eine »personhafte Entäußerung des Verkündenden« (*Forsthoff*) charakterisieren lässt. Diese Erfahrung zeigt nun, dass der Jurist nur dann wirksam Grenzen zu setzen vermag, wenn die gegenüber politischen und ethischen Überzeugungen selbständige Bedeutung des juristischen Urteils von allen am jeweils zu entscheidenden Konflikt Beteiligten anerkannt wird.

### 2. Gründe der Rechtstheorie für die prinzipielle Trennung von Recht und Ethik

Die wirklich überzeugende theoretische Begründung für die Notwendigkeit einer prinzipiellen Trennung von Recht und Ethik liegt meines Erachtens immer noch in der von *Kant* vertretenen »spezialisierten Version des kategorischen Imperativs, eben des Rechtsgesetzes«. Ist man bereit, die Struktur transzendentaler Argumente, die *Kants* Beweisführung ja insoweit ebenfalls bestimmen, in ihrer »Selbstbezüglichkeit« zu sehen, so eröffnet das die Möglichkeit, auch im Rückgriff auf historische und gegenwärtige Rechtserfahrungen die grundsätzliche Selbständigkeit des Rechts gegenüber der Ethik zu begründen. Das lässt sich besonders am Rechts- und Staatsverständnis von *Wilhelm Henke* zeigen. Die zunehmende (völkerrechtliche) Anerkennung der Menschenrechte und die im Grundgesetz positivierten Grundrechte vermögen eben wegen ihres Rechtscharakters an der Notwendigkeit und Richtigkeit der These nichts zu ändern, dass Recht und Ethik prinzipiell zu trennen sind.

## IV. Die theologische Gegenposition: Der usus politicus legis als Grundlage evangelischen Rechts- und Staatsdenkens

### 1. Der für die Rechtspraxis relevante theologische Zuspruch

Der in Staat und Gesellschaft tätige Jurist steht deshalb ständig in der Gefahr, den Mut zum Recht sinken zu lassen, weil ein (zum Teil von der Politik sogar ausdrücklich gewolltes) zunehmendes Vollzugsdefizit des geltenden Rechts zu beobachten ist. Damit es zu dieser Haltung nicht kommt, bedarf er vor allem des theologischen Zuspruchs.

### 2. Die bleibende Aktualität der Theologie Luthers

Es gibt keinen (zwangsläufigen) historischen Zusammenhang zwischen dem obrigkeitlichen Staat (und schon gar nicht zwischen dem nationalsozialistischen Staat) und der Theologie *Luthers.* Deren bleibende Aktualität liegt darin, dass *Luther* ein neues Wirklichkeitsverständnis, das quer zum Mittelalter *und* zur Neuzeit steht, begründet hat. Es wurzelt letztlich in seinem Sündenverständnis und ist deshalb mit einer »Ethisierung des Christlichen« unvereinbar, weil nach *Luther* aufgrund seines Wirklichkeitsverständnisses theologische Urteilskraft namentlich im rechten Unterscheiden besteht. Das gilt für ihn auch im Hinblick auf das theologische Rechts- und Staatsdenken.

### 3. Evangelisches Rechts- und Staatsdenken im Anschluss an Luther

Der hilfreiche theologische Zuspruch für den praktisch tätigen Juristen liegt darin, dass aus der rechten Unterscheidung zwischen Gesetz und Evangelium und dem rechten Gebrauch des Gesetzes die lebensnotwendige Freiheit von der Welt und zur Welt sowie der Mut folgt, sie zu empfangen und wahrzunehmen. Das ist auch deshalb der Fall, weil sich die hier vertretene prinzipielle Trennung von Recht und Ethik (siehe III.) ebenfalls theologisch rechtfertigen lässt und dem Juristen durch die Theologie *Luthers* Maßstäbe zur Entscheidung der Frage an die Hand gegeben sind, ob und wann dem Handeln des Staates widersprochen werden muss.

## V. Schluss: Der usus politicus evangelii in den einschlägigen Stellungsnahmen der EKD als falsche Alternative

Auch in den Denkschriften der EKD und anderen offiziellen Äußerungen von ihr zu politischen und gesellschaftlichen Problemen lässt sich tendenziell ein Abschied vom usus politicus legis zugunsten eines usus politcus evangelii beobachten. Das ist nach dem hier Ausgeführten vor allem deshalb eine untaugliche Alternative zum usus politicus legis, weil damit ja wie bei *Huber* zwangsläufig der Abschied vom (rechten) Unterscheiden als maßgeblicher Form theologischen Denkens verbunden ist.

# 3. Teil: Wilhelm Henkes juristische Fundamentalunterscheidung zwischen Recht und Gerechtigkeit aufgrund einer säkularen Zweireichelehre als entscheidende Folgerung

# 9. Die Ungewissheit des Rechts und die Gewissheit der Jurisprudenz. Überlegungen zu Wilhelm Henkes Verankerung der Rechtswissenschaft in der Lebenswelt

*Wilhelm Henkes* Antwort auf die Ungewissheit des Rechts ist in seinem Versuch zu sehen, die Rechtswissenschaft in der Lebenswelt zu verankern[1]. Diesen gedanklichen Weg wählt er – und das ist nach meinem Eindruck in den bisherigen Stellungnahmen zu seinem rechtswissenschaftlichen Werk weitgehend übersehen worden – primär aus *theologischen* Gründen[2]. Ich beginne meine Überlegungen darum mit dieser theologischen Fundierung des Denkwegs *Henkes*, gehe im Anschluss daran zur Schilderung seiner dadurch veranlassten lebensweltli-

1 Die Überschrift des ersten Paragraphen von *Wilhelm Henkes* 1988 erschienenem Buch »Recht und Staat. Grundlagen der Jurisprudenz« lautet: Die Ungewissheit des Rechts. Dieses Grundlagenwerk *Henkes* endet dann mit Überlegungen, wie »gerechtes Recht« dennoch möglich sei (5. Kapitel: S. 607ff.), und findet die Lösung in einem Verständnis der Jurisprudenz als »Handwerk«, »Kunst« und »Tugend«. Es sei die unmittelbare »*Nähe ihrer Jurisprudenz zur Lebenswirklichkeit*« , die »Juristen besonders zu Wächtern des Rechts« befähige (a. a. O., S. 649f.).

2 Besonders *Martin Honecker* hat zwar unter dem Titel »Recht und Staat« das soeben in Anm. 1 genannte Werk *Henkes* auch unter theologischen Aspekten gewürdigt (s. *ders.*, Theologische Rundschau 55 [1990], S. 219 [223ff.]); er ist aber nicht auf die theologische Fundierung von *Henkes* Rückgriff auf die Lebenswelt eingegangen. *Hasso Hofmann* hat in seiner Rezension des gleichnamigen Buches von *Henke* sich mit dem insoweit wenig aussagekräftigen Hinweis auf die Prägung *Henkes* durch »Friedrich Gogartens unorthodoxes Luthertum« begnügt und auch nur allgemein davon gesprochen, dass *Henkes* Ausführungen zur existentiellen Frage (§ 14 seines Buches) »im Lichte der dialektischen Theologie des menschlichen Selbstseins zwischen Gott und Welt bei Gogarten« zu sehen seien (s. *ders.*, Gerechtigkeit der privaten und öffentlichen Rechtsverhältnisse durch juristische Amtstätigkeit. Über eine Phänomenologie rechtlicher Urakte und ihre Geschichte, Der Staat 30 [1991], S. 245 [249]). Schließlich gehört in diesen Zusammenhang noch folgende Vermutung *Hofmanns* zu *Henkes* Verständnis des »Allgemeinen« als etwas »Sekundärem und Abgeleiteten«, das, wie *Henke* sagt, »als solches keine legitimierende Kraft« besitzt (so *Henke*, Recht und Staat, S. 236): »Dem Rezensenten will scheinen, dass in dieser Radikalität eine säkulare Nachwirkung genuin theologischer Gedanken protestantischer Provenienz zum Vorschein kommt« (so *Hofmann*, a. a. O., S. 253, auch S. 251). Die in meinen Augen zentrale Frage für das Verständnis des Rechtsdenkens *Henkes*, ob und ggf. in welcher Weise die Verankerung dieses Denkens in der Lebenswelt seinen *Ausgangspunkt* in theologischen Erwägungen nimmt, stellt wie *Honecker* auch *Hofmann* nicht. Eben darauf kommt es mir aber im Folgenden an.

chen Grundlegung der Jurisprudenz über, um abschließend dann noch nach der Bedeutung des Denkwegs *Henkes* für das Verständnis der Geschichtlichkeit des Rechts zu fragen.

## I. Henkes theologische Gründe für die Verankerung der Rechtswissenschaft in der Lebenswelt

Das Verhältnis zwischen (protestantischer) Theologie und Jurisprudenz war ein *Lebens*thema *Wilhelm Henkes.* Es durchzieht sein ganzes Werk. Noch kurz vor seinem Tod hat er sein anhaltendes Interesse an dieser Fragestellung unter Hinweis auf seine persönlichen Lebenserfahrungen wie folgt begründet:

> »Eine persönliche Beziehung zum Gegenstand der Theologie, zur christlichen Verkündigung und zum Glauben, ergab sich für mich aus den Erfahrungen des Kriegendes 1945, der daraus folgenden langen Gefangenschaft und dem Zusammenbruch aller äußeren und inneren Daseinsgrundlagen, der sich damals ereignete. ... Eine wissenschaftliche Beziehung zwischen Jurisprudenz und Theologie ergab sich für mich im Studium. Das Unrechtsregime war untergegangen. Es hatte die Frage, was eigentlich Recht sei, unüberhörbar zurückgelassen. Ich fragte darum nach den Wurzeln des Rechts, einem höheren, wahren Recht und nach der Gerechtigkeit, aber ich bekam keine befriedigende Antwort, weder vom geltenden, positiven Recht der Gesetze, noch von der Rechtsphilosophie, noch auch von der allgemeinen Philosophie. Aus verschiedenen Gründen lag es für mich nahe, mich an die Theologie zu wenden. Auch bei ihr bekam ich keine Antwort, aber etwas viel Wichtigeres. Ich erfuhr von der Lehre Luthers von den zwei Reichen. Sie sagte mir, dass die endgültigen Antworten auf die Fragen des Lebens, auch auf die Frage nach der Gerechtigkeit, von Gott in seinem Reich gegeben werden und dass wir sie erwarten müssen, dass aber ihre vorläufige Beantwortung im Reich der Welt ›der Vernunft unterworfen und befohlen‹ sei, wie Luther sagt.«[3]

3 So *Henke*, Hermeneutik in der Jurisprudenz, in: *Hans Friedrich Geißer/ Hans Jürgen Luibl/ Walter Mostert/ Hans Weder* (Hrsg.), Wahrheit der Schrift – Wahrheit der Auslegung. Eine Zürcher Vorlesungsreihe zu Gerhard Ebelings 80. Geburtstag am 6. Juli 1992 (1992), S. 159f. Ganz entsprechende Ausführungen finden sich in *Henkes* Aufsatz: Recht (1989), in: *ders.*, Ausgewählte Aufsätze. Grundfragen der Jurisprudenz und des Öffentlichen Rechts (hrsg. von *Rolf Gröschner* und *Jan Schapp*), 1994, S. 196f. Dort auch der Hinweis (S. 197), dass die Theologie »besonders in der Person Friedrich Gogartens, später Gerhard Ebelings« ihm »diese Einsicht« bestätigt habe. Letztlich ist es, wie sich im Folgenden noch genauer zeigen wird, das Fortdenken der Theologie *Luthers*, das *Henke* an die Theologie *Ebelings* und *Gogartens* anknüpfen lässt. Hinzukommen allerdings auch persönliche Bindungen bei *Henke: Gogarten* war *Henkes* Schwiegervater und in seinem Nachlass befindet sich auch eine zwölfseitige maschinenschriftliche Ausarbeitung, die den Titel trägt: Die Frage der Rechtswissenschaft und die Antwort der Theologie. *Henke* beschäftigt sich darin ausschließlich mit der Theologie *Gogartens.* Sein handschriftlicher Vermerk auf dieser Ausarbeitung lautet: »1963 (1962 ?) an Fr. Gogarten zum (75. ?) Geburtstag.« Ebenfalls im Nachlass *Henkes*

Fragt man nun genauer nach der Bedeutung der (protestantischen) Theologie für das Rechtsdenken *Henkes*, so sind es besonders vier hier interessierende Themen, mit denen er sich insoweit beschäftigt hat. Am Anfang steht die im Anschluss an den protestantischen Theologen *Friedrich Gogarten* zuerst in *Henkes* Dissertation von 1957 entwickelte These, dass die Säkularisierung als eine legitime Folge des christlichen Glaubens zu verstehen ist[4]. Aufgrund dieser These fragt er dann zweitens vor allem in seinem 1988 erschienenen Grundlagenwerk »Recht und Staat« nach den christlichen Wurzeln der (säkularen) menschlichen Freiheit[5] und versucht auch die »Personale Wirklichkeit« wie die »Wirklichkeit der Sachen« letztlich unter diesem Aspekt zu verstehen[6]. Der dritte Themenkomplex, den *Henke* ebenfalls in seinem Buch »Recht und Staat« und dann auch später noch kurz behandelt, betrifft die Bedeutung einer »säkularen« Zweireichelehre für das juristische Denken.[7] Viertens ist schließlich auf die ebenfalls in diesem Zeitraum von ihm besonders in seinen letzten Einzelabhandlungen untersuchte grundsätzliche Frage einzugehen, ob die durch ihre existentiellen Herausforderungen begründeten Gemeinsamkeiten von Theologie und Jurisprudenz die eigentliche Erklärung für *Henkes* Verankerung der Rechtswissenschaft in der Lebenswelt liefert.

---

befinden sich mehrere Briefe *Ebelings* an ihn, denen sich entnehmen lässt, dass die beiden spätestens seit den siebziger Jahren des vorigen Jahrhunderts bis zum Tod *Henkes* in brieflichem Kontakt standen und sich auch mehrfach bei verschiedenen Gelegenheiten mündlich ausgetauscht haben. Dass auch zwischen *Friedrich Gogarten* und *Gerhard Ebeling* persönliche und fachliche Beziehungen bestanden, zeigt schon die Tatsache, dass *Ebeling* sein Buch »Theologie und Verkündigung. Ein Gespräch mit Rudolf Bultmann« (2. Aufl. 1963) *Friedrich Gogarten* gewidmet hat. Im Vorwort des genannten Buches heißt es dazu erläuternd (S. VIII): »Friedrich Gogarten, den ich aus Anlass seines 75. Geburtstages mit der Widmung öffentlich grüßen möchte, hoffe ich, ebenso wie sein Freund Rudolf Bultmann, dem diese Antwort Ehrerbietung und Dank bezeugen soll, erkennen und gelten lassen, wie sehr das Folgende der Arbeit beider verpflichtet ist.«

4 *Wilhelm Henke*, Die verfassungsgebende Gewalt des deutschen Volkes, 1957, besonders S. 19ff.

5 Recht und Staat (Anm. 1), S. 30ff.

6 Das 2. Kapitel von »Recht und Staat«, in dem Henke seinen Zugang zur Wirklichkeit darlegt, ist durch diese beiden im Text genannten Überschriften unterteilt. Für die christliche Fundierung der »Personalen Wirklichkeit« ist besonders auf S. 64f., 71ff. und S. 96ff. hinzuweisen; für die »Wirklichkeit der Sachen« folgt die christliche Fundierung – indirekt – aus dem von *Henke* im Anschluss an *Gogarten* u. a. bejahten »dialogischen Prinzip« und der von *Gogarten* vorgelegten (und von *Henke* bejahten, s. a. a. O., S. 103 Anm. 27) Interpretation der Zweireichelehre *Luthers*, s. insoweit besonders *Friedrich Gogarten*, Luthers Theologie (1967), S. 189ff.

7 Siehe dazu Recht und Staat, S. 97, 103, 574f. und: Recht (Anm. 3), S. 207f.

## 1. Die Ausgangsthese: Die Säkularisierung als (legitime) Folge des christlichen Glaubens

a) In seiner bereits erwähnten Dissertation aus dem Jahr 1957 kommt *Henke*, nachdem er sein Verständnis der Verfassung und der Staatsgewalt dargelegt hat, in einem besonderen Kapitel auf »*Die Säkularität der Gewalten*« zu sprechen. Dieser Einschub wird von ihm mit folgender Erwägung begründet:

> »*Bevor* in die Behandlung der verfassungsgebenden Gewalt selbst eingetreten werden kann, muss vorweg von einem geistesgeschichtlichen Vorgang gesprochen werden, den man als Säkularisierung bezeichnet und der für die Staatsgewalt ebenso wie für die verfassungsgebende Gewalt von der größten Bedeutung ist.«[8]

Denn durch »die Säkularisierung« ist, wie *Henke* dort weiter ausführt, »das Verhältnis des Menschen zur Welt so geworden, dass der Mensch für die Welt verantwortlich ist und ihre Wirklichkeit ›schafft und gestaltet‹.« Es sei »der christliche Glaube gewesen ..., der dem Menschen dieses neue Verständnis seiner selbst und der Welt gegeben« habe. Man müsse folglich »die Säkularisierung als ›eine legitime Folge des christlichen Glaubens‹ verstehen.« In einer Anmerkung zu dieser These führt er ergänzend aus:

> »Der *Zusammenhang* der staatstheoretischen mit diesen theologischen Fragen kann hier nicht im Einzelnen dargestellt werden. Ein wirkliches Verständnis der Säkularisierung und damit ein Verständnis unserer geistesgeschichtlichen, *also auch* staats- und verfassungstheoretischen Lage ist aber ohne Besinnung auf den christlichen Ursprung unserer Geistesgeschichte und auf die Wirkung des christlichen Glaubens in ihr, d.h. also *ohne eine theologische Besinnung nicht möglich* ... Dass diese theologische Besinnung ... kein Ausweichen in die Metaphysik bedeutet, bedarf wohl keiner besonderen Betonung.«[9]

8 Verfassungsgebende Gewalt (Anm. 4), S. 19 (Hervorhebung A. J.).

9 So *Henke*, Verfassungsgebende Gewalt (Anm. 4), S. 20f. mit Anm. 8 (Hervorhebungen A. J.). *Henke* beruft sich für dieses Verständnis der Säkularisierung a.a.O. auf das Buch *Friedrich Gogartens:* Verhängnis und Hoffnung der Neuzeit. Die Säkularisierung als theologisches Problem (1958 – zitiert wird hier nach der 2., unveränderten Aufl. der Taschenbuchausgabe von 1987). Er verweist besonders auf die Einleitung des genannten Buches und seines 8. und 9. Abschnitts (= S. 7–11 und S. 121–148). Kein geringerer als der berühmte Theologe *Rudolf Bultmann* hat dieser These *Gogartens* ausdrücklich zugestimmt, s. *Bultmann*, Der Gottesgedanke und der moderne Mensch (1963), in *ders.*, Glauben und Verstehen, Bd. 4 (5. Aufl. 1993), S. 113 (116ff.) und ergänzend das Buch *Bultmanns*, Geschichte und Eschatologie (3. Aufl. 1979), S. 182ff. Es ist schon erstaunlich, wenn *Hofmann* in seiner schon erwähnten Rezension (Anm. 2), S. 50 (Hervorhebung A. J.) für *Henkes* im Anschluss an *Gogarten* vertretenes Verständnis der Säkularisierung zu dem Ergebnis kommt, dass er (*Henke*) die »Selbstbefreiung des Menschen« als »so etwas wie eine kulturschaffende rechtliche *Ur- und Erbsünde*« verstände. Eine solche Betrachtungsweise lässt nun wirklich *Gogartens* genanntes Buch und *Henkes* auch seinem Werk »Recht und Staat« zu entnehmendes Verständnis der Säkularisierung wirklich nicht zu (s. dort besonders S. 36 und S. 97). Erwägenswerter er-

b) *Diese Überlegungen vertieft Henke* in einer ungedruckten Ausarbeitung über »Die Frage der Rechtswissenschaft und die Antwort der Theologie«, die 1962/63 entstanden ist[10]. Er legt darin genauer die Bedeutung des von ihm vertretenen Verständnisses der Säkularisierung für die Jurisprudenz dar. Die erste wichtige Ergänzung zu dem bisher Ausgeführten besteht in der Folgerung *Henkes*, dass es für den heutigen Menschen »kein Weltgesetz« gibt, »das all sein Handeln in der Welt bestimmen und rechtfertigen könnte.« Denn, so sagt er,

> »weil nicht der Mensch, sondern Gott der Schöpfer der Welt ist, darum kann der Mensch für die Welt als Schöpfung, also für die Welt in ihrer Ganzheit und ihrer Einheit, für ihren Sinn und für ihr Heil nicht verantwortlich sein.«[11]

Folglich ist auch für *Henke*

> »die Frage nach dem Recht ... durch diese Antwort der Theologie von der Frage nach dem Weltgesetz *gelöst.* Sie ist damit aber nicht der Willkür ausgeliefert, sondern sie ist auf das der Vernunft Vernehmbare und Verfügbare, nämlich auf das einzelne Gegebene verwiesen, und zugleich ist die Vernunft für dieses ihr Verfügbare befreit. Die Frage nach dem Recht muss sich dem vor der Hand liegenden, unmittelbar Gegebenen als dem Maß Gebenden zuwenden, und sie *kann* sich ihm zuwenden.«[12]

*Henke* wird später dieses »unmittelbar Gegebene als dem Maß Gebenden« als die Lebenswelt bezeichnen und die Verankerung der Jurisprudenz in ihr noch genauer begründen[13]. Er legt mit den wiedergegebenen Überlegungen auch schon den Grund für seine in der Folgezeit entwickelte Auffassung, dass es angesichts dieser durch die Säkularisierung eingetretenen Situation Aufgabe des Juristen ist, »die Rechtsfrage nach einem höheren Recht nicht positivistisch abzuweisen, sondern offen zu halten, ohne sie zu beantworten, sozusagen ein stoisches Nichtwissen zu bewahren«[14]. Wichtige gedankliche Voraussetzung dafür wiederum ist, so viel sei jetzt schon gesagt, *Henkes* Anerkennung einer säkularen Zweireichelehre.[15]

---

scheint mir insofern folgender von *Gerhard Ebeling* geäußerte Gedanke (Dogmatik des christlichen Glaubens, Bd. 3, 1979, S. 394 – Hervorhebung A. J.): »Das in solcher Weise begründete Ja zur Moderne übersieht, dass deren geschichtliche Impulse keineswegs *direkt* aus dem christlichen Glauben selbst herzuleiten sind.«

10 Siehe zu dieser Ausarbeitung genauer hier den Hinweis in Anm. 3.

11 Ausarbeitung, S. 4.

12 Ausarbeitung, S. 6 (letzte Hervorhebung bei *Henke*). Ganz entsprechend stellt *Ebeling* allgemein fest: »Für den Glauben, der Gott als den Schöpfer und Herrn der Welt bekennt, ist die Welt entgöttert ... im Glauben ist alles Irdische profan im Sinne der Freiheit zum Gebrauch in natürlicher Sachgemäßheit«, s. *Ebeling*, Die Welt als Geschichte (1960), in: *ders.*, Wort und Glaube, Bd. 1 (1962), S. 381 (390).

13 Dazu hier unter II 1. und 2.

14 Hermeneutik in der Jurisprudenz (Anm. 3), S. 160.

15 Dazu hier unter I 3. a).

## 2. Erste Folgerung: Theologische Implikationen des säkularen Freiheits- und Wirklichkeitsverständnisses

In seinem Grundlagenwerk »Recht und Staat« hat *Henke* nun eine erste Folgerung aus seiner Ausgangsthese in dem Sinne gezogen, dass er nach den christlichen Wurzeln des säkularen Freiheits- und Wirklichkeitsverständnisses fragt:

a) Die menschliche *Freiheit* ist nach *Henke* zunächst einmal der eigentliche Grund für die Ungewissheit des Rechts. Denn sie ist als »die Kraft« zu verstehen, die das »Fragen nach den Gründen der Entscheidung über Recht und Unrecht und nach der Richtigkeit aller Antworten ins Unendliche weitertreibt.«[16] Weil das so ist, beginnt er seine Grundlegung von Recht und Staat mit Überlegungen zum richtigen Verständnis der menschlichen Freiheit »als der Grundbedingung unseres Daseins«[17].

In Übereinstimmung mit seinen allgemeinen Ausführungen zur Säkularisierung steht am Anfang von *Henkes* Nachdenken über die menschliche Freiheit die Feststellung, »dass unser Denken an seinen Wurzeln christlich geprägt ist«. Man könne »diese Prägung zu überwinden versuchen«, dürfte sie »aber nicht einfach vergessen oder verdrängen.« Denn man würde sich dann, wie er sagt, »eine wichtige Quelle für die Erkenntnis … unserer Freiheit verschütten«[18].

Diese Erkenntnis liegt für *Henke* nun darin, dass der Mensch nach biblischem (paulinischen) Verständnis von dem Zwang, sich durch sein Handeln rechtfertigen zu müssen, befreit ist; und eben *dadurch* eine Freiheit zur Welt gewinnt, die ihn instand setzt, das unmittelbar Notwendige in dieser Welt in Liebe zu tun. Er stellt dementsprechend richtig fest, das paulinische »haben als hätte man nicht« bezeichne auf »paradoxe Weise die Stellung des im Glauben *von* der Welt freien Menschen *in* der Welt«. Und folgert daraus weiter: »Die vollkommene Freiheit vermögen die irdischen Ordnungen nicht zu geben. Solange er von ihnen umschlossen ist, ist der Mensch relativ frei von diesem oder jenem, aber nicht frei von sich selbst.«[19] Darum kann (säkulare) »Freiheit nicht vollendet werden und braucht von uns nicht vollendet zu werden …, und der Versuch, absolute, vollkommene Freiheit zu gewinnen, führt zu ihrem Verlust.«[20] Positiv gewendet bedeutet das:

> »Es ist nichts Geringeres als die Freiheit der menschlichen Vernunft von allen religiösen Bindungen, die der christliche Glaube bewirkt. Darin liegt die Vollendung der Freiheit … Die Welt ist nun natürlich, der Vernunft zugänglich, beherrschbar, säkular

16 Recht und Staat, S. 6.
17 Recht und Staat, S. 50.
18 Recht und Staat, S. 30.
19 Recht und Staat, S. 35 (Hervorhebungen A. J.).
20 Recht und Staat, S. 50.

und das Dasein des Menschen ist aus dem Mythos in die Geschichte, in seine, die menschliche Geschichte übergegangen.«[21]

Aus dem Gesagten folgt auch, dass sich das menschliche Dasein, wie *Henke* an anderer Stelle sagt, als »Dasein in Freiheit … *nicht selbst begründen* kann. Es bleibt in der Schwebe, wenn man sich nicht entschließt, auf die Wirklichkeit des täglichen Lebens zu *vertrauen*, von ihr auszugehen und zu ihr zurückzukehren, statt sein Denken im Unendlichen festzumachen.«[22] Der Beweggrund *Henkes* zu diesem Entschluss ist nun aber, so muss aus dem eben zu seinem (christlichen) Freiheitsverständnis Gesagten geschlossen werden, ein *theologischer*[23]. Aus *Henkes* allgemeinem Verständnis der Säkularisierung ergibt sich damit folgerichtig sein Freiheitsverständnis.

b) Diese letzte Feststellung gilt cum grano salis auch für *Henkes Wirklichkeitsverständnis.* Wie schon anfangs bemerkt, unterscheidet er in seinen entsprechenden Ausführungen zunächst zwischen der »Personalen Wirklichkeit«[24] und der »Wirklichkeit der Sachen«[25].

Seine Überlegungen zur personalen Wirklichkeit beginnt *Henke* mit dem Satz: »Personale Wirklichkeit ist zunächst für jeden Menschen der andere Mensch als Person.«[26] Davon muss auch, wie er betont, die Rechtswissenschaft ausgehen. Denn sie hat »es doch mit dem elementaren Für- und Gegeneinander der Menschen zu tun … und endet bei den Normen, also bei dem, was zwischen den Menschen gilt«. Man wird darum das Recht nach *Henkes* Überzeugung »niemals verstehen, wenn man nicht auf das Verhältnis zwischen Menschen zurückgeht, in dem Recht *nicht* mehr gilt. Auch das Recht kann nicht ohne die personale Wirklichkeit verstanden werden.«[27]

Dieses *zwischen* den Menschen bestehende Verhältnis ist also der Ausgangspunkt für *Henkes* Wirklichkeitsverständnis. Oder anders gesagt: Nicht die »Substanz«, sondern die »Relation« ist für ihn die entscheidende ontologische

21 Recht und Staat, S. 36.

22 *Henke*, Kritik des kritischen Rationalismus (= Recht und Staat H. 434), 1974, S. 22 (Hervorhebungen A. J.).

23 Siehe dazu ergänzend auch meinen Beitrag: *Albert Janssen*, Rechtsgeschichte und Rechtsdogmatik. Aussagen der hermeneutischen Philosophie zu ihrem Verhältnis, in: Wirkungen europäischer Rechtskultur (FS für Karl Kroeschell zum 70. Geburtstag) 1997, S. 467 (478ff.).

24 Recht und Staat, S. 51ff.

25 Recht und Staat, S. 111ff.

26 Recht und Staat, S. 64. Auf S. 113 spricht *Henke* von »der Begegnung mit dem Anderen im unmittelbaren Gegenüber«.

27 Recht und Staat, S. 70 (Hervorhebung A. J.). Dieser gedankliche Ausgangspunkt liegt auch folgendem Satz *Henkes* zum Problem der Gerechtigkeit zugrunde (Recht und Staat, S. 175): »Was geschehen soll, wenn Gerechtigkeit verlangt wird, ist, dass einer mit dem, was er tut, der Lage des anderen entspricht, sonst nichts.« Zur »lebensweltlichen« Begründung dieses Verständnisses der (irdischen) Gerechtigkeit, siehe a.a.O., S. 173ff.

Kategorie[28]. Das gilt nun nach *Henke* in ähnlicher Weise für unser Verhältnis zu den »Sachen« (Dingen). Denn, so sagt er, »das Gegenüber der Dinge dort und die Überlegung hier (erg.: ist) immer schon durch eine *Beziehung* überbrückt«, und zwar durch eine Beziehung zu den Dingen, »die durch solche Überlegung nicht hergestellt, sondern nur bewusst gemacht wird«, weil mir die Dinge immer schon vertraut oder fremd sind[29].

*Henke* verweist nun in seinen einschlägigen Ausführungen zum für die Jurisprudenz maßgeblichen Wirklichkeitsverständnis mehrfach auf die Überlegungen *Martin Bubers* zum »dialogischen Prinzip«[30]. Außerdem besitzen für ihn insoweit ganz offensichtlich die entsprechenden Gedanken *Gogartens* zu diesem Problem erhebliche Bedeutung[31]. Das gilt auch für dessen Interpretation der Zweireichelehre *Luthers*[32]. Geht man diesen Hinweisen *Henkes* genauer nach, so legt sich die Folgerung nahe, dass wie sein Freiheitsverständnis auch das Wirklichkeitsverständnis *Henkes* entscheidend durch theologische Überlegungen bestimmt ist, die sich ebenfalls als Konsequenz aus seiner Ausgangsthese, der Säkularisierung als Folge des christlichen Glaubens, verstehen lassen:

Zur für sein Wirklichkeitsverständnis wichtigen Dialogik *Bubers* hat *Henke*

28 Das zeigen seine Ausführungen in »Recht und Staat« auf S. 74f.; siehe auch S. 53ff., 114f. *Henke* knüpft hier ganz offensichtlich (ohne das ausdrücklich zu erwähnen) an Überlegungen *Ebelings* zur »Ontologie der Relation« in dessen »Dogmatik des christlichen Glaubens« (Bd. 1, 1979, S. 222f., 346ff., auch 305f.) an. Mit *Ebelings* Dogmatik hat *Henke* sich, wie die zahlreichen Belege in »Recht und Staat« zeigen, ausführlich auseinandergesetzt. Zur insoweit klar zu erkennenden Orientierung *Ebelings* an *Luther* s. besonders *Ebeling*, Luthers Wirklichkeitsverständnis (1993), in *ders.*, Theologie in den Gegensätzen des Lebens (Wort und Glaube , Bd. 4) 1995, S. 460f. und: *ders.*, Dogmatik des christlichen Glaubens, Bd. 3 (1979), S. 282f.

29 Recht und Staat, S. 193f. (Hervorhebung A. J.). Folgerichtig lehnt *Henke* (a.a.O.) *Kants* Unterscheidung zwischen »Ding an sich« und »Erscheinung« ab.

30 Recht und Staat, S. 72 Anm. 5, S. 73 Anm. 8, S. 100 Anm. 25 und daneben später auch: Recht (Anm. 3), S. 198. Besonders aufschlussreich dazu das Nachwort *Bubers* »Zur Geschichte des dialogischen Prinzips«, in: *ders.*, Das dialogische Prinzip (13. Aufl. 2014), S. 299ff. und *ders.*, Das Problem des Menschen (7. Aufl. 2007), S. 158ff. (Ausblick). Dem Denken *Martin Bubers* misst für die Grundlegung der Rechtswissenschaft neben *Henke* vor allem sein Schüler *Rolf Gröschner* große Bedeutung zu, s. besonders *ders.*, Dialogik und Jurisprudenz. Die Philosophie des Dialogs als Philosophie der Rechtspraxis (1982), S. 33ff.

31 Siehe dazu besonders: *Friedrich Gogarten*, Ich glaube an den dreieinigen Gott. Eine Untersuchung über Glaube und Geschichte,(1926). Auf folgende Fundstellen dieser Schrift verweist *Henke* im Zusammenhang mit seinen Überlegungen zur »Dialogischen Wirklichkeit« (Recht und Staat S. 72 Anm. 5): S. 36, 60, 62, 87, 148, 182, 210. Er bemerkt dazu a.a.O., *Gogarten* habe mit dem genannten Buch »der abstrakten Wirklichkeit des absoluten, übergeschichtlichen Ich des philosophischen Idealismus die konkrete Wirklichkeit des auf ein Du bezogenen geschichtlichen Menschen entgegengestellt und damit die evangelische Theologie von der Metaphysik befreit und ihr die existentielle Bedeutung für den wirklichen Menschen zurückgegeben.«

32 *Friedrich Gogarten*, Luthers Theologie (1967), S. 181ff. Dieser Hinweis findet sich bei *Henke*, Recht und Staat, S. 103. Anm. 27.

zunächst allgemein bemerkt, dass sie »aus dem Wurzelboden des jüdisch-christlichen Erbes« stamme und von dem »*beneidenswerten Einklang* von theologischem und philosophischem Denken« gesprochen, der für *Bubers* Schriften kennzeichnend sei[33]. Konkretere Aussagen beinhalten dann aber die von *Henke* angezogenen Stellen aus *Gogartens* Schrift »Ich glaube an den dreieinigen Gott« aus dem Jahr 1926[34]. Denn *Gogarten* führt dort ganz in Übereinstimmung mit *Henkes* Sicht der personalen Wirklichkeit aus: »Es ist nur dann möglich, die Wirklichkeit des Menschen … zu erfassen, wenn man anerkennt, dass der Mensch niemals aus Einem Prinzip, dem Ich, der ichhaften Vernunft zu verstehen ist, sondern dass seine Wirklichkeit die widerspruchsvolle, die gegensätzliche von Du und Ich ist.«[35] *Gogarten* folgert dann weiter aus dem »Glauben an die Schöpfung«, dass damit (auch) »alles naturhafte Sein« aufhört, »für sich da zu sein«; auch in dieser Beziehung werde »jeglicher Naturalismus aufgehoben.«[36] Die entscheidende (weitere) Folgerung, die sich für *Gogarten* aus dem Gesagten ergibt, lautet dann,

> »dass es nur im Hören auf das Wort Jesu Christi eine wirkliche Erkenntnis des Anderen und ein wirkliches Hören seines Anspruchs gibt und darum auch nur im Hören auf das Wort Jesu Christi ein wirklichkeitsgemäßes, das heißt: dem Willen Gottes gehorsames

33 Recht und Staat, S. 100 Anm. 25 (Hervorhebungen A. J.). Mit dem ersten Zitat des hiesigen Textes gibt *Henke*, wie er ausdrücklich hervorhebt, eine Formulierung von *Heinz-Horst Schrey* (Dialogisches Denken, 1970, S. 74) wieder.

34 Siehe noch einmal den Nachweis hier in Anm. 31.

35 *Gogarten*, Dreieiniger Gott (Anm. 31), S. 36; s. ergänzend *ders.*, Politische Ethik Versuch einer Grundlegung (1932), S. 127: »Die Begriffe, mit denen wir menschliches Leben ethisch begreifen wollen, sind heute durch eine lange Tradition von der Grundauffassung bestimmt, dass menschliche Existenz dann in ihrer ethischen Existenz und in ihrem Sinn begriffen wird, wenn man sie in ihrem Gegensatz zur Natur versteht. Versteht man die menschliche Existenz auf diese Weise, dann ist ihre Grundfrage die, die man mit dem Grundwort Ich-Es bezeichnen kann. Wir ahnen heute langsam, dass man aber auf diese Weise nicht an das eigentlich Menschliche herankommt, sondern dass man die Grundfrage der menschlichen Existenz erst dann gehört hat, wenn man mit der Frage zu tun bekommt, die man mit dem Grundwort Ich-Du bezeichnen kann.« *Gogarten* verweist im Anschluss an dieses Zitat (a. a. O., Anm. 2) u. a. auf: *Martin Bubers* Buch »Ich und Du« aus dem Jahr 1923. In *Henkes* einschlägigen Überlegungen (um deren Verständnis es ja hier geht) fehlt allerdings der Hinweis auf diese gedankliche Parallele bei *Gogarten* (und *Buber*).

36 *Gogarten*, Dreiniger Gott (Anm. 31), S. 62. Dort heißt es erläuternd: »Wenn wir den Glauben an die Schöpfung so ausschließlich in die Du/Ichbeziehung hineinstellen«, dann wird damit »das ganze natürliche Leben des Menschen als Mittel erkannt …, damit der Mensch als Mensch leben kann.« Ergänzend zu diesen Ausführungen s. auch seine Darstellung des Schöpfungsglaubens *Luthers*, in: *Gogarten*, Luthers Theologie (Anm. 32), besonders S. 189ff. Dort auch a. a. O. Bemerkungen zu dem großartigen Gedanken *Luthers*, dass die ganze Kreatur Gottes »Larve« ist; ganz entsprechende Ausführungen bei: *Gerhard Ebeling*, Luther. Einführung in sein Denken (1964), S. 226ff. *Gogarten* wie *Ebeling* handeln diesen Gedanken *Luthers* übrigens im Zusammenhang mit der Darstellung seiner Zweireichelehre ab!

> Handeln. Denn der Wille Gottes wird nur in dem Tun erfüllt, das im Hören auf den Anspruch des Anderen getan wird. Und nur ein solches Tun ist der Wirklichkeit gemäß, weil die Wirklichkeit des Menschen ja immer nur im Hören des Anspruches des Anderen gegeben wird.«[37]

Das bedeutet im Ergebnis, dass die Theologie *Gogartens* nicht nur *Henkes* Freiheits- und Wirklichkeitsverständnis, sondern auch sein noch genauer darzulegendes Verständnis der (säkularen) Gerechtigkeit beeinflusst hat[38].

### 3. Zweite Folgerung: Eine säkulare Zweireichelehre als Grundlage des juristischen Denkens

Aus *Henkes* Verständnis der Säkularisierung folgt nun weiter seine Anerkennung einer säkularen Zweireichelehre, die als herausragendes Beispiel für die von ihm praktizierte juristische Denkform des Unterscheidens anzusehen ist. Darauf ist jetzt noch genauer einzugehen.

a) *Henke* hat zu dem für sein Verständnis der Säkularisierung so zentralen Buch »Verhängnis und Hoffnung der Neuzeit« von *Friedrich Gogarten* ganz in Übereinstimmung mit seiner bereits wiedergegebenen Auffassung zu diesem die Moderne prägenden Phänomen bemerkt, es finde sich dort

> »bereits *eine Art von Säkularisierung der Zwei-Reiche-Lehre*, indem für die Vernunft die volle Verantwortung für die Welt als Gesamtheit der einzelnen Erscheinungen und Ereignisse, die sie beherrscht, in Anspruch genommen, die Beantwortung der Frage nach dem Heil aber dem Glauben vorbehalten und ihre Beantwortung mit den Kräften und Mitteln der Vernunft als illegitime weltliche Heilslehre beurteilt« werde.[39]

So gesehen erscheint es konsequent, wenn er später einmal im Rückblick auf seinen Denkweg bemerkt: »Die ›Zwei-Reiche-Lehre‹ und die ›Säkularität‹ waren Prinzipien oder Kategorien, mit denen der Theologe den Juristen (erg.: nach 1945) an die Arbeit schickte.«[40]

*Henke* hat nun dieses Verständnis der »säkularen« Zweireichelehre auch konkret für das juristische Denken insofern fruchtbar gemacht, als er auf diese Weise zwischen (geltendem) Recht und Gerechtigkeit unterscheiden will. »Vielleicht«, so sagt er,

---

37 *Gogarten*, Dreieiniger Gott (Anm. 31), S. 182. Auch auf diese Fundstelle weist *Henke*, wie noch einmal ausdrücklich zu betonen ist, hin, s. wiederum Recht und Staat, S. 72 Anm. 5.

38 Siehe dazu schon hier Anm. 27 und genauer noch II 2. b) (= bei Anm. 77ff.).

39 Recht und Staat, S. 103 Anm. 27 (Hervorhebungen A. J.).

40 Recht (Anm. 3), S. 197. Kurz zuvor spricht er a. a. O. von der »Theologie, besonders in der Person Friedrich Gogartens, später Gerhard Ebelings«; siehe ergänzend das Zitat hier bei Anm. 3.

»kann es eine säkulare, weltliche Zwei-Reiche-Lehre geben, in der Recht und Gerechtigkeit wie das Reich der Welt und das Reich Gottes *nicht getrennt, aber unterschieden* werden. Ihr Verhältnis dürfte danach nicht wie Idee und Wirklichkeit, Ideal und Leben oder dergleichen verstanden werden, sondern als das Vorläufige, Notdürftige, Unvollkommene: das Recht, das das Eigentliche, Vollkommene: die Gerechtigkeit nicht herbeiführen kann, aber ihm Raum lässt und durch Verbot und Verpflichtung, Strafen und Zwang, auch Raum und die Möglichkeit zu erscheinen schafft.«[41]

Es gibt demnach auch »im Leben von Fall zu Fall die wahre Gerechtigkeit ..., aber das Recht kann sie nicht gewährleisten, sondern nur um des Friedens willen schlecht und recht ersetzen«[42]. Das wiederum erfordert, wie gesagt, dass Recht und Gerechtigkeit »nicht getrennt, aber unterschieden« werden. Darin sieht Henke die zentrale Aufgabe der Jurisprudenz; sie hat »Getrenntes und Gegensätzliches ... in ein jeweils richtiges Verhältnis zu setzen«[43].

Man muss folglich die von ihm bejahte »säkulare« Zweireichelehre als ein bzw. *das* herausragende Beispiel für die für die Jurisprudenz konstitutive Denkweise des Unterscheidens verstehen. Das bestätigen auch *Henkes* zahlreiche Hinweise auf die Notwendigkeit juristischer (Fundamental-)unterscheidungen. Dabei orientiert er sich primär am römischen Recht, das für ihn nun einmal bis heute für die Jurisprudenz exemplarische Bedeutung besitzt[44]. In seinen dogmatischen Arbeiten hat *Henke* dann aber noch weitere (grundsätzliche) juristische Unterscheidungen behandelt[45]; auch die schon in seiner Dis-

41 Recht (Anm. 3), S. 208 (Hervorhebungen A. J.); ganz entsprechend: Recht und Staat, S. 574f.

42 Recht (Anm. 3), S. 208.

43 So Recht und Staat, S. 498 zur römischen Gerichtsbarkeit.

44 »Römische Wurzeln juristischer Unterscheidungen« zeigt *Henke* (Recht und Staat, S. 493ff.) an folgenden Beispielen auf: Recht und Gerechtigkeit, objektives und subjektives Recht, absolutes und relatives Recht, formelles und materielles Recht, Recht und Moral, Norm und Urteil sowie: Zivil- und Strafgerichtsbarkeit. Die nachhaltige römisch-rechtliche Prägung des Rechts- *und* Staatsdenkens *Henkes* im allgemeinen wäre eine besondere Abhandlung wert. Siehe dazu nur seine Ausführungen in »Recht und Staat«, S. 280–282 und 319–339 zum römischen Staat und Staatsdenken (Amt und Republik); S. 424–440 zum (alten) römischen Recht; S. 443–456 zur Strafe im römischen Recht; S. 544–560 zur römischen Lex. Daneben sei noch auf folgende Arbeiten *Henkes*, in denen das römische Rechts- und Staatsdenken eine erhebliche Rolle spielt, verwiesen: Republikanische Verfassungsgeschichte mit Einschluss der Antike (1984), in: *ders.*, Aufsätze (Anm. 3), S. 106 (111ff.); Artikel: Republik, in: *Josef Isensee/Paul Kirchhof* (Hrsg.), Handbuch des Staatsrechts, Bd. 1, 1. (!) Aufl. 1987, S. 863 (869f.); Recht (Anm. 3), S. 200f., 203 und: Alte Jurisprudenz und neue Wissenschaft (1987), in: Aufsätze (Anm. 3), S. 7 (12ff.). In gewisser Weise beschwört *Henke* im Anschluss an *Jhering* erneut (und in anderer Form) den »Geist des römischen Rechts«. In *Henkes* Buch »Recht und Staat« finden sich übrigens zahlreiche Hinweise auf dieses Werk *Jherings*.

45 Und zwar die Unterscheidungen: Rechtsstellung und Rechtsverhältnis sowie: Privates und öffentliches Recht, so *Henke*, Das subjektive Recht im System des öffentlichen Rechts (1980), in: Aufsätze (Anm. 3), S. 43ff., 53ff. und die Unterscheidung: Teilnahme- und Freiheitsrechte, so *Henke*, Wandel der Dogmatik des öffentlichen Rechts (1992), in: Aufsätze (Anm. 3), S. 178 (188f.).

sertation für das Verständnis der verfassungsgebenden Gewalt des Volkes getroffene Unterscheidung zwischen Staatsgewalt und verfassungsgebender Gewalt muss in diesen Zusammenhang erwähnt werden[46].

b) Für diese soeben wiedergegebenen Überlegungen Henkes finden sich nun – von ihm allerdings nicht ausdrücklich erwähnte – *Parallelen namentlich in der Theologie Gerhard Ebelings.* Darauf im vorliegenden Zusammenhang einzugehen, erscheint mir deshalb geboten, weil damit die theologischen Grundlagen des Rechtsdenkens *Henkes* sich noch eindeutiger bestimmen lassen:

*Ebeling* hat von der (lutherischen) Zweireichelehre als einer »Logik des Glaubens« gesprochen[47] und wie *Henke* die Denkform des Unterscheidens als für die Theologie konstitutiv erachtet. Genauer führt er dazu aus, dass »für die Sache der Theologie der Vorgang des Unterscheidens ausschlaggebend« sei, und zwar eines Unterscheidens, »dessen Vollzug im theologischen Denken dem Geschehen Raum zu geben hat, in dem sich das zurechtbringende Unterscheiden in und an der Lebenswirklichkeit selbst vollzieht. Das nicht trennende, sondern *in die rechte Beziehung setzende Unterscheiden*« ist deshalb gefragt[48]. *Ebeling* hat schließlich auch in mehreren grundlegenden Arbeiten gezeigt, dass namentlich *Luthers* »Anleitung zu theologischer Urteilskraft« unter ontologischen Gesichtspunkten gesehen als Anleitung zum rechten Unterscheiden zu verstehen ist[49].

Dieser Vergleich zwischen dem juristischen Denken *Henkes* und dem theologischen von *Ebeling* besitzt nun aber seine eigentliche Bedeutung aufgrund folgender Bemerkung *Ebelings* zur Philosophie *Martin Heideggers:* Dessen philosophisches Denken trage zwar – so hat er gesagt – Wesentliches zur »Interpretation des Gesetzes« (im theologischen Sinne verstanden) bei. Da man aber *Heideggers* Philosophie »als Gesetz und Evangelium *nicht unterscheidendes*

46 In der bereits erwähnten Dissertation *Henkes* (Anm. 4) heißt es dazu auf S. 10 (Hervorhebungen A. J.): »Es gibt eine Gewalt, die in der Hand des Volkes liegt, und zwar unveräußerlich, das ist die verfassungsgebende Gewalt. Aber es gibt eine andere Gewalt, die das Volk nicht hat und nicht haben kann, das ist die Staatsgewalt.« Das »eigentliche Thema« seiner Dissertation sei »*ihre Unterscheidung*«.

47 *Gerhard Ebeling*, Dogmatik des christlichen Glaubens, Bd. 1 (1979), S. 157, ähnlich S. 234.

48 *Gerhard Ebeling*, Studium der Theologie. Eine enzyklopädische Orientierung (1975), S. 171f. (Hervorhebungen A. J.). Zur notwendigen (von Paulus begründeten und Luther weiter entwickelten) theologischen Fundamentalunterscheidung zählt *Ebeling* vor allem die zwischen Gesetz und Evangelium. Siehe im Übrigen schon die parallele Definition des Unterscheidens bei *Henke* (Zitat hier bei Anm. 43).

49 Siehe besonders *Gerhard Ebeling*, Das rechte Unterscheiden. Luthers Anleitung zu theologischer Urteilskraft (1988), in: Wort und Glaube, Bd. 4 (Anm. 28), S. 420ff.. Dass es sich insoweit um eine ontologische Kategorie handelt, zeigt zusammenfassend *Ebelings* Aufsatz: Luthers Wirklichkeitsverständnis (Anm. 28), S. 460ff. Übrigens hat *Martin Honecker* 2010 eine evangelische Ethik unter dem Titel »Evangelische Ethik als *Ethik der Unterscheidung*« vorgelegt, siehe zur Erläuterung dieses Titels daselbst S. 39f.

Denken« verstehen müsse, bringe es »gerade nicht das Gesetz *als* Gesetz zur Sprache«[50]. Auf die juristische »Fundamentalunterscheidung« zwischen Recht und Gerechtigkeit bezogen muss m. E. aus dieser Bemerkung gefolgert werden, dass ohne eine säkulare Zweireichelehre – bzw. allgemeiner gesprochen: ohne das rechte Unterscheiden – das Recht nicht *als* Recht verstanden wird.

So gesehen gründet *Henkes* Rückgriff auf diese theologische Denkfigur letztlich wiederum auf der Einsicht, dass auch die Orientierung der Jurisprudenz an der säkularen (philosophischen) Vernunft nur so lange sinnvoll und gerechtfertigt ist, wie diese sich ihrer (aus dem christlichen Verständnis der Säkularisierung folgenden) Grenzen bewusst bleibt – oder in der Terminologie *Gogartens* gesprochen: so lange Säkularisierung nicht in Säkularismus umschlägt[51].

## 4. Die »Einheit der geistig-seelischen Existenzbedingungen« von Jurisprudenz und Theologie als eigentliche Erklärung für Henkes theologische Grundlegung

Wie besonders *Henkes* späte Arbeiten zeigen, erklären nun aber seine dargestellten theologischen Gründe für die Verankerung der Rechtswissenschaft in der Lebenswelt diesen gedanklichen Schritt nicht hinreichend. Vielmehr muss man aufgrund dieser Abhandlungen die »Einheit der geistig-seelischen Existenzbedingungen« von Theologie und Jurisprudenz als wahren (letzten) Grund dafür ansehen[52]. Darauf ist jetzt noch einzugehen.

*Henke* hat mehrfach betont, dass die Jurisprudenz wie die Theologie einen eigenständigen (nicht von einer bestimmten Philosophie oder den Sozialwissenschaften vorgeprägten) Durchgriff auf die (soziale) Wirklichkeit zu leisten haben. Und zwar deshalb – und das ist entscheidend –, weil Jurisprudenz und Theologie nach Henke auf existentielle Fragen der Menschen eigene Antworten geben müssen.

Für die Jurisprudenz gilt insoweit, wie er sagt, dass der »Schrei nach Gerechtigkeit« nicht »von Daten, Fakten und Funktionen« kommt, »sondern aus

---

50 *Gerhard Ebeling*, Verantworten des Glaubens in Begegnung mit dem Denken M. Heideggers. Thesen zum Verhältnis von Philosophie und Theologie (1961), in *ders.*, Wort und Glaube, Bd. 2 (1969), S. 92 (95f. – letzte Hervorhebung von *Ebeling*); s. ergänzend auch die damit übereinstimmende Stellungnahme *Friedrich Gogartens* zur Philosophie *Heideggers:* Entmythologisierung und Kirche (1953), S. 63ff.

51 Dazu *Gogarten*, Verhängnis und Hoffnung der Neuzeit (Anm. 9), S. 134ff. Zu *Ebelings* entsprechende Begrenzung der Vernunft s. *Janssen*, Rechtsgeschichte und Rechtsdogmatik (Anm. 23), S. 485.

52 Davon spricht *Henke* in: Hermeneutik und Jurisprudenz (Anm. 3), S. 162; s. zur Erläuterung dieser Feststellung a. a. O., S. 162ff. und: Recht und Staat, S. 428f.

der Welt, in der sich die Rechtswissenschaft von allem Anfang an vorfindet, von dem ganzen, wirklichen, lebendigen Menschen«[53]. *Darum* muss sie nach *Henke* ihren Überlegungen die elementare Wirklichkeit unverkürzt zugrunde legen, und genau das wiederum vermag sie nur durch ein rechtes Unterscheiden, das sich eine (säkulare) Zweireichelehre zum Vorbild nimmt[54].

Für die Theologie stellt *Henke* Entsprechendes fest. Ihre »Fragestellung«, so sagt er, kann man »nicht aus Büchern lernen, aber im Erleiden oder Mitansehenmüssen von Unrecht, auf Krebsstationen, an offenen Gräbern«[55]. Folglich ist auch nach *Henke* theologische »Schriftauslegung … eine andere und muss eine andere sein, wenn sie zu einem *existentiellen Spruch* führt, als wenn sie um historischer oder philologischer Erkenntnisse willen angestellt wird«[56]. An anderer Stelle führt er dazu ergänzend aus, dass ebenfalls die juristische »Textinterpretation … *wie die der Theologie als Existenzfrage*« zu verstehen sei, »nämlich um gegen den Streit – in der Theologie gegen den Zweifel und die Irrlehre – die Wahrheit zu finden, aufzurichten und zu verkünden«[57].

Es sind diese Parallelen in den beiden Wissenschaften, die *Henke* letztlich zu der Feststellung veranlassen, dass »für die Jurisprudenz als Wissenschaft … die Theologie die Hüterin des Wissens um ihre Grenzen ist«[58]. »Sie kann« auch, wie er sagt, »von der Theologie als *einer Verwandten* die Wahrung ihrer Grenzen leicht annehmen«[59]. Zu diesen »Grenzen« der Jurisprudenz zählt nun vor allem, dass ihr die Möglichkeit verschlossen ist, eine vollkommene (säkulare) Gerechtigkeit zu realisieren. Sie vermag aber – wie bereits früher bemerkt – durch die rechte Unterscheidung zwischen Recht und Gerechtigkeit von Fall zu Fall Frieden stiftend und damit gerecht zu wirken. Wie das nach *Henke* im Einzelnen zu geschehen hat, ist jetzt zu schildern.

53 So *Henke*, Sozialtechnologie und Rechtswissenschaft, in: Der Staat 8 (1969, 1 (12). Das Recht ist folglich, wie er an anderer Stelle sagt, »nicht zugunsten reiner Logik gegen Politik, Geschichte, Wirtschaft isoliert, sondern hat nur im Verhältnis zu den entsprechenden Wissenschaften *einen eigenen und besonderen Zugang zu diesen Lebensbereichen*«, so: Recht und Staat, S. 594 (Hervorhebungen A. J.), ganz entsprechend S. 58ff.

54 Siehe zur Erläuterung dieser Feststellung noch einmal das Zitat bei Anm. 41.

55 So *Henke*, Kritischer Rationalismus (Anm. 22), S. 24.

56 So *Henke*, Hermeneutik in der Jurisprudenz (Anm. 3), S. 166 (Hervorhebungen A. J.).

57 So *Henke*, Recht (Anm. 39), S. 205 (Hervorhebungen A. J.). Es verwundert aufgrund dieser Parallelen auch nicht, wenn *Henke* für Theologie und Jurisprudenz den »gemeinsamen Gebrauch von Begriffen für elementare Erscheinungen« feststellt (so a.a.O., S. 207, wo er auch entsprechende Beispiele bringt); schlägt sich doch darin eine ähnliche existentielle Herausforderung, die beide Wissenschaften verbindet, nieder.

58 So *Henke*, Hermeneutik in der Jurisprudenz (Anm. 3), S. 161.

59 Wie Anm. 58 (Hervorhebungen A. J.).

## II. Henkes juristische Konkretisierung der Verankerung der Rechtswissenschaft in der Lebenswelt

*Henkes* theologische Rechtfertigung für eine Verankerung der Rechtswissenschaft in der Lebenswelt muss nach dem unter I. Ausgeführten als eine (besondere) *ontologische* Begründung für diesen gedanklichen Anknüpfungspunkt verstanden werden. Seine theologischen Überlegungen gehen darüber nicht hinaus. Sie münden also nicht in den naheliegenden Versuch ein, namentlich im Anschluss an die Theologie *Gerhard Ebelings* daraus konkrete Folgerungen für das Rechts- und Staatsdenken zu ziehen[60]. Diese Folgerungen und damit eine Antwort auf die Frage nach der Gewissheit der Jurisprudenz ergeben sich bei *Henke* vielmehr erst, wenn man genauer nach der Verbindlichkeit der Lebenswelt für sein Verständnis der Rechtswissenschaft und weiter nach ihrer daraus folgenden Aufgabe fragt. Schließlich ist dann noch auf eine notwendige Ergänzung der Argumentation *Henkes* einzugehen: das von ihm letztlich ignorierte Volk als Teil der Lebenswelt und dessen Bedeutung für die juristische Dogmatik.

### 1. Die Bedeutung der Lebenswelt für das Selbstverständnis der Rechtswissenschaft

»Ein Grundgedanke des Buches von *Wilhelm Henke*, Recht und Staat« sei es, so ist gesagt worden, dass »Eigentum, Vertrag, Staat ... nicht vom Recht geregelte Sachverhalte sind, sondern selbst schon sinnhafte Institutionen, in denen menschliche Zügellosigkeit Gestalt gewinnt, also Antworten auf die Frage, wie denn ein Konflikt zu bewältigen sei«[61]. Diesem »Grundgedanken« ist zunächst im Folgenden näher nachzugehen. Denn es ist in der Tat die lebensweltliche Fundierung der genannten und weiterer von *Henke* behandelten Institutionen,

60 Das habe ich in mehreren Arbeiten zunächst für das (evangelische) Kirchenrecht und dann weiter auch für das säkulare Rechts- und Staatsdenken aufzuzeigen versucht, s. besonders *Albert Janssen:* Historisch-kritische Theologie und evangelisches Kirchenrecht. Zur kirchenrechtlichen Bedeutung der Theologie Gerhard Ebelings, ZevKR 26 (1981), S. 1ff.; Die Unabhängigkeit des evangelischen Kirchenrechts von der (theologischen) Ethik. Anmerkungen zu seiner theologischen Begründung durch Gerhard Ebeling, ZevKR 51 (2006), S. 277ff.; Fragwürdiger Abschied vom usus politicus legis als Grundlage evangelischen Rechts- und Staatsdenkens. Eine Stellungnahme zu Wolfgang Hubers Buch: Gerechtigkeit und Recht, ZevKR 54 (2009), S. 1ff. Ansätze für eine entsprechende Rechtstheologie im Anschluss an *Luther* finden sich auch bei *Friedrich Gogarten*, Politische Ethik (Anm. 35), S. 108ff., 198ff. (bes. S. 204f.), 210ff. und: Luthers Theologie (Anm. 32), S. 181ff.

61 So *Jan Schapp*, Grundlagen des bürgerlichen Rechts, 1. (!) Aufl. 1991, S. 25 mit Anm. 49.

mit der er seine Überlegungen zu möglichen Garanten einer wirklichen Gerechtigkeit beginnt[62].

a) Die erste Frage, die sich damit stellt, ist die nach den gedanklichen Mitteln, die es der Jurisprudenz ermöglichen, die für sie *relevante Lebenswirklichkeit adäquat zu erfassen.* Aus der von *Henke* nachdrücklich betonten Friedensaufgabe des Rechts folgt für ihn insoweit zunächst die Notwendigkeit, nicht »im Banne philosophischer Systeme« zu verharren[63], sondern von der Lebenswelt der an einem Rechtsstreit Beteiligten auszugehen. Denn »der Rechtsstreit spielt sich«, so sagt *Henke*, »im Bereich der allgemeinen, d. h. allen gemeinsamen Sprache und des allgemeinen Verständnisses, in der ... vorwissenschaftlichen Lebenswirklichkeit ab«[64].

Man muss darum nach *Henke* das Recht »als Teil der Lebenswirklichkeit in einem phaenomenologisch-hermeneutischen Ansatz außerhalb der Schulen« verstehen. Diese These erläutert er wie folgt:

> »Lebenswirklichkeit ist die unzubereitete, vorwissenschaftliche Realität des Alltags ... Phänomenologie heißt hier nichts weiter als die unbefangene Hinwendung zu den Dingen ohne vorgängige metaphysische Konzeption oder erkenntnistheoretische Sicherung und Beschränkung des Zugangs. Hermeneutik heißt hier nur kritisch-vernünftiges Verstehen der Dinge aus sich selbst und aus ihrer Geschichte.«[65]

*Henke* versteht – das ist abschließend zu diesem Punkt noch zu betonen – seine gerade wiedergegebenen Gedanken zur Erfassung der Lebenswirklichkeit als Teil des juristischen Denkens. Denn für ihn gehört »auch der Grund des Rechts ... zum Recht« und deshalb dürfen etwa staatsrechtliche Überlegungen, wie er

62 Für *Henke* kommen daneben insoweit noch der Richterspruch, die Gemeinschaft und die Herrschaft als lebensweltliche Phänomene, die zu einer »gewissen« Gerechtigkeit beitragen können, in Betracht, s. zum Ganzen S. 202–277 seines Buches: Recht und Staat.

63 Recht und Staat, S. 418 Anm. 7.

64 So *Henke*, Jurisprudenz und Soziologie, JZ 1974 S. 729 (735).

65 So *Henke* in einer in seinem Nachlass befindlichen maschinenschriftlichen Ausarbeitung mit dem Titel: Entwurf einer Rechtslehre, S. 2. Datiert ist diese Ausarbeitung am Schluss mit dem Hinweis »Sept. 1976/April 1977«. Ganz entsprechende Ausführungen bei *Henke*, Recht und Staat, S. 51ff. Danach kommt es vor allem darauf an (a. a. O., S. 59), dass »der Zusammenhang mit der alltäglichen Wirklichkeit und dem ihr entsprechenden gewöhnlichen Denken und Sprechen« gewahrt bleibt. Natürlich hat man diesen gedanklichen Ansatz der juristischen Überlegungen *Henkes* »außerhalb der Schulen« auch als einen ganz bestimmten philosophischen Standpunkt zu verstehen, der auf die These hinausläuft, »dass Rationalität vor aller wissenschaftlichen Disziplin ihre unverwalteten Quellen in lebensweltlichen Dispositionen findet«. Damit obliegt es der Philosophie, »die lebensweltlich begründete Rationalität auf den Begriff zu bringen, ohne damit wissenschaftliche Verfahrensweisen zu imitieren«, so etwa *Rüdiger Bubner*, Dialektik als Topik. Bausteine zu einer lebensweltlichen Theorie der Rationalität (1990), S. 7f.

dementsprechend fordert, nicht im »staatsrechtlich-technischen Bereich« enden[66].

b) Für das daraus folgende *Selbstverständnis der Rechtswissenschaft* ist nun sein Versuch aufschlussreich, den eigenständigen Wissenschaftscharakter der Jurisprudenz gegenüber den Sozialwissenschaften zu begründen. Für die Jurisprudenz kann nach *Henke* schon deshalb nicht der die Sozialwissenschaften beherrschende, weitgehend an den Naturwissenschaften orientierte Wissenschaftsbegriff verbindlich sein, weil sie – wie hier bereits ausgeführt – ähnlich wie die Theologie auf eine ihr aufgegebene besondere existentielle Frage, die nach der Gerechtigkeit, Antworten geben muss[67]. Daraus folgt für ihren Wissenschaftscharakter:

> »Die Rechtswissenschaft ... *bleibt* (erg.: im Gegensatz zu den Sozialwissenschaften) hermeneutisch. In *allen* Aussagen dieser Wissenschaft sind verstehende Interpretationen enthalten von der Art wie die Grundentscheidung der exakten Wissenschaft. Dieser Unterschied ist darin begründet, dass die exakte Wissenschaft es nur am *Anfang* mit der Welt als bloßer unzubereiteter Wirklichkeit, in der *Folge* dagegen mit dem reduzierten Gegenstand der Fakten und Funktionen zu tun hat, der ihre reine Rationalität möglich macht, die Rechtswissenschaft dagegen *stets* der unreduzierten lebendigen Wirklichkeit des Menschen gegenübersteht, der nach Recht und Gerechtigkeit verlangt. Darum ist die Lehre vom Recht keine exakte Wissenschaft. Ihre Logik ist eine hermeneutische Logik.«[68]

Es ist dieser Charakter der Rechtswissenschaft, der nach *Henke* die Erklärung dafür bietet, dass die Jurisprudenz letztlich wie seit fast zweitausend Jahren als eigenständige »Wissenschaft« unter immer neuer Vergegenwärtigung ihrer römischrechtlichen Grundlagen verfährt[69]. Der Rückgriff auf diesen Erfahrungsschatz in dem Bewusstsein, mit jeder neuen rechtlichen Entscheidung über einen streitigen Fall in die dadurch geprägte Tradition des juristischen Denkens ein-

---

66 So *Henke*, Die verfassungsgebende Gewalt des Volkes in Lehre und Wirklichkeit, Der Staat 7 (1968), S. 165 (171). Das vollständige (für das Rechtsdenken *Henkes* aufschlussreiche) Zitat lautet: »Jedenfalls darf aber in der Staatsrechtslehre die Methode nicht den Gegenstand bestimmen, so dass Recht und Rechtswissenschaft da enden würden, wo der ›staatsrechtlich-technische‹ Bereich endet. Vielmehr verlangen auch die Fragen nach dem, was jenseits dieses Bereichs liegt, eine Antwort der Staats*rechts*lehre. Auch der Grund des Rechts gehört zum Recht« (Hervorhebung A. J.). *Bubner* (Anm. 65), S. 8 glaubt dieser Aufgabe mit der »Dialektik in ihrer topischen Gestalt« gerecht werden zu können. Das entspricht in gewissem Sinne der Vermutung *Henkes* (Recht und Staat, S. 56 Anm. 6), dass sich eine (von ihm bejahte) hermeneutische Logik »möglicherweise in Topik und Rhetorik« erschöpft.

67 Sie hier bei und in Anm. 53.

68 So *Henke*, Sozialtechnologie und Rechtswissenschaft (Anm. 53), S. 13f. (die ersten beiden Hervorhebungen bei Henke). Genauer zu *Henkes* Standpunkt: *Janssen*, Rechtsgeschichte und Rechtsdogmatik (Anm. 23), S. 478ff.

69 Grundlegend dazu *Henke*, Alte Jurisprudenz und neue Wissenschaft, (Anm. 44), S. 7ff.; daneben: Recht und Staat, S. 620 ff, 648ff. u. a.

zurücken, ist es, der die *Gewissheit der Jurisprudenz* begründet, zu relativ gerechten Falllösungen kommen zu können. Wenn *Henke* die Bedeutsamkeit der philosophischen Hermeneutik *Gadamers* für das juristische Denken in der »Anerkennung des Vorverständnisses« gesehen hat bzw. »die ›Rehabilitierung‹ des Vorurteils einschließlich Autorität und Tradition« durch *Gadamer* positiv hervorhebt[70], dann lässt sich sein Verständnis der Rechtswissenschaft wohl auch als hermeneutische Jurisprudenz kennzeichnen.

## 2. Die Aufgabe der Rechtswissenschaft: Die Lösung des streitigen Falles als Teil der Lebenswelt

Ausgangspunkt der Überlegungen *Henkes* zur Aufgabe der so in der Lebenswelt verankerten Rechtswissenschaft ist der (streitige) Fall als Teil der Lebenswelt. Das Gesetz hat nämlich, wie er sagt, nur den »rechtstechnischen Vorrang der hierarchischen Überordnung, aber der Fall behält den Vorrang im Sinne des gerechten Rechts«. Denn das Recht »ist nicht in erster Linie Gesetz und Gesetzanwendung, sondern Berechtigung einer Person gegenüber einer anderen«. Die Funktion des Gesetzes liegt so gesehen darin, dass es die Rechte begründet und bestimmt, aber das geschieht nicht »um eines übergeordneten Prinzips, der Gesellschaft, der Rechtsidee oder eines Menschheits- oder Staatsziels, sondern um der Beziehung zwischen den Menschen und ihren Lebensverhältnissen willen«[71]. Die älteste Erscheinungsweise des Rechts ist darum nicht das Gesetz, sondern das Gericht[72].

a) Was bedeutet dann aber *Auslegung der Gesetze*, wenn der Fall das Primäre ist? Das übliche Verständnis der Subsumtion wird diesem theoretischen Ausgangspunkt augenscheinlich nicht gerecht. Das hat *Henke* gesehen und sich für sein Verständnis der Gesetzesauslegung darum auf die Methodenlehre von *Jan Schapp* berufen[73]. Das geschieht insofern zu Recht, als *Schapp* im Tatbestand des Gesetzes nicht wie üblich den allgemeinen Obersatz sieht, unter den der konkrete Fall zu subsumieren ist. Vielmehr versteht er den gesetzlichen Tatbestand als Reihe von einzelnen Fällen, über die durch das Gesetz bereits entschieden ist. Der zu lösende Fall ist dann für den Gesetzgeber ein zukünftiger, für den Richter

70 Recht und Staat, S. 58.

71 Recht und Staat, S. 623; vgl. daneben: Hermeneutik in der Jurisprudenz (Anm. 3), S. 176 (ähnlich S. 179), wo er das Gesetz als eine »*sekundäre Gestalt von Recht*« bezeichnet (Hervorhebungen A. J.).

72 Recht (Anm. 3), S. 203.

73 Recht und Staat, S. 139 Anm. 12, S. 527ff., 622f., 624f. mit Anm. 15. Der genaue Titel des genannten Buches von *Schapp* lautet: Hauptprobleme der juristischen Methodenlehre (1983).

dagegen ein vergangener. Der Gesetzgeber überlässt es damit dem Richter ausgehend von seinen »sicheren Entscheidungen weiter nicht so eindeutig entschiedene Fallreihen in die Regelung des Gesetzes miteinzubeziehen«. So gesehen ist für die Rechtsfindung nicht die Beziehung von Gesetz-Einzelfall, sondern die Dreiecksbeziehung von Gesetzgeber – konkretem Einzelfall – Richter bestimmend[74]. Diese Form der Rechtsfindung wahrt auch die »Verankerung des Rechts in der Historie«[75]. Denn der für die Einzelfallentscheidung notwendige Rückgriff des Richters auf die entschiedenen Fälle des Gesetzgebers und der Vergleich von dessen Entscheidungsgründen mit dem zu entscheidenden Fall macht juristisches Verstehen (auch) zu historischem Verstehen.

b) »Sache« des Juristen ist also die Fallentscheidung durch die so beschriebene Gesetzesauslegung, aber – so fragt *Henke* weiter –, »*was ist die eigentliche Sache der Juristen, die die Auslegung leitet*, die Sache, ohne deren Verständnis sie … die Worte des Gesetzes nicht verstehen?«[76] Der Jurist hat, so seine Antwort, bei der Entscheidungsfindung die Gesetzesauslegung »immer auch zu ergänzen, nämlich um das, was der Gesetzestext eigentlich meint, die Gerechtigkeit«. Denn »gemeint ist vom Gesetz immer die Gerechtigkeit des Falles. Sie ist die Sache, von der der Text spricht, um die es bei der Auslegung geht, die die Gesetzesauslegung leitet«[77]. Unter »Gerechtigkeit des Falles« wiederum , die das Gesetz »meint«, versteht *Henke* »das, was die Lage der Streitenden fordert, was die Lage des einen vom anderen und die Lage beider vom Richter fordert«[78].

Eine so verstandene juristische Hermeneutik kann man nach *Henke* folglich nicht wie die philosophische *Gadamers* als »spielerisch-ästhetisch«[79] bezeichnen. Und die juristische Urteilsfindung reduziert sich auch nicht wie in *Gada-*

74 So *Schapp*, Hauptprobleme (Anm. 73), S. 8ff. (Zitat S. 11), genauer dazu S. 31–97.

75 *Schapp*, a. a. O., S. 96.

76 So: Hermeneutik in der Jurisprudenz (Anm. 3), S. 177 (Hervorhebungen A. J.).

77 Ebd. S. 179. Allgemein zum Verhältnis von Gesetz (gesetztem Recht) und Gerechtigkeit: Recht und Staat, S. 574ff. Ganz Entsprechendes gilt nach *Henke* für die theologische Schriftauslegung. Im Anschluss an Überlegungen Ebelings dazu führt er aus: »Auch in der Theologie fragt man über die Technik der Schriftauslegung hinaus nach dem materialen Element, das sie leitet. Dieses materiale Element der Schriftauslegung wurde schon von Luther zur Hauptsache der Hermeneutik erklärt. Wer die Sache nicht verstehe, verstehe auch die Worte nicht, sagte er. Richtiges Verstehen des Textes setzt ein unmittelbares Verhältnis zu dem voraus, wovon der Text spricht. Eigentlicher Gegenstand der Auslegung ist also nicht der Text mit seinen Worten, sondern die Sache, von der der Text spricht, und eigentliche Aufgabe der Hermeneutik ist es zu lehren, wie diese Sache zu verstehen sei«, so Hermeneutik in der Jurisprudenz (Anm. 3), S. 176; vgl. hierzu auch schon unsere Ausführungen unter I 3. (= bei Anm. 56f.). *Ernst Forsthoff* hat schon sehr früh auf diese (und andere) Parallelen zwischen juristischer und theologischer Hermeneutik hingewiesen, s. *ders*, Recht und Sprache. Prolegomena zu einer richterlichen Hermeneutik (1940), S. 3, 6ff.

78 Hermeneutik in der Jurisprudenz (Anm 3), S. 179; s. daneben zu *Henkes* Verständnis der Gerechtigkeit hier den Nachweis in Anm. 27.

79 So *Henkes* Urteil über die Hermeneutik Gadamers, s. Recht (Anm. 3), S. 205.

*mers* Hermeneutik auf eine »Horizontverschmelzung« zwischen dem geltenden Recht und seinem Ausleger[80]. Vielmehr kommt hier die von *Henke* ja befürwortete Denkform des *Unterscheidens* als Kennzeichen juristischer Urteilskraft[81] ins Spiel[82]. Im Übrigen setzt eine solche juristische Hermeneutik ein ganz bestimmtes Verständnis der Geschichtlichkeit voraus. Darauf ist als die m. E. für die Jurisprudenz nach wie vor wesentliche ontologische Einsicht *Henkes* noch abschließend unter III. einzugehen.

### 3. Eine notwendige Ergänzung: Die juristische Relevanz des Volkes als Teil der Lebenswelt

In *Henkes* lebensweltlich fundierter Jurisprudenz besitzt nun aber das Volk bzw. die menschliche Gemeinschaft als solche keine rechtliche Bedeutung. Das ist zur Abrundung des Gedankengangs noch kurz zu schildern und auf die daraus folgenden dogmatischen Defizite seines Rechtsdenkens einzugehen.

Das »Wort Volk«, so stellt er zunächst fest, »kann nicht mehr bedeuten als: alle Bürger, die zwar in einer äußeren Ordnung leben, aber nicht in ihr gefangen sind, sondern in Freiheit aus ihr heraustreten können«. Darum liegt »die Einheit der Gesellschaft« für ihn »nur noch in der Gerechtigkeit jedes Bürgers gegen den anderen und in der Verträglichkeit unter ihnen«[83]. Die Gemeinschaft als Teil der Lebenswelt zählt *Henke* zwar zu einer (unter mehreren) Voraussetzungen für eine »gewisse Gerechtigkeit«[84], einschränkend bemerkt er aber an anderer Stelle dazu, dass »die zweiseitigen personalen Verhältnisse die primäre Wirklichkeit

80 Zu diesem für die Hermeneutik *Gadamers* zentralen Begriff, s. *ders.*, Wahrheit und Methode. Grundzüge einer philosophischen Hermeneutik, 6. Aufl. 1990 (= Gesammelte Werke, Bd. 1), S. 305ff. (bes. S. 311f.). Aus der Sekundärliteratur s. nur: *Donatellea Di Caesare*, Gadamer – Ein philosophisches Porträt (2009), S. 121f.; *Hans-Helmuth Gander*, Erhebung der Geschichtlichkeit des Verstehens zum hermeneutischen Prinzip (GW 1, 270–311), in: Hans-Georg Gadamer, Wahrheit und Methode, hrsg. von *Günter Figal* (=Klassiker Auslegen, Bd. 30), 2007, S. 105 (123f.).

81 Dazu hier unter I 3. (= bei Anm. bei 41ff.).

82 Daraus folgt für die juristische Methodenlehre die Notwendigkeit, an der Unterscheidung zwischen Verstehen des Rechtssatzes und Anwendung des Rechtssatzes festzuhalten; dazu vertiefend *Jan Schapp*, Methodenlehre des Zivilrechts (1998), S. 64 ff, 90ff.

83 So »Recht und Staat«, S. 371; vgl. auch S. 376: »Das souveräne Volk tritt selbst immer nur entweder anarchisch und diffus, in vereinzelten Ausbrüchen in Erscheinung, oder aber durch Führer, also unter einer neuen Herrschaft.« Henke spricht an anderer Stelle (a. a. O., S.125) allerdings von der »Herrschaft der öffentlichen Meinung«.

84 Siehe zur Gemeinschaft: Recht und Staat, S. 232ff. Sie wird dort von *Henke* unter der Überschrift »Gewisse Gerechtigkeit« neben Vertrag, Richterspruch, Eigentum und Herrschaft abgehandelt.

des menschlichen Zusammenlebens« sind[85]; »das Allgemeine« hat für ihn »als solches« eben »keine legitimierende Kraft«[86].

Aufgrund dieser Prämissen lasen sich m. E. folgende dogmatische Defizite seines juristischen Denkens erklären:

Zunächst die (spätere) Ansicht *Henkes*, dass dem Volk als Träger der verfassungsgebenden Gewalt dennoch keine legitimierende Kraft im juristischen Sinne zukommt. Vielmehr besitzt die verfassungsgebende Gewalt des Volkes nach *Henke* »einen juristischen Aspekt« lediglich insofern, als sie durch das Verfassungsgesetz »die Veränderung der politischen Verhältnisse ... in rechtlich geregelten Formen und Schranken der Verfassungsänderung zu erfassen und zu ordnen« sucht, »wie es in Art 79 GG geschehen ist«[87]. Danach besitzt für ihn die Tatsache keine Bedeutung, dass das Selbstbestimmungsrecht der Völker, das sowohl in verschiedenen völkerrechtlichen Dokumenten wie auch (indirekt) im Grundgesetz seinen Niederschlag gefunden hat, als die rechtsverbindliche inhaltliche Bestimmung des pouvoir constituant letztlich die (von *Henke* verneinte) »legitimierende Kraft« für jede Verfassung stiftet[88].

Wie *Henke* damit – verfassungsrechtlich gesehen – die Unterscheidung zwischen der Legitimation des Volkswillens nach Artikel 20 Abs. 2 Satz 1 GG und dessen Einfluss auf die Ausübung der Staatsgewalt nach Artikel 20 Abs. 2 Satz 2 GG übersieht[89], so stellt für ihn auch der grundsätzliche Konflikt »zwischen dem Nationalitäts- und dem abstrakten Staats- und Rechtsprinzip«[90] kein Problem dar, obwohl gerade dieser Konflikt heute besonders als Gegensatz zwischen supranationalem Europarecht und nationalem Recht große Bedeutung besitzt. Und auch hier ist es wieder die von *Henke* abgelehnte »legitimierende Kraft« des

85 Recht und Staat, S. 78.

86 Ebd. S. 236. Das vollständige Zitat lautet: »Für ein Dasein in Freiheit in einer geschichtlichen Welt ist das Allgemeine das Sekundäre und Abgeleitete, eben weiter nichts als das Gemeinsame. Es ist deswegen nicht bedeutungslos, vielmehr angesichts der befreiten, aber nun zwischen gut und böse, falsch und richtig schwankenden Subjektivität eine desto wichtigere Stütze und Hilfe für das Handeln und das Zusammenleben. Aber das Allgemeine hat als solches keine legitimierende Kraft.« Zur philosophischen Kritik an dieser Sichtweise, soweit damit das Volk als Teil der Lebenswelt (und als »legitimierende Kraft«) geleugnet wird, eindrucksvoll: *Wolfgang Kersting*, Macht und Moral. Studien zur praktischen Philosophie der Neuzeit (2010), S. 272ff.

87 So *Henke*, Staatsrecht, Politik und verfassungsgebende Gewalt (1980), in: *ders*, Aufsätze (Anm. 3), S. 131 (154).

88 Dazu genauer *Albert Janssen*, Die gefährdete Staatlichkeit der Bundesrepublik Deutschland. Beiträge zur Bewahrung ihrer verfassungsrechtlichen Organisationsstruktur (2014), S. 578ff.

89 Ausführlich dazu *Janssen*, a.a.O., S. 535ff.

90 So bereits für das römische Recht *Rudolf von Jhering*, Geist des römischen Rechts auf den verschiedenen Stufen seiner Entwicklung, Bd. 1 (6. Aufl. 1907), S. 314, s. auch S. 12; ganz entsprechend *Rudolf Sohm*, Institutionen. Geschichte und System des römischen Privatrechts, 17. (von *Ludwig Mitteis* bearbeitete) Aufl. 1926, S. 70ff.

Volkes, die als verfassungsgebende Gewalt die unterschiedliche Legitimation beider Rechtsordnungen zu erklären vermag[91].

Schließlich besitzt für *Henke* aufgrund seiner Prämissen eine Unterscheidung kein Gewicht, die für das Verständnis des öffentlichen Rechts als besonderer Form der Konfliktlösung unverzichtbar ist, – nämlich die zwischen Konflikten von Einzelpersonen und die von Gruppen unter einander. Letztere zu lösen, ist eine typische Aufgabe des öffentlichen Rechts aufgrund der ihm zur Verfügung stehenden demokratischen Verfahren der Entscheidungsfindung[92]. Das lässt sich aber wiederum nur dann bejahen, wenn man – was *Henke* gerade nicht tut – den Gruppen eine *eigenständige* rechtliche Bedeutung zuerkennt.

Diese bei *Henke* zu beobachtende, verkürzte Wahrnehmung der für die Jurisprudenz relevanten Lebenswelt besitzt nun aber im Blick auf die grundsätzliche, bleibende Bedeutung seines Rechtsdenkens kein Gewicht. Eben danach ist abschließend nun noch zu fragen.

## III. Das Bleibende: Henkes Beitrag zum Verständnis der Geschichtlichkeit des Rechts

Um die Frage nach der bleibenden Bedeutung von *Henkes* Grundlegung der Jurisprudenz richtig zu beantworten, empfiehlt es sich, als Ausgangspunkt der Überlegungen seine Forderung zu wählen, »den Ort des Glaubens für das weltliche Denken und für die Erfüllung der weltlichen Aufgaben leer zu lassen.« Er präzisiert diese Forderung noch ganz in Übereinstimmung mit dem bisher Gesagten in dem Sinne, dass man die genannte Leerstelle »nicht mit einer Metaphysik oder Ideologie, einem Bild oder einer gedanklichen Konstruktion des Weltganzen oder einer anderen Teilwahrheit, die für die ganze Wahrheit und das Wesen der Welt genommen wird«, ausfüllen dürfe[93].

Aufgrund dieser Prämissen kann *Henkes* mit theologischen Überlegungen gerechtfertigte Verankerung der Rechtswissenschaft in der Lebenswelt folglich nur dann eine bleibende Bedeutung zukommen, wenn diese Überlegungen einem (ontologischen) Gedanken Ausdruck zu geben vermögen, der unabhängig von seiner theologischen Herkunft Allgemeingültigkeit, zumindest aber eine gewisse Evidenz für sich beanspruchen kann[94]. Das scheint mir nun deshalb der

91 Genauer dazu *Janssen* (Anm. 88), S. 569ff.

92 Dazu wiederum *Janssen* (Anm. 88), S. 96f., 415ff. im Anschluss an *Jan Schapp*, s. *ders.*, Zum Verhältnis von Recht und Staat, JZ 1993, S. 974 (975ff.) und: Freiheit, Moral und Recht. Grundzüge einer Philosophie des Rechts (1994), S. 213ff., 239ff., 243ff.

93 Recht und Staat, S. 39f.

94 Als Erläuterung des Gesagten kann folgende Bemerkung des *Grafen Paul Yorck von Wartenburg* dienen: »Wir haben es hier nicht mit dem Christentum als Religion zu tun, sondern

Fall zu sein, weil der aufgezeigte gedankliche Weg *Henkes* ein gerade für die Jurisprudenz konstitutives Verständnis ihrer Geschichtlichkeit eröffnet:

Zu Recht ist m. E. festgestellt worden, dass »ein Denken, dass das Sein selbst als geschichtlich zu erfahren beansprucht, ... nicht vom Ursprung der Geschichtserfahrung im Jüdisch-Christlichen schweigen kann«[95]. Denn ganz entsprechend dieser behaupteten Verwurzelung des geschichtlichen Denkens in der jüdisch-christlichen Tradition hat man zur Herkunft des Begriffs »Geschichtlichkeit« selbst bemerkt, dass mit ihm »ein geschichtliches Bewusstsein zur Selbstdarstellung und Selbstaussage« komme, »das wohl zum ersten Mal mit dem Christentum möglich geworden« sei[96]. Eben diese Beobachtung wird dann auch noch in einer großen philosophischen Tradition reflektiert, die etwa von *Hamann*[97] über *Schleiermacher*[98] zu *Yorck von Wartenburg*[99] reicht. Für die

---

mit ihm als *Bewußtseinsverfassung*, welche Betrachtungsweise nur deshalb scharf zu betonen ist, weil bisher neben der religiösen Bedeutung nur die kulturelle Seite nicht ohne Unsicherheit und Unbestimmtheit des Ergebnisses hervorgehoben worden ist«, s. *ders.*, Bewusstseinsstellung und Geschichte. Ein Fragment aus dem philosophischen Nachlass (eingeleitet und herausgegeben von *Iring Fetscher*), 1956, S. 37 (Hervorhebung A. J.).

95 So *Karlfried Gründer*, Figur und Geschichte. Johann Georg Hamanns ›Biblische Betrachtungen‹ als Ansatz einer Geschichtsphilosophie (1958), S. 190 Anm. 2; s. ergänzend *Gerhard Ebeling*, Die Welt als Geschichte (Anm. 12), S. 389f. (Hervorhebung A. J.): »Der christliche Glaube steht wesenhaft in einem engen Verhältnis zur Geschichte. Bekanntlich geht die Bedeutung der Geschichte im abendländischen Denken zurück auf das Alte Testament. Denn hier ist Gott als der in der Geschichte Handelnde und sich Offenbarende verstanden. Dem entspricht es, dass die Weise seiner Offenbarung das konkrete Wortgeschehen und das Ziel des Wortgeschehens der Glaube ist. Gott und Mensch stehen in personaler Beziehung zueinander. Darum ist der Mensch als ein geschichtlicher mit seinen Werken vor Gott verantwortlich. Und der Einzelne ist hineingestellt in Gottes Plan mit seinem erwählten Volk, der ein die ganze Welt betreffender Heilsplan ist. Von Gott reden, heißt darum, von der Geschichte Gottes mit der Welt reden. Diese Geschichtsbezogenheit ist von daher auch dem christlichen Glauben eigen, und zwar in bestimmter Hinsicht verschärft: nämlich in dem ausschließlichen Bezogensein auf Jesus von Nazareth als den Grund des Glaubens, in der Universalität der Sendung an die ganze Welt und in der Freiheit der Welt gegenüber im Dasein für andere. Diese Andeutungen lassen ... erkennen, dass *allein* auf dem Boden des Christentums die Geschichte diese gewaltige Bedeutung in der Neuzeit gewinnen konnte.« Ganz entsprechend *Friedrich Gogarten* , Der Mensch zwischen Gott und Welt (1956), S. 394ff.

96 So *Leonhard von Renthe-Fink*, Geschichtlichkeit. Ihr terminologischer und begrifflicher Ursprung bei Hegel, Haym, Dilthey und Yorck (2. Aufl. 1968), S. 142.

97 Zu *Hamann* s. die hier bereits in Anm. 95 nachgewiesenen Arbeit von *Gründer* und *ders.*, Sprache und Geschichte. Zu J. G. Hamanns »Metakritik über den Purismus der Vernunft« (1961), in: *Gründer*, Reflexion der Kontinuitäten. Zum Geschichtsdenken der letzten Jahrzehnte (1982), S. 48 (51ff.); daneben besonders *Oswald Bayer*, Vernunft ist Sprache. Hamanns Metakritik Kants (2002), bes. S. 18ff., 351ff. und: Vernunftautorität und Bibelkritik in der Kontroverse zwischen Hamann und Kant (1988), in: *ders.*, Autorität und Kritik. Zu Hermeneutik und Wissenschaftstheorie (1991), S. 59ff.

98 Im vorliegenden Zusammenhang besonders wichtig: *Christian Albrecht*, Schleiermachers Theorie der Frömmigkeit. Ihr wissenschaftlicher Ort und ihr systematischer Gehalt in den Reden, in der Glaubenslehre und in der Dialektik (1994), bes. S. 292ff., 311ff. sowie: *Volker*

Philosophie der Nachkriegszeit möchte ich hier nur insoweit auf den nachdrücklichen Hinweis von *Karlfried Gründer* auf *Erwin Metzkes* (zu Unrecht fast vergessenes) Bemühen erinnern, die geschichtliche Realität des Christentums auch philosophisch zu begreifen, – vor allem auch die dort erreichten ontologischen Einsichten zu berücksichtigen[100].

Es ist nun aber nicht nur die durch diese philosophische (und theologische[101]) Tradition geprägte christliche »Bewusstseinsstellung«[102], die für die Erkenntnis der Geschichtlichkeit des Menschen und seines Rechts große Bedeutung besitzt, sondern es sind auch die damit verbundenen *Denkformen*, die in diesem Zusammenhang beachtet werden müssen. Insoweit ist neben *Henkes* bereits behandelte Bejahung einer säkularen Zweireichelehre (bzw. der Denkform des Unterscheidens) als Kennzeichen juristischer Urteilskraft noch besonders auf die

*Weymann*, Glaube als Lebensvollzug und Lebensvollzug des Denkens. Eine Untersuchung zur Glaubenslehre Friedrich Schleiermachers (1977), bes. S.207ff.

99 Dazu *Fritz Kaufmann*, Die Philosophie des Grafen Paul Yorck von Wartenburg, Jahrbuch für Philosophie und phänomenologische Forschung, Bd. 9 (1928), bes. S.60 ff; *Iring Fetscher*, Einleitung in: Graf Paul Yorck von Wartenburg, Bewusstseinsstellung (Anm. 94), besonders S. 24ff.

100 Siehe *Karlfried Gründer*, »Coincidentia oppositorum«. Die philosophiegeschichtlichen Forschungen Erwin Metzkes, in: *ders.*, Reflexion der Kontinuitäten (Anm. 97), S. 55ff., bes. S. 58ff. (Wiedergabe eines Gesprächs zwischen *Erwin Metzke* und *Martin Heidegger*). Im vorliegenden Zusammenhang sind besonders *Metzkes* Hamann-Studien hervorzuheben und daneben sein Aufsatz: Sakrament und Metaphysik. Eine Luther-Studie über das Verhältnis des christlichen Denkens zum Leiblich-Materiellen (1948), alle genannten Arbeiten in: *Erwin Metzke*, Coincidentia oppositorum. Gesammelte Studien zur Philosophiegeschichte (hrsg. von *Karlfried Gründer*), 1961, S. 158ff., 264ff., 271ff., 294ff. Der ganz i.S. des hiesigen Denkansatzes von *Metzke* verfolgte Weg philosophischen Argumentierens hat »keinen apologetischen Sinn von der Theologie her, sondern einen *methodischen* Sinn für die Philosophie« (so richtig *Gründer*, a.a.O., S.60 – Hervorhebung A. J.). Das großartigste Zeugnis aus neuerer Zeit für die Sinnhaftigkeit solchen Fragens stellt allerdings m.E. die dreibändige Kommentierung von *Luthers* »Disputatio de homine« durch *Gerhard Ebeling* dar, s. *ders.*, Lutherstudien Bd. II 1 (1977), Bd. II 2 (1982), Bd. II 3 (1989). Die Antwort der (hermeneutischen) Philosophie auf dieses Werk lässt bis heute auf sich warten, – möglicherweise hat sie diese Herausforderung noch gar nicht erkannt! Es gibt übrigens ein signifikantes Beispiel für dieses grundsätzliche »Unterlassen« der hermeneutischen Philosophie, sich auf entsprechende Herausforderungen einzulassen: Sowohl *Heidegger* in »Sein und Zeit« wie *Gadamer* in »Wahrheit und Methode« beziehen sich (positiv) in ihrer Argumentation auf die Philosophie *Yorck von Wartenburgs*, *ohne* aber deren theologische (lutherische) Prägung auch nur anzudeuten. Zu dieser Prägung s. die hier in Anm. 99 genannten Fundstellen aus den Arbeiten von *Kaufmann* und *Fetscher*.

101 Für die theologische Tradition sei hier nur *Ebelings* Hinweis auf die »inneren Zusammenhänge zwischen der Reformation und dem Aufkommen des historischen Denkens in der Moderne« erwähnt, s. *ders.*, Die Bedeutung der historisch-kritischen Methode für die protestantische Theologie und Kirche (1950), in: *Ebeling*, Wort und Glaube, Bd. 1 (1962), S. 1 (37ff., Zitat: S. 44). Daneben s. den Hinweis in Anm. 100 auf seine Kommentierung von *Luthers* »Disputatio de homine«.

102 Siehe zu diesem Schlüsselbegriff für das Verständnis der Philosophie des *Grafen Paul Yorck von Wartenburg: ders.*, Bewusstseinsstellung und Geschichte (Anm. 94), S. 33ff., 45ff.

These *Gründers* hinzuweisen, dass sich »an den christologischen Kommunikationsbegriff ... ein formales Modell für den Vorgang historischer Erfahrung am ehesten anlehnen« könnte[103]. Denn eine entsprechende Erfahrung ist ja nach dem hier unter II 1. und 2. Ausgeführten die Basis jeder juristischen Falllösung[104].

*Henkes* Denkweg lässt sich folglich plausibel in einen philosophischen Kontext einordnen, der zu einem vertieften Verständnis der Geschichtlichkeit des Rechts deshalb beiträgt, weil er mit dem Gedanken der durch das Christentum voll ins Bewusstsein getretenen »Vergeschichtlichung der menschlichen Existenz und der Welt«[105] Ernst macht. Dass man aufgrund dieses Ergebnisses auch dem für das Staatsdenken zentralen, aber nach wie vor ungelösten Problem einer politischen Theologie wohl nur dann gerecht wird, wenn man dieses Problem ähnlich, wie *Henke* es für die Gewissheitsfrage der Jurisprudenz versucht hat, als ein *ontologisches* versteht[106], sei abschließend nur als Merkposten für die Notwendigkeit erwähnt, den von Henke begonnenen Denkweg fortzusetzen.

## Thesen

*Wilhelm Henkes* Verankerung der Rechtswissenschaft in der Lebenswelt als Antwort auf die Ungewissheit des Rechts vollzieht sich in folgenden gedanklichen Schritten:

### I. Henkes theologische Gründe für die Verankerung der Rechtswissenschaft in der Lebenswelt

### 1. Die Ausgangsthese: Die Säkularisierung als (legitime) Folge des christlichen Glaubens

Der christliche Glaube hat nach *Henke* das Verhältnis des Menschen zur Welt so verändert, dass er nunmehr selbst für die Welt »verantwortlich ist und ihre

---

103 So *Gründer*, Erfahrung und Geschichte (1978), in: *ders.*, Reflexion der Kontinuitäten (Anm. 97), 118 (132).

104 *Reinhart Koselleck* spricht m. E. zu Recht davon, dass der »produktive Akt« der juristischen Fallentscheidung »primär zur Historik als theoretischem Fundament und nur sekundär zur Hermeneutik« gehört, s. *ders.*, Historik und Hermeneutik (1987), in: *Koselleck*, Zeitschichten. Studien zur Historik (2000), S. 97 (115).

105 So *Gogarten*, Verhängnis und Hoffnung der Neuzeit (Anm. 9), S. 105f., genauer dazu: S. 100ff.

106 Allein aus *diesem* Grund bedarf m. E. *Horst Dreiers* beeindruckende Rechtfertigung des säkularen Verfassungsstaates (Säkularisierung und Sakralität. Zum Selbstverständnis des modernen Verfassungsstaates, 2013) der Ergänzung.

Wirklichkeit schafft und gestaltet«. Da nun aber nicht der Mensch, sondern Gott der Schöpfer der Welt ist, kann er nicht »für die Welt in ihrer Ganzheit und ihrer Einheit, für ihren Sinn und ihr Heil ... verantwortlich sein«. Deshalb ist auch die Frage nach dem Recht »von der Frage nach dem Weltgesetz *gelöst*«. Sie ist damit aber nicht »der Willkür ausgeliefert«, sondern muss sich »dem vor der Hand liegenden, unmittelbar Gegebenem als dem Maß gebenden zuwenden«.

## 2. Erste Folgerung: Theologische Implikationen des säkularen Freiheits- und Wirklichkeitsverständnisses

Das richtige Verständnis der *menschlichen Freiheit* »als der Grundbedingung unseres Daseins« setzt nach *Henke* die Erkenntnis voraus, »dass unser Denken in seinen Wurzeln christlich geprägt ist«. Diese »wichtige Quelle für die Erkenntnis ... unserer Freiheit« lehrt uns, dass der Mensch, solange er von den »irdischen Ordnungen ... umschlossen ist«, nur *relativ* frei – und vor allem »nicht frei von sich selbst« ist. Er gewinnt seine (säkulare) Freiheit nur, wenn er sich »entschließt, auf die Wirklichkeit des täglichen Lebens zu vertrauen«.

Für das *Wirklichkeitsverhältnis Henkes* ist zunächst seine Unterscheidung zwischen der »Personalen Wirklichkeit« und der »Wirklichkeit der Sachen« zu beachten. Was die personale Wirklichkeit betrifft, so ist für ihn das *zwischen* den Menschen bestehende Verhältnis die entscheidende ontologische Kategorie. Das gilt nach *Henke* entsprechend für unser Verhältnis zu den »Sachen« (Dingen). Denn auch »das Gegenüber der Dinge dort und die Überlegung hier« ist »immer schon durch eine Beziehung überbrückt«. Die theologischen Wurzeln für *Henkes* Bejahung einer Ontologie der Relation als Grundlage seines Wirklichkeitsverständnisses sind primär in *Friedrich Gogartens* Schrift »Ich glaube an den dreieinigen Gott« aus dem Jahr 1926 zu suchen.

## 3. Zweite Folgerung: Eine säkulare Zwei-Reiche-Lehre als Grundlage des juristischen Denkens

Die von *Henke* bejahte relationale Ontologie impliziert die Denkform des *Unterscheidens*. Für das juristische Denken *Henkes* ergibt sich daraus die Anerkennung einer säkularen Zweireichelehre, die, wie er genauer darlegt, vor allem die richtige Handhabung der juristischen Fundamentalunterscheidung zwischen Recht und Gerechtigkeit sicherstellt.

Die theologische Rechtfertigung für die von *Henke* praktizierte Denkform des Unterscheidens und ihre juristische Konkretisierung durch eine säkulare Zweireichelehre folgt besonders aus den Überlegungen *Ebelings* zum notwendigen, »nicht trennenden, sondern in die rechte Beziehung setzenden Unterscheiden« in der Theologie. Denn dem entspricht *Ebelings* Deutung der (lutherischen) Zweireichelehre als »Logik des Glaubens«, die wiederum für das christliche Weltverständnis (und damit auch für das theologische Verständnis des säkularen Rechts) bestimmend ist. Erst diese theologische Fundierung erklärt letztlich *Henkes* Bejahung einer säkularen Zweireichelehre und die Orientierung seiner juristischen Fundamentalunterscheidung zwischen Recht und Gerechtigkeit daran.

### 4. Die »Einheit der geistig-seelischen Existenzbedingungen« von Jurisprudenz und Theologie als eigentliche Erklärung für Henkes theologische Grundlegung

Der entscheidende Grund für *Henkes* theologische Rechtfertigung seiner Verankerung der Rechtswissenschaft in der Lebenswelt ist in seiner Überzeugung zu suchen, dass beide – Jurisprudenz wie Theologie – auf existentielle Fragen der Menschen Antworten geben müssen. Deshalb leisten auch beide einen eigenständigen Durchgriff auf die (soziale) Wirklichkeit und bemühen sich darum, »gegen den Streit – in der Theologie gegen den Zweifel und die Irrlehre – die Wahrheit zu finden, aufzurichten und zu verkünden«. Und deshalb gelten auch für die theologische und juristische Hermeneutik andere Gesetze als für die nach philologischen und historischen Erkenntnissen fragende.

## II. Henkes juristische Konkretisierung der Verankerung der Rechtswissenschaft in der Lebenswelt.

### 1. Die Bedeutung der Lebenswelt für das Selbstverständnis der Rechtswissenschaft

Da sich der Rechtsstreit (gewöhnlich) in der »*vor*wissenschaftlichen Lebenswirklichkeit« abspielt, muss man nach *Henke* das Recht »als Teil der Lebenswirklichkeit in einem phaenomenologisch-hermeneutischen Ansatz außerhalb der Schulen« verstehen. Nicht der die Sozialwissenschaften bestimmende (weitgehend an den Naturwissenschaften orientierte) Wissenschaftsbegriff kann darum für die Jurisprudenz verbindlich sein, sondern »ihre Logik ist eine hermeneutische Logik«. Das folgt letztlich schon aus der bereits angesprochenen (s. I 4.) Herausforderung der Rechtswissenschaft durch die existentielle Frage.

### 2. Die Aufgabe der Rechtswissenschaft: Die Lösung des streitigen Falles als Teil der Lebenswelt

Das Recht ist nach *Henke* »nicht in erster Linie Gesetz und Gesetzesanwendung, sondern Berechtigung einer Person gegenüber einer anderen«. Darum sieht er im Gesetz nur eine »*sekundäre* Gestalt von Recht«. Grundlage der Rechtswissenschaft ist für *Henke* der (streitige) Fall als Teil der Lebenswelt. Und er versteht deshalb auch durchaus folgerichtig entgegen der h. L. den gesetzlichen Tatbestand als Reihe von einzelnen *Fällen*, über die durch Gesetz bereits entschieden ist. Die Anwendung des in Betracht kommenden Gesetzes auf den zu entscheidenden Fall läuft demnach auf die Frage hinaus, ob dieser Fall wegen seiner gleichen Interessenlage als Fortsetzung der gesetzlich bereits entschiedenen Fallreihe verstanden werden kann. Das wiederum lässt sich nach *Henke* allerdings letztlich immer nur dann bejahen, wenn eine entsprechende Rechtsanwendung eine *gerechte* Lösung des konkreten Falles ermöglicht.

### 3. Eine notwendige Ergänzung: Die juristische Relevanz des Volkes als Teil der Lebenswelt

Für Henke besitzt »das Allgemeine ... als solches« keine »legitimierende Kraft«. Das gilt seiner Ansicht nach auch für den Volkswillen. Diese These ist abzulehnen, weil sie die juristische Nichtbeachtung folgender dogmatisch relevanter Phänomene der Lebenswelt impliziert: Die fehlende Anerkennung des Volkes als Träger der verfassungsgebenden Gewalt; das damit einhergehende Übersehen des grundsätzlichen Konflikts »zwischen dem Nationalitäts- und dem abstrakten Staats- und Rechtsprinzip« (*v. Jhering*), wie er besonders für das Europarecht typisch ist; und schließlich die eigenständige rechtliche Bedeutung der »Gruppen«, die ihnen besonders für die Abgrenzung zwischen Zivil- und öffentlichem Recht zukommt.

## III. Das Bleibende: Henkes Beitrag zum Verständnis der Geschichtlichkeit des Rechts

Die bleibende Bedeutung des theologisch fundierten Denkweges von *Henke* liegt darin, dass er ein für die Jurisprudenz konstitutives Verständnis ihrer Geschichtlichkeit eröffnet. Die Verwurzelung des geschichtlichen Denkens in der jüdisch-christlichen Tradition ist nämlich ebenfalls von philosophischer Seite mehrfach überzeugend dargelegt worden; und das gilt auch für die Herkunft des Begriffs »Geschichtlichkeit« selbst. Berücksichtigt man weiter, das sich »an den christologischen Kommunikationsbegriff ... ein formales Modell für den Vorgang der historischen Erfahrung anlehnen« könnte (*Gründer*), so finden damit auch die hier unter II 1. und 2. mitgeteilten Überlegungen insofern eine Bestätigung, als danach ja eine ganz entsprechende Erfahrung als die Basis jeder juristischen Falllösung angesehen werden muss.

## 10. Rechtsgeschichte als rechtswissenschaftliche Disziplin. Aussagen der hermeneutischen Philosophie zum Verhältnis von Rechtsgeschichte und Rechtsdogmatik

»Wo die Theorie der die menschliche Welt konstituierenden Institutionen, wie es das Recht ist, aus dem Zusammenhang mit den geschichtlichen Sprachen und der in ihnen bewahrten Traditionen gelöst wird, da müssen notwendig auch die Gehalte des in sie eingelassenen menschlichen Seins verschwinden, sofern sie in einer formalisierten, artifiziellen Sprache nicht ausgesagt werden können.«

Joachim Ritter

### I.

1. Seit den Tagen der historischen Rechtsschule ist die Frage, welche Bedeutung die Rechtsgeschichte für die Rechtsdogmatik besitzt – oder genauer: welche Rolle sie im juristischen Erkenntnisprozess spielt, immer wieder aufgeworfen worden. Der Wechsel in den geschichtstheoretischen Überlegungen wie auch der ständige Wandel der juristischen Methodenlehre haben diese Fragestellung zwar modifiziert, sie aber nicht überflüssig gemacht. Und zwar deshalb nicht, weil mit ihr letztlich ein sich durchhaltendes ontologisches Problem verbunden ist – die Frage nach dem Wirklichkeitsverständnis der historischen wie dogmatischen Jurisprudenz. Dies genauer darzulegen, ist die leitende Absicht der folgenden Ausführungen.

Schon *Savigny* hat 1815 in seiner berühmten Vorrede zur Zeitschrift für geschichtliche Rechtswissenschaft betont, dass nicht die Unterscheidung zwischen Rechtsgeschichte und Rechtsdogmatik die Frage beantworten könne, ob eine Abhandlung in der genannten Zeitschrift veröffentlicht werde, vielmehr käme es für diese Entscheidung allein darauf an, dass die erörterten Fragen »in geschichtlichem Sinn behandelt« würden. Erläuternd fügt er hinzu, dass »also überhaupt nicht aus dem Gegenstand, sondern lediglich aus der Ansicht und Behandlung desselben erkannt werden« könne, »ob eine Arbeit dem Zweck der Zeitschrift entspricht oder fremd ist«[1].

---

1 *Von Savigny*, Vorrede zur Zeitschrift für geschichtliche Rechtswissenschaft 1 (1815), S. 1 (14f.). *Savigny* lehnt es a.a.O. auch ab, »jede praktische Ansicht überhaupt von ihren (erg.: der Herausgeber) Arbeiten auszuschließen, gleich als wären der Beruf des praktischen Ju-

Unter den Rechtshistorikern der Gegenwart hat besonders *Karl Kroeschell* wiederholt und nachdrücklich die Frage nach dem Selbstverständnis der Rechtsgeschichte als rechtswissenschaftlicher Disziplin gestellt[2] und damit letztlich wie *Savigny* die »Ansicht und Behandlung« des juristischen Gegenstandes als ein (auch) die Rechtsgeschichte betreffendes Problem erkannt. Natürlich stellt sich dieses Problem für die heutige Rechtsgeschichte angesichts einer weitgehend gesetzlich ausgeformten Rechtsordnung anders als für *Savigny* dar; selbst wenn man berücksichtigt, dass die auf *Savigny* bald folgende Epoche des rechtswissenschaftlichen Gesetzespositivismus hinter uns liegt. *Kroeschell* hat dazu ergänzend bemerkt, dass die für eine strenge Unterscheidung von Rechtsgeschichte und Rechtsdogmatik konstitutive »Trennung von kontemplativen und applikativem Verstehen selbst ein historisches Phänomen« sei und die »allmähliche Emanzipation der Rechtsgeschichte von der Dogmatik« ermöglicht habe[3]. Die Rechtstheorie der Gegenwart beginne zwar die »Geschichtlichkeit des Rechts neu zu entdecken«; dies geschehe aber »in charakteristischer Beziehungslosigkeit zur Rechtsgeschichte selbst«[4]. Das Verständnis der Rechtsgeschichte als Teil der Rechtswissenschaft setzt darum nach *Kroeschell* voraus, dass der Rechtsbegriff selbst nicht mit der Rechtsnorm als solcher gleichgesetzt, sondern in den »Begriff von Recht dessen Geschichtlichkeit« mit hineingenommen wird. Daraus folgt dann notwendig – wie er weiter ausführt –, dass das geltende Recht »allein geschichtlich zu begreifen« ist, »etwa in der Geschichte einer Rechtsprechung, die weder ›Entwicklung‹ eines Vorhandenen ist noch abgetane ›Vergangenheit‹, sondern das Medium, durch das hindurch allein man das Problem erkennen und seine rechtliche Entscheidung formulieren lernt«[5]. In späteren Arbeiten hat *Kroeschell* noch den Inhalt eines für die mittelalterliche Rechtsgeschichte daraus folgenden »offenen« Rechtsbegriff näher beschrieben[6] und Anknüpfungspunkte dafür auch in der Vertragspraxis

---

risten und der gelehrte Beruf nach ihrem inneren Geist einander entgegen gesetzt«. Und fährt fort: »nur zwischen dem geschichtlichen und ungeschichtlichen waltet ein absoluter Gegensatz, das praktische Geschäft hingegen kann mit dem feinsten wissenschaftlichen Sinn betrieben werden … Es ist der Triumph der historischen Forschung, wenn es gelingt, das Erforschte, wie etwas Miterlebtes, zu einfacher unmittelbarer Anschauung zu bringen: und gerade dann haben sich beide Ansichten, die geschichtliche und die praktische völlig durchdrungen.«

2 Siehe als Beleg für diese Behauptung nur die Würdigung von *Senn*, Rechtshistorisches Selbstverständnis im Wandel, 1982, S. 100–102, 109f.

3 *Kroeschell*, Haus und Herrschaft im frühen deutschen Recht, 1968, S. 56, vgl. auch S. 45.

4 So bereits die 1. Auflage von Deutsche Rechtsgeschichte 1 (bis 1250), 1972, S. 11.

5 Kroeschell (o. Fn. 3), S. 58f.

6 Siehe besonders *Kroeschell*, Verfassungsgeschichte und Rechtsgeschichte des Mittelalters (1983), jetzt in: *ders.*, Studien zum frühen mittelalterlichen deutschen Recht, 1995, S. 348 (bes. S. 377–380) und: ZRG germ. Abt. 111 (1994), S. 310 (bes. S. 325–329). Parallele Überlegungen bei *Willoweit*, Deutsche Verfassungsgeschichte, 1990, S. 1–9.

der Gegenwart gesehen[7]. Er hat damit – wie von anderer Seite geurteilt worden ist – »die hermeneutische Kernfrage nach dem Rechtsbegriff der Rechtsgeschichte gestellt und auf die Notwendigkeit hingewiesen, nicht länger dem an genereller Normativität orientierten Rechtsbegriff des 19. Jahrhunderts verhaftet zu bleiben«[8].

2. *Kroeschell* hat sich nun anfangs für das von ihm vertretene Verständnis der Rechtsgeschichte als rechtswissenschaftlicher Disziplin auf *Gadamers* 1960 in erster Auflage erschienene Werk »Wahrheit und Methode« berufen. Er schreibt: »So erweist sich ihm (erg.: *Gadamer*) insbesondere der Unterschied von dogmatischem und historischem Interesse, zwischen Jurisprudenz und Rechtsgeschichte als vorläufig: der Jurist wie der Rechtshistoriker verhalten sich zu ihrer eigenen Geschichte, die zugleich ihre Gegenwart ist. So erlangt die Rechtsgeschichte eine geradezu exemplarische Bedeutung«[9]. Und auch für den von ihm vertretenen Rechtsbegriff hat *Kroeschell* Anknüpfungspunkte in dem genannten Werk *Gadamers* gesehen:

> »Diese Lehre (erg.: nämlich die in *Essers* Buch ›Grundsatz und Norm‹ entwickelte und von *Kroeschell* befürwortete Lehre, die das Recht als law in action versteht) ist sich daher *ebenso* wie die hermeneutische Theorie der Einheit von Auslegung und Anwendung, von Interpretation und Veränderung bewußt. Auch die rechtshistorische Erforschung eines Rechtsprinzips kann daher in ihren Augen selbst dann nicht rein kontemplativ bleiben, wenn sie über Jahrhunderte oder gar Jahrtausende zurückgreifen muß. Jede historische Erkenntnis vermehrt nicht lediglich den Bestand an gewußten Fakten, sondern verändert zugleich das gesamte Problembewußtsein, so daß der Rechtshistoriker an der aktuellen Verantwortung Anteil hat, die auf dem praktischen Juristen liegt«[10].

Für unsere Fragestellung ist nun aber entscheidend, dass *Kroeschell* nicht vorbehaltlos die Thesen *Gadamers* übernimmt. So merkt er schon Ende der sechziger Jahre kritisch an, dass »die neuere juristische Methodenlehre *ebenso* wie die Theorie der geisteswissenschaftlichen Hermeneutik weithin in der Sphäre einer bloßen Kunstlehre« verharre und selbst die von beiden vollzogene »ontologische Wendung« nicht zur notwendigen »Reflexion auf die realen geschichtlichen Bedingungen ihres ›Gegenstandes‹ wie ihres eigenen Tuns« geführt habe. Die juristische Methodenlehre bedürfe deshalb »eines tiefer

7 *Kroeschell*, ZRG germ. Abt. 111 (1994), S. 328f. Einen weiteren Anknüpfungspunkt könnte m. E. die rechtspraktische Bedeutung der Verwaltungsvorschriften – namentlich im Umweltrecht – darstellen. Unausgeschöpft insoweit m. E. nach wie vor auch *Meyer-Cordings* Lehre von der institutionellen Wahlnormen, s. *ders.*, Die Rechtsnormen, 1971, bes. S. 74–155.

8 So *Ernst-Wolfgang Böckenförde*, Die deutsche verfassungsgeschichtliche Forschung im 19. Jahrhundert, 2. Aufl. 1995, Vorbemerkung S. VI; ähnlich *Senn* (o. Fn. 2), S. 101.

9 *Kroeschell* (o. Fn. 3), S. 54f., s. auch S. 56 Fn. 258, S. 59 Fn. 278.

10 *Kroeschell* (o. Fn. 3), S. 59 (Hervorhebung A. J.).

fundierten *Sachbezugs*, als ihn die Regeln für gute Richterkunst und ihre Orientierung an gewissen Problemstrukturen zu bieten« vermöchten[11].

Diese Kritik scheint mir insofern berechtigt, als die Rezeption der philosophischen Hermeneutik *Gadamers* durch die juristische Methodenlehre in den sechziger und siebziger Jahren sich letztlich darauf beschränkte, unter Aufrechterhaltung des von *Kroeschell* in Frage gestellten herrschenden Rechtsverständnisses *Gadamers* Einsichten für das »Verstehen von Rechts*texten*«[12] fruchtbar zu machen. Das gilt etwa für die Untersuchungen von *Hassemer, Arthur Kaufmann, Hinderling* und *Hruschka* u. a.[13]; im gleichen juristischen Denkhorizont wird die philosophische Hermeneutik *Gadamers* aber auch heute noch in der wohl nach wie vor führenden Methodenlehre von *Larenz* (auch nach der – teilweisen – Neubearbeitung durch *Canaris*) gesehen[14]. Es hat daneben zwar Ansätze gegeben, *Gadamers* philosophische Hermeneutik i. S. *Kroeschells* über das Verstehen von Rechtstexten hinaus für eine von der (richterlichen) Rechtspraxis ausgehende dialogische Jurisprudenz fruchtbar zu machen[15], doch behandeln die entsprechenden Arbeiten nicht ausdrücklich die von ihm damit zugleich aufgeworfene Frage nach dem Verständnis der Rechtsgeschichte als Rechtswissenschaft und das damit m. E. (indirekt) aufgeworfene ontologische Problem. Allgemeine Hinweise auf den Zusammenhang von Recht und Sprache als Beleg für die notwendige Geschichtlichkeit des Rechts reichen dazu nicht aus[16]. Bedarf es für die juristische Methodenlehre – um die Forderung *Kroeschells* noch einmal zu wiederholen – »eines tiefer fundierten Sachbezugs, als ihn die Regeln für gute Richterkunst und ihre Orientierung an gewissen Problemstrukturen zu bieten vermögen«[17], so ist die Beantwortung der Frage nach dem Verhältnis von Rechtsgeschichte und Rechtsdogmatik unumgänglich, ist sie

11 *Kroeschell* (o. Fn. 3), S. 59f. (Hervorhebung A. J.).

12 So der Titel der 1972 erschienenen Schrift von *Hruschka* (Hervorhebung A. J.).

13 *Hassemer*, Tatbestand und Typus, 1968; *Arthur Kaufmann*, Die Sprache als hermeneutischer Horizont der Geschichtlichkeit des Rechts, in: *ders.*, Rechtsphilosophie im Wandel, 1972, S. 338ff. (bes. S. 359–368); *ders.*, JZ 1975, S. 337 (bes. 339–341); *Hinderling*, Rechtsnorm und Verstehen, 1971; *Hruschka* (o. Fn. 12).

14 *Larenz/Canaris*, Methodenlehre der Rechtswissenschaft, 3. Aufl. 1995, bes. S. 27–31; s. daneben auch *Raisch*, Juristische Methoden, 1995, S. 205f.

15 Das geschieht besonders durch folgende Arbeiten von *Gröschner:* Dialogik und Jurisprudenz, 1982; JZ 1982, S. 622–626; JZ 1983, S. 944–950; JZ 1985, S. 170–174; JZ 1987, S. 903–908. Vgl. daneben u. a. *Jan Schapp*, Hauptprobleme der juristischen Methodenlehre, 1983, bes. S. 60–85; *Kriele*, Recht und praktische Vernunft, 1979, bes. S. 91–110 und *Henke*, Recht und Staat, 1988, bes. S. 525–531 mit weiteren Nachweisen.

16 Siehe die Nachweise bei *Depenheuer*, Der Wortlaut als Grenze, 1988, S. 1, Fn 2 und daneben *Stelmnach*, Die hermeneutische Auffassung der Rechtsphilosophie, 1991, bes. S. 92–96 sowie *Kirchhof*, Rechtsänderung durch geplanten Sprachgebrauch (1977), in: *ders.*, Stetige Verfassung und politische Erneuerung, 1995, S. 42–63.

17 *Kroeschell*, (o. Fn. 3), S. 60.

doch nur das methodologische Folgeproblem der für den »tiefer fundierten Sachbezug« konstitutiven Geschichtlichkeit des Rechts.

Um nun in dieser Frage weiterzukommen, soll im Folgenden dem Hinweis *Gadamers* genauer nachgegangen werden, das die juristische und theologische Hermeneutik exemplarische Bedeutung für die philosophische Hermeneutik besitzen[18]. Denn erhebt diese wiederum den Anspruch auf Universalität, dann müsste eine nähere inhaltliche Bestimmung dieses Anspruchs genauere Einsichten in das Verhältnis von Rechtsgeschichte und Rechtsdogmatik vermitteln. Die hermeneutische Philosophie der Gegenwart hat genau hier angesetzt und jenen von *Gadamer* erhobenen Universalitätsanspruch kritisch hinterfragt. Darauf ist zunächst einzugehen (II). Besitzt allerdings die juristische und theologische Hermeneutik in einem (von *Gadamer* explizit so nicht thematisierten) umfassenden Sinne exemplarische Bedeutung für die philosophische, so muss sich meines Erachtens letztlich schon aus den (ontologischen) Voraussetzungen der juristischen und theologischen Hermeneutik die eigentliche Lösung des aufgeworfenen Problems ergeben (III)[19]. Es bleibt nach Eingehen auf diese Fragen dann noch zu klären, welche konkreten Ansätze in der gegenwärtigen Rechtsphilosophie und Rechtstheorie mit den gewonnenen Ergebnissen kompatibel sind (IV) und welche Folgerungen sich daraus für das Selbstverständnis der Rechtsgeschichte als Teil der Rechtswissenschaft ergeben (V).

## II.

3. Wenn im Folgenden die Kritik der neueren hermeneutischen Philosophie am von *Gadamer* begründeten Universalitätsanspruch der Hermeneutik mit dem Ziel genauer betrachtet werden soll, auf diesem Weg nähere Aufschlüsse zum Verhältnis von Rechtsgeschichte und Rechtsdogmatik zu gewinnen, so ist zunächst klarzustellen, welcher Begriff der hermeneutischen Philosophie hier zu Grunde gelegt wird. Mir scheinen dafür im Blick auf die Auseinandersetzung mit *Gadamers* philosophischer Hermeneutik zwei Merkmale kennzeichnend: Zunächst wendet sich die neuere hermeneutische Philosophie gegen das bei *Gadamer* – latent – vorhandene Vorverständnis, die Lebenswelt gleichsam in Analogie zur Auslegung eines Textes zu sehen und damit die philosophische

18 Vgl. *Gadamer*, Wahrheit und Methode, 2. Aufl. 1965, S. 307–323.

19 Im Ansatz findet sich dieser Gedankengang – was die juristische Hermeneutik betrifft – schon bei *von Baeyer*, ARSP 54 (1968), S. 27–40, bes. S. 39: »Jurisprudenz und Philosophie stehen somit in einem gewissen Verhältnis zueinander. Es ist ein phänomenologischer Fundierungs-Zusammenhang, in dem nämlich die Jurisprudenz das philosophische Denken auf ihren Erfahrungsboden stellt.«

Reflexion schon in ihrem Ausgangspunkt in unzulässiger Weise zu beschränken.[20]

Der entscheidende Schritt von der philosophischen Hermeneutik, die ja nach üblichem Verständnis die »Möglichkeit des Verstehens und Auslegens von Sprachäußerungen und dann auch von Zeichen und Symbolen« zum Thema hat[21], zur hermeneutischen Philosophie ist aber darin zu sehen, dass – letztlich im Anschluss an *Kant* und zuerst ausgesprochen von *Nietzsche* (und *Dilthey*) – »die Begriffe Auslegung und Interpretation an die Stelle von Wissen und Wissenschaft (erg.: treten); diese werden in ihrem alten Anspruch, Wahrheit im Sinne der Korrespondenz von Denken und Sein zu liefern, destruiert, indem sie in ›bloße Auslegungen‹ verwandelt werden«[22]. Damit treten dann

> »an die Stelle der *einen* Realität, deren Struktur die Ontologie aussagen wollte, und der *einen* Vernunft die *Kant* analysiert hatte, … – mehr und mehr – ›Weltansichten‹ (*Humboldt*), ›Weltanschauungen‹ (*Dilthey*), d. h. Traditionen und Konventionen, die sich schon in der vorwissenschaftlichen Sprache artikulieren und die Welt auslegen.

---

20 Prägnant bringt diese Kritik *Schapp* (o. Fn. 15), S. 89 zum Ausdruck: »Der Text als Ausgangspunkt scheint doch überall (erg.: bei *Gadamer*) wieder durch. Es ist allerdings schwer, den Punkt zu bestimmen, wo die Konstruktion überfordert wird. Die Bedenken richten sich vor allem gegen den Ansatz mit dem Text als solchen. Bevor man sagen kann, wie ein Text verstanden wird, müßte man doch klären, wie die Welt selbst verstanden wird. Auch unverstandene Texte gibt es nur in einer schon verstandenen Welt. Wie auch immer sie verstanden werden, sie werden erst von hierher verstanden, nicht wird Welt nach Analogie von Texten verstanden.« Zu beachten ist allerdings, dass *Gadamer* später das Gespräch – auch das innere – als Ausgangs- und Endpunkt aller (hermeneutischen) Philosophie verstanden hat, s. dazu *Grondin*, Zur Komposition von »Wahrheit und Methode« (1993), in: *ders.*, Der Sinn für Hermeneutik, 1994, S. 1 (16–23) und *ders.*, Gadamer und Augustin (1990), ebd., S. 24 (bes. S. 31–39).

21 So *Gunter Scholtz*, Dilthey-Jahrbuch 8 (1992/93), S. 93 (99).

22 So *Scholtz* (o. Fn. 21), S. 108. Richtig heißt es insoweit im Blick auf *Kant* auch bei *Grondin* (Einleitung in die philosophische Hermeneutik, 1991, S. 84f. – Hervorhebungen dort): »Aus dem Umstand, daß der Satz vom Grund *unserem* Verstand entstammt, zieht nun Kant die Folgerung, daß die von ihm hergestellte bzw. aufgefundene Ordnung lediglich für die Welt der Phänomene, der Dinge, wie sie uns erscheinen und von uns bearbeitet werden, Geltung besitzt. Die Welt der Dinge an sich entschwindet nunmehr in lauter Unerkennbarkeit. In dieser Unterscheidung von Phänomen und Ding an sich liegt eine der geheimen Wurzeln der Romantik und des Aufschwungs, der der Hermeneutik seitdem widerfahren ist. Wenn jeder Zugang zur Welt, und in unserem Fall zum Text, über eine subjektive Deutung oder Ansicht erfolgt, muss die prinzipiell sein wollende philosophische Besinnung bei diesem Subjekt ansetzten. Auf seiner Ebene wird beispielsweise die Frage zu stellen sein, wie und ob Objektivität in wissenschaftlichen sive hermeneutischen Belangen zu erlangen ist. Insofern wird Schleiermachers Bestimmung der Hermeneutik als Kunstlehre des *Verstehens* ein gewisses Novum verkörpern. Zur Voraussetzung hat sie aber den Bruch mit dem problemlosen, rein rationalen Weltzugang«. Zu *Nietzsches* und *Diltehys* Einfluss auf das Entstehen einer hermeneutischen Philosophie i. S. des Zitats des Textes s. auch *Scholtz*, Artikel: Philosophie (H. Hermeneutische Philosophie), in: Historisches Wörterbuch der Philosophie, Bd. 7, 1989, Sp. 752 (bes. Sp. 753–55).

> Diese Auslegungen, diese Interpretationen schieben sich gleichsam zwischen die Welt und das, was als Wissenschaft bewußt getrieben wird. Die Wissenschaften ruhen ihnen auf, spinnen sie fort, ohne dies zu wissen; ohne zu wissen, daß Weltverstehen weiter und grundsätzlicher ist als naturwissenschaftliches Erkennen und daß die Begriffsbildung der Naturwissenschaften auf einem schon sprachlich artikulierten Weltverhalten beruht«[23].

Die hermeneutische Philosophie wird damit zur Reflexion über die Geschichtlichkeit des Menschen und seiner Welt, was vor allem bedeutet, dass sie »ausdrücklich die ›Geschichtlichkeit‹ ihres jeweiligen Gegenstandes und ihres Standpunktes sowie ihrer eigenen Sprache mitbedenkt«[24].

4. Wie geschieht das aber konkret? *Rüdiger Bubner* – ein Schüler *Gadamers* – hat darauf eine m. E. exemplarische Antwort gegeben, indem er die Möglichkeiten einer transzendentalen Hermeneutik untersucht. Zunächst betont er den transzendentalphilosophischen Anspruch von *Gadamers* Buch »Wahrheit und Methode«, der für ihn darin besteht, dass *Gadamers* »hermeneutische Theorie« die mit wissenschaftlichen Erkenntnisprozessen in den Natur- und Geisteswissenschaften »regelmäßig gegebene und im Begriff der Methode bewußt fixierte Ausblendung jener vorwissenschaftlichen Voraussetzungen der Erkenntnis rückgängig« machen will[25]. Allerdings stellt er kritisch die »Ambivalenz der Hermeneutik zwischen dem klaren transzendentalen Anspruch und der Weigerung, einen entsprechenden Theoriestatus einzunehmen«, fest[26]. Ein Fortschritt ist nach *Bubner* insoweit nur möglich, wenn die Philosophie Klarheit über die heutige »Struktur« transzendentaler Argumente besitzt und über die Frage, inwiefern diese Struktur dem postulierten Theoriestatus der hermeneutischen Philosophie gerecht wird:

Was zunächst die »Struktur« transzendentaler Argumente betrifft, so besteht für *Bubner* die entscheidende Wende gegenüber *Kants* Transzendentalphilosophie in der »Entdeckung der ursprünglich sprachlichen Verfassung unseres Verstehens von der Welt und von uns selbst«. Denn eben diese Entdeckung hat »den *direkten* Zugang des Ich zu sich als Ich unterbrochen«, d. h. »die Versprachlichung des Selbstbewußtseins beraubt die transzendentale Deduktion jener nötigen Kraft, auf die Kant seine Hoffnungen einer von jedermann Anerkennung heischenden Argumentation setzte«[27]. Folglich kann heute die Be-

23 So *Scholtz* (o. Fn. 21), S. 109f. (Hervorhebungen dort), siehe auch S. 111.

24 *Scholtz* (o. Fn. 21), S. 114f.

25 *Bubner*, Über die wissenschaftstheoretische Rolle der Hermeneutik, in: *ders.*, Dialektik und Wissenschaft, 1973, S. 89 (91–94, 99, 100–102, 104 – Zitat: S. 94).

26 *Bubner* (o. Fn. 25), S. 102.

27 So *Bubner*, Selbstbezüglichkeit als Struktur transzendentaler Argumente, in: *Kuhlmann/Böhler* (Hrsg.), Kommunikation und Reflexion. Antworten auf Karl-Otto Apel, 1982, S. 304 (310 – Hervorhebung dort).

sonderheit des transzendentalen Arguments nur in einer »Strategie« bzw. einem »Verfahren« gesucht werden, weil eben »der privilegierte Rechtsgrund entfallen ist«[28]. Für ein solches philosophisches Denken ist nach *Bubner* die »Selbstbezüglichkeit« kennzeichnend. Die Legitimation des transzendentalen Arguments beruht dann auf dem Nachweis der Alternativlosigkeit des vorhandenen Wissens, und zwar in der Form, dass man »sich und sein Tun in sein Argument« stets einbezieht. Eben dieses »Einbeziehen des Redens *über* Alternativen in die Debatte um Alternativen« macht die Eigenart des transzendentalen Arguments heute aus[29].

Was folgt nun aus dem Gesagten für den von *Bubner* angemahnten Theoriestatus der hermeneutischen Philosophie? Trotz der Einsicht, dass »in der hermeneutischen Konzeption … das Absehen auf eine allgemeine Theorie und die planmäßige Rücksicht auf historische Konkretion miteinander im Streit« liegen[30], entspricht, wie er ausführt, die »transzendental angelegte Hermeneutik« grundsätzlich der Selbstbezüglichkeit. Denn sie erkennt ja »allgemein die Traditionsbindung auch für sich« an, »die sie in den Einzelfällen konkreten Verstehens jeweils nachweist«, und zwar in der Form, dass die transzendentale Hermeneutik »selber im Nachweis bestimmter Bedingungen für Erkenntnisleistungen sich von der Abhängigkeit gegenüber gerade diesen bestimmten Bedingungen freisetzt«. Dementsprechend kann eine transzendentale Hermeneutik auch ihre Legitimationsaufgabe nur dadurch erfüllen, dass sie »die Abhängigkeit der eigenen Reflexion von den konkret herrschenden Bedingungen des Erkennens hervorhebt« und so »auf dem Wege einer Demonstration ad hoc die Alternativlosigkeit hinsichtlich jeder Erkenntnis« vorführt, die es zu legitimieren gilt. Schließlich lässt sich die Tatsache, dass die Hermeneutik den »Problematisierungsanstoß« für ihr Tätigwerden »aus einem historischen Entfremdungsprozeß« begreift, transzendentalphilosophisch nur mit dem Hinweis »bewältigen«, dass »das Verstehen eines Problems und das Verstehen des Verstehens in ihrer Begründung zusammenfallen«. Auch hier greift also wieder das Argument der Selbstbezüglichkeit[31].

Die Antwort *Bubners* auf unsere Ausgangsfrage, wie denn die hermeneutische Philosophie »die ›Geschichtlichkeit‹ ihres jeweiligen Gegenstandes und ihres

28 Wie Fn. 27.

29 *Bubner* (o. Fn. 27), S. 312–314 (Hervorhebung dort).

30 So *Bubner*, Transzendentale Hermeneutik?, in: Simon-Schäfer/Zimmerli (Hrsg.), Wissenschaftstheorie der Geisteswissenschaften, 1975, S. 56 (68).

31 *Bubner* (o. Fn. 30), S. 68, ausführlicher dazu S. 64–69. Genauer zur transzendentalphilospohischen Bewältigung des »Problematisierungsanstoßes«, die letztlich von der Hermeneutik eine Minimalkonzeption der Geschichte fordert, s. noch *Bubner* (o. Fn. 25), S. 108–111 und *ders.*, »Philosophie ist ihre Zeit, in Gedanken erfaßt« (1970), in: *Habermas/Henrich/Taubes* (Hrsg.), Hermeneutik und Ideologiekritik, 1975, S. 210 (228–243).

Standpunktes sowie ihrer eigenen Sprache mitbedenkt«[32], wenn sie nicht mehr auf eine Wahrheit »im Sinne der Korrespondenz von Denken und Sein« aus ist, sondern es ihr allein um *Auslegungen* der Welt[33] geht, scheint mir nun in zweifacher Hinsicht exemplarisch:

Zunächst ist nach *Bubner* durch die Versprachlichung des Selbstbewusstseins der »*direkte* Zugang des Ich zu sich als Ich« unterbrochen. Er kann also »das sprachliche Kommunikationsmedium« insoweit nur als weitere Mediatisierung zwischen Denken und Sein verstehen[34]. Daneben gelingt es *Bubners* Begründung einer transzendentalen Hermeneutik nicht – wie er ausdrücklich einräumt –, den Widerspruch zwischen dem seiner Meinung nach zumindest von *Gadamer* erhobenen Anspruch der hermeneutischen Philosophie auf eine allgemeine Theorie und ihre ständige »Rücksicht auf historische Konkretion« gänzlich aufzulösen.[35]. Der Zustand »inkonsistenter Argumentation für transzendentale Hermeneutik« ist also nach *Bubner* nicht zu leugnen[36].

## III.

5. Angesichts dieses Ergebnisses erscheint es mir zweifelhaft, ob die transzendentale Besinnung im dargelegten Sinn der Intention der hermeneutischen Philosophie wirklich gerecht wird. Muss man sich nicht fragen, ob der Hinweis auf die Sprachlichkeit allen Denkens nicht auch andere Folgerungen zulässt? Gibt es denn nur ein Verstehen *von* Sprache oder auch *durch* Sprache bzw. nur ein Auslegen *des* Textes oder auch ein Ausgelegtwerden *durch* den Text? Und weiter, wenn – wie schon *Hamann* zu Recht betont hat – Sprache letztlich für Geschichte steht[37]: Vernehme ich nur die Geschichte i. S. einer Befragung der Geschichte oder vernehme ich etwas aus der Geschichte, »das auf mich zukommt, das ich gar nicht aus mir selbst heraus haben kann«[38]? Erkennt man an,

32 Wie Fn. 24.

33 *Scholtz* (o. Fn. 21), S. 108.

34 *Bubner* (o. Fn. 27), S. 310.

35 *Bubner* (o. Fn. 30), S. 68. Dieser Widerspruch zeigt sich nach *Bubner* a. a. O. vor allem darin, dass »die Aussagen der Hermeneutik ... in der lebendigen Erfahrung jedes Einzelnen gründen und doch generelle Gültigkeit verdienen« sollen.

36 *Bubner* (o. Fn. 30), S. 69. Ein ähnliches »Schwanken zwischen dem ästhetisch-subjektiven und dem teleologisch-objektiven Komplex« stellt *Bubner* (a. a. O., S. 68f.) für *Kants* Kritik der Urteilskraft fest. Es fehle bis heute »die systematische Lehre von der Urteilskraft, die das Erkennen und die historisch-sozialen Erfahrungen deckt.« Weiterführend m. E. insoweit *Grondin*, Kant zur Einführung., 1994, S. 123–145 (bes. S. 144f.).

37 Siehe dazu nur *Gründer*, Sprache und Geschichte (1960) in: *ders.*, Reflexion der Kontinuitäten, 1982, S. 48 (51–54); daneben *ders.*, Figur und Geschichte, 1958, bes. S. 169–192. Angedeutet auch bei *Forsthoff*, Recht und Sprache, 1940/41 (Neudruck 1964), S. 5, 11f., 14f.

38 So zum Doppelsinn des Vernehmens in der Begegnung mit der Geschichte: *Gründer*, Her-

dass die aufgezeigten gedanklichen Alternativen aufgrund eigener entsprechender Erfahrungen nicht von der Hand zu weisen sind, so ist die Frage nach dem der hermeneutischen Philosophie zugrunde liegenden Wirklichkeitsverständnis nicht mehr zu umgehen.

Ansätze für eben diese Frage und für mögliche Antworten darauf lassen sich nun zweifellos in den im Anschluss an *Gadamer* und – was die praktische hermeneutische Philosophie betrifft – besonders auch im Anschluss an *Joachim Ritter* angestellten philosophischen Überlegungen finden[39]. Allerdings gelangen diese im Ergebnis kaum über die Feststellung *Odo Marquards* hinaus, dass die hermeneutische Philosophie »den transzendentalen Gesichtspunkt zu dem historischen« macht[40]. Das entscheidende Versäumnis scheint mir insoweit darin zu liegen, dass die exemplarische Bedeutung einer hermeneutischen Jurisprudenz und Theologie für die Beantwortung der Frage nach dem Wirklichkeitsverständnis der hermeneutischen Philosophie schlichtweg übersehen wird. Anders ausgedrückt: *Gadamer* hat m. E. nicht, wenn man das Wirklichkeitsverständnis der hermeneutischen Jurisprudenz und Theologie berücksichtigt, deren exemplarische Bedeutung konsequent zu Ende gedacht.

Es ist besonders der Jurist *Wilhelm Henke* gewesen, der wiederholt darauf verwiesen hat, dass die Jurisprudenz einen von der Sache her gebotenen eigenständigen und unmittelbaren Durchgriff auf die Wirklichkeit leistet[41]. Das bedeutet: die Jurisprudenz legt eben nicht die Reflexion der (hermeneutischen) Philosophie wie die »exakten« Wissenschaften ihren Überlegungen zu Grunde und baut darauf auf, sondern sie löst ihre Probleme auf eben der Reflexions-

---

meneutik und Wissenschaftstheorie (1967/68) in: Reflexion (o. Fn. 37), S. 74 (83f.) sowie *ders.*, Perspektiven für eine Theorie der Geschichtswissenschaft (1971), ebd., S. 88 (96f.) und: Erfahrung der Geschichte (1978), ebd., S. 118 (123f.).

39 Für *Bubner* als Schüler *Gadamers* muss insoweit, was die Verwiesenheit des Denkens auf Sprache betrifft, besonders auf seine Arbeit: Dialektik als Topik, 1990, verwiesen werden, s. dort etwa S. 74–76, 105, 106, 108f. u. a. Für die Bestimmtheit des Daseins durch Geschichte s. *Bubners* Buch: Geschichtsprozesse und Handlungsnormen, 1984, S. 11–60, 156–163 u. a. Für die in der Tradition der praktischen Philosophie *Joachim Ritters* stehenden Autoren sei hier nur auf die Arbeiten von *Karlfried Gründer* und *Odo Marquard* verwiesen. Für *Gründer* vgl. besonders seine unter dem Titel: Reflexion der Kontinuitäten (o. Fn. 38) erschienenen Arbeiten: Sprache und Geschichte, S. 48–54; Hermeneutik und Wissenschaftstheorie, S. 74–87; Perspektiven für eine Theorie der Geschichtswissenschaft, S. 88–103 und: Erfahrung der Geschichte, S. 118–136. Für *Marquard* vgl. etwa: Über die Unvermeidlichkeit von Üblichkeiten, in: *Oelmüller* (Hrsg.), Normen und Geschichte, Bd. 3, 1979, S. 332–342; Hegel und das Sollen (1964), in: *ders.*, Schwierigkeiten mit der Geschichtsphilosophie, 1982, S. 37–51; Zeitalter der Weltfremdheit? (1984), in: *ders.*, Apologie des Zufälligen, 1986, S. 76 (92–95) sowie ebd.: Über die Unvermeidlichkeit der Geisteswissenschaften (1985), S. 98 (104–110) und zusammenfassend ebd.: Apologie des Zufälligen (1985/86), S. 117–139.

40 So *Marquard*, Freiheit und Zeit, in *Baumgartner* (Hrsg.), Prinzip Freiheit, 1979, S. 322 (339).

41 Siehe dazu vorläufig *meinen* Beitrag: Notwendiger Wandel der Dogmatik des deutschen Staats- und Verwaltungsrechts in einem zusammenwachsenden Europa, in: *Grawert/Schlink/Wahl/Wieland*, Offene Staatlichkeit, 1995, S. 145 (154–157 m. N.).

ebene, die hier unter 3 für die hermeneutische Philosophie als verbindlich erkannt wurde. *Henke* drückt das so aus:

> »Die Rechtswissenschaft dagegen *bleibt* hermeneutisch. In *allen* Aussagen dieser Wissenschaft sind verstehende Interpretationen enthalten von der Art wie die Grundentscheidung der exakten Wissenschaft. Dieser Unterschied ist darin begründet, daß die exakte Wissenschaft es nur am *Anfang* mit der Welt als bloßer unzubereiteter Wirklichkeit in der *Folge* dagegen mit dem reduzierten Gegenstand der Fakten und Funktionen zu tun hat, der ihre reine Rationalität möglich macht, die Rechtswissenschaft dagegen *stets* der unreduzierten lebendigen Wirklichkeit des Menschen gegenübersteht, der nach Recht und Gerechtigkeit verlangt. Darum ist die Lehre vom Recht keine exakte Wissenschaft; darum ist ihr Denken ein wissenschaftliches Denken von anderer Art als das der exakten Wissenschaft. Ihre Logik ist eine hermeneutische Logik.«[42]

Aus diesem Status der Jurisprudenz als Wissenschaft ergibt sich für *Henke* zwingend, dass der namentlich die heutigen Sozialwissenschaften beherrschende, weitgehend an den Naturwissenschaften orientierte Wissenschaftsbegriff für sie nicht verbindlich sein kann[43]. Denn die Sozialwissenschaften reduzieren eben gemäß ihrem Selbstverständnis als »exakte« Wissenschaften zwangsläufig ihr Fragestellung. Sie fragen allein danach, was sie »gewiß wissen« können, nicht aber danach, »was ist und was es bedeutet, daß etwas ist«. Ihre Fragestellung ist also eine erkenntnistheoretische und keine ontologische[44]. Die weitere Reduktion einer »exakt« verfahrenden Sozialwissenschaft betrifft nach *Henke* die des Gegenstandes ihrer Fragestellung. Sie beginnt ihre Überlegungen »mit Definitionen, d. h. sie legt die Gegenstände fest, ehe sie sie untersucht«. Damit bleibt die »Sache« soweit sie durch den definierten Begriff nicht abgedeckt wird, außer Betracht. Hinzu kommt, dass die Gegenstände, um von der empirischen Forschung erfasst werden zu können, »auf ihre reine Faktizität« reduziert und »alle etwaigen affektiven Beziehungen des Forschers zu einem Objekt« ausgeschlossen werden müssen[45].

Muss demgegenüber die Jurisprudenz ihren Überlegungen die elementare Wirklichkeit unverkürzt zu Grunde legen und in dem Bewusstsein verfahren, dass ihre Wahrnehmung immer schon durch ein Verhältnis zu ihrer »Sache« geprägt ist[46], so ist es folgerichtig, dass *Henke Kants* Unterscheidung von »Ding an sich« und »Erscheinung« nicht anerkennt. Entscheidend ist vielmehr, wie er

---

42 So *Henke*, Der Staat 8 (1969), S. 1 (13f. – die ersten beiden Hervorhebungen bei Henke).

43 Vgl. dazu besonders *Henke* (o. Fn. 42), S. 1–17; *ders.*, Kritik des kritischen Rationalismus, 1974; *ders.*, JZ 1974, S. 729–735.

44 *Henke* (o. Fn. 42), S. 9f.

45 *Henke* (o. Fn. 42), S. 10.

46 Vgl. dazu genauer *Henke* (o. Fn. 42), S. 14–17; daneben *Henke* (o. Fn. 15), S. 53–63, 118–127 und *ders.*, Der Staat 12 (1973), S. 219 (222–225).

sagt, »das *Verhältnis* zwischen mir und dem Ding, das meine Wahrnehmung konstituiert«, denn »das Gegenüber der Dinge dort und der Überlegung hier (erg.: ist) immer schon durch eine *Beziehung* überbrückt«, und zwar durch eine Beziehung zu den Dingen, »die durch solche Überlegung nicht hergestellt, sondern nur bewusst gemacht wird«, weil mir die Dinge immer schon vertraut oder fremd sind[47]. Was insoweit für die Wahrnehmung von Sachen gilt, gilt erst recht für das Verhältnis zwischen Personen; hier kommt es zur »Begegnung mit dem Anderen im unvermitteltem Gegenüber«[48]. Damit wird die Relation für *Henke* das bestimmende Moment, und es lässt sich, weil insoweit ja Wirklichkeit unmittelbar erfahren wird, von einer »relationellen Ontologie«, die sein juristisches Denken bestimmt, sprechen[49].

Der materielle Grund dafür, dass die Jurisprudenz selbständig ontologische Aussagen unabhängig von der hermeneutischen Philosophie machen kann, liegt für *Henke* darin, dass Rechtsfragen (und vor allem die hinter ihnen stehende Frage nach der Gerechtigkeit) Existenzfragen sind, auf die die Jurisprudenz eigene Antworten finden muss[50]. Der »Schrei nach Gerechtigkeit« kommt nun einmal – wie er sagt – nicht »von Daten, Fakten und Funktionen, sondern aus der Welt, in der sich die Rechtswissenschaft von allem Anfang an vorfindet, von dem ganzen, wirklichen, lebendigen Menschen«[51].

6. *Henke* bleibt bei diesem Ergebnis nun aber nicht stehen. Zunächst fällt auf, dass er gleich fundamental wie die existentielle Frage nach der Gerechtigkeit die religiöse Frage nach der freimachenden Wahrheit versteht[52]. Er erkennt darüber hinaus der Theologie für die Jurisprudenz (wie für die anderen Wissenschaften auch) die Rolle »als Hüterin des Wissens um ihre Grenzen« zu[53]. Daneben betont er die Schwierigkeit, es »ohne Glauben« durchzuhalten, die »Rechtsfrage nach einem höheren Recht ... offenzuhalten, ohne sie zu beantworten« – sich in dieser

47 *Henke*, (o. Fn. 15), S. 113f.

48 *Henke*, (o. Fn. 15), S. 113, genauer S. 64–75.

49 Diesen Begriff entnehme ich entsprechenden Überlegungen des protestantischen Theologen *Gerhard Ebeling*, vgl. *ders.*, Dogmatik des christlichen Glaubens, Bd. 1, 1979, S. 346–355, auch S. 219–224, 305f. und: *Ebeling*, Luthers Wirklichkeitsverständnis (1993), in *ders.*, Theologie in den Gegensätzen des Lebens (Wort und Glaube, Bd. 4, 1995), S. 460 (467–475). *Henke* kannte das Werk *Ebelings* und stand mit ihm in ständigem persönlichen Kontakt, vgl. auch *ders.* (o. Fn. 15), S. 96 Fn. 13, S. 99 Fn. 21, S. 108 Fn. 29 u. a.; Kritik (o. Fn. 43), S. 25 Fn. 1; Zeitschrift für Theologie und Kirche 86 (1989), S. 533 (534f.).

50 *Henke*, Zeitschrift für Theologie und Kirche 86 (1989), S. 542f. Zum Charakter der existentiellen Frage allgemein vgl. *ders.* (o. Fn. 15), S. 91–110 und zur Gerechtigkeit als existentieller Frage ebd., bes. S. 173–201.

51 *Henke* (o. Fn. 42), S. 12.

52 Wie Fn. 50; s. daneben *Henke*, Kritik (o. Fn. 43), S. 24f.

53 *Henke*, Hermeneutik in der Jurisprudenz, in: *Geißer/Luebel/Mostert/Weder* (Hrsg.), Wahrheit der Schrift – Wahrheit der Auslegung, 1992, S. 159 (161).

Hinsicht »sozusagen ein stoisches Nichtwissen zu bewahren«[54]. So wie in dieser Frage bleibt nach *Henke* das gesamte menschliche Dasein, da es sich »als Dasein in der Freiheit nicht begründen kann ..., in der Schwebe, wenn man sich nicht *entschließt*, auf die Wirklichkeit des täglichen Lebens zu *vertrauen*, von ihr auszugehen und zu ihr zurückzukehren, statt sein Denken im Unendlichen festzumachen«[55].

Die Frage nach dem Beweggrund zu diesem Entschluss wird von *Henke* allerdings nicht mehr gestellt. Was aber in diesem Zusammenhang noch interessiert, ist, dass er die Theologie als eine der Jurisprudenz »verwandte« Wissenschaft versteht, was sich nicht nur in einer »merkwürdige(n) Gemeinsamkeit der Grundbegriffe« und »Ähnlichkeiten« in ihrer Geschichte, sondern vor allem darin niederschlägt, dass theologische und juristische Schriftauslegung einander »näher (erg.: stehen) als den anderen Wissenschaften, die Texte interpretieren«, und zwar deshalb – und damit schließt sich der Kreis – , weil beide Schriftauslegungen »zu einem *existentiellen* Spruch« führen[56].

Diese Bemerkungen legen die Vermutung nahe, dass eine genauere Nachfrage nach den ontologischen Grundlagen einer hermeneutischen Theologie *Henkes* Aussagen zum Wirklichkeitsverständnis der hermeneutischen Jurisprudenz vertiefen können und damit zugleich eine Präzisierung der ontologischen Voraussetzungen, die für die hermeneutische Philosophie gelten, möglich ist Für diese letzte Annahme spricht die Bemerkung des protestantischen Theologen *Gerhard Ebeling*, der sich ja wie kaum ein anderer dem hermeneutischen Denken verpflichtet weiß, dass sich zwar für die Theologie die ontologische Frage »stets nur als ein Implikat der Theologie« erörtern lasse, doch müsse die »Sache«

54 *Henke* (o. Fn. 53), S. 160.

55 *Henke*, Kritik (o. Fn. 43), S. 22.

56 *Henke* (o. Fn. 53), S. 161–167 (Zitate: S. 162, 163, 166 – Hervorhebung A. J.). Die letzte Ursache für die erwähnten Gemeinsamkeiten von Theologie und Jurisprudenz liegt für *Henke* darin, dass beide es mit »Geheimnissen« zu tun haben. Er schreibt (a. a. O., S. 166f.): »Der Wille und das Wort Gottes, der Glaube und der Unglaube, das Böse, die Sünde und die Gnade sind Geheimnisse und auch das Unrecht und die Sühne im Sinn des Rechts und die Gerechtigkeit sind Geheimnisse. Geheimnisse sind etwas anderes als Probleme, Sie werden nicht gelöst, um dann aus der Welt zu sein, sondern sie bleiben im Verborgenen bestehen und erscheinen mit ihren Fragen und Forderungen immer von Neuem. Die Wissenschaften, die mit ihnen zu tun haben, suchen diese Frage zu verstehen und vorläufig zu beantworten, und sie suchen die Forderungen zu verstehen, um Wege zu ihrer jeweiligen Erfüllung zu zeigen, und sie sammeln und ordnen, tradieren und lehren die Erfahrungen, die sie, die Wissenschaften, und die die Menschen in ihrem Leben im Umgang mit den Geheimnissen machen. Darum, nicht aus Herrschsucht, wie viele meinen, bleiben in alter Zeit der Umgang mit den Göttern und auch das Recht, ein gehütetes Geheimnis der Priester. Das sind sie nicht mehr, aber Religion und Recht sind in dem beschriebenen Sinn auch heute voller Geheimnisse.« Zu Parallelen in der juristischen und theologischen Hermeneutik siehe schon *Forsthoff* (o. Fn. 37), S. 3, 5f. und von theologischer Seite: *Ebeling*, Wort Gottes und Hermeneutik (1959), in: *ders.*, Wort und Glaube, Bd. 1, 1960, S. 319 (346f.).

der Theologie »zum Wirklichkeitsverständnis insgemein« etwas beitragen, »was zu respektieren jedem zumutbar ist, sei er nun ein Glaubender im christlichen Sinne oder nicht«[57].

Wenn im Folgenden darum die Hinweise *Henkes* als Fragen an die hermeneutische Theologie verstanden werden, so geht es mir damit auch um einen praktischen Anwendungsfall der von *Erwin Metzke* gegenüber *Heidegger* allgemein erhobenen Forderung, die geschichtliche Realität des Christentums auch philosophisch zu begreifen – vor allem auch die dort erreichten ontologischen Einsichten zu berücksichtigen. Dieser Weg philosophischen Argumentierens »hat also keine apologetischen Sinn von der Theologie her, sondern einen *methodischen* Sinn für die Philosophie«[58].

Die Berechtigung für dieses Vorgehen folgt für mich zusätzlich aus den zahlreichen Hinweisen der *Schleiermacher*-Literatur, dass seine Philosophie – was ihre ontologischen Voraussetzungen betrifft – letztlich auf *Schleiermachers* theologischen Aussagen aufruht, zumal mit dieser These zugleich eine Präzisierung von *Henkes* allgemeinem Hinweis möglich ist, dass die Theologie als Hüterin der Grenzen aller Wissenschaften für die Jurisprudenz Bedeutung besitzt:

Man hat für *Schleiermachers* Hermeneutik, die ja eine technische Hermeneutik und keine hermeneutische Philosophie sein will[59], betont, dass sich seine »hermeneutische Sprachtheorie« nicht ohne Rückgriff auf seine Glaubenslehre (und Dialektik) erklären lasse, weil eben diese »den generischen Ort, in welchem das Sprachproblem virulent wird, allererst in den Blick« bringe[60]. Es sei »die

57 *Ebeling*, Luthers Wirklichkeitsverständnis (o. Fn. 49), S. 462, 466 und: Dogmatik, Bd. 1 (o. Fn. 49), S. 346–355, vgl. auch S. 219–224. Der ontologische Beitrag der (protestantischen) Theologie besteht nach *Ebeling* besonders darin, dass sie zur Wahrnehmung der ganzen Wirklichkeit des Menschen anhält. Das zeigt sich besonders an der Notwendigkeit, über die dem Menschen sich stellende Sinnfrage hinauszugragen, weil »das, was den Menschen vor die Sinnfrage stellt und sich an sie klammern läßt«, nicht »im Rahmen der Sinnfrage interpretierbar« ist, so *ders.*, Dogmatik des christlichen Glaubens, Bd. 3, 1979 , S. 207, zum Ganzen S. 206–208, 245.

58 So *Gründer*, Coincidentia oppositorum (1961), in: *ders.*, Reflexion der Kontinuitäten, 1982, S. 55 (60). Dort auf S. 58–61 eine kurze Wiedergabe des Inhalts eines insofern einschlägigen Gesprächs zwischen *Erwin Metzke* und *Martin Heidegger* aus dem Jahre 1953. Das großartigste Zeugnis aus neuerer Zeit für die Sinnhaftigkeit solchen Fragens stellt m. E. die dreibändige Kommentierung von *Luthers* Disputatio de homine durch *Gerhard Ebeling* dar, s. *ders.*, Lutherstudien Bd. II 1 (1977), Bd. II 2 (1982) und Bd. III 3 (1989). Die Antwort der (hermeneutischen) Philosophie auf dieses Werk lässt bis heute auf sich warten, möglicherweise hat sie diese Herausforderung noch gar nicht erkannt.

59 Dazu grundlegend *Gunter Scholtz*, Hermeneutik, Kunst und Wissenschaft, in: *ders.*, Ethik und Hermeneutik, 1995, S. 93–125 und: Ethik und Hermeneutik, ebd., S. 126–146. Daneben *ders.*, (o. Fn. 21), S. 97f., 100.

60 So *Manfred Frank*, Einleitung, in: *ders.* (Hrsg.), F. D. E. Schleiermacher, Hermeneutik und Kritik, 1977, S. 7 (26).

Transzendenz des Wissensgrundes«, die das Subjekt zwinge, »die Evidenz seiner Erkenntnisse auf dem Felde zwischenmenschlicher Verständigung zu bewähren«[61]. Zur Dialektik *Schleiermachers*, die ja eben diese Verständigung zum Thema hat, wird in einer einschlägigen Untersuchung ausgeführt: sie bewegt »das philosophische Denken zur Anerkennung eines von ihm selbst her Unsagbaren ..., für das kein anderes als das Wort ›Gott‹ einstehen darf, weil die Prozessualität der Wirklichkeit nur dann vor ihrer Resubstantialisierung bewahrt werden kann, wenn der Gott ein ganz Anderer bleibt, der sein Anderes, die Welt, in Geschichte auflöst«[62].

Diese »über sie selbst hinausweisende theologische Bedeutung der Dialektik«[63] zielt nun auf ein ganz bestimmtes Wirklichkeitsverständnis *Schleiermachers*, für das letztlich das allgemeine Verhältnis von Theologie und Philosophie in seinem Werk konstitutiv ist. Erkennt man insoweit an, dass bei *Schleiermacher* »philosophisches und theologisches Denken als Lebensäußerungen« zu verstehen sind, »deren sachlicher Zusammenhang einem Lebensbezug im Leben des denkenden Subjekt entspricht«[64], so wird die Philosophie damit »auf etwas verwiesen, was sie selbst nicht erreichen kann«. Im Ergebnis verhalten sich also *Schleiermachers* theologische Dogmatik und Philosophie – insbesondere seine Dialektik – komplementär zueinander[65].

Es wäre nun reizvoll, genauer auf *Schleiermachers* Wirklichkeitsverständnis unter Beachtung dieser Prämissen einzugehen[66], und weiter besonders in der Philosophie *Hamanns* oder des *Grafen Yorck von Wartenburg* eine ähnliche »Komplementarität« zwischen Philosophie und Theologie wie die angedeutete aufzuzeigen[67]. Doch belegen bereits die wiedergegebenen Zitate, die sich belie-

---

61 *Frank* (o. Fn. 60), S. 28.

62 So *Reuter*, Die Einheit der Dialektik Friedrich Schleiermachers, 1979, S. 268, genauer dazu S. 266–275.

63 Wie Fn. 62.

64 So *Weymann*, Glaube als Lebensvollzug und der Lebensbezug des Denkens, 1977, S. 234, genauer S. 234–245.

65 So *Gunter Scholtz*, Die Philosophie Schleiermachers, 1984, S. 133, s. auch S. 109f. Einen nach wie vor interessanten (und bis heute kaum beachteten) Versuch, die Notwendigkeit einer Ergänzung der Philosophie *Kants* durch die (christliche) Religion nachzuweisen, stellt m. E. das 1917 erschienene Buch von *Julius Kaftan* »Philosophie des Protestantismus«, 1917, dar, s. dort bes. S. 229–263.

66 Für die insoweit einschlägigen Aussagen seiner Glaubenslehre vgl. neben dem bereits genannten Buch von *Weymann* (o. Fn. 64) besonders noch folgende Arbeiten von *Ebeling:* Beobachtungen zu Schleiermachers Wirklichkeitsverständnis (1973), in: *ders.*, Wort und Glaube, Bd. 3, 1975, S. 96–115 und: Schlechthinniges Abhängigkeitsgefühl als Gottesbewußtsein (1972), ebd., S. 116–136. Zu *Schleiermachers* entsprechenden philosophischen Aussagen s. vor allem *Scholtz*, Dialektik und erkenntnistheoretische Logik. Schleiermacher und Dilthey (1984), in: *ders.* (o. Fn. 59), S. 235–257 und *ders.* (o. Fn. 65), bes. S. 109–113.

67 Für *Hamann* s. besonders *Gründer*, Figur und Geschichte (o. Fn. 37) und für *Graf Yorck von*

big vermehren ließen, hinreichend die Übereinstimmung der Interpreten *Schleiermachers* darin, dass sein gesamtes philosophisches Denken über sich selbst hinaus nicht auf eine Substanzmetaphysik, sondern darauf verweist, dass Grund der Gewissheit »allein das *Widerfahrnis* des transzendenten Grundes« sein kann[68]. Dem unmittelbaren Selbstbewusstsein ist also der Grund und die Einheit des Seins nur in dieser Weise gegenwärtig, und zwar letztlich im religiösen Gefühl, was die Philosophie als notwendige Bedingung für jedes Wissen vorauszusetzen hat.[69]

Nun muss aber dieses »Widerfahrnis« Sprache werden. Darin liegt das zweite für unseren Zusammenhang wesentliche Ergebnis des Denkens *Schleiermachers*, dass er diesen Vorgang der Sprachwerdung mitbedenkt und sich der Relativität des menschlichen Wissens als Folge seiner Gebundenheit an die Sprache stets bewusst ist. Die »Spannung zwischen Wort und Sache« bzw. »zwischen sprachlichem Ausdruck und dem Ursprung dessen, was zum Ausdruck drängt«, muss ausgehalten werden[70].

7. Der Hinweis auf *Schleiermacher* hat deutlich gemacht, dass über die unter II geschilderten Ansätze einer hermeneutischen Philosophie hinaus dann sinnvoll weitergefragt werden kann, wenn man neben der exemplarischen lebensweltlichen Fundierung der Jurisprudenz durch *Henke* das nach *Schleiermacher* bestehende Verhältnis der Komplementarität zwischen Philosophie und Theologie zum Ausgangspunkt weiterer Überlegungen wählt. Damit nehme ich zugleich die zweite schon erwähnte Bemerkung *Henkes* zum Verhältnis von Theologie und Jurisprudenz auf, dass »der Glaube« dazu anhalte, »die Rechtsfrage nach einem höheren Recht nicht positivistisch abzuweisen, sondern offenzuhalten«, und hoffe weiter, damit auch einer Antwort auf das von *Henke* angesprochene Problem näherzukommen, worauf sich der von ihm geforderte Entschluss gründet, »auf die Wirklichkeit des alltäglichen Lebens zu vertrauen«[71]:

Es ist richtig betont worden, dass *Luther* im Gegensatz zu *Schleiermacher* in seiner Theologie allein auf das Wort und damit ausschließlich auf den Vorrang der Sprache setzt; während für *Schleiermacher* – wie bereits kurz angedeutet –

*Wartenburg: Hünermann*, Der Durchbruch geschichtlichen Denkens im 19. Jahrhundert, 1967, S. 293–361.

68 So *Weymann* (o. Fn. 64), S. 230 (Hervorhebung A. J.). Der Unterschied zwischen philosophischem Denken und »religiösem Bewußtsein« liegt dann in Folgendem: »Das philosophische Denken hat also den transzendenten Grund als gedachte Voraussetzung. Im religiösen Selbstbewußtsein hat der Mensch den transzendenten Grund als sein ganzes Dasein bestimmend mitgesetzt« (so *Weymann*, a.a.O., S. 231). Darin besteht das erwähnte Verhältnis der Komplementarität.

69 Siehe dazu *Scholtz* (o. Fn. 65), S. 108–110, 133f.

70 Siehe *Ebeling*, Schlechthinniges Abhängigkeitsgefühl (o. Fn. 66), S. 132–134 (Zitat S. 134); s. daneben *Scholtz* (o. Fn. 65), S. 110f.

71 Siehe den Nachweis o. Fn. 55.

das Gefühl neben dem Denken das Primäre ist, zu dem das Wort nur sekundär als Ausdruck gehört[72]. Das Wort *ergeht* nach *Luther* an den Menschen – ist verbum externum und deshalb kommt ihm ontologische Relevanz zu. Dementsprechend liegt auch – wie gesagt worden ist – »Luthers Erfahrung ›vor‹ dem Denken ... im Sinne eines ontologischen prius«. Bei ihm ging also »das Finden erfahrungsmäßiger Gründe ... dem Suchen nach *denkerischer* Grundlage voraus«[73]. Es gibt folglich nur ein »Denken *aus* und *in* der eigenen Erfahrung« bei *Luther*, und dieses führt nicht »zur Isolierung von den Denktraditionen, sondern zu deren voller Ausschöpfung«; Voraussetzung dafür ist die »unmittelbare Verbindung einzelner inhaltlicher Tradition mit der Erfahrung«[74].

Wir Menschen gründen danach – wie schon das Sprachphänomen zeigt[75] – unsere Erfahrung auf ein extra nos, und deshalb ist eine relationelle Ontologie für unser Menschsein konstitutiv[76]. Das heißt, weder das Sein als solches ist uns zugänglich, noch beruhen unsere Erfahrungen lediglich auf gedanklichen Konstruktionen. Die Parallelen zum geschilderten Wirklichkeitsverständnis *Henkes* sind offensichtlich. Sie gehen sogar noch weiter, wenn man nach der Bedeutung dieser relationellen Ontologie für das Vermögen der philosophischen Vernunft fragt. Denn es lässt sich nicht übersehen, dass es einen »pervertierten« Umgang mit der ratio gibt, der sich letztlich nur dadruch verhindern lässt, dass man »ein Gegründetsein des Menschen außerhalb seiner selbst« anerkennt[77]. Wird der Mensch mit seiner Rationalität gleichgesetzt, so »verschwindet« er hinter ihr, und zugleich wird die ratio »diejenige Urteilsinstanz, die den Menschen auf eben diese Weise begreift«[78]. Bringt man an dieser Stelle des Gedankenganges »die Theologie anthropologisch zur Geltung«, so kann ausgesprochen werden, »was die ratio als anthropologischer Grundbegriff verdeckt: wie es

72 Dazu *Ebeling*, Luther und Schleiermacher, in: *ders.*, Lutherstudien, Bd. 3, 1985, S. 405 (421, auch 418).

73 Siehe *Mostert* (ein Schüler *Ebelings*), Sinn oder Gewißheit?, 1976, S. 170f. (Hervorhebung A. J.).

74 *Mostert* (o. Fn. 73), S. 171 (Hervorhebung A. J.).

75 Es ist das besondere Verdienst *Gerhard Ebelings*, durch den Entwurf einer theologischen Sprachlehre aufgezeigt zu haben, dass diese im Grunde »nur« allgemeine Phänomene der Sprache als solcher besonders deutlich artikuliert, vgl. *ders.*, Einführung in theologische Sprachlehre, 1971, bes. S. 238f., 246, 249; s. aber auch: S. 225, 241, 242, 243f., 250, 251 u. a. Auch darin zeigt sich die exemplarische Bedeutung der Theologie für eine hermeneutische Philosophie. Zur »Grundsituation des Menschen als Sprachsituation«, s. *ders.*, Dogmatik, Bd.1 (Fn. 49), S. 189–191, 352.

76 Siehe die Nachweise aus dem Werk *Ebelings* in Fn. 49; daneben *Mostert*, Menschwerdung, 1978, S. 21 mit Fn. 28.

77 *Ebeling*, Studium der Theologie, 1975, S. 174.

78 *Ebeling*, Lutherstudien, Bd. II 2 (o. Fn. 58), S. 266f.

sich mit dem Sein des Menschen verhält, also in Hinsicht auf seine konstitutive Externrelation als eine coram-Relation, als Sein Coram Deo«[79].

Die entscheidende *philosophische* Relevanz dieser Ausführungen liegt in der Folgerung, dass die Philosophie der das Gewissen gewißmachenden Sprache aus sich heraus nicht mächtig ist. Sie »folgt« insoweit eben nur »einer Veränderung, die in noch tieferer Schicht« sich vollzieht[80]. Die für die hermeneutische Philosophie notwendig *nach*-zu-vollziehende »Veränderung« ihres Wirklichkeitsverständnisses scheint mir so gesehen darin zu liegen, dass ihre Verwiesenheit auf Sprache die Erkenntnis in sich schließt, dass die Beantwortung der Sinnfrage im direkten denkerischen Zugriff nicht möglich ist. Denn richtige Sprache vermittelt – theologisch (reformatorisch) gesprochen – primär eine Gewissheit des Gewissens[81]. Das macht inhaltlich den Vorrang der Sprache vor dem Denken aus, der ja zugleich »die Übertragung des Ortes der Wahrheitsfrage aus dem Denken in das Sein des Menschen« impliziert[82]. Die (hermeneutische) Philosophie hat eben diese Erfahrung zu artikulieren und damit auf das Weltverhältnis des Menschen bezogen an die Tugend der »barmherzigen Skepsis« zu appellieren.[83] Dass diese Skepsis aber wirklich »die Grundposition der Metaphysik, nämlich die Konvergenz von Sinn und Gott« gedanklich auch als maß-

79 *Ebeling*, (o. Fn. 78), S. 268.

80 So *Ebeling*, Einführung (o. Fn. 75), S. 58.

81 Das scheint mir die wesentliche Erkenntnis von *Walter Mosterts* Buch: Sinn oder Gewißheit? (o. Fn. 73) zu sein, die er im Anschluss an *Luther* gewonnen hat. Ganz entsprechend bereits *Gerhard Ebeling*, Glaube und Unglaube im Streit um die Wirklichkeit, in: *ders.*, Wort und Glaube, Bd. 1, 1960, S. 393 (404f.); s. daneben *ders.*, Dogmatik, Bd. 1 (Fn. 49), S. 190 (Hervorhebung A. J.): Das »Wort Gott … meint die Tatsache, daß der Mensch in der Ganzheit seines Lebens und damit im Hinblick auf die Wirklichkeit im ganzen in einer letztgültigen Weise *sprachlich* angegangen ist.«

82 *Mostert* (o. Fn. 73), S. 141.

83 Die Verwurzelung dieser philosophischen Forderung von *Hans Jonas* in einer theologischen Einsicht wird m. E. durch folgende Überlegung des Theologen *Michael Beintker* deutlich: »Der Perfektionismus, dem wir mehr oder minder wieder verfallen, tut dem Dasein Gewalt an. Denn das Dasein ist nicht vollkommen. Es ist begrenzt, fragmentarisch, rissig, Es kann nur bejaht und geliebt werden, wenn es in seiner rätselhaften Unvollkommenheit ernst genommen wird. Der Philosoph *Hans Jonas* hat von der ›barmherzigen Skepsis‹ gesprochen, von der sich das Prinzip Verantwortung tragen lassen soll: Barmherzigkeit, weil Geduld mit unserer Unvollkommenheit, und zugleich Skepsis als Resistenz gegenüber globalen Heilsversprechungen, die das Unmögliche erträumen und darüber das Augenmaß für das Mögliche und Nächstliegende einbüßen. Mir scheint, daß die Tugend der barmherzigen Skepsis darauf angewiesen ist, daß das Zentrum, in dem nach Auffassung des Dekalogs Gott gesucht werden soll, frei bleibt und um des Menschen willen nicht von unseren Gedanken und Ideen besetzt wird. Auch wer Gott nicht denken kann, kann aus Verantwortung nicht wollen, dass Gottes Platz von anderen Autoritäten okkupiert wird« (Lutherische Monatshefte 1995, S. 13, 16f.). Allerdings müsste m. E. nach dem hier Ausgeführten im letzten Satz des wiedergegebenen Zitats nicht von »Gott nicht *denken*« – können die Rede sein, sondern richtiger davon, daß jemandem die *Erfahrung* des »schlechthinnigen Abhängigkeitsgefühls« (*Schleiermacher*) als Gotteserfahrung nicht zugänglich ist.

gebliche Gegenposition zu ihrer Haltung verlässt (und damit diesen gedanklichen Rahmen sprengt), setzt voraus, dass sie die »Sinn-Gott-Konvergenz« verabschiedet zugunsten einer »Transzendierung des Denkens in die individuelle persönliche Erfahrung als die einzige Basis zur Verifizierung der vom Sinndenken *unterschiedenen* Gewißheitsfrage«[84] – erst dann wird Skepsis zur barmherzigen Skepsis.

Eine Konkretisierung dieses Denkansatzes lässt sich m. E. in *Odo Marquards* Forderung nach einer »Diätetik der Sinnerwartung« sehen[85], weil für ihn damit ebenfalls die Erkenntnis verbunden ist, dass auf die Sinnfrage nur indirekte Antworten möglich sind – im Tun der täglichen Geschäfte, in der Anerkennung der Unvermeidlichkeit von Üblichkeiten und der Einsicht in die primäre Bestimmtheit unseres Daseins durch Zufälle u. a.[86] Worauf es damit für den Menschen vor allem ankommt, ist also die Pflege von Kontingenzerfahrungskultur, wie sie besonders die historische und religiöse Erfahrung bereithält[87].

Aufgrund dieses Gedankengangs bekommt nun auch *Henkes* Forderung, die Rechtsfrage nach einem höheren Recht wachzuhalten, ohne sie zu beantworten, ihren guten Sinn. Und es lässt sich auch die von ihm erkannte Notwendigkeit, »auf die Wirklichkeit des Lebens zu vertrauen«, mit dem Hinweis beantworten, dass es nach einer richtig verstandenen hermeneutischen Philosophie keinen anderen Weg gibt, um wirkliche Erfahrungen zu machen und diese auszusprechen.

8. Das Ernstnehmen der exemplarischen Bedeutung von hermeneutischer Jurisprudenz und Theologie lässt damit folgende Aussagen zum Inhalt hermeneutischer Philosophie, die über das unter II Gesagte hinausführen, zu:

Hermeneutische Philosophie artikuliert einen bestimmten grundlegenden Typus menschlicher Erfahrung, für den drei Eigenschaften charakteristisch sind[88]. Zunächst »bezeichnet« diese Erfahrung »die Wirklichkeit unter dem Aspekt des Individuellen, dessen also, das metaphysisch nicht definierbar, wissenschaftlich nicht begrifflich faßbar und gleichwohl von höchster Realität und Wirkungsmacht ist«[89]. Der Erfahrende erfährt nicht eine »Sache« sondern

84 *Mostert* (o. Fn. 73), S. 173f. (Hervorhebung A. J.).

85 Vgl. *Marquard*, Zur Diätetik der Sinnerwartung (1984), in: *ders.*, Apologie des Zufälligen, 1986, S. 33–53.

86 Siehe dazu zusammenfassend *Marquard*, Apologie (o. Fn. 39).

87 Das ist zumindest die These von *Hermann Lübbe* – ebenfalls ein Schüler *Joachim Ritters* –, die er besonders in folgenden Büchern entwickelt hat: Geschichtsbegriff und Geschichtsinteresse, 1977 und: Religion nach der Aufklärung, 1986. Zusammenfassend *Lübbe*, Religion nach der Aufklärung (1979), in: *ders.*, Philosophie nach der Aufklärung, 1980, S. 59–85 und: Wieso es keine Theorie der Geschichte gibt, ebd., S. 115–141.

88 Zum Folgenden zusammenfassend *Mostert*, Zeitschrift für Theologie und Kirche 72 (1975), S. 427–460.

89 *Mostert* (o. Fn. 88), S. 441.

sich selbst »im Medium einer Sache«. Es handelt sich damit um eine Realität sui generis, die sich nicht unter das Generelle der Vernunft subsumieren lässt[90]. Diese Erfahrung erwächst einem zweitens aus der Erkenntnis, dass wir »ursprünglich rezeptiv existieren«. Nicht primär der Wille und Verstand eröffnen folglich entsprechende Erfahrungen, sondern entscheidend sind »die rezeptiven Beziehungen menschlichen Seins (auf das real Externe, repräsentiert vor allem durch die *Sprache*)«[91]. Schließlich ist für den hier skizzierten Typ hermeneutischer Erfahrung konstitutiv, einerseits ständig gegen eine generalisierende metaphysische Vernunft als vermeintlichen Ausgangspunkt individueller Vergewisserung argumentieren zu müssen, und andererseits gegen den Versuch, »den Menschen utopisch oder kritisch in ein Postulat seiner selbst« zu verwandeln und ihn nicht mehr von der Erfahrung im dargelegten Sinne her zu verstehen[92].

Aus dieser zweifach drohenden Verkürzung der menschlichen Erfahrung erwachsen Inhalt und Aufgabe hermeneutischen Philosophierens. Und wenn dessen Besonderheit nach *Bubner* in einem »Verfahren« gesehen werden muss, für das die »Selbstbezüglichkeit« kennzeichnend ist[93], so handelt es sich nach dem hier unter III Gesagten insoweit eben nicht um eine formale, sondern um eine inhaltliche »Strategie«.

## IV.

9. Die Einsicht in den ontologischen Vorrang der Sprache vor dem Denken, die u. a. aus dem unter III Gesagten folgt, bedarf nun noch näherer Konkretisierung für das juristische Denken, Auch hier kann wieder als Ausgangspunkt der Überlegungen der schon erwähnte Hinweis *Henkes* auf die »merkwürdige Gemeinsamkeit der Grundbegriffe« von Theologie und Jurisprudenz sowie der vielfältigen Parallelen, die zwischen juristischer und theologischer Hermeneutik bestehen, dienen[94].

Der allgemeine Zusammenhang zwischen Sprache und Erfahrung ergibt sich ebenfalls aus dem unter III Ausgeführten. Denn dort wurde deutlich, dass »Erfahrung nicht im Denken theoretisiert werden (erg.: kann), sondern … durch

90 *Mostert* (o. Fn. 88), S. 438 und öfter.

91 *Mostert* (o. Fn. 88), S. 456, 452 (Hervorhebung A. J.). Siehe ergänzend *Ebeling*, Einführung (o. Fn. 75), S. XIV f.: »Das Geheimnis der Wirklichkeit und das Geheimnis der Sprache« bilden »eine untrennbare Einheit« und gehen »uns stets miteinander« an.

92 *Mostert* (o. Fn. 88), S. 445.

93 Siehe dazu hier unter II 4.

94 Siehe den Nachweis in Fn. 56.

Sprache realisiert werden« muss[95]. Für die Theologie gilt insoweit, dass als »die Sprache, die dem Menschen seine wahre Seinserfahrung vermittelt, die Sprache des Evangeliums« angesehen werden muss[96]. Auch für die Sprache der Jurisprudenz – namentlich die des richterlichen Urteils – ist zu beachten, dass sie sich nicht auf bloße Mitteilung beschränkt, sondern wie die Sprache der Theologie eine »personhafte Entäußerung des Verkündeten« darstellt[97] und einen »existentiellen Spruch« beinhaltet[98].

Dass deshalb ein von den »exakten« Sozialwissenschaften unabhängiger und aus den geschilderten Aufgaben der Jurisprudenz folgender Wirklichkeitsbegriff für sie konstitutiv ist, wurde gesagt[99]. Ausgangspunkt aller Jurisprudenz ist nach *Henke* darum weiter der (streitige) Fall als Teil der Lebenswelt. Das Gesetz hat – wie er sagt – nur den »rechtstechnischen Vorrang der hierarchischen Überordnung, aber der Fall behält den Vorrang im Sinne des gerechten Rechts«. Denn das Recht »ist nicht in erster Linie Gesetz und Gesetzanwendung, sondern Berechtigung einer Person gegenüber einer anderen«. Die Funktion des Gesetzes liegt so gesehen darin, dass es die Rechte begründet und bestimmt, aber das geschieht nicht »um eines übergeordneten Prinzips, der Gesellschaft, der Rechtsidee oder eines Menschheits- oder Staatsziels, sondern um der Beziehung zwischen den Menschen und ihrer Lebensverhältnisse willen«[100]. Die älteste Erscheinungsweise des Rechts ist darum nicht das Gesetz, sondern das Gericht[101].

Was bedeutet dann aber Auslegung der Gesetze, wenn der Fall das Primäre ist? Das übliche Verständnis der Subsumtion wird diesem theoretischen Ausgangspunkt augenscheinlich nicht gerecht. Das hat *Henke* gesehen und sich für sein Verständnis der Gesetzesauslegung darum auf die Methodenlehre von *Jan Schapp* berufen[102]. Das geschieht insofern zu Recht, als *Schapp* im Tatbestand des Gesetzes nicht wie üblich den allgemeinen Obersatz sieht, unter den der konkrete Fall zu subsumieren ist. Vielmehr versteht er den gesetzlichen Tatbestand als Reihe von einzelnen Fällen, über die durch das Gesetz bereits entschieden ist. Der zu lösende Einzelfall ist dann für den Gesetzgeber ein zukünftiger, für den Richter dagegen ein vergangener. Der Gesetzgeber überlässt es damit dem Richter, ausgehend von seinen »sichereren Entscheidungen weiter nicht so

95 So *Mostert* (o. Fn. 73), S. 164, s. auch S. 174.
96 *Mostert* (o. Fn. 73), S. 164.
97 So schon *Forsthoff* (o. Fn. 37), S. 5.
98 So *Henke* (o. Fn. 53), S. 166. Zur Erläuterung vgl. auch das hier in Fn. 56 wiedergegebene Zitat.
99 Siehe hier unter III 5.
100 *Henke* (o. Fn. 15), S. 622, 623; vgl. daneben *ders.*, (o. Fn. 53), S. 176 (ähnlich S. 179), wo er das Gesetz als »eine sekundäre Gestalt von Recht« bezeichnet.
101 *Henke*, Zeitschrift für Theologie und Kirche 86 (1989), S. 539f.
102 *Henke* (o. Fn. 15), S. 139, Fn. 12, S. 527–529 und S. 625 Fn. 15.

eindeutig entschiedene Fallreihen in die Regelung des Gesetzes miteinzubeziehen«. So gesehen ist für die Rechtsfindung nicht die Beziehung von Gesetz-Einzelfall, sondern die Dreiecksbeziehung von Gesetzgeber – konkretem Einzelfall – Richter bestimmend[103]. Diese Form der Rechtsfindung wahrt auch die »Verankerung des Rechts in der Historie«[104]. Denn der für die Einzelfallentscheidung notwendige Rückgriff des Richters auf die Entscheidung des Gesetzgebers und der Vergleich seiner Entscheidungsgründe mit dem zu entscheidenden Fall macht juristisches Verstehen (auch) zu historischem Verstehen. Dazu ist gleich unter 10. noch Genaueres zu sagen.

Nimmt man zu diesen Ausführungen noch hinzu, dass namentlich *Rolf Gröschner* als Schüler *Henkes* unter dem Titel »Dialogik und Jurisprudenz« die einzelnen Argumentationsschritte einer solchen Rechtsfindung in Übereinstimmung mit den dargelegten Prämissen von *Henke* und *Schapp* näher ausgeführt hat[105], so kann das Vorliegen einer hinreichenden rechtstheoretischen Fundierung der hermeneutischen Jurisprudenz bejaht werden.

## V.

10. Was folgt nun aber aus dem Gesagten für unsere Ausgangsfrage nach den Aussagen der hermeneutischen Philosophie zum Verhältnis von Rechtsgeschichte und Rechtsdogmatik?

Zunächst hat die Darstellung der ontologischen Grundlagen einer hermeneutischen Theologie und Jurisprudenz – das Ernstnehmen ihrer exemplarischen Bedeutung für die hermeneutische Philosophie – deutlich gemacht, dass die Wendung zu einer transzendentalen Hermeneutik im Sinne *Bubners* dem Anliegen der hermeneutischen Philosophie nicht gerecht wird, und zwar letztlich deshalb nicht, weil auf diesem Weg der ontologische Vorrang der Sprache vor dem Denken und damit auch die Übertragung des Ortes der Wahrheitsfrage aus dem Denken in das Sein nicht aussagbar ist. Das gelingt erst, wenn das Wirklichkeitsverständnis der hermeneutischen Philosophie von einer relationellen Ontologie geprägt wird, für die das extra nos von Sprache und Geschichte konstitutiv ist.

Welche konkreten Folgerungen daraus für das Rechtsverständnis und eine entsprechende juristische Methodenlehre folgen, wurde gesagt. Es bleib noch, die Rolle der Rechtsgeschichte im juristischen Erkenntnisprozess von diesen

103 *Schapp* (o. Fn. 15), S. 8–12 (Zitat S. 11), genauer dazu S. 31–97.

104 *Schapp* (o. Fn. 15), S. 96.

105 Siehe den Nachweis in Fn. 15, dort sind auch die weiteren hier einschlägigen Aufsätze von *Gröschner* erwähnt. Weiterführend in dieser Hinsicht m. E. noch besonders: *Grasnick*, Über Schuld, Strafe und Sprache, 1987.

Aussagen her genauer zu bestimmen. Dabei kann als Ausgangspunkt für die folgenden Überlegungen die These *Bubners* dienen, dass »den Zusammenhang zwischen Geschichtstheorie und Normenlehre ... der beiden gemeinsame Handlungsbegriff« stiftet[106]. Der Rückgriff auf den Handlungsbegriff ist meines Erachtens schon deshalb richtig, weil bereits die Folgerungen für die juristische Methodenlehre zeigten, dass juristische Hermeneutik nicht mit Textauslegung gleichgesetzt werden kann und Entsprechendes gilt für die Geschichte. Denn auch Historie muss »hinter die Textgestalt zurück zu Ereignisverläufen vordringen«[107].

Entscheidend ist nun für das Selbstverständnis der Geschichtswissenschaft, wenn sie entsprechend der hermeneutischen Philosophie (sowie Theologie und Jurisprudenz) das Subjekt-Objekt-Schema hinter sich lässt und zu einer personalen Geschichtsbetrachtung vordringt[108], welcher Kommunikationsbegriff der Eigenart ihres Vorgehens entspricht. Indem die Geschichtswissenschaft erzählend vergangene Ereignisverläufe neu vergegenwärtigt, stellt sie uns diese fremd gewordenen und teilweise auch fremd bleibenden Geschehnisse vor Augen, d. h. man muss von einem Kommunikationsbegriff der Geschichtswissenschaft ausgehen, »für den die Unaufhebbarkeit des Abstandes und die Kontingenz der Teilhabe konstitutiv sind«[109]. Geschichtliche Erfahrung ist darum auch immer notwendig *analoge* Erfahrung[110].

Liegt nun aber in diesem Kommunikationsbegriff die spezifische historische Erkenntnisweise begründet, so ist meines Erachten die Folgerung unumgänglich, dass die Geschichtswissenschaft (wie ja auch die hermeneutische Jurisprudenz und Theologie) primär keine Gegenstandswissenschaft ist, sondern eine Reflexionswissenschaft[111]. Sie muss deshalb wie die genannten Wissenschaften permanent unmittelbar und eigenständig Vergangenheit vergegenwärtigen, und dieses Geschäft kann ihr vorab keine philosophische Erkenntnistheorie in dem Sinne abnehmen, dass sie auf deren Aussagen lediglich aufzubauen braucht. Weil in dem für die Geschichtswissenschaft konstitutiven

---

106 *Bubner* (o. Fn. 39), S. 8.

107 *Bubner* (o. Fn. 39), S. 157.

108 Dazu besonders *Hanns Rückert*, Personale Geschichtsbetrachtung (1948), in: *ders.*, Vorträge und Aufsätze zur historischen Theologie, 1972, S. 1 (7f.) und ergänzend *ders.*, Die geistesgeschichtliche Einordnung der Reformation, ebd., S. 52 (64f.).

109 So *Gründer*, Erfahrung der Geschichte (o. Fn. 39), s. 136, genauer dazu S. 127–132 und: Perspektiven (o. Fn. 39), S. 93–100.

110 Siehe die entsprechenden Ausführungen bei *Gründer*, Erfahrung der Geschichte (o. Fn. 39), S. 119–124. Zur Präzisierung dieser Aussage halte ich es durchaus für legitim, auf die Überlegungen der juristischen Methodenlehre zur Zulässigkeit von Analogieschlüssen zurückzugreifen.

111 So ausdrücklich *Gründer*, Perspektiven (o. Fn. 39), S. 98–100. Indirekt folgt das auch aus den in Fn. 108 nachgewiesenen Ausführungen von *Rückert*.

Kommunikationsbegriff – implizit – der ontologische Vorrang von Sprache und Handlung vorausgesetzt wird[112], kann für die Geschichtswissenschaft ebenfalls in Übereinstimmung mit der hermeneutischen Jurisprudenz und Theologie von einer relationellen Ontologie ausgegangen werden. Historische Erkenntnis ist so verstanden nicht lediglich Konstrukt des menschlichen Verstandes[113], sondern Ergebnis einer auf Erfahrung basierenden Reflexion, die – wie gesagt – als »kommunikative Vergegenwärtigung gebrochener Kontinuität« charakterisiert werden kann[114].

Warum betreibt man nun aber dieses Geschäft? Weil wir Menschen »stets mehr unsere Zufälle als unsere Wahl« sind[115], trägt die Geschichtswissenschaft – wie schon erwähnt – zunächst ganz sicherlich zu einer das menschliche Leben stabilisierenden Kontingenzerfahrungskultur bei[116]. Auch hält historische Forschung das menschliche Bewusstsein für Erfahrungen offen, die ihm besonders aufgrund der durch die französische Revolution eingetretenen Entzweiung von Herkunftswelt und Zukunftswelt ohne sie zu entgehen drohen. Doch scheinen mir das alles nur Teilaspekte jenes besonders deutlich von *Hegel* ausgesprochenen Gedankens zu sein, dass geschichtliche Forschung Konkretion der praktischen Vernunft in dem Sinne leistet, dass sie zur »Wahrung des erreichten Standes der Freiheit und des Bewusstseins von ihr« und damit zugleich zur »Sensibilisierung gegen Regressionen« beiträgt[117], – Grundhaltungen also, die für den hier vertretenen philosophischen Standpunkt der »barmherzigen Skepsis« sprechen.

11. Für die Rolle der Rechtsgeschichte im juristischen Erkenntnisprozess ergibt sich aus diesem Geschichtsverständnis folgendes:

*Karl Kroeschell* – so sahen wir zu Beginn unserer Ausführungen unter I – hielt für die Integration der Rechtsgeschichte in die Rechtswissenschaft einen »offenen« Rechtsbegriff und »einen tiefer fundierten Sachbezug« des Rechts mit seinen realen geschichtlichen Bedingungen, als ihn die juristische Methodenlehre herstellt, für erforderlich.

Nun kann – um mit der letzten Forderung zu beginnen – meines Erachtens der tiefer fundierte Sachbezug des Rechts mit seiner Geschichte sich nach dem Aufgeführten allein aus den notwendigen Parallelen im Wirklichkeitsverständ-

112 Zur Begründung des ontologischen Vorrangs der Handlung s. *Bubner*, Geschichtsprozesse (o. Fn. 39), S. 11–50 u. a.

113 So aber für die Rechtsgeschichte etwa: *Senn* (o. Fn. 2), S. 181f.

114 So *Gründer*, Perspektiven (o. Fn. 39), S. 103.

115 So *Marquard*, Apologie (o. Fn. 39), S. 127.

116 Dazu *Lübbe*, Geschichtsbegriff (o. Fn. 87) und: Wieso es keine Theorie der Geschichte gibt, ebd.

117 So *Gründer*, Perspektiven (o. Fn. 39), S. 103 (genauer S. 100–103) im Anschluss an *Marquard*, Hegel und das Sollen (o. Fn. 39). Ganz entsprechend *Ebeling*, Einführung (o. Fn. 75), S. 262f.

nis von Rechtsgeschichte und Rechtsdogmatik ergeben. Es ist nicht nur der beiden gemeinsame Handlungsbegriff, der neben der Eingebundenheit in die gleiche Sprache den gedanklichen Zusammenhang zwischen Rechtsgeschichte und Rechtsdogmatik stiftet, sondern für ihre gemeinsamen ontologischen Ausgangspunkte ist meines Erachtens entscheidend, dass sich ein Rechtsverfahren ebenso wie die historische Fragestellung an Tatsachen der *Vergangenheit* – dem Fall und bereits vorhandenem (gesetztem) Recht – orientieren muss[118]. Beachtet man nun noch den hier für die Geschichte als verbindlich erkannten Kommunikationsbegriff, so scheint sich praktisch der Unterschied zwischen rechtshistorischer und rechtsdogmatischer Betrachtung zu verwischen. Das gilt um so mehr, wenn man bedenkt, dass das Recht selbst ein wesentlicher Faktor für die Kontinuität geschichtlichen Geschehens ist[119].

Zur völligen Gleichartigkeit der rechtshistorischen und rechtsdogmatischen Argumentation kann es allerdings deshalb nicht kommen (sondern letztlich nur zu einem notwendigen Nacheinander), weil sich die gerechte Lösung des Falles nicht zwangsläufig wie von selbst aus der rechtshistorischen Reflexion ergibt. Vielmehr gilt insoweit, was im Unterschied zur historischen Betrachtung die philosophische im Sinne einer hermeneutischen Philosophie ausmacht: jener allein obliegt, »das Vergangene, das Vorausliegende als Bedingung der Möglichkeit des Gegenwärtigen zu begreifen«, und zwar »in der Dimension *kategorialer* Fragen«[120]. Die juristische Dogmatik hat also immer zugleich ihre Quellen unter dem kategorialen Aspekt der gegenwärtigen Gerechtigkeit auszulegen, was etwa nach *Henke* bedeutet, dass sie im konkret zu entscheidenden Fall zu ermitteln hat, »was die Lage der Streitenden fordert, was die Lage des einen vom anderen und die Lage beider vom Richter fordert«[121].

Aber auch als Basis für die Rechtsdogmatik ist Rechtsgeschichte unverzichtbarer Teil der Rechtswissenschaft. Denn die Jurisprudenz verfehlt ja – wie gezeigt – ihre Wirklichkeit, wenn sie den ontologischen Vorrang von Sprache und Handlung (Geschichte) vor dem Denken außer Acht lässt. *Darum* ist die

118 Siehe dazu *Ebeling*, Kirchengeschichte und Kirchenrecht (1947/48), in: *ders.*, Theologie in den Gegensätzen des Lebens (o. Fn. 49), S. 116 (120, 121); daneben *Forsthoff* (o. Fn. 38), S. 12.

119 Dazu *Ebeling* (o. Fn. 118), S. 119f.

120 So *Gründer*, Sprache und Geschichte (o. Fn. 37), S. 54 (Hervorhebung A. J.); ähnlich *Scholtz* (o. Fn. 21), S. 115–117.

121 *Henke* (o. Fn. 53), S. 179; genauer dazu *ders.* (o. Fn. 15), S. 162–180). Prägnant zur Notwendigkeit *beider* juristischer Betrachtungsweisen *Ebeling* (o. Fn. 118), S. 118f. und zur historischen Perspektive dieses Problems, insbesondere der zeitgenössischen Auseinandersetzung mit der historischen Rechtsschule s. *Gunter Scholtz*, Philosophisches und historisches Rechtsdenken (1992), in: *ders.*, Ethik und Hermeneutik, 1995, S. 170–192 sowie: Vom Naturrecht zum Rechtspositivismus, in: *ders.*, Zwischen Wissenschaftsanspruch und Orientierungsbedürfnis, 1991, S. 55–80.

rechtshistorische Forschung immanenter Teil der juristischen Argumentation und nimmt an deren Verantwortung teil[122].

Auch der weiteren von *Kroeschell* erhobenen Forderung nach einem »offenen« Rechtsbegriff als Voraussetzung für die Integration der Rechtsgeschichte in die Rechtswissenschaft kann nach dem unter IV Gesagten zugestimmt werden. *Henke* (und auch *Schapp*) sahen ja im (streitigen) Fall als Teil der Lebenswelt den Ausgangspunkt aller Jurisprudenz und im Gesetz lediglich eine »sekundäre Gestalt von Recht«[123], das im Übrigen dann erst durch Gesetz *und* Richterspruch als Recht Wirklichkeit wird. *Henke* konnte darum auch die (Rechts-) Geschichte unter dem Aspekt, dass das Recht eine *Aufgabe* zu erfüllen hat – und zwar Gerechtigkeit und Frieden zu vereinigen[124] – für sein Rechtsverständnis fruchtbar machen – also letztlich für die historische Fragestellung auf einen Rechts*begriff* überhaupt verzichten[125].

12. Es zeigt sich im Ergebnis also, dass das Ernstnehmen der ontologischen Frage nach dem Wirklichkeitsverständnis der dogmatischen und historischen Jurisprudenz Antworten zum Verhältnis von Rechtsgeschichte und Rechtsdogmatik zulässt, die der von *Kroeschell* vertretenen Auffassung der Rechtsgeschichte als Teil der Rechtswissenschaft gerecht werden. Dem allfälligen Einwand, dass diese Antworten nur unter einem bestimmten Blickwinkel gefunden wurden, nämlich auf dem Weg über eine hermeneutische Philosophie, die die exemplarische Bedeutung der hermeneutischen Theologie und Jurisprudenz ernst nimmt, kann – das sei offen zugestanden – nur mit folgenden Fragen begegnet werden: Gibt es denn ein Stichwort, das die Philosophie im allgemeinen wie die Rechtsphilosophie und Rechtstheorie im besonderen seit nun fast 200 Jahren mehr in Atem gehalten hat, als das der »Geschichtlichkeit bzw. das der »Geschichtlichkeit des Rechts«? Und weiter: Handelt es sich bei der Einsicht der hermeneutischen Philosophie in die Geschichtlichkeit allen Verstehens nicht um ein Paradigma, das – noch immer – am ehesten gewährleistet,

---

122 Für die Rechts- und Verfassungsgeschichte, in der die »Sache« ja weitgehend nicht etwas Faktisches, sondern »auf den Begriff gebrachte Wirklichkeit« ist, hat *Kroeschell* die Verschränkung von Begriff und Sache betont. Denn es handelt sich insoweit – wie er sagt – um »ein soziales Phänomen …, das durch Sprache begrifflich erfaßt wird, und *nur so* auch zum rechtlichen Strukturelement der sozialen Realität werden kann«, s. *Kroeschell*, Verfassungsgeschichte und Rechtsgeschichte (o. Fn. 6), S. 370 (Hervorhebung A. J.), genauer dazu S. 368–377. Das scheint mir eine zutreffende Konkretisierung der Möglichkeit einer neuen Wirklichkeitserfahrung durch Sprache (was ja den ontologischen Vorrang der Sprache im hier gemeinten Sinn ausmacht) aufgrund rechtshistorischer Forschung zu sein, vgl. zum Ganzen auch *Böckenförde* (o. Fn. 8), S. VIII–X und *Schott*, Der Träger als Treuhandform, 1975, S. 13–21.

123 So *Henke* (o. Fn. 53), S. 176, siehe auch S. 179.

124 *Henke* (o. Fn. 15), S. 414.

125 *Henke* (o. Fn. 15), S. 409f. Methodisch genauso verfährt *Henke* bei der historischen Betrachtung »des« Staates, s. bes. a. a. O., S. 294–300.

auch die der Jurisprudenz gestellten Aufgaben richtig zu lösen? Sollten die vorstehenden Ausführungen diese Fragen, auf die der Rechtshistoriker *Karl Kroeschell* seine Antworten gefunden und weitergegeben hat, zumindest wachhalten, so hätten sie ihren Sinn erfüllt[126].

## Thesen

### I.

1. Die Frage nach der Bedeutung der Rechtsgeschichte für die Rechtsdogmatik hat die Rechtswissenschaft seit den Tagen der historischen Rechtsschule deshalb immer wieder beschäftigt, weil mit ihr letztlich ein sich durchhaltendes ontologisches Problem verbunden ist, – die Frage nach dem Wirklichkeitsverständnis der historischen wie dogmatischen Jurisprudenz.

2. Die juristische Methodenlehre der Gegenwart beschäftigt sich durchweg nur mit dem Problem der Rechtsanwendung und trägt zum Verständnis der Rechtsgeschichte als *rechtswissenschaftlicher* Disziplin (*Kroeschell*) kaum etwas bei. Auch *Gadamer* sieht die exemplarische Bedeutung der juristischen (und theologischen) Hermeneutik lediglich in dem auch für seine philosophische Hermeneutik zu lösenden »Anwendungsproblem«. Das mit der Frage nach dem Verhältnis von Rechtsgeschichte und Rechtsdogmatik aufgeworfene ontologische Problem (s. 1.) lässt sich aber nur lösen, wenn man den von *Gadamer* betonten universalen Aspekt der philosophischen Hermeneutik genauer untersucht.

### II.

3. Dafür ist zunächst erforderlich, dass man *Gadamers* Hermeneutik nicht nur als Beitrag zur »Möglichkeit des Verstehens und Auslegens von Sprachäußerungen« versteht, sondern als eine darüber hinausgehende Reflexion über die Geschichtlichkeit des Menschen und seiner Welt.

4. Ansatzweise versucht das der *Gadamer*-Schüler *Rüdiger Bubner* in der Weise, dass er sich mit dem für ihn offensichtlichen *transzendentalphilosophischen* Anspruch der philosophischen Hermeneutik *Gadamers* genauer beschäftigt. Im Ergebnis führt dieser gedankliche Ausgangspunkt aber deshalb

126 Der vorstehende Beitrag erschien zunächst in der FS für Karl Kroeschell zum 70. Geburtstag.

nicht weiter, weil *Bubner* »das sprachliche Kommunikationsmedium« nur als (weitere) Mediatisierung zwischen Denken und Sein zu begreifen vermag.

III.

5. Für das Wirklichkeitsverständnis der hermeneutischen Philosophie ist nämlich demgegenüber das Verstehen *durch* Sprache schlechthin konstitutiv und damit auch – da Sprache letztlich für Geschichte steht (*Hamann*) – das Verstehen durch Geschichte. Die auf dieser Grundlage einsetzende Neubesinnung auf die große Tradition der praktischen Philosophie (*Joachim Ritter* und seine Schüler u. a.) hat es allerdings (wie *Gadamer*) versäumt, nach der (exemplarischen) Bedeutung einer hermeneutischen Jurisprudenz und Theologie für das Wirklichkeitsverständnis der praktischen (hermeneutischen) Philosophie zu fragen. Diese Bedeutung hat etwa der Jurist *Wilhelm Henke* aufgezeigt, indem er die Notwendigkeit eines von einer bestimmten Philosophie unabhängigen Durchgriffs der Jurisprudenz auf die soziale Wirklichkeit (Lebenswelt) damit begründet hat, dass sie wie die Theologie auf existentielle Fragen des Menschen eigene Antworten geben muss.

6. Die in diesem Zusammenhang entscheidende, von *Henke* gestellte (und von *Gadamer* und der praktischen Philosophie ausgeblendete) Frage lautet, worauf denn unser *Vertrauen* auf die Lebenswelt als Voraussetzung jeder philosophischen Reflexion und juristischen Argumentation gründet. Ansätze zur Beantwortung eben dieser Frage lassen sich dagegen vor allem in der Philosophie *Schleiermachers* finden. Und zwar deshalb, weil *Schleiermacher* von einer »Komplementarität« zwischen Philosophie und Theologie ausgeht, – mit der Folge, dass dem unmittelbaren Selbstbewusstsein der Grund und die Einheit des Seins letztlich im religiösen Gefühl gegenwärtig ist. Das hat nach *Schleiermacher* die Philosophie als notwendige Bedingung für jedes Wissen vorauszusetzen. Auch die exemplarische Bedeutung der (hermeneutischen) Theologie beschränkt sich danach also entgegen *Gadamer* nicht auf ihren Beitrag zum Anwendungsproblem, sondern gerade sie trägt Entscheidendes zur Klärung des von der hermeneutischen Philosophie erhobenen Universalitätsanspruchs bei.

7. Der schon erwähnte Vorrang der Sprache vor dem Denken (s. 5.) bedeutet im Blick auf die eben (6.) betonte Priorität des religiösen Gefühls, dass die (praktische) Philosophie keine eigene Sprache besitzt, um das von *Henke* geforderte Vertrauen in die Lebenswelt als Ausgangspunkt ihrer Reflexion begründen zu können. Unsere menschliche Erfahrung wurzelt demnach, wie eben das Sprachphänomen zeigt, in einem extra nos, und deshalb ist eine relationale Ontologie für unser Menschsein konstitutiv. Man hat aus diesem Grund m. E. zu

Recht die große ontologische Bedeutung der sich ganz an der Sprache der Bibel orientierenden Theologie *Luthers* hervorgehoben (*Ebeling, Mostert*).

8. Hermeneutische Philosophie hat demnach einen Typus menschlicher Erfahrung zu artikulieren, für die – wie man im Anschluss an *Mostert* zusammenfassen kann – folgende Merkmale charakteristisch sind: Zunächst begreift eine solche Erfahrung »die Wirklichkeit unter dem Aspekt des Individuellen, dessen also, das metaphysisch nicht definierbar, wissenschaftlich nicht begrifflich fassbar und gleichwohl von höchster Realität und Wirkungsmacht ist«. Diese Erfahrung erwächst einem zweitens aus der Erkenntnis, dass wir – wie schon das Phänomen der Sprache zeigt – »ursprünglich rezeptiv existieren«. Schließlich ist drittens für eine entsprechende Erfahrung kennzeichnend, dass sie einerseits ständig gegen eine generalisierende metaphysische Vernunft als vermeintlichen Ausgangspunkt individueller Vergewisserung argumentieren muss und andererseits gegen den Versuch, »den Menschen utopisch oder kritisch in ein Postulat seiner selbst« zu verwandeln.

## IV.

9. Für das Selbstverständnis der Rechtswissenschaft folgt aus dem Gesagten, wie besonders *Henke* dargelegt hat, dass sie sich nicht an den »exakten« Sozialwissenschaften orientieren darf, sondern die Lebenswelt als solche ihren Überlegungen zugrunde legen muss. Der (streitige) Fall als Teil der Lebenswelt ist darum Ausgangspunkt des juristischen Denkens und seine gerechte Lösung die ihm gestellte Aufgabe. Diese Aufgabe bestimmt auch das Verständnis des Gesetzes und seine Anwendung im konkreten Fall.

## V.

10. Zu dem in der Themenstellung aufgeworfenen Problem lässt sich damit zunächst für das Verständnis der (Rechts-) geschichte sagen, dass aus dem zwangsläufigen Zeitabstand und dem extra nos von Sprache und Geschichte folgt, dass (rechts-) historische Erfahrung immer nur *analoge* Erfahrung sein kann. Man muss also für die (rechts-) historische Fragestellung davon ausgehen, dass für sie »die Unaufhebbarkeit des Abstandes *und* die Kontingenz der Teilhabe konstitutiv sind« (*Gründer*).

11. Entsprechendes gilt im Ergebnis für die gegenwärtige Rechtsgewinnung (Rechtsdogmatik). Denn die bereits durch Gesetz (oder andere Rechtsquellen) erfassten Fälle *ähneln* immer nur dem streitigen, nun zu entscheidenden Fall. Gedankliche Voraussetzung für diese Folgerung ist, dass man entgegen der h. L.

als Konsequenz aus dem bisher Gesagten den Tatbestand des Gesetzes (wie den anderer Rechtsquellen) als Reihe von einzelnen Fällen, über die durch die in Betracht kommende Rechtsquelle bereits entschieden ist, versteht. Auch insoweit kommt also nur der *Analogieschluss* für die konkrete Falllösung in Betracht. Der so begründete, durch die Denkform der (richtigen) Unterscheidung geprägte (spannungsreiche) Zusammenhang zwischen Rechtsgeschichte und Rechtsdogmatik ist es, der das von *Kroeschell* vertretene Verständnis der Rechtsgeschichte als rechtswissenschaftlicher Disziplin rechtfertigt.

12. Im Ergebnis lässt also tatsächlich erst das Ernstnehmen der ontologischen Frage nach dem Wirklichkeitsverständnis der historischen wie dogmatischen Jurisprudenz eine einleuchtende Inhaltsbestimmung des Verhältnisses von Rechtsgeschichte und Rechtsdogmatik zu.

## Nachtrag

Der nach wie vor wichtigste Gedanke der vorstehenden Ausführungen besteht für mich darin, dass die exemplarische Bedeutung der theologischen Hermeneutik entgegen *Gadamer* sich nicht (nur) auf ihren Beitrag zum »Anwendungsproblem«[127] beschränkt, sondern sie den universalen Aspekt der Hermeneutik überzeugender, als es bei *Gadamer* geschieht, erklären kann. Für *Gadamer* findet ja dieser Anspruch in der »spekulativen Wahrheit der Sprache«[128] seine ontologische Grundlage. Dem ist m. E. entgegenzuhalten, dass nicht die Sprache als *solche*, sondern nur eine *bestimmte* Sprache dieser Wahrheit Ausdruck zu geben vermag. Das ergibt sich schon aus der Überlegung, dass die von *Gadamer* als Voraussetzung für das hermeneutische Bewusstsein überhaupt geforderte (radikale) Offenheit[129] sich nicht einfach postulieren lässt, sondern *vorgegeben* sein muss, d. h. eine bestimmte »Bewusstseinsstellung«[130] erfordert. Dem entsprechend hat man m. E. richtig zu *Ebelings* theologischer Hermeneutik in Abgrenzung zu *Gadamers* philosophischer bemerkt:

> »Anders als Gadamer hat Ebeling reflektiert, dass der für Gadamer leitende Gesichtspunkt der ›radikalen Offenheit‹ bereits hermeneutisch *vorgegeben* sein muss, wenn er zum Kriterium der Erfahrung gemacht wird. Die Erfahrung der Endlichkeit,

127 Dazu *Jean Grondin*, Einführung zu Gadamer (2000), S. 171ff.

128 So richtig *Grondin* (Anm. 1), S. 230ff.; s. daneben zur spekulativen »Struktur« der Sprache mit weiterführenden Überlegungen: *Mirela Oliva*, Das innere Verbum in Gadamers Hermeneutik (2009), bes. S. 195ff.

129 Dazu wiederum *Grondin* (Anm. 1), S. 187ff.

130 Siehe zu diesem Schlüsselbegriff für das Verständnis der Philosophie des *Grafen Paul Yorck von Wartenburg: ders.*, Bewußtseinsstellung und Geschichte. Ein Fragment aus dem philosophischen Nachlass (eingeleitet und herausgegeben von *Iring Fetscher*), 1956, S. 33ff., 45ff.

aus der sich Offenheit erst ergibt, wird bei Gadamer aus *verschiedenen* Sprachtraditionen hergeleitet ... Bei Ebeling – wie schon bei Luther – wird Ernst gemacht mit der Einsicht, dass es voraussetzungslose Offenheit nicht gibt, so wenig wie voraussetzungslose Erfahrung, dass noch im Verständnis von Offenheit diese sprachlich bereits erschlossen sein muss.«[131]

Diese für die (geschichtliche) Erfahrung erforderliche Offenheit kann nun nach *Ebeling* durch die (namentlich von *Luther* in ihrer ontologischen Bedeutung erkannte) biblische Sprache »erschlossen« werden[132]. Diese Folgerung impliziert, dass das für das juristische Denken grundlegende Bewusstsein von seiner Geschichtlichkeit ohne seine theologische Verwurzelung immer in Gefahr ist, die Flucht in metaphysische Gewissheiten anzutreten. Denn »ein Denken, dass das Sein selbst als geschichtlich zu erfahren beansprucht«, kann nun einmal nicht »vom Ursprung der Geschichtserfahrung im Jüdisch-Christlichen schweigen«[133]. Das ist, wie hier in Nr. 9 gezeigt, letztlich auch die eigentliche Rechtfertigung für *Henkes* Verankerung der Rechtswissenschaft in der Lebenswelt aus theologischen Gründen.

131 So *Hans Christian Knuth*, Verstehen und Erfahrung. Hermeneutische Beiträge zur empirischen Theologie (1980), S. 95 (Hervorhebungen A. J.). Zu dem daraus folgenden Vorrang der Sprache vor dem Denken genauer mit Nachweisen hier bereits Nr. 10 bei Anm. 72ff. Ganz i. S. dieser Feststellung bemerkt *Ebeling* (Dogmatik, Bd. 1, S. 16) zur »Grundsituation« des Menschen als »Sein vor Gott«: »Das Eigentümliche daran ist dies: Solche Ausrichtung auf Bestimmtes ist nicht Ausdruck einer willkürlichen Wahl von einzelnem. Vielmehr beansprucht sie, das im strengsten Sinne Allgemeingültige durch das Ernstnehmen des Konkreten zu erschließen.«

132 Zu *Ebelings* insoweit fundamentalen Orientierung an *Luther* s. nur folgende Bemerkung von ihm: »In der gesamten Theologiegeschichte ist m. E. nur ein einziges Mal der Versuch unternommen worden, *durch intensives Eindringen in Sprache und Denkweise der Bibel das ontologische Problem, was die Theologie betrifft, in theologische Verantwortung zu übernehmen. Deshalb* gehen wir für die folgenden Überlegungen *bei Luther* in die Schule«, so *ders.*, Der Sühnetod Christi als Glaubensaussage. Eine hermeneutische Rechenschaft (1990), in: Wort und Glaube, Bd. 4 (Anm. 28), S. 557 (574 – Hervorhebungen A. J.). *Walter Mostert* stellt in diesem Zusammenhang folgende, m. E. richtige »Grundfrage«: »Ist die Philosophie trotz des bei Heidegger und in der hermeneutischen Philosophie virulenten Sprachverständnisses nicht letztlich doch, theologisch gesehen, Gesetz, weil ein kreatorisches, sakramentales Wirken der Sprache eben nur *konkret*, also christologisch möglich ist?«, so *ders.*, Gerhard Ebeling (1912–2001). »Theologie in den Gegensätzen des Lebens« (1990), in: *Walter Mostert*, Erfahrung als Kriterium der Theologie. Theologische Brocken aus drei Jahrzehnten 1966–1995 (2008), S. 165 (174 – Hervorhebung A. J.). Übrigens war *Mostert* ein Schüler *Gerhard Ebelings*, dieser schreibt dazu: »Dennoch widerfuhr ihm (erg.: *Mostert*) in dem scheinbar so normalen Ablauf seines theologischen Studiums eine Kehre. Ende 1961 kennzeichnete er sie in einem Brief an mich folgendermaßen: Dass er in mir seinen theologischen Lehrer gefunden, habe ihn in eine theologische Bewegung gebracht, von der er früher wenig ahnte«, so *Ebeling* in seiner Einleitung zu dem Buch: *Walter Mostert*, Glaube und Hermeneutik. Gesammelte Aufsätze (1998), S. 5.

133 So *Karlfried Gründer*, Figur und Geschichte. Johann Georg Hamanns »Biblische Betrachtungen« als Ansatz einer Geschichtsphilosophie (1958), S. 190 Anm. 2.

# Anhang

# 11. Staatskirchenrecht als Kollisionsrecht. Überlegungen zur Auslegung der Artikel 140 GG/137 Abs. 5 WRV

»Wir können die verschiedenen christlichen Kirchen nur betrachten als neben dem Staate, aber in mannichfaltiger und inniger Berührung mit demselben, stehend. Daher ist uns das Kirchenrecht ein für sich bestehendes Rechtsgebiert, das weder dem öffentlichen noch dem Privatrecht untergeordnet werden darf.«

Friedrich Carl von Savigny, 1840

## I. Einleitung: Zur Notwendigkeit eines Paradigmenwechsels im Staatskirchenrecht

1. Das Staatskirchenrecht des Grundgesetzes, wie es in den Artikeln 140 GG i. V. m. 136–139 und 141 WRV seinen Niederschlag gefunden hat, erschien bisher als ein durch Rechtsprechung und Lehre geformter Normenkomplex, mit dem sich die einschlägigen Konflikte durchweg befriedigend lösen ließen. Diese Situation hat sich m. E. besonders durch die seit Ende der siebziger Jahre mehrfach gestellten Anträge von islamischen Vereinigungen auf Erteilung des Körperschaftsstatus (Art. 137 Abs. 5 S. 2 WRV) erheblich geändert[1]. Denn au-

1 Diese Antragstellungen haben in der staatskirchenrechtlichen Literatur zahlreiche Stellungnahmen ausgelöst, s. etwa *Axel Frh. v. Campenhausen*, Neue Religionen im Abendland (1980), in: *ders.*, Gesammelte Schriften, 1995, S. 409 (415ff.); *Wolfgang Loschelder*, Der Islam und die religionsrechtliche Ordnung des Grundgesetzes, in: Essener Gespräche zum Thema Staat und Kirche, Bd. 20, 1986, S. 149ff.; *Alfred Albrecht*, Die Verleihung der Körperschaftsrechte an islamische Vereinigungen, Kirche und Recht 1995, S. 1ff; *Stefan Muckel*, Muslimische Gemeinschaften als Körperschaften des öffentlichen Rechts, DÖV 1995, S. 311ff; *Christian Hillgruber*, Der deutsche Kulturstaat und der muslimische Kulturimport, JZ 1999, S. 538 (546). Speziell zu den für die islamischen Vereinigungen und ihre Mitglieder in Betracht kommenden grundrechtlichen Gewährleistungen s. aus neuerer Zeit nur *Frank Fechner*, Islamischer Religionsunterricht an öffentlichen Schulen, NVwZ 1999, S. 735ff; *Helmut Goerlich*, Distanz und Neutralität im Lehrberuf – Zum Kopftuch und anderen religiösen Symbolen, NJW 1999, S. 2929ff.; *Martin Heckel*, Religionsunterricht für Muslime?, JZ 1999, S. 741ff.; *Hillgruber*, a.a.O. S. 539ff.; *Norbert Janz/Sonja Rademacher*, Islam und Religionsfreiheit, NVwZ 1999, S. 707ff.; *Mathias Jestaedt*, Grundrechtsschutz vor staatlich aufgedrängter Ansicht, in: Dem Staate, was des Staates ist – der Kirche, was der Kirche ist. Festschrift für Joseph Listl zum 70. Geburtstag, 1999, S. 259ff.; *Karl-Hermann Kästner*, Religiös akzentuierte Kleidung des Lehrpersonals staatlicher Schulen, in: Festschrift für Martin Heckel, 1999, S. 359ff.; *Stefan Korioth*, Islamischer Religionsunterricht und Art. 7 III GG, NVwZ 1997, S. 1041ff.; *Stefan Muckel*, Religionsfreiheit für Muslime in Deutschland, in: Dem Staate, was des Staates ist – der Kirche, was der Kirche ist. Festschrift für Joseph Listl zum 70. Geburtstag 1999,

genscheinlich hatte die zuletzt genannte Vorschrift bei ihrem (ersten) In-Kraft-Treten im Jahr 1919 eine völlig andere religiöse Situation vor Augen[2] wie bekanntlich überhaupt die Artikel 136ff. WRV primär eine bestimmte Phase der Loslösung der beiden großen *christlichen Kirchen* vom Staat verfassungsrechtlich festschrieben[3]. Und in diesem Kontext bewegten sich auch mehr oder weniger deutlich alle seitdem zu lösenden staatskirchenrechtlichen Probleme. Die folgenden Erörterungen nehmen diese durch die erwähnten Anträge der islamischen Vereinigungen besonders deutlich gewordene Diskrepanz zwischen den im Jahre 1919 zu regelnden staatskirchenrechtlichen Interessenkonflikten und der gegenwärtigen Problemsituation zum Anlass, um die grundsätzliche Frage zu stellen, ob denn die heutigen, das deutsche Staatskirchenrecht bestimmenden Argumentationsmuster noch ausreichen, um in einem Fall wie dem angesprochenen Lösungen zu finden, die sowohl der ursprünglichen Regelungsintention der staatskirchenrechtlichen Normen wie der Forderung nach einer zeitgemäßen Befriedung der Konflikte in diesem Bereich gerecht werden.

Als Ausgangspunkt der Überlegungen bietet sich das bekannte Urteil des Bundesverwaltungsgerichts aus dem Jahr 1997 an, in dem das Gericht die Frage zu entscheiden hatte, ob den Zeugen Jehovas der Körperschaftsstatus wie beantragt zuerkannt werden könne[4]. Denn die grundsätzlichen Erwägungen des Gerichts in dieser Entscheidung und die umfangreiche Literatur, die sich damit auseinandergesetzt hat, sind m. E. ein überzeugender Beleg dafür, dass nach einem neuen Paradigma im deutschen Staatskirchenrecht gesucht werden muss. Doch bevor das hier näher dargelegt wird, ist zunächst eine kurze Schilderung der Entscheidungsgründe und der literarischen Stellungnahmen zu dieser Entscheidung erforderlich:

Das Bundesverwaltungsgericht geht auf die ausdrücklich in Art. 137 Abs. 5 S. 2 WRV genannten Tatbestandsmerkmale, die nach dieser Vorschrift für die Zuerkennung des Körperschaftsstatus erfüllt sein müssen, nicht besonders ein – es setzt sie demnach als gegeben voraus. Das Gericht lässt den Anspruch der Zeugen Jehovas auch nicht daran scheitern, dass diese das »ungeschriebene« Tatbestandmerkmal der Rechtstreue nicht erfüllen, sondern es fehlt dieser Vereinigung seiner Ansicht nach die erforderliche »Staatsloyalität« als weitere ungeschriebene Voraussetzung für die Erteilung des Körperschaftsstatus. Dass eben diese für eine dauerhafte Zusammenarbeit (Kooperation) mit dem de-

S. 239ff. und aus der Rechtsprechung: Urteil des OVG Berlin vom 4.11.1998, DVBl. 1999, S. 554ff. Grundsätzlich zum religiösen Fundamentalismus aus staatstheoretischer Sicht: *Otto Depenheuer*, Wahrheit oder Frieden? Die fundamentalistische Herausforderung des modernen Staates, in: Essener Gespräche zum Thema Staat und Kirche, Bd. 33, 1999, S. 5ff.

2 Dazu zuletzt *Hillgruber* (Anm. 1), S. 546.

3 Genauer hierzu unter 5.

4 BVerwGE 105, 117ff.

mokratisch verfassten Staat erforderliche Loyalität nicht vorhanden ist, schließt das Bundesverwaltungsgericht aus dem Umstand, dass die Zeugen Jehovas ihren Mitgliedern die Teilnahme an den staatlichen Wahlen verbieten und interne Sanktionen bei Verstößen ihrer Mitglieder gegen dieses Verbot vorsehen.

Das Urteil hat mit der gegebenen Begründung in der Literatur ein gespaltenes Echo gefunden. Entscheidender Grund für den Gegensatz der Auffassungen ist die systematische Einordnung des Artikel 137 Abs. 5 WRV: Jene Autoren, die dieser Vorschrift ein gewisses »Eigengepräge« gegenüber Artikel 4 GG (und dem durchweg ebenfalls grundrechtsähnlich verstandenen Artikel 137 Abs. 3 WRV) zugestehen[5], bejahen zumindest im Ergebnis die Argumentation des Bundesverwaltungsgerichts[6]. Allerdings wird zum Teil darauf verwiesen, dass bereits ein richtig verstandener Begriff der Rechtstreue bzw. der Verfassungstreue die vom Bundesverwaltungsgericht davon getrennt geforderte Loyalität des Antragstellers gegenüber dem demokratisch verfassten Staat gebiete[7].

Die Kritik an der Begründung der Entscheidung und ihrem Ergebnis sieht demgegenüber gerade in dem zuletzt genannten Postulat – auch wenn man es als inhaltlichen Bestandteil der Forderung nach Rechtstreue (Verfassungstreue) der antragstellenden Religionsgemeinschaft versteht – eine verfassungsrechtlich unzulässige Ausweitung der in Artikel 137 Abs. 5 S. 2 WRV genannten Voraussetzungen für die Erteilung des Körperschaftsstatus[8]. Mehr oder weniger deut-

5 So wörtlich *Reiner Tillmanns*, Zur Verleihung des Körperschaftsstatus an Religionsgemeinschafen, DÖV 1999, S. 441 (447f.); daneben *Christoph Link*, Zeugen Jehovas und Körperschaftsstatus, ZevKR 43 (1998), S. 1 (12, 13f.) m.w.N.

6 Das geschieht etwa durch folgende Stellungnahmen: *Alexander Hollerbach*, Urteilsanmerkung in: JZ 1997, S. 1117ff., und *ders.*, Religion und Kirche im freiheitlichen Verfassungsstaat 1998, S. 22ff.; *Ralf B. Abel*, Zeugen Jehovas, keine Körperschaft des öffentlichen Rechts, NJW 1997, S. 2370ff.; *Gregor Thüsing*, Kirchenautonomie und Staatsloyalität, DÖV 1998, S. 25ff.; *Tillmanns* (Anm. 5), S. 446ff.; *Stefan Muckel*, Religionsgemeinschaften als Körperschaften des öffentlichen Rechts, Der Staat 38 (1999), S. 569 (590ff.).

7 So besonders *Hollerbach* (Anm. 6), S. 1118. Was die Subsumtion unter den Begriff der »Rechtstreue« betrifft, s. auch *Link* (Anm. 5), S. 20ff., 27ff., dessen Stellungnahme auf einem Rechtsgutachten beruht, das dem Bundesverwaltungsgericht vor Erlass seines Urteils vom Beklagten zugänglich gemacht worden war.

8 So *Jörg Müller-Volbehr*, Rechtstreue und Staatsloyalität: Voraussetzungen für die Verleihung des Körperschaftsstatus an Religions- und Weltanschauungsgemeinschaften?, NJW 1997, S 3358ff.; *Stefan Huster*, Körperschaftsstatus unter Loyalitätsvorbehalt? – BVerwG, NJW 1997, 2396, in: JuS 1998, S. 117 (119ff.); *Martin Morlock/Michael Heinig*, Parität im Leistungsstaat – Körperschaftsstatus nur bei Staatsloyalität?, NVwZ 1999, S. 697 (699ff.); *Gerhard Robbers*, Sinn und Zweck des Körperschaftsstatus im Staatskirchenrecht, in: Festschrift für Martin Heckel zum 70. Geburtstag, 1999, S. 412 (417ff.); *Stefan Korioth*, Loyalität im Staatskirchenrecht? in: Rechtstheorie und Rechtsdogmatik im Austausch. Gedächtnisschrift für Bernd Jeand'Heur, 1999, S. 221 (239ff.). Vorher bereits so *Hermann Weber* (Körperschaftsstatus für die Religionsgemeinschaft der Zeugen Jehovas in Deutschland, ZevKR 41/1996, S. 172/214), dessen Beitrag auf einem Rechtsgutachten beruht, das er für die Zeugen Jehovas in

lich ist diese Kritik durchweg grundrechtlich fundiert[9] und damit m. E. konsequenter Ausdruck jenes herrschenden Paradigmas, das nach Erlass des Grundgesetzes die Interpretation seiner staatskirchenrechtlichen Normen bis heute bestimmt hat. Diese letzte Feststellung belegt besonders die Tatsache, dass man im Ergebnis die »lex regia« des Staatskirchenrechts, den Artikel 137 Abs. 3 WRV, auch im Anschluss an die Entscheidung des Bundesverwaltungsgerichts ohne Vorbehalt als Freiheitsrecht bzw. als Grundrecht qualifiziert[10] und weiter –

---

Deutschland für deren Verfahren gegen das Land Berlin vor dem OVG Berlin – der Vorinstanz des hier behandelten Urteils des Bundesverwaltungsgerichts – gefertigt hat.

9 Am klarsten zeigen das die Beiträge von *Morlock/Heinig* (Anm. 8), S. 700ff. und *Korioth*, Loyalität (Anm. 8), S. 231, 233, 236, 237, 239ff.; ansatzweise so aber auch *Müller-Volbehr* (Anm. 8), wenn von ihm hinsichtlich der verfassungsrechtlichen Grenzen des Artikel 137 Abs. 5 S. 2 WRV »ein enger Sachzusammenhang mit den Grundrechtsschranken bei Art. 4 I und II GG« gesehen wird (a. a. O., S. 3359, ähnlich S. 3358). *Robbers* dagegen (Anm. 8, S. 416ff., 420) argumentiert vor allem mit dem Hinweis auf den unmittelbar durch die Verfassung den Kirchen eingeräumten Körperschaftsstatus, der darum nicht als staatsabgeleitet verstanden werden könne und dessen Zuerkennung nach Artikel 137 Abs. 5 S. 2 WRV deshalb auch keine besondere Staatsloyalität der antragstellenden Religions- oder Weltanschauungsgemeinschaft voraussetze. Nimmt man zu dieser Argumentation allerdings das grundrechtliche bzw. grundrechtsähnliche Verständnis des Artikel 137 Abs. 3 WRV der h. M. und den zum Teil postulierten engen Zusammenhang hinzu, in dem Artikel 137 Abs. 5 WRV mit Artikel 4 Abs. 1 und 2 GG stehen soll (s. den Nachweis in Anm. 11), so wird zumindest auch aus dieser Sicht die erwähnte grundrechtsorientierte Auslegung des Artikel 137 Abs. 5 WRV verständlich. Dieser Zusammenhang lässt sich allerdings nicht herstellen, wenn man das Körperschaftsverständnis von *Hermann Weber* zugrunde legt (s. dazu sehr früh schon: *ders.*, Die Religionsgemeinschaften als Körperschaften des öffentlichen Rechts im System des Grundgesetzes, 1996, bes. S. 91ff.). Konsequenterweise stützt *Weber* seine Argumentation darum auch auf »die in Art. 137 V S. 2 WRV enthaltene grundsätzliche Paritätsentscheidung der Verfassung«, (Anm. 8, S. 220, genauer S. 216ff.). *Huster* (Anm. 8), S. 118f., lässt die Frage nach der Rechtsnatur der durch den Körperschaftsstatus der Kirchen vermittelten Rechte wie die nach diesem Status selbst letztlich offen.

10 So zuletzt *Hollerbach* in seiner Urteilsanmerkung (Anm. 6) S. 1119, s. daneben *ders.*, Grundlagen des Staatskirchenrechts, in: Handbuch des Staatsrechts, Band VI (1989), S. 549f. sowie *Dirk Ehlers* in: *Michael Sachs* (Hrsg.), Grundgesetz, 2. Aufl. 1999, Artikel 140 Rdnr. 3 und *Muckel*, Körperschaften (Anm. 1), S. 314. Von einem »unlösbaren Zusammenhang zwischen dem Grundrecht des Art. 4 GG und den Gewährleistungen aus Art. 140 GG« spricht *Joseph Listl*, Glaubens-, Bekenntnis- und Kirchenfreiheit, in: Handbuch des Staatskirchenrechts der Bundesrepublik Deutschland, Bd. 1 (2. Aufl. 1994), S. 445. *Hermann Weber* (Grundprobleme des Staatskirchenrechts, 1970, S. 47) will entsprechend dieser Sicht auf Artikel 137 Abs. 3 WRV »als letzte Grenze die Wesensgehaltsgarantie des Art. 19 II GG« anwenden. *Jörg Müller-Volbehr*, Staatskirchenrecht an der Jahrtausendwende – Bestandsaufnahme und Ausblick, ZevKR 44/1999, S. 385, (400) führt dem ganz entsprechend aus: »Nahezu übereinstimmende Interpretationsgrundsätze gelten für die Auslegung des Grundrechts aus Art. 4 Abs. 1 und 2 GG wie auch des kirchlichen Selbstbestimmungsrechts aus Art. 140 GG i. V. m. Art. 137 Abs. 3 WRV. Der Schutzbereich beider Rechte deckt sich ohnehin weitgehend. Ohne Unterschied greift zudem das Selbstverständnis der Religionsgemeinschaften Platz. Sowohl zur Fixierung der Religionsfreiheit als auch der kirchlichen Selbstbestimmung muss eine Güterabwägung im Einzelfall ein Ergebnis erzielen, das den

insofern abweichend vom Bundesverwaltungsgericht – den engen systematischen Zusammenhang, der zwischen Artikel 4 GG und Artikel 137 Abs. 5 WRV besteht, konsequenter Weise ebenfalls grundrechtsdogmatisch begründet hat[11]. Von diesem letzten Begründungsansatz aus muss man m. E. – wie auch von den Vertretern dieser Meinung geschehen[12] – zu einer Ablehnung der Entscheidung des Bundesverwaltungsgericht kommen.

2. Die geschilderte Kritik an dieser Entscheidung zeigt daneben aber, dass auch nicht der Hinweis auf das »Eigengepräge« des Artikel 137 Abs. 5 WRV zu einem anderen Ergebnis führen kann. So lange man den engen systematischen Zusammenhang zwischen Artikel 4 GG und Artikel 137 Abs. 5 WRV betont, bleibt genau diese Eigenschaft der Körperschaftsgarantie unklar und damit auch der verfassungsrechtliche Anknüpfungspunkt für die Forderung des Bundesverwaltungsgerichts nach einer besonderen Staatsloyalität der antragstellenden Religions- oder Weltanschauungsgemeinschaft als (ungeschriebene) Voraussetzung für die Erteilung des Körperschaftsstatus. Das zeigt folgende Überlegung:

Das angesprochene »Eigengepräge« des Artikel 137 Abs. 5 WRV ist jüngst wie folgt begründet worden.

> »Art. 140 GG i. V. m. Art. 137 Abs. 5 WRV beinhaltet mehr als eine bloße Ergänzung grundrechtlicher Freiheiten. Anders als Art. 140 GG i. V. m. Art. 137 Abs. 3 WRV fügt er der Freiheit des religiösen Lebens und Wirkens nicht etwas hinzu. Vielmehr eröffnet Art. 140 GG i. V. m. Art. 137 Abs. 5 WRV den Religionsgemeinschaften eine weitere Dimension, indem er sie der öffentlich-rechtlichen Sphäre zuordnet und ihnen dem öffentlichen Recht eigentümliche Gestaltungsmöglichkeiten eröffnet. Diese Statusverbesserung macht das Spezifikum des Art. 140 GG i. V. m. Art. 137 Abs. 5 WRV aus und prägt das Wesen dieser Norm. Aus diesem Blickwinkel erscheint Art. 140 GG i. V. m. Art. 137 Abs. 5 WRV mehr als Organisationsnorm denn als Grundrechtsergänzung«[13].

Diese Erläuterung liefert nun augenscheinlich keine Antwort auf die Frage, *warum* die durch Art. 137 Abs. 5 WRV bewirkte »Statusverbesserung« nicht als »bloße Ergänzung grundrechtlicher Freiheiten« verstanden werden kann. Wenn dieses Verständnis für Art. 137 Abs. 3 WRV gelten soll, dann reicht es nicht aus, die gleiche Folgerung für Art. 137 Abs. 5 WRV mit dem Hinweis abzulehnen, dass er »der Freiheit des religiösen Lebens und Wirkens nicht etwas hinzufügt«, sondern nur »eine weitere Dimension eröffnet«. Gerade diese »Statusverbesse-

zwingenden Erfordernissen für ein friedliches Zusammenleben in einem religiösen-weltanschaulich neutralen Staat entspricht.«

11 *Morlock/Heinig* (Anm. 8), S. 700ff.; daneben *Korioth*, Loyalität (Anm. 8), S. 231, 233, 236, 237, 240.

12 Vgl. die Nachweise in Anm. 9.

13 So *Tillmanns* (Anm. 5), S. 447.

rung« kann doch durchaus als vom Grundgesetz vorgesehene »*adäquate* Rechtsform« für die Ausübung der korporativen Religionsfreiheit verstanden werden[14]. Sie stellt dann aber keine hinreichende verfassungsrechtliche Rechtfertigung für den Verstoß »gegen die in Art. 137 V S. 2 WRV enthaltene *grundsätzliche* Paritätsentscheidung der Verfassung« dar, der ja – wie richtig gesehen worden ist – mit der Forderung nach Staatsloyalität verbunden ist[15].

Ganz ähnlich muss man übrigens argumentieren, wenn von anderer Seite die der Forderung nach Staatsloyalität cum grano salis entsprechende nach der »Hoheitsfähigkeit« der antragstellenden religiösen oder weltanschaulichen Gemeinschaft damit begründet wird, dass diese mit der Zuerkennung des Körperschaftsstatus »aus der Freiheitsberechtigung des Grundrechtsträgers in die Freiheitsverpflichtung gegenüber dem durch Hoheitsausübung Grundrechtsbetroffenen ... wechselt«[16]. Das gilt umso mehr, wenn man mit der wohl h. L. den Bereich des Öffentlichen, in dem die Kirchen wirken, inhaltlich anders (und weiter) versteht als den des »Staatlich-Hoheitlichen«[17]. Denn die in diesem Kontext von den Kirchen ausgeübten öffentlichen Rechte, die ihnen durch Art. 137 Abs. 5 WRV verfassungsrechtlich zugesprochen werden, müssen dann zwangsläufig an der grundsätzlichen Distanz der Kirchen zum »Staatlich-Hoheitlichen« in gewissem Maße teilhaben.

3. Nun ist aber zu bezweifeln, ob das für die Kritik an der Entscheidung des Bundesverwaltungsgerichtes konstitutive grundrechtliche Paradigma für die Interpretation des Art. 137 Abs. 5 WRV uneingeschränkt Geltung beanspruchen kann. Denn es widerspricht augenscheinlich der anfangs erwähnten ursprünglichen Regelungsintention der aus der Weimarer Reichsverfassung in das Grundgesetz übernommenen staatskirchenrechtlichen Normen, an die der Jurist – methodisch gesehen – doch in dem Sinne nach wie vor gebunden ist, dass er eben jene Regelungsintention für die Gegenwart fortzudenken hat[18].

---

14 So vom gewählten Ansatz her konsequent *Morlock/Heinig* (Anm. 8), S. 701; ähnlich *Korioth*, Loyalität (Anm. 8), S. 231, 233, 237, 240.

15 So *Weber*, Zeugen Jehovas (Anm. 8), S. 220 (Hervorhebung A. J.), genauere Begründung S. 216ff.

16 So *Paul Kirchhof*, Die Kirchen und Religionsgemeinschaften als Körperschaften des öffentlichen Rechts, in: Handbuch des Staatskirchenrechts der Bundesrepublik Deutschland Bd. 1 (2. Aufl. 1994), S. 683.

17 Dazu zuletzt *Robbers* (Anm. 8), S. 415ff. Aus der älteren Literatur vgl. besonders: *Wolfgang Martens*, Öffentlich als Rechtsbegriff, 1969, S. 120ff. i. V. m. S. 145f.; *Rupert Scholz*, Koalitionsfreiheit als Verfassungsproblem, 1971, S. 210ff., 242ff. und dazu *meine* Zusammenfassung: Das Streikrecht der Angestellten und Arbeiter im öffentlichen Dienst und der »Dritte Weg« der Kirchen, 1982, S. 28ff.

18 Statt einer eigenen Begründung dieses nach wie vor für mich verbindlichen methodischen (hermeneutischen) Ansatzes verweise ich nur auf *Jan Schapp*, Hauptprobleme der juristischen Methodenlehre, 1983, bes. S. 31ff. (Das Gesetz als Entscheidung des Falles) und S. 60ff. (Die richterliche Entscheidung des Falles: Der Richter »tritt mit dem Gesetzgeber in ein

Ein Ansatz, wie das dogmatisch schlüssig geschehen könnte, scheint mir in dem Hinweis von *Abel* zu liegen, dass das Bundesverwaltungsgericht in seiner Entscheidung über den Antrag der Zeugen Jehovas auf Erteilung des Körperschaftsstatus mit seiner Forderung nach Rechtstreue und Staatsloyalität »die Einhaltung eines innerstaatlichen *ordre public*« postuliert habe[19]. Entsprechend ist von anderer Seite der Art. 137 Abs. 3 WRV »als eine Art Kollisionsnorm« charakterisiert und weiter gefolgert worden, dass »die Klausel von den Schranken des für alle geltenden Gesetzes etwa dem in Art. 30 EGBGB (heute: Art. 6 EGBGB) enthaltenen Vorbehalt zugunsten des deutschen ›*ordre public*‹ vergleichbar« sei[20]. Schließlich hat man das allgemeine verfassungsrechtliche Verhältnis zwischen Staat und Kirche wie folgt charakterisiert: »Das kirchliche Selbstverständnis wird durch den *ordre public* relativiert – der *ordre public* wird durch das Selbstverständnis mitbegründet, soweit es nämlich das Kontinuum des abendländischen Ethos repräsentiert«[21].

Zugestandenermaßen lässt sich aus keinem der Zitate zwingend die Folgerung ableiten, dass nunmehr in Analogie zum IPR das Staatskirchenrecht (primär) als Kollisionsrecht zu verstehen sei. Und doch meine ich, dass es sich für die Frage nach dem richtigen systematischen Verständnis der Artikel 137 ff. WRV lohnt, genau diesem Gedanken weiter nachzugehen. Das erfordert zunächst die Beantwortung der Frage, welche Funktion denn dem ordre-public-Vorbehalt im IPR zukommt. Dazu heißt es in einem führenden Lehrbuch des Internationalen Privatrechts:

---

Gespräch darüber« ein, »ob die Entscheidungsgründe des Gesetzgerbers für einen bestimmten Fall die richterliche Entscheidung für den dem Richter vorliegenden Fall zu begründen vermögen« – so a. a. O., S. 65).

19 So *Abel* (Anm. 6), S. 372 (Hervorhebung A. J.), ähnlich *Hollerbach*, Grundlagen (Anm. 10), S. 544.

20 So *Josef Jurina*, Der Rechtsstatus der Kirchen und Religionsgemeinschaften im Bereich ihrer eigenen Angelegenheiten, 1972, S. 76 (Hervorhebung A. J.), ähnlich S. 70. Das Bundesverfassungsgericht hat bekanntlich (BVerfGE 70, 138/168) im Zusammenhang mit der Auslegung des Artikel 137 Abs. 3 WRV entsprechend betont, dass auch die Kirchen an die »Grundprinzipien der Rechtsordnung, wie sie … (erg.: u. a.) in dem Begriff … des ordre public (Art. 30 EGBGB) ihren Niederschlag gefunden haben«, gebunden sind. Besonders entschieden für ein Verständnis des Art. 137 Abs. 3 WRV als Kollisionsnorm noch *Joachim Wieland*, Die Angelegenheiten der Religionsgesellschaften, Der Staat 25 (1986), S. 321 ff., bes. S. 327, 331, 344, 348.

21 So *Josef Isensee*, Wer definiert die Freiheitsrechte?, 1980, S. 62 f. (Hervorhebungen A. J.), s. auch S. 64. Hierzu passt die für das Kirchenvertragsrecht von *Hans Barion* getroffene Deutung der Konkordate »als einen auf die kirchliche Territorialgliederung bezogenen partiellen und partikulären *Ausgleich zweier Normensysteme*, des kirchlichen und eines staatlichen« (so *Barion*, Ordnung und Ortung im kanonischen Recht, 1959, in: *ders.*, Kirche und Kirchenrecht, 1984, S. 181/211 – Hervorhebungen A. J.), wobei zu betonen ist, dass *Barions* Deutung der evangelischen Kirchenverträge entsprechend ausfällt; das folgt aus seinen Überlegungen, a. a. O., auf S. 210.

> »Der ordre-public-Vorbehalt ist, in Maßen eingesetzt, die conditio sine qua non einer Emanzipation des Kollisionsrechts vom Sachrecht. Er ist zugleich aber auch, wenn er im Übermaß benutzt wird, der Tod allen Verweisungsrechts«[22].

Das bedeutet allgemein: Die prinzipielle Trennung zwischen Kollisionsrecht und Sachrecht[23], die für das richtige Verständnis des internationalen Privatrechts als »Recht über Rechtsordnungen«[24] kennzeichnend ist, lässt sich nur durchhalten, wenn ein verbindlicher inhaltlicher Maßstab die kollisionsrechtliche Lösung im Einzelfall zu korrigieren vermag. *Savigny*, dessen Grundkonzeption des internationalen Privatrechts ja bis heute Leitbildfunktion besetzt, sprach bekanntlich davon, dass »unter dem Einfluss theils der gemeinsamen christlichen Gesittung, theils des wahren Vortheils, der daraus für alle Theile hervorgeht«, die für das internationale Privatrecht unverzichtbare Voraussetzung »einer völkerrechtlichen Gemeinschaft« vorstellbar sei[25]. Es ist genau diese *gedankliche Grundlage*, die es ermöglicht, lediglich die kollisionsrechtliche Lösung im Einzelfall unter den Vorbehalt des ›ordre public‹ (Art. 6 S. 1 EGBGB) zu stellen.

Um aber aus diesen Überlegungen den Schluss ziehen zu können, dass ein kollisionsrechtliches Paradigma in Anlehnung an das internationale Privatrecht für die Interpretation der staatskirchenrechtlichen Normen des Grundgesetzes in Betracht kommt, ist noch ein weiterer gedanklicher Schritt erforderlich, der sich aus folgendem dogmatischen Streit über die Struktur des internationalen Privatrechts ergibt: Während die wohl h. M. für das internationale Privatrecht außer der möglichen inhaltlichen Korrektur der kollisionsrechtlichen Lösung im *Einzel*fall durch den ordre-public-Vorbehalt von keiner weiteren inhaltlichen Bindung ausgeht, ist von anderer Seite die These vertreten worden, dass erst die Anerkennung des Gleichheitssatzes als Basis des Kollisionsrechts die nationalen Kollisionsrechte »international rezeptionsfähig« macht. Dem ordre-public-Vorbehalt kommt so gesehen bei »einer Kollision zwischen dem Gleichheitssatz und einem in der inländischen Normenhierarchie gleichrangigen Grundsatz« wie etwa dem Grundsatz der Eheschließungsfreiheit (Artikel 6 GG) oder dem Sozialstaatenprinzip folgende Funktion zu:

> »Da es keinen verfassungsrechtlichen ›Supermaßstab‹ gibt, ist – wie stets bei einer Kollision zwischen gleichrangigen Verfassungsprinzipien – nach Sachgründen zu entscheiden. Als Sachgründe kommen nur solche Kriterien in Betracht, welche die materiellprivatrechtliche Gerechtigkeit fördern. Dazu gehört auch die Intensität der

22 So *Christian von Bar*, Internationales Privatrecht. Erster Band (1987), S. 540. Treffend dazu auch (a. a. O.) folgender Vergleich: »Wie die Abgrenzung der Arznei vom Gift, so ist deshalb auch die Frage der Wirkungsweise des ordre- public-Vorbehalts ein Problem der Menge. Positiv wirkt er sich nur aus, wenn er in kleinen Dosen zur Anwendung kommt.«

23 Dazu besonders klar *Jan Kropholler*, Internationales Privatrecht, 3. Aufl. 1997, S. 88ff.

24 So *v. Bar* (Anm. 22), S. 7, 8 im Anschluss an *Neuhaus*.

25 *Friedrich Carl von Savigny*, System des heutigen Römischen Rechts, Bd. 8 (1849), S. 27.

Inlandsberührung, weil sie die materiellprivatrechtliche Gleichstellung des zu beurteilenden Falles mit Inlandsfällen beeinflussen kann. Bei der Anwendung der Vorbehaltsklausel wird nicht die internationalprivatrechtliche Gerechtigkeit hinter die materiellprivatrechtliche Gerechtigkeit zurückgestellt. Es geht vielmehr um die Verwirklichung der (unteilbaren) materiellprivatrechtlichen Gerechtigkeit, nämlich um die materiellprivatrechtliche (nicht völkerrechtliche) Relevanz einer Auslandsberührung. Die ordre public-Abwehr eines ausländischen Rechts besagt also, daß der Auslandsberührung des zu beurteilenden Falles keine materiellprivatrechtliche Relevanz zukommen kann«[26].

Dieses Verständnis des internationalen Privatrechts, das ja den Gleichheitssatz als über dem gesetzlichen Kollisionsrecht stehendes *Rechtsprinzip* anerkennt und seine Modifikation im Einzelfall durch den ordre-public-Vorbehalt fordert, ist m. E. aus einer streng privatrechtlichen Sicht problematisch[27]. Im öffentlichen Recht, in dem ja in rechtlich gebundenen Ämtern gehandelt wird[28], kann es dagegen in Betracht kommen. So lässt sich etwa – was unsere Fragestellung betrifft und später noch genauer zu belegen ist – Artikel 137 Abs. 3 WRV als

26 So *Egon Lorenz*, Zur Struktur des internationalen Privatrechts, 1977, S. 88, 89f., genauere Begründung dieses Standpunktes auf S. 60ff. *Lorenz* (a.a.O., S. 69) bietet als »rechtstechnische Formel« für den so verstandenen ordre-public-Vorbehalt folgende Formulierung an, die das Rechtsanwendungsgesetz der ehemaligen DDR vom 5.12.1975 im § 4 gewählt hatte: »Gesetze und andere Rechtsvorschriften eines anderen Staates werden nicht angewendet, soweit ihre Anwendung mit den Grundprinzipien der Staats- und Rechtsordnung der Deutschen Demokratischen Republik unvereinbar ist. In diesem Falle sind die entsprechenden Rechtsvorschriften der Deutschen Demokratischen Republik anzuwenden.«

27 Siehe dazu richtig *von Bar* (Anm. 22), S. 210: »Ein normenhierarchisches IPR-Konzept hilft nur dem, der meint, daß die Anwendung ausländischen Rechts im Inland als etwas Außerordentliches der besonderen Legitimation bedarf. Der Eindruck des ›Außerordentlichen‹ geht seinerseits notwendig auf die Vorstellung eines latenten Konflikts mit der Souveränität des eigenen Staates zurück. Ohne solche Souveränitätsbedenken macht die Suche nach einem höherrangigen rechtlichen Prinzip (hier: dem Gleichheitssatz als Teil der Rechtsidee schlechthin) von vornherein keinen Sinn.« Wie richtigerweise von diesem Standpunkt aus sich die Menschenrechte im (privatrechtlichen) Kollisionsrecht Geltung verschaffen, hat *von Bar* an anderer Stelle genauer gezeigt: Menschenrechte im Kollisionsrecht, in: Aktuelle Probleme des Menschenrechtsschutzes (Berichte der Deutschen Gesellschaft für Völkerrecht 33) 1994, S. 191ff.

28 Das ist in der Literatur vielfach dargelegt worden, s. etwa *Arnold Köttgen*, Das anvertraute öffentliche Amt, in: Staatsverfassung und Kirchenordnung, Festgabe für Rudolf Smend zum 80. Geburtstag am 15. Januar 1962, 1962, S. 117 (121f., 123, 138ff.); *Wilhelm Henke*, Das Recht der politischen Parteien, 2. Aufl. 1972, S. 11ff.; *ders.*, Kommentierung des Artikel 21 GG (Zweitbearbeitung 1991), in: Bonner Kommentar zum Grundgesetz, Rdnr. 79f.; *ders.*, Die Republik, in: Handbuch des Staatsrechts, Bd. I, 1987, S. 863 (874, 877f.); *ders.*, Recht und Staat, 1988, S. 387ff., 609ff. u. a.; *Ernst Wolfgang Böckenförde*, Demokratische Willensbildung und Repräsentation, in: Handbuch des Staatsrechts, Bd. I, 1987, S. 40f.; *Wolfgang Löwer*, Aktuelle Gefährdungen des Republikanismus durch den Parteienstaat, 1993 (Schriftenreihe der Arbeitsgemeinschaft der Verbände des höheren Dienstes, H. 25), S. 2f., 7f. u. a. Zu dem speziellen Problem des zwischen Amtsrecht und Beamtenrecht bestehenden Verhältnisses: *Friedrich E. Schnapp*, Amtsrecht und Beamtenrecht, 1977, bes. S. 127ff., 160ff.

Konkretisierung des dem staatskirchenrechtlichen Kollisionsrecht vorgegebenen Gleichsatzes interpretieren (dazu 4.) und wegen der durch Artikel 137 Abs. 5 WRV begründeten besonderen Nähe der Kirchen zum Staat (»Intensität der Inlandsberührung« i. S. des internationalen Privatrechts) scheint besonders für die Interpretation von Satz 2 dieser Vorschrift die Forderung berechtigt, dem im IPR durch den ordre public-Vorbehalt zum Tragen kommenden Gerechtigkeitsprinzip im materiellen Sinne zu entsprechen (dazu 7.). Ob so gesehen die Kritik an der Entscheidung des Bundesverwaltungsgerichts zum Antrag der Zeugen Jehovas auf Zuerkennung des Körperschaftsstatus noch ihre Berechtigung besitzt und dem entsprechende Anträge verschiedener islamischer Vereinigungen stattgegeben werden muss, ist vor allem unter diesem Aspekt hier noch genauer zu prüfen (s. 8.).

Zuvor bedarf es noch der Erwähnung, dass das Verständnis des Staatskirchenrechts als Kollisionsrecht im dargelegten Sinne auf einen Normentypus verweist, der im deutschen Verfassungsrecht auf allen Ebenen begegnet: Das zeigt zunächst eine Vorschrift wie der Artikel 25 GG, der das Verhältnis der allgemeinen Regeln des Völkerrechts zum Bundesrecht festlegt, und weiter auch Artikel 24 GG, wonach der Bund vor allem nach dessen Absatz 1 »durch Gesetz Hoheitsrechte auf zwischenstaatliche Einrichtungen übertragen« kann[29]. Für die europäische Ebene ist daneben auf Artikel 23 Abs. 1 GG hinzuweisen und für das innerstaatliche Verhältnis von bundes- und Landesrecht auf Artikel 31 GG[30]. Im Landesverfassungsrecht kann weiter die sog. Traditionsklausel der Niedersächsischen Verfassung (Artikel 72 Abs. 2) – auch – als eine Vorschrift verstanden werden, die – ähnlich wie der Artikel 137 Abs. 5 WRV bei den Kirchen – die Grenze zwischen der Regelungsautonomie der den spezifischen regionalen Interessen dienenden historischen Landschaften in Niedersachsen und der

29 Vgl. zusammenfassend zu den genannten Vorschriften: *Stefan Hobe*, Der offene Verfassungsstaat zwischen Souveränität und Interdependenz, 1998, S. 138ff., 142ff.

30 Zur rechtlichen Bedeutung des Artikel 23 Abs. 1 GG vgl. wiederum *Hobe* (Anm. 29), S. 149ff. Für das kraft der »Supranationalität« der Europäischen Union unmittelbar in Deutschland geltende Europarecht (s. dazu zusammenfassend *Thomas Oppermann*, Europarecht, 2. Aufl. 1999, S. 228ff.) lässt sich ebenfalls die These vertreten, dass ein für das öffentliche Recht verbindliches kollisionsrechtliches Paradigma dem augenblicklichen Entwicklungsstand der Europäischen Union als Rechtsgemeinschaft am ehesten entspricht, s. dazu *meinen* Beitrag: Notwendiger Wandel der Dogmatik des deutschen Staats- und Verwaltungsrechts in einem zusammenwachsenden Europa?, in: Offene Staatlichkeit. Festschrift für Ernst-Wolfgang Böckenförde zum 65. Geburtstag, 1995, S. 145ff. Eine gewisse Bestätigung dieser Darlegungen sehe ich in der zeitgleich erschienenen Arbeit von *Ulrike Wolf*, Deliktsstatus und internationales Umweltrecht, 1995. Die hier im Anschluss an *Lorenz* vorgeschlagene Modifikation des internationalen Privatrechts für seine Anwendung auf das öffentliche Recht ist ebenfalls als eine Fortentwicklung der in meinem Festschriftbeitrag geäußerten Gedanken zu verstehen. Zu Artikel 31 GG s. zuletzt die Kommentierung dieser Vorschrift von *Horst Dreier*, in: *ders.* (Hrsg.), Grundgesetz-Kommentar, Bd. 2, 1998.

Kompetenz des Landesgesetzgebers festlegt[31]. Schließlich lässt sich die wesentliche Funktion der kommunalen Selbstverwaltungsgarantie (Artikel 28 Abs. 1 und Abs. 2 GG und Parallelen in den Landesverfassungen) darin sehen, dass damit die »Abschichtung des für alle geltenden Rechtsbereichs von einem besonderen, nur für einen beschränkten Personenkreis bzw. für eine bestimmte Institution geltenden« vollzogen wird[32].

## II. Zum Verständnis des Artikel 137 Abs. 5 WRV als Kollisionsnorm

4. Aus dem Gesagten ergibt sich damit als weitere Frage, welche Folgerungen sich für die Auslegung des Artikel 137 Abs. 5 WRV aus der in Anlehnung an ein bestimmtes, hier dargelegtes Verständnis des internationalen Privatrechts gewonnenen Hypothese ergeben, dass die staatskirchenrechtlichen Normen des Grundgesetzes (primär) als Kollisionsnormen verstanden werden können. Da bei Übernahme dieses gedanklichen »Modells« – wie gesagt – Artikel 137 Abs. 3 WRV als Konkretisierung des dem staatskirchenrechtlichen Kollisionsrecht grundsätzlich vorgegebenen Gleichheitssatzes zu interpretieren ist, kann eine Auslegung des Artikel 137 Abs. 5 WRV auf eine Überprüfung dieser These nicht verzichten. Denn die Regelung des Artikel 137 Abs. 5 WRV konnte ja in diesem Argumentationszusammenhang nur so verstanden werden, dass sie die Konkretisierung des dem staatskirchenrechtlichen Kollisionsrecht vorgegebenen Gleichheitssatzes durch Artikel 137 Abs. 3 WRV in bestimmter Weise modifiziert.

Eine Interpretation des Artikel 137 Abs. 3 WRV, die dem angesprochenen »Regelungsmodell« gerecht wird, lässt sich m. E. schlüssig begründen, wenn man auf eine inzwischen wieder aufgegebene Definition des allgemeinen Gesetzes i. S. des Artikel 137 Abs. 3 WRV durch das Bundesverfassungsgericht zurückgreift. Das Gericht hat es in einer Entscheidung aus dem Jahre 1976 ausdrücklich abgelehnt, die Schrankenklausel dieser Vorschrift »im Sinne des allgemeinen Gesetzesvorbehalts in einigen Grundrechtsgarantien oder im Sinne des ›allgemeinen Gesetzes‹, das eine Schranke der Meinungsfreiheit bildet (Artikel 5 Abs. 2 GG) oder im Sinne der Formel ›im Rahmen der Gesetze‹ bei der Gewährleistung des Rechts der Gemeinden, alle Angelegenheiten der örtlichen

31 Dazu genauer hier unter 9.

32 So *Albert Janssen*, Über die Grenzen des legislativen Zugriffsrechts, 1990, S. 132, genauere Begründung dieser These auf S. 129ff. Artikel 28 Abs. 2 GG ist genau genommen allerdings Kollisions- *und* Kompetenznorm zugleich.

Gemeinschaft in eigener Verantwortung zu regeln«[33], zu verstehen. Und dann weiter den Inhalt der Schrankenklausel wie folgt bestimmt:

> »Zu den ›für alle geltenden Gesetzen‹ können nur solche Gesetze rechnen, die für die Kirche dieselbe Bedeutung haben wie für den Jedermann. Trifft das Gesetz die Kirche nicht wie den Jedermann, sondern *in ihrer Besonderheit als Kirche* härter, ihr Selbstverständnis, insbesondere ihren geistig-religiösen Auftrag beschränkend, also *anders* als die normalen Adressaten, dann bildet es insoweit keine Schranke«[34].

Dass dem Bundesverfassungsgericht damit im Blick auf die besondere verfassungsrechtliche Stellung der Kirchen eine geglückte Definition gelingt, habe ich vor Jahren durch einen Vergleich der verfassungsrechtlichen Stellung der Kirchen mit der Rechtsstellung der kommunalen Selbstverwaltungskörperschaften einerseits, der Rundfunkanstalten und Universitäten andererseits ausführlich dargelegt[35]. Hier bedarf es noch des ergänzenden Hinweises, dass die vom Bundesverfassungsgericht geprägte Formel nun tatsächlich im Ergebnis eine staatskirchenrechtliche Kollisionsregel enthält, die sich am Gleichheitssatz orientiert, wenn man sie wie folgt fasst: Staatliches Recht gilt für die Kirchen dann nicht, wenn sie dadurch *»in ihrer Besonderheit* als Kirche härter, ihr Selbstverständnis, insbesondere ihren geistig-religiösen Auftrag beschränkend, also *anders«* als der »Jedermann« betroffen sind.

Bei einer solchen Kollisionsregel ist nun aber die Folgerung unumgänglich, dass die andere Seite – im vorliegenden Fall der Staat also – das unter Beachtung dieser Regel ergangene kirchliche Recht, soweit es mit der staatlichen Rechtsordnung in Berührung kommt, als verbindlich anerkennt. Auch diese Folgerung ist bei einem Verständnis des Artikel 137 Abs. 3 WRV als Kollisionsregel verfassungsrechtlich legitimiert[36].

---

33 BVerfGE 42, 312 (333).

34 BVerfGE 42, 312 (334).

35 *Janssen*, Streikrecht (Anm. 17), S. 28ff.

36 Damit ist der Gegensatz des hiesigen Standpunktes besonders zur Ansicht *Pirsons* markiert, der insoweit eine bewusste (oder stillschweigende) Entscheidung des staatlichen Gesetzgebers fordert, s. *Dietrich Pirson*, Kirchliches Recht in der weltlichen Rechtsordnung, in: Festschrift für Erich Ruppel zum 65. Geburtstag, 1968, S. 277ff., bes. S. 310. Für das kirchliche Beamtenrecht *ders.*, Das kircheneigene Dienstrecht der Geistlichen und Kirchenbeamten, in: Handbuch des Staatskirchenrechts, Bd. 2 (2. Aufl.1995), S. 860ff. Ganz entsprechend der hier vertretenen Ansicht führt *Josef Jurina* (Anm. 20), S. 70 aus: »Art. 140 GG/137 Abs. 3 WRV wäre also nicht mehr im Sinn einer Verleihung von Rechtssetzungsmacht an die Kirchen und Religionsgemeinschaften auszulegen. Vielmehr wäre davon auszugehen, dass Art. 140 GG/137 Abs. 3 WRV die Existenz einer den Kirchen und Religionsgemeinschaften aus eigenem Recht zukommenden Rechtssetzungsgewalt *voraussetzt* und sie mit Wirkung für den staatlichen Bereich *anerkennt.* Insoweit hätte Art. 140 GG/137 Abs. 3 WRV allerdings nach wie vor konstitutive Wirkung: Ohne eine solche Anerkennungsnorm könnte nämlich innerhalb des staatlichen Rechts nicht von der Eigenständigkeit kirchlichen Rechts ausgegangen werden. Nur also, wenn Art. 140 GG/137 Abs. 3 WRV im Sinne der Anerken-

Mit dieser Interpretation des Artikel 137 Abs. 3 WRV wird nun aber nicht, wie behauptet worden ist, dem Selbstverständnis der Kirchen einseitig der Vorrang eingeräumt. Denn Ausgangspunkt jeder Prüfung, ob der Gleichheitssatz im dargelegten Sinne verletzt ist, ist der Verfassungsgrundsatz der weltanschaulich-religiösen Neutralität des Staates, wobei bekanntlich von seiner begrenzenden Funktion einerseits, seiner notwendigen inhaltlichen Offenheit – wie etwa seiner Angewiesenheit auf ein bestimmtes Selbstverständnis der Kirchen – andererseits auszugehen ist[37].

Diese Auslegung des Artikel 137 Abs. 3 WRV ist noch nach zwei Richtungen hin zu präzisieren: Zunächst lässt sich bei dem Verständnis des Artikel 137 Abs. 3 WRV als Kollisionsregel entgegen der h. L. kein direkter Zusammenhang zwischen dieser Vorschrift und Artikel 4 GG herstellen. Das schließt m. E. aber nicht aus, dass die Kirchen sich mit der Verfassungsbeschwerde gegen eine Verletzung ihrer verfassungsrechtlich garantierten Regelungsautonomie wehren können. Denn damit rügen sie im Ergebnis ja – wie gezeigt – eine Verletzung des Gleichheitssatzes. Notfalls ließe sich daneben auch, wenn man bei der Frage der Zulässigkeit der Verfassungsbeschwerde nicht den Weg über Artikel 3 Abs. 1 und 3 GG gehen will, Artikel 2 Abs. 1 GG als Auffangtatbestand heranziehen[38].

---

nung kirchlicher Eigenständigkeit auszulegen ist, kann das staatliche Recht die Eigenständigkeit des kirchlichen Rechts für den Kernbereich der eigenen Angelegenheiten akzeptieren. Art. 140 GG/137 Abs. 3 WRV wäre dann *eine Art Kollisionsnorm*, die über die rechtliche Behandlung eines nicht vom Staat stammenden Rechtsbereichs innerhalb des staatlichen Rechts befände, und dies mit für das staatliche Recht konstitutiver Wirkung. Daraus folgt zugleich, dass es eine Frage des staatlichen Rechts darstellt, in welchem Umfang und in welchen Grenzen den Kirchen und Religionsgemeinschaften Eigenständigkeit zuzuerkennen wäre. So sehr also die Annahme der Eigenständigkeit von Kirchen und Religionsgemeinschaften einerseits bedeuten würde, dass sich diese Eigenständigkeit nicht vom Staat ableitet, sondern aus anderen Quellen stammt, so sehr müsste andererseits angenommen werden, dass im Verhältnis zum Staat dessen Anerkennung darüber entscheidet, in welchem Umfang diese Eigenständigkeit innerhalb des staatlichen Rechts zu beachten ist.« (1. und 3. Hervorhebung A. J.). Ergänzend zu diesem letzten Zitat wäre noch im Blick auf die ersten beiden Hervorhebungen zu bemerken, dass sich ganz entsprechend dem von *Jurina* dargelegten materiellen Inhalt des Artikel 137 Abs. 3 WRV auch die Grundrechtsdogmatik wieder auf die notwendige Differenzierung zwischen Grundrecht und grundrechtlich geschützten Rechtsgütern besinnt, s. nur *Jörn Ipsen*, Gesetzliche Einwirkungen auf grundrechtlich geschützte Rechtsgüter, JZ 1997, S. 473, bes. S. 475ff. mit Nachweisen.

37 So wiederum *Janssen*, Streikrecht, (Anm. 17), S. 32f. mit Nachweisen. Zum Verfassungsgrundsatz der weltanschaulich-religiösen Neutralität des Staates im hier gemeinten Sinne zuletzt: *Stefan Muckel*, Religiöse Freiheit und staatliche Letztentscheidung, 1997, S. 71ff., und *M. Heckel*, Das Kreuz im öffentlichen Raum (1996), in: *ders.* Gesammelte Schriften, Bd. IV (1997), S. 1069 (1111ff.) sowie Religionsunterricht (Anm. 1), S. 743f.

38 Diese letzte Möglichkeit fasst auch *Joachim Wieland* ins Auge, der im Übrigen zwar – wie hier geschehen – scharf zwischen Artikel 4 GG und Artikel 137 Abs. 3 WRV trennt, den Schutzbereich der zuletzt genannten Vorschrift aber anders und weitaus enger definiert als es hier versucht wird, s. *ders.* (Anm. 20), S. 323ff. und S. 328 zur Zulässigkeit der Verfas-

Daneben folgt aus dem dargelegten Verständnis des Artikel 137 Abs. 3 WRV dass der bisweilen vertretenen Einteilung der unter den Schutz dieser Vorschrift fallenden eigenen Angelegenheiten der Kirchen in solche, die unmittelbar ihrem geistlichen Auftrag dienen, und Angelegenheiten, für die das nur mittelbar zutrifft[39], mit den daraus folgenden rechtlichen Differenzierungen[40] nicht gefolgt werden kann. Diese Einteilung ist zwar hilfreich für die Entscheidung der Frage, ob die Kirchen anders als der »Jedermann« von einer staatlichen Regelung betroffen sind, ihr kommt nach dem Gesagten aber keine prinzipielle Bedeutung zu[41].

5. Mit diesen Feststellungen zu Inhalt und Bedeutung des Artikel 137 Abs. 3 WRV ist zugleich ein erster Schritt für das Verständnis des Artikel 137 Abs. 5 WRV getan. Um dessen Rechtsgehalt aber präzise bestimmen zu können, scheint es mir notwendig, vorab noch kurz der Frage nachzugehen, welche inhaltliche Bedeutung der Körperschaftsbegriff für den Verfassungsgeber 1919 besaß.

Insoweit ist zunächst die besonders von *Endrös* näher belegte These hilfreich, dass diesem Begriff nicht der sich in Deutschland im frühen 19. Jahrhundert herausbildende Gegensatz von Staat und Gesellschaft zugrunde liegt[42], sondern er in ältere Schichten der deutschen Verfassungsgeschichte zurückreicht[43]. Richtig hat insoweit *Hans Liermann* im Blick auf die evangelischen Landeskirchen zusammenfassend festgestellt:

> »*Die Körperschaftsrechte der deutschen evangelischen Landeskirchen* sind in der Tat viel *älter als die Weimarer Verfassung.* Sie stammen aus der Zeit ihrer langsamen Loslösung vom Staat in den vorangehenden Jahrhunderten, sind gleichsam Reste von Staatlichkeit, welche die Kirchen aus der Zeit, als sie selbst noch ein Stück Staat waren, in die neuere, sie zunächst vom Staate als selbständige Körperschaft unterscheidende und dann mehr und mehr von ihm lösende staatsfreie Epoche mit hinübergenommen haben … Die Kirchen sind nicht Geschöpfe des Staates, sondern sind, ihren eigenen Wert in sich tragend, aus ihm herausgewachsen, ohne daß er viel dafür oder dagegen getan hat. Deswegen hat die RV. in richtiger Erkenntnis der Grenzen, die ihr gesetzt

sungsbeschwerde über Artikel 2 Abs. 1 GG. Was die zuletzt genannte Möglichkeit betrifft, s. ergänzend *Johannes Hellermann*, Die sogenannte negative Seite der Freiheitsrechte, 1993, S. 172ff.

39 Vgl. besonders *Jurina* (Anm. 20), S. 59ff.

40 Vgl. wiederum *Jurina*, a. a. O., S. 68ff. einerseits, S. 122ff. andererseits.

41 So im Ergebnis wohl auch die h. L.: s. nur *Axel Frhr. von Campenhausen*, Staatskirchenrecht, 3. Aufl. 1996, S. 106ff., 162ff.; *Muckel*, Religiöse Freiheit (Anm. 37) S. 184ff. und *Karl-Hermann Kästner*, Staatliche Justizhoheit und religiöse Freiheit, 1991, S. 244ff., bes. S. 253ff.

42 So bekanntlich besonders deutlich zuerst *Ernst Forsthoff*, Die öffentliche Körperschaft im Bundesstaat, 1931, S. 81ff.

43 *Alfred Endrös*, Entstehung und Entwicklung des Begriffs »Körperschaft des öffentlichen Rechts«, 1985. Vgl. dort besonders die auf S. 47ff. abgedruckte »Quellensammlung zur Entstehung des Begriffs ›Körperschaft des öffentlichen Rechts‹«, die aus dem Jahre 1938 stammt. Deutlich neuerdings so wieder *Muckel*, Religionsgemeinschaften (Anm. 6), S. 572ff., 581ff.

> waren, nur einen Zustand, den sie vorgefunden hat, verfassungsrechtlich gesichert ... Aus demselben Grunde hat die RV. den *Inhalt der Körperschaftsrechte und -pflichten*, die in ihrer Summe die Rechtsstellung der Kirchen als Körperschaft bedeuten, nicht näher umschreiben können. Sie begnügt sich wiederum mit der Festlegung einiger – allerdings für die Kirchen äußerst wichtiger – *Mindestrechte* wie Autonomie, Recht der freien Ämterbesetzung, Besteuerungsrecht, die sie diesen öffentlich-rechtlichen Körperschaften auf alle Fälle gewahrt wissen will (Art. 137 RV.)«[44].

So gesehen waren eigentlich die Bestimmung des Artikel 137 Abs. 5 S. 2 WRV und die Ausweitung seiner Anwendung auf alle »Vereinigungen ..., die sich die gemeinschaftliche Pflege einer Weltanschauung zur Aufgaben machen«, durch Artikel 137 Abs. 7 WRV das eigentlich Neue an der Weimarer Regelung. Dabei ist für die folgenden Überlegungen noch zu beachten, dass der Artikel 137 Abs. 5, S. 2 WRV auf einen Antrag des Zentrums beruhte; man erhoffte sich seitens des Zentrums auf diese Weise »die Verfechter der liberalen Religionspolitik für die Garantie des öffentlichen Status der Kirchen (zu) gewinnen«[45]. Bedenkt man weiter, dass Artikel 137 Abs. 7 WRV im Ergebnis als »eine Konzession an die Paritätsforderungen der äußersten Linken« in den Weimarer Verfassungsberatungen zu versehen ist[46], dann wird vollends deutlich, dass beide Bestimmungen nicht wie Artikel 137 Abs. 5 S. 1 WRV eine lange historische Entwicklung festschrieben, sondern das aktuelle Ergebnis von politischen Verhandlungen waren[47]. *Johannes Heckel* hat aus dieser »gespaltenen« Entwicklungsgeschichte des Artikel 137 Abs. 5 WRV für das Staatskirchenrecht des Grundgesetzes folgenden methodischen Schluss gezogen:

> »Ein und derselbe Verfassungssatz kann eine *verschiedene Tragweite* haben, je nachdem er auf den Rechtskreis der einen oder anderen Gruppe von Religionsgemeinschaften bezogen wird. Es darf also *keine nivellierende Auslegung* Platz greifen. Im *Gegensatz* dazu werden bei der Auslegung unseres Grundrechts alle Religionsgemeinschaften von der herrschenden Lehre gleich behandelt«[48].

---

44 *Hans Liermann*, Deutsches Evangelisches Kirchenrecht, 1933, S. 187f.

45 So *Johannes Heckel*, Kirchengut und Staatsgewalt, in: Rechtsprobleme in Staat und Kirche. Festgabe für Rudolf Smend, 1952, S. 103, 108 mit Anm. 19 (dort auch die entsprechenden Nachweise).

46 So richtig *Willibalt Apelt*, Geschichte der Weimarer Reichsverfassung, 1946, S. 346.

47 Das zeigen anschaulich die Ausführungen von *Ernst Rudolf Huber*, Deutsche Verfassungsgeschichte seit 1789, Bd. 5, 1978, S. 1200f.; s. ergänzend *Werner Weber*, Das kirchenpolitische System der Weimarer Reichsverfassung im Rückblick (1968), in: *ders.*, Staat und Kirche in der Gegenwart, 1978, S. 311 (314ff., 319ff.) und *Konrad Müller*, Die Gewährung der Rechte einer Körperschaft des öffentlichen Rechts an Religionsgesellschaften gemäß Art. 137 Abs. V Satz 2 WRV, ZevKR 2 (1952/53), S. 139ff.

48 *Heckel* (Anm. 45), S. 109 (Hervorhebung A. J.); ähnlich *ders.*, Melanchton und das heutige deutsche Staatskirchenrecht, in: Um Recht und Gerechtigkeit. Festgabe für Erich Kaufmann, 1950, S. 83 (84): »Man kann eben eine ›in langen historischen Traditionen bewährte, mit dem gesamten Kulturleben verwachsene, den Staaten an Alter überlegene oder gleichkommende

Fast 30 Jahre später hat *Isensee* genau diese methodische Forderung für die Auslegung des Artikel 137 WRV im Blick auf »islamische Gemeinden« u. a. wiederholt[49]; sie liegt auch den übrigen Stellungnahmen zu der Frage, ob islamischen Vereinigungen der Körperschaftsstatus erteilt werden kann, zumindest ansatzweise zugrunde[50].

6. Ohne Zweifel lässt sich auf diesem historischen Hintergrund gesehen zunächst Artikel 137 Abs. 5 S. 1 WRV als Kollisionsregel verstehen, weil mit dieser Vorschrift ursprünglich ja – wie gezeigt – eine bestimmte Phase der Trennung von Staat und Kirchen festgeschrieben wurde und für die Rechtsstellung der Kirchen dabei eben nicht ein aus dem Dualismus von Staat und Gesellschaft hervorgegangener Körperschaftsbegriff prägend war, sondern das gleichberechtigte Nebeneinander von Staat und Kirchen. Bedenkt man weiter, dass der Kern der durch Artikel 137 Abs. 5 S. 1 WRV den Kirchen garantierten Vorrechte und Befugnisse auf dem Gebiet des öffentlichen Rechts[51] grundsätzlich kraft Artikel 137 Abs. 3 WRV im hier dargelegten Sinne in die kirchliche Regelungskompetenz fällt, dann liegt es nahe, »in Absatz 5 die Konkretisierung hinsichtlich der *Form*, in der die Rechtssetzungsmacht ausgeübt wird, folgend aus dem Körperschaftsstatus« zu sehen[52]. Kirchliches Recht ist als vom Staat

---

Organisation einer Weltreligion‹ nicht mit derselben Elle messen wie religiöse Zusammenschlüsse, bei denen diese Voraussetzungen fehlen.« Ganz entsprechend argumentiert schon frühzeitig *Konrad Hesse*, Schematische Parität der Religionsgesellschaften nach dem Bonner Grundgesetz?, ZevKR, Bd. 3 (1953/54), S. 188 (190ff.).

49 *Josef Isensee*, Wer definiert die Freiheitsrechte?, 1980, S. 63 Anm. 83, dort heißt es: »Hier zeigt sich der Unterschied im Zuschnitt des Individualgrundrechts in Art. 4 GG und der institutionellen Autonomie des Art. 140 GG. Das vorbehaltlose Grundrecht steht auch solchen religiösen Bewegungen offen, die nicht die Voraussetzungen erfüllen, Körperschaften des öffentlichen Rechts zu werden, Steuerhoheit zu übernehmen und theologische Fakultäten zu erhalten. Die heute obwaltende Lehre, die das Individualgrundrecht und das institutionelle Staatskirchenrecht leichthin harmonisiert und identifiziert, verdiente eine Diskussion. Die Frage nach den Voraussetzungen des Staatskirchenrechts stellt sich unausweichlich, wenn religiöse Gruppen, die nicht dem herkömmlichen Bild einer christlichen Kirche entsprechen – islamische Gemeinden, Jugendsekten – an den Privilegien des Staatskirchenrechts teilhaben wollen. Vielleicht könnte sich in dieser Diskussion der richtige Kern von *Hamels* bisher vorschnell abgelehnter These herausschälen, daß *eine* Freiheit für *alle* Bekenntnisse unmöglich sei, daß das Grundgesetz auf fundamenta fidei abstelle, die den christlichen Konfessionen und – genuin christlichen – humanistischen Weltanschauungen gemeinsam seien … Dieser Kern dürfte sich allerdings eher auf der institutionellen Ebene des Artikel 137 WRV (Art. 140 GG) zeigen, als auf der individualgrundrechtlichen des Art. 4 GG«. Eine ganz ähnliche Position vertritt *Isensee* in seinem Diskussionsbeitrag in: Essener Gespräche zum Thema Staat und Kirche, Bd. 20, 1986, S. 197.

50 Vgl. die Nachweise in Anm. 1.

51 Dazu zuletzt übersichtlich: *Dieter Radtke*, Religions- und Weltanschauungsgemeinschaften mit dem Status einer Körperschaft des öffentlichen Rechts in Niedersachsen, Nds. Verwaltungsblätter 1999, S. 32 (35f.) sowie *Muckel*, Religionsgemeinschaften (Anm. 6), S. 575ff.

52 So der Diskussionsbeitrag von *Josef Jurina*, in: Essener Gespräche zum Thema Staat und

unabhängiges Recht – wie *Savigny* schon richtig sah[53] – weder privates noch öffentliches Recht i. S. des staatlichen Rechts. Der Körperschaftsstatus der Kirchen bewirkt dann, dass kirchliches Recht als öffentliches Recht verstanden werden muss, wenn es die von Artikel 137 Abs. 5 S. 1 WRV erfassten Materien betrifft.

Die Charakterisierung des aufgrund von Artikel 137 Abs. 5 WRV erlassenen kirchlichen Rechts als öffentliches Recht schließt nun aber – wie noch einmal zu betonen ist – die Annahme einer frei vom Staat bestehenden kirchlichen Regelungsautonomie in diesem Bereich insoweit nicht aus, als er inhaltlich bereits durch Artikel 137 Abs. 3 WRV den Kirchen garantiert wird. Die Verleihung des Körperschaftsstatus führt also nicht zu einer zusätzlichen Beschränkung der kraft Artikel 137 Abs. 3 WRV bestehenden kirchlichen Regelungsautonomie, sondern erweitert die für die Kirchen bestehenden Rechtsformen um die Möglichkeit, in bestimmten Bereichen öffentlich-rechtlich tätig zu werden. Allerdings folgt aus dieser Zuerkennung der öffentlich-rechtlichen Rechtsform zwingend die Befugnis der staatlichen (Rechts-) Aufsicht über die Kirchen[54]. Diese Befugnis des Staates ergibt sich aber nun nicht aus einem überkommenen historischen Rechtstitel oder der Wiederbelebung der sog. Korrelatentheorie, sondern aus folgender rechtsstaatlichen Überlegung:

Von *Karl-Hermann Kästner* ist überzeugend der Gedanke herausgearbeitet worden, dass die »staatliche Gerichtskompetenz in Kirchensachen« als »bereits dem *Tatbestand* der Garantie der Art. 140 GG/137 Abs. 3 WRV immanent« verstanden werden kann[55]. Diese Folgerung impliziert m. E. ein neues Verständnis der staatlichen Rechtsaufsicht über die Religions- und Weltanschauungsgemeinschaften als Körperschaften des öffentlichen Rechts. Denn gerade diese Aufsicht stellt ja zuallererst die Bindung öffentlicher Gewaltausübung an Gesetz und Recht (Artikel 20 Abs. 3 GG) sicher und damit eben auch der kirchlichen, soweit sie als Ausfluss des Artikel 137 Abs. 5 WRV erscheint. Diese Sicherstellung der insoweit auch für die Kirchen bestehenden Rechtsbindung durch die staatliche Rechtsaufsicht kann und muss darum entsprechend der Folgerung *Kästners* als dem Tatbestand der Garantie des Artikel 137 Abs. 5 WRV »immanent« verstanden werden[56]. Der Artikel 137 Abs. 5 WRV begründet unter

Kirche, Bd. 10, 1976, S. 174. Vertiefend zu diesem Verständnis mit weiteren Nachweisen: *Kästner*, Staatliche Justizhoheit (Anm. 41), S. 118ff., 120ff.

53 Vgl. das dieser Abhandlung vorangestellte Zitat. Es stammt aus *Savignys* Werk: System des heutigen Römischen Rechts, Bd. 1, 1840, S. 28.

54 Zusammenfassend zum gegenwärtigen Meinungsstand über den Umfang der staatlichen Aufsichtsbefugnisse jüngst *Radtke* (Anm. 51) S. 36f.; s. daneben übersichtlich *Gottfried Held*. Die kleinen öffentlich-rechtlichen Religionsgesellschaften im Staatskirchenrecht der Bundesrepublik, 1974, S. 101ff.

55 *Kästner*, Staatliche Justizhoheit (Anm. 41), bes. S. 258ff.

56 M. E. lässt sich die Notwendigkeit staatlicher Rechtsaufsicht über die Kirchen als Körper-

dem Gesichtspunkt des effektiven Rechtsschutzes gesehen also eine besondere rechtliche Kooperation zwischen Staat und Kirchen.

Die spezifischen kollisionsrechtlichen Folgen, die sich aus dieser Interpretation des Artikel 137 Abs. 5 S.1 WRV ergeben, lassen sich durch einen kurzen Blick auf das kirchliche Dienstrecht konkretisieren: Zunächst bewirkt diese Vorschrift mit der wohl h. M. eine Freistellung vom (staatlichen) Arbeits- und Sozialrecht, soweit die Kirchen sich der öffentlich-rechtlichen »*Gestaltungsform*« bedienen[57]. Auch eine *un*mittelbare inhaltliche Bindung der Kirchen an Artikel 33 Abs. 5 GG bei der Ausgestaltung ihres Dienstrechts muss deshalb verneint werden, weil es sich insoweit ja immer noch um die Ausübung einer Regelungskompetenz handelt, die durch Artikel 137 Abs. 3 WRV begründet ist. Zu fragen wäre insoweit allenfalls, ob Artikel 137 Abs. 5 WRV einen »Typenzwang« in dem Sinne auslöst, dass die Kirchen die tragenden »Grundsätze des Beamtenrechts wie: Öffentlich-rechtliches Dienst- und Treueverhältnis, Regelung durch den Gesetzgeber, grundsätzlich lebenslängliche Anstellung, Schutz- und Fürsorgepflicht, Alters- und Hinterbliebenenversorgung, geordneter Disziplinarrechtsweg nicht außer acht lassen (erg.: können), wenn sie die sachgemäße Wahrnehmung ihrer aus der Korporationsqualität folgenden Dienstherrnfähigkeit nicht in Frage stellen wollen«[58]. Ein solcher Schluss lässt sich allerdings nach Ansicht der Literatur nur dann ziehen, wenn man »die Frage der *Geltung* staatlicher Bestimmungen für den kirchlichen Dienst« von »dem Problem der *Bewertung* des Dienstes bei den Kirchen und Religionsgemeinschaften« trennt[59].Meines Erachtens ergibt sich demgegenüber diese Rechtsfolge bei einem Verständnis des Artikel 137 Abs. 3 WRV als (allseitige) Kollisionsregel direkt aus dieser Vorschrift. Es muss in dieser Hinsicht ähnlich argumentiert werden wie bei der Beantwortung der Frage, inwieweit zentrale Prinzipien des Grundgesetzes vom europäischen Recht zu beachten sind. (s. dazu nur Artikel 23 Abs. 1 GG).

Das führt zu der letzten kollisionsrechtlichen Folgerung aus Artikel 137

---

schaften des öffentlichen Rechts auch aus Artikel 19 Abs. 4 GG ableiten, weil ja auch die Exekutive kraft Artikel 1 Abs. 3 GG an diese Vorschrift gebunden ist. Den dieser Argumentation zugrunde liegenden Gedanken, dass gerichtlicher Rechtsschutz häufig zu spät kommt und deshalb aus der über Artikel 1 Abs. 3 GG vermittelten Bindung der Exekutive an das Gebot des effektiven Rechtsschutzes (Artikel 19 Abs. 4 GG) für diese entsprechende verfassungsrechtlich begründete Pflichten erwachsen, habe ich an anderer Stelle näher ausgeführt, s. *Janssen*, Zugriffsrecht (Anm. 32) bes. S. 207 ff. Ganz anders sieht etwa den Sinn der staatlichen Aufsichtsrechte *Hermann Weber*, der *wegen* des gerichtlichen Rechtsschutzes die Befugnis zur staatlichen Rechtsaufsicht über die kirchlichen Körperschaften restriktiv auslegt, s. *ders.*, Körperschaften (Anm. 9), S. 154. Im Ansatz richtig dagegen *Held* (Anm. 54), S. 105 f.

57 So richtig *Kästner*, Staatliche Justizhoheit (Anm. 41), S. 122 mit Nachweisen.

58 So *Johann Frank*, Dienst- und Arbeitsrecht, in: Handbuch des Staatskirchenrechts, Bd. 1,1. (!) Aufl. 1975, S. 701 f. (zum Ganzen S. 699 ff.).

59 So *Frank*, a. a. O., S. 711, 714.

Abs. 5 WRV auf Verfassungsebene für das kirchliche Dienstrecht: Der durch Artikel 137 Abs. 5 WRV ausgelöste »Typenzwang« hat auch für das kirchliche Dienst- und Arbeitsrecht Folgen, wenn man – was ich für verfassungsrechtlich zwingend geboten halte – den Begriff des Verwaltungsprivatrechts nicht nur auf die *Handlungs*formen, sondern ebenfalls auf die *Organisations*formen der jeweiligen Juristischen Person des öffentlichen Rechts und damit auch auf die Kirchen anwendet. Denn daraus muss für die Gestaltung des kirchlichen Arbeitsrechts geschlossen werden, dass die Kirchen auch dann nicht an Artikel 9 Abs. 3 GG (trotz dessen Satz 2) gebunden sind, wenn sie sich für das private Arbeitsrecht entscheiden, und zwar deshalb nicht, weil auch insoweit bei konsequenter Anwendung der Lehre vom Verwaltungsprivatrecht das mit dem Körperschaftsstatus verbundene Dienstrecht der Kirchen als Sonderrecht die Anwendung des insoweit für alle juristischen (und natürlichen) Personen geltenden Artikel 9 Abs. 3 GG ausschließt[60].

7. Die soeben dargestellten Grenzziehungen zwischen staatlichem und kirchlichem Recht lassen sich als Folgerungen aus dem durch Auslegung des Artikel 137 Abs. 3 WRV gewonnenen kollisionsrechtlichen Gleichheitssatz in seiner Anwendung auf die von Artikel 137 Abs. 5 S.1 WRV erfassten Fälle verstehen. Das muss im Prinzip auch für die Interpretation des Artikel 137 Abs. 5 S. 2 WRV gelten. Das entscheidende neue Auslegungsproblem besteht hier allerdings darin, dass es nicht wie bei Satz 1 dieser Vorschrift um die verfassungsrechtliche Festschreibung eines überkommenen Rechtsstatus der Kirchen geht[61], sondern um die *staatliche Zuerkennung* einer bisher nicht innegehabten Rechtsstellung für die antragstellenden Religions- und Weltanschauungsgemeinschaften. War es im IPR die starke Intensität der Inlandsberührung, die eine Zurückdrängung des ausländischen Rechts im konkreten Fall durch den ordre-public-Vorbehalt legitimierte[62], so liegt nunmehr die Vermutung nahe, dass die durch Artikel 137 Abs. 5 WRV begründete intensive Kooperation zwischen Staat und Religions- wie Weltanschauungsgemeinschaften eine Auslegung von Satz 2 der genannten Vorschrift erfordert, die dem Gerechtigkeitsprinzip im materiellen Sinne entspricht, zumal ja auch das Bundesverwaltungsgericht in seiner Entscheidung zum beantragten Körperschaftsstatus der Zeugen Jehovas primär eben diese Kooperation zur Grundlage seiner Argumentation macht:

60 Vgl. dazu mit genauer Begründung: *Janssen*, Streikrecht (Anm. 17), S. 33ff. Daneben kann die Bindung der Kirchen an die übrigen Grundrechte nur eine modifizierte sein. Denn auch diese Bindung steht unter dem Vorbehalt des Artikel 137 Abs. 3 WRV in der hier unter 4. dargelegten Interpretation (s. dazu schon *Janssen*, a. a. O., S. 34f.).

61 Vgl. dazu noch einmal das hier bei Anm. 44 wiedergegebene Zitat.

62 Vgl. dazu noch einmal das hier bei Anm. 26 wiedergegebene Zitat.

a) Der *Inhalt* des angesprochenen Kooperationsverhältnisses ist nun m. E. zutreffend wie folgt charakterisiert worden:

»Der Sinn des Körperschaftsstaus liegt in etwas anderem. Er fügt der Grundlage der Unabhängigkeit die Möglichkeit des vertieften Miteinander von Staat und Religionsgemeinschaften hinzu. Öffentlichrechtliche Verfasstheit ›eröffnet eine besondere Zuordnung der Religionsgemeinschaft zum Staat … Kennzeichen von Religionsgemeinschaften, die Körperschaften des öffentlichen Rechts sind, ist die Pflege von Gemeinschaftsinteressen im Bereich des Öffentlichen‹. Die Einräumung öffentlichrechtlicher Befugnisse wird durch die Bereitschaft der Religionsgemeinschaften legitimiert, zusammen mit dem Staat das Gemeinwohl zu fördern. Die Religionsgemeinschaft, die Körperschaft des öffentlichen Rechts ist, wendet sich damit dem Staat zu. Alle anderen Religionsgemeinschaften stehen zum Staat im Verhältnis grundrechtlicher Freiheit. Diese Freiheit mag im Einzelfall nicht nur Abwehr oder Indifferenz im Verhältnis zum Staat bedeuten, sondern auch Kooperation umfassen. Dem Status negativus der grundrechtlichen Freiheit fehlt aber das durchweg prägende Element der Zuwendung zum Staat und zur Sphäre der Öffentlichen«[63].

Es ist also die durch die Zuerkennung des Körperschaftsstatus eingetretene besondere Nähe zum Staat, die die Begründung dafür liefert, dass die antragstellende Religions- oder Weltanschauungsgemeinschaft der Forderung nach Rechtstreue (Verfassungstreue) und daneben auch inhaltlichen Anforderungen an ihre »Verfassung« i. S. des Artikel 137 Abs. 5 S. 2 WRV genügen muss (dazu genauer 8.).

b) Eine weitere Forderung an die antragstellenden religiösen oder weltanschaulichen Vereinigungen ergibt sich m. E. zwingend aus Artikel 137 Abs. 5 S. 2 WRV, wenn man genauer nach dem *Sinn* der von diesen angestrebten Kooperation mit dem Staat fragt. Für die Beantwortung dieser Frage ist zunächst zu beachten, dass das Grundgesetz ja vielfältige Kooperationsformen zwischen Staat und Religions- wie Weltanschauungsgemeinschaften kennt (vor allem: die sog. gemeinsamen Angelegenheiten und die Möglichkeit zum Abschluss von Staatskirchenverträgen), die sich m. E. aber alle auf einen verfassungsrechtlich

63 So *Korioth*, Religionsunterricht (Anm. 1), S. 1048; ganz ähnlich *Muckel* (Anm. 6), S. 580ff., bes. S. 588f. Ein weiteres für die vorliegende Fragestellung besonders erhellendes Beispiel staatlicher Kooperation mit den Religions- und Weltanschauungsgemeinschaften stellt der staatliche Religionsunterricht dar. *Korioth* (a. a. O., S. 1046ff.) nennt m. E. gute Rechtsgründe für die Forderung, dass die staatliche Kooperation im Religionsunterricht nur mit solchen Religionsgemeinschaften in Betracht kommen kann, die vom Staat als Körperschaften des öffentlichen Rechts anerkannt sind. Da der Wortlaut des Artikel 7 Abs. 3 GG eine solche Forderung aber letztlich nicht trägt, scheint es mir insoweit richtiger, nicht auf die formelle Zuerkennung des Körperschaftsstatus durch den Staat abzustellen, sondern auf das Vorliegen der dafür nach Artikel 137 Abs. 5 S. 2 WRV erforderlichen inhaltlichen Voraussetzungen (s. dazu hier genauer 8. bei Anm. 80ff.); so im Ergebnis etwa auch *Loschelder* (Anm. 1), S. 170ff.

legitimen Zweck zurückführen lassen, der von *Pirson* im Blick auf die Rolle des Staates beim Abschluss von Kirchenverträgen wie folgt beschrieben worden ist:

> »Angesichts der über das Diesseits hinausweisenden Zielsetzung der Kirchen erscheint es gerechtfertigt, daß der Staat ihnen in anderer Weise als den sonstigen gesellschaftlichen Gruppen begegnet. Er gibt durch die Behandlung der Kirchen als gleichrangiger Vertragspartner nichts von seiner inneren Souveränität preis. Wenn er anerkennt, daß die eigentliche Position der Kirche in ihrer Umwelt nicht durch hoheitliche Mittel dirigiert werden kann, dann verzichtet er gar nicht auf die Ausübung echter staatlicher Befugnisse; er zieht vielmehr die Folgerung aus der richtigen Einschätzung der der Staatsgewalt *immanenten Grenzen*. Das neue Element im Staatskirchenrecht beruht nicht auf einer Minderung der staatlichen Autorität, sondern auf einer *neuen Einsicht in das Wesen der staatlichen Souveränität*«[64].

*Pirson* lehnt nun aber ausdrücklich eine ähnliche Rolle des Staates wie beim Abschluss von Kirchenverträgen bei seiner Erteilung des Körperschaftsstatus nach Artikel 137 Abs. 5 S. 2 WRV mit dem Hinweis ab, dass den Religions- und Weltanschauungsgemeinschaften damit »nur« eine bestimmte Stellung als Rechtssubjekt in der staatlichen Rechtsordnung zuerkannt wird[65]. Versteht man dagegen, wie hier versucht wird, Artikel 137 Abs. 5 WRV als eine Kollisionsregel, so braucht das kein Einwand gegen die Annahme zu sein, dass ebenfalls die durch den Körperschaftsstatus zwischen den Religions- und Weltanschauungsgemeinschaften und dem Staat begründete Kooperation – um noch einmal *Pirson* zu zitieren – »einer neuen Einsicht in das Wesen der staatlichen Souve-

64 *Dietrich Pirson*, Der Kirchenvertrag als Gestaltungsform der Rechtsbeziehungen zwischen Staat und Kirche, in: Festschrift für Hans Liermann zum 70. Geburtstag, 1964, S. 177 (186 – Hervorhebungen A. J.). Ganz entsprechend heißt es auf S. 192f.: Man muss erkennen, »daß die Entwicklung des neuzeitlichen Staates zum säkularen Staat nicht zur Ausschaltung der Kirche als Ordnungsfaktor geführt hat; man wird vielmehr die säkulare Natur des modernen Staates verstehen als eine selbstgewählte Beschränkung des Staates auf einen ihm wesensgemäßen Bereich, nämlich auf den Bereich der irdischen Lebensnotwendigkeiten. Die Staaten der Gegenwart, die sich als säkulare Staaten deklarieren, bekunden damit, dass die Fülle der Kompetenz, die man der Staat und Kirche umfassenden Universalkorporation des Mittelalters zugeschrieben hatte, nicht allein durch den Staat wahrgenommen werden kann. Die Anerkennung der Eigenständigkeit der kirchlichen Ordnung ist Ausdruck jenes Staatsverständnisses, nach welchem der Staat nicht legitimiert ist, im Bereich des Theologischen einen Anspruch zu erheben. In dieser Selbstbeschränkung liegt das Eingeständnis, daß außerhalb des Staates Raum ist für Ordnungskräfte, welche sich für berufen halten, die vom Staate frei gelassene Kompetenz der vorgestellten Universalkorporation wahrzunehmen. Wenn nun ein Staat mit der Kirche auf der Ebene der Gleichordnung paktiert, dann erkennt er sie als die Ordnungsmacht an, die jenen, von ihm freigelassenen Raum auszufüllen vermag. Auf diese Weise unterstellt er ein Gemeinschaftsverhältnis zwischen Staat und Kirche als den beiden geschichtlich legitimierten Größen, auf die das Erbe der vorgestellten Universalkorporation übergegangen ist.«

65 *Pirson*, a. a. O., S. 182f.; vgl. daneben *ders.*, Universalität und Partikularität der Kirchen, 1965, S. 186f. Anm. 32.

ränität« Ausdruck gibt[66]. Dass sich dieses Bewusstsein in Deutschland in einem langen historischen Prozess der Loslösung der *christlichen Kirchen* vom Staat herausgebildet hat[67], besitzt auch für die Interpretation des Artikel 137 Abs. 5 S. 2 WRV insofern Bedeutung, als dabei die grundsächliche Unterscheidung zwischen geistlichen Angelegenheiten der Kirchen und weltlichen des Staates leitend war[68]. Man wird demnach bei der Beantwortung der Frage, ob eine Religions- und Weltanschauungsgemeinschaft der Körperschaftsstatus nach Artikel 137 Abs. 5 S. 2 WRV zuerkannt werden kann, *diesen* historischen Interessenkonflikt nicht aus den Augen verlieren dürfen. So gesehen bekommt dann auch die bereits erwähnte Warnung von *Johannes Heckel* vor seiner »nivellierenden Auslegung« des Artikel 137 Abs. 5 WRV ihren legitimen Sinn[69].

Letztlich sind aber die verfassungsrechtlich vorgesehenen Kooperationsformen zwischen Staat und Religions- wie Weltanschauungsgemeinschaften und damit auch Artikel 137 Abs. 5 S. 2 WRV nicht nur Ausdruck einer neuen Einsicht in das Wesen staatlicher Souveränität, sondern darüber hinaus entscheidende Voraussetzung dafür, dass der neuzeitliche Staat seinen säkularen Charakter bewahrt. Das zeigt folgende Überlegung:

Es ist mehrfach darauf hingewiesen worden, dass die ursprüngliche Begründung für den säkularen Charakter des Staates nicht nur in seiner Rolle als Schiedsrichter (Friedensmacht) im Zeitalter der Religionskriege zu suchen ist, sondern seine notwendige Säkularität sich gedanklich schon aus dem Weltverständnis des (protestantischen) Christentums selbst ergibt[70]. Da nun daneben

66 So *Pirson*, Der Kirchenvertrag (Anm. 64), S. 186.

67 Vgl. dazu noch einmal 5. bei Anm. 42ff.

68 Dass dies eine ebenfalls durch das Grundgesetz als säkulare Verfassung gebotene Unterscheidung ist, betont zu Recht *M. Heckel*, Religionsunterricht (Anm. 1), S. 750 Anm. 69. Nimmt man sie zum Maßstab, so müssen manche heutigen politischen Stellungnahmen der Kirchen unter dem Gesichtspunkt ihrer Legitimation kritisch hinterfragt werden. Dass dieses kritische Bewusstsein aber in der (Rechts-) Theologie der beiden großen christlichen Konfessionen nicht völlig verschüttet ist, habe ich in einem Vergleich des rechtstheologischen Denkens von *Hans Barion* und *Gerhard Ebeling* zu zeigen versucht, s. *meinen* Beitrag: Hans Barions Werk als Anfrage an das evangelische Kirchenrecht, ZevKR 35 (1990), S. 356 (S. 365ff. zu *Barion*; S. 376ff. zu *Ebeling*).

69 Vgl. hier 5. bei Anm. 48.

70 Zusammenfassend dazu besonders im Anschluss an *Gogarten: Wilhelm Henke*, Recht und Staat, 1988, S. 30ff. Den entscheidenden Beitrag zu diesem Weltverständnis hat die richtig verstandene lutherische Zweireichelehre geleistet, s dazu nur *meinen* Beitrag: Historisch-kritische Theologie und evangelisches Kirchenrecht, ZevKR 26 (1981) S. 1 (20ff., 26ff., 34ff.). Dass sich insoweit *Luthers* Denken weder dem Mittelalter noch der Neuzeit zuordnen lässt, sondern sich deshalb einer solchen geschichtlichen Verortung entzieht, weil es gewissermaßen »quer« zum Mittelalter wie zur Neuzeit steht, hat überzeugend *Gerhard Ebeling* gezeigt: Luther und der Anbruch der Neuzeit (1972), in: *ders.*, Wort und Glaube, Bd. 3, 1975, S. 29ff., bes. S. 46ff. Entsprechende rechtstheologische Ansätze aus katholischer Sicht nunmehr besonders deutlich bei *Ernst-Wolfgang Böckenförde*, Überlegungen zu einer

aber die Sinnfrage als existentielle Frage für jeden Menschen auch in der Gegenwart zumindest latent fortbesteht[71], ist der säkulare Charakter des Staates nach wie vor besonders dadurch bedroht, dass politische Kräfte, die sich ihre Beantwortung anmaßen, die Herrschaft über den Staat gewinnen. Um seinen säkularen Charakter zu bewahren, hat der Staat also die Sinnfrage als existentielle Frage seiner Bürger zu respektieren, ohne sie zu beantworten. Die gleichzeitige Anerkennung dieser Frage und der Verzicht auf eine Antwort darauf sind für die Säkularität des neuzeitlichen Staates konstitutiv. Und die Religions- und Weltanschauungsgemeinschaften können aus verfassungsrechtlicher Sicht[72] nur dann einen positiven Beitrag dazu leisten, wenn sie ihrerseits der Sinnfrage der Menschen Raum geben und ihre möglichen Antworten darauf die säkulare Friedensfunktion des Staates nicht infrage stellen, was wiederum ihre Beschränkung auf die geistlichen Angelegenheiten impliziert bzw. die Anerkennung der Unterscheidung zwischen geistlichen und weltlichen Angelegenheiten[73]. Der verfassungsrechtlich legitime und erwünschte gemeinsame Zweck der verschiedenen Kooperationsformen zwischen Staat und Religions- wie Weltanschauungsgemeinschaften beseht also letztlich darin, die staatliche Säkularität als Folge seines gewandelten Souveränitätsverständnisses sicherzustellen.

Behält man diese innere Rechtfertigung der auch durch Artikel 137 Abs. 5 S. 2 WRV eröffneten Möglichkeit einer Kooperation im Auge, dann verlangt m. E. die Auslegung des Begriffs der Religionsgemeinschaften Artikel 137 Abs. 5 S. 2 WRV bzw. der in Artikel 137 Abs. 7 WRV genannten Vereinigungen eine teleologische Reduktion in dem Sinne, dass nur solche Gemeinschaften (Vereinigungen) als Antragsteller nach Artikel 137 Abs. 5 S. 2 WRV in Betracht kommen, die aufgrund ihres Weltverständnisses eben diese die Säkularität des modernen Staates stützende Funktion besitzen. Das bedeutet nach dem Gesagten primär, dass die Beschränkung auf die geistlichen Angelegenheiten für ihr Selbstverständnis konstitutiv ist. Bedenkt man, dass der maßgebliche »Wertungsgesichtspunkt« bei der teleologischen Reduktion in »dem Gebot der

Theologie des modernen säkularen Rechts, Bochumer Universitätsreden – Neue Serie – Nr. 9 (1999), S. 27 (36ff., bes. 48f.).

71 Dazu wieder besonders klar *Henke* (Anm. 70), S. 91ff., besonders S. 103f.

72 Nur auf diese kommt es hier an. Dass es aus (rechts-) theologischer Sicht weitergehende Antworten gibt, habe ich in meinem Beitrag: Historische-kritische Theologie (Anm. 70), bes. S. 34ff., 43ff. gezeigt. *Klaus Schlaich* übersieht in seiner Kritik daran, dass es mir damals offensichtlich nicht um eine verfassungsrechtliche Argumentation ging, s. besonders *ders.* Konfessionalität – Säkularität – Offenheit (1985), in: *Klaus Schlaich*, Gesammelte Aufsätze, 1997, S. 423 (441f., 444).

73 Zu dieser Unterscheidung s. bereits Anm. 68 und daneben *Depenheuer* (Anm. 1), S. 18ff., 24ff.

Gerechtigkeit, Ungleiches ungleich zu behandeln«, liegt[74], so ist es auch hier wie bei dem dargelegten Verständnis des ordre-public-Vorbehalts[75] der Gesichtspunkt der materiellen Gerechtigkeit, der eine Modifizierung des allgemeinen kollisionsrechtlichen Gleichsatzes des Artikel 137 Abs. 3 WRV erfordert.

8. Nach der Darlegung der tatbestandlichen Voraussetzungen für die Zuerkennung des Körperschaftsstatus nach Artikel 137 Abs. 5 S. 2 WRV ist es nunmehr möglich, konkret nach der Berechtigung der vom Bundesverwaltungsgericht erhobenen Forderung nach Staatsloyalität für die Erteilung des Körperschaftsstatus und weiter auch nach der Berechtigung des von verschiedenen islamischen Vereinigungen erhobenen Anspruchs auf Erteilung des Körperschaftsstatus zu fragen:

a) Was zunächst den Antrag der Zeugen Jehovas betrifft, so lässt sich die dazu erhobene Forderung des Bundesverwaltungsgerichts nach Staatsloyalität aufgrund des Gesagten nur unter der Voraussetzung rechtfertigen, dass sie sich zwingend aus dem durch Artikel 137 Abs. 5 S. 2 WRV begründeten Kooperationsverhältnis zwischen dem Staat und den Zeugen Jehovas ergibt. Dafür spricht m. E. folgende Überlegung:

Mit der Zuerkennung des Körperschaftsstatus wird den Religions- und Weltanschauungsgemeinschaften nach Artikel 137 Abs. 5 WRV ja säkuläre (stattliche) Hoheitsgewalt übertragen, und zwar demokratisch legitimierte, weil das Grundgesetz keine andere öffentliche Gewalt des Staates kennt. Der Hinweis auf die Begründung und Rechtfertigung der hoheitlichen Machtausübung durch die Europäischen Gemeinschaften *vor* der ersten Wahl des Europäischen Parlaments kann zur Illustration dieses Vorgangs dienen[76]. Und auch die Diskussion über die Zulässigkeit der selbst in Bereichen der staatlichen Ordnungsverwal-

74 So richtig *Karl Larenz/Claus-Wilhelm Canaris*, Methodenlehre der Rechtswissenschaft, 3. Aufl. 1995 S. 211.

75 Vgl. dazu hier unter 3. bei Anm. 26.

76 Vgl. insoweit nur *Hans Peter Ipsen*, Europäisches Gemeinschaftsrecht, 1972, S. 65, S. 163f., daneben: S. 56f., 60ff., 62f., 70f. und für die im Gegensatz dazu heute bestehende »gemischte« demokratische Legitimation der Europäischen Union: *Wolfram Hertel*, Supranationalität als Verfassungsprinzip, 1999, S. 151ff. sowie *Frauke Brosius-Gersdorf*, Die doppelte Legitimationsbasis der Europäischen Union, EuR 34 (1999), S. 133ff. Die Frage einer hinreichenden »internen« demokratischen Legitimation der öffentlich-rechtlichen kirchlichen Tätigkeit stellt sich m. E. schon wegen Artikel 137 Abs. 3 WRV nicht. Was die Verleihung des Körperschaftsstatus nach Artikel 137 Abs. 5 S. 2 WRV betrifft, so muss nach meinem Dafürhalten allerdings im Blick auf die Rechtsprechung des Bundesverfassungsgerichts und die Literatur zur Reichweite des Gesetzesvorbehalts die Form des Gesetzes gefordert werden. Denn im Gegensatz zur Weimarer Reichsverfassung kennen das Grundgesetz und die deutschen Landesverfassungen ja keine direkt-demokratische Legitimation der Exekutive!

tung neuerdings zu beobachtenden sog. Organisationsprivatisierung wird zum Teil von solchen Überlegungen bestimmt[77].

So gesehen stellen die Zeugen Jehovas mit dem Verbot an ihre Mitglieder, sich an staatlichen Wahlen zu beteiligen, im Grundsatz die Legitimationskette der von ihnen beanspruchten staatlichen Hoheitsgewalt als für sich verbindlich infrage – oder anders gesprochen: sie beanspruchen nicht säkulare, demokratisch legitimierte Hoheitsgewalt, sondern Hoheitsgewalt als solche, und genau das steht – wie das Bundesverwaltungsgericht richtig gesehen hat – letztlich mit Artikel 79 Abs. 3 GG, der Fundamentalnorm unserer Verfassung, im Widerspruch. Der Verstoß gegen eben diese Vorschrift ist es, den das Bundesverwaltungsgericht im Grunde mit der mangelnden Staatsloyalität der Zeugen Jehovas rügt. Und es ist deshalb zu Recht von *Hollerbach* betont worden, dass das Gericht insofern besser von der fehlenden Verfassungstreue der Zeugen Jehovas gesprochen hätte[78]. Wie die mit dem Eintritt in den öffentlichen Dienst verbundene »Aufhebung der Distanz zwischen Persönlichkeitsentfaltung und Staatszweckverwirklichung«[79] eine (besondere) Verfassungstreuepflicht auslöst, so gilt aufgrund der hier unter 7. angestellten Überlegungen Entsprechendes für die Begründung des Körperschaftsstatus nach Artikel 137 Abs. 5 S. 2 WRV – in beiden Fällen handelt es sich um dem damit entstehenden Rechtsverhältnis immanente Pflichten[80]. Dass unter diesen Umständen der mehr formale kollisionsrechtliche Gleichheitssatz des Artikel 137 Abs. 3 WRV (bzw. der Grundsatz der Parität) nicht greifen kann, bedarf so gesehen keiner weiteren Begründung.

b) Bei dem Antrag islamischer Vereinigungen auf Zuerkennung des Körperschaftsstatus ist zunächst die Frage zu klären, ob diese Vereinigungen eine »Verfassung« i. S. des Artikel 137 Abs. 5 S. 2 WRV besitzen. Davon kann nur dann die Rede sein, wenn sie einen gewissen Organisationsgrad in der Form besitzen, dass »die religiöse Grundlage, die Organisationsstruktur und Vertretungsbefugnis ihrer maßgeblichen religiösen und rechtlichen Leitungsorgane sowie die Mitgliedschaftsregelung ... jeweils im Innenverhältnis und im Außenverhältnis zu den staatlichen Ansprechpartnern bestimmt und unzweideutig erkennbar« ist[81]. Aus dem hier vertretenen Verständnis des Artikel 137 Abs. 5

77 Vgl. dazu *meine* Abhandlung: Die zunehmende Privatisierung kommunaler Daseinsvorsorge als Rechtsproblem (= Schriftenreiche des Niedersächsischen Städtetages H. 28) 1999, S. 9ff., 17.

78 *Hollerbach*, Urteilsanmerkung (Anm. 6), S. 1118f.

79 So richtig *Wolfgang Loschelder*, Vom besonderen Gewaltverhältnis zur öffentlich-rechtlichen Sonderbindung, 1982, S. 298ff.

80 Genau diese Argumentation lehnt *Korioth* (Loyalität, Anm. 8, S. 242) ausdrücklich ab.

81 So *M. Heckel* (Religionsunterricht, Anm. 1, S. 752) bereits zu den organisatorischen Anforderungen an die für den Religionsunterricht in Betracht kommenden Religionsgemeinschaften, obwohl insoweit ja lediglich eine dem Körperschaftsstatus analoge Organisationsstruktur erforderlich ist (s. den Nachweis in Anm. 66). Ganz entsprechend ausdrücklich

WRV als Kollisionsnorm und als verfassungsrechtlich vorgesehene Kooperation zwischen Staat und Religions- wie Weltanschauungsgemeinschaften ergibt sich weiter, dass deren Organisation ähnlich wie die staatliche in ihrem Gesamtbild eine Amtsverfassung darstellen und damit als Ausdruck eines »objektiven Prinzips« erscheinen muss, woraus m. E. vor allem folgt, dass die antragstellenden Vereinigungen ein den wesentlichen Anforderungen des Artikel 33 Abs. 5 GG entsprechendes Dienstrecht besitzen müssen[82].

Lässt sich nun mit Fug bereits bezweifeln, ob die verschiedenen islamischen Vereinigungen in der Bundesrepublik Deutschland, die einen Antrag auf Erteilung des Körperschaftsstatus gestellt haben, eben diesen verfassungsrechtlich geforderten Organisationsgrad besitzen, so kommt als weiteres und entscheidendes Argument für die Ablehnung ihrer Anträge hinzu, dass sie bei Zugrundelegung des hier dargelegten inhaltlichen Zwecks des durch Artikel 137 Abs. 5 WRV begründeten Kooperationsverhältnisses zwischen Staat und Religions- wie Weltanschauungsgemeinschaften gar nicht als solche verstanden werden können:

Aus diesen Darlegungen ergibt sich nämlich, dass vor allem die *Unterscheidung* zwischen geistlichen Angelegenheiten der Religions- und Weltanschauungsgemeinschaften und den weltlichen des Staates nicht nur fundamental für das Selbstverständnis der christlichen Kirchen, sondern für alle unter Artikel 137 Abs. 5 und 7 WRV fallenden Vereinigungen deshalb sein muss, weil sonst die Säkularität des Staates gefährdet ist. In dieser Unterscheidung liegt – trotz der dargelegten »gespaltenen« historischen Tradition des Artikel 137 Abs. 5 WRV – folglich das verbindende inhaltliche Moment dieser Vorschrift, die so verstanden wie alle staatskirchenrechtlichen Normen einen ganz spezifischen Interessenkonflikt löst: den Gegensatz zwischen weltlichen Angelegenheiten des Staates und den geistlichen der Religions- und Weltanschauungsgemeinschaften. Das ist m. E. auch der tiefere Sinn des in Artikel 137 Abs. 1 WRV ausgesprochenen Grundsatzes der Trennung von Staat und Kirchen, den die folgenden Absätze des Artikel 137 WRV ja lediglich *konkretisieren.*

Dass die islamischen Vereinigungen eben diesen Gegensatz (positiv) akzeptieren und damit der durch Artikel 137 Abs. 5 S. 2 WRV eröffneten Kooperation zwischen Staat und Religions- wie Weltanschauungsgemeinschaften ihren die Säkularität des Staates stützenden verfassungsrechtlichen Sinn geben, beweist weder ihre Geschichte noch ihr gegenwärtiges Erscheinungsbild in den euro-

---

für die Verleihung des Körperschaftsstatus: *Loschelder*, Islam (Anm. 1), S. 164ff. mit weiteren Nachweisen.

82 Dazu besonders klar *Loschelder*, Islam (Anm. 1), S. 165ff.; vgl. daneben ergänzend das hier unter 6. (bei Anm. 58f.) zur Geltung des Artikel 33 Abs. 5 GG für das kirchliche Dienstrecht Gesagte.

päischen und außereuropäischen Ländern[83]; darum stellen sie keine Religions- oder Weltanschauungsgemeinschaft i. S. des Artikel 137 Abs. 5 S. 2 WRV dar[84]. Im Blick auf den weiten Wortlaut des Artikel 137 Abs. 7 ist dieses Ergebnis – wie schon gesagt – aufgrund einer teleologischen Reduktion gerechtfertigt[85].

## III. Ausblick: Zur verfassungsrechtlichen Funktion des staatskirchenrechtlichen Kollisionsrecht

9. Über die unter 7. angestellten Überlegungen zur verfassungsrechtlichen Rechtfertigung des Artikel 137 Abs. 5 WRV hinaus bleibt abschießend noch nach der entsprechenden Rechtfertigung des staatskirchenrechtlichen Kollisionsrechts überhaupt zu fragen. Dass im deutschen Verfassungsrecht auf allen Entscheidungsebenen Kollisionsnormen begegnen, wurde gesagt[86]. Als verfassungsrechtlicher Anknüpfungspunkt für die folgenden Überlegungen kommt allerdings nur die schon erwähnte Traditionsklausel der Niedersächsischen Verfassung in Betracht. Denn die übrigen genannten Kollisionsnormen betreffen ja entweder die »überstaatliche Bedingtheit« unseres Staates[87] oder stellen die innerstaatliche vertikale Gewaltenteilung sicher[88]. Eine genauere Betrachtung der genannten »Traditionsklausel« zeigt nun in der Tat überraschende Parallelen zu der hier versuchten Interpretation des Artikel 137 Abs. 5 WRV, die auch eine allgemeine Aussage zur verfassungsrechtlichen Legitimation des staatskirchenrechtlichen Kollisionsrechts erlauben:

83 Das haben mehr oder weniger deutlich m. E. auch die Referate und Diskussionsbeiträge gezeigt, die im 1986 erschienenen Band 20 der Essener Gespräche unter dem Titel »Der Islam in der Bundesrepublik Deutschland« abgedruckt sind. Vgl. daneben *Depenheuer* (Anm. 1), S. 7ff., 22f. und daselbst den Diskussionsbeitrag von *Isensee* auf S. 147f.; weniger deutlich a. a. O. das Referat von *Friedemann Büttner*, Islamischer Fundamentalismus – eine Herausforderung für den Westen?, S. 107ff., bes. S. 120ff., 131f.

84 Angedeutet wird die Möglichkeit dieses Ergebnisses auch von *Hollerach*, Grundlagen (Anm. 10), S. 544.

85 Wohin eine juristische Auslegung führen kann, die losgelöst von der Frage, welchen Interessenkonflikt die in Betracht kommende Vorschrift ursprünglich entscheiden wollte, ihre »Lösungen« findet, zeigt m. E. in beängstigender Weise die Auslegungsgeschichte des Asylgrundrechts. Zu seiner ursprünglichen Regelungsintention und seiner späteren Interpretation noch immer erhellend – trotz der inzwischen eingetretenen Änderung dieser Vorschrift – die Arbeit von: *Helmut Quaritsch*, Recht auf Asyl, 1985, die den bezeichnenden Untertitel trägt: Studien zu einem missdeuteten Grundrecht.

86 Vgl. hier 3. bei Anm. 29ff.

87 So der Titel des den »Grundpositionen« *Werner von Simsons* gewidmeten Beiheftes 1/1993 der Zeitschrift »Europarecht«. Zusammenfassend zu den Wandlungen des Staates »im Kontext internationaler institutionalisierter Kooperation« s. das in Anm. 29 genannte Buch von *Stephan Hobe*, dessen Untertitel auch das vorstehende Zitat entnommen ist.

88 Vgl. schon hier bei und in Anm. 30 und 32.

Nach Artikel 72 Abs. 2 Niedersächsische Verfassung sind »die überkommenen heimatgebundenen Einrichtungen dieser Länder[89] ... weiterhin dem heimatlichen Interesse dienstbar zu machen und zu erhalten, soweit ihre Änderung oder Aufhebung nicht in Verfolg organisatorischer Maßnahmen, die sich auf das gesamte Land Niedersachsen erstrecken, notwendig wird.« Unter den Schutz dieser Bestimmung fallen nach ganz einhelliger Meinung vor allem die sog. historischen Landschaften Niedersachsens, die ähnlich der ausdrücklichen Regelung des Artikel 137 Abs. 5 S. 1 WRV für die Kirchen kraft Herkommens als Körperschaften des öffentlichen Rechts zu verstehen sind. Diesem Verständnis liegt ein Körperschaftsbegriff zugrunde, der in ständestaatlichen Traditionen wurzelt und damit ebenfalls nicht die Herausbildung des Gegensatzes von Staat und Gesellschaft im Deutschland des frühen 19. Jahrhunderts zur Grundlage hat. Die historischen Landschaften Niedersachsens besitzen daneben auch heute noch ähnlich den Kirchen Sonderrechte wie Dienstherrenfähigkeit und Beitragshoheit, unterliegen nur einer modifizierten staatlichen (Rechts-) Aufsicht und sind darum nach ganz herrschender Meinung schließlich als Körperschaften sui generis anzusehen[90].

Fragt man nach dem rechtfertigenden Grund für den besonderen verfassungsrechtlichen Schutz dieser historischen Landschaften, so kann man ihn nur darin sehen, dass sie spezifische *regionale* Interessen vertreten, die durch das Raster der für Bund, Länder und die kommunalen Selbstverwaltungskörperschaften verbindlichen verfassungsrechtlichen Kompetenzordnung deshalb fallen, weil sie eben nicht mit staatlichen (einschließlich der kommunalen) Interessen identisch sind[91]. Worin liegt dann aber – so ist weiter zu fragen – die Notwendigkeit für den Staat, spezifische regionale Interessen durch eine be-

---

89 Gemeint sind – wie Artikel 72 Abs. 1 der Niedersächsischen Verfassung zeigt – die ehemaligen Länder Hannover, Oldenburg, Braunschweig und Schaumburg-Lippe, aus denen das Land Niedersachsen »hervorgegangen« ist (so Artikel 1 Abs. 1 der Niedersächsischen Verfassung).

90 Zum Ganzen ausführlich: *Wolf-Rüdiger Reinicke*, Landstände im Verfassungsstaat, 1974, S. 235ff., 268ff., 309ff., 349f. und speziell zum Körperschaftsbegriff der ostfriesischen Landschaft *mein* Beitrag: Zur Rechtsnatur und zum Aufgabenbereich der Ostfriesischen Landschaft, in: Emder Jahrbuch 49 (1969), S. 179 (181ff.). Vgl. allgemein auch zu den Landschaften in Niedersachsen: *Christoph Mecking*, Die Regionalebene in Deutschland, 1995, S. 189ff.

91 So für die ostfriesische Landschaft: *Janssen*, a. a. O., S. 188ff. und zu deren insoweit exemplarischen Bedeutung für die Landschaften Niedersachsens: *Reinicke* (Anm. 90), S. 390f. Zur Abgrenzung dieser regionalen Interessen von denen des kommunalen Zweckverbandes: *Werner Hoppe*, Die Begriffe Gebietskörperschaft und Gemeindeverband und der Rechtscharakter der nordrhein-westfälischen Landschaftsverbände, 1958, S. 32f., 46ff., 74f., 108f., 113. Dass durch Artikel 29 Abs. 1 GG (auch) »Integration als Rechtswert auf Landesebene« anerkannt wird, (so *Wolfgang Loschelder*, Kommunale Selbstverwaltungsgarantie und gemeindliche Gebietsgestaltung, 1976 S. 82) reicht nicht hin, um die Länder als geborene Vertreter der regionalen Interessen zu verstehen.

sondere verfassungsrechtliche Garantie[92] zu unterstützen? *Hermann Lübbe* hat davon gesprochen, dass die Freiheit, die der Regionalismus artikuliert, nicht eine Freiheit ist, »die uns einander gleich macht, sondern die Freiheit, in der wir voneinander kraft Herkunft verschieden sein dürfen«; und daraus gefolgert, dass »der Anspruch dieser Freiheit« deshalb »legitimiert« sei, »weil sie die Freiheit unseres Daseins in kontingenter geschichtlicher Identität meint, die als solche einer Legitimation weder bedürftig, noch fähig ist.« Denn – so sagt er weiter – : »Rechenschaftspflichtig sind wir gegebenenfalls für unsere Taten, aber nicht dafür, daß wir sind und noch immer sind, wer wir sind«[93].

Es gibt so gesehen also nicht nur ein religiöses Interesse, das der säkulare Staat nicht definieren kann und darf, sondern daneben ein regionales Interesse, das ihm als solches vorgegeben ist. Religiöse wie regionale Identität sind aber augenscheinlich für das Menschsein konstitutiv, so dass es einen Sinn macht, entsprechenden Interessen verfassungsrechtlich besondere Möglichkeiten zu ihrer Artikulation einzuräumen. Genau das geschieht m. E. durch Artikel 137 Abs. 5 WRV wie durch Artikel 72 Abs. 2 der Niedersächsischen Verfassung, wenn damit die Kirchen und historischen Landschaften in Niedersachsen als Körperschaften des öffentlichen Rechts im dargelegten Sinne anerkannt werden[94].

Ist das richtig gesehen, dann erscheint es m. E. zulässig, ebenfalls in Artikel 72 Abs. 2 Niedersächsische Verfassung eine Kollisionsregel in dem für Artikel 137 Abs. 5 S. 1 WRV dargelegten Sinne (s. hier 6.) zu sehen. Damit kann dann auch die allgemeine verfassungsrechtliche Funktion solcher innerstaatlichen Kolli-

92 *Werner Weber* bestimmte die Rechtsnatur des Artikel 56 Abs. 2 der alten (vorläufigen) Niedersächsischen Verfassung, der mit dem Artikel 72 Abs. 2 der geltenden Niedersächsischen Verfassung wörtlich übereinstimmt, als institutionelle Garantie, s. *ders.*, Die Traditionsklauseln der Niedersächsischen Verfassung (1963), wieder abgedruckt in: Neues Archiv für Niedersachsen 2/1996, S. 69 (76f.).

93 *Hermann Lübbe*, Politischer Historismus. Zur Philosophie des Regionalismus (1979), in: *ders.*, Philosophie nach der Aufklärung, 1980, S. 143 (156). Auch die Frage nach der inneren Rechtfertigung für den verfassungsrechtlich garantierten öffentlich-rechtlichen Körperschaftsstatus der Kirchen lässt sich über die hier unter 7. wiedergegebenen Überlegungen hinaus rechtstheologisch mit dem Hinweis auf ihren besonderen Beitrag zur Begründung der säkularen grundrechtlichen *Freiheit* beantworten, s. dazu genauer *meinen* Beitrag: Historisch-kritische Theologie (Anm. 70) S. 34ff., 43ff. und *meinen* Diskussionsbeitrag, in: Essener Gespräche zum Thema Staat und Kirchen, Bd. 28 (1994), S. 115. So gesehen setzt m. E. der Aufsatz von *Paul Kirchhof* (Der Beitrag der Kirchen zur Verfassungskultur der Freiheit, in: Festschrift für Martin Heckel, 1999, S. 775ff.) nicht »tief« genug an, weil er sich auf ethische Überlegungen bzw. verfassungstheoretische beschränkt.

94 Es wäre einer besonderen Untersuchung wert, aufgrund des Gesagten genauer nach dem Rechtsgehalt des Artikel 75 der Verfassung von Mecklenburg-Vorpommern zu fragen. Er lautet: »Zur Pflege und Förderung insbesondere geschichtlicher, kultureller und landschaftlicher Besonderheiten der Landesteile Mecklenburg und Vorpommern können durch Gesetz Landschaftsverbände mit dem Recht auf Selbstverwaltung errichtet werden.«

sionsregeln näher bestimmt werden: Mit ihnen öffnet der säkulare Staat seine (Rechts-) Ordnung für die öffentliche Wirksamkeit solcher Institutionen, die sich jenen »Voraussetzungen« verpflichtet fühlen, von denen er zwar »lebt«, die er aber »selbst nicht garantieren kann«[95]. Darin liegt also die allgemeine verfassungsrechtliche Legitimation des staatskirchenrechtlichen Kollisionsrechts.

Verfassungsrechtliche Kollisionsregeln besitzen daneben – wie schon erwähnt – die Funktion, die »überstaatliche Bedingtheit« des Staates rechtlich zu erfassen und seine vertikale Gewaltenteilung im Innern sicherzustellen. Diese unterschiedlichen Funktionen der verfassungsrechtlichen Kollisionsregeln weisen aber übereinstimmend insofern für sich selbst hinaus, als sie alle deutlich machen, dass der Staat des Grundgesetzes nur als Teil einer öffentlichen Gesamtordnung verstanden werden kann und muss. Damit liegt ihr gemeinsamer Zweck notwendig in der Herstellung des Ausgleichs zwischen den verschiedenen Rechtsordnungen, um so dem für jedes Gemeinwesen konstitutiven Bewusstsein von der Einheit der Rechtsordnung in der Vielfalt ihrer Ausprägungen sichtbaren Ausdruck zu verleihen. Es ist dieser Gedanke des *Ausgleichs*, in den damit die vorstehenden Überlegungen einmünden, der gerade in der Person und dem Werk *Alexander Hollerbachs* so deutlich und glaubwürdig Gestalt gewonnen hat. Dafür haben wir ihm in einer friedlosen Zeit anlässlich seines 70. Geburtstages von ganzem Herzen zu danken[96]

## Thesen

### I. Einleitung: Zur Notwendigkeit eines Paradigmenwechsels im Staatskirchenrecht

1. Das Staatskirchenrecht des Grundgesetzes sieht sich besonders durch die seit gut 20 Jahren mehrfach gestellten Anträge islamischer Vereinigungen auf Erteilung des Körperschaftsstatus deshalb vor eine neue Situation gestellt, weil die Artikel 136ff. WRV bei ihrem (ersten) In-Kraft-Treten im Jahre 1919 primär eine bestimmte Phase der Loslösung der beiden großen *christlichen Kirchen* vom Staat verfassungsrechtlich festschrieben. Wie zuletzt sehr deutlich die Kritik am Urteil des Bundesverwaltungsgerichts zum Antrag der Zeugen Jehovas auf Erteilung des Körperschaftsstatus aus dem Jahre 1997 gezeigt hat, begegnet die

95 So die bekannte Sentenz von *Ernst-Wolfgang Böckenförde*. Sie findet sich in seinem Aufsatz: Die Entstehung des Staates als Vorgang der Säkularisation (1967), in: *ders.*, Recht, Staat, Freiheit, 1991, S. 92 (112). Zur Anwendung dieses Satzes auf die Wirksamkeit der Kirchen: *Hollerach*, Religion und Kirche (Anm. 6), S. 32ff.

96 Der vorstehende Beitrag erschien zunächst in der FS für Alexander Hollerbach zum 70. Geburtstag.

herrschende Lehre diesen Herausforderungen nach wie vor mit einer grundrechtlichen Fundierung der staatskirchenrechtlichen Normen des Grundgesetzes, was sich vor allem in der These vom engen dogmatischen Zusammenhang zwischen Artikel 4 GG und dem Artikel 137 Abs. 3 und Abs. 5 WRV niederschlägt.

2. Der Versuch demgegenüber etwa das »Eigengepräge« des Artikel 137 Abs. 5 WRV verfassungsrechtlich zu begründen, erscheint deshalb wenig überzeugend, weil eine systematische Alternative zur grundrechtlichen Fundierung des Artikel 137 Abs. 3 und Abs. 5 WRV fehlt.

3. Auch aus diesem Grund fordert der Widerspruch zwischen der ursprünglichen Regelungsintention der aus der Weimarer Reichsverfassung in das Grundgesetz übernommenen staatskirchenrechtlichen Normen und dem grundrechtlichen Paradigma, das ihre Interpretation durch die herrschende Lehre und Rechtsprechung unter dem Grundgesetz bestimmt, zu einem erneuten Fortdenken der ursprünglichen Regelungsintention dieser Vorschriften unter Beachtung des heute geltenden verfassungsrechtlichen Kontextes heraus. Als Ausgangspunkt dafür kommt ein Verständnis des Artikel 137 Abs. 3 und Abs. 5 WRV als Kollisionsnorm in Betracht, das entsprechende Überlegungen in der Literatur zu inhaltlichen Rechtsbindungen des privatrechtlichen Kollisionsrechts (IPR) für das Staatskirchenrecht weiterentwickelt.

## II. Zum Verständnis des Artikel 137 Abs. 5 WRV als Kollisionsnorm

4. Die richtige Auslegung des Artikel 137 Abs. 5 WRV setzt zunächst die Klärung der Frage voraus, welchen Rechtsinhalt Artikel 137 Abs. 3 WRV – verstanden als Kollisionsnorm – besitzt. Dieser besteht darin, dass der Artikel 137 Abs.3 WRV den dem staatskirchenrechtlichen Kollisionsrecht grundsätzlich vorgegebenen Gleichheitssatz konkretisiert. Seine Schrankenklausel ist folglich in Anlehnung an die (viel zu früh verabschiedeten) Ausführungen in BVerfGE 42, 312 (333f.) zu verstehen.

5. Die Entstehungsgeschichte des Artikel 137 Abs. 5 WRV zeigt, dass diese Vorschrift – was ihren Satz 1 betrifft – einen auf langer historischer Entwicklung beruhenden Rechtszustand festschreibt, während Satz 2 des genannten Absatzes i. V. m. Artikel 137 Abs. 7 WRV nur als das aktuelle Ergebnis von politischen Verhandlungen in den damaligen Verfassungsberatungen verstanden werden können. Schon aus diesem Grund hat ein Teil der Lehre kurz nach Erlass des Grundgesetzes die Zulässigkeit einer »nivellierenden Auslegung« zwar für Artikel 4 GG, nicht aber für Artikel 137 Abs. 5 WRV anerkannt.

6. Artikel 137 Abs. 5 Satz 1 WRV modifiziert den allgemeinen, durch Artikel 137 Abs. 3 Satz 2 WRV konkretisierten kollisionsrechtlichen Gleichheitssatz

in der Weise noch näher, als er die von ihm in bestimmten Bereichen anerkannte öffentlich-rechtliche Gestaltungsmacht der Kirchen wegen ihrer damit verbundenen Nähe zum Staat in gewissem Umfang einem für die Ausübung öffentlicher Gewalt verfassungsrechtlich vorgegebenen »Typenzwang« unterwirft.

7. Die staatliche Zuerkennung einer bisher nicht innegehabten Rechtsstellung für die antragstellenden Religions- und Weltanschauungsgemeinschaften nach Artikel 137 Abs. 5 Satz 2 WRV erfordert zunächst das Vorliegen der soeben (6.) dargelegten verfassungsrechtlichen Voraussetzungen. Daneben ergibt sich aus der verfassungsrechtlichen Rechtfertigung der auf diese Weise entstehenden Kooperation zwischen Staat und Religions- wie Weltanschauungsgemeinschaften, dass nur solche Gemeinschaften einen entsprechenden Antrag stellen können, für die die Unterscheidung zwischen geistlichen und weltlichen (staatlichen) Angelegenheiten sowie die Beschränkung ihrer Tätigkeit auf Erstere konstitutiv ist (teleologische Reduktion).

8. Aus der hier vertretenen Interpretation des Artikel 137 Abs. 5 WRV ergibt sich für die aktuellen Antragstellungen der Zeugen Jehovas und verschiedener islamischer Vereinigungen auf Erteilung des Körperschaftsstatus Folgendes:

a) Der entsprechende Antrag der Zeugen Jehovas ist vom Bundesverwaltungsgericht deshalb zu Recht abgelehnt worden, weil diese durch das Verbot an ihre Mitglieder, sich an staatlichen Wahlen zu beteiligen, die Legitimationskette der von ihnen beanspruchten staatlichen Hoheitsgewalt als für sich verbindlich infrage stellen. Denn sie beanspruchen damit nicht säkulare, demokratisch legitimierte Hoheitsgewalt, sondern Hoheitsgewalt als solche, und genau das steht letztlich – wie das Bundesverwaltungsgericht im Ergebnis richtig erkannt hat – mit Artikel 79 Abs. 3 GG im Widerspruch.

b) Die entsprechenden Anträge islamischer Vereinigungen scheitern zur Zeit bereits daran, dass diese Vereinigungen nicht den verfassungsrechtlich geforderten Organisationsgrad besitzen. Hinzu kommt, dass nach wie vor Zweifel daran bestehen, ob sie die Unterscheidung zwischen den geistlichen Angelegenheiten der Religions- und Weltanschauungsgemeinschaften und den weltlichen des Staates als für sich verbindlich anerkennen und damit begrifflich überhaupt als Religions- oder Weltanschauungsgemeinschaft im Sinne des Grundgesetzes verstanden werden können.

## III. Ausblick: Zur verfassungsrechtlichen Funktion des staatskirchenrechtlichen Kollisionsrechts

9. Wie ein Vergleich der hier vertretenen Auslegung des Artikel 137 Abs. 5 WRV mit dem Rechtscharakter der durch die »Traditionsklausel« der niedersächsischen Verfassung geschützten Landschaften in diesem Bundesland zeigt, kann

die allgemeine verfassungsrechtliche Funktion des staatskirchenrechtlichen Kollisionsrechts darin gesehen werden, dass der Staat mit ihm seine (Rechts-) Ordnung für die öffentliche Wirksamkeit solcher Institutionen öffnet, die sich jenen »Voraussetzungen« verpflichtet fühlen, von denen er zwar »lebt«, die er aber »selbst nicht garantieren kann« (*Böckenförde*).

# 12. Der Beitrag der juristischen Dogmatik zur Gesetzgebung[1]

## I.

Die juristische Methodenlehre wie die verfassungsrechtliche Dogmatik haben sich zwar bis in die jüngste Zeit intensiv mit den Methoden und Grenzen richterlicher Rechtsfortbildung bzw. des sogenannten Richterrechts befasst, kaum aber unsere Frage nach dem Beitrag der juristischen Dogmatik zur Gesetzgebung behandelt. Auch das philosophische Bemühen um »eine originäre Begründung der juristischen Praxis als Praxis«[2] konzentriert sich fast ausschließlich auf eine entsprechende Reflexion über die *richterliche* Tätigkeit. Wird dann aber einmal im Schrifttum die Orientierung an der Interpretation und richterlichen Fortbildung des geltenden Rechts aufgegeben, so geht man gewöhnlich gleich zu so abstrakten Themen wie der juristischen Begriffsbildung als solcher oder gar zur Frage nach einer allgemeinen Theorie der Rechtsdogmatik über.

Dieses augenscheinliche Desinteresse der Lehre an der hier zu behandelnden Fragestellung muss angesichts der parlamentarisch-demokratischen Grundordnung unseres Staates erstaunen. Denn die wesentliche allgemein verbindliche Rechtsquelle ist nun einmal heute das Gesetz und daneben zumindest in der Verwaltung die durchweg gesetzesabgeleiteten Rechtsformen wie Rechtsverordnung und Satzung. Konnte noch bis in die erste Hälfte des 19. Jahrhunderts hinein in Deutschland mit Fug und Recht über den Beruf der Zeit zur Gesetzgebung unter Hinweis auf die Rechtswissenschaft und die Bildung von Gewohnheitsrecht gestritten werden (*Savigny/Thibaut* u. a.), so hat diese Auseinandersetzung spätestens mit Erlass der Weimarer Reichsverfassung ihre große

1 Leicht gekürzter Text meiner Antrittsvorlesung an der Leibniz Universität Hannover am 23.01.1989. Den mitgeteilten Überlegungen liegen Erfahrungen zugrunde, die ich als Mitglied des Gesetzgebungs- und Beratungsdienstes beim Niedersächsischen Landtag gemacht habe. Die dem Text beigefügten Anmerkungen beschränken sich auf die Quellenbelege für die wörtlich wiedergegebenen Zitate und einige erläuternde Hinweise.

2 So *Rolf Gröschner*, Theorie der juristischen Argumentation, JZ 1985, S. 170 (172).

Bedeutung verloren. Und so gilt auch heute: Wichtiger noch als methodisch-theoretische Überlegungen zum Richterrecht und zur richterlichen Rechtsfortbildung sind solche zur Gesetzgebung. Entsprechendes kann – und auf diese These werde ich noch zurückkommen müssen – für die verfassungsrechtliche Dogmatik gesagt werden: Wichtiger als der Versuch einer verfassungsrechtlichen Rückbindung von Richterrecht und richterlicher Rechtsfortbildung scheint heute zu sein, die Kompetenz des Gesetzgebers unabhängig von seiner inhaltlichen Bindung an die Grundrechte und das Verhältnismäßigkeitsprinzip neu zu bestimmen und darüber hinaus angesichts der Konturenlosigkeit des Gesetzesbegriffs diesen verfassungsrechtlich einzugrenzen.

Dass nun an diese für die Jurisprudenz veränderte staatsrechtliche Situation heute erneut erinnert werden muss, ist um so erstaunlicher, als *Carl Schmitt* darauf bereits vor über vierzig Jahren nachdrücklich hingewiesen hat, und zwar in seinem in mehreren europäischen Städten 1943/1944 gehaltenen Vortrag mit dem Thema »Über die Lage der europäischen Rechtswissenschaft«[3]. Es lohnt sich für unsere Fragestellung, kurz auf diesen Vortrag einzugehen, weil darin nicht nur die veränderte staatsrechtliche Situation als solche, sondern auch die daraus erwachsenden Aufgaben für die Jurisprudenz deutlich aufgezeigt werden. Soweit ich sehe, ist das in dieser klaren Form vorher wie nachher nicht geschehen. Ich bin mir bei dieser Feststellung durchaus bewusst, dass eine so gespaltene Persönlichkeit, wie *Carl Schmitt* es war, mit diesem Vortrag wohl zugleich auch die eigene Absetzbewegung von vorhergehenden Äußerungen einleitete.

Zu Beginn seines Vortrags beschwört *Schmitt* nun die Tradition einer europäischen Rechtswissenschaft, von der in der Gegenwart noch die Wissenschaft des römischen Rechts Zeugnis ablege. Diese europäische Rechtswissenschaft ist, wie er sagt, »immer durch zwei Gegensätze bestimmt gewesen, den der Rechtswissenschaft zur Theologie, Metaphysik und Philosophie auf der einen und zu einer bloß technischen Normenkunde auf der anderen Seite« (420). Ihre Krise beginnt in der Mitte des 19. Jahrhunderts mit dem Sieg des »gesetzlichen ›Positivismus‹« (398). *Savignys* berühmte Schrift »Vom Beruf unsrer Zeit für Gesetzgebung und Rechtswissenschaft« aus dem Jahre 1814 versteht er »als Paradigma der ersten Abstandsnahme von der gesetzesstaatlichen Legalität« (408). Mit »genialem Blick« habe *Savigny* in der Vergesetzlichung »die Gefahr der Mechanisierung und Technisierung des Rechts« erkannt (420). Die restlose Funktionalisierung des Rechts sei nun im 20. Jahrhundert eingetreten. Der »motorisierte« Gesetzgeber (404) erlasse jetzt u. a. auch Maßnahmegesetze und Planungsgesetze. Damit sei selbst die namentlich in der Rechtswissenschaft des

3 Abgedruckt in: *ders.*, Verfassungsrechtliche Aufsätze aus den Jahren 1924–1954 (1958), S. 386–429. Danach wird hier im Folgenden zitiert.

ausgehenden 19. Jahrhunderts vertretene These unhaltbar geworden, dass das Gesetz klüger sei als der Gesetzgeber. Diese These habe zumindest noch die Unterscheidung zwischen Setzung und Setzer bzw. Gesetz und Gesetzgeber ermöglicht und damit der Rechtswissenschaft und Rechtsprechung einen Entfaltungsraum gewährt. Angesichts dieser Rechtsentwicklung bleibt für *Schmitt* zum Schluss seines Vortrags nur der Appell an die Rechtswissenschaft, ihren wesentlichen Auftrag darin zu sehen, »letztes Asyl des Rechtsbewußtseins« (420) zu bleiben. Denn allein die Rechtswissenschaft und nicht eine (metaphysische) Rechtsphilosophie könne das Recht noch vor einer »subalternen Instrumentalisierung« (422) schützen.

Die Analyse der Rechtsentwicklung durch *Carl Schmitt*, die zum motorisierten Gesetzgeber der Gegenwart geführt hat, ist nun zweifellos richtig. In den Klagen unserer Zeit über die Gesetzesflut macht sich ja *auch* diese Kritik Luft. Als zusätzliche bedeutende Variante moderner Gesetzgebung hätte man zur Abrundung des Bildes nur noch die ständig zunehmenden Versuche zu nennen, politische Proklamationen in Gesetzesform zu kleiden. Doch welche Aufgabe erwächst der Rechtsdogmatik als wesentlichem Teil der Rechtswissenschaft aus dieser Entwicklung heute? Sicherlich mehr als der Rat, sich auf ihre eigenen Traditionen zu besinnen und diese für spätere, möglicherweise bessere Zeiten zu bewahren und lebendig zu erhalten. Damit ist die Aktualität der hier zu behandelnden Frage wohl deutlich genug herausgearbeitet. Sie kann – um noch einmal *Carl Schmitt* zu zitieren – nur lauten, ob es noch eine »bedeutende Rechtswissenschaft *des* geschriebenen Gesetzes« (400) gibt. Ich möchte nun in zwei Schritten eine Antwort auf diese Frage zu geben versuchen. Zunächst sollen unter Rückgriff auf eigene Erfahrungen die Ansätze und Inhalte rechtsdogmatischer Argumentation im Gesetzgebungsverfahren geschildert (II.) und eine rechtstheoretische Fundierung dieses Vorgehens versucht werden (III.). In einem zweiten Schritt ist unter dem Stichwort »Rahmenbedingungen« dann nach den verfassungsrechtlichen Voraussetzungen solchen Tuns und seiner staatstheoretischen Grundlagen zu fragen (IV.).

## II.

Die vielfältigen Möglichkeiten rechtsdogmatischer Argumentation bei der Gesetzgebung, denen ich mich damit zuwende, lassen sich – grob gesehen – nach folgenden Gesichtspunkten gliedern. Neben den hier nur kurz zu behandelnden formalen Regeln der Gesetzgebung (1.) gehören dazu das Problem der richtigen Einpassung neuer Normen in das vorhandene Recht (2.), die Frage nach der systematischen Konsequenz eines Regelungsansatzes (3.) und schließlich und vor allem die juristische Begriffsbildung (4.):

1. Was zunächst die mehr formalen Regeln der Gesetzestechnik betrifft, so laufen sie – rechtsdogmatisch gesehen – vor allem auf die Forderung hinaus, dass man mit dem vorhandenen und erprobten »Arsenal« rechtlicher Regelungsformen richtig umgeht, d. h. eine Fiktion, eine Vermutung, die Umkehrung der Beweislast, gebundenes Ermessen, eine Kombination von Regel und Ausnahme oder eine (möglicherweise begrenzte) Inanspruchnahme vorhandener Normengefüge zu analoger Anwendung durch Verweisung usw. richtig formuliert. Auch die Forderung, die zeitliche Geltung eines Gesetzes – sein Inkrafttreten, die notwendigen Übergangsfristen u. a. – präzise festzulegen, gehört hierher. Alles das kann man in den Handbüchern zur Gesetzgebung genauer nachlesen und soll hier darum nicht weiter vertieft werden.

2. Das häufige Problem der richtigen Einpassung neuer Normen in das vorhandene Recht mit dem ich mich zweitens beschäftigen will, stellt sich in verschiedenen Formen:

a) Zunächst ist der oft auch von einzelnen Abgeordneten initiierte Versuch bedeutsam, einen als regelungsbedürftig erkannten Einzelfall durch Aufnahme einer neuen Vorschrift in das betreffende Gesetz »in den Griff zu bekommen«. Da die meisten Landtagsabgeordneten zugleich Ratsherrn oder Kreistagsabgeordnete sind, bietet das kommunale Verfassungsrecht für diese Versuche besondere zahlreiche Beispiele. Aufgabe juristischer Dogmatik ist in einem derartigen Fall zunächst die Beantwortung der Frage, ob denn tatsächlich eine regelungsbedürftige Lücke im Gesetz vorliegt, und – falls das der Fall ist – die Prüfung, ob diese Lücke auch im Blick auf die Intention und Systematik des Gesetzes geschlossen werden sollte. Entsprechende teleologische und systematische Überlegungen können ihre Rechtfertigung allerdings nicht aus einer abstrakten Ordnungsidee ziehen, sondern lassen sich im Gesetzgebungsverfahren allein unter Hinweis auf die für eine praktikable Rechtsanwendung unverzichtbare Rationalität des betreffenden Gesetzes begründen.

b) Das Problem der Einpassung neuer Normen in das vorhandene Recht besteht am häufigsten darin, dass das Verhältnis zwischen »allgemeinem« und »besonderem« Gesetz nicht hinreichend durchdacht worden ist. Dieses Einordnungsproblem stellt sich z. Zt. besonders in den zahlreichen Novellierungen verschiedener Ordnungsgesetze aus datenschutzrechtlichen Gründen. Dabei tut man gut daran, die an dieser Stelle nicht zu behandelnde Frage, ob spezielle Vorschriften in den jeweiligen Sondergesetzen verfassungsrechtlich geboten sind, von der hier zu besprechenden zu trennen, ob das aus gesetzestechnischen Gründen sinnvoll und erforderlich ist. Die Aufgabe der Rechtsdogmatik besteht insoweit zunächst in der Klarstellung, ob und inwieweit überhaupt das im Spezialgesetz geregelte Problem bereits von dem allgemeinen Gesetz als sogenanntem »Querschnittsgesetz« gesehen und gelöst worden ist. Schon insoweit lässt sich nach meinem Eindruck – zum Teil veranlasst durch falsche verfassungsrechtliche Ausgangsunkte – eine erschreckende Unbekümmertheit und auch wohl Unwissenheit über die Reichweite der Regelungen entsprechender Querschnittsgesetze beobachten.

Was etwa die Bedeutung und Reichweite des allgemeinen Amtshilferechts nach dem Verwaltungsverfahrensgesetz als Grundlage für zwischenbehördliche Informationshilfe betrifft, so hat m. E. *Günther Barbey* überzeugend nachgewiesen, dass diese allgemeinen Bestimmungen in weit größerem Umfang ein entsprechendes behördliches Handeln legitimieren als gemeinhin angenommen wird[4]. Ähnlich lässt sich – um ein weiteres Beispiel zu nennen – für die Vorschrift über das Meldegeheimnis im Niedersächsischen Meldegesetz zeigen, dass sie neben der Regelung des Datengeheimnisses im Niedersächsischen Datenschutzgesetz als dem einschlägigen Querschnittsgesetz keine selbständige Bedeutung besitzt und sie im Übrigen neben der genannten Bestimmung im Datenschutzrecht und dem § 30 Verwaltungsverfahrensgesetz sowie der im öffentlichen Dienstrecht geregelten Pflicht zur Amtsverschwiegenheit nur Verwirrung bei ihren Adressaten stiften kann. (Von dem Gesetzgeber wird so eine Geheimhaltungspflicht auf die andere geschichtet.)

Selbst wenn nun aber eine Prüfung ergibt, dass die angesprochene Frage bereits im Querschnittsgesetz (weitgehend) geregelt worden ist, so ist die daran anschließende, ob eine weitere und evtl. genauere Bestimmung im Spezialgesetz dazu erforderlich ist, nicht nur eine rechtspraktische und allenfalls sozialwissenschaftlich zu beantwortende. Vielmehr bleibt sie auch – wiederum ähnlich wie in unserer ersten Fallkonstellation (2a) – insoweit eine rechtsdogmatische, als systematische Überlegungen im bereits angedeuteten Sinne für oder gegen eine zusätzliche Regelung im Spezialgesetz sprechen können. Die seit längerem im Verwaltungsrecht geführte Diskussion, ob und inwieweit neben dem allgemeinen Verwaltungsverfahrensgesetz und bereits bestehenden bereichsspezifischen Regelungen dieser Art entsprechende zusätzliche Sonderregelungen erforderlich sind, illustriert sehr genau die Aufgabe der Rechtsdogmatik in diesem Bereich. An der genannten Diskussion ist im übrigen interessant, dass die Fronten hier insofern quer verlaufen, als der Wunsch der Verwaltungspraktiker durchweg mehr auf eine Beschränkung der Spezialregelungen aus systematischen Gründen, der der Verwaltungsrechtswissenschaft vielfach auf eine weitere gesetzliche Differenzierung des Verwaltungsverfahrensrechts hinausläuft.

c) Ein für die Gesetzgebung der Länder besonderes Problem der Einpassung neuer Normen in das vorhandene Recht stellt die Rahmengesetzgebung des Bundes dar[5], und zwar besonders die scheinbar mehr allgemein-technische

4 *Günther Barbey*, Amtshilfe durch Informationshilfe und Gesetzesvorbehalt, in: FS zum 125jährigen Bestehen der Juristischen Gesellschaft zu Berlin (1984), S. 25–46.

5 Das im Folgenden behandelte Problem ist m. E. deshalb nicht durch die veränderte Rechtslage

Frage, ob man das Rahmenrecht in toto in das Landesgesetz übernehmen soll, wie das etwa im Niedersächsischen Wassergesetz geschehen ist, ob eine teilweise Übernahme der bundesrechtlichen Vorschriften ratsam ist, wofür sich beispielsweise das Niedersächsische Ausweisgesetz ausgesprochen hat, oder ob auf eine Wiederholung des Rahmenrechts im Landesgesetz völlig verzichtet werden soll, wie es z. B. das Niedersächsische Abwasserabgabengesetz getan hat. Nachdem der Bund inzwischen dazu übergegangen ist, unter Hintanstellung aller sich aus dem verfassungsrechtlichen Begriff des Rahmengesetzes ergebenden Bedenken immer mehr unmittelbar geltende und damit nicht mehr durch die Länder auszufüllende Vorschriften in seine Rahmengesetze aufzunehmen, ist die angesprochene Frage nach dem Umfang des zu übernehmenden Rahmenrechts für den Landesgesetzgeber keine rein theoretische mehr, sondern rührt unmittelbar an sein Selbstverständnis in dem Sinne, als er entscheiden muss, inwieweit er willens und in der Lage ist, ein systematisch durchgestaltetes und handhabbares Ausführungsgesetz zu schaffen.

Eine solche Entscheidung wird den Ländern häufig noch dadurch erschwert, dass neue rahmenrechtliche Vorschriften des Bundes im Hinblick auf ihren Regelungsgehalt, ihre Systematik und Begriffsbildung vom bisherigen Landesrecht abweichen. Was für dogmatische Schwierigkeiten uns insoweit noch über das Rahmenrecht des Bundes hinaus durch die Ausweitung des unmittelbar geltenden EU-Rechts ins Haus stehen, ist heute kaum abschließend zu beurteilen. Allerdings lässt die schon jetzt zu beobachtende Tatsache, dass dieses Recht – wenn überhaupt – völlig anderen systematischen Vorstellungen folgt, für die Möglichkeiten rechtsdogmatischer Einflussnahme auf die Gesetzgebung nichts Gutes erwarten.

3. Aufgabe der Rechtsdogmatik im Gesetzgebungsverfahren ist es drittens, systematische Widersprüche eines Gesetzentwurfs zur Sprache zu bringen. Solche können sich zunächst innerhalb eines Gesetzes ergeben. So hat man etwa in den Ausschussberatungen zum Niedersächsischen Meldegesetz den Aufbau des zweiten Abschnitts dieses Gesetzes so umgestaltet, dass nunmehr die Vorschriften zur Erfüllung der allgemeinen Meldepflicht nacheinander aufgeführt sind und im Anschluss daran die hierauf bezogenen Pflichten des Wohnungsgebers sowie die besonderen Auskunfts- und Anzeigepflichten gegenüber der Meldebehörde. Damit sollte erreicht werden, dass Pflichten gleicher Art und für den gleichen Adressaten auch im Gesetz geschlossen als solche erscheinen.

Die Herausarbeitung derartiger Gesichtspunkte ist nun genuine Aufgabe juristischer Dogmatik. Systemgerechtigkeit ist m. E. zwar kein verfassungsrechtlicher Begriff, als Postulat juristischer Dogmatik hat er aber seinen guten

(Abschaffung der Rahmengesetzgebung) überholt, weil sich – cum grano salis – entsprechende Probleme bei der Einpassung deutschen Rechts in europarechtliche Vorgaben stellen.

Sinn. Das gilt auch, wenn von der Rechtsdogmatik danach gefragt wird, ob ein im Gesetzentwurf vertretenes Anliegen vom Gesetzgeber konsequent zu Ende gedacht wurde. Als Beispiel für eine derartige Überlegung kann die Diskussion herangezogen werden, die in den beratenden Landtagsausschüssen anlässlich der letzten Novelle zum Niedersächsischen Raumordnungsgesetz über die Frage geführt worden ist, ob man in dieses Gesetz ein sogenanntes Planungsgebot aufnehmen soll. Ein solches Gebot, das sich in den Raumordnungsgesetzen einiger anderer Bundesländer befindet, hat zum Ziel, das nach der gegenwärtigen Rechtlage doch sehr weite Ermessen der Gemeinden bei der Entscheidung darüber, ob sie einen Bebauungsplan aufstellen, für bestimmte Fälle zu reduzieren. Für die Aufnahme einer solchen Regelung in das Niedersächsische Raumordnungsgesetz sprach folgender Gesichtspunkt: Das damals gleichzeitig mit dem Raumordnungsgesetz ebenfalls (mit Zustimmung des Landtags) novellierte Landesraumordnungsprogramm bestimmt abschließend für gewisse Industrieanlagen Vorrangstandorte, die durch Änderung und Ergänzung des Landesraumordnungsprogramms allein vom Land selbst näher festgelegt werden können und die deshalb auch in die von den niedersächsischen Landkreisen und kreisfreien Städten aufzustellenden regionalen Raumordnungsprogramme aufgrund gesetzlicher Anordnung zu übernehmen sind. So gesehen erscheint es inkonsequent, wenn das Land, das nachdrücklich die überregionale Bedeutung dieser Vorrangstandorte betont hatte, auf der untersten Planungsebene, nämlich der kommunalen Bauleitplanung, es dem Ermessen der Gemeinden überließ, ob sie die für die Realisierung entsprechender industrieller Vorhaben durchweg erforderlichen Bebauungspläne aufstellen oder nicht. Auch ein vergleichender Blick auf die nach § 38 des Baugesetzbuchs privilegierten Vorhaben konnte diese Argumentation stützen. Wollte man damals also wirklich, wie in der Begründung des Gesetzentwurfs angekündigt, insoweit eine durchgehende Einflussnahme des Landes, so war dieser letzte Schritt unumgänglich. Politisch hat man sich dennoch anders entschieden.

4. Belassen wir es bei diesen Überlegungen zur rechtssystematischen Argumentation im Gesetzgebungsverfahren und wenden uns nun viertens dem wohl wichtigsten Problemfeld juristisch-dogmatischer Arbeit an der Gesetzgebung, der juristischen Begriffsbildung zu. Insoweit ist zunächst kurz auf gewisse »formale« Gesichtspunkte einzugehen: Rechtsdogmatik hat darauf zu achten, dass nicht unscharfe oder sogar mehrdeutige Termini einer nicht-juristischen Fachsprache ohne Legaldefinition im Gesetz erscheinen. Ferner ist aus dogmatischer Sicht zu kritisieren, wenn die begriffliche Struktur des Entwurfs nicht konsequent durchgehalten wird: statt sich etwa mit möglichst wenigen »Bausteinen« zu begnügen, führen die Entwurfsverfasser bisweilen zusätzlich zu den gleich anfangs benutzten Begriffen später unnötigerweise neue, ähnliche ein usw. In diesem Zusammenhang gehört schließlich auch die notwendige dog-

matische Kritik an sogenannten »Formelkompromissen« und an der Aufnahme von politischen Proklamationen ohne Normqualität in den beabsichtigten Gesetzestext.

Wichtiger als diese Aspekte scheint mir aber der Beitrag der Rechtsdogmatik zur inhaltlichen Prägung der Rechtsbegriffe zu sein. Das geschieht nach meinem Eindruck im Gesetzgebungsverfahren primär in zweifacher Weise. Und zwar einmal dadurch, dass man den Sprachgebrauch des in Frage stehenden Begriffs in anderen Gesetzen bzw. in der ganzen geltenden Rechtsordnung berücksichtigt; ich möchte das die Methode des systematischen Begriffsvergleichs nennen. Der andere rechtsdogmatisch wichtige Zugang zur inhaltlichen Bedeutung eines Rechtsbegriffs ist der über seine Historie – die Begriffsgeschichte. Beide dogmatischen Denkformen will ich nunmehr, weil sie für die Gesetzgebung von außerordentlicher, aber herkömmlich völlig verkannter Bedeutung sind, an zwei allseits bekannten und darum auch im akademischen Unterricht häufig behandelten Beispielen etwas ausführlicher erläutern:

a) Für die Methode des systematischen Begriffsvergleichs wähle ich als praktisches Beispiel die Auseinandersetzung über die Berechtigung und den Inhalt des Begriffs »öffentliche Ordnung« im allgemeinen Polizei- und Ordnungsrecht. Bekanntlich hat das Bremische Polizeigesetz von1983 auf diesen Begriff verzichtet und auch der Alternativentwurf zum Musterentwurf eines einheitlichen Polizeigesetzes des Bundes und der Länder von 1979 hat sich gegen seine Beibehaltung ausgesprochen. Ein entsprechender Änderungsantrag der SPD-Fraktion im Niedersächsischen Landtag zum Entwurf eines Niedersächsischen Gesetzes über die öffentliche Sicherheit und Ordnung lag 1981 dem Landtag vor und ist nunmehr anlässlich der Beratungen über eine Novelle des genannten Gesetzes von der Opposition erneut aufgegriffen worden. Die Beantwortung der aufgeworfenen Frage hat also durchaus praktische Bedeutung.

Mit Erstaunen nimmt man nun zur Kenntnis, dass die rechtsdogmatische Diskussion über den polizeilichen Ordnungsbegriff seit nunmehr fast zwanzig Jahren beinahe ausschließlich mit mehr oder weniger allgemeinen *verfassungsrechtlichen* Argumenten geführt wird. Und dass weiter insoweit allein die geänderte verfassungsrechtliche Situation, nicht aber die Tatsache zur Kenntnis genommen wird, dass auch gesetzliche Begriffe als solche geschichtlichem Wandel unterliegen. Das zeigt vor allem ein Blick auf das *besondere* Ordnungsrecht. Der mehrfache Gebrauch des Ordnungsbegriffs etwa im Straßenverkehrsgesetz und in der Straßenverkehrsordnung, seine Benutzung im Luftverkehrsgesetz und in der Eisenbahn-Bau- und Betriebsordnung u. a. hat nun noch wenig mit der bekannten Definition des Preußischen Oberverwaltungsgerichts zu tun, dass damit die »Gesamtheit jener ungeschriebenen Regeln für das Verhalten des einzelnen in der Öffentlichkeit« geschützt wird, »deren Beobachtung nach den jeweils herrschenden Anschauungen als unerlässliche

Voraussetzung eines geordneten staatsbürgerlichen Gemeinschaftslebens betrachtet wird«[6]. Denn es geht dem Ordnungsbegriff in diesen Sondergesetzen nicht um den Schutz eines ethischen Minimums als solchen, sondern, wie § 1 Abs.2 der Straßenverkehrsordnung es sehr konkret ausdrückt, darum, dass jeder Verkehrsteilnehmer sich u. a. so zu verhalten hat, dass »kein Anderer … gefährdet oder mehr, als nach den Umständen unvermeidbar, behindert oder belästigt wird«. Das bedeutet: der Ordnungsbegriff in den genannten Gesetzen geht von einer immanenten Begrenzung der den jeweiligen Verkehrsteilnehmern grundsätzlich zuerkannten Rechte aus. Abstrakter und allgemeiner kann man auch sagen, dass danach niemand seine grundrechtlichen Freiheiten rechtsmissbräuchlich ausüben darf. Was steht nun eigentlich im Wege, das, was im Straßenverkehr, Eisenbahnverkehr usw. gilt, für das Verhalten der Menschen in der Öffentlichkeit überhaupt gelten zu lassen, d. h. dem Ordnungsbegriff im allgemeinen Polizei- und Ordnungsrecht die gleiche Bedeutung zuzusprechen? Sieht man die Begründung für das zivilrechtliche Gebot des Rechtsmissbrauchs in § 242 BGB, so ließe sich auch sagen, dass der Ordnungsbegriff im allgemeinen Polizei- und Ordnungsrecht insoweit genau diese Funktion wahrnimmt.

Eine andere gesetzliche Parallele kann dieses Verständnis vertiefen: Man hat die Steuerumgehung nach § 42 Abgabenordnung das »spiegelverkehrte Pendant« zum Steuerdispens, wie er in der Abgabenordnung und verschiedenen Einzelsteuergesetzen formuliert ist, genannt[7]. Auf unser Problem angewandt heißt das etwa: Man hätte den Ordnungsbegriff gewissermaßen als »umgekehrten« Dispens zu verstehen, woraus dann folgen würde, dass der Staat keiner speziellen gesetzlichen Grundlage bedarf, wenn er im Einzelfall gegen einen Bürger einschreiten will, der unter Verkennung des Sinns und Zwecks der ihm zustehenden grundrechtlichen Freiheit seine Mitbürger behindert oder belästigt. Zur Rechtfertigung der dargelegten Interpretation des Ordnungsbegriffs ließen sich noch weitere Anhaltspunkte in der positiven Rechtsordnung und ihrer Auslegung durch Rechtswissenschaft und Gerichte finden. Ich erinnere nur an die Argumente, die im Steuerrecht für eine Analogie zu Lasten des Steuerpflichtigen ins Feld geführt werden. Das Gesagte macht aber wohl bereits hinreichend deutlich, dass erst, wenn das ganze Begriffs- und Wertungsumfeld des polizeilichen Ordnungsbegriffs abgeschritten ist, der Gesetzgeber sich verantwortlich für oder gegen dessen Beibehaltung entscheiden kann. *Dann* ist m. E. auch erst die Zeit reif für eventuelle verfassungsrechtliche Erwägungen.

b) Was die begriffsgeschichtliche Überlegung als dogmatische Argumentationsform im Gesetzgebungsverfahren betrifft, so kann ich für mein Beispiel

6 So Bd. 91, 139 (140) der Entscheidungssammlung des Preußischen Oberverwaltungsgerichts.
7 So *Josef Isensee*, Das Billigkeitskorrektiv des Steuergesetzes, in: FS für Werner Flume zum 70. Geburtstag (1978), S. 129 (137).

weitgehend auf vorhandene einschlägige Literatur hinweisen und mich deshalb kürzer fassen: Es hat konkrete Versuche des Bundesgesetzgebers gegeben, die durch das Radikalenproblem ausgelöste Frage nach Inhalt und Umfang der für den Beamten geltenden Verfassungstreuepflicht durch Präzisierung der einschlägigen Bestimmungen im Bundesbeamtengesetz und im Beamtenrechtsrahmengesetz in den Griff zu bekommen. Diese Bestimmungen besagen zu dem genannten Problem bisher bekanntlich nur, dass der Beamte »die Gewähr« dafür bieten muss, »dass er jederzeit für die freiheitliche demokratische Grundordnung im Sinne des Grundgesetzes eintritt« (§ 4 des Beamtenrechtsrahmengesetzes). Für gesetzliche Reformüberlegungen ist nun nicht ohne Bedeutung, dass sich aus der Rechtsentwicklung der Verfassungstreue im öffentlichen Dienst zunächst ableiten lässt, dass gegen Differenzierungen bezüglich der Intensität der Verfassungstreuepflicht zwischen einzelnen Beamtengruppen nichts spricht. Wichtiger noch für die Frage eines richtigen Verständnisses der einschlägigen beamtenrechtlichen Bestimmungen ist die aufgrund historischer Rückbesinnung mögliche These, dass die gewöhnlich diskutierte Alternative: Gesinnungstreuemodell oder Gesetzlichkeitsmodell einfach zu kurz greift und sich deshalb als Kompromiss das sogenannte Verhaltenstreuemodell anbietet. Kraft ausdrücklicher Regelung des Artikel 33 Abs. 5 des Grundgesetzes haben derartige historische Überlegungen zu dieser Frage nun ausnahmsweise auch unmittelbare rechtliche Bedeutung und sind deshalb wohl in so zahlreicher Form vorhanden. Abgesehen davon schaffen sie aber auch für den Gesetzgeber in dem Sinne eine Orientierungshilfe, als er die bestehende Rechtslage und damit auch die Notwendigkeit und die Möglichkeiten für sein Handeln besser zu beurteilen vermag.

Das gilt im vorliegenden Fall für die Bewertung des Verhaltenstreuemodells um so mehr, als sich dafür ebenfalls durch den systematischen Begriffsvergleich Argumente finden lassen. So wird etwa im Gewerberecht gewöhnlich die Anforderung an die Person des Gewerbetreibenden mit dem Wort »Zuverlässigkeit« umschrieben und darunter nach ganz h. M. verstanden, dass der Gewerbetreibende die Gewähr für eine ordnungsgemäße Ausübung seines Gewerbes auch in der Zukunft bieten muss. Es handelt sich also bei den umstrittenen Anforderungen der Beamtengesetze gar nicht um so spezifische, wie es auf den ersten Blick scheinen mag. Bei allen Unterschieden in der Aufgaben- und Pflichtenstellung zwischen Beamten und Gewerbetreibenden ist diese gewisse Nähe des einschlägigen beamtenrechtlichen Passus zur Terminologie des Sicherheits- und Ordnungsrechts doch nicht zu übersehen und legt darum ebenfalls die Bejahung des Verhaltenstreuemodells nahe. Diese Feststellung ist bei der völlig kontroversen verfassungsrechtlichen Diskussion in dieser Frage dogmatisch sicher nicht ohne Bedeutung.

*Allgemein* sei aber abschließend noch zu den vorgeführten Methoden für die inhaltliche Bestimmung juristischer Begriffe betont, dass diese Methoden nur dann dogmatische Bedeutung erlangen können, wenn sie in dem Bewusstsein gehandhabt werden, dass Rechtsbegriffe (und damit auch Gesetzesbegriffe) nicht abstrakt-allgemeine »Wesenheiten« darstellen, sondern Lebenssachverhalte zur Sprache bringen. Das heißt: Ihre inhaltliche Präzisierung muss Fall-orientiert sein und bewährt sich erst am praktischen Fall.

## III.

Soweit der notwendigerweise unvollständige, aber doch wohl repräsentative Überblick über die Möglichkeiten rechtsdogmatischer Mitwirkung bei der Entstehung und Novellierung von Gesetzen. Fragt man nun in einem weiteren Schritt, nach welchen methodischen Regeln die Rechtsdogmatik insoweit eigentlich verfährt, so muss die Antwort für manchen Rechtstheoretiker sicher enttäuschend, für den praktisch tätigen Juristen dagegen eher beruhigend ausfallen: Es sind die für die Rechts*anwendung* entwickelten klassischen Methoden juristischen Denkens und Argumentierens, die für die dogmatische Arbeit an der Gesetzgebung ebenfalls bestimmend sind. Was der Zivilrechtler *Eduard Picker* jüngst zum Selbstverständnis und zur Arbeitsweise der traditionellen juristischen Dogmatik ausgeführt hat, gilt hier in vollem Umfang[8]. Besonders muss das für seine dogmatische Begründung der dem Juristen vertrauten Betriebsrisikolehre betont werden, – eine Lehre, die bekanntlich vom Reichsgericht begründet und später vom Reichsarbeitsgericht und Bundesarbeitsgericht voll übernommen wurde. Nach *Picker* kann eben diese Lehre – ich zitiere – durch die »hermeneutische Entfaltung des *vorhandenen* Rechtsstoffs in Beachtung der *geschichtlichen* Dimension seiner Regeln«[9] begründet werden; sie ist damit also nicht – wie vielfach angenommen – ein Produkt freier richterlicher Rechtschöpfung.

Diese grundsätzliche Orientierung an den klassischen Regeln juristischer Methodik schließt natürlich nicht aus, dass man das Subsumtionsmodell in seiner überkommenen Form etwa unter Hinweis auf bestimmte juristische Argumentationstheorien oder auf entsprechende hermeneutisch-dialogische Überlegungen in Frage stellt. Was sich allerdings auch nicht für die dogmatische Arbeit an der Gesetzgebung nach unserem Überblick in Frage stellen lässt, ist der *grundsätzliche Interpretationscharakter der juristischen Dogmatik*. Der entscheidende Grund dafür, dass sich diese Einsicht augenscheinlich so schwer

8 *Eduard Picker*, Richterrecht oder Rechtsdogmatik – Alternativen der Rechtsgewinnung?, JZ 1988, S. 1–12 und S. 62–75.

9 So *Picker*, JZ 1988, S. 65 (Hervorhebungen A. J.).

mit eben der in Einklang bringen lässt, dass das Subsumtionsmodell im überholten Sinne nicht die gegenwärtige Wirklichkeit juristisch-dogmatischer Arbeit vollständig widerspiegelt, liegt nach meinem Eindruck primär in der für die juristische Dogmatik bis heute völlig ungeklärten Frage nach Inhalt und Wirksamwerden rechtshistorischer Erfahrungen in der juristischen Argumentation. Von philosophischer Seite ist dazu m. E. richtig festgestellt worden: »Die recht gedachte Geschichte ist als ein fortwirkendes Verstehen zu bestimmen. Verstehen und Gesichte bringen ihr Wesen mustergültig in der juristischen Hermeneutik zur Erscheinung. Das Recht selbst, das in seiner Geschichtlichkeit verstanden wird und allein dadurch existiert, lässt das Wesen der Geschichtlichkeit erkennen: von ›langher ergangen‹ zu sein und dennoch immer neu anzukommen«[10].

Was ist nun eigentlich von den Juristen seit *Forsthoffs* Vortrag aus dem Jahre 1940 über »Recht und Sprache« zur Vertiefung genau *dieser* Erkenntnis wirklich geleistet worden? Warum hat man sich insoweit eigentlich nicht die entsprechenden Überlegungen unserer hermeneutischen Schwesternwissenschaft, der (protestantischen) Theologie, zu eigen gemacht, die doch bekanntlich schon seit Jahrzehnten von eben dieser Frage in Atem gehalten wird? Ich kann diese Fragen nur stellen, sie aber nicht beantworten. Nach meiner Schilderung der rechtsdogmatischen Arbeit an der Gesetzgebung sollte aber eines zumindest deutlich geworden sein, dass es letztlich der Thesaurus historisch fundierter juristischer Begriffe ist, der die Eigenständigkeit rechtsdogmatischer Aussagen begründet. (Und lassen Sie mich noch eine, das Thema nicht unmittelbar berührende Anmerkung hinzufügen: Die Fähigkeit, mit eben diesen Begriffen selbständig und verantwortlich umzugehen, und nicht die Kenntnis der letzten BGH-Entscheidung kann darum m. E. auch nur das eigentliche Ziel juristischer Ausbildung sein.)

## IV.

Was nun die Rahmenbedingungen für die rechtsdogmatische Arbeit an der Gesetzgebung und die Durchsetzungschancen ihre Argumente betrifft, so steht es damit nicht zum besten. Insofern folgt, wenn wir uns dieser Frage nun abschließend zuwenden, auf das sehr deftige Hauptgericht jetzt keine süße und wohlschmeckende Nachspeise, sondern eher – um im Bilde zu bleiben – eine Tasse starken Kaffees, der bekanntlich bitter schmeckt aber – und das zum Trost vorab – auch anregt.

10 So *Alexander von Baeyer*, Bemerkungen zum Verhältnis von juristischer und philosophischer Hermeneutik, ARSP 54 (1968), S. 27 (40).

Die entscheidenden Rahmenbedingungen für den Beitrag der Rechtsdogmatik zur Gesetzgebung und die Chancen seiner Wirksamkeit liefern nach meiner Meinung die Verfassungsrechtsprechung (1.), die Ministerialbürokratie (2.) und schließlich der den Abgeordneten verbliebene politische Freiraum, sich auf eine solche Argumentation einzulassen (3.):

1. Zunächst also zur Verfassungsrechtsprechung: Ihre Bedeutung für unser Thema leuchtet unmittelbar ein, weil nach dem Grundgesetz für den Gesetzgeber verpflichtende Vorgaben bestehen, deren verbindliche Interpretation durch das Bundesverfassungsgericht folglich auch sein Tun maßgeblich bestimmen. Gerade weil das Verfassungsrecht zum Maßstab eines Gerichtsverfahrens geworden ist, müssten nun aber für das Bundesverfassungsgericht auch Grenzen bezüglich der Verfügbarkeit eben dieses Verfassungsrechts bestehen. Denn aufgrund der Bindung des Gesetzgebers an die Verfassung ist nach herkömmlichem dogmatischen Verständnis deren Rationalität und Normativität in dem Sinne zu wahren, dass der demokratisch legitimierte Gesetzgebe seinen politischen Freiraum und dessen Grenzen vorhersehen kann. Genau das ist aber, aus der Sicht der Gesetzgebungspraxis geurteilt, heute nicht mehr der Fall Die Sorgfalt, mit der sich unser höchstes Gericht der Überprüfung einzelner Gesetzesbestimmungen zuwendet, steht in keinem Verhältnis zu der Allgemeinheit der Ungenauigkeit, mit der es in manchen Urteilen zusätzlich allgemeine verfassungsrechtliche Anforderungen an den Gesetzgeber formuliert. Das gilt auch für die Frage, ob und inwieweit der Gesetzgeber überhaupt selbst handeln muss (Stichwort: Gesetzesvorbehalt/Parlamentsvorbehalt). Die verschiedenen Rundfunkurteile und das Volkszählungsurteil des Bundesverfassungsgerichts sind dafür herausragende Beispiele aus letzter Zeit.

Die Folgen für das Gesetzgebungsverfahren liegen auf der Hand: Es wird in den parlamentarischen Beratungen primär nicht mehr um gute Gesetzesformulierungen gerungen und über Sachlösungen politisch gestritten, sondern um die richtige Auslegung eines einschlägigen Urteils des Bundesverfassungsgerichts. Genuin politische Fragen werden auf diese Weise also schein-verrechtlicht. Der Beitrag der juristischen Dogmatik zur Gesetzgebung wird aber nicht nur durch das geschilderte Phänomen als solches, die Verrechtlichung der Politik, entscheidend behindert, sondern viel entscheidender noch durch die Tatsache, dass auf diese Weise zugleich das Verständnis des Gesetzes *selbst* als kategorisch geltender und im Verhältnis zur Verfassung grundsätzlich gleichwertiger Regelung aufgegeben wird. Damit hängt eine weitere, unser Thema unmittelbar berührende Entwicklung zusammen: Ein in seinem Inhalt von verfassungsrechtlichen Normen nicht begrenztes, sondern diese vollziehendes Gesetz, hat zwar (vom Bundesverfassungsgericht formulierten) materiellen Anforderungen zu genügen, es kann aber *formlos* als Maßnahmegesetz, Planungsgesetz, als politische Proklamation in Gesetzesform usw. ergehen.

Genau diese Meinung vertritt nun nicht nur das Bundesverfassungsgericht, sondern sie ist auch die ganz herrschende Ansicht in der Verfassungsrechtswissenschaft. Eine Rückbindung der Rechtsprechungsbefugnisse an verfassungsrechtliche Vorgaben hält diese Dogmatik, wie ich schon anfangs bemerkte, zwar für erforderlich, eine solche – formale – des Gesetzgebers an die Verfassung dagegen nicht, obwohl m. E. so etwas rechtlich nicht nur möglich, sondern sogar geboten ist[11]. Dass aber eine Rechtsdogmatik zu dem Erlass von Maßnahme- und Richtliniengesetzen kaum etwas beitragen kann, bedarf nach den dargestellten Möglichkeiten dogmatischer Argumentation im Gesetzgebungsverfahren wohl keiner weiteren Erläuterung mehr. Die Verfassungsrechtsprechung und -dogmatik hilft sich bekanntlich in dieser Situation damit, wie besonders die Literatur und Rechtsprechung zu den Gebietsreformgesetzen zeigen, dass ohne Rückhalt am Wortlaut des Grundgesetzes und der Landesverfassungen verfassungsrechtliche Postulate für den Gesetzgeber wie Systemgerechtigkeit, Gemeinwohlbindung, Begründungspflichten u. a. aufgestellt werden. Ob das allerdings die richtige Antwort auf das angesprochene Problem ist, erscheint mir schon deshalb fraglich, weil damit das Bewusstsein von der kategorischen Geltung des Gesetzes weiter verdrängt wird.

2. Für den Einfluss der rechtsdogmatischen Argumentation auf die Gesetzgebung ist m. E. aber nicht nur die Rückbesinnung auf den rechtsstaatlichen Gesetzesbegriff entscheidend, sondern es bedarf auch derjenigen, die diese Argumente in den Gesetzgebungsprozess einbringen. Die Wissenschaft ist von diesem Verfahren zu weit entfernt, die gerichtliche Kontrolle kommt zu spät, es bleibt insofern nur das an Gesetz und Recht gebundene und zur unparteiischen Pflichterfüllung berufene Beamtentum. Der Beamte hat damit im Gesetzgebungsverfahren die Aufgabe, den Beitrag der juristischen Dogmatik zur Gesetzgebung nicht nur bei der Entstehung des Entwurfs, sondern auch in den einschlägigen Beratungen der Parlamentsausschüsse zur Geltung zu bringen – er ist Sachwalter dieser »Interessen«. Aber wie vermag er das angesichts einer zunehmenden parteipolitischen Ämterpatronage, die ihn über das notwendige Maß hinaus an die Regierung und die sie tragenden Parteien bindet bzw., falls er einer Oppositionspartei aktiv angehört, ihn zumindest in Loyalitätskonflikte bringen kann? Soviel steht fest, ein noch so unabhängiger parlamentarischer Gesetzgebungsdienst kann diese Aufgabe ohne Unterstützung durch eine entsprechend engagierte Ministerialbürokratie nicht wirksam genug wahrnehmen.

3. Es bleibt der Blick auf die Abgeordneten, die als Volksvertreter die Gesetze beraten und beschließen, – sie sind darum auch der entscheidende Adressat der rechtsdogmatischen Argumentation und größtenteils zum Gespräch dar-

---

11 Dazu genauer *Albert Janssen*, Über die Grenzen des legislativen Zugriffsrechts (1990), bes. S. 235ff.

über mehr bereit und willens als mancher Außenstehende glauben mag. Nur: die Abgeordneten sind gebunden an Empfehlungen der Fraktionsarbeitskreise, an Fraktionsbeschlüsse, Koalitionsabsprachen, Wünsche ihres Wahlkreises u. a. und verfolgen daneben primär – das ist ihre Funktion – politische Interessen. Insoweit steht und fällt darum die Chance für die Wirksamkeit des Beitrages, den die juristische Dogmatik zur Gesetzgebung leistet, letztlich mit dem Grad der Unabhängigkeit des einzelnen Abgeordneten von seiner Partei und Fraktion.

Mit diesen zugegebener Maßen mehr fragmentarischen Bemerkungen zu den Rahmenbedingungen und Durchsetzungschancen juristisch dogmatischer Argumentation im Gesetzgebungsverfahren stehe ich am Schluss meiner Ausführungen. Was bleibt nach alledem von der anfangs gestellten Frage nach der Rolle der Rechtswissenschaft als letztes Asyl des Rechtsbewusstseins? Zunächst die Feststellung, dass unsere heutige Situation auch nicht annähernd mit der von 1943/44 vergleichbar ist, als *Carl Schmitt* diese Feststellung traf. Dass weiter aber die Rechtswissenschaft als Rechtsdogmatik ein wesentlicher Träger unserer Rechtskultur *und damit auch unserer Gesetzeskultur* ist – dies deutlich zu machen, war das eigentliche Anliegen meiner Ausführungen.

## Thesen

I.

Die juristische Methodenlehre wie die verfassungsrechtliche Dogmatik haben sich zwar bis in die jüngste Zeit hinein intensiv mit den Methoden und Grenzen der *richterlichen Rechtsfortbildung* beschäftigt, kaum aber die Frage nach dem *Beitrag der juristischen Dogmatik zur Gesetzgebung* gestellt. Das ist deshalb erstaunlich, weil das Gesetz heute die wesentliche Rechtsquelle aufgrund der parlamentarisch-demokratischen Grundordnung unseres Staates ist. Ob man nun durch die inzwischen eingetretene Entwicklung zum »motorisierten Gesetzgeber« die Rechtswissenschaft nur noch als »letztes Asyl des Rechtsbewusstsein« verstehen kann (so *Carl Schmitt*) oder aber ein wesentliches Aufgabenfeld der Rechtswissenschaft als Rechtsdogmatik gerade in ihrem Betrag *zur* Gesetzgebung zu sehen vermag, ist im Folgenden zu klären.

II.

Der Beitrag der Rechtsdogmatik zur Gesetzgebung lässt sich nach folgenden Gesichtspunkten gliedern:

1. Sie hat zunächst darüber zu wachen, dass die *formalen Regeln der Gesetzestechnik* eingehalten werden. Das läuft vor allem auf die Forderung des richtigen Umgangs mit dem vorhandenen »Arsenal« rechtlicher Regelungsformen (Fiktion, Vermutung, Umkehrung der Beweislast u. a.) hinaus. Auch auf die fehlerfreie Formulierung der Verweisung und der zeitlichen Geltung eines Gesetzes (sein Inkrafttreten und die notwendigen Übergangsvorschriften u. a.) ist insoweit besonders zu achten.

2. Ein wichtiger Beitrag der Rechtsdogmatik zur Gesetzgebung betrifft die richtige *Einpassung neuer Normen in das vorhandene Recht:*

Dazu kann es zunächst schon kommen, wenn ein *regelungsbedürftiger Einzelfall* aufgrund einer Lücke des in Betracht kommenden Gesetzes die Rechtsdogmatik vor die Entscheidung stellt, ob eine Ergänzung dieses Gesetzes ratsam oder gar geboten ist. Besonders häufig ergibt sich daneben die rechtsdogmatische Frage, wie *das Verhältnis zwischen einem allgemeinen, sog. Querschnittsgesetz und einem (partiell einschlägigen) Spezialgesetz* zu lösen ist. Ein gutes Beispiel für diese Problematik betrifft das nach wie vor schwierige Abgrenzungsproblem zwischen dem allgemeinen Datenschutzgesetz und den zahlreichen datenschutzrechtlichen Sonderregelungen in verschiedenen Ordnungsgesetzen. Ganz entsprechende Fragen tauchen auch bei der Abgrenzung zwischen dem (allgemeinen) Verwaltungsverfahrensgesetz als Querschnittsgesetz und den verfahrensrechtlichen Sonderregelungen in verschiedenen Spezialgesetzen auf. Eine weitere bedeutende Variante des Einordnungsproblems betraf früher schließlich die *Ausfüllung des Rahmenrechts* des Bundes durch die Länder. Es stellt sich – cum grano salis – heute ebenfalls bei der *Einpassung deutschen Rechts in europarechtliche Vorgaben.*

3. Aufgabe der Rechtsdogmatik ist es ebenfalls, *systematische Widersprüche eines Gesetzentwurfs* zur Sprache zu bringen. Das betrifft auch die von der Rechtsdogmatik zu beantwortende Frage, ob ein vom Gesetzentwurf vertretenes Anliegen vom Gesetzgeber konsequent zu Ende gedacht wird. Die Weigerung des Niedersächsischen Landtags, in das neue Raumordnungsgesetz des Landes ein sog. Planungsgebot für die kommunale Bauleitplanung aufzunehmen, obwohl in dem kurz zuvor (mit Zustimmung des Landtags) novellierten Landesraumordnungsprogramm für gewisse Industrieanlagen Vorrangstandorte abschließend bestimmt waren, ist ein gutes Beispiel für den Verstoß gegen das (verfassungsrechtlich nicht begründbare, aber für gute Gesetzgebung zentrale) Gebot der Systemgerechtigkeit.

4. Die wichtigste Aufgabe der juristisch-dogmatischen Arbeit an der Gesetzgebung muss in ihrem Beitrag zur *(inhaltlichen) Bestimmung der vom Gesetzgeber verwandten Begriffe* gesehen werden:

Sie bedient sich dafür einmal der Methode des *systematischen Begriffsvergleichs,* nach der man den Sprachgebrauch des in Frage stehenden Begriffs in anderen Gesetzen bzw. in der ganzen geltenden Rechtsordnung untersucht. Als Beispiel für die Handhabung dieser Methode kann die inhaltliche Bestimmung des im Polizeirecht höchst umstrittenen Begriffs der »öffentlichen Ordnung« dienen. Einen weiteren Zugang zum Inhalt eines juristischen Begriffs bietet seine Geschichte – die *Begriffsgeschichte.* Exemplarisch für deren juristische Bedeutung ist ihr Beitrag zur Frage nach Inhalt und Umfang der für den Beamten geltenden Pflicht zur Verfassungstreue.

## III.

Die unter II. aufgezeigten Möglichkeiten rechtsdogmatischer Mitwirkung bei der Entstehung und Novellierung von Gesetzen folgen den methodischen Regeln, die für jede Rechtsanwendung gelten. *Sie bestätigen also den grundsätzlichen Interpretationscharakter der juristischen Dogmatik.* Die Eigenständigkeit juristischer Aussagen lässt sich damit letztlich mit einem Thesaurus historisch fundierter juristischer Begriffe begründen, deren richtige Handhabung darum auch das primäre Ziel der Juristenausbildung sein sollte.

## IV.

Mit den *Rahmenbedingungen und Durchsetzungschancen* der rechtsdogmatischen Arbeit an der Gesetzgebung steht es nicht zum Besten:

Die extensive *Rechtsprechung der Verfassungsgerichte in Bund und Ländern* bei der Überprüfung einzelner gesetzlicher Bestimmungen hat im Ergebnis zu einer fragwürdigen Verrechtlichung der Politik im Bereich der Gesetzgebung geführt, deren bedenklichste Folge in dem schwindenden Bewusstsein von der kategorischen Geltung des Gesetzes zu sehen ist. Bei der Entstehung der Gesetzentwürfe wie in den Beratungen über diese Entwürfe in den Ausschüssen des Parlaments ist es daneben genuine *Aufgabe der Ministerialbürokratie* für die insoweit einschlägigen Argumente der juristischen Dogmatik einzutreten. Bei der allseits bekannten parteipolitischen Ämterpatronage in den Ministerien besteht aber wenig Anlass zu der Annahme, dass dies heute noch mit der notwendigen Sachkunde und Entschiedenheit geschieht. Den *Abgeordneten* schließlich als den maßgeblichen Entscheidungsträgern im Gesetzgebungsverfahren fehlt häufig aufgrund ihrer Bindung an Empfehlungen der Fraktionsarbeitskreise, an Fraktionsbeschlüsse, Koalitionsabsprachen, Wünsche ihres Wahlkreises u. a. die politische Freiheit, sich die Argumente der juristischen Dogmatik im Gesetzgebungsverfahren zu eigen zu machen.

# Drucknachweise

1. Otto von Gierkes sozialer Eigentumsbegriff, in: Quarderni Fiorentini 5–6 (1976–1977), S. 549–585.
2. Otto von Gierkes Freiheitsbegriff als Beitrag zur Auslegung der allgemeinen Handlungsfreiheit (Art. 2 I GG), in: Kay Waechter (Hrsg.), Grundrechtsdemokratie und Verfassungsgeschichte. Jörg-Detlef Kühne zum 65. Geburtstag (Halle an der Saale 2009), S. 13–37.
3. Die bleibende Bedeutung des Genossenschaftsrechts Otto von Gierkes für die Rechtswissenschaft, in: ZRG Germ. Abt. 122 (2005), S. 352–366.
4. Historisch-kritische Theologie und evangelisches Kirchenrecht. Zur kirchenrechtlichen Bedeutung der Theologie Gerhard Ebelings, in: ZevKR 26 (1981), S. 1–50.
5. Hans Barions Werk als Anfrage an das evangelische Kirchenrecht, in: ZevKR 35 (1990), S. 357–382.
6. Die Unabhängigkeit des evangelischen Kirchenrechts von der (theologischen) Ethik. Anmerkungen zu seiner theologischen Begründung durch Gerhard Ebeling, in: ZevKR 51 (2006), S. 277–308.
7. Dank des Juristen an Gerhard Ebeling, in: ZevKR 37 (1992), S. 225–229.
8. Fragwürdiger Abschied vom usus politicus legis als Grundlage evangelischen Rechts- und Staatsdenkens. Eine Stellungnahme zu Wolfgang Hubers Buch: Gerechtigkeit und Recht, in: ZevKR 54 (2009), S. 1–33.
9. Die Ungewissheit des Rechts und die Gewissheit der Jurisprudenz. Überlegungen zu Wilhelm Henkes Verankerung der Rechtswissenschaft in der Lebenswelt: Originalbeitrag.
10. Rechtsgeschichte als rechtswissenschaftliche Disziplin. Aussagen der hermeneutischen Philosophie zum Verhältnis von Rechtsgeschichte und Rechtsdogmatik. U.d.T. »Rechtsgeschichte und Rechtsdogmatik. Aussagen der hermeneutischen Philosophie zu ihrem Verhältnis«, in: Wirkungen europäischer Rechtskultur. FS für Karl Kroeschell zum 70. Geburtstag, hrsg. von Gerhard Köbler und Hermann Nehlsen (München 1997), S. 467–495.

11. Staatskirchenrecht als Kollisionsrecht. Überlegungen zur Auslegung der Artikel 140 GG/137 Abs. 5 WRV, in: Verfassung – Philosophie – Kirche. FS für Alexander Hollerbach zum 70. Geburtstag, hrsg. von Joachim Bohnert, Christof Gramm, Urs Kindhäuser, Joachim Lege, Alfred Rinken, Gerhard Robbers (Berlin 2001), S. 707–736.
12. Der Beitrag der juristischen Dogmatik zur Gesetzgebung (gekürzter Text meiner Antrittsvorlesung an der Universität Hannover 1989). Unveröffentlicht.

## Stichwortverzeichnis

# Beiträge zu Grundfragen des Rechts

Herausgegeben von Stephan Meder

Die drei Grundfragen des Rechts, die vor gut zweihundert Jahren der Rechtsgelehrte Gustav Hugo formulierte – »Was ist Rechtens?«, »Wie ist es Rechtens geworden?« und »Ist es vernünftig, daß es so sey?« – stellen sich bis heute. Die Frage nach dem geltenden Recht zielt heute nicht nur auf dessen Prinzipien und Regeln, sondern auch auf das Verhältnis von Gesetz und Recht, juristischer Geltung und sozialer Wirklichkeit. Die Frage nach der Geschichte des Rechts betrifft auch das sich wandelnde Verhältnis zwischen den Rechtsquellen sowie das Verhältnis von Tradition und Gegenwartsbezug der Rechtsinhalte. Die Frage nach den richtigen Inhalten des Rechts bezieht sich heute vor allem auf das rechtliche Verhältnis zwischen der größtmöglichen Freiheit des Einzelnen und dem notwendigen Mindestmaß sozialer Gleichheit und Gemeinwohlbindung des Rechts. So sind die Grundfragen des Rechts niemals von lediglich theoretischer Bedeutung, sondern haben einen unmittelbar praktischen Bezug zur Rechtsentstehung, Rechtsauslegung und Rechtsanwendung. Antworten auf diese Fragen versuchen aus unterschiedlichen Perspektiven die Beiträge dieser Reihe zu geben.

**Weitere Bände dieser Reihe:**

Band 17: Heike Krischok
**Der rechtliche Schutz des Wertes archäologischer Kulturgüter**
2016, 266 Seiten, gebunden, ISBN 978-3-8471-0534-3

Band 16: Malte Wilke
**Staatsanwälte als Anwälte des Staates?**
Die Strafverfolgungspraxis von Reichsanwaltschaft und Bundesanwaltschaft vom Kaiserreich bis in die frühe Bundesrepublik
2016, 369 Seiten, gebunden, ISBN 978-3-8471-0463-6

Band 15: Bennet Lodzig
**Grundriss einer verantwortlichen Interpretationstheorie des Rechts**
Von der juristischen Methodik zum juristischen Postmodernismus
2015, 169 Seiten, gebunden, ISBN 978-3-8471-0462-9

Band 14: Tobias Roeder
**Das Notariat, sein Recht und seine Geschichte im ›Land Hannover‹**
2015, 391 Seiten, gebunden, ISBN 978-3-8471-0304-2

Band 13: Albert Janssen
**Die gefährdete Staatlichkeit der Bundesrepublik Deutschland**
Beiträge zur Bewahrung ihrer verfassungsrechtlichen Organisationsstruktur
2014, 624 Seiten, gebunden, ISBN 978-3-8471-0280-9

V&R Academic
Verlagsgruppe Vandenhoeck & Ruprecht | V&R unipress

Leseproben und weitere Informationen unter www.v-r.de
E-Mail: info-unipress@v-r.de | Tel.: +49 (0)551 / 50 84-301 | Fax: +49 (0)551 / 50 84-333